Bourg Et Belley Pendant La Révolution Avec Appendice Et Biographies Complémentaires Suivi Du Fareinisme...

Charles Jarrin

BOURG ET BELLEY

PENDANT

LA RÉVOLUTION

SUIVI

DU FAREINISME

PAR Ch. JARRIN

BOURG

IMPRIMERIE AUTHIER ET BARBIER

—

1881

—

CE VOLUME N'EST PAS MIS EN VENTE

BOURG ET BELLEY

PENDANT LA RÉVOLUTION

SUIVI

DU FAREINISME

Tiré à deux cents exemplaires.

BOURG ET BELLEY

PENDANT

LA RÉVOLUTION

AVEC

APPENDICE ET BIOGRAPHIES COMPLÉMENTAIRES

SUIVI

DU FAREINISME

PAR

CH. JARRIN

BOURG

IMPRIMERIE AUTHIER ET BARBIER

—

1881

BOURG ET BELLEY PENDANT LA RÉVOLUTION.

PRÉAMBULE.

Une histoire complète de la Révolution dans l'Ain ne saurait être faite que d'après les sources ; soit au moyen d'un dépouillement attentif des centaines d'in-folio manuscrits que cette époque a laissés dans nos archives et qui sont restés jusqu'à présent inexplorés. Il y faudrait plus de temps et de travail que je n'en peux désormais fournir. Tout ce que j'ai pu faire a été de jeter la sonde dans cette mer noire à quelques endroits choisis. Je vais ordonner simplement ce que j'en ai tiré. Si le choix a été judicieux et si un peu de bonheur s'y est joint, le plan de cette histoire sera fait et arrêté dans les principaux détails.

Je me suis placé à Belley pour commencer. C'est là que, dès le début, l'activité a été la plus grande. C'est là que la première lutte entre la Gironde et la Montagne a été la plus vive et la plus prolongée. La raison en est que le premier parti, ayant là sous les pieds un terrain mieux préparé, y avait jeté des racines plus profondes.

Mais la compétition entre les Montagnards hommes de gouvernement et les Hébertistes qui, au dire de Saint-Just, « veulent changer la liberté en bacchante, » eut chez nous Bourg pour champ clos. De Belley, on viendra

1

donc à Bourg assister à ce second drame, qui a pour premier acte l'exécution du 15 février 1793, aux Terreaux ; pour dénouement la tuerie du 19 avril 1795, à Challes.

A l'époque révolutionnaire, comme du reste à toutes les époques, pour bien comprendre, ce ne serait pas trop de tout voir, car tout se tient. C'est en lieu où jamais on n'a songé à regarder, dans nos petits chefs-lieux de districts et de cantons, que j'irai chercher l'explication de deux faits importants : 1° l'avortement chez nous de la sécession girondine un moment triomphante ; 2° l'entraînement avec lequel Thermidor sera accueilli moins d'un an plus tard. Ce sera la part de Nantua, de Pont-de-Vaux, de Montluel, de Châtillon, de Gex, dans cette histoire.

Pour bien voir les raisons de ce qui se passe chez nous, il faudra aussi regarder dehors, à Lyon maintes fois, à Paris presque constamment ; le grand ressort est là, son impulsion est terrible et au bout de tout se fait obéir.

J'aurai à établir ou rétablir les faits souvent. Ils sont sus incomplétement, ou estropiés, ou totalement ignorés ; les brochures du temps n'y contribuent pas peu. Tantôt elles les supposent connus et se bornent à les indiquer dans la langue déclamatoire et sans précision du temps ; et c'est là leur moindre défaut. Le plus ordinairement elles sont l'écho grossi et grossier des haines et des colères des partis et ne sont rien autre.

Quant aux appréciations, je m'en serais abstenu totalement, n'en ayant pas souvent de neuves à produire et supposant qu'on sait où trouver celles qui valent d'être écoutées. D'ailleurs celles qui me seraient propres importeraient peu au lecteur. Mais mon impartialité n'allant pas jusqu'à l'indifférence toujours je ne veux pas qu'on s'y trompe et dirai mon sentiment quelquefois.

I.

L'ANCIENNE CONSTITUTION DU BUGEY. — COMMENT DÉTRUITE.
LES AUTONOMISTES. — ILS SE FERONT GIRONDINS.

Les historiens de la Révolution se laissent parfois éblouir un peu par les résultats conquis. Il y a des choses que, dans cet éblouissement, ils ne distinguent plus — par exemple si ces résultats sont bien ceux que tous avaient visés et voulus. Ensuite de quoi certaines dissidences et certains déchirements sont d'eux compris et interprétés de façon incomplète.

La monarchie absolue des deux derniers siècles avait si bien foulé aux pieds, si totalement anéanti les anciennes franchises du moyen-âge, tout ce qu'on a appelé, à tort ou à raison, notre ancienne Constitution, que le peuple en France ne s'en souvenait plus et qu'il ne put être amené à l'idée de la rétablir. Ce ne fut, à aucun degré, l'ordre antique qu'il chercha à restaurer, ce fut bien un ordre nouveau qu'il voulut fonder.

Cette disposition des esprits en 89 est bien constante. Mais était-elle générale? Non. Il y avait dès lors une école historique soucieuse du passé et ne voulant pas rompre avec lui totalement. Cela est su. Ce qui l'est moins c'est que cette école avait des racines assez profondes et assez robustes. — Non-seulement où on le supposait d'abord, dans les villes de Parlement et capitales de provinces ayant à sauvegarder des situations faites et craignant de déchoir; dans les pays où les privilégiés, possédant la presque totalité du sol, avaient pour préoccupation de la conserver. — Mais en lieux assez exempts de soucis pareils, où pour s'expliquer le fait il faut supposer que la tradition des anciennes franchises s'était mieux conservée, qu'on y restait plus attaché, ces franchises ayant été là plus bienfaisantes.

Quand Lyon se rebelle contre le pouvoir central, c'est, dit-on, par préférence pour la cause girondine ou par sympathie pour le royalisme. C'est aussi parce que cette grande ville s'était longtemps gouvernée elle-même, y restait assez disposée et était une petite patrie dans la grande. On voit cela quand on étudie un peu sa très-curieuse et très-belle histoire.

Si notre Bugey, dans le mouvement révolutionnaire, a songé d'abord à refaire son autonomie, c'est qu'il l'aimait, c'est qu'elle lui avait donné, dans ses montagnes, une vie propre à laquelle il s'était attaché et n'était pas disposé à renoncer.

Ceux qui, à un point de vue particulier, s'isolaient ainsi, sans en avoir pleinement conscience, d'abord du mouvement général; qui au milieu d'une révolution ayant, elle, l'ambition de retrouver et de rétablir *les droits de l'homme et du citoyen*, limitaient leur tâche à reconquérir les franchises frauduleusement détruites par Louis XIV et Louis XV, ne méritent aujourd'hui, après quatre-vingts ans d'expériences faites, ni la faveur, ni le mépris de l'histoire. Et on ne se propose ici ni de glorifier, ni de conspuer l'effort médiocre qu'ils ont fait plus tôt qu'on ne dit, et avec plus de suite et de logique qu'on ne croit.

Mais si on veut bien savoir l'histoire de la Révolution, celle aussi de notre province, on fera bien de regarder à cet effort, de lui demander quelle raison d'être il avait ou alléguait; ce qu'il cherchait précisément et par qui il était secondé. Après cette recherche on comprendra mieux en quoi la Constitution décentralisatrice de 1791 fut encore pour les autonomistes une défaite et une totale déconvenue. On comprendra mieux aussi comment, après la chute des Girondins au 31 mai, dans quelques villes et provinces il se trouva des mécontents pour épouser leur cause assez distincte, et se compromettre dans le mouvement fédéraliste qui avorta si tôt en 1793.

On surprend en flagrant délit, dès 89, ceux qu'on pourrait appeler les Girondins de la monarchie dans les *Cahiers des plaintes, doléances et remontrances du Tiers-Etat de la province du Bugey*, dans le *Cahier général de l'Ordre du Clergé*, dans celui de *Messieurs de l'Ordre de la Noblesse*, (réimprimés par M. E. Récamier, 1876) ; mais surtout dans une pièce devenue introuvable qui est comme l'exposé des motifs de ces cahiers : c'est le *Mémoire présenté à l'assemblée du conseil des Trois Ordres du Bugey, tenue à Belley le 10 février 1789, par deux syndics généraux du Tiers-Etat, nommés commissaires par l'assemblée du 2 décembre 1788.* (46 pages in-8° ; le titre manque, le nom de l'imprimeur aussi. La pièce est signée Gaudet et Demerloz, syndics généraux du Tiers-Etat du Bugey.)

Ce travail met en lumière les deux principaux désordres dont l'Etat souffre ; et qui sont la ruine de l'ancienne Constitution, et l'inégalité de l'impôt. Il propose ensuite le remède que nous verrons adopter dans les cahiers.

Nous allons le suivre dans ses trois parties. En examinant les deux premières nous avons à gagner accessoirement de connaître mieux l'état vrai des choses pendant la seconde moitié du xviii° siècle dans notre pays, de nous fixer sur des questions qu'on s'est remis à controverser ; cela grâce à des documents contemporains, venant d'hommes compétents du Tiers, qui, dans le conseil des Trois

Ordres furent estimés exacts puisqu'ils servirent de base aux résolutions ultérieures.

Nous commencerons par la ruine de l'ancienne Constitution. On veut rétablir celle-ci ; on la raconte d'abord.

Quand, après la restauration de l'état piémontais, en 1814, l'école libérale de Turin redemanda, elle aussi, la vieille Constitution° de cet état à la Maison de Savoie qui l'avait abolie puis fait ensevelir par des faussaires à gage, sous un tas d'in-folio menteurs ; elle en rechercha et en retrouva laborieusement les preuves historiques perdues. Elle les eût trouvées sommairement dans le *Mémoire* (ch. X, p. 27). Il y a bien là, sur les anciennes époques bourguignonne et féodale des assertions vagues et aventureuses, mais à partir du commencement du xiv° siècle tout est exact et précis.

On nous montre d'abord les Etats-Généraux vrais souverains de la petite monarchie fédérative de Savoie, et agissant comme tels dans les circonstances les plus graves de son histoire. Puis on passe à l'état du Bugey, une des monades dont le groupe se compose ; à ses assemblées particulières, à la date où ces assemblées apparaissent et fonctionnent.

Les Etats du Bugey sont composés des Trois Ordres. Ils se réunissent irrégulièrement avant la première conquête française (sous François I°'). Depuis, tous les trois ans. Ils votent l'octroi ou impôt concédé au prince, toujours moindre que celui demandé.

Cet impôt jusqu'en 1564 est réparti également entre les Trois Ordres. Le privilége d'exemption du Clergé, de la Noblesse ne remonte en Savoie qu'à un édit de 1584 « fixant et réglant pour la première fois » ce privilége. (P. 6.)

Les députés du Tiers étaient élus par les villes et communes ayant voix dans l'Assemblée générale. On ne savait pas sur quoi était fondé le droit de ces villes. Et de très-grosses paroisses n'avaient pas de représentants. — Cette inégalité et iniquité, a subsisté jusqu'à nos jours dans les pays de droit historique, l'Angleterre, la Hongrie, etc.

Quatre procureurs syndics, élus par l'Assemblée générale du Tiers, étaient, pendant l'intervalle des réunions des Etats, chargés de l'agence de toutes les affaires concernant le Tiers. C'étaient ces syndics qui faisaient le département de l'impôt entre les mandements et les communautés. Ils percevaient les deniers négociaux affectés aux besoins de la province et en rendaient compte aux Assemblées générales.

Voilà le droit. Quant au fait, au premier coup d'œil jeté sur nos annales, on distingue combien il a été différent, soit sous le régime savoyard, soit sous les rois François Ier et Henri II. Ces annales relatent une série lamentable d'impôts arbitraires et d'avanies à la turque, arrachés par le Prince ou par ses officiers : nos syndics n'en disent mot, ils vont redemander la vieille Constitution ; leur tâche n'est pas de montrer son inefficacité.

Cette mécanique des Trois Ordres a fonctionné un peu plus régulièrement depuis notre réunion à la France en 1601 jusques vers le milieu du xviiie siècle. Même alors elle ne nous défend aucunement des avanies dont nous frappent Louis XIV et Louis XV en leur besoin et gaspillage d'argent perpétuel.

C'est à la fin du xviie siècle que l'assemblée des Trois Ordres du Bugey a le plus d'autorité. Louis XIV pour faire finance confisque les Mairies et les vend au plus offrant. Le Tiers-Etat du Bugey les rachète et y nomme. (P. 37.)

Les syndics étaient chargés de la police générale de sûreté et de santé. (P. 38.)

Ils avaient l'entière administration des ponts, chaussées et routes de la province. (Id.)

Ils assistaient au département des Tailles. L'Election de Belley ne devait enregistrer aucun titre donnant le privilége de l'exemption de taille, radier ou rejeter sur le Général aucune cote, sans communication préalable aux syndics du Tiers et leur avis et consentement. (P. 39).

Ces syndics faisaient le département et l'assiette de la Capitation et des Vingtièmes. (Id.) — Egalement le département de l'imposition des Milices. (Id.)

En somme ce petit pays s'administrait lui-même. Son assemblée avait des attributions qui sont refusées encore ou chicanées à nos Conseils généraux. Mais l'institution, comme toutes celles de l'ancien régime, manquait essentiellement de garantie et de sanction légales. Elle va périr à peu près tout entière sans avoir été défendue et sans pouvoir l'être, vers le milieu du xviii° siècle, coulée bas par un petit souffle venant de Versailles.

Ce n'était pas la manière alors de procéder bruyamment par voie de coups d'état ou de mesures générales et radicales. Aussi beaucoup de nos historiens n'ont rien vu de cette révolution coupable et sournoise.

« Ce fut, disent avec calme nos syndics, en 1742, que sur les ordres de Sa Majesté de conserver en place quelques-uns des officiers du Tiers, et de proposer trois sujets pour chacune des autres places, l'Assemblée générale des députés des paroisses cessa le libre exercice d'un droit dont elle jouissait de temps immémorial. » (P. 36.)

Autrement dit : l'élection fut remplacée par le bon plaisir et la délégation du Prince.

A six ans de là, en 1748, les syndics furent « *déchargés* » de la police de sûreté et de la levée des Milices par un « Commissaire départi exprès ». (P. 38.)

L'administration des ponts et chaussées leur fut enlevée insensiblement par l'Intendant, de 1744 à 1750. (Id.)

Le même intendant ou son subdélégué usurpa aussi le répartement et assiette de la capitation. (P. 39.)

Enfin lorsque les Trois Ordres sur la répartition entre eux des impôts se divisaient, le Tiers balançant en Bugey *de jure* les deux autres ordres, l'Intendant intervint et fit la répartition lui-même. (P. 40.)

En 1789, dit le *Mémoire*, « l'autorité des syndics des Trois Ordres consiste à faire les fonds communs, *à surveiller* ce qui intéresse le bien public *en général*, enfin à donner *leur avis* sur l'ouverture et entretien des routes, la construction et la réparation des ponts, etc. » (P. 41.)

Ainsi en quarante ans la royauté escamota au pays son droit, aux Etats leurs attributions en détail, selon un plan voulu et suivi. La génération qui vit faire cela ne s'y opposa pas, n'éleva pas la voix : elle semblait s'y résigner. Sa revanche s'appelle 1789.

De l'ancien ordre il restait un vestige, l'exemption d'impôts pour les privilégiés. Cette exemption pouvait faire endurer à la Noblesse et au Clergé les usurpations commises, mais elle n'était pas faite, on en conviendra, pour consoler le Tiers.

Et les syndics Gaudet et Demerloz, en proposant à l'Assemblée du Conseil des Trois Ordres de réclamer le rétablissement de l'état de choses antérieur à 1742, y proposaient précisément une modification importante qui était l'abolition de cette exemption. Ils la demandaient d'ailleurs, c'est essentiel à noter, non au point de vue égalitaire où nous nous mettrions, mais au nom d'un droit antérieur et historique.

Le premier impôt qu'on ait payé au Prince en Savoie est l'impôt du sel, ou gabelle, qui frappait tout le monde. En 1564 le Tiers-Etat du Bugey obtint la conversion de cet impôt en un abonnement fixe de 9,700 écus qui prit le nom de Taille ordinaire. Le Clergé et la Noblesse refusèrent d'y contribuer parce que le Tiers « avait fait seul cet abonnement » — et parce qu'en France ni l'un ni l'autre ne payait la Taille. (P. 6 et 7.)

Un édit de 1584 reconnut cette prétention et dispensa d'être « cotisés en tailles les ecclésiastiques pour les biens anciens du patrimoine de l'Eglise et les gentilshommes issus d'ancienne race ». (P. 8 et 10.) Comment les anoblis, exceptés formellement, « parvinrent depuis à jouir du privilége d'exemption totale de toute espèce de tailles, on l'ignore ». (P. 14.)

Après avoir affirmé ces faits (oubliés par nos historiens) le *Mémoire* établit la situation respective des Trois Ordres au point de vue de l'impôt en 1788.

« Les biens anciens de l'Eglise, soit les biens acquis par elle avant 1584, sont seuls exempts des charges communes : ils redoivent au fisc uniquement les décimes qui montent à..................... 1.800 livres.

» Les biens de nouvelle acquisition payent pour la taille et capitation..................... 2.200

» Et pour les Vingtièmes pour lesquels on les a assujettis en 1785. 1.100

» Les 1,800 personnes ecclé-

_____

A reporter........... 5.100

Report.............. 5.100 livres.

siastiques du Bugey contribuent
à l'impôt du sel environ......... 1.800

» Total des impôts payés par le
Clergé..................... 6.900 livres.

» Quatre-vingt-dix familles no-
bles paient : Capitation........ 4.398 livres 5 sous.

» Vingtièmes 27.369   11

» Sel................... 1.000

» Total des impôts payés par la
Noblesse... .... 32.767 livres 16 sous.

» Le Tiers-État paie au Roi onze sortes d'impôts (non
compris ce qu'il redoit aux seigneurs, clercs et laïques,
de dîmes, corvées, servis et redevances). Ce sont :

Taille et taillon................	68.906 l.	15 s.	» d.
Subsistance et exemption........	52.962	15	6
Milices......................	35.255	7	8
Gratifications	26.851	10	9
Etapes......................	23.977	16	6
Taxations des élus............	1.479	1	6
Capitation....................	34.115	1	6
Vingtièmes....................	95.813	4	5
Frais, environ................	1.500	»	»
Crue sur le sel................	57.000	»	»

» A distraire, payé par le Clergé
pour biens de nouvelle acquisition... 3.300   »   »

» Total des impôts payés par le
Tiers-État..................... 397.979 l. 11 s. 7 d.

» Total des impôts payés par les
Trois Ordres.................... 437.647 l. 7 s. 7 d.

» Or, le Clergé possède au moins un quart du sol, la

noblesse un autre quart, le Tiers-Etat la moitié. S'il s'élevait sur cela quelque doute, l'on prouverait par des calculs sans réplique que cette division donne au Clergé et à la Noblesse beaucoup moins qu'ils ne possèdent.

» En 1788, l'impôt du Clergé a été, par arpent, de . . . . 1 s. 4 1/2 d.

» L'impôt de la Noblesse.   6   6 1/2

» L'impôt du Tiers-Etat.   39   9 1/2

Les syndics du Tiers, s'adressant aux privilégiés, terminent ainsi sur cette question :

« Votre privilége d'exemption ne consiste *décidément* qu'à ne pas payer votre part de la somme de 9,700 écus, montant de l'abonnement de 1564 pour la suppression de la gabelle... Aucune des impositions postérieures n'existait quand ce privilége vous a été accordé. Aucune loi positive ne vous a exemptés de celles-ci. Vos deux Ordres doivent donc y contribuer de la même manière qu'ils sont tenus de contribuer aux vingtièmes et à la capitation. Si toutefois quelque loi d'exemption avait été surprise, voudriez-vous soutenir, Messieurs, que les charges de la société ne doivent pas peser sur vous, que sa défense ne vous intéresse en rien, que les appointements des gouverneurs, intendants, commandants ne doivent être payés que par le Tiers-Etat ?

» La différence dans les contributions des divers ordres a dû vous paraître excessive ; et vous la trouverez bien injuste si vous réfléchissez que les biens du Tiers sont grevés, au profit de vos deux ordres, de dîmes, de tâches, de cens, de servis, de rentes, de fondations et droits féodaux de toute espèce — et si vous réfléchissez que le Tiers est chargé *seul* de toutes les corvées pénibles et *dispendieuses* de la société et que vos deux Ordres se sont réservé à eux seuls le droit de représenter dans les postes brillants et lucratifs. » (P. 19 à 26. Les mots soulignés ici le sont dans le texte.)

Conformément le Tiers-Etat du Bugey, par l'organe de ses syndics, demande le rétablissement de l'ancienne constitution du pays frauduleusement détruite — sauf l'inégalité d'impôts qui, d'ailleurs, en Bugey, n'est qu'une dérogation à une constitution plus ancienne et une nouveauté.

Des nouveautés, on s'en défie plutôt. « Il faut, dit le *Mémoire*, invariablement conserver la distinction et la forme de chaque Ordre... Dans quelques provinces, le Tiers-Etat demande que les voix soient comptées par têtes. Nous regardons cette demande comme absolument opposée aux intérêts du Tiers quand il s'agira de voter des impôts et dépenses. » Ceci qui nous semble si singulier est expliqué à mots couverts. On suppose que dans une assemblée unique où le Tiers aurait juste la moitié des voix, il suffirait aux deux autres Ordres coalisés, pour avoir la majorité, « de trouver parmi ses représentants quelques hommes corrompus ou pusillanimes ; un seul individu, si l'on opine par tête, peut faire cette majorité... Plus le Tiers aura de représentants, plus ce sera facile... » On le voit, le doublement du Tiers est accueilli avec défiance et la possibilité de la réunion du bas Clergé au Tiers n'est pas entrevue.

L'usage, conclut-on, a été de tout temps en Bugey que les trois Etats ont opiné par Ordre et que la voix du Tiers a balancé les autres. (P. 41 à 43.)

Le système que nos syndics proposent là pare bien au danger que leur pessimisme provincial appréhende. Mais il en provoque un autre moins problématique vraiment. Le Tiers balancera les deux autres Ordres ; soit. Mais alors le gouvernement fera pencher la balance du côté qu'il voudra. L'expérience aurait dû avertir ces politiques que l'intervention du troisième larron est toujours à redouter.

De ce *Mémoire*, qui est bien un exposé des motifs, nous allons passer aux *Cahiers* qui sont un peu des projets de loi. Chaque Ordre, on le sait, rédigea le sien. Nous allons détacher de chacun ce qu'il propose d'édicter sur ces deux questions capitales, la Constitution et l'impôt.

« Supplie le Tiers-Etat du Bugey

» Qu'il soit *rendu* aux Etats actuels du Bugey *leur forme ancienne* et les droits dont ils ont été successivement dépouillés depuis deux siècles.

» Qu'ils soient régénérés d'après le plan *arrêté* dans une assemblée générale des trois Ordres de la province...»

Restitution donc, avant tout, du droit historique, en sa forme *ancienne*, selon le plan *arrêté* par les suppliants. Il n'est pas possible à ceux-ci d'affirmer plus résolûment leur revendication, et d'en marquer mieux le caractère. Le marquis de Lafayette, qui sera le *héros des deux mondes*, proposera à l'Assemblée nationale de France, le 11 juillet suivant, de donner pour base à la Constitution future la déclaration des Droits de l'homme. Nous, bonnes gens du Bugey, nous réclamons notre bien qu'on nous a pris.

« Que si le Roi et les Etats-Généraux établissaient une Constitution uniforme, ils *consentiraient* que leurs Etats fussent assimilés aux autres administrations, avec la clause *expresse* que, dans tous les cas, la province du Bugey aura le droit de s'administrer par elle-même, sous l'autorité *immédiate* du Roi, avec toute la liberté et la mesure des pouvoirs qui constituent les *Etats proprement dits*. L'administration ainsi *rendue*... au Bugey ne pourra jamais *cesser* par suppression, *incorporation* ou autrement. »

Le Bugey concède là aux Etats-Généraux de France la permission de l'assimiler aux autres provinces à ces conditions *expresses* qu'on respectera son autonomie, qu'il s'administrera lui-même, ne dépendra que du Roi directement, sans intermédiaire d'aucune administration générale ou provinciale. Il ne veut être *incorporé* ni à la Bresse, ni à la Bourgogne ; il n'entend pas être uni à la France sans réserves. On s'occupe peu de la France ici. Le mot de patrie quand il sera prononcé à Belley s'appliquera, nous le verrons, à la province ou à la ville.

« Qu'il soit reconnu comme maxime constitutionnelle du *royaume de France et du Bugey* en particulier que chaque Ordre supportera sa part des impositions librement votées et consenties soit dans les Etats-Généraux du royaume, soit dans les Etats de cette province.

» Que, quand les Etats-Généraux auront déterminé la quotité annuelle des subsides communs à tout le royaume, il soit libre à chaque province d'asseoir et lever sa portion sur les sujets, de la manière qui lui paraîtra la plus économique et la moins onéreuse.

» Que la dette du Gouvernement, fixée, sera répartie sur toutes les provinces, selon leurs forces ; et qu'il soit établi dans chacune une caisse d'amortissement pour sa libération du contingent.

» Que la contribution de la province sera versée directement et sans intermédiaire au Trésor royal ; que les charges de Receveurs généraux et particuliers soient en conséquence supprimées, avec faculté de faire *la recette de la province par voie de commission révocable.* »

Nos administrations trouveront à ce mode de perception de l'impôt mille inconvénients majeurs, sans parler du pire qui serait leur suppression. Il avait, il est vrai, un avantage incontestable : ces *commissions* indépendantes du pouvoir central n'eussent jamais fait rentrer un impôt non voté ou qui n'eût pas été « librement voté et consenti » par les Etats,

« Que les Etats du Bugey soient maintenus dans le droit d'imposer sur leur province les diverses sommes nécessaires pour les dépenses et charges du pays... »

Ceci n'est ni moins clair, ni moins catégorique que ce qui a précédé. Et la question de ménage n'est pas résolue autrement que la question de gouvernement. Le Bugey entend *asseoir*, *répartir* et *percevoir* l'impôt qu'il paie, lui-même, à sa façon, économiquement. De la dette de la France, il ne refuse pas sa part non plus, mais à la condition que cette part sera distincte, et à lui si propre qu'il pourra travailler à s'en libérer. Il trouve bon que chaque province en fasse autant. Il ne dit pas, mais cela découle de soi, que chacun ne sera responsable que de sa part.

Je ne sache pas que les républiques fédératives aient poussé si loin le chacun pour soi, chacun chez soi. La Pensylvanie a sa dette, mais ne s'est pas arrangée pour être déchargée de celle des Etats-Unis.

Le cahier du Tiers se sépare du *Mémoire* sur un point. Il demande le vote *par tête*. Les bonnes gens des communes du Bugey ont meilleure opinion des hommes que leurs syndics. Les hommes réunis, les assemblées, sont obligés de se montrer moins défiants et aussi moins lâches que les hommes isolés.

« Messieurs de la Noblesse » se plaçant tout d'abord sur un terrain plus large, « remontrent :

« Que la France a une constitution. » C'était controversé ; et il n'eût pas fallu ajouter : l'affirmation contraire est le fait « de novateurs hardis » dont les écrits sont

« répréhensibles ». Ce dernier mot ressemble à une dénonciation.

« Une preuve, c'est qu'il existe des Ordres, des corps, des individus ayant des droits et des prérogatives. » Cette preuve serait de mise en Turquie, en Chine : elle ne force pas la conviction. « Ne pas respecter les droits établis, c'est amener l'anarchie. » Ceci ressemble à une menace.

« Il n'y a pas à créer ou à changer la Constitution, mais à déraciner les abus qui la minent. » Voilà qui se fait écouter plus volontiers. Nous avons donc une constitution minée par des abus enracinés.

« Les États-Généraux seront périodiques, sinon permanents. » C'est bien dire ; mais c'est reconnaître que notre constitution était intermittente ; elle avait là un second tort plus grave encore que le premier.

« Chaque Ordre doit délibérer à part. » Les délibérations par tête, Ordres réunis, sont réprouvées. Le député de la Noblesse est chargé spécialement de réclamer « le vote par Ordre ; ce n'est pas un abus. »

Les priviléges non plus. « Ils seront respectés. » Mais la noblesse du Bugey fait « un généreux sacrifice de ses exemptions pécuniaires.... » Ceci est beau en somme ; pour généreux, il eût fallu le laisser dire à d'autres.

« Demandant qu'il (le sacrifice) serve à soulager la partie misérable du peuple, et non à nourrir, *sans l'assouvir,* la cupidité des capitalistes... »

Ce qu'il y a de fondé dans la récrimination, on ne peut l'apprécier. Le mot souligné est féroce.

« On choisira parmi les impôts proposés ceux qui porteront sur *le luxe...* » (l'école radicale en resterait d'accord) « et sur *les capitalistes...* » Est-ce de la rancune ? Les capitalistes du pays avaient alors le tort de louer leur

2

argent aux enfants prodigues et de leur faire payer le loyer sept, huit pour cent. *Indè iræ*...

« Les Etats-Généraux répartiront l'impôt entre les provinces. Chacune répartira, lèvera, versera au Trésor royal ses subsides sans aucun agent intermédiaire...

▪ Le Royaume sera divisé par les Etats-Généraux en un certain nombre de districts connus sous le nom de provinces, en respectant les *anciennes associations* qui ont rapproché les cantons ayant le plus de rapports entr'eux par la situation, les productions et les coutumes...

» Dans ces provinces, et notamment en Bugey, seront établies des administrations particulières sous le nom d'Etats provinciaux.

» Le Bailliage de Belley ressortira nuement au Parlement, non plus au présidial de Bresse dont la juridiction sera abolie en Bugey... »

Il peut sembler au premier abord que la Noblesse du Bugey se préoccupe plus de sa situation et de ses prérogatives que des intérêts de sa province. Et cet ensemble de vues qu'elle expose peut sembler un peu moins *particulariste* que celui proposé par le Tiers.

Toutefois si on ne réclame plus ici pour le Bugey le droit d'administrer ses finances, on réclame pour lui une sorte d'indépendance judiciaire.

Et si on insiste moins sur l'autonomie de la province, on dit, en passant, la raison d'être de cette « ancienne association » et pourquoi il faut qu'elle soit « respectée ». Cette façon de la défendre est peut-être encore, dans la circonstance, la plus habile qui soit.

De plus, la réserve, calculée peut-être, de la Noblesse ne laissera pas que d'être mise en oubli totalement quand il s'agira d'établir le mandat impératif si peu en faveur aujourd'hui.

On nous dira là en quelques lignes deux énormités.

« L'assemblée des provinces étant une représentation beaucoup *plus complète, beaucoup plus immédiate* de la Nation en qui *seule* réside le pouvoir souverain de la législation, chaque province a *le droit* de donner à ses députés des instructions ou *mandat* spécial dont ils *ne peuvent s'écarter*, de mettre telle modification qu'elle juge à propos à la partie du pouvoir dont elle *se dépouille* pour en revêtir son député... »

Voilà vraiment les Etats du Bugey placés au-dessus des Etats-Généraux de France ; investis du « pouvoir souverain de la législation, » plus complétement que l'Assemblée de Versailles ; et celle-ci n'ayant, de ce pouvoir, que ce dont l'Assemblée de Belley voudra bien *« se dépouiller, »* pour le lui déléguer. Les Trois Etats du Bugey sont par ce qu'ils sont, et tout émane d'eux.

La Constitution de 1793 vient ; elle porte que les lois sont envoyées aux communes ; si un dixième de celles-ci réclame, les Assemblées primaires convoquées prononcent. C'est la même doctrine rigoureusement appliquée. La Noblesse du Bugey n'a pas le don de seconde vue.

L'Ordre du Clergé « demande qu'il plaise au Roi de prendre des mesures efficaces pour réformer les mœurs... »

Cette idée qu'on peut décréter les mœurs domine cette époque : elle conduit Saint-Just.

« Maintenir la province du Bugey ou la réintégrer dans l'ancien usage de ses Etats... avec les mêmes pouvoirs d'ordonner par des députés de la recette *et emploi* des fonds publics... Ainsi qu'elle en a usé jusqu'en 1745... »

« Que les répartements et assiettes de toutes impositions à faire sur la province seront faits par les députés des trois Ordres du Bugey, selon le droit ancien et *imprescriptible*

du pays... la reddition des comptes pareillement par lesdits députés... le versement des subsides fait sans intermédiaire par le receveur de la province au trésor royal...»

« Que la dette nationale soit répartie entre les provinces selon leurs forces, qu'il soit établi en chacune une
caisse d'amortissement pour la libération de son contingent... »

Il faut tolérer ici ce qui paraît une redite. La redite
montre l'unanimité des trois classes dirigeantes d'alors.

« Qu'il ne soit fait aucun impôt sur la province du Bugey ou aucun de ses habitants qu'après le consentement
des trois Ordres... Avec réserve expresse pour le Clergé
que, *s'il paie les mêmes contributions que les deux autres
Ordres*, ce sera au lieu et place de l'ancien don gratuit et
autres subsides qu'il a supportés, etc... »

Les mots qu'on souligne (s'il paie, etc.) réservent, c'est
à croire, le droit pour les Etats-Généraux d'improuver. En
l'assemblée générale des trois Ordres tenues dans la cathédrale de Belley, le 15 mars 89, le Clergé avait « renoncé à
toutes les exemptions pécuniaires dont il avait jusqu'ici
joui. » Incontinent, la noblesse avait « consenti à partager
toutes les contributions à proportion de ses propriétés... »

Jusqu'ici le Clergé n'a guère fait que s'associer aux de-
mandes des deux autres Ordres. On notera pourtant, qu'en
réclamant l'ancien droit, il le déclare *imprescriptible*. Voulant le mettre par là à l'abri des entreprises du pouvoir et
des défaillances momentanées des sujets. Cette idée absolue devait venir à des théologiens.

Sur deux points le Clergé dépasse les autres Ordres :

« Dans le cas *extraordinaire* d'une nécessité absolue
d'avoir recours à l'usage des lettres de cachet, contre un
domicilié dans la province, elles ne pourront être accor-

dées qu'après que le mémoire présenté au Ministre, à l'effet de les obtenir, aura été renvoyé à *l'administration provinciale* pour *vérifier* l'exposé porté dans la plainte et *entendre l'accusé*... »

On ne peut qu'approuver ceci : toutefois si le principe monarchique : « Toute justice émane du roi » n'y périt, il est bien un peu entamé.

Enfin le Clergé demande « le rétablissement de l'ancienne administration municipale de Belley, de sorte que Clergé et Noblesse puissent y voter, en nombre égal au Tiers-Etat...» Tout arrive en France, a dit le cardinal de Retz : on peut donc tout proposer...

Il peut être produit, du fait qu'on voulait d'abord montrer ici, d'autres preuves sans doute ; il n'en sera pas produit de plus complète que celle qu'on vient de voir.

Il y avait donc, en France, telle province pour qui la Révolution n'était que la revendication légitime d'un ordre antérieur, sa reconstitution et sa régularisation.

On n'a pas, ici, à se demander ce que cet ordre ancien pouvait valoir. Pour répondre il faudrait refaire l'histoire de notre province, montrer la différence qu'il y eut toujours entre le droit mal assis et les faits qui le déjouent et se moquent de lui perpétuellement — puis rappeler avec quelle facilité on l'a ruiné — autrement dit combien il était peu sérieux et peu solide.

Il n'y a pas lieu d'examiner davantage ce qu'eût pu être et ce qu'eût valu à la fin du xviii° siècle son rétablissement et, si l'on veut, sa régularisation, autrement dit la restauration de la monarchie aristocratique du xv° siècle sur ses vieilles bases.

Cet ordre ancien, perfectionné, pouvait être très-beau ; si l'on veut même qu'il soit le meilleur on n'y contredira pas ici où on expose plus qu'on ne discute. Seulement il avait deux défauts assez grands : l'un que ses bases étaient pourries ; l'autre que l'institution se disloquait d'elle-même. La jument de Roland, dans le *Roland furieux*, a aussi bien des qualités ; mais elle est morte ; ce qui est des défauts le pire.

Dans cette petite ville si intelligente de Belley, un clergé, instruit et patriote d'ailleurs, déclarait le droit de la Province *imprescriptible* : dans la grande ville non moins éclairée de Besançon, le Parlement décidait que les États-Généraux n'avaient pas de pouvoir pour détruire l'autonomie de la Franche-Comté. On se trompait par là, peut-être sur ce qu'il y avait à faire de mieux, certainement sur le possible.

Parmi ceux qui allaient conduire la France à ses destinées car ils représentaient vraiment son esprit, choisissons deux hommes différant *toto cœlo* d'éducation, de situation, d'intérêts. L'un nous dira l'utopie favorite de cette heure d'espérances illimitées. « Il faut renouveler les esprits, changer les idées, les lois, les hommes, les choses, les mots. » C'est un pasteur protestant, député de Nîmes, Rabaut Saint-Etienne. L'autre, pratique ce jour-là, montre le but qui fut atteint en effet : « Qu'est-ce que le Tiers ? Rien. Que doit-il être ? Tout. » Celui-là est un prêtre catholique, député de Paris, Siéyès.

En attendant de changer les hommes comme Rabaut voulait (et de réformer les mœurs, comme le proposait au Roi le Clergé du Bugey), les Etats-Généraux se mirent tout de suite à changer les mots. Ils se proclamèrent Assemblée nationale le 17 juin 89. C'était, il est vrai, changer aussi les choses, car que restait-il, à partir de ce moment, des Trois Ordres ?

Puis l'Assemblée nationale supprima, le 15 janvier 1790, ces états dans l'Etat qui s'appelaient les Provinces, niant leurs droits imprescriptibles ou les mettant à néant — créant le même jour les Départements dont le nom même (qui équivaut à subdivisions) implique une idée absolument nouvelle. Les Provinces existant par elles-mêmes avaient fait la France. La France fait les Départements qui n'auront d'existence que celle qui leur sera concédée.

La destinée octroyée au Bugey dans cet ordre si nouveau, et pour lui si imprévu, fut directement contraire aux vœux que ses Etats avaient exprimés unanimement.

Il avait demandé de conserver son existence distincte, sa constitution ancienne, son administration élue par lui, et de ne dépendre financièrement, judiciairement que du pouvoir central, sans intermédiaire.

Il n'eut pas même la demi-satisfaction de former à lui seul une de ces unités nouvelles qu'on créait et qui, dotées d'institutions uniformes, allaient, tant que dura la constitution de 1790, s'administrer elles-mêmes. Il fut incorporé à l'une d'elles dont il dépendit administrativement, judiciairement, financièrement.

N'y formant, par l'infériorité numérique de sa population, qu'une minorité, il ne pouvait même espérer d'y prendre la situation prépondérante.

Par la même raison, il n'avait, dans l'administration départementale élue, qu'une part, celle que l'équité de l'assemblée électorale du Département, qui allait nommer le Directoire et le Conseil général de l'Ain, voudrait bien lui attribuer.

L'Ain, il est vrai, se partageait en districts dont chacun avait une activité propre. Si le Bugey eût formé l'un d'eux, il eût trouvé là une compensation telle quelle à ses pertes et sauvé par là quelque chose de son entité.

Pas plus que la précédente cette satisfaction ne lui fut concédée. L'Ain était partagé en neuf districts. Le Bugey fut émietté en trois (Belley, Saint-Rambert et Nantua) et ne se retrouva dans pas un.

En somme les Trois Ordres du Bugey, classes gouvernantes s'il en fut jamais, avaient vu surtout dans la Révolution une occasion de prendre leur revanche contre la Monarchie absolue qui leur avait volé leurs droits politiques. Et la Révolution, trompant leur attente, les dépossédait *de jure* de ce dont la Monarchie les avait frustrées *de facto*. L'institution du département leur ôtait l'honneur et l'avantage de conduire exclusivement leur beau petit pays. Ils ne s'en consolèrent pas.

Quand commencera chez nous la querelle qui se produit infailliblement tôt ou tard en tout état libre, entre les partisans du pouvoir centralisé et ceux du pouvoir fractionné — entre la force centripète et la force centrifuge — les autonomistes du Bugey, déjà mécontents de la Constitution de 1791, virent venir celle de 1793. Celle-ci donnera la souveraineté de droit à l'assemblée primaire *cantonale*, le pouvoir à un Corps législatif nommant l'Exécutif, abolissant par en haut et par en bas le passé que les autonomistes eussent voulu seulement réparer.

Les autonomistes de Belley se rallieront donc à ces hommes de la Gironde dont le point de départ était autre et qui ne songeaient guère à réparer le passé dont ils avaient accéléré la chute, mais dont les tendances fédéralistes n'interdisaient pas aux Provinciaux tout espoir.

Seulement, à côté des gouvernants il y avait les gouvernés. Ceux-ci avaient vu surtout dans la Révolution l'occasion de ruiner ce qui restait du monde féodal. Et la Révolution justifiant leur attente leur avait apporté la suppression des Droits seigneuriaux, de la Gabelle, de la Dîme ; elle leur avait donné l'impôt égal, la justice une, la liberté du commerce, la suppression des Maîtrises, etc., etc. La Révolution les ayant satisfaits sur ces points, ils restaient satisfaits de la Révolution. Ils acceptaient d'avance, sans bien y regarder, toutes les constitutions qui leur garantissaient ces conquêtes-là. Ils y tenaient bien plus qu'au principe de la division des pouvoirs. Ils entendaient peu ce principe. Ils auraient retourné volontiers un mot fameux et dit : Périssent les principes plutôt que l'égalité reconquise ! A Belley ils allèrent aux Montagnards.

Cet exposé nous a montré la situation des esprits au début de la Révolution dans une petite province éloignée du centre, habituellement soustraite à ses préoccupations et à ses tendances — de laquelle on imprimait à Paris, *l'an premier de la République française* : « un des inconvénients du Département de l'Ain, c'est la difficulté d'y voyager... L'on n'y rencontre pas une seule voiture publique... Les relations avec Paris sont lentes... l'esprit public en souffre. Il est possible ainsi que ce département ne soit jamais à l'ordre du jour, que les lumières n'y viennent que par ricochet, par l'embarras d'y multiplier les papiers-nouvelles... » (*Voyage dans les Départements par J. la Vallée et Brion.* Desenne.) Il n'existait pas un seul journal dans ce pays qui va donner à la Révolution un de ses deux ou trois journalistes principaux, J.-L. Carra, représentant de Saône-et-Loire à la Convention, né à Pont-de-Veyle, mort avec les Girondins.

Si on ne se trompe bien, nous voyons encore dans les faits qui précèdent apparaître la cause première des divisions postérieures et des tiraillements qu'elles amenèrent. On va dire maintenant ce qu'on a pu savoir de ceux-ci.

II.

EMIETTEMENT DE NOS ANCIENNES PROVINCES. — L'ÉVÊCHÉ CONSTI-
TUTIONNEL. — LES FEUILLANTS DE BELLEY. — SERVICES RENDUS
PAR LES DISTRICTS.

La période qui suit fut nécessairement consacrée à l'établissement de fait des nouveautés votées par la Constituante. Nous avons deux ou trois indices significatifs des
préoccupations de l'opinion à Belley pendant cette période : ils ne sont pas pour contredire en rien ce qui
précède.

C'est la correspondance du District qui les garde. Le
District, première forme de l'arrondissement actuel, n'était
pas comme lui gouverné par un sous-préfet, mais par un
Conseil d'administration et un Directoire élus tous deux.
Une autorité ainsi émanée directement et récemment du
suffrage populaire peut être consultée sans défiance sur la
question qui vient de nous occuper.

Nous trouvons en 1790, lors de la révision de la Constitution, le District de Belley travaillant tout de suite à
obtenir de Versailles, quoi ? — La réduction du nombre
des districts du Département. La Constituante, conduite
en ceci par Populus, le député bressan du Tiers — c'est
Gouly qui nous l'apprend — avait découpé le Département
en 9 districts, 49 cantons et 499 municipalités. Cet émiet-
tement ne laissait rien survivre de nos anciennes petites
provinces. Il était mortel au passé. Belley voulut tout de
suite, à défaut de mieux, reconstituer l'ancien Bugey sous
l'espèce et apparence d'un district de Belley accru le plus
possible. Il chargea spécialement son député, le jeune et

brillant légiste Brillat-Savarin, de mener à bien cette affaire. La chose était présentée comme devant apporter une diminution notable dans les frais d'administration.

Un fractionnement excessif ne laissait pas que d'avoir un inconvénient assez grand. Nos neuf districts devaient avoir peine à trouver un personnel d'administrateurs bien capables. Quelques-uns de leurs registres montrent que ces administrateurs improvisés avaient plus de bonne volonté que de lumières.

Il semble que deux propositions (ou seulement deux projets) aient été faits. L'un réduisait nos neuf districts à quatre, deux de chaque côté de l'Ain. L'autre rétablissait de fait trois de nos anciennes petites provinces. La Bresse devenait le district de Bourg ; la Dombes, celui de Trévoux (ou de Montluel) ; le Bugey agrandi de Gex devenait le district de Belley (ou de Nantua).

Car des compétitions se produisirent tout de suite. Le District de Nantua écrit à celui de Montluel : « A moins d'une injustice, Trévoux ne peut vous être préféré... Si le nombre des districts est réduit à trois, Nantua doit l'avoir (le chef-lieu) sans concurrence. » (Correspondance du District de Nantua, p. 8.)

Malgré « le zèle que Brillat montra pour la réussite de cette affaire », elle échoua. La Constituante avait agi à bon escient et voulu faire ce qu'elle avait fait. (Lettre du 29 décembre 1790.)

Nous verrons qu'on n'abandonnera pas cette idée à Belley et que, même sous la Constitution de 1793, la plus radicale et hostile au passé que nous ayons eue, on obtint du représentant en mission Gouly de la proposer à la Convention.

Une autre affaire à laquelle le Directoire de Belley em-

ploya son intelligent jeune député aura une issue plus
favorable. De celle-là encore on peut dire qu'elle atteste
aussi les vues *particularistes* auxquelles le Bugey restait
fidèle.

Nos anciennes provinces (Bresse, Bugey, Dombes et
Gex) dépendaient au spirituel de trois diocèses. Celui de
Lyon prenait plus des deux tiers. Le reste se partageait
inégalement entre le siége d'Annecy et celui de Belley.
Ce dernier était le plus petit de France.

La Constituante mit fin à cet état de choses en créant un
évêché de l'Ain (qui survit de fait). Où le titulaire siége-
rait-il? Belley qui pouvait mettre à sa disposition une
cathédrale et une « maison épiscopale » le réclama.

On craignait toutefois que Bourg ne fit concurrence, que
Gauthier des Orcières, son député influent, ne fit décider
la question en sa faveur. L'évêque de l'Ain, nommé par
les électeurs, est Royer, curé de Chavannes, député du
clergé de Lons-le-Saunier à l'Assemblée et y ayant quelque
crédit grâce à son attitude résolûment constitutionnelle.
Ses relations et ses habitudes le rattachent à Bourg, on
suppose qu'il ne contrariera pas les démarches de Gauthier.

Belley charge Brillat d'y faire obstacle de tous ses
moyens. « Veuillez, lui écrit-on (le 24 février 1791), ne
rien négliger relativement à cet objet important, et ne pas
perdre de temps. *Votre patrie* appauvrie par les suppres-
sions continuelles qu'elle a éprouvées ne mérite pas qu'on
exige d'elle de nouveaux sacrifices. »

François Ier, dans un but politique, avait fondé un évêché à Bourg. Le titulaire était un Gorrevod, c'est-à-dire
un grand seigneur. Nous le logeâmes dans une masure
sans écurie encore debout. En ce temps où l'on refait
des ostensoirs de 80,000 francs, on ne trouverait pas dé-

cent de la proposer à un prélat fût-il de petite naissance.
Cela n'est pas même jugé possible à cette date où pour
encourager les évêques à quitter leur croix d'or, un chrétien pratiquant rappelait à la Constituante que « c'est une
croix de bois qui a sauvé le monde. »

Brillat eut gain de cause. Mais cette affaire, si finie
qu'elle parût, devait causer aux gens de Belley de nouvelles perplexités. On n'y comprendrait rien si on ne savait
d'abord comment les changements faits par l'Assemblée
nationale à la constitution civile du Clergé furent accueillis en Bugey.

« Nous espérons, écrit le Directoire au Député, que la
loi s'exécutera sans trouble dans le District. Quelques consciences timorées y mettront peut-être d'abord quelque
répugnance. Mais nous pensons que, rassurées par la vérité, elles imiteront celles qui ont plus d'énergie...
Déjà quelques curés ont prêté le serment, et nous ne tar-
derons pas à vous apprendre que cet exemple a été suivi.»

Bientôt le District souhaite la bienvenue au nouvel évêque en ces termes plus explicites encore :

« La Providence vous avait destiné à l'épiscopat; et la
voix de Dieu par l'organe du peuple vient de vous placer
sur le siége du département de l'Ain, à Belley... Prêtre,
pontife, citoyen, législateur, la religion et la patrie vous
sont également chères... Nous nous empressons de vous
offrir un témoignage pur et sincère des sentiments dus à
un prélat selon Dieu et selon la Loi...»

Il y eut toutefois des prêtres non conformistes et ils furent vite inquiétés. Le 28 juin 1791, jour où l'on apprit à
Belley le retour de Varennes, le District écrit à l'Etat-
major de la garde nationale de Belley :

« Nous avons l'honneur de vous envoyer la lettre que le

Directoire du Département nous écrit en nous envoyant les pièces relatives à *l'interruption* du voyage du Roi et les deux décrets de l'Assemblée du 21. Nous vous prions de vouloir bien vous pénétrer des sentiments de paix et d'union recommandés par cette lettre, de les inspirer à vos gardes nationaux, de leur recommander de n'inquiéter aucun citoyen, surtout *les prêtres non conformistes*. La liberté des opinions religieuses doit être respectée... Que les sentiments de haine et d'intolérance ne se manifestent *plus* parmi nous... »

L'orage est commencé : on voit d'où il vient et où il va tout d'abord. Il se compliquera bientôt d'une façon inattendue ; le District qui protégeait les prêtres non assermentés contre la garde nationale en juin va avoir à les défendre en novembre (le 14) contre l'évêque constitutionnel !

« Nous déposons, écrit-il à M. Royer, la douleur dont nous avons été pénétrés en apprenant que des exaltés ont alarmé le public *en lui racontant ou en lui dénaturant* le discours que vous avez fait hier... Ils vous font dire qu'il faut empêcher les non-conformistes de célébrer la messe dans aucun autre lieu que la Cathédrale (cela revenait à les empêcher de célébrer la messe), qu'il faut *mettre des sentinelles aux portes des autres églises* (les chapelles des non assermentés) *pour empêcher le peuple d'y entrer*.

» Nous ne pouvons nous persuader que ces propos aient été tenus par celui qui, pénétré des principes de la charité évangélique, a lui-même concouru avec l'Assemblée nationale à décréter la tolérance la plus entière et la liberté des cultes... Un zèle amer et indiscret ne ferait qu'envenimer la plaie faite à l'orgueil par la constitution du Clergé et tendrait à troubler la paix si nécessaire, etc., etc. »

Hélas ! dans notre pays, tout parti, toute secte, eussent-ils prêché contre l'arbitraire vingt ans, deviennent intolérants le jour où ils arrivent au pouvoir. L'opposition est, par eux tout bons et tout sages, déclarée odieuse et pour le moins criminelle d'état ou digne de l'enfer. Ils n'ont cesse que son club ou sa chapelle ne soient fermés. Quinet, dans son livre sur la Révolution, dit ce travers d'origine monarchique. Il est très-vrai que Napoléon a supprimé le Tribunat, Louis XV les Parlements, que Louis XIV a jeté aux vents les cendres des Jansénistes ; que Richelieu a démoli les châteaux féodaux ; qu'Henri IV a banni les Jésuites ; François Ier brûlé les Huguenots ; Louis XI décapité la grande féodalité. La Révolution n'a pas su se préserver de ces pratiques de la monarchie. Elle voulait très-sincèrement fonder la Liberté, un ordre nouveau, et elle reviendra aux pires traditions de l'ordre ancien. Elle avait été faite pour fonder la liberté ; il n'y en a pas là où on envoie l'opposition à l'échafaud, là où on ferme ses chapelles... Est-ce qu'il était écrit que Rome serait traitée comme elle a traité Genève?

Sans doute la leçon donnée par le District à cet évêque qui veut employer l'armée à « empêcher le peuple d'entrer » dans les églises de ses adversaires est fort verte. Mais le peuple va demain nommer cet évêque son représentant à la Convention. La scission entre les classes dirigeantes et les classes dirigées est faite, on le voit bien.

Manet altâ mente repostum. L'homme d'église atteint cruellement essaiera peut-être de se donner une autre vengeance encore et qu'il faut dire.

Dans la période qui va de la réunion de l'Assemblée législative (octobre 1791) au 20 juin 1792, une des grosses préoccupations du Directoire de Belley est de faire tête à une intrigue bizarre à laquelle M. Royer semble bien un peu mêlé. Depuis le xvie siècle les évêques ont besoin de séminaires. Celui de Belley, paraît-il, n'en avait pas. Le District mettait de la bonne volonté à lui en donner un; mais l'argent manquait.

Le District écrit le 30 janvier 1792 à M. Rubat, député de Belley à la Législative :

. « La tranquillité publique a failli être troublée ces derniers jours... Des gens vivant dans le désordre, ennemis du bien public et de la religion qu'ils professent, ont cherché à soulever le peuple. Dans une pétition à la Municipalité, ils ont donné à entendre qu'on voulait *attenter aux jours* de l'Evêque... qu'on ne faisait rien de ce qui est nécessaire au culte, aucune réparation à l'Evêché... que l'on retardait l'établissement du séminaire.

» La pétition susdite fut étayée (13 février) d'un écrit anonyme attaquant toutes les autorités constituées... Le vrai but de *l'auteur de la pétition* est de soulever le peuple... »

Pour parler une langue profane, assez de mise ici, voilà vraiment un évêque qui *fait fureur*. Faut-il croire que c'est sans le vouloir, qu'il n'a nullement soufflé la pétition, qu'elle a été faite à son insu ?

Il est laid de calomnier les vaincus et rien ne semble plus complétement vaincu en France que l'Eglise constitutionnelle. Mais soupçonner qu'il y a ici une habileté dangereuse, ce n'est peut-être bien que médire. Enfin la façon dont ces réformateurs si peu réformés, si prompts tout au moins au vieux péché mignon d'intolérance, ont été punis, est suffisamment dure. Le *sic vos non vobis* n'a jamais été traduit dans l'histoire plus cruellement que par eux et pour eux.

Il est à craindre, ajoute le Directoire, que par manœuvres

on en vienne à ôter à Belley « un établissement si avantageux à notre patrie ». C'est l'évêché qu'il veut dire. L'avantage était, ce semble, bien acheté.

Un mois après (17 mars), le vicaire cathédral Peysson, arrivant de Bourg, apprend au District qu'il a su là que les cinq districts de Bresse et celui de Nantua s'entendent pour demander la translation de l'évêché à Ambronay « dans la maison des ci-devant Bénédictins ».

Et le 26 mai une délibération de la commune d'Ambronay apprend qu'on appuie là le projet de translation. Une lettre de M. Royer, « sans être approbative d'une manière expresse, prouve qu'il y donnera les mains ».

M. Royer avait-il monté cette haute comédie pour amener à composition le District qui « ne faisait pas de réparations à l'Evêché ? » ou pour punir cette ville où on lui donnait des leçons de tolérance ? Voulait-il divorcer avec elle pour incompatibilité d'humeur ? Il reste mal aisé de le distinguer ; et cela importe peu.

Le District est distrait, à ce moment même, par de graves événements qui se préparent.

Le comte d'Artois, frère de Louis XVI, gendre du roi de Sardaigne, est à Turin poussant son beau-père à la guerre : les Emigrés vont le rejoindre. La population de Belley s'ameute contre quatre officiers venant de Lyon, allant à Pierre-Châtel, c'est-à-dire à la frontière. On les fouille, on trouve sur eux plus de 300 louis, dans leurs malles quatre fusils à deux coups, des balles, etc. On crie : A la lanterne ! Pour les sauver, les magistrats les emprisonnent.

Le District attestant la *fermentation générale* l'attribue au fanatisme des réfractaires, au peu d'humanité et de charité des constitutionnels... et aussi à des gens qui pei-

3

gnent au peuple tous les gens en place comme des aristocrates. « Le parti des vrais patriotes, est-il ajouté naïve-
ment, sera le plus fort tant qu'il sera secondé par *la troupe
de ligne.* » (Lettre à Rubat du 15 mars.)

Tu quoque ! Vous aussi ! Ce sera donc là éternellement
en France le dernier mot des partis qui sentent que la
majorité leur échappe ! Dans les pays libres, une majorité
qui se sent devenir minorité s'y résigne, attend les fautes
infaillibles des adversaires, s'assagit elle-même, et corrigée
au moins pour un moment, remonte au pouvoir...

Non. Il faut à Belley *de la troupe de ligne.* Il faut même
que la ville soit déclarée ville de guerre. Les Piémontais
et les Emigrés vont entrer. On envoie d'urgence les volontaires du Haut-Rhin. Ceux-ci arrivent à Rossillon le 3 juin.
Et provisoirement ils s'insurgent contre la Municipalité « qui
est obligée de fuir pour échapper au sort cruel dont ces
soldats la menacent. Ils font subir des vexations inouïes
aux citoyens, » etc., etc. Pour y mettre ordre, le District,
hélas ! ne peut envoyer à Rossillon *qu'un gendarme !*

On envoie enfin de *la troupe de ligne* à Belley. Seulement
on néglige de la pourvoir « de tout ce qui est nécessaire » !
« Les fournisseurs auxquels il est dû 18,000 livres refusent de fournir davantage et la Ville court grand risque
d'une insurrection militaire. » Ceci se passe le 21 juin 1792.

Avant de dire comment on accueillit la nouvelle des événements du 20 aux Tuileries, il faut revenir en arrière. On
a assez vu quelle place tenaient les questions locales dans
les préoccupations du Conseil dirigeant de Belley ; elles n'y
tenaient pas cependant toute la place. Un ou deux passages
de sa correspondance avec M. Rubat nous montreront
comment il avait apprécié les travaux de la Législative ;
ses tendances politiques nous apparaîtront du même coup.

« Du 12 décembre 1792 : Le début de l'Assemblée n'a pas répondu à l'idée qu'on s'en formait... Il nous semble qu'elle ne présente pas encore cette dignité, cet accord dans les grands principes, cette maturité, etc., etc. Nous croyons y apercevoir des patriotes dangereux par leur patriotisme même... des tribunes s'arrogeant le droit d'improuver, applaudissant les motions les plus éloignées de cette *marche timide* qui ne cherche que la vérité... »

Suit une improbation *timide* de la loi sur les prêtres réfractaires, et une approbation formelle de la loi sur les Emigrés, lois auxquelles Louis XVI appose son véto.

« Du 22 : la démarche du Roi (il vient dire qu'il considérerait l'électeur de Trèves comme ennemi s'il ne dissipait sous un mois les rassemblements d'Emigrés sur son territoire), a rempli d'allégresse tous les vrais citoyens, dissipé les méfiances... la réponse du Président a été trop sèche. Les tribunes si peu enthousiastes pour le discours du Roi n'ont pas manqué d'applaudir cette réponse à outrance... Quel pronostic ! »

Ceux qui conduisent à Belley ne distinguent pas derrière Louis XVI indécis sa cour hostile. Ils ont peur du patriotisme d'Isnard si bruyant, ils croient à la sagesse et à l'efficace d'une *marche timide*, ils n'ont pas du tout le tempérament (le génie si l'on veut) de Danton, c'est sûr. Ce n'est pas de quoi les admirer ; ce n'est pas non plus de quoi leur faire un crime.

Le District de Belley est Feuillant ; il ne faut donc pas trop s'étonner de son épouvante au 20 juin. Il écrit (le 28) au député Rubat :

« Nous n'avons pas vu sans effroi le récit de la scène des Tuileries... Cela nous fait entrevoir l'avenir le plus affreux. Tout est tranquille dans cette ville... »

Le 13 juillet cette ville planta l'arbre de la Liberté ; le 14 elle prêta le serment fédératif sur l'autel de la Patrie, érigé sur la promenade, où M. l'évêque de l'Ain célébra la messe.

On apprit presque simultanément nos premières défaites, puis le discours de Vergniaud foudroyant le trône, puis le manifeste de Brunswick achevant de perdre Louis XVI, puis le décret proclamant la *Patrie en danger*, puis le 10 août.

En répondant à Rubat qui lui annonce la catastrophe, le District, contre son ordinaire, n'en dit rien, soit prudence soit dissentiment avec son correspondant. Mais son impression perce dans ces trois lignes sur le 2 septembre : « Vous *n'aurez donc jamais* que des meurtres à nous apprendre !... Tirons le voile sur ces horreurs, il faut espérer que la loi reprendra son empire — sans quoi il ne serait plus possible de rester en place. »

Ces hommes découragés et leur correspondant n'y devaient plus rester longtemps. Le 26 août les assemblées primaires nommèrent les électeurs. (Ceux qui vantent l'élection à deux degrés ont oublié qu'on lui doit la Convention.) Nos électeurs nommèrent à cette assemblée quatre ex-constituants : Deydier de Pont-de-Vaux, Gauthier des Orcières de Bourg, Jagot de Nantua et l'évêque Royer ; avec eux Mollet consommé légiste de Belley et Merlino lyonnais grand propriétaire en Dombes. — Suppléants Ferrand et Brun.

En la première lettre du District à Mollet (du 12 octobre) on lit les lignes suivantes qui vont étonner tout le monde et scandaliser quelques-uns :

« Il serait à souhaiter pour la tranquillité de notre district et de *la République* que l'on n'y connût pas plus les évêques et curés qu'à l'Assemblée. Et pour vous faire voir combien il est dangereux de laisser subsister plus longtemps une classe d'hommes qui ne sont jamais d'accord, nous vous adressons copie d'un arrêté que vient de prendre le Conseil épiscopal de Belley contre son évêque. » Nous ne faisons aucune réflexion sur cette pièce...

Ceci ne laisse pas que de nous faire entrer assez avant dans la pensée des hommes de ce temps.

On vient de les voir prononcer le mot de république ; le 28 seulement le District expédie à Mollet l'arrêté du même jour portant adhésion au décret qui abolit la royauté, à l'adresse du président de la Convention. Le *citoyen* et la rubrique *An Iᵉʳ de la République* apparaissaient le 8 novembre.

Un peu avant cette date les pouvoirs du District étant finis, il est renouvelé. Avant de se séparer de ces hommes il serait ingrat de ne pas reconnaître qu'à bien des égards eux aussi ont bien mérité de la patrie et de la Révolution, eux et ceux qui vont leur succéder, on le remarque pour ne pas y revenir deux fois. Le labeur qui leur incombe ou va leur incomber ne ressemble guère à celui dont leurs heureux successeurs s'acquittent aujourd'hui avec tant de désinvolture.

Et on ne prétend nullement ici donner un idée complète de la tâche à laquelle nos Directeurs élus sont ou vont être attelés. Elle est vraiment monstrueuse.

Leur première affaire est d'activer la rentrée des impôts légers alors et qu'on n'en payait pas mieux. Puis viendra la répartition des taxes révolutionnaires féconde en réclamations tant qu'on put réclamer.

Puis les levées d'hommes réitérées : on parle beaucoup dans les grandes histoires de ce temps de son enthousiasme guerrier. Il y a à en rabattre devant certains faits.

Des villages refusent leur contingent. Dans une assez grande ville peu éloignée de nous, les conscrits renversent les urnes au moment du tirage, se dispersent et courent encore. Ici, un jour où l'on nous demande 80 soldats, 45 manquent à l'appel; on ne les trouve pas davantage chez eux. Sur les manquants 5 ou 6 sont légistes, 20 environ ouvriers, 20 domestiques.

Puis les réquisitions de deux sortes. 1° Celles destinées à équiper et faire vivre les armées. Ce sont réquisitions de chevaux (dits de luxe), bœufs, moutons, porcs, draps, couvertures, cuir, suif, chanvre, froment, seigle, avoine, foin, salpêtre, etc. Une fois l'armée qui assiége Lyon nous demande 1,200 bœufs. Une fois tous les fusils existant chez les particuliers. Une fois tous les souliers existant chez les cordonniers.

2° Les réquisitions destinées à approvisionner les marchés. Le paysan qui a peur des assignats garde ses denrées. Les villes meurent de faim. Le District de Nantua écrit à Jagot qu'on ne distribue plus de viande qu'aux soldats, que la population vit d'orge et menace de piller les magasins militaires. Après des visites domiciliaires constatant que dans les campagnes voisines les greniers sont vides, on obtient de Paris de faire des réquisitions dans les Districts de Pont-de-Vaux et d'Orgelet.

Puis la surveillance des biens nationaux, envahis, écornés, moissonnés par tout le monde. Puis les ventes, matière à fraudes incessantes.

Puis les arrestations à faire, les maisons de détention à créer, à surveiller, à approvisionner. Puis les pétitions et réclamations incessantes des détenus. Une femme veut sortir pour accoucher. Des prêtres veulent un *congé* pour se marier. (Corresp. du District de Bourg, p. 56.)

Puis l'ordre matériel à garder. Il y a des querelles entre la garde nationale de Belley et les officiers de la garnison de Pierre-Châtel qui regardent la cocarde tricolore avec mépris — des violations de la liberté individuelle commises par les sociétés populaires prenant les voyageurs de commerce pour des émigrés sortant ou des prêtres déportés rentrant.

Et les conflits avec les municipalités : « La loi salutaire du maximum est méprisée dans presque toutes les communes. » Il faut la faire observer. La paroisse de Jujurieux qui a pour maire un ex-noble veut conserver « messes, vêpres, saints, saintes », etc. Les paroisses de Seillonnas, Ordonnaz ne veulent pas livrer leurs cloches. Les paroisses de Péronnas, Montrevel ne veulent pas dessécher leurs étangs malgré les décrets de la Convention qui l'ordonnent, etc., etc.

Et les embarras et incidents incessants causés par la question ecclésiastique et la sécularisation des couvents.

« Le sieur Bossy, prêtre, ne pouvant ou ne voulant plus acquitter la messe matutinale dans la Cathédrale, dont il était chargé par une ordonnance du Département, il fallait pourvoir à ce qu'il fût remplacé afin de prévenir les murmures du public, les malintentionnés pouvant faire envisager la cessation de cette messe comme une suppression à son préjudice. »

« Il fallait répartir avec équité et à la satisfaction des prenantes, aux *dames* Ursulines et *sœurs* Visitandines sécularisées, le linge de leurs maisons. Les premières auront chacune un couvert d'argent, deux paires de draps, une douzaine 1/2 de serviettes. Quant aux nappes « c'est mobilier de la Communauté ; c'est avec un vrai regret que nous trouvons ici un terme à nos pouvoirs. »

Et Mme l'abbesse de Bons voulant faire vendre ses ustensiles de cuisine, il fallait bien l'empêcher de frustrer ainsi
la Nation (17 novembre 1791)...

« J'en passe et des meilleures !!... »

Véritablement MM. nos Sous-Préfets ressemblent à ces
braves Directeurs de 1792 et 1793 à peu près comme des
oiseaux de luxe voletant dans une cage dorée ressemblent
à des bœufs de labour fumants sur le sillon.

Je n'ai pas d'ailleurs de compétence en ces matières et
ne viens pas faire la critique du système administratif que
le Consulat a substitué à celui-ci. Il se peut que le mode
actuel ait des mérites et des beautés propres qui m'échap-
pent. Et on comprend à première vue qu'on ne puisse demander beaucoup plus qu'ils ne nous donnent à de jolis
jeunes gens sans études bien spéciales, sans la connaissance
préalable du pays, de ses habitudes, de ses possibilités —
et qui ne se soucient pas du tout d'y vieillir.

Les Directoires de nos Districts se composaient essentiellement de vieux hommes d'affaires au repos, peu lettrés
souvent, très-pratiques toujours, sachant tout de leurs
localités (comme on dirait dans le patois administratif) pour
y avoir vécu et les aimer ; ayant je ne dis pas pour les
gouverner (ce n'est point de politique qu'il est question ici),
mais pour les administrer, les lumières propres. Ils ont
rétabli ou conservé un peu d'ordre dans l'immense désordre qu'entraînait forcément la transformation de toutes
choses en France. Il doit être permis de les en louer.

Les grands côtés de la Révolution sont peu visibles
dans une étude limitée comme celle-ci. Je ne peux suivre
la légion de l'Ain en Italie, ni montrer Joubert faisant à
Rivoli et aussi à Novi ce que la présente génération n'a
pas su faire. Mais quoi ! ces braves directeurs, ces officiers

municipaux, les uns demi-paysans, les autres paysans tout à fait, ces tribunaux et tribunaux de paix élus, à la tâche si lourde et si douloureuse parfois, au salaire si mince, payés si souvent par des dénonciations, par l'emprisonnement quelquefois, par l'ingratitude toujours, ne sont-ils pas une autre légion de l'Ain aussi méritante, plus modeste encore, et dont on a oublié jusqu'ici de parler?

Entre ces minces héros d'une petite histoire je nomme ceux dont les noms sont plus faciles à retenir, celui d'un Quinet maire de Bourg et qui eut la tâche d'y proclamer la République en 1792, celui d'un Joubert membre du Directoire de Pont-de-Vaux, celui d'un Bichat juge de paix de Poncin. Je dois cela encore aux fils qu'ils nous ont laissés.

Le 18 novembre 1792, les pouvoirs de ce district *Feuillant* ou Constitutionnel étant expirés, il est renouvelé. Le personnel nouveau est recruté dans le parti avancé. Du mois d'août où les électeurs avaient choisi M. Mollet au mois de novembre, l'opinion avait marché.

Le 6 décembre, les nouveaux élus écrivent au « citoyen évêque que, dans leurs postes respectifs, des communications paraissent indispensables pour mieux servir *notre patrie* (Belley?). Dans cette vue ils osent le prier d'agréer *les avis qu'ils seront dans le cas de lui donner.* »

Suit une lettre à M. Mollet, plus cordiale.

Ces ouvertures furent froidement accueillies, ce semble. Les communications dont l'échange était offert sont avec « le citoyen évêque » nulles, avec M. Mollet rares.

Ce dernier adresse, le 1er janvier 1793, « un exemplaire d'un *mémoire justificatif* du ci-devant roi. »

« Nous vous en témoignons, est-il répondu, la plus vive reconnaissance. Il nous est *aussi parvenu différentes piè-*

ces contradictoires. Leur sort est entre vos mains. Tous
les républicains français attendent avec impatience *cette
décision...* »

Ne faut-il pas voir dans cet envoi et dans la réponse,
qui lui est faite un dissentiment latent ?

Le jour où la Convention prit *cette décision*, MM. Royer
et Mollet se séparèrent de la majorité et des quatre autres
représentants de l'Ain qui votèrent la mort...

Le 21 janvier la Garde nationale de Belley fait ses élec-
tions.Le District lui adresse une lettre destinée en apparence
à réchauffer un zèle guerrier « qui semble s'amortir, »
écrite en réalité pour ses dernières lignes que voici : ·

« Ne souffrons pas que l'ordre soit troublé par des agitateurs malintentionnés ou des patriotes du Dix Août...
Rassemblez les officiers et sous-officiers pour qu'ils pro-
cèdent à la nomination de leur commandant, place incom-
patible avec celle qu'occupe le citoyen Bonnet... »

Ce nom va être répété plus d'une fois. C'est celui d'un
confiseur que la classe populaire a choisi pour chef. Bonnet
conduit le club des Ursules en lutte avec celui des Bernardines qui a pour meneur Brillat-Savarin. Il est déjà
administrateur du District, secrétaire du Comité de surveillance, directeur de la Poste. Il veut encore commander
la Garde nationale. On le força à opter ; il resta au
District.

Ainsi le District, plus *avancé* que le Représentant, l'est
moins que la Garde nationale.

Au commencement de février, on lui dénonce le procureur de la Commune, lequel a empêché par repas et promesse d'argent que le mobilier d'un émigré soit vendu à
sa valeur. Le District renvoie la dénonciation à l'accusateur
public, qui ne bouge pas. Dix jours après, seconde dé-

marche du District à même fin avec demande formelle de poursuite cette fois — sans plus de succès. Cette affaire véreuse motive en partie plus tard la mission de Gouly.

Il y a une réflexion de Michelet qui se place bien ici : « L'affaiblissement précoce du gouvernement révolutionnaire tint à deux choses : le cumul du surveillant fonctionnaire n'ayant de contrôle que lui-même ; 2° la tolérance... de l'agiotage des trafiquants de biens nationaux. Ces deux fléaux minaient la République. » *(Rév., vi, 211.)*

Le district de Belley, plus heureux dans la guerre au cumul que dans son entreprise contre l'agiotage, honnête en somme, ne laisse pas que d'être à bien peu près jacobin. Il se plaint à la fin de février (lettre du 21) à M. Mollet d'être « étourdi par des pamphlets et libelles » qu'il attribue à « l'aristocratie expirante ». Il est en guerre, ce semble, avec tout le monde. Après la campagne contre Bonnet, il en commence une contre Brillat-Savarin qui est entré à la Municipalité. Il écrit au club des Jacobins que celle-ci n'exécute pas la loi qui prescrit le désarmement des suspects ; il invite le club à lui faire connaître les ci-devant nobles et prêtres non désarmés.

On ne me demandera pas d'expliquer ce qui apparaît d'illogique dans cette conduite d'un petit corps tiraillé en sens divers, peu homogène peut-être ou un peu flottant. Les hommes sont « ondoyants et divers » ; les révolutions ne sont pas pour les en guérir ; tant s'en faut.

Sont-ce bien les mêmes gens tout à l'heure disputant à la lanterne des officiers suspects d'émigration qui veulent aujourd'hui désarmer des prêtres. Il se peut très-bien. Les deux faits rapprochés montreraient alors le chemin fait en un an.

III.

LUTTE DU DIRECTOIRE DE L'AIN ET DES REPRÉSENTANTS EN MISSION. — SÉCESSION GIRONDINE. — EXPÉDITION DU JURA. — LES DISTRICTS MONTAGNARDS. — BRILLAT-SAVARIN. — GAUTHIER DES ORCIÈRES.

Les choses vont s'assombrissant. La scission est faite entre les deux partis qui divisent nécessairement tous les états libres : l'oligarchique et le démocratique, le décentralisateur et l'unitaire. Si la monarchie n'eût pas détruit chez nous les libertés communales et provinciales, si nous eussions été préparés par ces libertés à la vie publique — ou si seulement nous eussions su un peu d'histoire (mais on nous élève en France à tout ignorer), nous eussions accepté simplement cette nécessité de tous les temps sans nous étonner, sans croire la Révolution perdue de ce qu'on n'était pas d'accord sur la façon de la conduire.

Les deux partis républicains se fussent compris, tolérés, résignés à se remplacer l'un l'autre au pouvoir successivement selon le besoin ou même le caprice du peuple souverain. Dans leur inexpérience et leur ignorance, ils se mirent à s'entre-dévorer.

Le parti girondin, en majorité et au pouvoir, donne l'exemple de l'intolérance à ses adversaires. A la fin de septembre 92, il parlait par la bouche de Louvet « d'étouffer à sa naissance l'esprit de faction... » et il arriva au milieu de mars 1793, à force de despotisme maladroit, à le réveiller, sous sa forme la plus triste, en Vendée... Dans la première stupeur, dans l'universelle

inquiétude, dans les furieux soupçons causés par le soulève-
vement inattendu des campagnes catholiques de l'Ouest,
le gouvernement qui l'avait provoqué envoya en mission
des commissaires chargés surtout de prendre des mesures
de sûreté générale destinées à empêcher la révolte dévote
de s'étendre.

La députation de l'Ain, montagnarde en majorité, fit
envoyer chez nous Amar (de l'Isère) et Merlino, l'un des
nôtres, de la Montagne tous deux. La querelle entre les
Commissaires et les Girondins du Directoire départemental,
qui suivit immédiatement et nous mena si loin, n'eut pas
tant pour cause une question de parti qu'un conflit d'attributions et quelque dissidence peut-être sur la question
religieuse.

Notre Directoire était, je le crains, comme le District de
Belley, comme toute la bourgeoisie girondine, plutôt
sceptique : la Montagne, comme Rousseau son prophète,
comme son chef, le ci-devant juge d'église Robespierre,
était déiste. Amar était swedenborgien ardent ; Merlino,
en sa commune de Fareins, avait pris chaudement parti
contre l'hérésie janséniste implantée récemment dans ce
pays de Dombes propice de tout temps aux excentricités
religieuses : ils se portèrent tous deux au secours de
l'église constitutionnelle en sectaires.

« Par arrêté du 21 mars, ils avaient enjoint au Directoire, aux districts, aux municipalités d'arrêter toutes
personnes notoirement suspectes d'incivisme... Puis, par
un autre arrêté du 3 avril, ils avaient ordonné eux-mêmes
et directement des arrestations particulières, et parcourant
les districts les avaient fait opérer. Les incarcérations
s'élevaient, le 24 avril 1793, à 400 environ et continuaient.
La plupart des détenus étaient des municipaux des cam-

pagnes n'ayant pas confiance aux prêtres constitutionnels... » (Lettre du Directoire à la Convention.)

Le Directoire départemental, aux termes d'un des
arrêtés des Commissaires, se croyait bien investi du droit
de rendre ces arrestations définitives ; il en usa pour les
approuver et les improuver.

Nulle part il ne déclare, comme on l'a prétendu, ces
arrestations trop nombreuses. Je le vois en ordonner de
nouvelles de son chef ; il en sollicite des Commissaires
qu'il n'obtient pas. Il est vrai qu'il trouve les incarcérations
de paysans, « que leur éducation et leur ignorance excu-
sent », inutiles ou dangereuses, qu'il parle même d'émeutes
possibles. Mais je vois son procureur syndic, Duhamel,
exposer :

« Que si une surveillance rigoureuse doit atteindre
quelques citoyens de préférence, ce sont nécessairement
les ci-devant nobles et prêtres. » Les neuf vicaires cathédraux de Belley ont, en décembre 1792, lancé une lettre
pastorale, « insidieuse, perfide, destructive des lois. » En
janvier 1793, le Directoire a suspendu leur traitement et
les a dénoncés à l'accusateur public. De ce non content,
il met très-bien en délibération en avril leur arrestation
et déportation à la Guyane. Notez qu'Amar et Merlino,
tout en reconnaissant l'incivisme des vicaires, « s'obstinent
à refuser » leur arrestation (lettre du 6 avril). C'est, si je
ne me trompe, que les vicaires sont assermentés d'abord
et que les Commissaires ont pour ceux-là un faible. Surtout
ces prêtres ont dénoncé leur évêque, Royer, qui vote
avec la Gironde ; ce sera un peu pour cela que le Directoire girondin les tracasse et que les Commissaires montagnards les défendent...

Le procureur-syndic est choqué aussi de ce que les prisons sont « pleines de citoyens du ci-devant Tiers-Etat, tandis que les nobles, nos ennemis certains et irréconciliables, jouissent de leur liberté. » Il désigne, comme pouvant être arrêtées, treize familles nobles de Bourg nommément « et tant d'autres domiciliées dans le département.» Amar et Merlino, ne voyant ici sans doute qu'une jalousie et rivalité de caste, ne font pas semblant d'entendre. En revanche, ils poursuivent âprement l'affaire de la citoyenne M..., veuve de B... C..., syndic de la noblesse du Bugey. Elle a été dénoncée par son cocher comme correspondant avec le comte d'Artois et lui ayant fait tenir 20,000 livres, produit de la vente de ses chevaux et de son argenterie par les mains de son fils émigré. Selon les Commissaires, cette dame est « une grande coupable, ils en ont l'intime conscience... » Mais le Directoire voudrait des preuves et demande aux représentants « les pièces et renseignements qu'ils auraient en leur pouvoir », sachant bien qu'ils n'en ont point. Sur quoi les représentants, changeant de ton, signifient que :

« Toute enquête, interrogatoire, décision relatifs aux détenus sont désormais *interdits* aux administrateurs départémentaux, leurs travaux administratifs ne leur laissant aucuns loisirs... Que les détenus pour suspicion notoire sont des gens qu'il faut mettre hors d'état de nuire, *des otages*. Quand l'opinion s'est prononcée sur leur compte, il n'y a ni procès, ni formalités à observer pour les séquestrer... »

Le procureur-syndic, si fervent contre les vicaires cathédraux et les nobles, est taxé de faiblesse par Amar et Merlino. Il « s'apitoie sur des podagres dont les douleurs ne se manifestent que pour surprendre la bonne foi de leurs surveillants et n'empêchent pas les menées sourdes

qui compromettent le salut public. Sa facilité est une protection ouverte aux réclamations contre nos arrêtés. Il est
responsable des suites possibles (émeutes) dont il nous
entretient perpétuellement... » (Lettres des Commissaires
des 10, 20 et 24 avril.)

Le 24, le Directoire saisit la Convention du différend,
réclamant très-haut le droit d'apprécier et prononcer en
dernier ressort sur les incarcérations, droit que les
Commissaires, après le lui avoir donné, lui retirent — il
expose textuellement et sans commentaire la doctrine
d'Amar et Merlino sur *les otages*...

La Convention renvoie l'affaire au Comité de sûreté
générale. Celui-ci sur *les otages* ne sonne mot (tant les
Girondins régnants dans la pratique diffèrent peu de leurs
adversaires). Il concède au Directoire le droit qu'il réclame avec cette réserve considérable « qu'il ne pourra
mettre en liberté les gens arrêtés par ordre des Commissaires, sur lesquels la Convention elle-même sta-
tuera... »

Le Directoire, non satisfait, répliqua par une adresse où
il est parlé (je ne l'ai pas) de la liberté de conscience
affirmée par la Déclaration des Droits, du droit qu'a tout
prévenu d'être interrogé dans les vingt-quatre heures, etc.
Ce zèle pour la liberté de conscience n'apparaît guère
dans les poursuites des vicaires cathédraux, ni dans certains actes qui suivent. Le Directoire, il est vrai, élargit
(le 10 mai) cinq chanoinesses de Neuville (dont Marie V...
que nous retrouverons). Mais le 13, « considérant que la
commune de Cormoz est infectée de prêtres non ser-
mentés, que le curé a prêché que le pape est le chef visible
de l'Eglise », etc., etc., il arrête que trois de ces prêtres
seront incarcérés. Mais, le 14, il décide que quatre ci-

devant Chartreux de Seillon « seront déportés à la
Guyane, faute d'avoir prêté le serment, etc., etc. » Il est
très-vrai que (le 8 mai) il élargit Louis Archambaud
Douglas « qui a donné des preuves de son civisme »;
mais (le 10) il emprisonne « Claude-Jean-Baptiste Garon dit
la Beyvière, par la raison qu'on ne saurait trop prendre
de précaution envers les personnes notoirement suspectées
d'être ennemies de la Révolution... » Je retrouve ici implicitement la doctrine *des otages* contre laquelle on récriminait tout à l'heure. La seule différence qu'il y ait entre ces
procédés et ceux des Commissaires, c'est que ces derniers
ne parlent pas de liberté de conscience.

Epistola grandis et verbosa venit à Capræis. De Fareins,
où les deux Commissaires prenaient l'air du printemps,
arriva le 19 une riposte *ab irato* (datée du 16) écrasante.
« Nous ne laisserons pas les ennemis de la Révolution
tourner ses lois contre elle. On reparlera de liberté de
conscience quand la Vendée sera soumise. Si nous avons
donné au Directoire le droit d'enquête par nos arrêtés du
21 mars et du 3 avril, nous le lui avons retiré par notre
lettre du 20 avril. Les détenus en vertu de ces arrêtés
resteront détenus jusqu'à contre-ordre de la Convention.
Cela sera imprimé, publié et affiché par le Directoire avec
la partie de ladite lettre du 20 (concernant *les otages*)
qu'on a dénoncée à la Convention. » — C'est le sens, la
pièce a trois pages in-folio. Dans un post-scriptum, il est
ajouté que, sur une autorisation verbale du procureur-
syndic du Directoire, Thoissey vient de relaxer ses détenus!... (séance du 19 mai).

Le Directoire, à bout de voie, considérant qu'un décret
du 30 avril a révoqué les pouvoirs des représentants en
mission, se refuse à exécuter cet ordre insolent, le déclare

4

« *non avenu* » et mande la chose à la Convention. Celle-ci, toute à son terrible différend avec la commune de Paris, ne paraît pas avoir répondu. Mais une pétition partant de Bourg le même jour 19, demandant des garanties contre le despotisme des Commissaires, fut bien accueillie par le président girondin Isnard. A cette nouvelle, une lutte fort vive eut lieu à la Société populaire de Bourg. Les Montagnards furent évincés du fauteuil et leurs adversaires, sur le bruit qu'Amar et Merlino venaient se défendre, osèrent demander que leur réception fût mise aux voix...

En ce conflit qui donc a le beau rôle ? C'est malaisé à voir. Les compétiteurs diffèrent un peu de vues, beaucoup de tempérament ; ils ont le même goût, dissimulé par les uns, avoué par les autres pour l'arbitraire, ce péché originel légué à la Révolution par l'ancien régime.

Le Directoire de l'Ain, encouragé par ce succès à Bourg, par les nouvelles de Paris qui ne laissaient pas pressentir la défaite de la Gironde, se jetait d'ailleurs à corps perdu dans la voie où quelques départements du Midi : l'Hérault, l'Aude, le Gard et nos voisins de Rhône-et-Loire et du Jura étaient entrés.

Le 17 mai, il avait voté l'achat de six canons et de 2,000 fusils. Le 18, il « requit une partie des gardes nationaux du département pour fournir une force armée particulière qui sera à la réquisition du Conseil général...»

Quel était le prétexte de cet armement ? Une adresse du « Conseil permanent » à ses concitoyens le dit dans la langue effrénée du temps : « Il faut agir ; le territoire de la République est souillé par deux cent mille brigands, prêtres, nobles ou fanatiques, qui ont arboré l'étendard de la rébellion. Ils s'abreuvent du sang des patriotes, ils pillent, ils brûlent, ils violent, etc., etc. N'attendez pas

dans une apathie criminelle que l'incendie soit général »,
etc., etc.

Quant au but, il était bien à craindre qu'on ne dût le
chercher dans le discours si peu mesuré d'Isnard du même
jour 18. « Si on portait atteinte à la représentation nationale, je le déclare au nom de la France, bientôt on cher-
cherait sur les rives de la Seine si Paris a existé... »

Quant aux voies et moyens, la force départementale
devait être levée par les neuf Districts, dans les villes de
préférence, et soldée par une contribution spéciale de
deux millions, mise par eux sur les citoyens les plus aisés.

Cette mesure généralisée eût changé les départements
français en cantons suisses ; elle pouvait d'ores et déjà faire
pressentir celles qui suivirent. On ne l'accueillit pas de
même dans les districts. Pont-de-Vaux, conduit par une
bourgeoisie peu empressée à accepter l'influence du chef-
lieu, montagnarde sans exagération, multiplia les objections
et refusa de désigner, comme on l'y invitait, les fortunes
et les personnes sur lesquelles la mesure pèserait. Il craignait, en s'y prêtant, « de tomber dans l'arbitraire. »

Le Conseil général de l'Ain n'était pas pour s'arrêter
devant cette opposition encore réservée, intelligible cependant. Et le 26, deux envoyés du Jura venant nous lire un
arrêté de leur Département « requérant (comme Guadet
l'avait proposé le 13) les suppléants (de la Convention) de
se rendre à Bourges pour, au cas où l'Assemblée serait
dissoute, se constituer en Convention nationale ; et votant la
levée d'une force d'élite pour protéger lesdits suppléants »,
le Conseil de l'Ain adhéra à l'arrêté du Jura (le 27).

Pendant qu'à Bourg et à Lons-le-Saunier on se préparait à la lutte, à Lyon on en venait aux mains. Les Montagnards étaient maîtres de l'hôtel de ville, où les repré-

sentants en mission, Gauthier des Orcières et Nioche siégeaient. La bourgeoisie habituée à gouverner la cité, et
ardemment girondine, maîtresse des sections, pousse le 28
la garde nationale sur le palais municipal. Pendant la bataille qui fut longue et chaude, Gauthier appelle à lui,
« au nom de la patrie » les gardes nationales du district
voisin de Montluel. Ce District très-bourgeois, mais très-
montagnard, n'hésita pas. « Au son du tocsin, le peuple
se leva tout entier et, armé de fusils, de piques, de faulx,
de fourches, se mit en marche sur Lyon le 28 au soir. »
Le lendemain, à cinq heures du matin, une autre dépêche, dictée par l'émeute triomphante, contremanda la
première. Nonobstant, sept communes, dont Montluel et
Miribel, continuèrent leur marche et furent reçues assez
froidement comme on peut croire.

Ces nouvelles arrivèrent à Bourg le 1ᵉʳ juin. On ne
voulut voir que le triomphe des sections lyonnaises. Quant
à cet élan de nos populations rurales à la voix de Gauthier,
on ne le comprit pas, ou on n'en tint compte...

Et le 2 juin deux nouveaux commissaires de Lons-le-
Saunier annonçant que le Jura vacillait dans sa résolution, le Conseil général de l'Ain déclara qu'il « persistait »
dans la sienne et qu'une adresse, en manière d'avertissement, devant être signée dans les quatre-vingt-cinq
départements, serait concertée et présentée à la Convention par délégués exprès.

Le jour même on couvrit ici de deux cent soixante-
quinze signatures cette adresse fatale où il est parlé des
divisions scandaleuses de l'Assemblée, de ses « débats
indécents » où ses mandataires sont qualifiés « d'inso-
lents proconsuls » où surtout elle est invitée « à pro-
mener *le glaive de la loi sur les têtes... à frapper la*

Commune de Paris et à laisser à d'autres plus fermes de travailler à la Constitution dans une ville amie de la liberté. »

On le sait, ce même 2 juin où on signait ici cette adresse qui touche à la hache, la Commune de Paris entourait la Convention de ses artilleurs et de leurs pièces, la sommant d'avoir à se mutiler elle-même. On ne refuse pas les requêtes ainsi présentées. Et quand notre adresse arriva, ce n'était pas la Commune, c'était la Gironde qui était mise « sous le glaive de la loi. »

La violation de l'Assemblée au 2 juin a montré la route à celles qui ont suivi, de 1793 à 1852. Ce fut un crime et ce fut un malheur. Que si, à l'appel des Girondins fugitifs, les départements eussent marché sur Paris pour « l'anéantir », c'eût été un malheur plus grand, irréparable peut-être. La Vendée s'était insurgée en mars. L'Europe coalisée venait de passer la frontière avec 300,000 soldats. Nous avions autre chose à faire qu'à nous entre-détruire : nous avions à défendre la Révolution en péril.

Des partis qui l'ont servie nul n'est sans péchés. La faute des Girondins n'est pas d'avoir voulu donner à la démocratie un frein ou un contre-poids ; ce n'est pas d'avoir voulu décentraliser notre pays. Ils le croyaient nécessaire, c'était leur opinion, leur droit, leur rôle. Non, leur faute c'est, au lendemain de leur chute, de n'en pas comprendre la profondeur. C'est d'avoir fomenté, de commencer, pour se relever, la guerre civile en pleine guerre étrangère.

Ce que l'on tenta au lendemain du 2 juin empirait la situation de la France envahie — celle de la Convention qui ne pouvait ni ne devait abdiquer — celle des Vingt-deux, dans leur droit incontestable la veille, coupables le lendemain des tentatives de leurs adhérents. Ces tentatives rendaient la terreur possible, non pas nécessaire, mais immanquable. Pour toutes ces raisons, il fallait donc ne pas les faire.

Ce qui était opportun, c'était d'accepter franchement la direction de la Montagne, puisque la Montagne avait la confiance du peuple, autant dire la force de nous préserver de la conquête étrangère. Par cette acceptation même on eût modéré le mouvement terrible qui allait tout emporter ; on eût retenu le parti montagnard sur cette pente de l'arbitraire où chez nous tous les partis régnants vont successivement sombrer... l'arbitraire où nous avons été nourris mille ans ! dont nous ne sommes pas guéris.

Nous verrons chez nous quelques-uns comprendre cela.

Les nouvelles du 31 mai et du 2 juin arrivèrent ici le 6. A leur réception le Département invite les corps constitués (district, commune, tribunaux), à se réunir à lui en séance publique. Cette réunion de soixante-trois personnes « arrêta à l'unanimité de demander à la Convention la réintégration des Girondins expulsés », et invita les neuf districts de l'Ain à envoyer au Département un délégué chacun pour délibérer avec lui « sur ce qui peut intéresser la *sûreté générale et le salut public...* »

Deux lettres racontant les événements de Paris seront envoyées aux districts. Soixante personnes ont signé ces résolutions, dont le municipal Desisles, chef ici du parti jacobin.

L'unanimité à Bourg, si unanimité il y eut, dura peu.

Le 11, le Conseil général de la commune arrêtait qu'il sera fait une proclamation invitant les citoyens « au calme qui convient à un peuple fier et libre ». Cette pièce, rédigée par Desisles et par le curé constitutionnel Rousselet, insiste sur l'incertitude du lendemain. « Il faut, dit-elle, nous épargner le regret d'embrasser aujourd'hui une idée que demain nous serons obligés de rejetter. » (Elle est datée du 11.)

La municipalité prenait là une attitude fort distincte de celle du Département : elle lui donnait une leçon de prudence, ne pouvant ou ne voulant faire plus.

Rien de pareil ne se produit à Belley qui va justifier ce jour-là ce qui a été dit plus haut que le parti girondin était là plus profondément enraciné qu'ailleurs.

Le Directoire du District adressa immédiatement aux corps constitués la convocation que voici : « Citoyens, un grand attentat vient d'être commis. La Représentation nationale a été violée. Vingt-deux membres de la Convention ont été mis en état d'arrestation. Le District a pensé qu'il serait à propos de prendre des mesures vigoureuses », etc.

La réunion plénière du 10 fut, sinon présidée, du moins conduite par l'ex-constituant Brillat-Savarin. Ce jeune magistrat s'était acquis par ses talents et ses services une grande popularité. A son retour de l'Assemblée nationale on l'avait accueilli par une fête publique, un bal, des illuminations, etc. Les électeurs du Département l'avaient nommé président du tribunal civil de l'Ain, puis l'un des 44 du Tribunal de Cassation. Soit qu'il cumulât, soit qu'il ait refusé ces fonctions, il était secrétaire du District et venait d'être appelé par l'Assemblée primaire à la mairie de Belley. C'est vraisemblablement de sa prose qu'on va lire :

« Du 10 juin 1792, 2ᵉ de la République française.

» Le Conseil général du district de Belley et les autres

autorités constituées de la ville de Belley (la commune, le comité de surveillance, le tribunal civil et le tribunal de paix) réunis en assemblée générale, présents les citoyens... (Suivent 48 noms dont ceux de Brillat, maire, de Parra, président du tribunal, de Sibuet, juge de paix, de Gaudet, procureur-syndic, de MM. Tendret, Barquet, Bonnet, etc.)

» Lecture a été faite de deux lettres datées de Paris des 31 mai et 2 juin... de deux arrêtés du Département de l'Ain, de deux arrêtés du Conseil général du département du Jura.

» Sur quoi l'Assemblée ayant délibéré... les mandataires du peuple pénétrés de l'indignation la plus profonde au récit des voies de fait par lesquelles grand nombre de députés ont été mis en accusation le 2 juin...

» Considérant que cette arrestation purement arbitraire viole à la fois les droits de l'homme, la liberté de l'opinion et la majesté du peuple...

» Que cet attentat médité par le crime, ourdi par l'intrigue, exécuté par la force des armes, est l'ouvrage d'une faction liberticide qui désole Paris...

» Que cette faction a depuis longtemps cherché à détruire la Convention nationale en la divisant... en excitant le peuple au meurtre, en lui désignant une partie des représentants...

» Que non-seulement la Convention nationale n'est plus libre, mais qu'elle a été avilie au point que... elle a laissé enlever de son sein sans résistance ceux qui par le vœu national en faisaient partie intégrante... qu'en cela elle a trahi son serment de mourir à son poste pour la liberté.

» Que la ville de Paris est depuis longtemps en proie à l'anarchie...

» Que bien loin que les impositions y soient acquittées,

cette cité immense dévore depuis longtemps avec une
avidité insatiable les sommes qu'elle a arrachées à la
Convention nationale par tous les moyens...

....

» Arrête que le Département de l'Ain sera invité, au
nom de la Patrie, à prendre les mesures les plus énergiques
pour faire rendre la liberté aux Représentants du peuple
mis en arrestation... que par la majorité des Départements les assemblées primaires soient convoquées pour le
renouvellement des électeurs et d'une Convention nationale qui se réunira ailleurs qu'à Paris... pour la prompte
formation d'une commission centrale exécutive composée
d'un député de chaque département... pour qu'il soit levé
une force suffisante... destinée à se porter sur Paris et
délivrer la Convention de l'oppression... invite le Département à déclarer qu'il ne regardera pas comme obliga-
toires les décrets qui pourront émaner de la Convention
tant qu'elle ne jouira pas d'une liberté parfaite, et à faire
une adresse aux armées pour y exprimer le vœu de la
République...

» Arrête que les autorités instituées resteront en permanence, que le présent arrêté sera imprimé, publié, affiché, et lu dans toutes les municipalités du District et
envoyé aux départements de l'Ain, de l'Isère, du Jura, du
Mont-Blanc et de Rhône-et-Loire.

» Fait à Belley lesdits jour et an.

» DUMAREST, présid.   BRILLAT. »

Le soir même « des papiers publics arrivèrent annonçant que la Convention n'est pas dissoute, *comme l'a
annoncé le Département*, qu'au contraire elle travaillait
avec ardeur au salut de la patrie et que l'ordre et la paix
régnaient dans Paris. »

Un des membres du Directoire (Bonnet?) lui proposa de rassembler les autorités pour rapporter l'arrêté de la veille.

A l'assemblée générale du lendemain, on proposa seulement de rapporter la disposition de l'arrêté du 10 ordonnant l'impression et l'envoi aux communes, ce qui fut voté à l'unanimité.

La même réunion nomma Dumarest, président du Directoire, commissaire près le Département à l'effet de concourir aux mesures de sûreté générale à prendre dans la circonstance.

L'entraînement était tel que deux des futurs terroristes signèrent à la minute.

C'est à Belley que nous sommes venus chercher pourquoi la sécession girondine a trouvé dans notre pays tant de complaisance. C'est de là que sort cette adresse de Brillat qui fut chez nous l'expression la plus nette et la plus éloquente de ses projets et de ses espérances.

Après Bourg qui donna l'impulsion, Belley qui se jeta dans le mouvement avec l'ardeur du tempérament bugiste, le District où on suivit avec le moins d'hésitation, ce fut Trévoux. L'assemblée plénière du 10 juin arrêta là qu'il y avait lieu de faire « une adresse à la Convention pour demander l'acte énonciatif des délits imputés aux 22 députés mis en arrestation, ou leur réintégration en leurs fonctions. » Les Girondins de Trévoux avaient, dès le 23 mai, adopté le projet de lever une *force départementale* et accepté les voies et moyens qui répugnaient tant au District montagnard de Pont-de-Vaux. Cette délibération du 23 est bien instructive ; elle montre

1° Combien s'abusent ceux qui voient dans la sécession girondine une arrière-pensée monarchique. (L'hostilité contre l'ancien régime y perce à tous les mots.)

2° Combien sont dans l'erreur ceux qui prêtent aux Girondins de l'aversion pour l'arbitraire à quelque degré que ce soit. Un détail suffira, je pense, à établir ces deux faits. Le Directoire de l'Ain, on s'en souvient, entend que sa petite armée sera levée, équipée, entretenue au moyen d'une taxe sur les citoyens *aisés*.

L'assemblée de Trévoux entend qu'on demandera aux *Aisés* (le retranchement de ce qui est nécessaire à leur subsistance effectué au préalable) la moitié de leur revenu — aux anciens privilégiés les deux tiers — aux pères et mères d'émigrés les trois quarts! La Dombes est, de nos anciennes provinces, celle où l'ancienne aristocratie était la plus riche; cette aristocratie eût été atteinte tout entière.

Mais l'Ain n'était pas girondin tout entier. Et ce même jour 10 juin, les propositions de son Directoire recevaient dans un autre de nos Districts un accueil bien différent et absolument hostile.

Montluel, si voisin de Lyon, nullement soumis aux influences qui dominaient cette grande cité (et auxquelles Bourg n'avait pas su se soustraire), était conduit par une bourgeoisie aussi résolûment montagnarde que celle de Pont-de-Vaux.

Nous avons vu sa décision au 28 mai. Le triomphe de l'insurrection lyonnaise amena quelques dissentiments. Le 5 juin, le procureur-syndic de la commune, Pélissier, et le maire Ducret essayèrent inutilement de rallier la petite cité au mouvement qui entraînait sa grande voisine. (Ils payeront cher cette tentative.) Mais le 10, lecture faite des arrêtés de l'Ain et du Jura et des lettres qui montrent Paris livré au pillage, la Convention dissoute, etc., doutant de l'exactitude de ces nouvelles, le District « déclare

qu'il ne cessera pas de reconnaître la Convention comme
autorité souveraine » et s'adjoint pour plus ample examen·
et décision les autres conseils élus de la Ville (municipalité, tribunaux, etc.). Cette réunion plénière ne déjugea
pas le District. Elle vota le 11 que « Les décrets de la
Convention seront, comme par le passé, lus, publiés, affichés pour être exécutés suivant leur forme et teneur ;
qu'une adresse aux communes manifestera la résolution
de rester inviolablement attaché à la Convention... »

« En ce qui concerne les pièces contenues dans les dépêches du Département de l'Ain, l'Assemblée passe à
l'ordre du jour, motivé sur ce qu'il ne peut y avoir lieu à
délibérer... »

Elle envoya d'ailleurs un de ses membres à la réunion
convoquée à Bourg, le chargeant de signifier cette réponse
énergique.

Pont-de-Vaux, aussi mal disposé, envoie « le citoyen
André », lui donnant pour instruction d'être *présent* aux
mesures que la prudence suggérera et qui tendront à la
conservation *de l'unité et de l'indivisibilité* « de la République. » C'est moins cassant que la « *résolution* » de
Montluel, mais aussi clair.

Les délégués des Districts se réunirent au Département
le 19. C'étaient MM. Vuy pour Bourg ; Dumarest pour
Belley ; Dumalle pour St-Rambert ; André pour Pont-de-
Vaux ; Tabariez pour Trévoux ; Gentet pour Nantua ;
Bernard pour Montluel ; Dombey pour Châtillon-lès-
Dombes. Il ne semble pas que l'attitude de Pont-de-Vaux
et la résolution de Montluel aient eu une grande action sur
cette assemblée où les Districts n'avaient d'ailleurs que
neuf voix sur trente-un votants.

On sait peu ce qui s'y passa. Il en sortit un réquisitoire

contre les Jacobins, la Commune, la Convention, assez
verbeux, où se détache cette vue juste de l'avenir que le
2 juin « ouvre la voie à une réduction graduelle de la
Convention et à la possibilité d'une tyrannie.» L'assemblée
se déclare en permanence et invite « toutes les communes
à se réunir le 29 pour nommer des députés, lesquels,
réunis à elle, arrêteront *des mesures de salut public* destinées à maintenir la liberté, l'égalité, l'unité et l'indivisibilité de la République. »

On constituait là, en somme, non plus à Bourges, mais à
Bourg, une assemblée souveraine ; c'était aller directement contre le but affiché, contre l'unité de l'Etat.

C'était aussi perdre temps, justifier ce qui a été dit des
Girondins qu'ils ne savaient point agir. Un des nôtres qui
ne leur est pas hostile, dans un livre sur *la Révolution*,
arrivé à sa 7ᵉ édition, a bien dit : « Quoi ! des votes, des
assemblées primaires ! quand les Autrichiens sont à Va-
lenciennes !... Ils n'étaient pas faits pour commander
dans la tourmente. Le péril croissant, le pouvoir revint
aux plus audacieux...» (Quinet, *Révolution*, liv. XII, p. 363.)

Or, à Lyon aussi le Département et les Districts réunis
avaient voté le 18 exactement ce qu'on vota ici le 19.
Cette réunion avait, dans les considérants de l'arrêté convoquant les assemblées primaires, déclaré que « c'est au
peuple exerçant sa souveraineté à juger la violation de ses
droits, et *qu'il ne peut dicter sa volonté que dans ces
assemblées.* (*Histoire de Lyon*, par J. Morin, t. III, p. 26,
27.) Toute la Constitution de 1793, estimée jacobine, est là
en germe.

De plus, le concert entre les deux Départements, leur
complicité si l'on veut, est démontré par le fait. Et pour
qu'on n'en ignorât deux commissaires de Rhône-et-Loire

viennent le 21 le dire tout haut. Le président du Conseil, Pagès (de Pont-de-Vaux) les assure que « nous ne voulons que la Liberté, l'Egalité, l'Unité, et nous réunirons toujours aux départements qui seraient dans ces principes. » C'est vague. Mais on apprend, ce jour-là, que de six canons commandés à Lyon pour le Département deux sont prêts. Ceci ne laisse pas de donner du poids aux votes précédents.

L'occasion de se servir de ces engins pacifiques ne tarda guère. Le 24, le Jura mande que « deux commissaires de la Convention arrivent de Dijon avec 2,700 hommes ; que la cause de la Liberté est compromise ; que si, d'ici à 24 ou 30 heures, l'Ain peut venir au secours de ses frères, il remplira un saint devoir... »

« A l'instant se présente nombre de citoyens de Bourg disant que la nouvelle ci-dessus cause dans la ville une vive agitation et que le Peuple demande à grands' cris de s'assembler pour en délibérer... »

Sur quoi le Conseil invite la Commune à assembler, pour ce faire, les sections. La Commune n'y mettant pas d'empressement, une pétition signée de 150 citoyens vient la mettre en demeure. De plus une députation de l'Assemblée populaire, réunie auprès, arrive à l'Hôtel de ville, demandant, elle, à la municipalité de faire réunir les deux bataillons de la garde nationale « afin de connaître le nombre d'hommes prêts à se porter volontairement où besoin sera. »

La Commune capitule. « Une proclamation indique à trois heures ce jour d'huy le rassemblement cette part demandé » ; celui des deux sections, seulement. Mais la délibération n'est signée que du maire Régnier, complice, de quatre des huit officiers municipaux, d'un seul des 19 notables qui formaient le Conseil général de la commune, soit six votants sur vingt-neuf !

Les sections délibèrent que le « vœu du peuple est de marcher au secours du Jura ; il demande des armes et une solde. »

Le Conseil général du département « considérant qu'il n'est ni dans les principes de ses précédents arrêtés, ni dans la possibilité de mettre obstacle au vœu du peuple *faisant partie du souverain*, arrête qu'il sera requis 250 citoyens pour se rendre au Jura ; on leur fournira des armes, munitions et une solde de 2 francs par jour. »

Le Conseil croit devoir rappeler aux partants « *qu'ils sont républicains* et chargés surtout d'une médiation... la vraie gloire du soldat-citoyen est de prévenir l'effusion du sang. » Si nous en croyons une brochure montagnarde, la première recommandation n'était pas inutile ; il y avait dans l'expédition « des prêtres', des procureurs et des nobles couverts de sabres et de fusils... »

Le Conseil le même jour écrivait aux Districts de ne pas l'abandonner ; c'est « leur devoir », l'abandon serait « un crime. » C'est que ces délibérations du 24 ne sont signées que de onze personnes, dont deux délégués des Districts seulement.

Le lendemain 25, Pont-de-Vaux répondit en révoquant les pouvoirs de son mandataire ! « Le District voulant, disait-il, que ses principes sur l'unité et l'indivisibilité soient consacrés, arrête qu'il n'y a lieu à délibérer sur l'invitation du Département. » Instances du Département ; nouveau refus de Pont-de-Vaux...

Les Districts avaient, certes, vis-à-vis du Département le droit de sécession que le Département réclamait de fait vis-à-vis de la Convention. Ni le Conseil général, ni son Directoire stupéfaits ne pouvaient le contester.

Le Conseil général, sous ce coup de massue, adresse à ses concitoyens une proclamation apologétique : « Deux commissaires de la Convention, envoyés au Jura *et à l'Ain*, comme conciliateurs, *disait-on*, se sont munis d'une force armée... Une force armée, citoyens ? Est-ce ainsi que des députés vont à *leurs commettants* ?... Nous sommes loin de vous porter à une insurrection ; mais soyez debout... Les deux tiers des Départements prennent des mesures contre l'oppression et l'anarchie... »

On argue là de la supériorité des commettants sur les mandataires. C'est exactement l'argument de la Commune de Paris contre la Convention.

Le 27 juin, un député de Lyon vint nous offrir des secours. On lui répond qu'on n'en a pas besoin, que dans le Jura tout s'apaise, qu'on désire qu'à Lyon il en soit de même, « qu'on est éloigné de toute idée de fédéralisme et qu'on ne s'est pas séparé du centre d'unité. » On députe à Lyon M. Jourdan qui devra le répéter là-bas, proposer une médiation... et aussi acheter 1,000 fusils !... On change un peu d'attitude après tout. Le refus de coopération de Montluel et de Pont-de-Vaux inquiète.

Je ne trouve rien dans nos registres sur les hauts faits de l'expédition (qui a déjà coûté 7,000 livres). Mais je lis ce qui suit dans les *Simples notes sur la Révolution dans le Jura*, de M. Désiré Monnier :

« Le 28 juin, un détachement de volontaires de Bourg, commandé par le citoyen Julliard, vient se mettre à la disposition des Jurassiens pour faire triompher avec eux la vertu et la liberté. » Le discours de Julliard au Comité de salut public girondin de Lons-le-Saunier se termine par ces mots : « Plus de Rois ! plus de *Commissaires !* »

Le soir, Bassal et Garnier, *commissaires* de la Convention, arrivent sans escorte, se présentent au Conseil exhibant leurs pouvoirs. On leur répondit par des cris de colère et des menaces.

« Un orateur de l'Ain exposa dans un sombre tableau les actes arbitraires d'Amar et Merlino dans *leur* Département. A quoi Bassal répond qu'à son arrivée dans l'Ain les nouveaux commissaires feront oublier les anciens. »

Les deux conventionnels repartirent après n'avoir récolté que des insultes (dont ils se souvinrent à quatre mois de là).

Le 30, le détachement revint, conduit par deux administrateurs du Jura, escorté de quarante cavaliers qu'on appelait *les Plumets rouges*. Ils portaient au bout d'une pique une figure de bois dite *la tête de Marat* et entonnèrent en entrant ici des chansons contre-révolutionnaires composées à Lons-le-Saunier.

Les corps constitués allèrent les recevoir. L'administration jurassienne donna à Pagès l'accolade républicaine et fit un discours contre la Montagne. Le prêtre Barquet, principal du Collége, lui répondit.

Le municipal Blanc-Desisles (il avait été comédien, Desisles est son nom de théâtre) était là protestant, a-t-il dit, du geste et du regard. Il fut assailli par la foule et se réfugia chez Merle, accusateur public. On menaça de pillage un moment le magasin de modes de sa femme et de sa belle-sœur (demoiselle Hurville) au coin du Greffe et de la rue de l'Etoile. Puis on alla lever les *arrêts domiciliaires* prononcés par Amar et Merlino. Les deux premiers élargis, un gentilhomme et sa sœur, coururent, coiffés du bonnet rouge, chanter à la porte de la maison où Desisles se cachait : « A la guillotine, Desisles ! » en dansant la Carmagnole...

5

Un banquet suivit où les expéditionnaires se livrèrent à de copieuses libations ; la journée finit par des promenades tumultueuses dans la ville. La *tête dite de Marat* portée par un ouvrier (que j'ai connu encore), escortée par *les Plumets rouges*, fut brûlée sur la place d'Armes au milieu des acclamations et des chants.

Le lendemain, *les Plumets rouges* réunis aux Sections cernent la municipalité et *l'épurent*, c'est-à-dire qu'ils imposent l'exclusion des six Jacobins qui la conduisaient. (Desisles partit le soir à pied pour Mâcon, atteignit Paris, fut présenté par Amar à la Convention qui l'entendit sur ce qui se passait dans l'Ain et en saisit le Comité de sûreté générale.)

Le 2 juillet, le commandant de l'expédition vint en rendre compte au Conseil qui félicita sa petite armée de ne s'être montrée au Jura, conformément à ses instructions, « qu'en amie de la paix. » Des *Plumets rouges* entrèrent aussi et remercièrent leurs frères de l'Ain d'avoir empêché qu'ils fussent « victimes de la tyrannie et du désordre. » Pagès répondit qu'un même esprit dirigeait les frères des deux départements, que leur réunion seule soutient la cause de la Liberté, de l'Egalité, de *l'Unité*, etc. Nos frères qui ne s'ennuyaient pas ici, paraît-il, reparurent le 4 à la barre et demandèrent « l'élargissement des citoyens de l'Ain encore en arrestation en vertu d'ordres arbitraires *d'Amar et Merlino pour cause d'incivisme prétendu*. (Les mots soulignés sont lisibles quoique biffés au registre.) Le Conseil répondit qu'il y travaillait, « que la plupart des détenus étaient déjà élargis... »

L'*intrusion* dut paraître d'autant plus choquante qu'elle eut pour témoins les députés des cantons appelés par l'arrêté du 19 juin. Ils n'étaient, il est vrai, que 28 : le Département avait 49 cantons ! Et Gex, Nantua, St-Rambert, Pont-de-Vaux brillaient par leur absence !

Et Trévoux même, pris d'inquiétude, avait (le 30) déclaré qu'en adhérant à l'invitation du Directoire, il n'entendait pas « porter atteinte à l'unité de la République ; qu'à supposer qu'à Bourg on eût de telles visées, son représentant avait pour mission de s'y opposer. »

Un membre expliqua l'abstention de quatre Districts par « la persuasion où l'on était que le Conseil voulait *se séparer* de l'unité de la République ». On fera une adresse où on expliquera ce qu'on veut précisément.

Mais un autre membre, moins pacifique, proposa, lui, « une adresse à la Convention pour lui demander le *rappel de tous ses commissaires* », ce qui est encore voté. (Les considérants du vote ont été biffés plus tard et on a noté à la marge que cet arrêté n'a pas eu d'exécution.)

Le 5, on lut deux arrêtés, l'un du District de St-Rambert « portant qu'il n'y a lieu à délibérer sur celui du Département du 19... » l'autre du District de Nantua portant que les arrêtés du Département du 27 mai, des 6, 8 et 19 juin (les revoir plus haut) « sont autant *d'attentats à l'unité et à l'indivisibilité de la République* », — qu'on n'exécutera à Nantua que les arrêtés conformes aux lois — qu'on ne députera personne au Département — et qu'on fera à la Convention une adresse conforme.

Ce que les bourgeoisies de Pont-de-Vaux et de Montluel avaient commencé, celles de Nantua et de Saint-Rambert l'achevaient. Une réflexion ici s'impose. On a fait sortir de ces événements mal sus des divisions fâcheuses. Que la bourgeoisie fût girondine, les classes populaires montagnardes ; c'était vrai en certains lieux. Nous l'avons dit de Belley, nous ne le dirions pas du tout du district de Belley.

A Champagne, Ceyzérieu, Seyssel, on le verra plus loin, cette division n'existe pas, la population est girondine tout entière. Mais le fait directement contraire se produit dans quatre de nos principaux Districts. A Pont-de-Vaux, bourgeoisie et peuple sont sagement démocrates ; à Montluel, ils le sont ardemment ; un troisième District tourne à l'Hébertisme ; à certains égards et à certaines heures, un quatrième va plus loin. Ainsi la lutte entre le parti oligarchique et le parti de la démocratie n'est pas chez nous une lutte entre deux classes. Là où elle prend ce caractère, cela tient non à un antagonisme naturel, mais à des causes locales, historiques ou personnelles, qu'on discernerait si l'on avait une entière connaissance des lieux, des choses et des hommes.

Revenons. Après les déclarations de Nantua et de St-Rambert, il devenait patent que le Bugey ne suivait sa ci-devant capitale, non plus que la Bresse ne suivait Bourg, non plus que Montluel ne suivait Trévoux. Il n'y avait plus véritablement qu'à se ranger.

Un membre de l'assemblée propose donc de voter « qu'il n'est jamais entré dans son idée de rompre avec la Convention » — puis d'adresser cette résolution au Comité de salut public.

Mais ce mensonge parut bien gros, ce *meâ culpâ* bien dur. On ne put s'y résigner et la proposition brutale fut *ajournée*... On rédigera, au lieu et place, une adresse aux citoyens de l'Ain pour leur faire savoir, puisqu'ils ont l'air de ne pas s'en douter, que le Conseil général de l'Ain « a toujours eu l'unité de la République pour objet, que ceux qui penseraient à scinder l'état quand l'Europe est conjurée contre lui sont des traîtres, qu'en convoquant les communes le 19, on ne songeait qu'à leur demander *des conseils.* » On termine en invitant les cantons absents à se faire représenter. Il y a 35 signatures à cette délibération. Roux de Belley, présent, ne signe pas.

En somme quatre Districts « persuadés » que le Conseil de l'Ain voulait faire scission, sinon avec la République, du moins avec la Convention, faisaient scission avec lui. Et le Conseil, sentant enfin qu'il avait fait fausse route, essayait de rentrer dans la voie droite par un chemin de traverse.

Cependant la commune de Bourg, elle aussi, avisait à régulariser la situation qu'elle s'était faite. L'*épuration* violente du conseil municipal par *les plumets rouges* avait d'abord été couverte par une délibération des sections réunies, sous la présidence de l'ex-constituant Populus « approuvant les mesures prises », se déclarant « prêtes à résister à tous les actes arbitraires qu'on voudrait exercer soit contre les autorités, soit contre les citoyens... »

On en vint, paraît-il, à comprendre que cette épuration du 1ᵉʳ juillet à Bourg restait nonobstant, toute proportion gardée, aussi irrégulière que celle du 2 juin à Paris. Pour y remédier, les Sections réunies au Théâtre votèrent (à l'unanimité des présents) la réorganisation du Conseil de la commune, laquelle eut lieu du 6 au 9. Sur 283 votants, le maire Régnier en eut 275 (les mêmes qui avaient signé l'adresse du 2). Le curé constitutionnel Rousselet entra par 145 voix. Les six exclusions du 29 furent maintenues ; les exclus protestèrent contre l'opération ; l'un des exclus, Rollet, se plaint d'avoir été assailli du cri : « A la guillotine Rollet ! »

La crise arrivait. Le Congrès départemental de Rhône-et-Loire venait, le 4, de déclarer sous l'impulsion du girondin Birotteau, dans une adresse aux Départements,

la Convention non entière et non libre, ses actes postérieurs au 31 mai non avenus : il nous envoya, le 9, deux
députés qui exposèrent la situation de Lyon menacé d'un
siége et demandèrent formellement à l'Ain l'envoi d'un
bataillon de gardes nationaux. Le lendemain 10, on lut
au Conseil une lettre des députés de la Gironde (réunis à
Caen) priant l'Ain de leur faire connaître quelles mesures
il croyait convenable d'adopter pour le salut de la République. Le 12, la Convention déclarait traîtres à la patrie
Birotteau et les administrateurs, municipaux, etc., qui ont
convoqué ou souffert le Congrès départemental de Rhône-
et-Loire, et ordonnait aux Représentants près l'armée des
Alpes de rétablir l'ordre à Lyon...

C'était l'heure de prendre un parti définitif et de le dire.

La haute bourgeoisie de nos petites provinces, qui conduisit ici le mouvement, était républicaine et française. Il
faut le reconnaître, au risque de chagriner ceux de ses
petits-enfants qui sont romains et monarchistes. A l'appui
de ceci il faut rappeler sa recommandation à l'expédition
du Jura. On peut aussi noter un arrêté (du 21 mai) livrant
aux fonderies de nos arsenaux les statues des Coligny, des
Montrevel, des Gorrevod « pour être converties en canons.»
Ce ne sont pas les sans-culottes, c'est ce Directoire conduit,
dit-on, par le grand-vicaire de Loménie l'archevêque de
Toulouse, qui a arraché de Brou ses bronzes. Surtout il
faut noter l'attitude de ces gens devant les sommations de
Lyon et de Caen. On répond à la première par un ajournement. A la seconde on ne répond pas. Les yeux se
dessillaient.

La vraie réponse, du 12, est adressée au président de
la Convention. On réclame de lui la communication *officielle*
de la Constitution de 1793 non encore faite à l'Ain : et on

convoque les assemblées primaires le 21 pour la mettre aux voix quand même. Et le 14, le Conseil général du Département, le District, la Commune, les Tribunaux, « précédés d'un citoyen portant le bonnet de la Liberté sur une pique, proclament solennellement sur toutes les places, au son des instruments, au bruit du canon, aux cris de vive la République, cette Constitution grand et unique moyen d'unité et de salut... »

L'assemblée *plénière* (recrutée des représentants des districts et des cantons) s'ajournait *indéfiniment*. Pagès disparaissait (pour quelque temps). Au procès-verbal du 14, il n'y a plus que dix signatures ; à celui de la Commune du même jour, il n'y en a que cinq.

(En cette même séance, les cinq présents refusaient un certificat de civisme à la maîtresse d'école (de filles), nommée Couvat, « tant qu'elle ne conduira pas ses enfants à la messe constitutionnelle. » Le fait est mince, mais indique l'état des esprits.)

La déclaration du District de Nantua, décisive à Bourg, parut émouvoir Belley aussi. Je vois là, à la date du 8, un fait qui montre à la fois qu'on essaie de réagir contre la haute bourgeoisie girondine et qu'elle est encore la maîtresse.

Un membre du District fait la motion de rétracter cet arrêté du 10 juin où l'on proposait de marcher sur Paris. La proposition fut *ajournée*. La signature de Bonnet manque à cette délibération ; c'est lui vraisemblablement qui demandait qu'on se rétractât.

Ce qui put se passer du 8 au 11, je ne le devine pas ; mais Belley se rangea le 11 avec plus de décision que nous. On pensait sans doute là qu'à tant faire que de se déjuger, il ne faut pas le faire à moitié. Le District écrivit à la Convention :

« Un fatal bandeau était sur nos yeux... Des factieux étaient parvenus à nous tromper... Un tissu de calomnies avait égaré l'opinion... Heureusement le génie de la Liberté a éveillé les Parisiens, ils se sont levés, ont renversé les intrigants.

» Glorieuse journée du 31 mai, tu as étouffé les divisions qui déchiraient la Convention, tu l'as tiré *(sic)* de l'oppression, tu lui as rendu la Liberté.

» Immortels Parisiens, etc., etc. »

Je n'ai pas vu cette pièce dans les registres du District, je l'ai trouvée dans les papiers de Bonnet qui l'a signée avec six de ses collègues, le procureur-syndic Gaudet et le secrétaire Brillat. En la comparant avec l'arrêté du 10 juin, on voit qu'elle le contredit intentionnellement mot pour mot. C'était Brillat qui tenait la plume le 10 juin, ce sera Bonnet qui l'aura prise le 11 juillet... Et l'armée des Alpes vient...

Cependant nul acte, nul signe descendant d'en haut n'indiquait que nos *meâ culpâ*, indirects et autres, fussent acceptés. Le Ministre de l'intérieur venait même, selon *les Annales patriotiques*, de ranger l'Ain au nombre des départements insurgés ou ne reconnaissant pas la Convention. On lui écrit le 16 qu'il est « mal informé. » On lui adresse et on adresse au président de la Convention un compte rendu imprimé, « tableau fidèle de notre conduite, de nos sentiments... aussi dévoués à l'unité et à l'indivisibilité de la République qu'à la Liberté », etc.

Autre démarche le 18, accusant plus de bonne volonté encore. Le Doubs, le Jura envoyant des délégués à Lyon pour l'engager à se soumettre, l'Ain s'associe à eux et nomme pour accompagner leurs mandataires MM. Balleydier et Perret. C'était trop tard ; le 16, Lyon avait versé le premier sang, celui du jacobin Châlier. « Trois fois le couperet glissa sur le cou du condamné lui faisant d'horribles blessures ;... l'exécuteur se vit obligé de recourir à son couteau pour l'achever... » (*Hist. du peuple lyonnais*, par A. Balleydier, tome II, p. 306.)

Enfin, dans la nuit du 19 au 20, il arriva de Grenoble à Bourg un courrier extraordinaire apportant un arrêté des représentants en mission près l'armée des Alpes, Dubois-Crancé, Gauthier des Orcières et Nioche, qui mettait fin à la situation bizarre où nous étions.

Lyon faisant mine de prendre l'offensive, de marcher sur Mâcon, les trois conventionnels durent pousser l'armée des Alpes sur la ville insurgée. Au préalable ils avaient à occuper l'Isère et l'Ain, bases nécessaires de l'opération contre Lyon, sécessionnistes tous deux. Dubois-Crancé se chargea de Grenoble, son pays, qu'il ramena sans effusion de sang. Gauthier se chargea de Bourg.

« Je fus forcé, écrit-il avec un sentiment douloureux, d'envoyer dans la ville où je pris naissance un bataillon que je détachai de l'armée des Alpes, avec l'ordre de s'y conduire comme dans une ville rebelle, de ne déférer aux réquisitions d'aucunes autorités constituées... »

Il y a des choses qu'on ne met pas dans les registres officiels. Je n'ai pu savoir ni par celui du Département, ni par celui du District, ni par celui de la Commune, quel jour ce bataillon arriva et s'il précéda ou suivit l'arrêté de Gauthier du 20.

Cet arrêté demande au Conseil un compte rendu de la situation du Département *tous les deux jours*, lui enjoint *de protéger* la correspondance militaire (il avait le 8 juin ouvert *toutes* les lettres) ; le requiert de faire connaître les motifs du renouvellement de la municipalité de Bourg, et suspend Grumet de ses fonctions.

Sur quoi le Conseil décide que « l'arrêté sera exécuté en sa forme et teneur. » C'était de la soumission sans phrase. Il n'y avait pour des gouvernants sachant leur métier qu'à l'accepter. Ainsi fit Gauthier et « en témoignage de confiance et pour prouver son intention de maintenir l'ordre et la paix », il révoqua (le 23), c'est-à-dire immédiatement, la suspension de Grumet.

Le 25, jour où l'on reçut ici cette nouvelle conciliante, le pauvre Conseil départemental, informé aussi que nous allions voir se concentrer à nos portes les 18,000 hommes de l'armée des Alpes, peu rassuré ce semble, se décida enfin, « vu la loi du 26 juin qui d'ailleurs ne peut le regarder, car il n'a jamais cessé de reconnaître la Convention et d'exécuter ses décrets ; néanmoins, comme il importe au *rétablissement de l'unité* de dissiper toutes préventions à cet égard, rétracte à l'unanimité, aux termes de la loi du 26, tous arrêtés, adresses, etc., émanés de lui depuis le 26 qui pourraient laisser des doutes sur sa sincérité, déclare de nouveau qu'il a toujours reconnu et reconnaît la Convention comme centre d'unité », etc., etc.

Après quoi il n'y avait plus qu'à attendre l'armée de Kellermann et à s'occuper de la loger et nourrir. Le quartier général dut être logé en ville ; le soldat en partie dans nos six couvents vides.

Le 26, jour de l'entrée de ces hôtes, les six municipaux exclus du Conseil de la commune vingt-six jours auparavant y furent réintégrés, et la réorganisation par les Sections, en date du 7, fût déclarée par le Conseil lui-même nulle et non avenue. (Registre mun. dudit jour.)

Le 3 août, le Conseil, quelques membres du District, le maire et *trois* membres seulement de la Commune reçurent au Département les représentants Dubois-Crancé,

Gauthier, Laporte et Javogues, le général en chef Keller-mann, deux généraux de brigade et leurs états-majors.

Le vice-président Tardi donne la bienvenue à ces hôtes. Dubois-Crancé dit « qu'il venait rétablir l'ordre à Lyon et y emploierait les moyens qui peuvent prévenir l'effusion du sang » — Kellermann dit qu'il se « servirait de la force à regret » — Laporte et Gauthier déclarèrent « les mesures de rigueur loin de leur sentiment » — Gauthier ajouta « qu'on l'avait calomnié. Au lieu d'ordonner des incarcé-rations dans l'Isère, il avait élargi plusieurs détenus » — Claude Javogues, de Bellegarde (Ain), représentant de Rhône-et-Loire, d'autre humeur que les préopinants, garda le silence — Tardi répondit « que le vœu du Conseil était de voir Lyon réuni à la Convention », etc.

Les jours suivants, quatre autres conventionnels en mission, dont Reverchon, et vraisemblablement Bassal, Garnier et Prost, se réunirent ici pour conférer sur les mesures à prendre pour mener à bien la grosse affaire du siége de Lyon. Il allait devenir nécessaire de pressurer les départements voisins, ce n'était pas le moment de les désorganiser. S'il en fut délibéré, si l'ex-huissier Javogues et l'ex-prêtre Bassal parlèrent de destitutions, la majorité fut d'un autre avis. Je trouve dans le *registre du Comité de surveillance* de Bourg, folio 29, au verso (un jour où l'on est en train là de dénoncer Gauthier), ce passage significatif : « Gauthier, en donnant un sursis à Pagès et à Tardi, a rouvert le chemin de l'intrigue. S'il ne les a pas trouvés fédéralistes, suspects, il a raison de croire que nous sommes égarés... et tous les détenus doivent être relâchés... » (Le Conseil continuait de les relâcher ; trois le furent sur la recommandation de Gauthier.)

L'armée des Alpes bloqua Lyon le 25 août. Elle avait

laissé la Savoie presque vide de troupes. On avait donné ce pays dévot à gouverner à un prêtre défroqué, Simond. En avril, une levée de boucliers rustique conduite par la religieuse Marguerite Avet, dite Frigelette, échoua. Mais les Austro-Sardes, comptant sur la sympathie des paysans, firent en août un retour offensif. Le 22 août, Annecy se soulevait. Le Rhône menacé n'était pas gardé : il n'y avait à Pierre-Châtel, pour couvrir Belley, qu'une compagnie d'Invalides.

Belley cria vers nous. Nous lui envoyâmes les canonniers de la garde nationale, leurs quatre pièces et 60 grenadiers aussi de la garde nationale. Il cria vers la Pape, quartier général de l'armée des Alpes. Gauthier demanda à l'Ain, au Jura, un bataillon pour border la vieille frontière. Belley députa Brillat au Jura afin de presser l'envoi de son bataillon ; enfin il vota, le 24 août, une adresse au Comité de salut public pour obtenir de lui des troupes « *sérieuses* ».

Voilà où l'on en était dans la ville girondine deux mois et demi après cet arrêté du 10 juin où on parlait de lever « une force armée destinée à marcher sur Paris ».

Le Département ne pouvait contester aux Districts les droits qu'il réclamait lui-même contre la Convention. Après l'attentat du 2 juin, Bourg et Belley avaient cru devoir *reprendre* la représentation nationale et lui montrer le droit chemin. Bourg et Belley avaient été à leur tour *repris* par Pont-de-Vaux, Montluel, Nantua et St-Rambert... Et ceux qui avaient parlé de « marcher sur Paris » n'étaient pas en mesure de se défendre contre le *roi des marmottes*.

Un pas de plus dans cette voie, et la France s'émiettait et s'effondrait d'elle-même devant l'invasion. La leçon était complète.

On rejeta les Piémontais de l'autre côté des Alpes à la fin d'août.

Lyon tint 70 jours.

Je l'ai dit, il y eut chez nous des défaillances; il y en a et il y en aura toujours, hélas ! L'héroïsme de ceux qui conduisirent à bien l'énorme affaire du siége de Lyon n'en est que plus grand. Ils ne demandaient pas moins à notre pays appauvri, affamé, que le sacrifice complet, immédiat des ressources chétives qui lui restaient pour subsister. Gauthier, représentant de l'Ain, obtint ce sacrifice-là avec quelques proclamations, sans garnisaires, sans emprisonnements, sans guillotine. Car Lyon, qu'on le sache bien, a été pris le 9 octobre 1793, et la terreur ne fut faite ici par Bassal, le prêtre défroqué de Versailles, par Garnier, depuis baron de l'empire, et par le comédien Desisles qu'en novembre et en décembre.

Je suis le fils d'un homme qui s'engagea à dix-huit ans pour servir la Révolution. Et celui chez qui j'écris ceci est petit-fils d'un paysan qui quitta sa charrue pour aller pointer contre Lyon le canon de Dubois-Crancé, fondu à Pont-de-Vaux avec les cloches de nos églises. Ce paysan avait une femme et des enfants; celle-ci vécut deux mois des bons de pain qu'elle allait chercher jour après jour à la mairie de sa petite commune rurale. Des machines plus savantes et plus vantées ont plus tard moins bien réussi.

IV.

COMMENT LA TERREUR DEVINT POSSIBLE ICI. — INCURSION DE
JAVOGUES, ELLE DURE TROIS JOURS. — PREMIÈRE INTERVEN-
TION DES REPRÉSENTANTS DE L'AIN.

Le parti montagnard victorieux se divisa : un groupe
gouvernemental voulant modérer et régulariser la marche
de la Révolution ; un parti démagogique voulant l'accé-
lérer ; le premier regardant la terreur comme un accident
douloureux et transitoire ; le second y voyant une condition normale de l'état démocratique. Dans la lutte ardente
qui suivra, ils s'entre-détruiront si bien qu'il ne restera
plus personne pour défendre la Révolution et que celle-ci
sera livrée en proie à ses adversaires.

Nous allons assister à cette lutte si triste et rien à peu
près ne nous dédommagera de sa tristesse. Les grandes
figures, les grandes scènes de la tragique Assemblée des
Tuileries, ses nobles créations encore aujourd'hui fé-
condes, n'ont pas de place possible dans ce récit. On ne
peut davantage y montrer comme intermède consolateur :

> Les nations reines par nos conquêtes
> Ceignant de fleurs le front de nos soldats...

ni se redire le beau cri mélancolique du chanteur, plus
navrant à mesure que le siècle avance, manquant à ses
promesses et à celles de son grand devancier :

> Heureux celui qui mourut dans ces fêtes !...

C'est la Révolution, moins ce qui fait sa grandeur, qui
va apparaître ici. C'est notre mutuelle ruine, par nous
consommée, que nous avons à dire dans sa morne lai-
deur. Spectacle vraiment insupportable, s'il n'en ressor-

tait une suprême leçon : la leçon même qui fut donnée
en Judée, il y a 1900 ans. Il a été dit à l'apôtre, on sait
où et par qui : « Remets ton glaive au fourreau ; qui
frappe du glaive périt par le glaive. » L'apôtre ne s'en est
pas souvenu assez ! Nous non plus.

Il faut encore que l'histoire soit faite pour que la responsabilité des fautes soit attribuée à qui de droit. On a
accusé mal à-propos la philosophie du xviii° siècle des
excès qui vont venir. Les classes responsables de ces
excès n'avaient pas lu le Contrat social ni l'Encyclopédie ;
l'érudition et la grammaire de nos clubistes tant raillées,
m'en sont une assez bonne preuve. Je parle de documents que j'ai dans les mains, des correspondances, des
procès-verbaux de nos Comités de surveillance. Ceux qui
les ont rédigés n'avaient d'éducation absolument que celle
départie à eux par l'Ancien Régime, éducation niaise et
féroce. Aussi le 2 septembre a copié la Saint-Barthélemy.
Et les mitraillades des Brotteaux seront à quelque chose
près aussi atroces que le sac de Béziers. A Béziers, on
laissa à Dieu de reconnaître les siens ; à Lyon, le tribunal
révolutionnaire voulut bien trier et absoudre un accusé
sur deux.

On n'a garde d'ailleurs de répéter ici que ces choses-là
étaient nécessaires pour sauver la Révolution. C'est le
contraire de la vérité. Elles ont procuré sa ruine à bref
délai. Elles étaient seulement immanquables, ce peuple
étant ce que nos éducateurs l'avaient fait. On dira à ceux
qui en ont souffert : *Patere quod fecisti.* Vous avez été
mille ans les maîtres absolus, les professeurs patentés,
exclusifs de ces égorgeurs. Vous leur avez donné l'alma-
nach pour bréviaire, la potence pour récréation (aux
grands jours la roue). Ils pratiquent vos leçons.

Le régime qui va de septembre 1793 à juillet 1794 s'appelle la Terreur. Il n'a pas été le même partout. Lons-le-Saunier a eu 12 échafauds, Genève 12, Bourg 16. Mâcon n'en eut pas. Grenoble n'en eut pas. Chambéry, gouverné comme Bourg par Albitte, n'en eut pas.

C'est que la Terreur eut diverses causes : les unes générales, qui ne pèsent pas d'abord de même partout, les autres locales et variables. Entre ces causes, il faut signaler *ici*, avant tout et par-dessus tout, la pénurie des subsistances, l'excitation et les défiances qu'elle engendra.

A la fin d'août, après que le rétablissement de l'autorité de la Convention eut été procuré par Gauthier sans secousse, ni violences, il y eut ici une sorte d'accalmie. Elle devait durer peu.

Nous lisons au registre du Directoire départemental :

Le 6 septembre, « le Conseil général de la commune séant, le Procureur-syndic a dit qu'il y a eu du mouvement à Bourg les 4 et 5, une partie du peuple dépourvue de grains s'est portée au Département (à l'ancienne Préfecture) pour en réclamer...

« Le Directoire a pris un arrêté, ledit jour 5, portant que la Municipalité de Bourg était autorisée à faire vendre, aux citoyens indigents, les blés déposés à la Grenette et accordés au Département par le Ministre de l'intérieur...

» Ce premier arrêté *n'ayant pas été exécuté*, il en a été pris un second le même jour, — commettant un membre du Directoire Départemental et un membre du District pour procéder à la vente ordonnée, *en présence du Maire et du Procureur de la commune, requis* de se transporter sur-le-champ à la Grenette.

» Cette vente a été effectuée, etc...

» Le Conseil arrête que les Officiers municipaux feront,

dans les vingt-quatre heures, à l'administration du Département, part des *véritables* causes des mouvements qui ont eu lieu à Bourg les 4 et 5... »

La Commune répond que les causes de l'émotion sont : 1° la cherté ; 2° les achats des Bugistes si considérables qu'on les accuse à Bourg d'acheter pour revendre aux Suisses : elle répond encore qu'un autre mouvement est à craindre « car on dit le blé vendu aux indigents gâté, le Département ayant *préféré le laisser périr* que d'en soulager (à temps) les pauvres. » C'est bien aigre. Répéter ce dernier propos odieux, c'est presque l'endosser...

Il est vrai que le Département a laissé voir qu'il soupçonne la Commune d'avoir fait l'émeute quelque peu...

Faut-il supposer que ce Département soupçonneux savait ce qui se passait aux Tuileries ce jour même ?

Le 5 septembre, hélas ! Pache, Hébert et Chaumette, maire, substitut et procureur syndic de la commune de Paris, menaient le peuple à la Convention demander « *du pain !* » Et Chaumette disait : « *Les ennemis domestiques* de l'État persistent dans leur affreux système d'affamer le peuple... Il faut que nous détruisions les ennemis du peuple ou qu'ils nous détruisent... Le jour de la justice et de la colère est venu... »

Ce que ce jour produisit, dit Quinet (*Rév.* xiv, 42), « fut l'Armée révolutionnaire que suivent le Tribunal du même nom et la guillotine ». La loi des Suspects, œuvre de Merlin et de Cambacérès, compléta les instruments de la Terreur dont la disette, interprétée comme on voit (à Paris et à Bourg), est la première cause.

La disette cependant n'était nullement factice. Et elle était chez nous plus sensible qu'ailleurs. On lit dans un rapport du Département au Ministre sur l'état des choses :

« L'on n'a recueilli que la moitié des grains de l'année dernière ; la sécheresse a empêché l'épi de se former. Les premiers blés noirs ont péri. Les pommes de terre ont manqué partout...

» Cependant jamais l'exportation n'a été aussi énorme. Lyon, en prévision d'un siége, a tiré par la Saône quantité de grains et farines. De plus, le maximum étant fixé chez nous, et ne l'étant pas dans Rhône-et-Loire et Saône-et-Loire, les spéculateurs de Lyon et Mâcon ont profité du bas prix de nos grains pour se remplir.

» Enfin, nous avons été requis de fournir à la subsistance de l'armée des Alpes, les Représentants près cette armée attesteront qu'elle subsiste presque avec nos grains.

» Le marché de Bourg ne suffit plus même aux achats de la ville. Les consommateurs du Bugey, qui ne peuvent se fournir que là, retournent à vide. Le peuple de Bourg les menace... l'on a tout à craindre pour les marchés suivants...

» Le pain coûte de *quinze à dix-huit sols* la livre dans la partie orientale du département... la taxe à bas prix ne fera pas venir le blé... »

Cette imminence de la famine, plus inquiétante ici qu'ailleurs, est, à mon sens, la cause qui a rendu la Terreur possible et un instant populaire chez nous. Cette population douce d'habitude, mais pauvre alors et sans industrie, payant le pain quinze sols la livre (un franc cinquante d'aujourd'hui?), croyant aux accapareurs parce que la loi des Suspects, en les punissant de mort, lui dénonçait leur criminalité, et parce que les exaltés, les uns sincères, les autres non, lui dénonçaient leurs personnes, fut prise contre ces « *ennemis domestiques* » d'une furieuse colère.

La seconde cause locale à signaler, c'est notre situation

particulière entre Lyon et la Savoie, entre la guerre civile
et l'invasion. Il peut sembler étrange aujourd'hui qu'on
ait cru au succès des Lyonnais. Mais enfin ils y ont cru
eux-mêmes. Leurs proches voisins soumis à l'ascendant
de Lyon avaient vu le siége se prolonger, se changer un
moment en blocus ; ils avaient dû se dire que ces lenteurs
étaient un succès déjà. Ce succès équivoque fut exagéré
par les inquiétudes et les défiances du parti révolutionnaire, par les espérances du parti adverse ; nous le voyons
à toutes les pages des documents qui nous servent.

Quant à l'invasion austro-sarde, elle avait reconquis la
Savoie à moitié et eût occupé le reste sans l'impéritie du
prince qui la conduisait. Les six mille Français qui essayaient
de la contenir avaient besoin de secours et n'en recevaient
pas. « Les citoyens de Bourg désignés pour aller au secours
de Belley » ne bougeaient. Le 1er septembre, le Département les somme de partir, mais manquant de moyens
coercitifs, il est réduit à menacer les récalcitrants d'envoyer leurs noms à Gauthier et Dubois-Crancé. Et le bataillon jurassien appelé par Brillat ne dépassa pas Gex.

Ces alliés *de fait,* les Lyonnais et les Austro-Sardes,
étaient à quatre ou cinq journées de marche les uns des
autres. L'idée qu'ils pouvaient faire jonction sur notre
territoire et nous broyer jetait ici l'épouvante.

Au milieu de septembre, on posait nuitamment à Bourg
des placards « incendiaires » attribués à des émissaires ou
à des complices de la rébellion lyonnaise...

Le 29, du château de la Pape où était leur quartier-
général, Dubois-Crancé et Gauthier faisaient arrêter à
Bourg et à Nantua deux personnages suspects de correspondre avec les insurgés...

Le 2 octobre, sept jours avant la reddition de Lyon :

ayant appris que les Lyonnais aux abois allaient risquer une jonction avec les Piémontais, les Représentants ordonnaient au Directoire de l'Ain de faire garder les gorges de Saint-Rambert et de Nantua. Le Directoire commet à cette tâche le vieux soldat Dandelin (vice-président de la Société d'Emulation), notre compagnie d'artillerie et quatre canons. C'était tout ce qu'on avait de disponible ; c'était peu. En réalité, c'était assez. Mais la peur et la malveillance n'en jugèrent pas ainsi.

Le Directoire était dépopularisé. Gauthier, on s'en souvient, avait cru devoir conserver cette administration girondine, plus ou moins repentante. Des levées d'hommes, des réquisitions très-nombreuses, très-lourdes, étaient indispensables à la conduite à bien de son siége. Il estima sans doute qu'elles seraient plus faciles à faire et mieux faites avec ce personnel éprouvé, habile, et ayant d'ailleurs à se faire pardonner les antécédents qu'on sait. Qu'il eût pu en trouver un autre plus dévoué à la cause, ce n'est pas douteux. Il n'avait pas confiance dans cet autre personnel-là, bien neuf, bien inexpérimenté, peu maniable par tempérament et par excès de zèle. Il avait raison sans nul doute.

Mais cette raison n'était pas faite pour être comprise par le menu peuple, dont la défiance contre les fédéralistes était grande. Le sens exact de ces mots *fédéralistes*, *girondins* lui échappait ; il est à craindre qu'il n'ait vu derrière une variété de « monstres » particulièrement malfaisante.

Elle n'était pas faite davantage pour être acceptée des meneurs jacobins. Ils avaient dû compter que le triomphe du parti assurait son entrée au pouvoir et pouvaient voir dans la politique de Gauthier une injustice et une injure.

Les *Six* expulsés de la Commune par les *Plumets rouges*
le 1er juillet, réintégrés par Gauthier le 26, étaient les
maîtres de cette population qui se croyait affamée par *les
ennemis domestiques* de l'Etat, s'estimait encore trahie
par eux et que ce double et monstrueux soupçon fit terroriste un moment. Ils commencèrent la lutte, on l'a vu, le
5 septembre contre le Directoire. Elle dura un mois. On
se tait des incidents en nos registres. Gauthier, en sa
Défense (écrite douze jours avant le 9 thermidor), raconte,
non sans irritation, comment le dénoûment fut procuré
aux premiers jours d'octobre, au moment où les souffrances causées par la disette et les inquiétudes causées
par la sortie annoncée des Lyonnais arrivaient à leur
paroxysme.

Le ci-devant prêtre Bassal, le futur baron Garnier et
Prost (de Dôle), le seul montagnard de la députation du
Jura, avaient dans leur proconsulat les six départements
de l'Est, dont l'Ain. Les Jacobins de Bourg, pressés de
régner, leur envoyèrent l'accusateur public Merle (de
Bâgé, depuis membre de la *Commission temporaire*
de Commune affranchie), et le municipal Rollet qui se
laissait ou se faisait appeler Marat. Ceux-ci vinrent à
Besançon rappeler à Bassal l'injure qu'il avait reçue à
Lons-le-Saunier le 28 juin, en partie du fait des Girondins
de Bourg, et demander leur destitution. Ils rapportèrent
les arrêtés dictatoriaux du 27 septembre connus et exécutés ici le 1er octobre et qui préparèrent la Terreur chez
nous.

Les proconsuls républicains faisaient ouvertement ce
que la monarchie de Louis XV avait fait par des moyens
couverts. Ils remplaçaient les Conseils élus que la Constitution de 1791 nous avait rendus par des Conseils im-

posés. Pour sauver, disait-on, la Révolution ; mais aussi pour régner sans contrôle, on supprimait la liberté.

Au Directoire départemental on mettait le médecin Rollet-Marat et le chirurgien Baron-dit-Châlier (de Saint-Rambert). Blanc (de Dijon), plus connu sous son nom de théâtre Desisles, fut maire de Bourg. Le Conseil général de la commune fut composé à peu près en entier d'artisans, orateurs favoris de la Société populaire.

Les tribunaux élus eurent le même sort que la municipalité élue. On n'osa pas agir de même avec la garde nationale ; on cassa ses officiers, mais on l'invita à en choisir d'autres « bons patriotes », pris aussi dans la Société populaire. (Arrêté du 5 octobre.)

Les Jacobins de Belley avaient trouvé l'exemple de Bourg bon à suivre. Ils avaient député, aux Représentants en mission, les citoyens Bonnet et Carrière, chargés d'une requête qu'on devine, écoutée non moins favorablement. Le 11 octobre, Bonnet et Carrière, introduits au nouveau Directoire de l'Ain, lui demandèrent de coucher dans ses registres un arrêté par eux rapporté de Dôle et signé du seul Prost. Le District, la municipalité conduite par Brillat-Savarin étaient destitués; des Sans-Culottes nommés par Prost, sur leur propre présentation, remplaçaient la bourgeoisie girondine. Un cloutier devenait Procureur de la commune, etc.

Le premier souci de notre Directoire jacobin avait été, le 7 octobre, avant-veille du jour où Lyon capitula, de nous pourvoir de canons, « vu l'invasion dont nous étions menacés de la part des Lyonnais. »

Le 10, il avisa à transporter à Pierre-Châtel les détenus de Bourg, le Conseil de la commune « le prévenant d'intelligences entre les Lyonnais et *les ennemis qui sont dans nos murs* ». Ces derniers mots étaient gros de menace, et le Directoire ajoute avec toute raison que « sa mesure assurait la tranquillité des détenus et la nôtre. »

Le même jour, nos nouveaux administrateurs lancèrent sur les routes avec ordre de les éclairer (et au besoin de les couper par tranchées ou abattis), des piquets de vingt-quatre hommes, gardes nationaux ou Lyonnais patriotes réfugiés chez nous. Enfin ils ordonnaient aux Districts de rassembler immédiatement les citoyens de la première réquisition, de les armer de fusils, piques ; de requérir les autres citoyens de se tenir prêts à marcher avec fusils de chasse, faulx, fourches, haches et avec quatre jours de vivres — et dans le cas où les Lyonnais seraient parvenus à faire la sortie en masse, annoncée par lettres reçues le 9 « de se porter sur les lieux les plus convenables pour terrasser ces brigands ».

Le 11 au soir, le tocsin sonne dans les communes rurales des environs de Bourg. Les paysans sortent armés de fourches, la garde nationale de la ville va à la rescousse. Jusqu'à 2 heures de nuit on bat la campagne sans trouver vestige de Lyonnais et on rentre bredouille. Au jour on apprend que deux vagabonds qui avaient soupé dans un pailler et y avaient mis le feu étaient la cause seconde de cette alerte.

Le général des Lyonnais, Préci, était sorti de la ville la veille de la capitulation, avec un gros d'insurgés que les paysans du Mont-d'Or écharpèrent. Il gagna la Suisse par le département du Jura. Lyon, devenu Commune affranchie, se courba sous le marteau de Couthon et bientôt sous le couperet de Collot-d'Herbois. Les Austro-Sardes étaient rejetés de là les Alpes. Mais l'adage *Ablatâ causâ tollitur effectus* devait souffrir exception cette fois.

Le peuple restait debout : ses défiances, ses colères, son effervescence, entretenues par ceux qui leur devaient de gouverner, allaient durer bien des mois.

Les arrestations, produit de ces défiances, et qui accrurent celles-ci, commençaient. Elles furent moins nombreuses peut-être que celles d'Amar et Merlino en avril, mais eurent un autre caractère. Ce n'était plus d'incivisme que les nouveaux détenus étaient accusés vaguement. C'était d'avoir connivé avec les rebelles de Lyon ; et leur vie était par là en péril.

La Commune imposée était installée le 29 septembre ; le 2 octobre (sur la demande d'Alban), elle ordonne l'arrestation de deux officiers généraux : MM. de Bohan et d'Oraison ; et (sur un arrêté de Bassal et Garnier), celle de M. Populus l'ex-constituant, le président des Sections au 9 juillet ; de trois prêtres dont Barquet, l'orateur du 30 juin ; et de neuf juges ou hommes de loi.

Trois jours après, Gauthier des Orcières demande que le prêtre Auger, malade, soit seulement détenu chez lui. — « Si vous n'en jugez pas ainsi, écrit à la Commune de Bourg cet homme qui commande une armée, je vous invite à m'en donner les motifs incessamment... »

Incessamment on lui répond que, si « on écoutait son bon cœur, il faudrait élargir tous les détenus, et les patriotes échappés à la rage de l'aristocratie deviendraient sa victime... »

Et le même jour on lui répond encore d'une autre façon en portant sur une première liste de 84 suspects à désarmer (d'abord) son neveu, un blessé de Famars, le général de brigade Gauthier-Murnan, appelé aussi Gauthier-Cincinnatus, de ce que, compagnon de Lafayette aux Etats-Unis, il était décoré de l'ordre républicain.

Le 10, treize de ces suspects (dont cinq ex-nobles), sont incarcérés. Douze le sont le 30 vendémiaire (24 octobre 1793), dont trois membres du Directoire girondin (Balleydier, Grumet et Vuy). Huit le 24, dont deux femmes, l'une ex-noble « sœur d'émigré » ; l'autre mariée à un ex-noble et accusée « d'agiotage et de mauvaise correspondance. »

Fermeture générale des magasins le 22, les marchands contrevenant à la loi contre les accapareurs...

Le 26, arrestation de quarante-un accusés de fédéralisme sur la requête du *Comité de surveillance départemental*. Ce comité, décrété par le représentant de Saône-et-Loire Reverchon dès le 20 septembre, et chargé des mêmes fonctions que le *Comité de sûreté générale* de Paris, ne fut organisé qu'en octobre. Il fut composé de quinze membres, tous de la Société populaire et presque tous de la Commune (qui ainsi se surveillait elle-même). Desisles fut président ; il eut là pour assesseurs : Rollet-Marat, Baron-Châlier, Alban, Convers, Degrusse, etc.

Tous jurèrent de garder le secret de leurs délibérations, de surveiller les traîtres, etc., appelant « le glaive de la loi sur leurs têtes s'ils manquaient à leur serment ! »

Le 7 brumaire (28 octobre), Bourg qu'on ne pouvait plus nommer Bourg *en Bresse*, cette appellation paraissant entachée de féodalité, et devant être distingué, pour le service de la poste, de Bourg-sur-Mer, etc., fut qualifié *Bourg-Régénéré*. On avait débaptisé les vieilles rues, la place principale était la place Marat ; au centre on élevait, avec les matériaux d'un édicule dédié par M. de Montrevel à ses amis, dans le parc de Challes, un cénotaphe à l'*Ami du peuple* ; des inscriptions rappelaient pour l'expier l'outrage fait là à Marat par les *Plumets rouges* du Jura le soir de leur entrée à Bourg. (12 brumaire, 2 novembre.)

A sept jours de là, dans une grande fête civique conduite par Desisles (et dont le récit, imprimé à la suite des
Mémoires de Mme Roland, est trop connu pour qu'on y
insiste ici), on prononça l'éloge de Marat sur la place
Jemmapes (du Greffe), on brûla l'*hydre du fédéralisme*
sur la place de la Fédération (de la Grenette) et on traîna
le prince de Condé en effigie sur la claie. Cette fête se
termina à Brou, par un banquet colossal, coupé de discours n'ayant rien d'homérique ; une carmagnole, dansée
par trois mille personnes, la compléta. On pourrait là-
dessus croire à une bacchanale, on se tromperait. Un
témoin de moi connu, qui n'était pas là de son plein gré à
coup sûr, me donnerait à penser plutôt qu'à part la danse
finale la fête pécha par trop de gravité sombre.

A la même date (11 novembre), le fédéralisme n'étant
pas bien mort, le Conseil de la commune s'occupe à le
poursuivre *à la Comédie* ouverte depuis dix mois, contre
l'habitude. Le directeur Joufroy avait été secrétaire du
club modéré. Et « le rassemblement qui se faisait là
n'était que du reste des fédéralistes non encore incarcérés. » Le Conseil ordonna donc au directeur de lui
apporter les clefs de la salle et de quitter la ville « à peine
d'être déclaré suspect. »

Une grave nouvelle arrivant de Belley l'interrompit dans
cette besogne. Tandis que nous descendions ici avec une
rapidité vertigineuse la pente ultra-révolutionnaire, à
Belley on avait réussi à enrayer. Le parti modéré, conduit
par un homme de valeur, Brillat-Savarin, avait gardé la
situation que lui avait faite son *meà culpà* si osé du
11 juillet (« Glorieuse journée du 31 mai », etc.) Il luttait.
Il obtint, le 16 brumaire (6 novembre), de la Convention,
la réinstallation de Brillat à la municipalité, et qui plus

est, l'arrestation des meneurs Sans-culottes accusés déjà de malversations par leurs adversaires...

Cette nouvelle fit, à l'hôtel de ville de Bourg, l'effet d'un coup de foudre tombant très-près, et qui est un avertissement et une menace.

« Réfléchissant, dit le registre (séance du 22 brumaire), qu'il serait dangereux que l'aristocratie reprît son empire et que les détenus dans les maisons d'arrêt reprissent la place des Sans-culottes.... ne préjugeant rien sur le décret de la Convention, convaincu qu'elle l'a rendu *avec connaissance de cause*, que néanmoins *sa religion peut avoir été surprise* », on députe à Belley Desisles, maire, Alban, premier officier municipal, « pour juger dans l'intimité de leur conscience qui sont les vrais patriotes des Jacobins détenus et de ceux qui les ont fait arrêter — et pour *éclairer la Convention....* »

Desisles parti, le Conseil revint sur l'ordre de fermer *la Comédie*. Mais le Directeur dut, à l'avenir, *soumettre* au Conseil les pièces qu'il jouait : c'est la vieille censure préventive qu'on réinvente à Bourg et le passé monarchique qui ressuscite du fait du Conseil municipal imposé. Les Sans-culottes, sans trop s'en douter, *font la planche* à l'Empire. 1793 prépare 1803.

Le voyage de nos deux délégués à Belley paraît avoir été sans résultats immédiats. Vraisemblablement notre députation à Paris en neutralisa l'influence.

Desisles prit bientôt sa revanche. Ce qui s'était passé ici le 5 septembre prouve très-suffisamment ses relations avec la Commune de Paris. Ce qui va suivre montre qu'il avait l'oreille du triumvirat régnant à Commune-affranchie. Couthon avait laissé la ville condamnée aux soins du comédien Collot-d'Herbois, du moine Fouché et de l'huis-

sier Javogues. Le dernier était de notre pays ; le premier
avait pu connaître Desisles sur les planches.

Si les pouvoirs de ces hommes effrayants s'étendaient à
l'Ain, c'est bien équivoque. Ce qui est sûr, c'est que l'on
reçut à Bourg-Régénéré le 3 frimaire (23 novembre 93)
l'arrêté suivant ;

Les Représentants du peuple envoyés près l'armée des
Alpes et dans *différents* départements de la République,

Informés que l'Ain, par suite du fédéralisme ourdi
avec les administrateurs du Jura et de Rhône-et-Loire,
avait fait scission d'avec la République... que dans tous
les temps les nobles et les prêtres réfractaires ont travaillé
les habitants des campagnes pour les engager à porter les
armes contre leur patrie, etc., etc., arrêtent :

Les citoyens Rollet-dit-Marat, Baron-dit-Châlier, administrateurs du département de l'Ain, sont nommés commissaires pour *faire les arrestations*, poser les scellés,
séquestrer les biens de toutes personnes ayant pris part à
la rébellion de Lyon, et depuis le commencement de la
Révolution ayant donné des preuves d'incivisme...

Ils sont autorisés à requérir la force nécessaire : et
les municipalités sont *tenues d'obéir* à première réquisition...

Fait *en commission* à Commune-affranchie, le 21 brumaire ; enregistré au Département le 3 frimaire.

> *Les Représentants* du Peuple, *Claude Javogues.*

Cet arrêté, assez étrange en sa forme, livrait le département de l'Ain, corps et biens, à Desisles et à ses deux
auxiliaires les plus ardents. Javogues complétait ce que
Bassal avait ébauché. La Terreur était faite.

Cela allait vite et pouvait aller loin. Les Représentants
de l'Ain à la Convention crurent devoir intervenir. Le

registre du Comité de surveillance de Bourg, registre peu pratiqué depuis qu'il fut clos, nous en garde la preuve authentique (folio 29, au verso). Le procès-verbal résume ainsi l'opinion de nos députés sur ce qu'on faisait chez nous : « Gauthier et Deydier se plaignent *hautement...* Merlino et Jagot paraissent *incertains...* » Les lettres probantes sont jointes, à l'appui.

Gauthier était revenu le 7 octobre de Lyon à Paris faire un premier rapport sur la grosse affaire qu'il avait tant contribué à amener à fin. La grandeur du service par lui rendu était appréciée aux Comités, et par Robespierre avec qui Gauthier était lié. Et bien que le rapport du représentant de l'Ain eût été taxé de *modérantisme* par Collot-d'Herbois, sa position à la Convention n'en était pas diminuée.

Deydier suivait ordinairement Gauthier. Merlino, Lyonnais d'origine, ayant à le faire oublier, se séparait d'eux souvent pour voter avec Jagot. Grégoire Jagot le nantuatien, un de ceux à qui on confia la tâche d'introduire le régime républicain en Savoie, girondin en 92 (Michelet, xv, p. 41), venu à résipiscence, avait dicté (sans aucun doute) l'arrêté du district de Nantua qui désorganisa chez nous la sécession girondine. Il venait d'entrer au *Comité de sûreté générale*, c'est-à-dire au gouvernement et y était chargé de la correspondance.

De ces quatre hommes qui avaient donné tous quatre, le 21 janvier, le gage qu'on sait à la Révolution, les deux derniers inclinaient aux rigueurs, les deux premiers n'en avaient pas le goût. Gauthier et Deydier les jugeaient chez nous nuisibles Lyon pris, et les blâmaient ; Jagot et Merlino ne les estimaient pas nécessaires. Merlino avait prodigué les arrestations préventives, peu inquiétantes relativement, de contre-révolutionnaires patents ; mais celles qu'on venait de faire et que Rollet et Baron allaient continuer, tombaient en majeure part sur des gens fédéralistes plus ou moins, républicains dès lors quoi qu'on pût dire.

S'il était bon à quelque chose de juger ici, on ne pourrait que déférer au jugement de ces quatre hommes politiques, si autorisés, nullement suspects de complaisance pour la Contre-Révolution et connaissant leur pays. Pas plus qu'eux alors, nous ne voyons aujourd'hui d'urgence à des mesures qui en promettaient d'autres plus acerbes ; que sans nul inconvénient Dubois-Crancé épargnait à l'Isère, notre voisine, aussi fédéraliste que nous ; que Robert Lindet, rapporteur du procès de Louis XVI, assis au Comité de Salut public avec Robespierre, épargnait à ce foyer même du fédéralisme, la Normandie. (La fille du régicide, mariée chez nous, bien belle, bien distinguée, et ne désavouant guère les actes de son père, nous a un jour rappelé celui-là avec une fierté charmante...)

Desisles voyant Gauthier et Deydier hostiles, Jagot lui-même et Merlino refusant d'approuver, comprit qu'il y avait dans le blâme des premiers un péril pour lui, et à l'indécision des seconds qu'ils ne l'aideraient pas à s'en tirer. Comme Danton, il croyait « qu'il faut en révolution de l'audace, de l'audace, encore de l'audace. » Il crut bien faire de mettre de son côté un fait accompli et le 17 frimaire (7 décembre), il alla chercher à Mâcon Javogues qui était là avec 400 hommes de l'Armée révolutionnaire fraîchement recrutée dans les faubourgs de Paris.

L'ex-huissier Claude Javogues (et non Charles comme on imprime ; j'ai deux signatures de lui sous les yeux), né chez nous à Bellegarde, et l'un de ces hommes nom-

breux qu'on nous emprunta du dehors en 1792 pour recruter la Convention, (Carrat, Goujon, Gouly, Javogues,
peut-être Reverchon), était député de Lyon; il fut complice des mitraillades de Collot-d'Herbois, les surpassa à
Feurs. Et Couthon l'a appelé « *un Néron* ».

L'Armée révolutionnaire parisienne entra ici le 19 frimaire (9 décembre).

Desisles « en écharpe suivi de la Municipalité », reçut
ses auxiliaires sur la place d'Armes devenue place Marat,
où s'élevait le cénotaphe dont on a parlé. Il leur dit :

« Braves soldats, vos pieds frappent un sol qui fut in-
fecté par le fédéralisme. Des administrateurs perfides, à
l'aide des *hommes de chicane*, ont tout fait pour tromper
le peuple. Ce tombeau atteste la douleur de ce peuple
trompé... Recevez, par mon organe, le serment des
Sans-Culottes... Venez achever de détruire les préjugés
religieux et aristocratiques. Le modérantisme cherche peut-
être à *renaître sous une autre forme*. Que tous ceux qui
ne peuvent plus gravir la montagne révolutionnaire *soient
atteints*. Par là seul nous sauverons la Patrie, etc. »

Gouly nous a gardé cette déclaration de guerre contre
les nouveaux modérés qui ne peuvent *plus monter la
Montagne*, et *les hommes de chicane*. Il restait ici des
amis à l'avocat Gauthier; ils durent comprendre à qui
elle s'adressait.

Javogues répondit, le surlendemain; à la Société populaire. Il débute par une charge contre « les fédéralistes,
recrutés de tous les grugeurs de l'espèce humaine : prêtres, ci-devant nobles, procureurs, avocats, usuriers, accapareurs, gros marchands, financiers..., qui voulaient
massacrer les patriotes... faire subir au peuple le sort
des esclaves de Tunis et d'Alger et des nègres d'Afri-

que... Il accuse ensuite les riches et les propriétaires
« de réduire le peuple à la misère dans une saison
d'*abondance*... (on a vu ce qui en était), de se délecter à
la vue du supplice du peuple tourmenté par la faim... La
société ne doit voir en eux que d'exécrables usurpateurs,
de cruels vautours qu'il faut *retrancher* du sol de la
liberté... L'énergie des républicains a triomphé de tous
les cannibales qui avaient juré leur perte... Il faut que
les traîtres expient leurs forfaits sur la place même où ils
ont juré d'exterminer tous les Maratistes... L'édifice de
la prospérité publique ne sera consolidé que sur le cada-
vre du dernier des honnêtes gens. » (J'ai dans les mains
ce discours devenu rare, imprimé en quatre pages petit
in-4°. Pas de nom d'imprimeur.)

Javogues s'arrangea immédiatement pour être « fidèle
en toutes ses menaces ». Il employa les trois jours qu'il
passa ici : 1° A frapper la ville d'une première contribution forcée. Ce fut Desisles qui la répartit. Il n'en ren-
trera qu'un tiers ; 2° A décréter la démolition des maisons riches. C'étaient les maisons pauvres, ici horriblement
malsaines, qu'il eût fallu démolir (en indemnisant les propriétaires) ; 3° A organiser « une *Commission populaire*,
composée de Desisles, président, et d'Alban et Chaigneau,
assesseurs, pour juger les suspects. Les victimes étaient
déjà désignées... » (Gouly, *Compte rendu*, pages 11,
290. Gauthier, *Défense*.)

L'Armée révolutionnaire, elle, s'occupa, ces trois jours,
« de visites domiciliaires, enlèvements de métaux et destruction des signes extérieurs du fanatisme », dit Gouly
(page 11). J'ai dans les mains la minute du procès-verbal
d'une partie de ces « enlèvements de métaux », au nombre de sept. Un seul des sept visités fait objection, pro-

teste et refuse de signer. On trouve chez lui 36 livres en argent qu'on échange contre des assignats, un moutar-dier, deux salières, une grande tasse, trois cuillers à soupe, deux fourchettes en argent, 120 coupes de blé, 35 livres de chandelle et deux plaques de cheminée fleur-delysées. Quatre donnent leur argenterie et numéraire « au profit de la Nation ». Un des quatre sans mot dire. — La citoyenne veuve Quinet, d'une bonne volonté sans exemple, fait don au profit de la République d'un gobe-let, dix couverts complets et deux cuillers à ragoût. C'est l'aïeule du grand écrivain et la veuve du maire qui a pro-clamé la République ici en 1792.

Ce procès-verbal conservé à la Mairie est coté n° 37.

Mais ce jour même du 9 décembre où Javogues arrivait à Bourg, Gouly partait de Paris pour la même ville, chargé par la Convention d'organiser dans l'Ain *le Gou-vernement révolutionnaire* décrété par elle le 14 frimaire (4 décembre), et pour ce faire revêtu « de *pouvoirs illi-mités.* » (*Compte rendu à la Convention nationale et au peuple souverain par Benoît Gouly, représentant du peu-ple*, un volume in-12 de 411 pages, sans date ni nom d'im-primeur.)

Deux choses avaient rendu ce coup de théâtre possi-ble : 1° L'intervention des représentants de l'Ain d'abord : après ce qui précède elle n'aurait pas besoin d'être prou-vée ; elle l'est par le choix d'un député natif de Bourg, par les bons rapports de Gauthier avec ce député (*Compte rendu*, p. 393), par ces deux lignes décisives de Gouly lui-même : « Jagot *me proposa* cette mission que je n'ai point demandée et *me détermina* à l'accepter... » Jagot, le plus *avancé* de nos représentants, comprenait donc bien, lui aussi, que ce qui se passait à Bourg était intolérable.

Son sentiment nous est établi deux fois : 1° par son refus d'approuver les arrêtés de Bassal et de Javogues; 2° par le choix qu'il fait de Gouly pour leur succéder ;

2° Une évolution de Robespierre à ce moment. Le 21 novembre aux Jacobins, Maximilien avait déclaré l'athéisme « aristocratique », c'est-à-dire rompu avec Hébert et la Commune de Paris. Il allait faire arrêter Vincent ministre d'Hébert, Ronsin son général et l'exécuteur des mitraillades de Lyon. Il allait (un peu après) faire rappeler Javogues pour un discours tenu à Commune-affranchie, dans un club, et qui est une réédition de celui qu'on vient de lire. Desisles « chef de la faction hébertiste du département de l'Ain » (*Compte rendu*, p. 271), Desisles pourvoyeur de Javogues n'était l'homme de Robespierre à aucun degré ; Gouly était cet homme bien plus qu'on n'a dit.

Le décret instituant le Gouvernement révolutionnaire, suspendait la Constitution, conférait l'autorité de droit aux deux comités de Salut public et de Sûreté ; ôtait tout pouvoir politique aux Directoires départementaux ; ne laissant subsister un peu vis-à-vis de la Convention que les Districts qui ne lui faisaient pas ombrage ; licenciait les armées révolutionnaires des provinces, instruments qu'elle ne gouvernait plus guère ; supprimait les Commissions révolutionnaires (Gauthier, *Défense*, p. 393) ; défendait les coalitions entre les clubs, etc., etc.

Il faisait l'ordre, en un mot, un ordre despotique à la place des anarchies locales dont notre pays donnait à ce moment même un si étrange spécimen. Il était nécessaire.

V.

Benoît Gouly, qui venait chez nous organiser le Gouvernement révolutionnaire, était né à Bourg en 1750 d'un père chaudronnier. Ce pays-ci presque sans communications, dépourvu de toute activité industrielle ou commerciale, prenait quelque part à l'essor colonial de la France au XVIIIe siècle. Parmi les hommes qui marquent chez nous à ce moment même, deux commencent leur fortune à l'Ile de France et un cherche la sienne à Saint-Domingue. Ce dernier est Félicité Sonthonax, premier émancipateur d'Haïti. Les deux premiers sont Goujon dont on reparlera plus loin, et Gouly. Celui-ci, parti à seize ans pour les Isles ou les Indes (comme il le dit indifféremment), avait fait là-bas quelque fortune en exerçant la médecine, puis comme planteur. L'Ile de France l'avait nommé successivement député à l'Assemblée coloniale, puis à la Convention. Pris par les Anglais en route, il n'avait pu débarquer à La Rochelle que le 16 septembre 1793, avait été admis à la Convention le 6 octobre et « s'était placé à la Montagne. » (*Compte rendu*, p. IV.)

Le 23 frimaire (13 décembre 1793), il écrit au Comité de salut public : « Hier, à 3 heures, j'arrivai à Bourg... Cette commune était dans la plus grande agitation en raison d'une *Commission populaire* qu'allait établir Javogues, des visites domiciliaires et enlèvements de métaux faits par l'Armée révolutionnaire et de la destruction des signes extérieurs du fanatisme. Mon collègue Javogues m'annonça qu'il serait déjà parti pour Commune-affranchie si la *Commission* avait été organisée, que j'achèverais cette opération *qu'il croyait nécessaire*. Je répondis que les Représentants, dans les départements qui ne sont pas et n'ont pas été en rébellion, ne pouvaient constituer un pareil établissement *d'autorité privée*. » (*Compte rendu*, p. 11.)

Pendant que Gouly conférait avec Javogues, on battait la générale. « Les citoyens, les hussards de la garnison, réunis sur la place, disaient qu'ils allaient attendre hors la ville les soldats de Javogues ; les citoyens pour reprendre les métaux d'or et d'argent enlevés par eux les deux jours précédents ; les hussards pour reprendre trois des leurs qu'on emmenait à Lyon. Les officiers municipaux voulant intervenir étaient méconnus et menacés » (p. 63).

Gouly se rendit sur la place, harangua le peuple, somma la garde nationale de protéger l'ordre et d'empêcher que l'Armée révolutionnaire fût insultée, mais il « renvoya celle-ci et suspendit l'établissement de la *Commission populaire* ».

« Le calme rétabli », le Représentant déclara le Comité de Reverchon, dit Comité de surveillance du Département, supprimé par le décret du 14, et, « après avoir consulté la Société populaire et toutes les autorités constituées », organisa un comité de surveillance de la Commune, fit passer « au scrutin épuratoire le District, la Commune, la municipalité, puis la Société populaire elle-même ». Il fit élargir ensuite « quelques républicains opprimés... » « Beaucoup de détenus le sont, écrit-il le 27 (au Comité de sûreté générale), par suite de petites passions... je verrai tout cela au clair... Le modérantisme, le fanatisme dominent dans cette commune et les circonvoisines... Je viendrai à bout de les abattre sans violence, ni commotion... il faut laisser rasseoir les esprits... pour éviter dans un département si voisin du Jura une *nouvelle Vendée*... (Conférer pages 11, 12, 13 les lettres à la Convention et aux Comités.)

Dans les conseils *épurés* de Gouly, les classes populaires restent en énorme majorité. Cependant, au District, Bourg est représenté par le médecin le plus estimé de la ville (M. Vermandois), Coligny et Meillonnas le sont par deux notaires. Rollet-Marat est *agent-national*. A la Commune les cabaretiers ou aubergistes sont bien nombreux ; il y a deux bourgeois ; un confiseur est procureur de la Commune ; Desisles reste maire, mais il est du moins exclu du Comité de surveillance où entrent trois bourgeois.

Les élargissements ordonnés par Gouly ne sont pas nombreux, concernent des gens inoffensifs et sont répartis entre Bourg, Chalamont, Pont-de-Veyle et Cuisiat. Ils causèrent une grande émotion dans les prisons où on traita leur auteur « d'ange tutélaire » un peu prématurément. Cet ange signe « Je suis de Marat le frère, » une lettre de la *Correspondance* du département où il ordonne la restitution des métaux non emportés par l'Armée révolutionnaire.

Un dernier arrêté (du 27, p. 82), non le moins important, « considérant que les (deux) sections de Bourg ont cessé de se réunir par suite de haines personnelles, que le seul moyen de détruire le fanatisme est de réunir le plus souvent possible les citoyens aux fins de les instruire, etc., arrêtons que la commune de Bourg est divisée en *trois* sections qui se réuniront les 5 et 10 de chaque décade... » Nous verrons Desisles refuser d'exécuter cette mesure qui crée une concurrence active au Conseil de la commune et à la Société populaire.

Tout cela fut fait en trois jours. L'état des choses dans la ville de Belley hâta le départ de Gouly.

Nous l'avons vu, l'ancien parti autonomiste devenu girondin avait fait là ce qu'à Bourg il n'avait pu faire, c'est-à-dire survécu à sa défaite à Paris et à Lyon. Il le devait à ce qu'il avait des racines plus profondes en Bugey qu'ailleurs, à la valeur personnelle et à la popularité de l'homme qui le conduisait, au peu de considération de ses adversaires. La commune girondine, venue à résipiscence à propos, réinstallée au commencement de novembre, tenait tête aux Jacobins, « leur opposant des résolutions et adresses insidieuses, respirant le fédéralisme et le modérantisme », dit Gouly (p. 90) qui n'est pas indulgent pour ses adversaires. Cependant, il écrit de Belley, des meneurs Jacobins : « Quelques hommes ont commis de grandes irrégularités, des actes arbitraires qu'il est de mon devoir de punir. Des patriotes ardents, ou passant pour tels, sont gravement *inculpés*; *un surtout :* il a fait arrêter tous les citoyens avec lesquels il a eu des affaires ; les témoins dans un procès qui lui fut intenté ; ceux qui ont déposé contre X... son ami... » (P. 19, 20.) C'est de Bonnet qu'il veut parler ; il le qualifie ailleurs de « chef des Hébertistes de Belley et de *scélérat* » (p. 387 et 388 en note). Et un document thermidorien le nommera Bonnet « *l'anthropophage* ». (Javogues, on l'a vu, appelle les propriétaires « des cannibales ».) La lutte entre les partis, à Belley, dura tout le mois de novembre et une partie du mois suivant. J'en connais mal les détails. Brillat-Savarin dut quitter la place à la fin de novembre et se réfugier en Suisse. Les faits qui hâtèrent le départ de Gouly pour Belley tombent vers le 10 décembre.

Voici ce qui nous en est dit (au *Compte rendu*) ;

« Les troubles qui agitent depuis si longtemps Belley, quelquefois éteints sous l'apparence d'une réconciliation fraternelle, se sont renouvelés au point de faire craindre que les habitants ne prissent les armes les uns contre les autres... Une délibération, prise en séance publique par la Commune, provoquant des signatures d'adhésion à la réconciliation, a amené des protestations envoyées à Bourg par la Société des Sans-culottes... on a failli s'égorger... »

Gouly, en arrivant (le 29 frimaire, 19 décembre) mande le tout au Comité de salut public, accuse « *les Messieurs ainsi que les ci-devant privilégiés* de mettre le District en combustion » et ajoute que déjà « *tous* sont arrêtés. Je les mets hors d'état de nuire au projet que j'ai de tout renouveler... La besogne faite, ceux qui se seront bien conduits seront mis en liberté, les autres casematés jusqu'à la paix... »

On voit que Gouly devance Albitte et que le surnom d'*ange* à lui conféré par les détenus de Bourg ne dut pas précisément être ratifié à Belley.

Son arrêté concernant les ci-devant privilégiés porte : « Sans exception les ci-devant nobles, prêtres et ex-prêtres non mariés seront, dans les 24 heures, mis en arrestation... A cet effet la municipalité désignera une maison sûre dont la garde sera confiée à vingt Sans-culottes. »

Les *meneurs* jacobins arrêtés eux aussi ce premier jour sont sept, et au dire de la Société des Ursules courroucée, « les plus ardents partisans de la liberté. »

Avant de les arrêter, Gouly avait voulu parler à eux. Le principal, Bonnet, le dénonçant comme Robespierriste après la chute de Robespierre, raconte à sa façon cette conversation. Le Bressan aurait fait au Bugiste l'apologie de Maximilien « l'homme unique ». C'est à croire. Le Bugiste aurait répondu « qu'il ne faut pas d'homme *unique* dans une République. » C'est possible. Il aurait ajouté : « Si je savais cela, je partirais demain pour le poignarder... » Ceci, utile à écrire en août 1794, était malsain à dire en décembre 1793. Bonnet s'avantage.

Un autre des *sept meneurs* est le curé M... qui réunissait les fonctions de curé (constitutionnel) et de président du Comité de surveillance de Ceyzérieu. En cette double qualité il avait fait emprisonner *sa sœur* (ou sa belle-sœur), la citoyenne M... « *pour n'avoir pas voulu continuer l'exercice extérieur du culte catholique* » (p. 88). Nous avions en 89 un clergé patriote, je l'ai dit. L'Assemblée nationale nous avait dotés d'un clergé constitutionnel ; il restait à trouver un clergé tolérant. Il est difficile, sinon impossible à des théologiens de ne pas damner des adversaires : les lois ici ne peuvent à peu près rien sur les mœurs.

Gouly, « attendu que la liberté des cultes est assurée à tous les citoyens français, » élargit la citoyenne M..., incarcérée par un curé jacobin parce qu'elle n'assistait pas à sa messe. Puis, à onze jours de là, ayant sans doute réfléchi sur ce fait bizarre, et craignant que les anciennes Cours d'église ne ressuscitent de fait dans les campagnes sous cette forme sommaire, il prit son arrêté du 1er nivôse (21 décembre) : « Considérant que la *majeure part* des municipalités des campagnes ont été formées par l'intrigue, que ce sont des anciens privilégiés, prêtres et hommes de lois qui se sont mis à leur tête ; convaincu... par les plaintes appuyées de pièces probantes... que beaucoup de cultivateurs sont détenus par suite de haine personnelle... arrête : Toutes les municipalités des campagnes du district de Belley seront renouvelées. Il ne pourra y être nommé ni prêtres, ni nobles, ni ex-nobles, ni hommes de lois », etc. (p. 94).

Dans un livre sur la Révolution, imprimé en 1878, on montre « le curé exclu de la municipalité par la loi » dès 1791. On voit ce qu'il en était chez nous, même à la fin de 1793. Et cette confusion des deux pouvoirs n'était pas spéciale au district de Belley. Je trouve un « *curé-maire* » de Dommartin en Bresse, Bertrand, posant seize questions relatives aux attributions des conseils municipaux au District de Bourg. Celui-ci répond compendieusement et termine en remerciant le « curé-maire » de sa « confiance fraternelle ». (Grumet et Rousselet, prêtres distingués, ont fait partie le premier du Directoire de l'Ain, le second de la commune de Bourg). Mais revenons à Belley et à Gouly.

« La Société populaire des *Amis de l'Egalité*, séante *aux Bernardines,* est supprimée. Défense à ceux qui la composent de se réunir à peine d'être traités comme suspects. La Société des Sans-culottes, ci-devant aux *Ursules*, est transférée aux *Bernardines* » (p. 90, 91).

Brillat-Savarin « qui a été à la tête d'une société populaire où l'on a pris des arrêtés fédéralistes... est destitué, sera arrêté et envoyé à Bourg... » (p. 94). Un arrêté postérieur de deux jours ordonne sa translation à Paris et traduit au Tribunal révolutionnaire le futur auteur de la *Physiologie du goût*. Il était en Suisse.

Du 2 nivôse (22 décembre). « Pour punir les célibataires et les riches égoïstes du District de ce qu'ils n'ont pas voulu songer à secourir les veuves et orphelins de nos défenseurs qui ont péri sur les frontières...

« Considérant que dans ce District il n'y a ni cuirs,

ni peaux pour faire des souliers à nos soldats et qu'il n'a été fait aucune taxe révolutionnaire, arrête :

» Que 20 personnes dénommées paieront dans le délai de 24 heures une somme de 64,700 livres.» De ces 20 personnes 9 sont ex-nobles, 1 ex-chanoine ; les 10 autres magistrats, fonctionnaires, bourgeois, marchands. Les plus lourdement frappés sont un ex-noble et un ex-procureur qui paient chacun 6,000 livres.

Du 2 nivôse (22 décembre). « Aux officiers municipaux du Grand-Abbergement, salut et fraternité. Le fanatisme et l'intrigue troublent votre canton, vous m'en répondrez personnellement. Et si l'ordre n'est rétabli à mon passage, je ferai punir, comme contre-révolutionnaires, les superstitieux, perturbateurs du repos public. »

Du 4 nivôse (24 décembre). Règlement d'une affaire judiciaire privée où des hommes publics sont parties adverses : un *curé-maire* de village d'un côté, un commandant de la légion de Belley de l'autre. Plusieurs « meneurs » dont celui déjà désigné comme « un scélérat » y sont impliqués pour des actes suspects d'improbité. La Convention saisie avait délégué au Représentant les fonctions de juge d'appel. Il condamne le curé-maire, « petit despote d'A........, à la prison jusqu'à la paix. Les vols faits lors de la vente des meubles de l'émigrée M... seront poursuivis régulièrement » (p. 99 à 102).

Du même jour : « Considérant que le « citoyen Bonnet est un des auteurs des troubles de Belley, qu'il a coopéré aux actes arbitraires du Comité de surveillance dont il s'est fait nommer secrétaire quoiqu'il fût administrateur du District et directeur de la poste... qu'il existe des plaintes graves contre la régie des dites postes, consignées au registre de la municipalité... le citoyen Bonnet est destitué des trois places qu'il occupait, il sera mis en état d'arrestation, etc. L'arrêté sera adressé au Comité de sûreté générale de la Convention » (p. 107, 108).

Du même jour : « Considérant qu'une grande partie des arrestations faites par les Comités de surveillance... l'ont été par suite de haines personnelles, sur des propos vagues..., que la plupart des détenus sont des cultivateurs chargés de famille, encore enchaînés dans les liens du fanatisme..., que des religieuses ont été entraînées par crainte et séduction à protester contre le serment qu'on leur avait demandé et ont reconnu leur erreur... que quelques ex-nobles jouissent de l'amitié des Sans-culottes qui les réclament... Arrêtons qu'ils seront mis en liberté. »

Sont, en suite de l'arrêté, relaxés sept prêtres — cinq nobles dont deux femmes — sept bourgeois dont deux femmes — deux notaires — un officier de santé — un vétéran — un boucher — un cordonnier — six cultivateurs — quatorze religieuses (p. 109 à 111).

Du même jour : Epuration et renouvellement du Comité de surveillance, de l'administration et directoire du District, du Conseil municipal et de la Mairie, de la Justice de paix.

Les listes des nouveaux titulaires contiennent 76 noms. Il y a sur ce nombre 24 médecins, légistes, notaires, marchands et bourgeois, soit le tiers du total — 34 industriels et ouvriers — 18 cultivateurs.

Le maire est un médecin — le juge de paix un légiste. Dans le conseil du District, il y a 3 ou 4 bourgeois sur 7 conseillers (p. 102 à 105).

S'il y avait dans ces faits un enseignement, il ressortirait de la comparaison de ces deux listes, celle des prisonniers élargis et celle des fonctionnaires électifs épurés.

Pour chaude que fût ici la mêlée, il n'y eut pas de scission absolue et complète entre les classes. Dans les prisons, soit dans le parti vaincu, il y a des hommes du petit peuple. Et Gouly a pu appeler, parmi ses fonctionnaires démocratiques, de 20 à 24 bourgeois ; il a pu donner à ceux-ci la Justice de paix, la Mairie, le District, c'est-à-dire en des circonstances pareilles l'autorité. On s'est trompé plus haut, à Belley même, la querelle des partis n'était pas devenue une guerre sociale. Si les dernières conséquences de nos divisions ont été épargnées à la petite cité, s'il n'y a pas eu là de sang versé, cette attitude démocratique d'une partie de la bourgeoisie y fut pour quelque chose. Elle diminua les défiances et les colères.

Le 5 nivôse (25 décembre) n'apporte qu'un arrêté, mais c'est de tous ceux de Gouly le plus significatif. Il concerne non plus Belley, mais l'Ain tout entier ; ordre est donné de le publier, afficher, exécuter en trois jours.

« Considérant qu'afin de faire respecter la loi, il faut que ceux chargés de l'appliquer n'y donnent pas une extension arbitraire... que c'est là forcer les hommes peu instruits à se soulever contre elle, etc.

» Arrête : 1° L'exécution des arrêtés du représentant Javogues relatifs au démolissement (sic) des maisons de luxe est suspendue...

» 2° (Toute taxe et enlèvement de métaux faits révolutionnairement) depuis le 20 frimaire (10 décembre) seront rendus aux propriétaires dans les 24 heures.

» 3° Tout individu, autre que celui désigné comme suspect par la loi du 17 septembre dernier, qui aurait été mis en détention par suite des mesures du représentant Javogues ou de ses commissaires, sera relaxé....

» 7° La liberté des cultes étant décrétée par la Constitution, il est défendu d'inquiéter qui que ce soit pour ses opinions religieuses » (p. 112, 113).

Si l'on demandait pourquoi cette dernière disposition fut annexée à d'autres qui ne la faisaient pas prévoir, la réponse ne serait pas bien difficile. Il fallait dix jours environ pour qu'on sût à Belley les nouvelles de Paris. Il y avait dix jours juste que Robespierre avait fait voter aux Tuileries un décret protecteur de la liberté des cultes. L'article 7 de l'arrêté du 5 est la traduction de ce décret.

Le lendemain 6 nivôse (26), autre arrêté conforme, élargissant, « après information sur leur conduite, » quinze « ex-prêtres » désignés nominativement. « Ils sont invités ou à se marier sous un mois, ou à adopter chacun un enfant d'un malheureux Sans-culotte, afin de ne plus laisser de doute sur leur amour de la liberté », etc. (p. 115).

Même jour, arrestation d'un autre « *meneur* » de Belmont, auteur des troubles de Belley, des actes illégaux faits par le Comité de surveillance, ayant donné des notes *d'incivisme à ceux auxquels il devait de l'argent* », etc.

7 et 8 nivôse (27 et 28 décembre). Six personnages, dont un ancien maire de Lyon, sont dénoncés comme suspects. S'il y a le moindre doute sur leur civisme, le directoire du District les fera arrêter. — Trois notables de la ville qui « n'ont rien fait pour la Révolution » sont arrêtés comme suspects. L'un des trois (J. Tendret), « détenu actuellement à Commune-affranchie, sera réclamé... » ce dernier, s'il put être transféré à Belley, ne dut pas en être trop fâché : il y avait plus de sécurité là pour lui qu'à « Commune-affranchie ». — Quatre femmes d'une même famille noble « seront mises en arrestation chez elles, avec une sentinelle à leurs frais » — La citoyenne C...C... sera mise en liberté — La citoyenne Charlotte D,..., âgée

de dix-sept ans, sera mise en liberté en considération du grand âge de son aïeule octogénaire qui a besoin d'un de ses enfants pour la servir » (p. 118 à 122).

De Belley « régénéré », Gouly passa dans le District de Gex. Il y reçut, le 17 nivôse (6 janvier), un décret de la Convention qui » l'investissait pour Saône-et-Loire des mêmes pouvoirs dont il était revêtu pour l'Ain ». On ne pouvait pas, aux Tuileries, avouer plus catégoriquement la politique qu'il faisait chez nous. Fort de cet aveu public, il ordonna enfin l'arrestation « des trois fonctionnaires les plus considérables de Bourg » : Rollet l'agent national, Desisles le maire, et Convert, le procureur de la Commune et le principal membre du Comité de surveillance.

Voici comment il explique cette mesure aux *Comités* :

« Des lettres de Bourg m'annoncent que trois officiers publics... s'opposent à l'exécution des arrêtés que j'y ai pris (l'arrêté ressuscitant les Sections). Ces trois individus intrigants avaient porté la terreur dans le Département sous le masque d'un fanatisme révolutionnaire. Ce sont eux qui ont demandé l'Armée révolutionnaire à Javogues, provoqué l'établissement d'une Commission populaire. Juges et dénonciateurs de ceux qu'ils faisaient incarcérer pour avoir signé des arrêtés fédéralistes, ils en ont signé eux-mêmes. Pour servir leurs passions, ils étaient à la fois membres du Comité de surveillance, maire, membre du directoire du Département et *la terreur de la Société populaire*. Quand je consultai sur eux, personne n'osa parler. Deux citoyens, après mon départ pour Belley, eurent le courage de réclamer contre leur nomination ; on les força au silence par menaces, et on les chassa de la Société... » (p. 37, 38).

L'arrêté du 17 nivôse (6 janvier 94) accuse plus précisé-

ment les trois détrônés de « vengeances particulières » et
Rollet d'actes arbitraires commis à Poncin et Jujurieux en
vertu des pouvoirs que Javogues avait donnés sur tout le
département (à lui et à Baron, voir plus haut).

Ce qui n'est ni dans les lettres aux deux Comités, ni
dans l'arrêté de Gouly, ce que Gouly savait peut-être, ce
que les Comités savaient certainement, c'est que dès les
4 et 5 nivôse (24 et 25 décembre), soit huit jours après
son arrivée à Bourg, le Représentant en mission avait été
dénoncé comme coupable de « mesures *contre-révolutionnaires* » par les deux Sociétés populaires de Mâcon et de
Bourg. Une seconde dénonciation du 14, signée de Desisles,
Rollet, Convert, Alban, etc., plus tard communiquée à
Gouly par la société de Chalon qui avait refusé de s'y
associer, constate entre les Sans-culottes de Bourg et de
Mâcon une « coalition », acte défendu par le décret du
24 frimaire. Elle avait, à ce titre déjà, dû être mal
accueillie à Paris, ce semble.

Est-ce pour se couvrir nonobstant contre ses adversaires,
vaincus, mais dont il avait tout à craindre en cas de revirement, que Gouly prit, en revenant de Gex, la plus
révolutionnaire de toutes ses mesures?

« Considérant... qu'il ne faut dans une république
démocratique aucun citoyen dans l'indigence, ni aucune
grande fortune, arrête : Chaque commune mettra une
taxe progressive sur tous les citoyens possédant plus de
15,000 livres en meubles et immeubles, sur les célibataires
et les égoïstes, afin d'acheter des grains pour nourrir les
pauvres, etc. Châtillon-de-Michaille, 24 nivôse (13 janvier 94), etc., » (p. 215).

Le lendemain 14 janvier, à Nantua, Gouly prend son
dernier arrêté plus inattendu et plus inexpliqué encore.

Il porte : « Les troubles qui ont donné lieu à l'arrêté du 15 nivôse (4 janvier 1794) portant arrestation de tous les prêtres et ex-prêtres des districts de Pont-de-Vaux et de Nantua étant dissipés et l'ordre rétabli, l'arrêté dont s'agit est rapporté. Les prêtres détenus seront mis en liberté. »

Quelques pages ont été enlevées à l'exemplaire du *Compte Rendu* dont j'use. J'ai dû chercher ailleurs l'arrêté du 15 et j'ai fini par le trouver avec la date du 13. En voici quelque chose : « Considérant que la malveillance fait les derniers efforts pour porter atteinte à la liberté, que ne pouvant réussir par la force des armes, elle cherche à soulever un peuple ignorant en effarouchant les consciences afin de susciter encore une guerre civile... qu'il est urgent de réprimer les instigateurs, etc.

» Vu le procès-verbal du district de Pont-de-Vaux constatant que dans plusieurs communes les citoyens fanatisés ont été sur le point de s'armer contre ceux qui, plus sages, ont cédé à l'empire de la raison, que des fonctionnaires publics ont été méconnus et insultés ; vu pareillement des plaintes portées par l'agent national près le district de Nantua pour des désordres de même nature...

» Les prêtres et ex-prêtres des districts de Pont-de-Vaux et Nantua *sans exception* seront saisis, arrêtés et incarcérés... La liberté des cultes étant assurée par la Constitution, il ne doit y en avoir aucun dominant ; en conséquence tout ce qui sert au culte catholique sera enlevé des églises, etc.

» Seront punis de trois ans de fers ceux qui exciteront le moindre trouble dans les communes en raison des opinions religieuses », etc., etc.

Le district de Nantua était alors conduit par Sonthonax, parent du girondin qui a émancipé Haïti (ils étaient d'Oyonnax tous deux). Il donna sa démission le lendemain sous prétexte qu'il avait deux emplois, était tenu d'opter et optait pour la place d'officier de sa commune.

Le District inséra dans ses registres l'arrêté de Gouly, « considérant que toute administration devait obéissance, non-seulement aux lois, mais aux arrêtés des Représentants du peuple ». Il crut devoir ajouter cependant : « qu'il ne s'était manifesté aucun trouble rière ce District, sauf la rumeur qui a éclaté à Dortan et qui a déterminé l'arrestation du citoyen Michel, ex-curé dudit lieu » ; ce prêtre était accusé « de fanatiser les femmes ».

Je n'ai pas trouvé dans les registres du district de Pont-de-Vaux trace soit des arrêtés du 4 et du 13 janvier, soit des troubles qui auraient motivé le premier.

Mais je rencontre ailleurs, à la même date ou à peu près, quelques faits éclairant à demi l'énigme et aussi ces passages des premières lettres de Gouly aux deux *Comités* où il répète que « les mesures de Javogues ont failli provoquer une Vendée dans l'Ain. »

Dès le commencement de novembre 93, il était arrivé à Marboz et à Bény tels faits qui avaient motivé de nombreuses arrestations de paysans. « Le fanatisme », nous est-il dit, en était la première cause. Les inculpés, non élargis par Gouly, resteront quatre mois détenus.

Le désordre causé à Meximieux par le fanatisme le 4 nivôse (veille de Noël 1793) est au comble. Les patriotes sont les moins nombreux. Huit commissaires (du District de Montluel) s'y transportent avec la force armée pour arrêter les auteurs de ce désordre.

Le 10 nivôse (30 décembre), Bal, maire d'Hautecour, commune de Revermont, fait sonner le tocsin, ameute la commune, l'excite à massacrer les Sans-culottes, en incar-

8

cère quatre. On l'arrête avec trois complices et le curé Branche qui, malgré la loi supprimant le casuel, percevait une coupe de blé par chaque décès.

Le *même jour*, l'agent national Rollet était accueilli à Ceyzériat, autre commune du Revermont, « par une émeute causée par le fanatisme ». Huit femmes sortant de vêpres le poursuivent, brisent sa voiture à coups de pierres. Le maire voulant le protéger est battu. On arrête le curé, deux femmes et deux hommes.

Cinq jours après, émeute similaire à Jasseron (5 janvier).

Le 6 janvier, des Sans-culottes de Bourg allant à Meillonnas fraterniser sont assaillis par des gens sortant de l'église. On envoie *la force armée* réprimer ces gens.

Le 7 janvier, Rollet se rend à Treffort, Simandre et Neuville-sur-Ain, pour se renseigner sur des troubles survenus par là. Le Revermont s'agite donc.

Le même Rollet, dans le compte rendu décadaire qu'il adresse au *Comité de salut public*, dit du tout sans s'émouvoir : « La tranquillité est *un peu* troublée dans plusieurs communes. Le fanatisme est le principal motif de ces troubles. Mais il faut espérer que bientôt l'habitant des campagnes ne suivra plus que la religion de la Raison », etc.

Le Revermont n'était pas le seul point qui remuât à cette date. Le 14 nivôse (3 janvier 1794), trois communes du district de Belley, Cormaranche, Ordonnas et Seillonnas refusaient de livrer leurs ostensoirs, calices, etc., et s'ameutaient contre les agents chargés de l'enlèvement. A défaut de *force armée* les Sans-culottes de Belley vinrent leur démontrer que « les cultes, il est vrai, sont libres ; mais qu'il serait plus beau et tout à fait républicain de dire la messe avec un calice de bois ou un verre à boire ». Les deux curés d'Ordonnas et Seillonnas furent arrêtés un peu plus tard pour avoir fêté l'Epiphanie (les Rois). D'ailleurs le clergé du District de Belley était disposé tout autrement : le 22 nivôse (12 janvier), l'agent national dit que les « trois quarts des prêtres ont abdiqué ». A vingt jours de là, ils ont « abdiqué *tous* ».

Les troubles du Revermont n'amenèrent d'arrestations que celles des curés de Ceyzériat et d'Hautecour. Ils n'inquiétèrent pas. Vraisemblablement ceux qui motivèrent l'incarcération de tous les prêtres de Nantua et de Pont-de-Vaux au même moment furent des faits similaires. Avaient-ils quelque gravité ? N'est-ce pas surtout la coïncidence des uns et des autres qui inquiéta Gouly et l'amena à parler de Vendée dans l'Ain ? A la façon dont le district de Nantua accueille l'arrêté du 13, on voit bien qu'il estime le danger surfait. Reste Pont-de-Vaux. C'est le seul point du département où il y ait eu des velléités d'émeute en 1792 et elles avaient pour cause la lenteur des Chartreux de Montmerle à évacuer leur couvent ; l'esprit de ce pays avait-il changé à ce point en un an ?

Sans pouvoir ici contredire Gouly formellement, puisque je suis incomplétement informé, j'incline à penser qu'il s'est exagéré un péril qui hantait alors toutes les imaginations. A la façon toute passive dont les mesures de son successeur contre le Catholicisme seront accueillies, cela devient, à mon sens, presque certain.

C'est ici qu'il faut mettre le curieux passage de la lettre de Gouly au *Comité de salut public*, en laquelle il résume sa mission. Elle est du 7 ventôse (25 février 1794) et postérieure à sa révocation.

« Je n'ai mis dans les fonctions publiques que des Sansculottes bien famés, après avoir consulté les Sociétés populaires à cet effet convoquées. J'ai incarcéré, mis en détention chez eux avec des gardes les aristocrates connus, les égoïstes, les ambitieux intrigants et les fonctionnaires prévaricateurs ; j'ai envoyé les grands coupables aux tribunaux révolutionnaires ; enfin, sans violence, ni commotion, le culte catholique a été aboli dans quatre Districts (St-Rambert, Belley, Gex et Nantua) et celui de la Raison accepté avec allégresse... Pour le District de Bourg, je n'ai pu y rester assez de temps », etc. (p. 64).

La tradition ou la légende attribuent à Albitte beaucoup de choses que Gouly revendique, on le voit, au moins en partie, et qu'il faut lui laisser.

En arrivant à Bourg le 27 nivôse (16 janvier 94), Gouly trouva un arrêté du Comité de salut public qui le remplaçait par Albitte. Cet arrêté était en date du 9 nivôse (29 décembre 1793). La dénonciation du 4 (24 décembre) avait donc abouti.

Il avait fallu pour ce faire qu'elle fût appuyée par les Représentants en mission à Lyon et elle l'avait été (Compte Rendu, p. 353) : par un des membres du Comité de salut public, Collot-d'Herbois, et il s'y employa (p. 59) ; par un des membres du Comité de sûreté générale, représentant de l'Ain, Jagot, que Bonnet de Belley remercia de son intervention (p. 387).

Il avait fallu encore qu'au tribunal où elle avait de pareils avocats, elle ne fût pas contredite ; et pour qu'elle ne le fût pas, les dépêches de Gouly à la Convention avaient été interceptées par Desisles, son dénonciateur (que nous verrons plus tard devenir coutumier du fait).

Il avait fallu enfin et surtout une évolution dans la politique régnante. Nous avons vu, vers le milieu de décembre, Robespierre rompre avec l'Hébertisme qui répugnait à ses idées d'ordre et de décence. Mais le vent avait changé du

20 au 23, nous dit Michelet qui seul nous rend quelque chose du mouvement fébrile, des incertitudes, des transes, des affres de ce terrible temps. Je cite :

« Un flot invincible montait, comme une marée puissante ; une émotion générale de pitié... Le 13, des femmes vinrent pleurer à la Convention... Le 20, quatre patriotes de Lyon dirigés par Gauthier frère du Représentant, présentent une adresse où ils demandent grâce pour leur ville. Les femmes des prisonniers sont à la barre en larmes. Tout le monde est ému ; Robespierre gronde ces femmes, mais il propose ce qu'elles demandent : — la nomination de commissaires pour rechercher les patriotes incarcérés que les Comités *pourraient élargir...* »

Ce qui arriva le lendemain, personne sachant ce temps un peu ne l'a oublié.

« Le lendemain, au matin, le libraire Désenne avait à sa porte la longue queue des acheteurs qui s'arrachaient le 4° numéro du *Vieux Cordelier*, le prix augmentant jusqu'à un louis. On le lisait dans la rue... Le cœur de la France s'était échappé ; l'aveugle, l'impatiente, la toute puissante pitié, la voix des entrailles de l'homme qui perce les tours, renverse les murs... criait : « Voulez-vous que » je l'adore, votre constitution, ouvrez la porte à ces deux » cent mille citoyens que vous appelez suspects... »

» Robespierre fut épouvanté... Il se sauva à gauche, chercha sa sûreté dans les rangs des exagérés, des ennemis... de Billaud-Varenne, de Collot-d'Herbois *le seul Hébertiste du Comité* qui, ce jour-là même, arrivait de Lyon, racontant ses mitraillades en triomphateur... Robespierre rentra dans la terreur... Les Hébertistes étaient maîtres, il avait besoin d'eux... » (Michelet, H. de la Révolution, livres XV, XVI, XVII, passim.)

« Il se sauva à gauche » parce que de l'autre côté on
le tirait à soi plus vite qu'il ne voulait. Et notons-le, ses
variations expliquent vraisemblablement celles de Jagot
qui a fait nommer Gouly et qui l'a fait révoquer.

Gouly de retour à Paris se présenta au Comité, écrivit
« trois fois à Collot-d'Herbois, ne put se procurer l'avantage ni d'une réponse, ni d'un entretien. » La réponse eût
été embarrassante non pour Collot, mais pour le Comité
qui ne laissait pas que de se déjuger quelquefois...

Gouly est le seul des acteurs de cette histoire qui nous
ait laissé sur lui-même et ses actes des renseignements
copieux. On pourrait essayer de le juger ou pourtraire.
Le portrait ne plairait beaucoup ni à ses adversaires ni à
lui. Il était ardemment montagnard avec des velléités
d'Hébertisme ; témoin son arrêté sur l'impôt progressif
et ses mesures contre les prêtres. Mais son début ici,
l'expulsion de Javogues, avait fait une impression que ses
actes postérieurs ne parvinrent pas à effacer. Les élargissements partiels qu'il ordonna entretenaient les espérances
des détenus qui ont toujours trop attendu de lui. D'autre
part, les *meneurs*, avant même qu'il les emprisonnât,
avaient reconnu très-bien qu'il n'était pas jacobin. Envoyé
par le Comité de salut public pour faire ici l'ordre révolutionnaire, il ne fut pas longtemps secondé par un
gouvernement flottant lui-même. Et ce parti montagnard
modéré qu'il voulut constituer à Bourg et à Belley ne
l'aida guère et ne s'aida pas. Enfin le temps sans lequel
rien n'est possible lui manqua et aussi, je crois, le tempérament politique. Il y avait peut-être, chez cet homme
de quarante-cinq ans, autant de caprice que de calcul,

VI.

ALBITTE A BOURG. — ARRESTATIONS PAR CLASSES. — CULTE
SUPPRIMÉ. — EXÉCUTION DU 18 FÉVRIER 1794. — NOS
REPRÉSENTANTS FONT INTERVENIR LA CONVENTION.

Antoine-Louis Albitte était de Dieppe, avocat bien que
de noblesse. Son extérieur était agréable. Ses manières et
ses habitudes étaient celles de l'ancien régime, plutôt
efféminées. Il prenait des bains de lait dans cet hôtel de
Bohan, une des deux ou trois plus belles habitations de
la ville que voulait démolir Javogues, et où on l'avait logé.
Membre de la Législative, puis de la Convention, il était
connu par le renversement des statues royales qu'il pro-
voqua après le 10 août ; — par des missions à Toulon, aux
Alpes-Maritimes, où il avait montré du courage, et à Lyon,
où il s'était associé aux mesures les plus rigoureuses.
Michelet, qui vient de nous dire que l'Hébertisme était le
maître à la fin de Janvier, appelle Albitte Hébertiste.

Ce destructeur de statues royales a *régné* chez nous
cent jours (du 22 janvier au 1er mai 1794). Régner n'est
pas une façon de parler. La monarchie est le pouvoir incontesté d'un seul. Amar, Merlino étaient en lutte ouverte
avec nos administrations locales ; — Gouly en lutte sourde
avec la Commune de Bourg ; — Méaulle aura maille à
partir avec la Société populaire. Albitte, qui va réunir tous
les pouvoirs, exécutif, législatif, judiciaire, nommer aux
places électives, frapper des taxes, supprimer un culte,
abolir une caste, emprisonner, confisquer, etc., ne trouvera pas d'opposition ici.

Son premier arrêté, du 3 pluviôse (22 janvier), ne laisse

de doutes ni sur les causes de sa nomination, ni sur le but de sa mission.

« Considérant que le Représentant Gouly, abusé par les malveillants, a imprimé une marche rétrograde à l'esprit révolutionnaire, que les citoyens Desisles, Convert et Rollet-Marat ont été incarcérés par lui comme suspects ; que cette incarcération a frappé de terreur les patriotes ; que les imputations faites contre eux ont été reconnues fausses après mûr examen ; que leurs moyens de défense ont été soutenus victorieusement par le District, la Municipalité, le Comité de surveillance, la Société populaire et la voix du Peuple, arrête :

» Les C. Desisles, Convert et Rollet seront mis en liberté, les écrous de leur arrestation biffés ; ils seront réintégrés dans leurs fonctions, etc., etc. »

Le même jour, dans une adresse à la Convention, la Société populaire appelait Gouly « oppresseur du peuple, sultan d'Asie ; » sous lui « de nouvelles Sections organisées allaient bientôt anéantir la Société des Sans-culottes... le fanatisme relevait déjà sa tête hideuse, des croix abattues étaient replacées, des prêtres abdicataires redisaient la messe, etc.; mais Albitte, brave montagnard, remplaçait le parjure Gouly et apportait la joie, » etc.

La Société, ne comptant pas sur cette joie tout-à-fait, arrêtait que les membres qui ne signeraient pas cette adresse seraient rayés de ses listes.

Une autre adresse, du 9, appellera sur Gouly « la vengeance nationale. »

Le 5 pluviôse (24 janvier), le Représentant prit séance au Conseil général de la commune; il y « proposa des listes de membres pour le District, la Municipalité, le Comité de surveillance, lesquelles furent proclamées avec l'assentiment général. » C'étaient les administrations imposées de Besançon par Bassal qui ressuscitaient, à peu de choses près. Desisles, « marchand bijoutier, » était Agent-National près la commune. Nous eûmes pour maire le Sans-culottes Alban, serrurier, qui siégea avec un bonnet de peluche rouge et un tablier de peau.

Le 7 (26 janvier), fut fulminé un arrêté supprimant de fait les deux cultes (romain et constitutionnel). C'est l'ex-moine Fouché qui, en mission dans la Nièvre, avait, dès septembre 1793, pris l'initiative des mesures de ce genre ; Chaumette, qui raconte la chose avec enthousiasme à la Commune de Paris (26 septembre 93), ne fut que son écolier. De même Albitte.

Le décret du 7 porte : « Tous bâtiments, terrains, métaux, ustensiles employés à la démonstration publique de quelque culte que ce soit, restent sous la main de la Nation. Les enseignes et machines religieuses existant en ces bâtiments, sur les places, etc., seront enlevées et anéanties. Toutes les cloches seront brisées, les clochers démolis, » etc. (Publié et affiché.)

Le lendemain 8, vient le complément. « Toute municipalité enverra sous trois jours la liste des individus connus sous le nom de prêtres. Ceux qui ont abjuré sont tenus de se fixer au chef-lieu. Les autres se rendront dans des maisons de sûreté préparées à cet effet (à Brou). Les contrevenants sont déclarés rebelles. Ceux qui recèlent des réfractaires en feront la déclaration, à peine d'être traités comme complices, » etc. (Publié et affiché.)

Nous ajoutons ce qui suit par anticipation pour n'y pas revenir. Ces mesures d'Albitte parurent insuffisantes à celui qui devait avoir à leur exécution la principale part. On a dit plus haut quand et comment le District avait supplanté le Département. L'Agent-National près le District avait le pouvoir de fait dans les mains. On surprend Rollet-Marat à écrire à Albitte (à Chambéry, le 29 pluviôse, 17 février) :

« L'exécution des arrêtés sur la démolition des *châteaux,* tours, clochers, s'opère avec célérité, mais non sans peine. Il serait à désirer que tu eusses compris en ces démolitions *les ci-devant églises,* vestiges de fanatisme qu'il faudrait faire disparaître... » (Correspond. du District, p. 68.) Cette *invite* ne fut pas écoutée.

Il nous est dit « que l'arrêté du 8 est exécuté avec vigueur. Les prêtres qui ne s'y conforment pas sont mis à Bicêtre. (Id. 85.) Quant aux communes qui vont un peu lentement dans l'exécution des deux arrêtés, leurs Agents sont incarcérés jusqu'à entière exécution. » (Id.)

On voulait détruire le Christianisme. Il a été supplanté par le Mahométisme dans les contrées où il est né. Le Catholicisme l'a été par la Réforme dans l'Europe du Nord. Le projet n'était donc pas chimérique.

Ceux qui firent cette entreprise, Hébert, Chaumette, Fouché, Albitte et leurs adhérents, employèrent, pour la conduire à bien, les moyens employés par les premiers empereurs chrétiens contre le Paganisme « *Simulacra evellantur... templa diruantur...* et si quelqu'un désobéit à ces ordres de Constance, de Théodose, d'Arcadius ou d'Honorius, « *gladio sternatur.* » On recommença, en ceci encore, ce passé qu'on voulait abolir. On brisa les statues, on fondit les vases sacrés, on emprisonna, on guillotina les prêtres, on défendit l'exercice du culte. Au peu de résistance que rencontrèrent ces violences contre la conscience humaine, à leur succès apparent, on crut avoir réussi.

Mais l'évêque de l'Eure, déposant ses pouvoirs à la tribune de la Convention, l'avait déjà dit : « On ne détruit que ce qu'on remplace. » Et Chaumette comprit bien cela, puisqu'il voulut faire une religion. Seulement, pour faire une religion, il faut un Dieu d'abord, puis des croyants. Si *la Raison* que le Procureur-Syndic de la Commune de Paris proposa pour Dieu à la Révolution est la Raison divine, c'est un Dieu bien abstrait ; si c'est la Raison humaine, il ne l'est pas assez. De plus, incarnée comme elle le fut, cette religion devenait « la pire des idolâtries. » (Quinet, *Révolution*, II, 98.) Que si le Dieu avait un vice quasi rédhibitoire, les croyants en avaient un autre qui l'était tout-à-fait : ils ne croyaient pas. C'est pourquoi l'entreprise de Chaumette et d'Albitte échoua.

Il ne faudrait pas dire toutefois que cette entreprise fut sans résultats. Elle en a eu trois assez considérables.

Elle affama, elle exila ou incarcéra, elle décima le vieux clergé gallican, semi-janséniste, en grande partie patriote. Il ne s'en est jamais refait complétement ; il en est mort.

Elle frappa d'une manière plus meurtrière encore l'Eglise constitutionnelle ; celle-ci n'avait pas laissé que de s'implanter chez nous, nos curés-maires le font voir. Elle ne fut exceptée ni de l'incarcération de Gouly qui dura dix jours, ni de celle d'Albitte qui durera dix mois et plus. Nous allons voir les chefs acheter leur élargissement d'une abjuration. Elle ne survivra pas moralement à cette déchéance ou y survivra bien peu.

Enfin, l'entreprise d'Albitte prépara, par ces deux résultats mêmes, la place à un clergé nouveau, sortant des campagnes, sans liens avec le vrai monde, n'ayant plus la tradition gallicane, ouvertement ultramontain et ouvertement ennemi de la Révolution.

Il n'y avait peut-être, en 1789, à s'occuper de la question religieuse que pour affirmer et au besoin imposer la liberté de conscience et la liberté de discussion. Mais ce fut impossible à ces Etats-Généraux, composés pour un quart de prêtres (dont beaucoup voulaient s'émanciper de Rome). En ceci encore, l'ancien régime est responsable de la faute si difficile à réparer que la Révolution a faite.

Un mot de la lettre de Rollet nous montre que les châteaux étaient frappés comme les clochers. On a jusqu'ici peu parlé des ex-nobles. Il y a lieu de dire quelque chose ici de leur condition sous le nouveau régime. Après la prise de la Bastille il y avait eu, dans plusieurs départements, une jacquerie contre les châteaux ; des Commissaires, envoyés par la Commune de Bourg, la prévinrent en Bresse. (*Registre municipal*, *juillet* 1789. Lalande, *Anecdotes de Bresse*.) Cela peut avoir contribué à diminuer l'émigration de la noblesse, moins nombreuse dans l'Ain qu'ailleurs. Aux assemblées de l'Ordre, en 1789, les possédant-fiefs étaient 317 ; ces 317 familles nobles devaient compter de 1000 à 1200 personnes. 82 seulement de ces personnes émigrèrent (79 roturiers les rejoignirent). Et sur ces 82 émigrants nobles, 40 sortirent des trois villes de Bourg, Trévoux et Pont-de-Veyle. Restent 42 pour nos campagnes. Autant vaut dire que chez nous la noblesse rurale n'émigra pas. Je vois un ex-privilégié rester maire d'une grosse commune du plus révolutionnaire de nos Districts pendant le règne d'Albitte et sous Méaulle. Nous allons voir huit de ces ex-privilégiés pourvus de certificats de civisme à Bourg, Albitte régnant. L'attitude de ceux qui n'y pouvaient pas prétendre était, si j'en crois un survivant, plus expectante qu'hostile. Ce fut cela même qui conduisit le Proconsul à frapper en masse cette aristocratie peu militante, mais à qui l'avenir pouvait rester. Donc démolition des constructions féodales; puis incarcération des Ci-devant; puis dépôt de leurs titres; puis placement de leurs enfants chez des patriotes qui leur enseigneront des métiers; puis séquestre de leurs biens... Cela semblait complet, cela n'a pas abouti; à l'heure où j'écris, la noblesse gouverne (juin 1877).

Richelieu, évêque de Luçon, demandait déjà aux États en 1614; ministre, il édicta, en 1626, cette démolition des châteaux fortifiés. — Louis XIV, par ordonnance du 20 décembre 1690, confisquait les biens des protestants émigrés. Cette dernière mesure frappa dans le seul pays de Gex 888 familles, soit de 3 à 4 mille personnes. — Ces comparaisons, pour valoir comme les précédentes et montrer que pour ruiner l'ancien régime on le copiait.

Le 11 (30 janvier), ordre général de réincarcérer les prisonniers élargis par Gouly.

Le Comité de surveillance de Bourg, pendant le règne de cet « oppresseur, » s'était borné à emprisonner « les filles publiques les plus coupables, considérant que dans une république les mœurs devaient être un des points fondamentaux de la Constitution. » A l'arrivée d'Albitte, il étendit ses opérations de nouveau; en janvier il enferma trois femmes « recevant journellement chez elles des j... f...... de prêtres, — sept femmes nobles dangereuses à la chose publique, » — et élargit quelques-unes des filles précédemment incarcérées.

Les arrestations par classes qui se succédèrent bientôt, lui coupaient l'herbe sous les pieds. Après les prêtres, les religieuses; puis les ex-nobles des deux sexes (à quelques rares exceptions près). A Bourg, dont la population était d'un peu moins de 7,000 habitants, il y eut (selon Lalande, *Anecdotes de Bresse*) 340 prisonniers, environ 50 sur mille. Paris qui avait alors 640,000 habitants, n'avait, en thermidor, que 7,800 détenus, soit 12 sur mille. Albitte, on le voit, dépassait ses modèles.

Vers la même date, il y a 70 détenus à Ambronay, 136 à Belley.

Dans le Département il y en a peut-être en tout 1000, répartis selon les défiances plus ou moins motivées des Comités de surveillance ; Thoissey en a 19, Lagnieu 5.

Les détenus de Bourg se distribuaient, entre cinq prisons, ainsi qu'il suit : La prison de Sainte-Claire et la Maison d'Arrêt, contiguës, contenaient une centaine de bourgeois Feuillants et Girondins, une vingtaine d'ex-nobles, une vingtaine de paysans zélateurs du dimanche aboli. Les 60 captifs de Brou étaient des prêtres constitutionnels non abdicataires. Les 50 détenus de Bicêtre (antique geôle remplacée par la Gendarmerie actuelle), des prêtres ayant refusé le serment. Les 60 de la Charité, des religieuses aussi non assermentées (une douzaine était de noblesse). Les femmes et filles nobles, au nombre de 30, étaient à la maison du Châtelard (à présent de la Teyssonnière).

Tant de détenus coûtaient à nourrir. Albitte édicta que les riches nourriraient les pauvres ; mais, les biens des riches étant séquestrés, les pauvres souffrirent. La Municipalité leur vota un subside de 2 fr. 50 c. par jour.

En réalité, les détenus de Bourg étaient nourris par leurs parents ou amis. J'ai connu, enfant, une fille qui, fille et sœur de Sans-culottes, portait à manger à deux prisonniers. Une petite guillotine pendue à son col et le nom de son père lui ouvraient les portes.

Les détenus n'étaient donc pas privés de communications

avec le dehors. Ils en avaient encore par les perruquiers désignés (par la municipalité) pour les coiffer et raser. En deux ans environ, je vois une vingtaine de captifs s'évader de la prison de Sainte-Claire.

Le 12 pluviôse (31 janvier), la Commune, en conformité avec l'arrêté du Représentant, ordonna la démolition du clocher de Notre-Dame jusqu'à la hauteur de l'horloge (qu'on voulait conserver, ainsi qu'une cloche destinée à sonner les heures). C'est, je crois, à ce moment que le culte nouveau s'empara de la vieille église ; je vois, du moins, celle-ci qualifiée *Temple de la Raison* pour la première fois à la fête du 17 pluviôse (5 février).

Cette fête fut d'une solennité particulière, moins à cause de la présence d'Albitte que pour la prise de possession du vieux monument catholique, doublement significative.

Deux coups de canon, à l'aube, annoncèrent la fête. A sept heures la générale, à neuf le rappel. La garnison, la garde nationale, les autorités s'acheminent vers la place de la Fédération. Les autorités se groupent sur l'autel de la Patrie, autour du Représentant en costume ; les troupes forment le carré. Arrivent les prêtres abdicataires ; les prisonniers délivrés ; les femmes enceintes ; les jeunes citoyennes et femmes mariées ; un groupe d'enfants de moins de dix ans ; un groupe de déserteurs (piémontais) ; un agriculteur, sa femme et ses enfants (en costume bressan) ; les écoliers du collége...

Le cortége réuni s'achemina vers le temple de la Raison, la Garde nationale sur deux rangs. Entre eux un groupe de jeunes citoyennes en blanc ayant à leur tête cette inscription : *Fleurs à mériter à la victoire.* (Les plus riches n'avaient garde de s'abstenir.)

Une citoyenne représentant *la Liberté*, et un jeune

citoyen représentant le *Génie de la Révolution*, portés sur deux brancards par huit volontaires...

Un char garni de femmes enceintes, avec cette inscription : « *Respect et secours aux femmes enceintes...* »

Jeunes mariées avec cette inscription : « *A bas les forteresses ! Nos enfants sont nos remparts !!* »

Le Pape et ses acolytes avec cette inscription : « *Il n'y a plus de préjugés, je suis f....* »

Jeunes écoliers en armes : « *Tremblez tyrans ! Nous grandirons.* »

Déserteurs étrangers : « *Ce n'est rien que d'être sur le sol de la Liberté ; il faut travailler pour elle.* »

Prêtres abdicataires : *Plus de prêtres ! Plus d'impostures !* »

Détenus délivrés : « *A l'avenir, nous verrons la Patrie avant tout !* »

Autorités constituées, avec leurs décorations, entourées du 4ᵉ bataillon des Basses-Alpes.

Piquet de hussards à cheval.

Au temple de la Raison, lecture des lois ; hymnes patriotiques ; discours.

Le soir, comédie gratis. On va dire qu'elle avait commencé véritablement le matin à l'aube. Si on entend par là que les premiers rôles n'étaient pas sincères, j'en reste d'accord. Les acteurs sincères sont rares sur tous les théâtres. Mais si le peuple à qui l'on donnait le spectacle ne l'eût pris au sérieux, le spectacle n'eût pas été possible.

Thiers est d'un avis contraire. « On voit avec dégoût, dit-il, ces scènes *sans bonne foi*, où un peuple changeait de culte sans comprendre l'ancien ni le nouveau. Mais quand le peuple est-il de bonne foi ? Quand est-il capable de comprendre les dogmes qu'on lui donne à croire ? Ordinairement que lui faut-il ?... des temples, des cérémonies, des saints. Il avait ici des temples, la Raison. Marat... Tous ses besoins étaient donc satisfaits. Et il n'y cédait *pas autrement qu'il n'y cède toujours...* » L'élève de Voltaire fait d'une pierre deux coups ; on a dit qu'il songeait là au jubilé de 1826. (M. A. Rambaud, *Thiers, historien de la Révolution.*)

Je m'en tiens à ce que m'ont dit des témoins oculaires. Que l'on comprît peu, je le veux. Mais l'on croyait à la *Liberté* et au *Génie de la Révolution*.

Dans les huit jours qui succèdent, je cherche quelque signe avant-coureur de ce qu'on prépare. Je ne trouve rien. A la Société populaire, Juvanon demande la radiation du Représentant Ferrand, suppléant qui a remplacé Mollet, de Belley, en août 93 et qui est fédéraliste. La chose est mince. Dans l'entourage d'Albitte, je vois que Vauquoi (ex-membre de la *Commission Temporaire* de Commune-affranchie) qui accompagne ici le Proconsul, dénonce les comédiens ; ils ont prononcé les noms de *princesse* et de *reine*. Le directeur est expulsé. Ceci n'est grave que pour la prosodie des vers de Racine : Joad appellera Athalie Citoyenne.

Mais le 24 pluviôse (12 février), voici qu'Albitte élargit douze détenus, parmi lesquels plusieurs prêtres et chanoines « revenus aux principes de l'Eternelle raison », c'est-à-dire ayant abdiqué leur prêtrise. Le principal est Rousselet, ci-devant prieur des Augustins de Brou, hier curé élu de Bourg et membre de la municipalité girondine.

Le Représentant en mission n'est pas peu fier de ce résultat : il l'annonce avec complaisance à la Société mère, le 28 pluviôse (16 février), en lui envoyant la liste des

prêtres de l'Ain « qui se sont déprêtrisés ». Collot-d'Herbois son ami ajoute qu'Albitte, « dans un département
affligé de tous les maux de l'aristocratie, » estime « qu'on
ajouterait à ses forces morales en l'épurant. » La Société
épure donc Albitte, c'est-à-dire examine sa conduite et
l'approuve. (*Moniteur.*)

Voici comment l'autorité que lui donnait ce vote fut
employée. Gauthier, en sa *Défense,* expose ainsi le plus
regrettable des actes commis ici par le parti ultra-révolutionnaire : « Albitte est circonvenu. Ce qui n'a pas été fait
par la Commission de Javogues, on imagine de le faire
exécuter par celle de Commune-affranchie. Quinze individus désignés par Vauquoi, Dorfeuille, Millet, Frilet, etc.,
sont conduits en cette commune... » (Gauthier, *Défense.*)

Je choisis cet énoncé, si bref, incomplet, parce qu'il est
d'un contemporain informé, non suspect de complaisance
pour Albitte; parce que je ne trouve rien dans les documents
publics à ma disposition, muets ici — nous verrons pourquoi.

Je reprends les allégations de Gauthier. Albitte fut
circonvenu. Ce mot lui retire l'initiative de l'acte et en
partie sa responsabilité. Sachant ce qu'on sait de lui,
notamment de sa conduite en Savoie où il fut le maître,
où les prétextes pour verser du sang ne manquaient pas,
où il n'en fit pas couler une goutte, on l'exonérerait, bien
qu'il ait seul pu donner l'ordre fatal. Ce n'est pas possible.
Voici ce qu'on lit au *Registre de la Société populaire* de
Bourg, à la séance du 24 pluviôse :

« Albitte a pris la parole... il a parlé avec fermeté et
simplicité sur les hommes suspects *qu'il a envoyés* à Commune-affranchie. » (Feuillet 12 du Registre, 1794.)

Et voici la lettre du Proconsul qui annonça à Lyon
l'envoi qu'il y faisait (elle a été publiée à Lyon) :

« Albitte, etc...., à la Commission Révolutionnaire :

» Le département de l'Ain s'était coalisé avec toutes les administrations contre-révolutionnaires lors du 31 mai, et surtout avec celles du Rhône-et-Loire et du Jura. De grands conspirateurs ont failli perdre cette partie de la République. Les uns sont fugitifs (Brillat?) Les autres sont protégés à Paris (Pagès, Tardi, protégés par Merlino?) D'autres étaient ici et à Embrun (sic) en état d'arrestation. Je vous dénonce les uns et les autres et vous envoie ceux qui sont sous ma main.

» Je vais à Belley et je prendrai les mêmes mesures qu'ici. Vous verrez bien des femmes, des lettres de communes (plaidant pour les accusés, nous allons voir que la fiancée d'un d'entre eux le suivait à Lyon). Ne voyez que le salut des Patriotes.

» ALBITTE, Représentant du Peuple. »

Embrun pour Ambronay : ceci montre le Proconsul peu attentif au détail. Les proscrits sont « désignés » par d'autres que lui, dont Gauthier nomme quatre. Les trois premiers proscripteurs sont qualifiés Commissaires du Représentant. Vauquoi, ci-devant membre de la Commission Temporaire de Lyon, a péri sur l'échafaud « pour abus de pouvoir et Hébertisme très-prononcé. » (Gauthier.) Dorfeuille, ancien comédien, avait de sa personne présidé les exécutions en masse des Brotteaux ; il a été, après Thermidor, égorgé dans la prison de Roanne à Lyon. Millet paraît avoir été un ancien domestique d'Albitte (de probité douteuse), promu aux fonctions de Secrétaire. Le quatrième, Frilet, était un des membres de la Commune choisie ici par Desisles, et imposée par Bassal. Il est mort à Lons-le-Saunier (à la même date que Dorfeuille), massacré dans la tour des Cordeliers.

Reste l'*et cœtera*. Très-vraisemblablement il faut voir derrière Desisles (le Comité de surveillance de 1795 nous l'affirmera dans son rapport du 23 ventôse). Mais je n'oserais pas accoller ici à son nom celui de Rollet-Marat : il va falloir les séparer.

Venons des proscripteurs aux proscrits.

La liste, quand on y regarde d'un peu près, semble avoir été équilibrée par une pensée politique. Deux classes, deux générations, deux opinions y sont représentées également.

La moitié des *dix-huit* noms qui y figurent sont des noms de ci-devant nobles ou anoblis. Deux ont servi. Aucun n'a poussé le royalisme jusqu'à émigrer. Le seul ayant une valeur personnelle reconnue est Varenne de Fenille, ex-Receveur général de la province, agronome distingué.

Les neuf autres noms sont plébéïens. Le plus éminent est celui de l'ex-Constituant Populus, président des Sections qui organisèrent la Municipalité girondine de Bourg. Puis viennent quatre membres du Directoire de l'Ain : Grumet, Balleydier, Perret et Vuy ; un prêtre, un procureur, deux imprimeurs complètent le nombre.

Tous étaient accusés d'être « fauteurs et complices de la conspiration de Lyon » (au dire de Gouly, *Compte rendu*, 364). Albitte, dans la lettre qu'on vient de lire, articule le même grief. Il fallait l'articuler pour qu'on pût les faire justiciables de la Commission Révolutionnaire de Lyon, dont la compétence était spéciale et limitée. Mais leur sentence, on va le voir, ne relève pas formellement cette inculpation, purement dérisoire, si on l'entend d'une part *active* à la rébellion lyonnaise. D'adhésion formelle, il n'y en avait pas eu ; le Département, tenté un court moment, avait finalement refusé secours à cette rébellion. Et une conspiration *in petto*, une adhésion même, cette faute commise par des populations entières dans soixante départements, ne rendait peut-être pas indispensable une poursuite si tardive, cinq mois après la capitulation de Lyon, à une date où la grande Vendée agonisait, où la coalition étrangère était partout repoussée.

Quel put donc être le mobile d'une mesure odieuse si elle n'était pas nécessaire? Une pensée de cupidité? Albitte est ici au-dessus du soupçon. Il a dit plus tard à Lalande, en défendant son passé, qu'on ne pouvait du moins l'accuser « d'avoir pris de l'argent. » Et Lalande l'a reconnu. On a imprimé que Desisles avait promis à sa femme (la modiste Urville, belle, peu fidèle, d'autant plus aimée), de la loger dans l'hôtel de Fenille. Si Desisles eût eu de ces ambitions-là, pour elle ou pour lui, il ne l'eût pas montrée demi-nue, le bonnet phrygien sur la tête, la pique et le triangle aux mains, sur l'autel d'où la *Vierge noire* venait de tomber. Et il n'eût pas fait décider que l'hôtel de Fenille serait affecté à la Bibliothèque qu'on formait alors avec les livres des Bénédictins d'Ambronay.

Le mobile? Ne fut-ce pas, chez les uns, le souvenir de *l'épuration* du 30 juin, des menaces qui l'accompagnèrent? On avait chanté, sous leurs fenêtres : « A la guillotine, Desisles ! à la guillotine, Rollet ! » Ce sont eux qui le disent : je ne les en croirais pas si je ne voyais l'atroce cantilène hurlée à la même date sous les murs de la prison de Chalier. M. Balleydier, peu suspect de jacobinisme assurément, conte la chose, et ajoute que cela se chantait sur l'air : *Rendez-moi mon écuelle de bois...* Le mobile, ne nous le dissimulons pas, ce sont les humiliations et les peurs subies, les inquiétudes persistantes, les colères longtemps couvées, les haines devenues féroces.

Le mobile? Ce sera chez d'autres cette vue des choses,

commune aux fanatiques de tous les temps, de toutes les
sectes, — que leurs adversaires sont criminels, — qu'ils
sont, eux, infaillibles ; ont, partant, le droit de punir et
« qu'il n'y a que les morts qui ne reviennent pas. » Vue
fausse ; en révolution les morts reviennent toujours et
prennent leur vengeance une fois ; on le verra en 1795.

Les dix-huit accusés furent conduits les uns de Bourg,
les autres d'Ambronay, à Lyon sur trois charrettes,
par une pluie glacée. Ils arrivèrent le 28 pluviôse (16 février) au soir et comparurent le lendemain devant la
Commission Révolutionnaire.

Trois tribunaux d'exception ont présidé successivement
aux représailles terribles qui suivirent le siège de Lyon :

Une Commission *Militaire*, qui jugea 176 personnes
dont 106 furent fusillées à Bellecour (sous Couthon).

Une Commission dite de *Justice populaire*, fonctionnant
parallèlement ; elle était présidée par le comédien Dorfeuille, Commissaire des Représentants (que nous retrou-
vons chez nous). L'accusateur public de Bourg, Merle,
requérait. Elle a condamné à mort 104 personnes sur 149
traduites devant elle.

Ces deux juridictions épuisèrent la liste de ceux qui
avaient pris notoirement une part active à la résistance à
main armée et n'avaient pu sortir de la ville avec Précy.

Cependant une Commission *Temporaire*, présidée par le
peintre Marino, était investie de la fonction attribuée aux
Comités de surveillance. (Elle concentra bientôt tous les
pouvoirs.) On l'avait composée en majeure part de Jacobins, appelés de Paris, venus avec l'Armée révolutionnaire
qui arriva à Lyon, conduite par Ronsin, le 5 frimaire (25
novembre 1793). Sur les dénonciations qui plurent, elle
encombra les prisons de plus de 3,000 suspects.

Une Commission *Révolutionnaire* de cinq membres fut chargée de les vider. Aux termes de l'arrêté de Collot-d'Herbois, Fouché, Albitte et Delaporte (qui succédèrent à Couthon et le dépassèrent beaucoup en rigueur), elle devait faire traduire devant elle les prisonniers « pour y subir un dernier interrogatoire. (Art. 3.) L'innocent reconnu sera *sur-le-champ* mis en liberté et les coupables envoyés au supplice. (Art. 4.).... »

La Commission Révolutionnaire siégeait dans le beau palais municipal construit au milieu du xviie siècle par Simon Maupin, en cette salle du Consulat, dont Blanchet avait peuplé le plafond d'Amours et de Charites. Cent quarante-trois ans auparavant, Mme la duchesse de la Baulme, nièce des deux Villeroy, l'Archevêque et le Maréchal, rois de Lyon, pour l'inaugurer, y avaient « donné aux frais du Consulat, le ballet auquel avait assisté Mgr l'Archevêque et beaucoup de noblesse ». (Clerjon.)

Le décor n'avait pas changé. Collot-d'Herbois, Fouché et Albitte y donnaient présentement la tragédie. Une longue table, chargée de huit flambeaux, partageait la salle. D'un côté siégeaient les Commissaires, l'épée au côté, sur la poitrine une petite hache d'acier appendue à un ruban tricolore. De l'autre côté, se présentaient les accusés. Une balustrade entourant la table séparait le tribunal de l'espace livré au public.

D'après M. Melville-Glover (*Collection complète des jugements de la Commission Révolutionnaire établie à Lyon*, etc., in-folio, Lyon, 1869), que je suis ici, on sentenciait là sur sept accusés par quart d'heure, en moyenne. Quatre questions seulement étaient posées : « Comment t'appelles-tu ? — Ta profession ? — Qu'as-tu fait pendant le siége ? — Es-tu dénoncé ? » Après réponse, les Commissaires consultaient les notes reçues de la Commission .Temporaire, puis tranchaient d'un geste. La main sur la hache indiquait la guillotine ; la main au front la fusillade ; le bras étendu sur la table l'élargissement.

Les condamnés descendaient à la Mauvaise cave encore existante dans le sous-sol, à l'angle de la place des Terreaux et de la rue Lafont. De là à la guillotine en permanence sur la place voisine, ou aux Brotteaux où l'on nous montre Dorfeuille les faisant mitrailler par groupes de soixante. On jetait les corps dans un fossé voisin ou dans le Rhône. Cent quarante allèrent s'échouer sur le banc de sable d'Yvours.

Je ne me lasserai pas de le répéter : ces hommes qui voulaient sincèrement abolir le passé, revenaient à ses pires traditions, et nous rendaient ses plus mauvaises heures. La Terreur imitait la Sainte-Ligue. Voici un bref récit de la Saint-Barthélemy à Lyon :

« La tuerie commença le 31 août, sur un ordre formel venu de Paris. Elle fut conduite, au refus des officiers de la garnison, au refus du bourreau, par la milice urbaine qui se porta aux prisons où le Gouverneur Mandelot avait réuni les Protestants pour les sauver, disait-il, de la fureur populaire. On les dépouille de leur bourse, on les égorge, les cadavres sont portés au cimetière d'Ainay, les moines refusent de les recevoir. On les mène aux fleuves, sauf les plus gras livrés aux pharmaciens qui en prirent la graisse. Le Rhône en charria huit cents sur les rivages de Dauphiné et de Provence !... »

Les trois Commissions Révolutionnaires ont, du 21 vendémiaire an I au 17 germinal an II, fait supplicier 1684 accusés. Elles en ont élargi deux de moins, 1682. Ces chiffres résultent de trois documents officiels qui se contrôlent et concordent.

On a répété que sur ce total il y eut de nombreux condamnés *envoyés* des départements voisins ; c'est inexact.
Il faudrait dire que le nombre des personnes originaires
de ces départements, domiciliées à Lyon, ayant pris plus
ou moins part à la rébellion lyonnaise, et condamnées
pour ce fait, est considérable. (Voir les *Notes.*)

Quant aux transferts à Lyon de complices présumés de
la sécession, étrangers à Rhône-et-Loire, j'en vois trois
exemples.

Le premier est le transfert de 32 habitants de Moulins,
condamnés le 11 nivôse (31 décembre 92), pour avoir
« *approuvé* la conduite contre-révolutionnaire » des
Lyonnais et tenté de fédéraliser l'Allier.

Le second est celui de cinq habitants de Montluel, savoir:
le Procureur de la commune, Pélissier, qui avait applaudi
publiquement, il est vrai, dans un réquisitoire du 5 juin
1792, à la rébellion lyonnaise. — Le Maire Ducret, qui
avait adhéré. — Montchal, ex-noble, qui avait donné asile
à des prêtres réfractaires. — Bertholon, aubergiste, qui
avait colporté un libelle fédéraliste et approuvé l'exécution de Chalier. — Mignon, paysan (de Béligneux), qui
refusait obéissance au Maximum, aux réquisitions, et avait
poursuivi à coups de pierres les Commissaires du District,
etc. La condamnation est du 14 nivôse (3 janvier 1794).
Nous étions à cette date gouvernés par Gouly, occupé à
emprisonner les Jacobins de Belley et à élargir des prêtres.
Il n'eut certainement point de part à cette mesure. Le
District de Montluel était alors *de fait* gouverné par les
Représentants en mission à Lyon, Fouché et Albitte
(comme on verra dans la *Note* sur Montluel, plus ample-
ment). Les registres du District sont muets sur cette affaire;
ceux du District de Bourg le seront sur la suivante. Et

je n'ai d'autre renseignement sur la condamnation du 9 janvier que le jugement imprimé par M. Melvillé-Glover ; il suffit strictement.

La condamnation de l'ex-noble Montchal et celle du fermier Mignon montrent formellement que les Commissions lyonnaises établies pour punir les « fauteurs, auteurs, adhérents et complices » de la sécession, excédaient parfois leurs pouvoirs. Elles nous aident par suite à comprendre pourquoi la Convention, qui va être invitée à intervenir par les Conventionnels de l'Ain, le fera sans hésiter.

Le troisième transfert est celui des dix-huit prisonniers de Bourg ou d'Ambronay. Après une nuit passée dans les caves de l'Hôtel de Ville, ils comparurent devant les Commissaires, mêlés à quinze autres détenus lyonnais ou domiciliés à Lyon. Voici le jugement où ils sont englobés avec ces compagnons que le hasard leur avait donnés.

« Jugement prononcé en présence du Peuple, sur la place de la Liberté, le 29 pluviôse (17 février), l'an II, etc.

» La Commission Révolutionnaire, établie à Commune-affranchie par les Représentants du Peuple, — Considérant qu'il est instant de purger la France des rebelles à la volonté nationale ; — de ces hommes qui convoquèrent et protégèrent à main armée le Congrès départemental de Rhône-et-Loire ; — de ces hommes qui portèrent les armes contre leur patrie, égorgèrent ses défenseurs ; — de ces hommes qui, complices des tyrans, fédéralisaient la République pour, à l'exemple de Toulon, la livrer à ses ennemis, et lui donner des fers ;

» Ouï les réponses aux interrogatoires subis par les ci-après nommés, et attendu que la Commission Révolutionnaire est intimement convaincue qu'ils ont tous porté les armes contre leur patrie, ou conspiré contre le peuple et sa liberté, et qu'ils sont évidemment reconnus pour être contre-révolutionnaires ;

La Commission Révolutionnaire condamne à mort :

» Marie-Agricole Marron-Belvey, 22 ans, noble, capitaine de dragons, de Bourg (Ain).

» Pierre Geoffroy-Verdet, dit la Suisse, 51 ans, noble, de Montluel.

» Jean-Marie Grumet, grand-vicaire du ci-devant archevêque de Toulouse.

» Philibert-Charles-Marie Varenne-Fenil (sic), 63 ans, noble, de Dijon, demeurant à Bourg.

» Jean-Marie Legrand, 28 ans, imprimeur, de Saint-Trivier (Ain), demeurant à Bourg.

» Jean-Anthelme Perruquet-Bévy aîné, 69 ans, noble, de Toisset (Jura), demeurant à Bourg.

» Jean-Marie-Joachim Robert-Desnoyer, 63 ans, noble, de Chaveyria (Ain), y demeurant.

» Jean-Louis Balleydier, 30 ans, homme de loi et administrateur au Directoire de Bourg, natif de Gex.

» Marie-Etienne Populus, 57 ans, Constituant, Juge au tribunal de Bourg, y demeurant.

» François Perret, 40 ans, Receveur des Domaines et revenus des émigrés.

» Jean-Baptiste Bonna dit Perrex, 40 ans, ex-noble, de Commune-affranchie, y demeurant.

» Claude-Nicolas Perruquet, le jeune, 67 ans, noble, chevalier, de Toisset (Jura).

» Antoine-Bernard-Constant Marron, dit Meillonnas, 41 ans, major au 1ᵉʳ régiment de dragons » (c'était le fils de Marie-Anne Carrelet, poétesse tragique et correspondante de Voltaire).

» Claude Loup, 32 ans, prêtre, instituteur au collége de Bourg (Ain). »

M. Melville-Glover a omis « Jean-François Vuy, administrateur du département de l'Ain, natif de Toisset (*sic*), 54 ans, » que M. A. Balleydier, plus exact, place (en son *Histoire du peuple lyonnais pendant la Révolution*, pièces justificatives, p. 217), entre Bévy aîné et Desnoyer.

« Toutes les propriétés des sus-nommés sont confisquées, etc. Signé sur la minute : Pareiṅ, président, Lafaye aîné, Brunière, Fernex, Corchand ; Brechet, secrétaire. »

Deux des juges ont été massacrés en 1795 par les compagnons de Jésus : Lafaye, le plus indulgent, qui condamnait le plus souvent les accusés à la détention ; et Fernex, qui les envoyait invariablement à la mort.

Deux des transférés de Bourg furent acquittés, non le même jour, comme on l'a dit, mais à quelque temps de là : le général d'Oraison, le 10 germinal ; le procureur Debost, le 16. Leur sentence, comme toutes celles du même genre, attribue leur incarcération « aux vengeances particulières ». Quant à l'imprimeur Goyffon, il fut condamné à la détention le 17 germinal, jour même où la Commission déclarant « qu'il n'y a plus dans les prisons de coupable qui appelle sur sa tête le glaive de la loi, ni de victimes innocentes à rendre à la liberté », termina ses séances.

Les quinze condamnés du 17 février furent guillotinés le lendemain du jugement.

M. Balleydier place ici deux lugubres scènes qu'on abrège ; elles sont dans les mœurs du temps toutes deux, si différentes qu'elles soient.

Marron de Meillonnas avait « parié avec ses compagnons de mort de les faire rire au pied de l'échafaud... car il nous sied de trépasser gaiement, de nous f..... de nos assassins. Je me dispose à faire une farce à Maître Ripet (ce bourreau qui devait périr le dernier sur la machine d'où il fit tomber 716 têtés). Meillonnas, qui était d'une force et d'une adresse peu communes, dégagea ses mains, prit Ripet par le cou et lui dit : Si tu étais Fouché ou Albitte, tu prendrais ma place et moi la tienne, le temps qu'il faut pour couper proprement une tête... Tu as peur, coquin ! Rassure-toi. Je ne suis pas fait pour ce métier...» Et il tendit le cou.

Pendant le désordre que cette scène causa, une jeune fille de Bourg perça la foule. C'était la fiancée de Louis Balleydier. Elle avait demandé sa grâce à Albitte qui avait répondu : C'est un royaliste (en quoi le Proconsul ne se trompait pas, si j'en crois l'auteur que je suis). Elle avait « procuré au jeune condamné les consolations religieuses par l'entremise d'un prêtre assermenté qui lui avait annoncé qu'elle viendrait lui jurer fidélité devant l'échafaud. Elle s'élança vers son fiancé au moment où un aide du bourreau mettait la main sur lui et lui cria, en lui montrant le ciel : « A bientôt, ami, je te rejoindrai ; et les méchants ne nous sépareront plus !.. » (*H. du Peuple Lyonnais,* etc., tome II , p. 378 à 380.)

Ces scènes-là ne valaient rien pour la cause de la Révolution.

Des crimes ou délits que l'arrêt de mort vise, un seul qu'il n'impute pas formellement d'ailleurs aux condamnés de l'Ain, celui d'avoir « protégé (d'intention) le Congrès départemental de Rhône-et-Loire » et par là « fédéralisé la République », pouvait avoir quelque fondement. (Le fait de l'avoir « protégé à main armée » concerne sans doute les quinze détenus lyonnais englobés dans la même fournée.) Si les nôtres l'avaient « protégé » *d'intention*, s'ils y avaient adhéré même un moment, cette faute méritait-elle la mort ? N'était-il pas absolument démesuré d'infliger à des rêveurs de contre-révolution, inoffensifs de fait, la même peine qu'à ces aides-de-camp de Précy, qui avaient organisé et conduit la défense de Lyon ; ou qu'au garde-du-corps de Louis XVI, Prévérau, qui amena du Beaujolais 4,000 hommes au secours de la ville rebelle ?

En apprenant ce qu'on venait de faire à Bourg, les cinq Représentants de l'Ain (le sixième, l'évêque Royer, signataire de la protestation des Soixante et Treize contre le 2 juin, était en prison), se réunirent : ils étaient informés qu'on projetait de recommencer. Tous — ceux qui inclinaient au Modérantisme et celui qui votait avec les Enragés, — Gauthier et Jagot, se trouvèrent d'accord ce jour-là et vinrent demander à la Convention d'aviser.

Pour expliquer le vote qui suivit, je dois revenir en arrière et retourner à Lyon. Il y avait là une lutte ardente entre les Proconsuls gouvernants, Fouché, Albitte, Javogues, prenant au sérieux la tâche de détruire Lyon qu'un décret *ab irato* leur avait conférée, et les Jacobins lyonnais trouvant que c'était assez d'y réprimer la rébellion. Ces derniers, inspirés par le maire Bertrand, l'ami de Chalier, préparèrent une pétition demandant grâce pour leur ville ; Fontanes, jeune et inconnu alors (nous en avons déjà dit un mot), la rédigea. Un des Gauthier, frère du Représentant, amena les pétitionnaires à la Convention. « Cette courageuse requête ne fut pas sans fruit, elle produisit un ralentissement marqué dans la marche sanglante de la Commission révolutionnaire. » (Morin, *Histoire de Lyon depuis* 1789, tome 3, p. 501 à 514.)

Ceci du 20 décembre 1793. Au commencement de février 1794, nouvelle démarche des Jacobins lyonnais dans le même but. Le Représentant de l'Ain, Merlino, se fait leur avocat; ils obtiennent le rappel de Javogues (Morin, t. 3, p. 535). Le futur duc d'Otrante, l'odieux Fouché récrimine. M. Morin, qui ne paraît pas connaître l'intervention de nos cinq Représentants, voit dans le décret du 28 pluviôse une réponse aux deux pétitions des patriotes lyonnais et aux récriminations de Fouché. Les unes et les autres avaient préparé la voie à la demande de Gauthier, Deydier, Ferrand, Merlino et Jagot.

On vit, le jour où le transfert à Lyon des administrateurs de l'Ain fut connu, une chose rare : la Convention votant *à l'unanimité !* Le décret du 28 pluviôse « interdit à la Commission révolutionnaire de Commune-affranchie la connaissance des crimes des Fédéralistes de l'Ain. » (Gauthier, *Défense*.) Il a sauvé bien des têtes.

L'unanimité de la Convention, l'intervention de Jagot, membre du Comité de sûreté générale, impliquent absolument la désapprobation des Comités et de l'Assemblée. A Bourg on le comprit fort bien.

La première preuve, c'est le silence du compte rendu décadaire. Il ne dit mot de l'exécution. Cette réticence est d'autant plus significative que les Tout-puissants des Comités ayant l'œil à tout, on les occupe de minuties souvent. On n'estima pas opportun de reparler à eux d'une chose qu'ils ont désavouée si nettement.

La seconde preuve est la conduite d'Albitte. Nous l'avons vu annoncer à la Commission révolutionnaire qu'il allait à Belley « *prendre les mêmes mesures qu'à Bourg* ». Il se tint pour averti, et s'il n'a versé de sang ni à Belley ni à Chambéry, le décret de la Convention y a été pour quelque chose; il est permis de le supposer.

La troisième est aussi explicite que possible. C'est

l'adresse de la Société populaire de Bourg à la Convention en date du 7 ventôse (25 février).

Notre première société populaire, fondée en janvier 1791 par Duhamel et ardemment girondine, siégeait au théâtre. Après le rétablissement de l'autorité de la Convention ici à la fin de juillet 1793, elle fut en partie absorbée et finalement supplantée par un club chaudement Jacobin établi dans la maison de l'Arquebuse, au Bastion, par Rollet, Alban et Merle. C'est ce club, accru rapidement aux dépens de l'autre et peut-être déjà transféré à la chapelle des Pénitents, qui, sur la proposition du municipal Juvanon, osa voter l'adresse qui suit :

« Citoyens Représentants, votre décret du 28, qui interdit à la *Commission* de Commune-affranchie la connaissance des crimes des Fédéralistes de l'Ain, nous paraît rendu sur de fausses informations. Il a existé une connexion intime entre les contre-révolutionnaires de l'Ain et ceux de Lyon. Ce ne sont que des fauteurs de la conspiration de Lyon que la Commission a frappés ou *pourrait frapper...* La Commission n'est-elle pas le tribunal le plus en état de les juger ?...

» Nous *pensons que vous rapporterez votre décret, en ce qu'il fait présumer que les conspirateurs de ce département exécutés à Commune-affranchie y ont été mal à propos condamnés,* » etc.

Desisles signe comme secrétaire cette pièce inqualifiable, et une autre du même jour, pendant assorti de la première. La Société y récrimine au long et à l'aise contre le rappel de Javogues (motivé surtout par un discours prononcé dans un club de Lyon où il professait sur la propriété les opinions que nous savons).

Chose triste à dire entre toutes ! la Convention ne fut

pas obéie. Pendant l'absence d'Albitte (qu'on va raconter), Benoît Duhamel, procureur-syndic du Directoire girondin, sera, lui aussi, transféré à Lyon. Sur sa comparution devant la Commission révolutionnaire, l'arrêt de mort qui suivit, je n'ai qu'une mention brève dans le jugement du 26 ventôse (16 mars). Debost, un des dix-huit transférés de février, échappé à la guillotine (poursuivi plus tard pour ses faits et gestes lors de la tuerie des terroristes à Challes), très-hostile à Duhamel, le montre mourant en héros, en appelant sur l'échafaud à la justice divine — et accuse le Procureur-syndic de la commune (Convert), d'avoir machiné cette dernière exécution. — Elle pèse sur tous ceux qui ont signé l'adresse du 7 ventôse.

Duhamel, esprit ardent, avait contribué plus que pas un à semer chez nous les idées démocratiques. Il avait été l'un des fondateurs et le premier président de la Société populaire. Sa mort dut faire ici une impression profonde et valoir plus d'une recrue à la réaction prochaine.

De l'unité de l'Etat à laquelle on avait sacrifié la liberté en fondant le Gouvernement révolutionnaire en novembre 1793, que restait-il? Peu de chose en vérité. Y avait-il encore un gouvernement quelconque? Cela devenait douteux. Le pouvoir gouvernant à Lyon, c'est la Commission Temporaire, composée d'étrangers; elle a annulé la Commune elle-même, fait de l'autorité judiciaire un instrument docile, fermé le club jacobin récalcitrant, et la voilà qui allonge sa férule sanglante sur les départements voisins. A Bourg, après le départ d'Albitte, c'est la Commune non élue qui règne: nous allons la voir emprisonner le tribunal. Ces deux dictatures dissemblables s'accordent en un point, qui est le mépris du pouvoir central. Un échafaud de plus ou de moins, pour ces gens, n'importait guère; celui de Duhamel, dressé contre le décret exprès de l'Assemblée souveraine, a une signification propre. Il fait bien voir que la Convention, si elle n'avise, va être détrônée, non pas seulement par la Commune de Paris, comme on dit, mais par les cent ou les mille tyrannies locales. Michelet montre celles-ci « ayant à discrétion les fortunes et les personnes, de sorte (ajoute l'historien si partial pour la Commune de Paris), qu'en détruisant le fédéralisme départemental, on avait conservé tout entier le *fédéralisme communal* et la tyrannie locale si pesante et si tracassière, que la France en redeviendra monarchique pour soixante années... » (*Révolution*, 2ᵉ édition, t. V, p. 445. C'est Michelet qui souligne.)

Ceci est sombre; ce qui suivra ne l'est pas moins. Les gens qui pensent que la Révolution n'a pas fait de fautes réclameront. Le tableau leur paraîtra d'un esprit timide, déshabitué par le temps présent des luttes héroïques, n'en pouvant plus supporter la pensée et accepter les chances.

Eh bien, voici dix mots d'un acteur de la tragédie, non le moindre, d'un combattant en la mêlée, non le moins résolu, si haut placé qu'il avait tout le détail sous les yeux, ainsi fait qu'il pouvait juger :

« Le mal est à son comble. Vous êtes dans la plus complète anarchie des pouvoirs et des volontés. La Convention inonde la France de loix inexécutées. Les Représentants en mission usurpent tous les pouvoirs, font des loix et ramassent de l'or... »

On reconnaît Saint-Just. Ceci a été entendu par les deux Comités réunis. Barrère présent l'atteste. Carnot présent a conservé ce témoignage : son fils l'a imprimé. On ne contrefait pas d'ailleurs le ton et le tour de Saint-Just.

VII.

Revenons à Belley avec Albitte.

Les deux petites capitales de nos anciennes provinces ont manœuvré différemment dans la tourmente, selon leur tempérament assez distinct. Sans doute, elles ont été toutes deux ardemment girondines la veille et le lendemain du 2 juin. Mais la ressemblance entre elles finit là.

Notons une ou deux différences palpables.

On n'a pas oublié peut-être une lettre du District de Belley à M. Mollet, d'octobre 1792, où l'on parle tout simplement « du danger qu'il y a à laisser subsister plus longtemps une classe de personnes » (les prêtres réfractaires ou assermentés).

Nous avons vu au contraire le Directoire de Bourg, au milieu de la crise qui va l'anéantir, aviser à ce qu'on conduise les petites filles à la messe constitutionnelle.

Et Gouly, après huit jours de séjour à Belley, écrira à la Convention : « La superstition abandonne le champ de bataille à la raison ; tous les prêcheurs, sur mon invitation pure et simple, promettent de prendre femme sous un mois, » etc. (Compte rendu, p. 25.)

Il avait écrit de Bourg dix jours auparavant au Comité de sûreté générale : « La superstition domine dans cette commune et dans les circonvoisines... » (P. R. p. 13). C'est à Bourg qu'il parle de Vendée.

Cet attachement au culte est, après tout, le seul élément sérieux de résistance à la Révolution qu'on aperçoive dans

notre ville. Nos Girondins finirent-ils par s'appuyer ins-
tinctivement sur cet élément-là, auquel ils avaient d'abord
été passablement hostiles ? (A Lyon, cela se fit tout seul
et par la force des choses.) Cette tactique les empêcha-t-
elle de s'associer résolûment à la politique de Gauthier,
qui les avait maintenus aux affaires ? Et leur indécision
mit-elle contre eux leurs adhérents restant irréligieux ?
Ce qui est sûr, c'est qu'ils s'affaissèrent sans se défendre
et sans être défendus devant les arrêtés de Bassal.

La bourgeoisie girondine de Belley, exempte de toute
compromission avec l'Eglise constitutionnelle et l'Eglise
réfractaire, et qui ne marchanda pas, on l'a vu, son adhésion au parti triomphant, dut à cette attitude de pouvoir
défendre plus longtemps son autorité. Autour du chef
résolu et habile qu'elle avait su accepter et suivre, elle
prolongeait la lutte, se relevait deux fois et finalement
était debout encore et militante quand Gouly arriva. C'est
lui, tant accusé d'être contre-révolutionnaire, fort sincèrement montagnard en réalité, qui l'a renversée. Il put trouver dans la cité épiscopale ce que Gauthier, et Méaulle
plus tard, chercheront vainement à Bourg : une petite
bourgeoisie résolûment montagnarde comme lui. De plus,
bressan, à ce titre peu populaire en Bugey, il se concilia
là les esprits par un projet dont il n'a pas encore été
parlé. Il voulait réduire les neuf Districts à cinq (Compte
rendu, p. 14, 21), et adressa au Comité de salut public une
carte conforme avec deux mémoires à l'appui.

Ce projet reçut, le 14 nivôse an II (3 janvier 1794),
un commencement d'exécution. Le décret de ce jour annexe
le district de Gex à celui de Nantua « attendu l'incivisme
et l'insatiable cupidité de la majeure part des habitants...
qui rendent très-difficile de trouver des sujets nécessaires

pour les fonctions publiques... » (Dans le but de punir les Gessois « de leur égoïsme », Gouly en frappe vingt-six, — 2 ex-nobles, 13 cultivateurs, 3 marchands, 2 médecins, 1 notaire, 1 gendarme, — d'une taxe révolutionnaire de 61,700 livres. Compte rendu, p. 162.)

Le projet de Gouly (depuis réalisé) doublait l'importance de Belley, à qui il annexait Saint-Rambert.

Il dut y être goûté de tous. Et le rappel de Gouly ne fut pas suivi là de la défection brusque de son parti. Dix jours après l'arrivée d'Albitte, la Société des Sans-culottes de Seyssel mandait encore à la Convention que la mission du Représentant de l'Ile-de-France « avait été un bienfait pour la contrée ». (Compte Rendu, p. 304.) Aussi tard que le 16 pluviôse (4 février 94), la Société des Sans-culottes de Belley déclarait « avoir trouvé en lui un père et un ami » et récriminait hautement contre ses dénonciateurs. (Compte Rendu, p. 304.) Albitte constatait avec colère le succès de son prédécesseur en disant à un membre de la Société de Champagne dans les mêmes sentiments : « Vous êtes des b...... d'*Engoulynés*. » (C. R., p. 295.)

La tâche que le Proconsul avait à Belley était malaisée. Il avait à se contenir pour ramener les *Engoulynés*, et aussi pour tenir compte de l'avertissement de pluviôse. Le décret unanime de la Convention, le rappel de Javogues de Lyon aussi, étaient, ce semble, les avant-coureurs d'une rupture entre ceux qui n'aiment pas la boue et marchandent le sang et ceux qui ne marchandent rien. Mais ces derniers ne savent pas se maîtriser.

Dès son arrivée chez nous, Albitte avait demandé la liste des suspects et des détenus à Belley. Le 13 pluviôse (1er février), il avait ordonné de réintégrer dans les prisons tous les gens incarcérés par Javogues. Nonobstant, comme don de joyeux avénement et le jour même de son entrée, il fit emprisonner encore « quarante-trois citoyens suspects de Fédéralisme », joints et compris douze habitants de Ceyzérieu, Virieu et Champagne. Le plus considérable est Anthelme Mollet, son ex-collègue à la Convention.

Il attendit au lendemain, il est vrai, pour rétablir dans leurs fonctions les « quatre victimes du Fédéralisme, Modérantisme » etc., destituées un mois auparavant, arrêtées par Gouly pour abus d'autorité, et dont Bonnet était la principale. Le surlendemain, il commet le même Bonnet à faire l'inventaire des papiers du détenu J. Tendret ; puis il « épure et réorganise » les autorités de la ville et du District, la Société populaire, etc.

30 pluviôse (18 février) : Elargissement de vingt prêtres et chanoines, etc., « revenus aux principes de l'Eternelle Raison ». Le curé de Belley en est. Même jour, élargissement de dix-huit cultivateurs, dont sept femmes, auxquels on ne peut attribuer que « des fautes et erreurs... »

1er ventôse (19 février): sept nouvelles arrestations pour conduite incivique.

3 ventôse (21 février) : Transfert aux prisons de Bourg des treize détenus les plus considérables de Belley (Rubat, l'ex-législatif, Mollet, l'ex-constituant, J. Tendret, etc.)

4 et 7 ventôse (22 et 25 février): Les Sociétés populaires de Belley et Virieu épurées, et la seconde présidée par une des quatre « victimes » qu'on sait, renient Gouly qui « faisait dessécher l'arbre de la liberté » et acclament Albitte « qui le fait fleurir ». La seconde demande la mort de tous « les Brissotins ». Entendez les *Soixante et Treize* conventionnels sauvés de l'échafaud par Robespierre; leur mise hors la loi sera le mot d'ordre d'Hébert, huit jours après. On connaît d'avance ce mot d'ordre à Virieu.

9 ventôse (27 février): L'Agent-national au District, c'est-à-dire Bonnet, est autorisé par le Représentant à nommer « *de vrais patriotes pour se rendre dans les communes, y surveiller l'exécution des lois,* » etc. Le dictateur, qui va s'éloigner, transfère là ses pouvoirs à un homme qu'il croit sûr.

On a essayé de lui inspirer des défiances : on a parlé du vol d'une vache, tenu pour avéré. Albitte a répondu qu'un homme qui a à lui 100,000 francs de fortune ne vole pas une vache. Il est citadin et muscadin, il ne sait pas de quoi se font les fortunes dans les campagnes souvent...

Il est en veine de vertu; il ordonne, le 12 ventôse (2 mars), la séparation des sexes dans les prisons, les mœurs étant blessées par leur réunion. Les enfants des détenus seront « mis en pension, les filles chez des citoyennes mères de famille distinguées par leurs mœurs et leur patriotisme, les fils chez des instituteurs ».

Le 13 ventôse (3 mars) et jours suivants, il s'occupe d'améliorations agricoles : un marais, à Belley, sera desséché « aux frais des détenus ». Les étangs de Dombes seront desséchés, l'agriculture améliorée, la partie du jardin de l'hôtel de Fenille (à Bourg), qui est consacrée à la botanique, conservée. Ce décret, excellent, mais non entièrement praticable, est déjà daté de Chambéry le 17 ventôse (7 mars).

Du même jour, autre décret moins facile à louer, élargissant un détenu de Bourg appelé Renaud *le Riche*, moyennant une amende de 3,000 livres. Ce procédé s'appelait, au Moyen-âge, une *composition* et était fort usité; il n'était pas urgent de le ressusciter peut-être; mais c'était tentant et on succomba à la tentation. Le 18 (8 mars), un autre décret élargit trente-sept détenus de Belley, moyennant des amendes variées. Un perruquier en est quitte pour *dix livres ;* un huissier, il est vrai, en paie *quatre mille cinq cents.* Enfin un marchand, qui aura marchandé jusqu'au 23 ventôse (14 mars), dut finir par en compter *dix mille !*

Ces sommes, nous est-il dit, seront employées « à secourir l'indigence, la vieillesse et le malheur ».

On a déjà dit qu'il n'y a pas à soupçonner la probité d'Albitte ; il ne serait pas possible d'en dire autant de celle des subalternes qui eurent à manier ces deniers.

Après le départ du Représentant, les seconds rôles à Bourg étaient restés la bride sur le cou. Il y paraît de suite. Rollet, l'Agent-national près le District, fait une entreprise qui, de lui, dut étonner. Sans se munir au préalable de la permission de la Convention ou de son Commissaire, et empiétant ouvertement sur leur droit souverain, il ouvre les prisons à treize détenus de Bény et à dix-sept femmes de Marboz, leur fait prêter le serment civique et les renvoie chez eux, *après quoi* il écrit à Belley pour obtenir l'approbation du Représentant ; il lui expose que ces gens sont cultivateurs et que les travaux de la campagne les rappellent. (Correspondance du District, p. 60.) Albitte ne répond pas.

A quinze jours de là, nouvelles sollicitations de l'Agent-national au Représentant. Il demande cette fois l'élargissement de tous les détenus de Marboz (en prison depuis environ quatre mois). Il tient, malgré le silence d'Albitte ou à cause de ce silence, à se faire honneur de ce qu'il a fait. Il amène à Bourg ces paysans qu'il a libérés, les conduit « à la Comédie, à l'amphithéâtre, où il leur rappelle leurs erreurs causées par des prêtres fanatiques, les invite à suivre dorénavant le principe de la Raison, etc., etc. Après quoi ils jouissent du plaisir de la comédie, » etc., etc. (Corr., p. 72.)

Que faut-il penser de cette scène, non la moins amusante que notre petit théâtre ait vue ? — Rollet voit-il venir le lendemain ? Et a-t-il peur de son passé ? Fait-il là, pour racheter ce passé, de la clémence à son profit ? — Albitte, qui a eu la main forcée, non-seulement ne fait pas mine de s'en apercevoir, mais il élargit lui aussi, trois jours plus tard, quelques paysans de Belley. Faut-il croire que ces incarcérations de petites gens faisaient murmurer ? que le Proconsul ne veut pas se laisser distancer en clémence et vaincre en popularité ? — On n'aurait pas songé à attribuer ici à Rollet une politique assez double si, comme on verra bientôt, elle ne lui était imputée par quelqu'un de bien placé pour en connaître.

Au même moment où Rollet ose traiter Albitte lestement, il se met en guerre avec Desisles devenu l'Agent-national près la Commune, pour des vases d'église dont le District conteste la garde à la Municipalité. Et Desisles appelle Rollet despote (Correspondance), mais rend la main. Cette affaire aussi semble arrangée : Rollet veut prouver qu'il saura au besoin se séparer de ses amis.

Tandis que l'Agent-national modifie sa situation en vue d'un succès possible des Montagnards *modérés*, d'autres attendent la victoire des *Enragés* et la préparent. Merle, Dorfeuille sont à Paris, ils n'ont pas dû laisser ignorer à Desisles ce qu'à la Commune de Paris l'on projette. La Société des Sans-culottes de Bourg a tous les droits possibles à être aussi bien renseignée là-dessus que celle de Virieu.

Donc le 5 mars son président Duclos dénonce tout haut à la tribune Gauthier des Orcières. Et deux jours après Gallien dénonce, lui, toute la députation, Jagot excepté. Desisles, se découvrant tout à fait, appuie.

Surtout le 6, on s'affilie Lajolais, le général commandant le Département. Quel concours plus utile au moment d'agir ! Les Feuillants de Belley, en 92, comptaient rester les maîtres si seulement la troupe était avec eux. Les Hébertistes de Bourg, pour le devenir, s'assurent ce concours. C'est là une politique un peu rebattue, assez précaire ; il est surtout bizarre qu'avec elle on compte fonder la liberté. Mais on va au plus pressé.

C'est précisément à ces premiers jours de mars 1794 qu'éclate la rupture finale entre les deux fractions du parti Montagnard que nous avons vues se rapprocher vers la fin de décembre 1793. Ce rapprochement ne pouvait pas être définitif. Il y avait, entre les coalisés, des différences de tempérament, d'éducation, de système, irréductibles. Le parti gouvernant voyait dans la Terreur un expédient temporaire ; le parti Hébertiste y voyait le grand ressort du gouvernement républicain. Le premier se composait de puristes aux formules spartiates, le second de débraillés parlant la langue des halles. Le premier avait le goût de l'ordre, le second était l'anarchie même.

Ce fut le second qui prit ici l'initiative de la rupture. Voici en quels termes Alban, maire de Bourg, annonçait ses projets quinze à vingt jours d'avance. « Il va arriver à Paris un événement semblable à celui du 31 mai. Il s'agit d'épurer de nouveau la Convention. Un grand nombre de ses membres périra, et parmi eux Gouly et tous les députés de l'Ain, excepté Jagot... Serrons-nous et soyons sur nos gardes... Nous sommes perdus si nous manquons de courage... » Ces propos étaient tenus publiquement à la Société populaire, au temple de la Raison. Dans des conversations privées, Alban appelait le coup qui se préparait « *Le grand coup de chien* du père Duchêne ».

Gauthier-Murnan transmit les propos tenus publiquement au Comité de salut public, lequel renvoie sa lettre au Comité de sûreté générale. Le renvoi est signé de Carnot, Prieur et St-Just.

On préparait donc à Paris — et à Bourg — une de ces *journées* qui livraient, tous les deux ou trois mois, la chose de tous, la République, au caprice furieux de quelques-uns, et qui ont détruit la République, compromis la Révolution, ajourné la liberté.

Le 15 ventôse (5 mars), Robespierre et Couthon étant malades, Paris souffrant de la disette, les Cordeliers croient l'heure venue, couvrent les tables de la loi d'un voile noir ; Hébert appelle la ville à une sainte insurrection contre la Convention. Son principal grief contre l'Assemblée, c'est qu'elle tarde trop à envoyer à la guillotine soixante et treize de ses membres qui ont protesté contre le 31 mai.

Paris ne bougea ; Hébert et ses adhérents étaient perdus. A huit jours de là (23 ventôse, 13 mars), de la tribune Saint-Just leur crie :

« Quoi ! Notre gouvernement serait humilié au point d'être la proie d'un scélérat qui fait marchandise de sa plume et de sa conscience !... Fripons, allez aux ateliers, sur les navires, allez labourer la terre... Allez dans les combats vous instruire à l'honneur... Mais non, vous n'irez point ; l'échafaud vous attend !...» Une heure après, Hébert, Chaumette, Vincent, Ronsin étaient arrêtés.

Grâce à la lenteur des communications, à Bourg, Desisles, Alban, Lajolais eurent, eux aussi, la male chance de monter leur coup pour le jour même où Saint-Just exécutait ainsi Hébert à la Convention.

De ce qu'on projeta et prépara ici ce jour-là, il y a trois indices :

Le premier est la lettre plus haut citée. Le général de brigade Gauthier-Murnan, cousin du Représentant, venait d'arriver ici muni, d'une attestation de civisme du Comité de salut public, d'une lettre du Ministre de la guerre, Bouchotte ; on osa nonobstant, le 24 ventôse (14 mars), le déclarer suspect, le 25 l'arrêter. Albitte voyant Hébert perdu, sachant la situation de Gauthier à Paris, ne voulant pas rompre avec lui, donna ordre d'élargir son neveu. Celui-ci sortant de prison, mande au Comité de salut public ce qu'on a vu, le concert hautement avoué entre la faction à Bourg et la faction à Paris et le projet (à l'état vague) de ne pas s'abandonner soi-même au moment décisif. Prendre cette lettre pour un indice, ce n'est pas la surfaire. Saint-Just, ce semble, en la renvoyant à qui l'on sait, ne la jugeait pas autrement. Conjecturer qu'on n'avait osé arrêter Gauthier-Murnan le 25 que pour l'empêcher de dénoncer le coup préparé le 23, c'est rester dans la vraisemblance ; ce n'est pas faire là certitude, il est vrai.

Second indice : Il fut fait dans les prisons, par Frilet et Dorfeuille, deux des auteurs de la liste du 18 février, une visite dont les détenus s'inquiétèrent. Frilet prit leurs noms, les inscrivit et les accompagna de signes mystérieux auxquels ils attribuèrent un sens sinistre. Leurs dépositions sur ce fait concordent, si l'on veut, avec la lettre de Gauthier-Murnan, mais n'en augmentent pas beaucoup la force probante.

Le troisième indice est « un *Ordre* du général Lajolais pour la garde nationale de Bourg », portant : « La place Marat est désignée pour point de rassemblement. En cas d'incendie, la moitié de la garde nationale s'y rendra *en armes ou en piques* ; l'autre moitié au feu.

» L'on ne pourra battre la générale sous quelque prétexte

que ce soit, que *par ordre exprès de moi*. Dans ce dernier cas, *toute* la Garde nationale *prendra les armes* et se rendra au point de rassemblement ci-dessus. En supposant que les corps administratifs jugeassent à propos de me requérir pour faire donner le signal d'alarmes, j'aurai toujours soin d'en adresser *l'ordre par écrit* et avec célérité aux différents corps composant la force armée. Lajolais. »

Suit le mot d'ordre. C'est celui du 25 pluviôse (13 février), jour de l'expédition des Quinze à Lyon. Ce mot d'ordre est « *la mort* ».

Le cas d'incendie semble ici un prétexte. On n'a que faire pour aller au feu *d'armer toute* la garde nationale, un millier d'hommes. Lajolais veut, avec un coup de tambour, avoir sous la main, à la porte de l'Hôtel de ville, toute sa troupe. Il n'entend pas qu'autre que lui, pas même un corps administratif, s'arroge le droit de la requérir directement. Il compte faire quelque chose, conduire l'affaire lui-même ; on n'obéira qu'à son ordre, et comme on pourrait le faire parler, qu'à son ordre *écrit*. Il se défie ; est-ce du zèle aveugle de la Commune ? est-ce d'une défection du District, de Rollet qui le mène ?

Des trois indices réunis on peut induire qu'on a ici, le 23 ventôse an II (13 mars 1794), préparé une entreprise qu'aura fait avorter quelque lettre de Paris.

Mais quelle entreprise ? La tradition veut suppléer à la réserve des documents écrits. Elle manque d'unité et de fixité. Les uns ont affirmé qu'on voulait faire des exécutions sans jugement préalable, la nuit, dans la cour de la prison. Le bourreau sondé aurait refusé. Cet homme, nommé Freggi, a autorisé cette version par des propos, puis par une déclaration après Thermidor. Dire qu'il a voulu se faire bienvenir des Thermidoriens, serait traiter

légèrement cet homme grave ; on peut supposer qu'en
Italien qu'il était, il avait l'âme tragique, les traditions des
républiques et des tyrannies du moyen-âge italien, et aura
pris au sérieux un propos qui ne l'était pas. Lalande
reprend cette histoire (*Anecdotes* manuscrites, p. 122);
seulement c'est à Méaulle qu'il attribue l'horrible projet.
On voit combien cette première version est flottante.

L'autre version prétend qu'on devait égorger les détenus dans les prisons pendant *trois* jours. C'est une réminiscence du 2 septembre. Gouly l'adopte (*Compte rendu*,
p. 365). Mais Gouly n'était point à Bourg. Gauthier-
Murnan qui y était et qui, dans la lettre déjà citée, dans
une autre qu'on va voir, ne ménage pas les auteurs présumés de l'entreprise du 23 ventôse, n'en sait pas tant. Et
nous n'en savons pas plus que lui.

Toute affirmation ici serait risquée. Quand il y a tant à
médire d'un parti, il ne faut pas se faire dire qu'on le
calomnie. Ce qui paraît vraisemblable, c'est que ce parti
se tenait prêt à exécuter la consigne d'Hébert, si Hébert
avait réussi. Ce qu'elle eût été, on le peut conjecturer.

C'est à ce moment que, pour se dédommager de leur
déconvenue, les *meneurs* envoyèrent Duhamel à la guillotine. (L'exécution est du 26 ventôse.)

A Paris, ville la plus cultivée de France, l'Hébertisme
rentra en terre après le coup de hache asséné à ses chefs
par le Comité. Paris s'était amusé, engoué si l'on veut,
des ordures du Père-Duchêne, ni plus ni moins que Versailles, quarante ans avant, des saletés de Vadé, l'auteur
du *Catéchisme poissard*. Dans ce pays-là, ces caprices,
assez laids, durent l'espace d'un matin. Il n'en est pas de
même en certaines provinces où la culture manque ; en
telles villes où, les classes lettrées ayant tourné à la réac-

tion, les classes non cultivées régnaient presque seules. L'Hébertisme, enraciné là plus profond, y fera une plus longue résistance.

Et la Convention, qui l'avait accepté un moment comme auxiliaire, n'avait pas voulu de lui pour maître et l'avait, à Paris, écrasé du pied ; hésita parfois sinon à le réprouver, du moins à le détruire en province. Ce sera qu'elle le voyait là seul représentant de la Révolution et craignait de frapper celle-ci avec lui. Elle voudra le contenir et l'assagir; elle y perdra sa peine.

Ces considérations expliquent pour moi les incidents bizarres qui vont suivre.

Au milieu de mars, la situation paraît ici perplexe à tous. Les lettres de Paris mettaient beaucoup de temps à arriver. Et les correspondants, comme toujours, étaient trompés par leurs espérances. On avait, ce semble, fait croire aux Hébertistes de Bourg, en leur annonçant l'arrestation de leurs chefs de file, que Paris, à la dernière heure, se soulèverait pour les délivrer ! Hébert fut hué par le peuple, sur la charrette qui le menait à la guillotine...

Pour charmer leur attente, le District et la Société populaire font rage contre « le fanatisme ». Le jour même de la tentative avortée du général Lajolais, le District avise à « son entière destruction ».

L'Agent-national Rollet ayant vu dans une tournée que « les villageois égarés célèbrent encore les dimanches et fêtes en se livrant, ces jours proscrits par la Raison, à la débauche »; qu'ils allaient à la messe, se mariaient, baptisaient leurs enfants dans les communes frontières du Jura, où le culte n'était pas aboli comme chez nous, propose, et le Directoire arrête :

« Que défense soit faite aux cabaretiers, traiteurs, etc.,

de donner à boire et à manger, le ci-devant dimanche, sauf aux voyageurs...

» Que ceux qui vont au Jura se marier, etc., seront arrêtés...

» Que les prêtres du Jura qui oseront souiller de leur présence le District de Bourg purifié par Albitte seront mis à Bicêtre...

» Que les Officiers municipaux des communes seront tenus de faire arrêter et conduire à la Charité de Bourg toutes les ci-devant religieuses...

» Chacun est invité à dénoncer les communes en retard de démolir leurs clochers et d'envoyer au District les ustensiles servant au culte.

» Envoyé et affiché pour être exécuté sous la responsabilité terrible *(sic)* des Agents-nationaux près lesdites communes. »

A quatre jours de là, notre Société populaire propose à toutes les Sociétés sœurs d'adhérer à une adresse à la Convention où il lui est demandé de « déporter tous les prêtres réfractaires » et de supprimer la pension accordée à ceux qui, « ayant abjuré, ont l'âge et la force de se procurer des moyens de subsister par le travail... Représentants, plus de prêtres, plus de fainéants ! etc. »

Dans la même séance (27 ventôse, 17 mars), les objurgations contre les députés de l'Ain recommencent. Jagot est excepté, « bien qu'il n'écrive guère ». Merlino est accusé d'avoir « *retiré* Pagès et Tardy »; mais d'autre part il a défendu Desisles emprisonné par Gouly ; on l'amnistie. Gauthier, Deydier seront dénoncés, avec motifs à l'appui de la dénonciation.

Il y a un autre moyen d'employer le temps que les partis aux abois se refusent rarement : c'est de s'entre-manger

un peu. Desisles ne vit plus bien avec Rollet. La loi donne
la police des prisons aux municipalités ; l'Agent-national
près le District n'en tient compte : il veut savoir et voir ce
qui se passe là. On lui remontre que « dans son intérêt il
vaudrait mieux pour lui, en ses visites, s'entourer des
officiers municipaux délégués par la Commune à cette
surveillance ».

Autre affaire. Albitte a prononcé la saisie et confiscation
d'une somme de 60,050 livres déposée ici par un négociant
lyonnais en fuite. (Encore un retour aux procédés de
l'ancien régime !) Rollet entend que ce magot doit être
appliqué aux besoins du District. Desisles prétend que la
saisie doit profiter exclusivement à la Commune qui l'a
faite et qui a de grands besoins. Il propose d'en affecter
partie à la création de la fontaine de *Montaplan*, que sollicite un quartier sans eau (on reviendra en note sur ce
sujet dont la légende s'est emparée),— partie à la démolition du clocher de la ci-devant église, — partie au prolon-
gement de la rue de l'*Egalité* (ci-devant *Bourgneuf*) jusqu'au chemin de Ronde. Cette percée « nécessaire » avait
été empêchée jadis par le financier Varenne dont elle
coupait le jardin ; il n'y avait plus à se préoccuper de cet
obstacle. Le renversement, nécessaire aussi, de la tour de
Bourgneuf, vieil arsenal de la ville, donnerait du travail
aux ouvriers.

Une lettre curieuse de Desisles à Albitte, du 29 ventôse
(19 mars), est pleine de ses perplexités. (*Registre de Correspondances et proclamations.*)

« La crise est dans sa force... *On dit* Hébert, Vincent,
Ronsin et Momorot incarcérés. J'ignore les motifs... On
s'y perd. Ce qui console à travers tant d'écueils, c'est de
marcher sûr de sa conscience... Il est bien vrai que Mer-

line a été au Comité de salut public porter tes arrêtés et demander peut-être qu'ils soient cassés... Je lui ai écrit à ce sujet et dit que c'est tant pis pour lui. Ce n'est plus le temps de cacher la vérité, il faut défendre sa tête... Nous allons toujours bien ici, nous ne nous ralentissons pas... Merle me marque que tu nous as envoyé l'arrêté au sujet des 60,050 fr. Je ne l'ai pas vu... Fais-nous-le passer... Vas, nous n'en voulons pas faire mauvais usage... »

« *Nous ne nous ralentissons pas.* » Cela signifie : Nous envoyons Duhamel à la guillotine quand même... quand même on vient d'arrêter Hébert. Mais Desisles paraît douter de cette arrestation. Il « *s'y perd...* » Il aurait dû comprendre en voyant Merlino attaquer Albitte. La clairvoyance, en des temps si troublés, est rare. Le Comité de surveillance, qui devrait voir clair lui du moins, n'a garde. Il prend ce moment pour solliciter du Proconsul seulement l'autorisation « d'ouvrir toutes les lettres chargées, ce qui lui paraît le moyen le plus sûr pour découvrir les manœuvres de nos ennemis... » En attendant ladite autorisation, « il est arrêté qu'*aucune* lettre ne sera rendue sans qu'un membre du Comité ou de la Commune soit présent pour que *vérification en soit faite.* » (Séances des 27 et 28 ventôse, 17 et 18 mars.) Ce qu'on entendait par *vérification*, nous le saurons bientôt.

On ne voit pas qu'Albitte ait répondu à cette requête. Il devait mieux savoir et mieux comprendre ce qui se passait aux Tuileries que Desisles et que la démarche de Merlino n'avait pas dû être isolée. Il prit ce moment où à Bourg « on ne se ralentit pas » pour enrayer. Le 3 germinal (23 mars), la veille du jour où Hébert portait sa tête sur l'échafaud, il rapporta l'arrêté de Gouly du 24 nivôse (13 janvier), établissant l'impôt progressif. Gouly l'avait, après les dénonciations des Hébertistes, édicté afin de désarmer ceux-ci. Albitte le supprima pour montrer qu'il se séparait d'eux — après leur chute. Il comptait sans doute sauver ses propres arrêtés attaqués par Merlino (et par d'autres), par ce sacrifice plus apparent que réel, car, si l'arrêté de Gouly avait été exécuté, il ne l'avait été que partiellement. J'ai vécu jeune au milieu de vieillards de cette époque, ils se souvenaient des mesures d'Albitte contre le culte, de ses incarcérations en masse ; s'ils avaient payé l'impôt progressif, ils en auraient gardé mémoire.

La reculade d'Albitte dut produire son effet à la Convention, où on n'était nullement socialiste. Il est difficile d'admettre qu'ici elle ait passé inaperçue. Mais on ne se résignait pas du tout à suivre cet exemple. On aura fait semblant de ne pas voir.

La Commune prit ce moment pour abolir définitivement, du moins elle le croyait, le nom de Bourg-en-Bresse. Elle vota, le 6 germinal (26 mars), que notre ville s'appellerait désormais *Bled-vin* ; ce nom, justifié à moitié seulement et bizarre d'aspect, réussit peu. On proposa *Epi-d'or*, plus exact et plus euphonique et qui fut adopté malgré Rollet protestant qu'un nom pareil allait « nous faire écraser de réquisitions ». Toutefois, dans nombre de documents, je trouve la forme *Epi-d'Ain* proposée par la Société populaire.

Saint-Rambert s'appelait alors Mont-Ferme ; Saint-Sorlin, Bonne-Fontaine ; Saint-Martin-du-Mont, Bellevue, etc.

Rome, voulant nous latiniser, avait imposé à trois de nos bourgades le nom de César : Ceyzérieu et les deux Ceyzériat. Les Chrétiens avaient donné à nos villages les noms de Jean, de Paul, d'Etienne. Aujourd'hui, la Prusse débaptise les villes de Pologne. Ce moyen d'abolir le passé réussit parfois ; il a pour inconvénient de contrarier quelque temps les vieilles habitudes.

Mais le rétablissement de la composition judiciaire, de la confiscation, de la violation du secret des lettres était plus dangereux. On refaisait là, pour le lendemain que nous savons, pour l'Empire, ce que Tacite appelle *instrumenta regni*, les instruments de la vieille monarchie.

Nos Hébertistes ne pouvaient s'habituer à leur situation nouvelle et persistaient à ne pas la croire durable. Il leur arriva bientôt de Paris une nouvelle qui les confirma dans leurs espérances. Danton, lassé, ne montait plus guère à la tribune, mais il lui arrivait de lancer de sa place des mots comme celui-ci : « L'ennemi est encore à nos portes et nous nous déchirons les uns les autres ! Toutes nos altercations tuent-elles un Prussien ? » (Séance du 3 nivôse aux Jacobins, *Moniteur*.) Cela gênait. A peine le panier qui avait reçu la tête mince d'Hébert était-il sec, que le bourreau y jeta la tête puissante de l'Hercule de la Révolution. Danton était convaincu, disait-on, d'avoir conspiré avec l'étranger, dilapidé la fortune publique. La Convention, écrivait Dorfeuille à la Société populaire de Bourg, « mettait la Vertu à l'ordre du jour ».

La chute des Indulgents (premiers jours d'avril), devait avoir ici un contre-coup immédiat qui contribua à diminuer dans l'opinion ceux qui régnaient. Ils y travaillèrent eux-mêmes, comme c'est l'ordinaire, par leurs divisions, plus activement que leurs adversaires.

Il y avait ici des Indulgents, par exemple Convert, le Procureur de la commune. Son indulgence était capricieuse : M. de Bohan lui avait dû peut-être sa radiation de la liste du 18 février, Duhamel son exécution. *Le Tableau des manœuvres et des crimes des intrigants de Bourg* (notre principal factum thermidorien) prend Convert sous sa protection, veut qu'il ait *rompu* avec l'Hébertisme « après la découverte de la conspiration d'Hébert ». Selon d'autres, c'est à ce moment même que Convert envoyait Duhamel à la guillotine. Le *Tableau*, capricieux aussi, se tait, il est vrai, de l'exécution de Duhamel.

Dans tous les cas, la *rupture* n'était pas très-manifeste, car Albitte continuait sa confiance au Procureur de la commune, que nous voyons le 14 germinal (3 avril), lisant à la Société populaire une lettre anonyme adressée au Représentant par des Sans-culottes de la ville. Vauquoi est déclaré là « un coupe-jarrets crapuleux » ; lui, Convert, « un hypocrite profitant de sa position pour édifier sa fortune... »

Et Convert accuse hautement Desisles, Juvanon de cette écriture. « Ce sont, dit-il, des fourbes, des scélérats, pour se faire craindre ne parlant qu'incarcération et guillotine. »

« Desisles vient à la tribune désavouer formellement *cette anonyme.* »

Le maire Alban demande l'ordre du jour, le renvoi de l'affaire au Comité de surveillance qu'elle concerne.

C'était faire Desisles juge et partie. Convert s'oppose au renvoi, à moins que Desisles ne soit au préalable exclu du Comité.

Violent conflit entre « *l'accusé* et les accusateurs. » Murmure général ; grand tumulte. Le Président (le tailleur Layman) s'efforce de rétablir le calme.

Finalement, l'ordre du jour et le renvoi pur et simple au Comité de surveillance sont adoptés : autrement dit, Convert est battu.

Le procès-verbal ci-dessus analysé est de la main de

Rollet, secrétaire. Ce mot l'*accusé*, appliqué par Rollet à Desisles, parut-il dur à digérer? Je ne sais; mais à la séance du lendemain 15, Rollet est remplacé au bureau par Gallien, lequel vient « rendre compte des *opérations* du Comité de surveillance ; le Procureur-syndic est du fait *rejeté du sein* de la Société, et les Citoyens...........

.... y sont *réintégrés.* »

Deux choses ici sont à noter :

1° Le registre du Comité de surveillance que j'ai sous les yeux ne dit mot des *opérations* que Gallien lui impute.

2° L'expulsion de la Société de ces citoyens *réintégrés* le 15, pour les noms desquels on a laissé en blanc deux lignes qui n'ont pas été remplies, n'est notée nulle part dans les procès-verbaux antérieurs.

Que signifient ces lacunes et que cachent ces irrégularités?

Si la radiation tardive de Convert était méritée, elle entachait le parti. Si elle ne l'était pas, elle constatait des jalousies, des compétitions personnelles, des vengeances fâcheuses. Les gros mots lâchés à la tribune entamaient les administrateurs ; des discussions comme celle-là servaient les adversaires. On sentit cela à Chambéry où on voyait les choses d'un peu plus haut et où on les jugeait avec plus de sang-froid.

A neuf jours de là (23 germinal), dans une séance extraordinaire, deux Commissaires d'Albitte viennent donc prêcher la réconciliation. Les expulsions plus haut indiquées avaient des motifs tels qu'elles ont été suivies d'incarcérations, ces commissaires nous l'apprennent ; nous comprenons mieux dès lors pourquoi on les a tues.

« Il y a des torts des deux côtés, disent Dorfeuille et Millet. Albitte en a eu presque les larmes à l'œil.... A

Chambéry, les Sans-culottes ramènent les brebis égarées...
Ceux des *détenus* qui ont été *séduits et faibles* sont assez
punis et doivent être *élargis*... Il faut user des dénonciations avec ménagement... ne pas expulser si facilement
des patriotes... à être si sévère on en réduirait trop le
nombre... Il faut guillotiner nos passions... »

A ce langage si nouveau, si inattendu, Alban, Duclos,
Gallien, Chaigneau s'élancent tour à tour à la tribune,
protestent qu'on trompe Albitte, que la Société est une,
que ce sont ceux qu'on a expulsés qui voulaient la diviser...
que quiconque n'est pas *vertueux, fût-il fonctionnaire,*
sera rejeté, etc., etc. Alban, Duclos, Gallien, Chaigneau
sont couverts d'applaudissements.

Les Commissaires, froidement accueillis pour ne pas
dire plus, essaient de faire tomber cette effervescence en
parlant des « efforts qu'on fait (à Paris) contre Albitte »,
c'est-à-dire en réveillant les inquiétudes et en montrant
l'incertitude du lendemain.

Mais leurs auditeurs sont gens à qui la passion ôte
l'intelligence. Et le tout aboutira à une adresse que Merle
et Duclos porteront à la Convention. C'est une diatribe
furieuse contre les Modérés, une félicitation « sur le nouveau triomphe que l'Assemblée vient de procurer à la
liberté en anéantissant les Dantonistes. » On veut bien
reconnaître qu'il faut enfin vider les prisons, même élargir
les égarés, à condition toutefois qu'on « débarrassera le sol
de la République des *dangereux* ».

Mais qu'importent ces cris de gens furieux et qui n'y
voient plus clair ? Les habiles y voient. Le lugubre tragédien des Brotteaux, ce Dorfeuille qui naguère prenait nom
« frère cadet du père Duchène », qui allait partout répé-
tant : « La planche triomphera ! » (la planche, c'est le tré-

teau de la comédie, et aussi le tréteau de la guillotine) : — Dorfeuille débite des homélies !

C'est écrit : Dorfeuille et Millet parlent de la Brebis perdue comme l'Evangile ! Ils parlent aussi de « dénonciations prodiguées, de détentions trop prolongées, d'épurations si nombreuses qu'il ne restera plus bientôt de patriotes assez. » — Ils ne voient plus à *guillotiner que nos passions !* C'est écrit, et on ne peut mieux dire. Et sur le tout il faut les croire assurément.

Mais enfin Albitte, Dorfeuille et Millet, tournant au Modérantisme, qu'est-ce que cela signifie ? Tout uniment que ceux-là ont des yeux pour voir et pressentent le dénouement qui vient.

Certainement, leurs morales valaient d'être écoutées deux fois ; on a vu comme elles l'ont été. Cette furieuse adresse, portée aux Tuileries par Merle, y servira d'argument contre Albitte et ses indisciplinables adhérents. Les actes ne manqueront pas à l'appui. Ils seront à la hauteur des paroles ou plus fous s'il se peut. Nous y arrivons. Je regrette toutefois de n'avoir pu mettre ici au long ces deux séances de la Société populaire, où apparaît bien, déjà à l'agonie, mais si vivace encore, le parti qui a gouverné ici sept mois. Il faut montrer en passant la salle qui le contenait tout entier désormais. Cette vieille chapelle des Pénitents, transformée depuis en salle de danse, puis remplacée par la cure de Bourg, était un parallélogramme large pour sa longueur, peu éclairé, fort nu, voûté et bas. Dans le fond en hémicycle, une estrade en charpente grossière recevait le bureau et servait de tribune aux douze ou quinze orateurs ordinaires : Desisles, abondant, diffus, bon mime comme de raison ; Rollet, beau et chaleureux ; Alban, emporté et d'une éloquence sauvage. Au milieu,

sur de rudes bancs de chêne serrés, s'entassaient les
« frères et amis. » Il serait curieux, à défaut d'autre
signalement, de photographier leurs signatures. Soixante
à soixante-dix sont de plumitifs alertes. Quatre-vingts
environ de mains habituées à la lime ou au rabot. Cinquante-six clubistes ne savent signer (séance du 24 germinal). A l'extrémité opposée à l'hémicycle, était la tribune
publique, peuplée en partie de femmes et taxée par les
orateurs (Dorfeuille, même séance), d'aristocratie ou de
Modérantisme; d'aristocratie à tort; l'aristocratie était dans
les prisons. De Modérantisme à bon droit. Le petit groupe
d'hommes qui eût voulu une république non sanglante
était bien là, état-major sans armée, qu'on peut accuser
de manquer de tempérament révolutionnaire, et parfois
d'habileté, non de manquer de sincérité et de constance.
J'ai connu deux d'entre eux : Périer de la Balme, qui fon-
dera ici, en 1830, l'Association pour le refus de l'impôt,
et Bochard, que l'Ain par cent mille voix enverra siéger
en 1848 à l'Assemblée nationale, qui y siégera sur la
Montagne et présidera deux jours comme doyen d'âge.

Un de ces Modérés, un républicain de l'avant-veille,
que l'on a vu déclaré suspect et incarcéré par la Commune
de Bourg sans motif avouable, bien que nanti d'une attestation de civisme par le Comité de salut public, élargi par
le bon sens d'Albitte, adressa, le 15 germinal (4 avril), au
Comité un mémoire sur ce qui se passait ici et le signa de
son nom Gauthier-Murnan.

Le lendemain, il reçut de son parent, le Représentant
Gauthier des Orcières, une lettre « ouverte par la Municipalité *selon l'usage.* » Voulant garantir de cette inquisition
une réponse que l'adresse d'un Conventionnel, au lieu de
la protéger, exposait davantage, il la couvrit du timbre du

District. Rien n'y fit. La réponse fut ouverte. Alban osa l'apporter et la lire au Conseil de la commune. Ce qu'on lut justifiait non l'arrestation, mais les soupçons qui l'avaient dictée. Voici les passages principaux :

« J'ai lieu d'espérer que le Mémoire par moi adressé hier au Comité de salut public, arrivera à bon port... Avant-hier les féroces Alban et Desisles ont dit à la Société populaire : Citoyens, en vain vous annonce-t-on le rappel d'Albitte. Avant cela, les têtes des aristocrates et des Modérés seront à bas. *Vous êtes souverains, plus puissants que la Convention que vous pouvez dissoudre. Emparez-vous des biens des riches,* l'autorité est entre vos mains, sachez-en profiter. »

Et après des détails sur les prisons : « Les jeunes femmes (détenues) qui nourrissent ont reçu ordre de sevrer dans la quinzaine. Les enfants doivent être séparés d'avec les mères... Le Directoire du district est loin de partager ces principes. Rollet tâche d'empêcher l'effet que produisent sur la classe pauvre de pareils discours... Il est urgent que la Convention s'occupe de mesures propres à rétablir le calme dans ce malheureux pays !... »

Le Conseil déclare la lettre lue par Alban « calomnieuse, controuvée » ; il déclare Gauthier-Murnan « très-suspect », et arrête qu'il sera « sur-le-champ transféré, escorté d'une garde, dans la maison des ci-devant Clarisses, et mis au secret. »

Alban et Desisles ont-ils réellement répété à la Société populaire, le 3 avril 1794, ce que Javogues y avait prêché le 11 décembre 1793 ? — Je relis le procès-verbal du jour avec plus d'attention. J'y vois que le général d'Oraison y a fait l'éloge de la Commission Révolutionnaire de Lyon, — que le Maire Alban y a lu une lettre de Pache, maire de

Paris, annonçant que sur les renseignements donnés par son collègue de Bourg, il vient de faire arrêter La Baume, ex-comte de Montrevel (qui sera exécuté à peu de jours de là). — Je n'y trouve rien de ce que Gauthier-Murnan attribue à Alban et à Desisles...

Seulement, il a été constaté plus haut que ce procès-verbal, ainsi que celui d'une des séances antérieures, a été tronqué. On a tu des expulsions, des incarcérations compromettantes, nous le savons. Des paroles compromettantes auront paru bonnes à taire aussi.

Le lendemain de la mise au secret de Gauthier-Murnan et le 18 (7 avril), un paquet du Comité de salut public, adressé au Tribunal de Bourg, « déjà entre les mains du Président de ce tribunal », est décacheté par l'Officier municipal Frilet, cela en présence d'un des juges...

Le 19 (8 avril), Desisles court à Chambéry, mandé dit-il par Albitte, plus vraisemblablement mené par le souci d'expliquer, de faire approuver et couvrir par le Représentant en mission ces choses énormes. On verra plus loin ce qui fut concerté là.

Desisles parti, tout s'agrave. Le Tribunal froissé, inquiet, désireux de ne pas endosser la responsabilité du bris du cachet du Comité gouvernant, lui mande le 20 ce qui s'est passé. Lyvet, Commissaire-national, tient la plume. Les cinq juges signent.

Le même jour, le juge Carabasse porte à la poste la missive et, présentant le paquet au Directeur, lui dit : « J'espère qu'on ne décachettera pas celui-là. Il est sous ta responsabilité. »

Alban et deux membres du Comité de surveillance arrivent. Le Directeur les prévient. « Ils crurent devoir arrêter le paquet et le décacheter. » Après quoi ils l'apportèrent au Conseil.

Le Conseil mande à sa barre le Tribunal qu'on amène entouré de baïonnettes.

Un des magistrats dépose avoir vu, le 18, Frilet ouvrir la dépêche du Comité de salut public entre les mains du Président ; un second a su la chose du premier. Lyvet reconnaît avoir écrit la lettre du 20 ; les cinq juges reconnaissent l'avoir signée.

Sur quoi le Conseil déclare le fait articulé par cette lettre « *calomnieux et controuvé* », ordonne l'arrestation et l'incarcération immédiate de Lyvet et de Carabasse ; en ce qui concerne les autres juges « coupables et complices de Lyvet », leur accorde un sursis « pour ne pas suspendre le cours de la justice », et laisse le soin de prononcer sur leur cas à Albitte. Il est évident qu'on veut commettre celui-ci.

La séance de la Commune du 20, en laquelle les interrogatoires des juges eurent lieu et leurs incarcérations furent ordonnées, minutée d'une écriture distincte, sur papier plus petit et plus bleu que celui du Registre, y est intercalée et cousue après coup, entre le premier et le second feuillet de la séance du 23. On avait donc cru d'abord prudent de taire l'acte si osé qu'on avait commis ; on avait bien conscience de sa témérité.

Je ne parle plus du transfert de Duhamel à Lyon, la Commune de Bourg ne doit en être responsable que moralement, l'ordre ayant dû venir d'ailleurs.

Mais cette Commune, en jetant dans l'*In pace* de Sainte-Claire un homme nanti du sauf-conduit du Comité gouvernant, — en ouvrant, dans les mains de ceux auxquels il était adressé, un paquet couvert du cachet de ce Comité redoutable, — en s'arrogeant le pouvoir judiciaire pour frapper des juges, mettait ouvertement, hautement en pratique la doctrine professée par Desisles cinq jours auparavant à la Société populaire : « Vous êtes souverains ! plus puissants que la Convention… »

Cette conduite était encore plus folle que téméraire. Car l'Assemblée investie par la France des pouvoirs qu'on usurpait ici était debout encore et n'avait plus, devant des actes pareils, qu'à sévir ou à abdiquer. Or, ce que la Convention n'avait pas fait devant la Commune de Paris, elle n'allait pas le faire devant la Commune de Bourg.

La situation ne laissait pas que d'être fort gâtée. Voici ce qu'à Chambéry on imagina pour la rétablir dans la mesure du possible.

Les Commissaires d'Albitte, Dorfeuille et Millet, vinrent le 25 germinal (14 avril), saisir la Société populaire de l'accusation de Gauthier-Murnan contre Alban et Desisles. Ceux-ci nient avoir proféré devant elle, le 15, une attaque contre la Convention. La Société devait en savoir quelque chose, les tribunes aussi. La Société ne marchanda pas la dénégation attendue. Les tribunes se turent. On en fut quitte pour écrire au procès-verbal qu'elles « étaient stupéfaites », ce qui se peut bien.

Ceci fait pour Desisles, il fallait, — et c'était la grosse affaire, — obtenir quelque simagrée propre à convaincre la Convention de notre respect pour elle ; et aussi quelque démarche propre à désintéresser Gauthier, le Conventionnel qui avait l'oreille de Robespierre.

Dans le premier but, Millet propose de déclarer infâme quiconque parlerait d'insurrection contre l'Assemblée. Dans le second, d'amnistier Gauthier-Murnan.

Les habiles ne veulent pas croire au fanatisme ; les fanatiques s'estiment infaillibles, de là l'impossibilité de s'entendre. La Société se cabre, passe à l'ordre du jour, vote l'impression de la lettre de Gauthier-Murnan avec *riposte*; autrement dit, vote ce qu'Albitte craint surtout, la guerre ouverte contre les Gauthier...

Les Commissaires battus reprennent en sous-œuvre, le 26 (15 avril), la tâche manquée la veille. Dorfeuille vient dire que Gauthier-Murnan se reconnaît mal informé. Rollet, compère maladroitement choisi, demande qu'après cette satisfaction on suspende l'impression de la lettre et de la riposte. C'était étouffer l'affaire.

Alban et Frilet intraitables font repousser la proposition de Rollet.

Alors Dorfeuille et Millet se rabattent à demander qu'on écrive au Représentant Gauthier. « Quelques erreurs, disent-ils, ne peuvent faire oublier les services rendus au siége de Lyon. On ne croit pas Gauthier coupable de la trame ourdie par son parent. Son entourage le trompe, il en est dupe. Les Sans-Culottes lui ouvrent les bras. » — Les Sans-Culottes lui avaient refusé dix jours auparavant la liberté d'un parent à lui, prêtre non assermenté, détenu à Bicêtre... La proposition fut votée et ne dut tromper personne.

Ce point obtenu, et nos gens couverts que bien que mal de ce côté, on chercha quelque moyen de les rétablir dans l'esprit du Comité. Débarrassé comme on a vu des Enragés et des Indulgents, le triumvirat qui conduisait en réalité la République respirait. Saint-Just avait parlé de vider les prisons. Il le proposa ce jour même 15 avril (Michelet vi, 255). Les Commissaires d'Albitte, informés évidemment, vont au-devant d'un désir qu'ils ne partagent peut-être pas, et qu'ils auront peine à faire concevoir à la Société populaire.

En cette séance du 15 on vote cependant l'élargissement

de neuf détenus « sans murmures ». Les quatre suivants sont très-discutés ; ce n'est pas sans peine qu'on obtient leur libération ; c'est, qui le croirait ? que l'un « est un ivrogne » ! et que l'autre « n'est pas bon mari ». La Convention qui a mis la vertu à l'ordre du jour sera édifiée.

Le lendemain les Commissaires proposent d'élargir cinq cultivateurs et cinq bourgeois : c'est accordé ; — un ex-noble : refusé avec indignation ; — un domestique : ajourné. (Les tribunes murmurent.)

A la Commune on avait l'intelligence dure ; on finit par comprendre cependant : du même coup on se sentit menacé et on se décida à venir à résipiscence. On transforma donc en simple arrêt domiciliaire la détention de Lyvet (malade ?) qui n'aura ainsi duré que sept jours. Après quoi, montrant plus de largeur d'esprit que les clubistes, nos municipaux confèrent des certificats de bonne conduite, motivés curieusement, à huit ex-nobles (Dandelin, Duport, Marinon, Daubarède, Charbonnier et son frère l'abbé, d'Escrivieux, Chossat cadet).

C'était trop tard. Le *Mémoire* de Gauthier-Murnan exposant les faits et gestes de la Commune de Bourg, parti d'ici le 4 avril, dut arriver à la Convention le 10. C'est le 13 qu'elle envoya à la guillotine le Procureur de la Commune de Paris, Chaumette, et derrière lui cette Commune dont le moindre tort était de lui désobéir. L'arrêté mandant à Paris les meneurs de la Commune de Bourg, pour y rendre compte de leur conduite, doit être du 13 ou du 14, car il arriva ici le 18 (29 germinal). La coïncidence des deux faits vaut d'être signalée. Elle montre qu'aux Tuileries on voulait en finir avec « le fédéralisme communal », anarchique autant que l'autre et plus vivace.

L'arrêté frappait l'Agent-national Desisles, le Maire

Alban, les Officiers municipaux Bon (officier de santé),
Frilet (ex-conseiller), Morel (horloger), Baux (aubergiste),
Dégrusse, Raffet, Pellé (ouvriers).

Le 2 floréal (21 avril) le Conseil reconstitua la municipalité comme il put. Le tailleur Layman fut élu président
(en l'absence du maire). On donna pour substitut à Desisles
Brangier cadet, le seul bourgeois qui restait là et qui
devint la cheville ouvrière de la Commune désemparée.

Ces hommes parlaient de vertu souvent. Ils en avaient
une qui se fait rare : ils n'étaient pas *lâcheurs*. Ils écrivi-
rent au Comité de salut public pour lui redemander leurs
collègues et les lui recommander. « Ceux-ci, prétendent-ils,
n'ont commis qu'une *erreur* dont la source est un *excès de
zèle* ». (Registre des proclamations, etc.)

Ce mot d'erreur implique un aveu, et parler d'excès
de zèle, c'est plaider les circonstances atténuantes.
A quelques jours de là, les Sans-culottes de la Société
populaire seront plus explicites encore. L'erreur est
devenue *une faute* : « leur faute serait grave s'ils avaient
eu pour motif d'attenter à l'autorité ou au respect dus à la
Convention, mais que celle-ci soit certaine qu'ils ne l'ont
faite que parce qu'ils ne connaissaient pas les limites de
leur pouvoir. Des magistrats tirés de la classe ouvrière
manquent des lumières nécessaires », etc. (Soc. pop.,
séance du 14.) Ceci n'est pas d'ailleurs exact. Des neuf
incriminés trois au moins ne sont pas des ouvriers et le
plus chargé est un ex-conseiller au Présidial.

On le voit, le système de défense du premier jour est
abandonné. On n'ose plus affirmer, comme on l'a fait
d'abord, que les faits articulés par Gauthier et Lyvet sont
« calomnieux et controuvés ». C'est qu'Alban et Desisles
une fois partis, les langues se sont déliées. C'est que le

bruit du rappel d'Albitte s'accréditant, les opposants ont relevé la tête. Les Modérés d'abord : ils ont, croient-ils, gain de cause à cette fois. (Ils l'auraient peut-être si les contre-révolutionnaires n'eussent pas compromis ce succès en voulant l'exploiter.)

Il n'est pas possible d'en douter : il y eut à Bourg une sorte d'explosion pendant les dix à douze jours qui séparent la mésaventure de Desisles de la révocation d'Albitte. Cela appert pour nous de la physionomie des séances de la Société populaire à ce moment.

Deux jours après le départ de ceux qui nous tenaient en bride, le 1er floréal (20 avril c'est le jour de Pâques 1794), la salle est envahie par un public qui n'est plus conduit. On propose tout de suite de la faire « évacuer par la garde ». Le voilà encore, l'appel à la force armée que ne se refuse chez nous aucun parti ! Mais « cette motion excite la plus grande fermentation et le trouble le plus grand... » Et les femmes s'installent dans la partie de la salle réservée aux Sans-Culottes, sans qu'on puisse les en empêcher.

Le lendemain 2 (21), on essaie de substituer la ruse à la force. Rollet vient dire qu'il y a des aristocrates aux tribunes, qu'il faut, pour y mettre ordre, ne plus admettre désormais que des patriotes connus et munis de cartes d'entrée. C'est Millet, le secrétaire d'Albitte, pris de pudeur, qui s'élève contre ce biais. Une société qui prétend représenter le peuple n'a le droit d'exclure personne et ne saurait faire son public. (Tumulte.— Ajournement.)

Le désordre augmente à la séance du 4 : la place réservée à cette séance au Registre est demeurée en blanc. On veut sans doute arranger ce qui s'y est passé, puis n'étant pas d'accord sur le rajustement on y renonce. Mais

Rollet nous racontera du moins, un des jours qui suivront, que le 4, « les soldats de la garnison qui ont des places réservées — des ex-prêtres — et des femmes (que dans cette enceinte il aimerait à voir muettes), l'ont hué » de concert. Plus modéré à certains égards que Desisles ou Alban, Rollet était, on s'en souvient, plus ardent qu'Albitte lui-même contre le catholicisme. Cette coalition contre lui menée par des prêtres et des femmes, en temps de Pâques, s'explique donc d'elle-même. Elle indique de plus, par avance, le caractère de la réaction qui approche.

Rollet n'est pas découragé. Le 6 floréal (25 avril) il vient faire un grand discours où perce le désir de prendre ici la première place vacante par le départ de Desisles. Ce discours, violent de parti-pris, aboutit à la demande d'une adresse à la Convention en faveur de nos officiers municipaux qu'on nous a ravis. Cette adresse est une redite des précédentes. *L'erreur, l'excès de zèle*, la pureté des motifs y sont plaidés à nouveau. Cette seconde démarche, plus solennelle que la première, a pour but, ce semble, d'engager la Société tout entière. A cette fin on a décidé que *tous* signeront, on a nommé des commissaires chargés de *recevoir* les noms. Il est à croire que ceux-ci, choisis parmi les zélés, n'y auront pas épargné leur peine.

Fait significatif ! La Société comptant quatre cents membres, les Commissaires ne *reçoivent* que cent cinquante-deux noms. Et le 7 (27 avril) Juvanon tonnera « contre un certain nombre qui retirent leurs signatures... contre les lâches qui ne viennent plus à la Société et qui, au dehors, s'associent aux clameurs contre les patriotes...»

Ainsi voilà le parti jacobin ici réduit à cent cinquante-deux fidèles. Et qui est-ce qui déserte ainsi la cause ? Nous l'entrevoyons. Sur ce total modeste de cent cinquante-deux noms, il n'y a plus que douze illettrés : ce sont les gens du peuple qui font défection.

Le découragement des Sans-culottes est aussi manifeste, ce me semble, que l'exaltation de leurs adversaires. Cette exaltation fut vraisemblablement entretenue et attisée par une affaire qui se jugeait ici le 4 floréal, le jour précisément où Rollet fut hué au club par des prêtres et par des femmes. Et ces huées étaient une représaille de la sentence prononcée le matin.

J'ai pu lire les pièces de cette affaire lugubre, j'en renvoie l'analyse, qui paraîtrait longue ici, à l'appendice. Voici ce qu'il importe d'en savoir de suite : Marin Rey, ex-vicaire de Cressin, inscrit à tort ou à raison sur la liste des émigrés par le District de Belley, avait été arrêté sur le territoire français. Il était passible de la peine prononcée par la dure loi du 28 mars 1793, contre les émigrés rentrant. Il plaidait qu'il était inscrit indûment sur la liste fatale. C'était au Directoire du Département à prononcer sur le bien fondé de l'inscription. Le Directoire l'affirma par deux fois (le 13 ventôse, 3 mars, et le 21 germinal, 15 avril). Le Tribunal n'avait plus qu'à constater l'identité de l'accusé et à prononcer la peine, ce qui fut fait.

Suit le procès-verbal « de mort » constatant que Rey a été, le 5 floréal, « traduit sur la place de cette Commune, par le vengeur du peuple de ce Département, assisté de la force publique, et y a subi la peine », etc.

Il y a, dans l'*Histoire hagiologique de Belley* (t. II, p. 426) un récit de cette affaire très-différent et qu'on ne pourrait admettre sans arguer de faux tout un dossier judiciaire. De cette version (peut-être légendaire, c'est-à-dire sincère en son inexactitude) j'extrais un détail étrange qu'on n'a pas mis au procès-verbal « de mort ». Rey, du haut de l'échafaud, aurait harangué le peuple et fait une impression telle que plusieurs seraient venus tremper leurs mouchoirs dans son sang. Si cette démonstration a été possible devant la force publique aux ordres du général Lajolais (ou du successeur qui lui fut donné vers cette date), quelques-uns durent voir là le dernier spasme de la superstition aux abois ; mais d'autres y saluèrent le premier indice d'une renaissance religieuse certaine désormais. Il ne faut pas faire de martyrs aux cultes qu'on veut tuer ; c'est le meilleur moyen de les ressusciter.

A cette date de Pâques 1794, où l'idée religieuse se réveille peut-être ici de son sommeil, qu'en était-il autour de nous ? A la fin d'avril (du 17 au 29), la Société populaire de Bourg envoyait vingt-quatre délégués aux villages environnants pour leur prêcher la Décade et « détruire le fanatisme ». Or ces apôtres, à leur retour, annoncent qu'à Servas, Druillat, Bellevue (Saint-Martin-du-Mont), Rignat, Meillonnas, tout va au mieux. Par contre, à Ceyzériat on fait lecture des lois au Temple de la Raison pour les murailles. A Drom on laboure le Décadi. A Viriat « le ci-devant dimanche, la ci-devant église est ouverte, le bénitier est plein », etc.

Le succès de l'œuvre favorite d'Albitte, en dépit des moyens employés (d'autres diront à cause des moyens employés) était équivoque, on le voit, quand le 11 floréal (30 avril) une lettre de Merle annonça à la Société populaire que le Proconsul était envoyé à l'armée des Alpes et remplacé dans l'Ain par le breton Méaulle.

On se demandait tout à l'heure, non sans sujet, s'il y avait encore aux Tuileries un gouvernement. C'est une réponse que l'appel à Paris des principaux de la Commune de Bourg, que l'incarcération de son chef à la Conciergerie, que le remplacement d'Albitte par un montagnard qui n'était pas Hébertiste.

Je vois au même moment révoquer Lajolais : le gouvernement, qui décidément existait, avait compris l'ordre du jour de ce général comme on a fait plus haut.

Son successeur B...... arriva avec des aides de camp jeunes comme lui et déjà muscadins. J'ai connu l'un d'entre eux, devenu prudent et parlant peu même aux siens de ce temps perplexe. Il m'expliquait la démarche que le nouveau général fit en arrivant par la nécessité de se garder. On ne croyait pas que l'attitude du gouvernement fût durable.

B...... alla tout droit frapper à la Société populaire et, le jour où on lui ouvrit la porte, déclara aux applaudissements unanimes « qu'on sert également bien la patrie, soit en terrassant les ennemis extérieurs, soit en livrant les ennemis du dedans au glaive de la loi... » (Séance du 28 germinal.)

Les actes d'Albitte disent beaucoup, mais pas assez pour trancher une question qu'on se fait. Cet homme était-il un fanatique de la Révolution ? ou jouait-il le fanatisme ? ou encore, fanatique au début, était-il devenu, le milieu et l'expérience mauvaise aidant, comédien ou plutôt tragédien comme tant d'autres ?

Lalande, qui l'a beaucoup connu et ne l'aime pas, le dit « esclave de Collot-d'Herbois », accorde « qu'il n'a pas pris d'argent ». Il s'est montré assez médiocre pour exploiter, dans l'intérêt de ses plaisirs, le régime qu'il voulait fonder et survécut à sa chute. Bonaparte, en souvenir de Toulon où ils s'étaient vus et liés, lui donna une mesquine place d'inspecteur aux revues. Il est mort de froid et de faim à la retraite de Russie.

VIII.

PROCONSULAT DE MÉAULLE. — TERREUR ENRAYÉE. — PREMIERS
ÉLARGISSEMENTS. — LA FÊTE DE L'ÊTRE SUPRÊME ET SON
LENDEMAIN.

Nous avons laissé Belley én mars gouverné par des
gens qui vendent la liberté dix francs à un perruquier,
dix mille francs à un marchand : ils restèrent là les maîtres
jusqu'à la chute de celui qui leur avait livré le pouvoir.

Mais quand, vers le milieu d'avril, tomba la municipalité hébertiste de Bourg, quand s'accrédita le bruit du
rappel d'Albitte, quand pour prévenir ce dénouement les
affidés du Proconsul nous proposèrent de « guillotiner
nos passions », les cantons du Valromay acquis aux opinions modérées ne se continrent plus.

Le 7 floréal (26 avril), le jour où chez nous on élargis-
sait Lyvet, la Société populaire des Sans-Culottes de
Champagne, chef-lieu de canton voisin de Belley, osa
écrire à la Convention que les opérations de Gouly lui
avaient paru *très-sages* ; qu'il était temps de rendre le
calme au district de Belley, qu'il y avait lieu de mettre
en jugement « soit les *gens arrêtés par Albitte*, soit *les gens
auxquels il avait donné sa confiance*. Nombre de citoyens
sont arrachés à leurs familles, à l'agriculture : s'ils sont
coupables qu'ils soient frappés. Si leur détention provient
de la haine ou de l'intrigue, rendez-les à la République....
Envoyez-nous un homme sévère et intègre.... On est venu
refondre nos municipalités avec des gens à moustachés
imitateurs du père Duchêne.... Nous avons célébré une
fête ; jamais rien de plus auguste ! Tout le canton réuni
aux frères de Seyssel et de Ceyzérieu... ».

On gardait encore, il y a vingt ans, dans cette contrée, la plus belle de notre département, le souvenir de la journée où les trois cantons réunis protestèrent à la fois par leur attitude de leur amour pour les institutions républicaines et de leur dégoût pour la démagogie qui régnait à Belley.

Ce mouvement-ci coïncide avec l'agitation qu'on a signalée à Bourg; il n'a pas le même caractère. L'agitation, à Bourg, est suscitée par des prêtres et des femmes, ce semble. Les cantons du Valromay trouvent « *très-sage* » ce Gouly qui a aboli le Christianisme chez eux.

Jujurieux, riche commune du district voisin de Montferme (Saint-Rambert), s'associe le 11 (30 avril), à l'initiative prise par Champagne. Le 16 (5 mai), les douze communes du canton de Ceyzériat (voisin de Bourg) font de même. L'adresse de celles-ci au Comité de Salut public est une dénonciation furieuse contre « *les meneurs* de l'Ain, correspondants et émissaires *des meneurs* des Cordeliers.... »

L'adresse de Champagne fut interprétée au Comité de Salut public par ceux qui lui avaient expliqué le *Mémoire* de Gauthier-Murnan. Elle fut entendue. Entre les gens emprisonnés par Albitte et ceux qui avaient sa confiance on frappa les derniers. L'ordre fut envoyé de transférer à Paris « les six principaux *meneurs* de Belley, pour avoir à rendre compte de leur conduite au Comité. » Le départ de Bonnet et consorts est du 4 mai.

A leur passage à Bourg, les Six de Belley demandèrent une audience au successeur d'Albitte qui venait d'arriver. Il les reçut bien et leur dit « d'être tranquilles ». Et Rollet écrit le 5 mai de Méaulle « qu'il est aussi révolutionnaire qu'Albitte ».

Qu'on ne s'y trompe pas ; le nouveau Commissaire de la Convention ne vient nullement réagir. Il vient enrayer. C'est pour le moment la politique du Gouvernement qui l'envoie, prouvée par sa mission même, par les actes qui, chez nous, la précèdent ou l'accompagnent. Mais ce gouvernement ne s'est engagé dans cette voie par aucune mesure tout à fait décisive et lui interdisant de revenir à ses errements antérieurs (comme on l'a vu faire à la fin de janvier). Méaulle sait cela et veut se garder. De là son mot à Bonnet. De là les ouvertures qui inspirent à Rollet une confiance exagérée.

Le breton Méaulle (né en 1757) avait, en janvier 1793, donné à la Révolution un gage qui le mettait à l'abri du soupçon. Il était, comme dit bien Rollet, aussi révolutionnaire qu'Albitte, pas de la même façon. Il votait avec la Montagne, mais il y avait dans ce parti, qu'on ne l'oublie pas, des hommes comme Carnot, Cambon, Lindet, Prieur, Baudot, comme les nôtres Goujon, Gauthier, Deydier, Gouly, qui eussent préféré une république moins tachée de sang. Accusé de terrorisme plus tard, par les Thermidoriens triomphants, Méaulle, dans sa défense, se ralliera à ces hommes. Il en avait le droit. Ce sont quelques-uns d'entre eux, vraisemblablement, qui l'ont fait, chez nous, successeur d'Albitte. Ce sont eux qui l'avaient fait, à Lyon, un peu auparavant, successeur de Fouché. Ce dernier était parti de Lyon le 15 germinal (3 avril) ; les deux derniers supplices sont du 16. Et le premier acte de Méaulle, en arrivant, avait été une proclamation où il annonçait que la justice révolutionnaire « avait terminé son cours » (Morin, t. II, p. 556). La bonne nouvelle qu'il avait annoncée chez nos voisins, il venait l'annoncer chez nous.

Nous allons le suivre à la Société Populaire, inconsolable du départ de Desisles. On lui offre une place à côté du Président (13 floréal, 2 mai). Il refuse, on applaudit tant de modestie.

Il nous faut bien écouter d'abord Dorfeuille ; il nous apprend qu'on l'accuse de faire des réquisitions de vin pour son usage et de tirer des sommes des détenus. Ce sont toutes calomnies. « Il ne prend jamais de vin pur. »

Le Représentant lui succède à la tribune. (Mouvement d'attention.) Méaulle a à faire accepter sa politique à une assemblée qui y est mal préparée ; il le sait et procède avec des ménagements infinis. « Il n'est pas venu, dit-il, favoriser les aristocrates ou donner des espérances aux Modérés. Il combat les premiers, méprise les seconds. Les Sans-Culottes sont les maîtres de l'opinion. Qu'ils ne se divisent pas : c'est le premier danger. Le second, c'est que *les aristocrates les poussent à faire des motions exagérées pour pouvoir les qualifier ensuite d'Hébertistes.* Ces méchants ne réussiront pas dans un plan si perfide. » Tout le discours, dont ceci donne le thème et aussi le ton, est conçu pour amener et faire accepter la phrase soulignée.

On a mis au fauteuil le légiste Chaigneau plus capable de faire figure que le tailleur Layman. Il réplique par une longue diatribe contre les Fédéralistes de l'Ain, restés dangereux selon lui. La conclusion crève les yeux. Ces motions que le Représentant trouve exagérées et accuse de gaucherie deviennent des mesures topiques contre un péril encore menaçant.

Dorfeuille et Millet se jettent à travers la discussion pour faire leurs adieux, disent-ils ; en réalité pour revenir à la préoccupation principale des frères et amis. L'ancien acteur tragique compare nos Municipaux mandés par le Comité « à des mortels qui s'endorment dans le sein d'un Dieu : ils n'ont pas à craindre le réveil. » Le secrétaire d'Albitte fait, lui, l'éloge du maire serrurier, Alban : « Il a beaucoup de naïveté et une force qu'on ne trouve que chez les gens sans éducation.... » puis l'éloge de Desisles « qui parle des heures pour instruire le peuple.... » Chaigneau confère l'accolade fraternelle aux deux acolytes du Proconsul normand qui, avant de nous être ravis, auront préparé la manœuvre du lendemain.

Le 14 donc, pour faire sortir Méaulle des généralités où il s'est complu la veille et le mettre au pied du mur, on propose et on fait voter une adresse où il lui est nettement demandé d'appuyer Desisles auprès du Comité gouvernant. Ainsi mis en demeure, il répond à côté.

Puis le 15, il reparaît à la Société avec un discours plus étudié que celui du 13, répondant encore obliquement, mais catégoriquement à la manœuvre de la veille. Ce discours est un éloge de la Convention. « Les aristocrates égarent les patriotes, veulent les rendre barbares, les perdre par là. Mais la Convention a établi le Gouvernement révolutionnaire pour *régler* nos mouvements ; que les patriotes trop ardents contiennent donc leur énergie, veuillent bien ne pas être plus patriotes que la Convention. »

Ceci signifie bien : Vous n'avez pas à donner de leçons à l'Assemblée souveraine, mais à suivre les siennes. Vous avez à attendre ses résolutions, non à les lui dicter.

Il n'y avait pas moyen de ne pas comprendre. Et on réplique à un discours si clair par une adresse à la Convention qui ne l'est pas moins. On lui fait l'éloge de Dorfeuille, partant pour aller plaider la cause de nos Municipaux, et on l'invite « à *continuer* à purger la terre de la liberté des insectes qu'elle renferme... »

Ceci ne pouvait paraître une adhésion précisément à ce Méaulle qui avait dit à Lyon, il y avait juste un mois : « La justice révolutionnaire a *fini* son cours... »

Les deux discours de Méaulle, surtout le second, à en juger par l'analyse assez copieuse qui en reste, prouvent quelque talent oratoire.

Il y a, dans le premier, deux assertions bonnes à examiner. La première, c'est que les Sans-Culottes sont les maîtres de l'opinion. Si ce n'est une flatterie à l'adresse de l'auditoire, c'est une erreur — la même erreur que fera Robespierre au 22 prairial — l'opinion quitte au contraire les Sans-Culottes, et ici de plus ils s'abandonnent eux-mêmes. La preuve, on l'a vue, c'est que dans cette Société composée de quatre cents membres, on n'en trouve que cent cinquante pour redemander Desisles au Comité de salut public. La preuve, c'est l'attitude des tribunes, des soldats assistants. C'est l'invasion de la salle par un public hostile. C'est la proposition désespérée de mettre des sentinelles à la porte. Voilà bien le Jacobinisme tombé à son tour en minorité, réduit et tout de suite résigné à invoquer l'*ultima ratio*, le suprême et si misérable argument des partis aux abois.

L'appauvrissement numérique du parti jacobin à cette date n'est pas un fait qui nous soit propre. Michelet l'a signalé. L'effectif de la secte, qu'il évalue à trois cent mille têtes en janvier 1794, serait tombé en mars à cinquante mille. « C'est, ajoute-t-il, ce tout petit nombre qui fit la compression horrible du printemps et de l'été. » (*Directoire*, VIII, 68.) Leur diminution a, d'ailleurs, augmenté leur cohésion et leur audace.

La seconde affirmation, c'est que les motions exagérées
font le jeu des aristocrates et perdent les patriotes. Ce
que sont les motions *exagérées*, on n'a que faire de l'expliquer. La désapprobation impliquée par le qualificatif n'est
pas douteuse. En attribuant ces motions aux aristocrates
indirectement on achève de les flétrir. C'est bien la politique et la tactique des Modérés que Méaulle, après avoir
un peu insulté ceux-ci par égard pour le public peu modéré auquel il parle, adopte purement et simplement.

Donc, pas de doute sur ce point : il est établi par tout
ceci que le gouvernement dont Méaulle est l'agent et
l'organe veut faire une évolution ; mais qu'il voudrait la
faire conduire par les Jacobins. Nous apprenons de plus,
par l'attitude de ces derniers, que de cette évolution ils ne
veulent à aucun prix.

On l'a dit : il eût fallu rendre la main dès novembre
1793. « Par nos trois victoires d'octobre, Watignies, Lyon,
Granville, nous étions hors de la crise pressante qui avait
tout légitimé. Le danger excusait les cinq premiers mois
(de la Terreur). Le reste est injustifiable. » (Michelet :
Directoire, IV, 30, VIII, 97.)

Il l'eût fallu pour d'autres raisons encore. « L'abîme
appelle l'abîme », l'habitude s'établit de l'exaltation chez
les humbles, de l'insolence chez ceux qui l'avaient subie
si longtemps. Le goût des représailles jusqu'à la septième
génération vient aux gens qui ont été *taillés* à merci et à
miséricorde. L'idée que la Terreur était le moyen de gouvernement propre à la démocratie s'implanta chez eux.
La proposition qu'on leur faisait de finir la Terreur leur
parût intolérable. Les puissants, même nouveaux, n'aiment pas à être dépossédés du trône ; bien moins aiment-
ils à en descendre d'eux-mêmes ou à le partager.

Que si sept mois de prépotence ont mal préparé les Jacobins à ce qu'on vient leur demander là, ces sept mois cruels n'ont pas disposé mieux les classes comprimées à la réconciliation. Ce que les mitraillades de Lyon et les noyades de Nantes préparent, c'est la réaction. C'est pour la réaction, intransigeante et impitoyable à son tour, que recrute le geôlier et que travaille le bourreau. Il est bien tard, en mai 1794, pour changer de route.

Cependant une évolution tardive, plus ou moins réussie, conduite par les trois hommes bien tachés de sang, mais patriotes et intègres qui gouvernaient, eût été meilleure pour la France (et pour ces hommes) que le Neuf thermidor. Il est certain qu'on y songeait, qu'on la préparait. Saint-Just, on l'a vu, demanda en avril la création d'une commission chargée de vider les prisons. Couthon, en mai, fit supprimer les tribunaux révolutionnaires des départements. Et en vue d'une paix possible avec les coalisés, Robespierre écrivait le fameux discours et décret contre l'athéisme, et cette déclaration à l'Europe que la France républicaine croyait en Dieu et en l'âme immortelle, et laissait tous les cultes libres. On voyait arriver cette fête du 8 juin, « où la guillotine disparut, où une mer de fleurs inonda Paris, où l'on crut la Terreur finie ».

Méaulle est ici le missionnaire de cette politique d'apaisement. On vient de le voir à ses discours. On va le voir à ses actes pendant la période du commencement de mai au milieu de juin, où l'on crut cette politique si prête à aboutir.

On se décidait à faire vider les prisons. La première chose dont Méaulle s'occupe c'est de faire constater leur population.

Bicêtre, affecté aux prêtres réfractaires, en contient à cette date cinquante-cinq (tous roturiers).

La Charité garde soixante-deux religieuses, dont douze filles nobles.

Sainte-Claire renferme dix-neuf détenus.

Je ne trouve pas le chiffre des habitants de la Maison d'arrêt centrale et du couvent de Brou.

Sur l'entretien des prisonniers, pendant la période précédente, nous sommes peu fixés. Albitte avait statué que les riches nourriraient les pauvres. Mais les biens des riches étaient séquestrés et on leur déléguait une provision sur ces biens pour se sustenter. L'arrêté d'Albitte ne fut pas exécuté ou le fut peu. On a vu plus haut que l'entretien des détenus natifs de Bourg incombait à leurs familles. Méaulle alloue aux hommes cinquante sous par jour pour leur nourriture, aux femmes quarante ; je le vois faire un traité avec un hôtelier sur ce pied. C'est là un premier bienfait.

Puis on vaqua aux élargissements. Le Comité de surveillance fut consulté d'abord. Composé à l'origine des principaux *meneurs*, il fut, après la grosse besogne faite, livré à de pauvres comparses sans culture : le registre encore existant en conserve d'étranges preuves. Méaulle se lasse vite de leur intervention en matière assez délicate et les en dispense le 8 prairial (27 mai).

Ce fut le District qui conduisit l'opération. Il ne faut pas s'y tromper ; ordonnée par Saint-Just, exécutée par Rollet et Juvanon, elle ne pouvait ressembler à aucun degré à celle qui suivit Thermidor. Ceux qu'on avait mis en prison Girondins allaient sortir de prison réactionnaires. Il fallait s'y attendre. Et cela montre bien la faute qu'on avait faite d'emprisonner sans trop choisir et sans beaucoup compter. Les Montagnards devaient se résigner à payer cette faute, à voir ceux qu'ils allaient élargir user de leur liberté pour les attaquer. Mais ils devaient du moins avoir par devers eux la garantie que les élargis n'attaqueraient ni la Révolution, ni la République.

Tout ce qu'on put faire, à cette fin, fut d'exiger de ceux qui sollicitaient leur libération, des pièces établissant leur civisme, leur innocuité, indiquant leurs antécédents, leur situation de famille et de fortune — dont rapport. Ces rapports, insérés aux registres des Districts, ont parfois un intérêt anecdotique assez grand. Il y reste beaucoup des mœurs et des idées de ce temps si éloigné de nous (ou pour mieux dire dont nous nous sommes tant éloignés).

Des lacérations, faites en 1814, en ont supprimé quelques-uns. Je ne demande pas trop pourquoi. Je vois dans ceux qui subsistent tel détenu exposant les services qu'il a rendus à la Révolution, tel autre établissant qu'il n'est pas noble, encore que possédant fief, et que l'arrêté d'Albitte contre les nobles ne le concerne pas — toutes articulations utiles en 1794, fâcheuses vingt ans plus tard. Une note en tête du registre affirme que ce sont les soldats *alliés* qui ont commis ces lacérations ; je veux bien le croire. Ceux qui les en avaient chargés ont oublié la table des matières de la fin du volume : elle est bien faite, détaillée et nous garde les noms, du moins, des familles intéressées à faire disparaître ces témoignages singulièrement indiscrets. — Peut-être trouvera-t-on, dans l'appendice, un de ces rapports choisi entre ceux qui ne peuvent plus faire de peine à personne.

Les premiers élargissements de Méaulle sont ceux de quatre filles nobles. Deux étaient sœurs : et l'une des deux, fort belle, voulut bien, un peu après (en messidor), figurer, déshabillée en Cérès, à la fête de *l'Agriculture*.

Puis vingt-six malades, ou réputés tels, furent libérés en masse le 22 floréal (11 mai).

A partir de cette *fournée* se succèdent, un mois durant, à raison d'une ou deux par jour, les libérations de ci-devant nobles. J'en vois un qui fait valoir, comme un titre à cette faveur, qu'il a divorcé avec sa femme de la même caste que lui, pour épouser la fille d'un paysan (3 prairial, 22 mai). Il n'habite pas Bourg.

Le 14 (2 juin), sur trente-deux ex-nobles détenus à Belley, sollicitant leur élargissement, vingt-trois, dont dix femmes, l'obtiennent.

Je trouve deux élargis qui sont d'Eglise, mais ce sont des Bénédictins de Nantua, c'est-à-dire encore des ex-nobles. (On sait que l'abbaye de Nantua était le refuge des cadets de famille bugistes.)

Méaulle est d'un pays où l'on est encore, ou à genoux devant le prêtre, ou prêtrophobe. Il est peu complaisant à l'endroit du clergé. Ce même 11 mai, où vingt-six détenus sortent de nos prisons, on y enferme un ecclésiastique accusé d'avoir chez lui des crucifix et de « courir les campagnes pour les ameuter contre la ville ». — Les ex-Joséphistes tenant le collége de Thoissey « sèment le trouble dans la commune ». Deux sont conduits dans la maison de sûreté de Trévoux. Deux, « compris par leur âge dans la levée de 18 à 25, sont envoyés à leurs bataillons respectifs ». — La chaudière de cuivre des fonts baptismaux de l'ex-église de Bourg est affectée à la fabrication d'une « chaudière révolutionnaire pour la confection du salpêtre »....

Cependant les levées de séquestres et provisions accordées aux détenus se multiplient. Exemple : « La citoyenne Lejouhan (Mme de Noblens) demande qu'on lui alloue telle somme qu'on voudra, sur ses biens séquestrés, pour nourrir sa famille entretenue par elle jusqu'ici sur ses provisions de ménage ». Son fils était en apprentissage chez un menuisier. On lui alloue « sur la caisse des séquestres 600 livres à remplacer sur le produit de ses foins.... »

La seconde préoccupation du Représentant, c'est de remettre de l'ordre dans les caisses publiques et la comptabilité. La commune de Bourg fera le comput de ses dettes ; elle a peu d'arithmétique et s'adjoindra, pour ce faire, un bourgeois, le citoyen C....... Les octrois ayant été supprimés, elle est fort dénuée. La démolition du clocher de Notre-Dame (qu'elle relèvera à un an de là), celle de la Tour de Bourgneuf ont coûté 34,748 livres. La construction de la Fontaine de Montaplan en a coûté 12 à 13,000. Ces dépenses ont été soldées, comme on a vu, sur le produit d'une confiscation. Mais il a fallu aménager la caserne (ancienne maison des Ursulines, remplacée par l'Ecole normale actuelle). Cela a coûté 12,000 francs. Nous avons, en tout, 72,000 livres de dettes, représentant bien 200,000 francs d'aujourd'hui.

Autre apurement de comptes bien nécessaire, celui-ci imposé par le Comité de salut public. Le Comité veut savoir le montant et l'emploi des dons volontaires, taxes révolutionnaires, matières d'or et d'argent provenant des églises, etc. La Commune répond, quant aux dons volontaires, qu'ils ont été envoyés à destination, c'est-à-dire aux défenseurs de la Patrie. Quant aux matières d'or et d'argent, c'est (bien malgré elle) le District qui les a reçues. Une taxe révolutionnaire a été frappée ici par Javogues et répartie par Desisles. Elle devait rendre 64,490 livres. Gouly en a suspendu la perception. Elle en a rendu 18,635 « sur laquelle somme le Comité de surveillance, les Officiers municipaux de la Commune, *ou autres*, ont mandaté pour 13,379 livres 18 sous. Reste 5,255 livres 2 sous ». Les trois Commissaires chargés d'apurer ce dernier compte, déclarent « *ne pas se faire juges du mérite des mandats* ». Il est à croire que les mots soulignés dénoncent des irrégularités. Le principal comptable de la Ville sera poursuivi après Thermidor.

Ces diverses opérations ne semblent pas avoir augmenté entre Méaulle et nos autorités une entente déjà plus apparente que réelle. L'enquête sur les prisons avait, on l'a vu, indisposé le Représentant contre le Comité de surveillance. Qu'est-ce qui l'indisposa contre le District ? Il fit mine de vouloir le refondre et prit l'avis de la Société populaire sur une liste d'où Rollet et Juvanon, les *meneurs*, sont exclus, et où figure Dorfeuille (qui n'est pas parti).

Méaulle ne donna pas suite à ce projet, soit que le District ainsi averti se soit rangé, soit à cause de l'opposition assez vive que souleva le nom de Dorfeuille, étranger au pays.

L'attitude de Méaulle, ses mesures administratives, ses élargissements, son malentendu avec le District, son dédain pour le Comité de surveillance donnèrent trop de confiance aux Modérés, qui voulurent aller plus vite que lui, croyant peut-être servir en cela ses secrets désirs, en quoi ils se trompèrent. Méaulle voulait marcher, non paraître conduit. D'ailleurs les Comités gouvernants restant composés comme ils l'étaient, il eût été dangereux pour leur mandataire de paraître conduit par des gens qu'on acceptait tout au plus comme auxiliaires.

A la Société Populaire où ils prenaient quelque ascendant, ces gens trop pressés et maladroits firent voter le renouvellement du Comité de surveillance (qui perpétuait ses pouvoirs expirés) et, soit par empressement à en finir de cette affaire, soit par une aversion et rancune bonnes à dissimuler, proposèrent d'ajourner la lecture du discours de Robespierre du 7 mai. C'était deux fois gauche : 1° ce qu'il y a de plus urgent, en tout temps, c'est d'écouter l'homme qui règne ; 2° le discours du 7 mai leur venait en aide. Les Enragés se firent arme de cette bévue des Modérés auprès de Méaulle, ils s'en seraient fait arme, au besoin, auprès du Comité de salut public. Méaulle coupa court à une dénonciation possible, en ordonnant l'épuration de la Société Populaire — laquelle se pratiquait comme suit. — Le Représentant en mission, sur la liste des membres, en triait douze sur le volet : ceux-ci passaient les autres au crible ne gardant que le bon grain.

Parmi les douze censeurs, je ne vois qu'un des *meneurs*, Baron. Les autres sont d'obscurs comparses sur lesquels Méaulle fut peut-être peu exactement renseigné. Quoi qu'il en soit, l'opération profita aux Enragés. Je les vois annoncer triomphalement leur victoire à Desisles et porter au bureau (avec Martine) ce même Rollet que Méaulle voulait, tout-à-l'heure, exclure du District.

Les Modérés battus complétèrent leur faute en envoyant, le 4 prairial (28 mai), au Comité de salut public, une adresse où ils se défendent d'avoir « voulu empêcher la lecture du discours du vertueux Robespierre » et accusent Méaulle de « n'écouter que leurs adversaires, qui le jettent dans l'erreur ». — Ils étaient dans l'erreur, eux, sur les dispositions du Comité, lequel n'inclinait pas tant vers leurs idées que cette accusation pût nuire à Méaulle.

Leur adresse (imprimée sans signatures) ne fut bonne qu'à irriter le Représentant et à le leur aliéner.

Méaulle, pour se renseigner sur les faits antérieurs et sur le personnel de la Société populaire, se fait apporter, vers ce temps, les registres de cette assemblée, les paraphe à tous les feuillets et les dépose au District. Il traite de même les registres du Directoire girondin où il constate des surcharges d'une certaine gravité.

En somme, Méaulle gouverne. Le District administre (fort préoccupé de la question des subsistances, on y reviendra). La Commune arrange ses affaires ; elle n'a pas changé de tempérament ; il y paraîtra en Thermidor. Mais l'aventure de ses chefs l'a rendue prudente ; elle ne fait plus, sur le terrain de la politique, qu'une ou deux incursions assez inoffensives.

Ainsi elle affichera jusqu'à deux proclamations contre l'emploi des cartes à jouer « portant des empreintes odieuses et les noms avilissants de l'ancien régime ». Elle ne veut plus de César, même de César roi de carreau. Cette aversion ne nous durera pas.

Nous la voyons encore répondre par une adresse au fameux discours du 7 mai. C'est une paraphrase qui n'importe pas tant que le texte ; voici de la prose de Robespierre : « Qu'y a-t-il entre les prêtres et Dieu ? Le vrai prêtre de l'Etre-Suprême, c'est la Nature — son temple, l'Univers, — son culte, la Vertu, — ses fêtes, la joie d'un grand peuple rassemblé sous ses yeux pour resserrer les nœuds de la Fraternité universelle, etc., etc. Le Peuple français reconnaît l'existence de l'Etre suprême. Il sera institué des fêtes pour rappeler l'homme à la pensée de la Divinité et à la dignité de son être, etc. »

Toute la France, le 8 juin, célébra la nouvelle Fête-Dieu. A Lyon, les catholiques s'y associèrent. (Balleydier.)

On a conté plus haut la fête du 17 pluviôse à laquelle

Albitte présida. On aurait pu en montrer une autre où, devant les populations des campagnes appelées à dessein, Desisles lut le serment « par lequel douze religieuses renoncèrent à jamais à leurs erreurs ». L'une d'elles, Mlle de S....., déclara de plus qu'elle n'avait pris le voile que contrainte et forcée.

La fête du 8 juin se distingua de celles-là par deux endroits. En premier lieu, toute insulte au Christianisme fut supprimée. En second lieu, les femmes qu'on y vit figurer étaient des femmes respectées, et les petits enfants qui leur jetaient des roses n'avaient pas à baisser les yeux.

Le cortége, réuni sur la place de la Fédération, après la *Marche civique* habituelle, entra au Temple de la Raison ; il y trouva sur l'autel un jeune chêne surmonté du bonnet phrygien avec ces inscriptions : A la Patrie ! A l'Etre suprème ! à la Nature ! Autour, quatre piédestaux : sur les deux plus éloignés, un vieillard et un volontaire ; sur les deux plus rapprochés, une femme grosse entourée de petits enfants, et une mère ayant à ses pieds son fils mort pour la Patrie, à sa droite son autre fils, le sabre nu au poing, prêt à remplacer son frère.

Au fond du Temple, la Montagne, où vingt-quatre femmes en blanc sont groupées. De ce groupe gracieux, moitié assis sur le sommet, moitié debout au pied du monticule fait des débris des autels du culte aboli, j'ai pu encore connaître deux actrices. L'une est la belle enfant qu'on a montrée plus haut portant des vivres aux détenus — fille de petites gens, brune, vive et rieuse, figurant là du droit de sa beauté. Elle m'a dit leur costume, qu'elle n'a porté que deux fois, ce jour-là et le jour de son mariage — une robe de mousseline blanche, tombant droite du col aux talons, une bandelette rouge dans les cheveux

simplement relevés, une autre flottante à la ceinture. La
seconde, du meilleur monde, en reconnaissance de l'élargissement d'un ami avait accepté de conduire le chœur.
Elle me redit un des chants oubliés qui alternèrent avec
les discours, dont l'époque impériale s'accommoda depuis :
« Veillons au salut de l'empire, etc. » Puis, d'un autre
hymne composé pour cette fête elle retrouva quelques
mesures, puis toute une large et superbe mélopée : puis
lui revinrent quelques lambeaux de vers que je reconnus.
C'était l'ode grandiose que Joseph Chénier dicta pour
cette journée

> « O toi, seul incréé, seul grand, seul nécessaire...
> La France est debout devant toi... »

On sait ce qui arriva le lendemain de ce jour où on
crut la Terreur finie, la paix possible et prochaine, la
République assise sur une base solide entre toutes. Robespierre attéré de l'attitude de la Convention à sa fête ;
ulcéré du propos voltairien murmuré derrière lui : « Il
est déjà roi, il veut se faire Dieu »', vit qu'il ne serait pas
suivi de son parti dans la voie où il voulait entrer.
Il ne comptait pas et ne pouvait pas compter sur la Droite.
Il se rejeta à Gauche une seconde fois furieusement,
croyant, lui aussi, d'ailleurs, que l'opinion penchait de ce
côté : elle devait le détromper à deux mois de là.

Sa loi de Prairial (11 juin, on a le manuscrit écrit de sa
main,) supprimait les garanties qu'en tout pays civilisé on
accorde aux prévenus. Le plus éloquent et le plus habile
des historiens robespierristes dit : « Diminuer les garanties
de l'accusé en temps de Révolution... quelle pitoyable
folie ! C'est alors qu'il est urgent de les multiplier... »
Et ailleurs : « Robespierre forgea là une lame acérée que

ses adversaires devaient lui plonger dans le cœur. Exemple à jamais mémorable de l'expiation réservée à quiconque s'écarte, quels que soient ses motifs, des règles fondamentales de la justice ! » (Louis Blanc, *Hist. de la Révolution*, x, 472 et xi, 76. 2ᵉ édition.)

Cette loi, qui répugnait à Fouquier-Tainville lui-même, amena une recrudescence et le suprême paroxysme de la Terreur. Méaulle, chez nous, parut tout de suite se mettre au pas. Il est malaisé de discerner si ce fut conviction ou précaution. Il imagina de déclarer hors la loi ceux de nos administrateurs girondins qui survivaient. Ils étaient aussi hors de son atteinte, et il le savait bien. Ce n'était là qu'une démonstration.

Voici d'autres preuves plus convaincantes de sa docilité à la consigne d'en haut. A la fin de prairial il alla à Belley, qui illumina le Temple de la Raison (la cathédrale) pour le recevoir. Il parut frappé de la divergence d'opinion entre la ville et les campagnes. La ville s'était faite enragée (un peu tard). Les cantons, paraît-il, étaient restés modérés. Méaulle, « s'apercevant de l'humeur des Sociétés voisines, ne voulut pas les écouter, disant qu'il ne connaissait que les Sans-Culottes de Belley ». (Correspondance de Bonnet.)

Cette disposition se traduit dans un arrêté du 2 Messidor où le Représentant « informé des divisions qui règnent entre Belley et les chefs-lieux de cantons et des causes de ces divisions », ordonne l'arrestation de Lyonnet (de Vieu), commissaire de la marine. correspondant de Gouly, organisateur de cette fête de Champagne dont on a parlé plus haut — de deux notaires, l'un d'Hauteville, l'autre de Champagne — destitue les Agents-nationaux près les communes d'Hauteville et de Ceyzérieu.

Mais le principal résultat du revirement du 11 juin chez nous, c'est l'amnistie accordée aux *meneurs* de Belley et à quelques-uns des municipaux de Bourg : nous allons voir Méaulle y aider de son crédit.

On a saisi plus tard, chez Bonnet, la minute de sa correspondance pendant sa translation et son séjour à Paris ; il y a là quelques renseignements utiles ou curieux. A Paris, ses co-accusés et lui sont logés dans un hôtel où « ils sont bien »... et gardés par deux gendarmes qu'ils payent. Leur correspondance avec les Sociétés jacobines de Mâcon, Bourg et Belley leur arrive sous le couvert et par l'entremise de Jagot, qui reste l'un des membres les plus redoutés du Comité de Sûreté générale. Ils s'adressent à lui, à Amar, à Couthon chargé de rapporter leur affaire au Comité de salut public, pour qu'elle soit expédiée — puis à Robespierre deux fois. En attendant, le citoyen Avril, administrateur des travaux publics de Paris, « leur procure le plaisir des spectacles républicains ». Ils assistent à la fête de l'Etre-Suprème et ont des rapports habituels avec les Municipaux de Bourg transférés à Paris et traités comme eux.

Les deux affaires, concernant le même Département, furent confondues, paraît-il. Le 6 Messidor (24 juin), Couthon (mal avec Gauthier depuis le siége de Lyon où il y avait eu conflit entre eux), fit un rapport favorable aux inculpés : le Comité arrêta que ceux-ci seraient mis en liberté, à certaines exceptions près sur lesquelles on va revenir.

Les dernières pièces de la correspondance de Bonnet sont une lettre collective des *meneurs* de Belley au Comité, où on le remercie et où on lui recommande chaudement ceux des frères et amis sur lesquels il n'a pas encore

prononcé — et d'autres lettres à Amar, Albitte et Méaulle
« qui n'ont pas peu contribué à faire éclater la vérité ».

L'arrêté qui décharge des accusations portées contre
eux Bonnet et consorts est du 25 juin. Le 10 juillet, au
vu d'une pétition « des six Sans-Culottes de Belley, reconnus innocents », Méaulle les réintégra dans leurs
fonctions, décida que Bonnet toucherait son traitement
d'Agent-National au District sans interruption, et chacun
des six une indemnité de voyage de 600 livres.

Le rapporteur de cette affaire étant probe, les amnis-
tiés durent avoir quelques circonstances atténuantes à
faire valoir en leur faveur ; mais le verdict d'un pareil
juge reste écrasant pour ceux qui étaient exceptés de
l'amnistie.

Le premier est Alban, d'ores et déjà traduit par ordre
spécial à la Conciergerie (nommée alors l'antichambre de
la guillotine). Ce maire-serrurier était accusé d'avoir usé
de son talent professionnel pour enlever, au Département,
une correspondance compromettante. Et Gauthier-Murnan
dit qu'il était « devenu sybarite, festinait aux dépens des
détenus, promettait leur liberté à leurs femmes à un prix
déshonorant et appelait cela mettre les femmes en réquisition ». (Lettre renvoyée au Comité de sûreté par Carnot,
Prieur et Saint-Just.) — Le citoyen Joubert, de Pont-de-
Vaux, demandait le prix d'un cheval qu'Alban ne lui
rendait pas. — Le patriote Chenevier, de Montluel,
réclamait une voiture qu'Alban avait enlevée à Montluel.—
Et Juvanon, le 5 messidor, avertira prudemment Desisles
de séparer sa cause de celle du Maire de Bourg. (Pièces
adressées par Boisset au Comité de sûreté.)

Etaient exceptés également « Desisles et Frilet » lesquels, avec *Rollet et Martine*, resteront, dit l'arrêté, jus-

qu'à nouvel ordre consignés à Paris *comme ils le sont déjà* ».

Comment Rollet et Martine, qui étaient à Bourg et non à Paris, où ils n'avaient pas été mandés que l'on sache, pouvaient figurer là ; ce point n'a pas été éclairci. Ce qui paraît vraisemblable, c'est que l'ordre les concernant n'avait pas été expédié ou ne leur avait pas été signifié. Quoi qu'il en soit, l'Agent-National Rollet et l'Administrateur au département Martine allèrent à la Société Populaire, le 14 messidor (2 juillet), exposer leur situation bizarre et annoncer qu'ils allaient partir « pour se disculper ».

La Société, après l'épuration de mai, avait repris confiance. Quand les Sans-Culottes virent revenir Bonnet et apprirent de quelle effroyable façon on exécutait à Paris la loi de prairial, l'espace qui sépare la confiance d'une certitude aveugle fut franchi. De là une scène très-forte, qui montre au vif la situation des esprits à ce moment critique, et où l'irritation des partis en arrivait.

Sur les explications de Rollet, Juvanon s'écrie : « Voilà le cas d'une sainte insurrection ! Si un de nos frères meurt victime des sourdes menées des Modérés, nous ferons établir un Tribunal révolutionnaire à Bourg. Nous avons preuve en main pour faire périr cent vingt citoyens de cette Commune ». (Mouvement dans les tribunes.)

Duclos : « Vous voyez ; les Patriotes disent ce qu'ils pensent. Les Modérés se cachent. » Désignant du geste les tribunes : « Vous voilà bien aises ! Votre triomphe sera de peu de durée. »

Venin prétend qu'on insulte les tribunes et demande que Duclos soit rappelé à l'ordre. (Applaudissement universel des tribunes.)

On expulse violemment Venin, qui part en criant : « On n'est plus libre ici ! »

Juvanon reparle de « sainte insurrection » ; Layman arrive à dire « qu'il faut jouer aux boules avec les têtes de ceux qui ont dénoncé les patriotes.... » — On nomme quatre Commissaires chargés d'aller défendre ces derniers aux Comités (Baron, Gallien, Gay et le serrurier Ducré).

Les procès-verbaux de la Société, après l'épuration, manquent. Celui dont on vient d'user fut dressé le lendemain, signé de vingt-quatre témoins, dont trois membres du Tribunal, le Président du district Cherel, et un Municipal, il fut envoyé à Paris et a été inséré par Gouly en son *Compte Rendu*, p. 377.

Ce qu'il constate de plus grave, ce ne sont pas les propos excessifs de deux ou trois hommes trop nourris du *Père-Duchêne*, qui savent trop bien ce qui passe sur la place de la Révolution et ne devinent rien de ce qui se prépare aux Comités : c'est l'attitude militante des tribunes. Le fait qu'au lendemain d'une pareille séance il se trouve vingt-quatre signatures pour attester ce qui s'est dit et fait est significatif. Est-ce que, en face de cette sauvage recrudescence de la Terreur qui sévit, n'espérant plus rien, on ne ménage plus rien, on n'hésite plus à mettre sa signature sur ce papier, et du fait sa tête sous le couperet ? Est-ce, au contraire, que l'espoir se réveille ; est-ce que ce même Jagot, que les Sans-Culottes appellent *leur père*, et qui donne à ce moment même aux Comités le signal de la résistance à la Dictature, a écrit ? Je ne sais. Mais voilà, chose inouïe ! le parti modéré capable d'audace, celle des vertus révolutionnaires qui est la plus indispensable et celle dont il manque le plus.

IX.

COMMENT LE GOUVERNEMENT RÉVOLUTIONNAIRE SE DÉPOPULARISA.
— LES JEUNES CAPTIVES.

Ces derniers détails ont quelque gravité — moins que les faits qui vont suivre et qui se sont produits à peu près au même temps, dans une région où l'histoire regarde rarement — en quoi elle a tort. *De minimis non curat prætor*, est-il dit. Mais de gros événements sont souvent faits de petites causes.

Il y aura deux choses bien distinctes en Thermidor : la journée et son lendemain. La journée se prépare aux Tuileries ; le lendemain se prépare par toute la France. Le lendemain a une cause politique qu'on vient d'entrevoir : il a des causes économiques peu aperçues jusqu'ici.

Les faits minuscules qu'on va exposer sont les plus importants peut-être de ceux exhumés dans ce livre. Ils font voir comment le régime qui a voulu délivrer nos campagnes du double bât qu'elles portaient se dépopularisa dans nos campagnes. Les bienfaits dus par le paysan à la Révolution survivent et sont restés féconds ; le mal qu'elle lui a fait, passager, est oublié : il faut le rappeler pour deux raisons :

1° Pour qu'on ne recommence pas des fautes qui seraient aujourd'hui sans excuses et sans remèdes.

2° Pour qu'on comprenne ce prodige : même dans les hameaux affranchis de la dîme et de la taille, quand vint le jour inévitable et fatal, quand le poète à qui la République doit le *Chant du Départ* l'accueillit de ce cri :

Salut, Neuf thermidor, jour de la délivrance !

il ne s'éleva pas une contradiction ni une réclamation. .

La pénurie ou la cherté des vivres avait aidé, on l'a vu, à faire la Terreur : elle aida à la défaire. Des populations souffrantes avaient tout livré, tout laissé faire au parti jacobin. « Il avait eu plus d'un an de dictature illimitée, non-seulement toutes les places, mais l'absolue disposition du capital de la France ; ses Comités faisaient partout la réquisition en hommes, en chevaux, voitures, en blé, denrées de toute sorte, sans la moindre responsabilité ; avaient, en chaque ville et village, marqué qui devait payer et comment, combien payer... » (Michelet, *Directoire*, p. 65). En retour, ces populations- avaient compté qu'on leur rendrait, sinon du bien-être, du moins du pain. Le parti jacobin y avait fait le possible et un peu davantage. Il n'avait pas réussi.

Dans les villes, ce semble, l'ouvrier devait pouvoir vivre, le *Maximum* fixé pour mettre à la portée les choses de nécessité aidant. Le pain, le vin, la viande, la toile, le drap, le cuir, la chandelle, l'huile, l'épicerie, la mercerie étaient tarifés. Mais les prix n'étaient pas regardés par les producteurs comme les indemnisant tout à fait déjà. Quand on put les solder avec des assignats décriés, ces prix devinrent dérisoires. Alors les fabricants diminuèrent ou suspendirent la production, les marchands leur approvisionnement : ces derniers n'écoulèrent même plus ce qu'ils avaient en magasin qu'à leur corps défendant. Les infractions à la loi amenèrent des dénonciations et poursuites incessantes. De là les clameurs contre le *Négociantisme* qui remplacent celles contre le Modérantisme ou le Fédéralisme à cette date.

Il fallait, après tout, payer ce qu'on consommait. Le bœuf se cotant 10 sous, la vache 7, le vin (non imposé) 8 sous (maximum de Pont-de-Vaux) ; une journée d'homme

valant 30 sous, une journée de femme 12 ; on pouvait
vivre à ces deux conditions : que le marché fût approvisionné, — il ne l'était plus ; — et que le travail allât, —
le travail qui donne l'impulsion à tous les autres , le
bâtiment, n'allait plus. Il n'y avait, en construction, à
Bourg, qu'une seule maison. La Ville, sans revenus l'octroi étant supprimé, ne pouvait faire travailler. Les
industries de luxe chômaient, le luxe étant un danger, les
riches étant en prison, leurs biens étant séquestrés ; la
rente de la terre étant peu ou point payée depuis quatre
ans (Lalande, *Anecdotes*). Il y avait donc souffrance, gêne,
malaise au moins, pour presque tous. Et presque tous en
vinrent à appeler en secret la fin d'un système économique supprimant le luxe, tuant le commerce en voulant
le réglementer, et nous ramenant à l'état social primitif, où
chaque homme bâtit sa maison, fait venir son blé, où
chaque femme tisse la toile et file la laine. Si cinq mille
écoliers de Jean-Jacques eussent accepté ce retour au
passé, une Sparte et son brouet noir, ils n'y auraient
amené jamais cinquante mille lecteurs de Rabelais, de
Lafontaine et de Voltaire, et 25 millions de Celtes lisant
peu, mais assez sensuels et non moins sensés.

Le marché, ai-je dit, n'était plus approvisionné. Ceci
m'amène à examiner la situation de la classe agricole dont
après tout nous dépendons. Voici une série de faits précis,
montrant où elle en est à l'été 1794.

Le blé manquant au marché de Bourg, le District
frappe d'avanies régulières et successives les communes
rurales d'alentour dans un rayon fort étendu. Le 8 messidor (24 juin), dix-huit villages de Dombes atteints
refusent net d'obéir.....

A Belley, vers la même date, le District mande au

Comité des subsistances de la Convention qu'il a, à sa porte, tous les jours, cinquante à soixante femmes chargées d'enfants qui lui demandent du pain. Le 14, il réquisitionne à Châtillon-lès-Dombes deux cents quintaux de blé noir pour pouvoir faire les semailles.

A Gex, dès ventôse, les blés *de semence* eux-mêmes sont mangés. Les réquisitions « restent sans nul effet ». Chacun est rationné à deux livres de grain par semaine.

Nantua, depuis longtemps, réquisitionne pour vivre dans les communes environnantes. Le paysan finit par résister : à Leyssard, Samognat, il frappe les Commissaires.

Et Albitte demandant l'état des greniers ; quarante-sept communes sur soixante-deux osent le refuser...

A Montferme (Saint-Rambert), dès le 10 floréal, les marchés ne sont plus approvisionnés que par réquisition. Là aussi le paysan se cabre ; « la force armée a été employée plusieurs fois contre les communes qui refusent de se soumettre ». — En prairial, les plus riches de ces communes n'ont plus de grain pour leur consommation, les réquisitions sont sans exécution possible.

Un conflit bizarre s'était produit là entre le chef-lieu du District et un chef-lieu de canton. Les communes urbaines étaient autorisées à réquisitionner dans les communes rurales qui les approvisionnaient précédemment. Lagnieu exerça ce droit dans les dix ou onze villages qui formaient alors son canton. Mais Saint-Rambert, au dépourvu de blé, en demanda impérativement aux mêmes communes qui ne pouvaient suffire à cette double exigence. Des deux administrations en litige laquelle aura gain de cause dans les circonstances où l'on était, sinon celle des deux qui avait à sa disposition des moyens coërcitifs ?

La raison du plus fort est *encor* la meilleure.

Mais ce n'était pas précisément pour pratiquer cette doctrine que la France avait fait la Révolution.

Montluel, grâce à sa terrible voisine, est affamé dès l'été 1793. La Garde nationale arrête au passage les grains que l'on conduit à Lyon.

En juillet, Meximieux se soulève contre « des réquisitions nominatives faites aux particuliers censés avoir du blé disponible ». Il faut y proclamer la loi martiale.

A Trévoux, en messidor an II, vingt-huit communes réquisitionnées par le Comité des subsistances refusent depuis des mois. Arrive une injonction, suffisamment sanctionnée, d'avoir à obéir dans les vingt-quatre heures.

Le 13 thermidor, Pont-de-Veyle requiert huit communes du voisinage de le nourrir. Refus. Le District, « indigné de cet égoïsme et de cette cupidité, rend les Officiers municipaux responsables, menace de les traiter comme rebelles », etc.

Cinq communes du canton de Montrevel (15 messidor) sont dépourvues de vin. Le District de Bourg intime à quatre communes du canton vignoble de Ceyzériat l'ordre de leur en fournir au prix du maximum. Les Officiers municipaux du Revermont prendront dans les caves les mieux garnies (en cas de résistance confiscation totale). Les Officiers municipaux de Montrevel répartiront le vin réquisitionné en raison des besoins.

La commune de Lagnieu demande au District si elle peut forcer les riches égoïstes de vendre leur vin. Réponse de Montferme : « On ne peut les forcer de vendre aux marchands qui en abuseraient. Ils peuvent être contraints de vendre aux indigents pour la consommation de ceux-ci. »

D'où venait la pénurie de blé ? La récolte de 1793 avait

été bonne. Et Robert Lindet, qui s'occupait des subsistances au Comité de salut public, en douze mois fit venir deux millions et demi de quintaux de blé de l'étranger.

Mais nos douze cent mille soldats mangeaient et ne produisaient pas. Je ne vois pas que nulle part, chez nous, à aucun moment, on se soit refusé aux réquisitions faites pour eux. C'est bien à remarquer. Nous avons ici nourri l'armée de Lyon, l'armée des Alpes, vêtu l'armée du Rhin. Nous avons envoyé de l'avoine et du foin à l'armée des Pyrénées-Orientales, fourni des chaussures aux quatorze armées. On nous demanda d'abord tous les souliers existant en magasin, puis on demanda aux cordonniers deux paires de souliers par décade. Le cuir manquant, on l'enleva dans les fosses des tanneurs. Ceux-ci suspendirent leur travail. Ordre de le reprendre. Tout cela était nécessaire.

Mais la Drôme, mais le District de Quingey au Jura, mais Mâcon, mais Commune-d'Armes (Saint-Etienne-en-Forez), mais Commune-Affranchie surtout réquisitionnaient chez nous. La terrible Commission temporaire de Lyon y revient à quatre fois... Le Comité des subsistances de la Convention, vers lequel nous crions, nous répond de rester sourds à toutes réquisitions non signées d'un Représentant. Sur quoi, la Commission temporaire se fait donner un blanc-seing par Albitte et Fouché, et menace simplement le District de Montluel, s'il n'obtempère, de le traiter *comme suspect* (30 brumaire, 5 frimaire, 15 nivôse, 1er pluviôse, an II).

En exposant les services rendus par les Districts pendant la première période de la Révolution, on a qualifié d'héroïques ces assemblées de petits bourgeois obscurs. Les circonstances devenant plus graves, elles restèrent à leur

14

hauteur. Ainsi par exemple de Montluel. Nous l'avons vu, au 28 mai 1793, pousser sans hésiter ses gardes nationaux, armés de faulx, sur Lyon insurgé. Nous avons vu, huit jours après, quand le Conseil général de l'Ain prit fait et cause pour la Gironde et appela nos neuf Districts à sanctionner sa résolution; celui de Montluel, conduit par Chenevier, Eynard, Segaud « inviolablement attaché à la Convention, passer à l'ordre du jour ». Il porta ensuite trois mois le fardeau de l'armée de siége sans un murmure ; il la logea et la nourrit. Il logea, nourrit, secourut d'argent les Montagnards lyonnais fugitifs. Pendant tout ce rude et sombre hiver 1793, il défendit pied à pied ses communes rurales épuisées contre les avanies réitérées de Couthon, de Collot, de Fouché. Puis, besogne plus douloureuse, il les défendit contre elles-mêmes. On le voit aller proclamer la loi martiale à Meximieux révolté en juillet 1793. On le voit, en décembre, se transporter dans le même chef-lieu de canton « avec la force armée » pour y rétablir la paix compromise par la querelle religieuse. Il destitue, il emprisonne (en germinal) la municipalité « tyrannique » de Miribel. (Le maire, Giroux, fut traduit au Tribunal révolutionnaire de Paris qui l'acquitta, le 26 messidor. *Moniteur.*) Dans « la plupart des communes », les arrêtés pour la levée de 18 à 25 sont restés sans exécution. Quatre piquets, chacun de douze citoyens de Montluel, iront arrêter les réfractaires.

Ce sont ces hommes, pour tout dire égaux à leur tâche, la plus rude, la plus laborieuse, la plus ingrate qui soit, que Collot le comédien et le moine Fouché menacent « de traiter comme suspects ! »

Chez nous, du moins, ils inspirèrent un respect tel qu'ils restèrent debout à travers nos changements de Proconsuls.

Un caprice de Couthon destitua ou même incarcéra un moment Segaud ; nous le verrons rétabli sur la demande de Jagot et de Gauthier, d'accord pour l'honorer. Et le président Chenevier a résisté à l'épuration de Fouché en frimaire, à celle d'Albitte en ventôse, à celle de Boysset en fructidor !

Nous ne connaissons plus guère de la Révolution que ses bienfaits et nous l'insultons quelquefois. Ces hommes-là ont connu surtout ses souffrances et ses périls et lui sont restés fidèles jusqu'à la fin. Ils nous consolent de leurs enfants.

L'agiotage compliquait leur tâche. Le maximum varie, il faut bien le noter, d'un département à l'autre et, d'une ville à l'autre dans le même département. On achète ici furtivement pour aller vendre là. Il est bien défendu de vendre ailleurs qu'au marché public. Mais le paysan tient peu compte de cette défense et nul compte des phrases sur son égoïsme, — un mot qui n'est pas, d'ailleurs, de sa langue.

Le paysan français a les défauts de ses qualités. On a pu récemment constater, mieux que jamais, son amour du travail, sa sobriété, sa prévoyance de fourmi. Le goût du gain, de l'épargne, souvent excessif, est le revers de cette médaille. Tout cela s'appelait alors de l'égoïsme. C'en est peut-être. Nous en sommes faits et en vivons. Ni les religions, ni le patriotisme n'en ont encore corrigé les hommes. Quant à l'immolation volontaire, prêchée par les antiques ascètes ou nos nouveaux tribuns, il faut l'encourager et l'honorer sans doute par tous les moyens ; il ne faut pas y compter, encore moins l'ordonner. A faire la règle de ce qui a toujours été l'exception, on provoque l'infraction à la règle, on rend cette infraction immanquable.

Des *coquetiers* de Lyon courent, la nuit, les fermes isolées de la Dombes, y enlevant les blés à bon prix pour les revendre aux prix qu'ils voudront, dans leur ville affamée. Il s'écoule furtivement des grains par tous les ports de la Saône. Mais le marché de Blé-d'Ain (Saint-Laurent) reste désert. Le District de Châtillon, pour y mettre ordre, demande à la Convention « de la troupe réglée ». Les gardes nationaux conniveraient avec les fraudeurs !

La moisson de 1794 arrive. Dans un de nos Districts, la population en est à ce degré de déraison, et disons le mot d'affolement et de haine, qu'elle garde les blés la nuit, dans la crainte que des agents de M. Pitt ne viennent la nuit incendier la récolte !

Samson a bien brûlé les blés des Philistins.

Il faut couper cette moisson précieuse, les bras manquent. Les *compagnons d'agriculture* (domestiques de fermes) parfois refusent leurs services, parfois se coalisent pour obtenir des augmentations de salaires. Le Comité de sûreté générale ordonne de les traduire au Tribunal révolutionnaire (4 thermidor). Il veut qu'on ouvre les prisons aux cultivateurs en grand nombre détenus pour infractions au maximum ou non observation de la Décade. On a vu, chez nous, et on verra cet ordre éludé...

Voici venir les réquisitions d'hommes.

Le District de Bourg *enjoint* à Meillonnas, Treffort, Jasseron, Ceyzériat, Revonnas, Journans, Tossiat, salubres et riantes communes du Revermont, d'envoyer soixante moissonneurs à Servas couper les avoines au prix de trente sous par jour, non compris la nourriture. Un beau prix, si les moissonneurs ne devaient revenir avec *les mauvaises fièvres*.

Le District de Châtillon, pour faire la moisson dans le canton dépeuplé de Marlieux, « requiert *tous les hommes et toutes les femmes valides* » de Biziat, Mézériat, Montcey, Vandeins, Bourbeau (Saint-Julien), Vonnas, Pont-de-Veyle, Cruzilles, Cormoranche, Crottet, Grièges, Laiz, Mépillat, Pérex, Menthon (Saint-Cyr), Chavagnat, Genis, Huiriat, — à peine pour les récalcitrants d'être *punis comme suspects*... Douze de ces dix-huit communes saines se refusent à aller chercher chez leurs voisines la fièvre des étangs. On n'ose exécuter la menace qu'on leur a faite. On poursuit toutefois leurs Officiers municipaux devant le Juge de paix « requis » de sévir.

Enfin, le District de Gex déclare que « *tous*, sous peine d'être punis comme ennemis du bien public, seront tenus, au moment de la récolte, d'aller offrir leurs bras aux cultivateurs. Ceux qui exercent quelque art ou métier autre que l'agriculture suspendront leur travail à cette fin » (25 floréal).

Il se faut entr'aider. Quand, aux Etats-Unis, l'assistance mutuelle volontaire organise ce qu'ils appellent une abeille, *a bee,* c'est à savoir une association spontanée de voisins pour rebâtir la maison d'un homme que la foudre a détruite, labourer le champ d'un malade ou rentrer sa récolte en temps utile, elle réalise le plus noble progrès que puisse procurer au monde la démocratie, et la plus haute application du précepte : Aimez-vous les uns les autres.

Mais l'amour ne s'impose pas. L'assistance ordonnée sous des peines effrayantes à des populations serves hier et s'en souvenant dut leur paraître et devenait, en effet, pour elles la résurrection même de la servitude, un manquement effronté de la Révolution à sa promesse la plus sainte. La liberté individuelle y périssait (après la liberté du commerce).

J'entends ceux qui, dans un engouement aveugle, défendent tout de la Révolution, les fautes commises comme les services rendus, me crier (ici et partout où je réclame contre des mesures oppressives) : Périsse la liberté pour un jour et que la Révolution soit sauvée ! Oui. Mais vous avez tué la liberté pour vingt-cinq ans et vous n'avez pas sauvé du tout la Révolution qui va sombrer. Bien au contraire, vous enseignez à cette population si éprise d'elle à la haïr. Vos mesures rappellent trop celles des Pharaons qui furent pour quelque chose dans les fréquents changements de dynasties en Egypte. Elles vont, en France, non procurer, mais faire désirer et accepter un changement de gouvernement, la Réaction et la Contre-révolution.

Enfin, parmi les causes de la désaffection des populations rurales, il faut noter la suppression du culte aimé des enfants et des femmes ; celle du repos du septième jour, auquel « bêtes et gens étaient faits », me dit un vieillard ; celle surtout des joies bruyantes de la fête patronale et de la *vogue*, seules grandes joies de nos paysans en toute leur laborieuse année.

Gouly nous disait, en janvier, que dans la moitié orientale du Département (Bugey et Gex) le catholicisme était aboli. Il en restait à ma connaissance, même là, quelques étincelles en un lieu où j'ai passé une part de ma vie.

En décembre 1793, l'église de Lagnieu avait été livrée à la Société Populaire, et le curé était venu, en échange de ses lettres de prêtrise, recevoir l'accolade du Président.

Le 21 janvier 1794, pour fêter le souvenir qu'on sait, un feu de joie avait éclairé les monts d'alentour, puis la ville s'était illuminée, puis la population avait fini la journée par un immense et bruyant banquet dans l'église.

Cependant, à deux mois de là, le 20 avril, jour de Pâques, avant l'aube, un prêtre, vêtu des bizarres modes d'alors, donnait la première communion à trois enfants, dans une petite chambre basse, noire, nue, que je vois encore. J'ai été conduit là à l'âge de dix ans par une de ces communiantes du 1er floréal an ii. Le meuble de chêne vermoulu, le crucifix d'ivoire difforme, les flambeaux de cuivre jadis doré, ayant servi au sacrifice, étaient là encore et, à la porte, le bénitier de deux sous. Si j'ai jamais senti une émotion religieuse, c'est en m'agenouillant avec ma mère devant l'humble autel. Pour dépister les Sans-Culottes et leurs moitiés plus farouches qu'eux, le prêtre changeait de costume à chaque visite et les *Chambriers* changeaient de *Chambre* ; des trois ouvertes à leurs agapes renouvelées des premiers temps, aucune, j'y songe aujourd'hui, ne pouvait contenir plus de vingt-cinq fidèles...

A deux mois de Pâques, au Solstice, vient la fête patronale. La petite ville est latine d'origine. Depuis qu'elle existe elle allume, le soir du plus long jour de l'année, le bûcher où selon les mythologues, le Dieu Soleil s'immole pour renaître le 25 décembre « *Dies natalis Solis invicti* »... Le Christianisme a fait de ce bûcher le feu de la Saint-Jean. Ce feu avait encore été bénit par le Curé, allumé par le Maire, entouré des danses de la population, le lundi 24 juin 1793. Mais, pour la première fois depuis que Lagnieu existe, le sextidi, 6 messidor an ii, il n'en pouvait être question. Or, je lis au Registre municipal de la Cité : « Plusieurs citoyennes disent publiquement qu'elles fêteront la cy-devant Saint-Jean-Baptiste et danseront comme à l'ordinaire, aucune loi ne le défendant.... Quelques esprits fanatiques affectent encore de chômer les cy-devant Dimanches et de travailler les Décadis ». — La municipalité, fort bourgeoise, qui suivait (comme le District de Montluel) le courant de la Révolution sans hésiter, et qui avait dû à cette attitude de n'être entamée ni par Amar et Merlino, ni par Bassal et Garnier, ni par Gouly, ni par Albitte, prit, pour contenir cette envie de danser des citoyennes, un arrêté foudroyant. Défense à tous « de fêter les cy-devant fêtes... aux cabaretiers de donner à boire et à manger ces jours-là à peine de 50 livres d'amende, aux ménétriers de jouer. Ordre à chacun d'assister à la lecture des lois le Décadi, au Temple. Ceux qui seront trouvés dans les rues de dix heures à midi seront arrêtés »...

On se rangea. Et le 14 juillet, non, le 26 messidor, la petite ville fête « presque entière » la prise de la Bastille. La pompe civique se déploie dans les vieilles rues. Hommes et femmes portent les bustes des saints d'alors, Marat et Chalier. Derrière venait la Déesse de la Raison, « demi-nue, parée de guirlandes de fleurs, sur un char d'où pendaient des rubans tricolores, dont les jeunes filles en blanc portaient les bouts »... Au Temple, le maire B... présente la main à la Déesse, monte en chaire avec elle et entonne la *Marseillaise* » (*Histoire manuscrite de Lagnieu*, par M. l'abbé Culaz).

Ainsi en allait-il sur la rive gauche de l'Ain. Repassons le torrent de montagnes pour savoir où on en est sur la rive droite. A Bourg, l'agitation religieuse de la Pâque 1794 semble tombée. Les tentatives faites dans le Revermont, à Meximieux, ne se renouvellent pas. Mais en Dombes l'opposition catholique prit une forme particulière. Là les opposants sont les *compagnons d'agriculture* qui, s'étant gagés pour chômer cent cinquante jours fériés par an, n'en chôment plus que trente-six et réclament une augmentation de salaire. Ce sont les paysans qui, aux jours non oubliés de leurs *vogues*, eux aussi se remettent à danser. Revenant de Trévoux à Bourg, en prairial, Méaulle écrit au District de Châtillon : « La révolte de la Vendée a été attribuée avec raison à la faiblesse des administrateurs. Il se forme des rassemblements *fanatiques* dans plusieurs communes. Hier j'en ai vu de mes yeux (à Saint-Paul-de-Varax). J'ai fait traduire devant moi le Maire, les Officiers municipaux, l'Agent-national. Si les fonctionnaires publics ne préviennent ou ne dissipent pas de pareils rassemblements, j'appellerai *sur leurs têtes le glaive de la loi* ». Le District, considérant que lesdits rassemblements se font « aux ridicules époques des fêtes et dimanches », interdit ces jours-là tous bals, danses, vogues, festins et jeux publics, défend aux cabaretiers de donner à boire, etc. L'Agent-national de Trévoux incarcère, lui, les ménétriers ayant, dans plusieurs communes, fait danser le jour de la Saint-Pierre, et « *pour en finir avec ces farces* », demande à Méaulle un crédit permettant de donner le bal les jours de décade. Un peu avant, le District de Belley avait déjà proposé d'affecter, chaque décadi, une somme de 50 francs, prise sur les biens des détenus, pour égayer la journée par des chœurs patriotiques.

Nos Districts proclament donc, en 1794, la nécessité de remplacer d'une manière quelconque le culte aboli. Six mois avant eux, Thomas Lindet, évêque de l'Eure, déposant ses pouvoirs, avait dit à la Convention : « Prévenez le murmure que feraient naître dans nos campagnes l'uniformité du travail, la cessation des assemblées ». Il demandait des fêtes nationales.

En somme l'hostilité de nos campagnes s'accuse de toutes façons. Je vois deux de nos communes du Bugey témoigner de cette disposition d'une manière inquiétante et qui laisse voir bien un des dangers de la situation de cette République où on a supprimé l'élection et où nulle opposition n'a plus de moyen régulier de se formuler.

Le 13 floréal (2 mai), au moment même où Albitte nous était ravi, les bonnes gens de Chaley s'avisent de se réunir pour renouveler leur municipalité imposée dont ils étaient, paraît-il, mal contents. Le District de Montferme s'empresse de leur rappeler que le droit dont ils usent appartient au Représentant en mission. Ils ne tiennent compte de l'avertissement et passent outre.

Ordre du District de les empêcher de se rassembler.

Même chose le 28 prairial (16 juin), à Bonne-Fontaine (Saint-Sorlin). Le même District y rétablit « *l'ordre* » en faisant six arrestations.

La dictature avait sauvé la Révolution de juin à septembre 1793, mais elle n'était pas, pour arriver à la liberté, le droit chemin précisément. Il était temps que la Révolution tînt ses promesses. Ce que la Convention découvrit le 9 thermidor, ces gens de Chaley et de Saint-Sorlin l'avaient déjà vu en floréal et prairial.

Et les communes rurales, quoi qu'on pût dire et faire à Paris et à Bourg, n'avaient qu'à vouloir pour être maîtresses chez elles au bout de tout ; les moyens coërcitifs faisant défaut à ce Gouvernement despotique de fait, mais démocratique de principe, totalement à la merci d'un mouvement d'opinion unanime. Ces communes sont peu empressées à abdiquer, bien moins à se saigner. Et il est admirable que, dans le danger de la patrie, on ait obtenu d'elles tout ce que l'on en avait obtenu depuis un an. Mais le danger était passé. On pouvait, on devait, dès lors, strictement leur rendre leurs droits... Si l'attitude résolûment récalcitrante qu'elles prenaient en ces deux régions si dissemblables, nos Districts de Bugey et de Dombes, venait à se généraliser, — si la velléité des paysans de Chaley et de Saint-Sorlin gagnait, qu'est-ce donc qu'on eût pu, en ces tragiques Tuileries où on continuait à s'entre-dévorer, contre le « *Fédéralisme communal* » subsistant de fait sur les débris du Fédéralisme départemental? (Michelet.)

On vient à bout d'une hydre à cent têtes ; si le monstre en a quarante mille, je ne sais.

Avant d'aller voir comment le grand ressort cassa au moment même où tous les petits rouages grinçaient et refusaient de marcher ; avant de chercher dans quelle mesure les représentants de l'Ain aidèrent au 9 thermidor, j'ai à dire les derniers actes de Méaulle. Sa lettre menaçante au District de Châtillon ne les faisait pas prévoir. Ce sont des élargissements à Gex et à Bourg.

En mettant Pagès et Tardy hors la loi, en employant son crédit au service des Sans-Culottes de Belley, protégés par Jagot, en incarcérant Lyonnet leur adversaire remuant — il s'assurait la bienveillance du plus obscur, mais du plus actif membre du Comité de sûreté ; il donnait des gages apparents à la politique à laquelle le Triumvirat était revenu en prairial ; il se couvrait contre les accusations de Modérantisme, d'où qu'elles vinssent. Et il gagnait de pouvoir rester fidèle de fait à la ligne de conduite qu'il avait adoptée chez nous. Cela était courageux, étant périlleux. Mais tout était périlleux à ce moment.

Le Représentant séjourne à Gex du 2 au 14 thermidor (du 20 juillet au 1er août). Il y avait trouvé vingt-un

détenus. Il en élargit onze, dont huit femmes, en laissa
sept en détention et en transféra trois, estimés dangereux,
à Pierre-Châtel.

Il y avait à Bourg de *jeunes captives* qui n'ont pas eu de
poète pour les chanter, et comme celle qu'on n'oubliera
plus

« Ne voulant pas mourir encore. »

J'en sais deux. Une avait dix-sept ans et appartenait à
une ancienne famille du Bugey : elle était là dans cette
sombre maison appelée, au xviie siècle, *Logis du Roy*, puis
Hôtel de Condé ; au xviiie, Maison du Châtelard. Pendant
ce messidor brûlant de l'an ii, filles ou sœurs d'émigrés y
manquaient d'air et d'eau, s'y mouraient. Méaulle, homme
de trente-sept ans, aimait les femmes ; un pamphlet thermidorien, idiot, lui en fait un crime. Mais celle qui, aux
fêtes d'Albitte goûta, la première ici, cette ivresse inconnue
d'être adorée, en plein soleil, de tout un peuple, était
consolée de l'absence de Desisles par le Représentant, et
passait pour l'avoir fixé. Et ce fut, je n'en veux pas douter,
avec un entier désintéressement, qu'à son retour de Trévoux
ici, le 23 messidor (11 juillet) Méaulle ordonna d'élargir
la citoyenne de M.... M.... « afin qu'elle pût, dit l'arrêté
du compatriote de Chateaubriand, aller près de son père,
à V...., respirer l'air de la montagne.... »

L'autre prisonnière était une des soixante-deux de
l'hospice de la Charité, toutes nonnes ou chanoinesses,
fidèles à leur vœu. Marie de V.... était entrée presque
enfant dans l'abbaye noble de Neuville-les-Dames, célèbre
dans tout le vieux monde par ses mœurs aimables, et qui
n'était pas une prison du tout. Les chanoinesses étaient
« dames de Neuville, ayant haute, moyenne et basse
justice.... elles ont toujours été sans clôture et ont cha-

cune une maison séparée ». Une bulle du 7 août 1751, du jovial pape Lambertini, leur donne « des statuts conformes à l'état de chanoinesses séculières » ; des lettres patentes de Louis XV le titre de comtesses. Elles portaient, au chœur, un manteau noir doublé d'hermine avec un cordon bleu où pendait une large croix d'or avec la légende : *Genus, decus et virtus.* La vertu n'avait là que la troisième place. Pour entrer il fallait « neuf quartiers prouvés du côté paternel ». Sur la liste du Chapitre de l'année 1784, où figurent cinq filles de la maison royale de Saxe, je vois trois dames du nom de V...., Anne-Baptiste et deux Marie. Les V.... sont de Franche-Comté et légendaires là-bas, m'est-il dit, pour leur vaillance en amour : la Sophie de Mirabeau en était (du côté maternel ?) et s'en montra digne.

Quand l'essaim souriant des Bénédictines fut mis hors de la moins austère des geôles, Marie de V.... fut incarcérée à Châtillon avec quatre de ses sœurs en religion. Le Directoire girondin de l'Ain, estimant que leur liberté ne mettrait pas la Patrie en danger, les élargit le 10 mai 1793. Le père de Marie était détenu à Lyon et y périt sur l'échafaud. Pendant les huit mois qui suivirent, la jeune fille vécut ici chez d'humbles amis, me dit-on. C'est alors qu'elle aurait été connue d'un jeune homme, élève de l'école d'horlogerie de Bourg (il reste des montres et des pendules signées de lui). Au commencement de 1794, on enferma de nouveau Marie à la Charité, comme ancienne religieuse. Ces prisons improvisées étaient mal closes et celles où l'on enfermait des femmes n'étaient pas bien austèrement gardées. En thermidor (juillet) Méaulle reçut à Gex une pétition du jeune horloger, il demandait la libération de Marie V...., qui consentait à devenir sa femme. Le Représentant signa en souriant. Il n'est rien dit pourtant de ce sourire dans l'in-folio rébarbatif où cette histoire est ensevelie (Registre municipal de Bourg). Mais les noms des deux conjoints y sont. Le mariage fut célébré le jour où André Chénier périt sur l'échafaud; André aurait aimé cette anecdote qui fera froncer le sourcil aux gens austères de ce temps-ci. Les époux allèrent abriter leur bonheur dans un riant village des bords de l'Ain portant aussi le nom de Neuville. Il est né d'eux une fille, morte assez récemment sans avoir été mariée.

Méaulle, qui a arrêté à Lyon les hécatombes humaines, qui a commencé ici les élargissements, essayé de refaire de l'ordre avec du désordre, est chez nous, mieux que Gouly jouant à la bascule par calcul ou par caprice, le représentant du parti montagnard gouvernemental. Il y avait bien du bon sens et bien du courage à faire ici cette politique au moment même où, à côté de nous, Lons-le-Saunier envoyait à Fouquier-Tainville ses douze administrateurs girondins, où Genève se tachait de son propre sang, où enfin Paris voyait passer dans l'épouvante *les grandes fournées de la guillotine.*

Et cette accalmie relative ici, pendant que la tourmente arrive à son paroxysme ailleurs, montre bien qu'il ne faut généraliser, en histoire, qu'à bon escient.

IX.

THERMIDOR. — RÔLE DES CONVENTIONNELS DE L'AIN LA VEILLE
ET LE JOUR. — LA COMMOTION A BOURG, — A BELLEY, —
A NANTUA. — BOYSSET. — LES THERMIDORIENS PRÉPARENT
LA CONTRE-RÉVOLUTION SANS LA VOULOIR.

Ce n'était que traiter notre sujet de montrer comment
les suites du 9 thermidor, son lendemain, si peu prévus par
ses auteurs, étaient préparés en notre province et prêts à se
produire. On vient de le faire autant qu'on l'a pu. Il faut
maintenant voir quelle part les nôtres prirent à cette
révolution.

Voici ce qui se passe là où se font nos destinées :

Robespierre songe encore une fois, cela peut être
considéré comme démontré, à en finir, après une dernière
épuration de la Convention, avec la Terreur, et s'il est
possible avec la guerre. Un membre du Comité de salut
public, Barrère, raconte ce qui suit dans ses *Mémoires*,
si peu lus aujourd'hui : Soulavie, résidant français à
Genève, fit tenir à Méaulle une correspondance entre
Robespierre et Benjamin Vaughan, un des chefs de
l'opposition anglaise, maladroitement surprise et saisie par
ses agents. Vaughan se croyait à la veille d'arriver au
pouvoir et se disait prêt à traiter avec la République, à
condition qu'il serait établi chez nous un pouvoir exécutif
stable, à une ou deux têtes, que les rigueurs contre les
prêtres, les négociants, seraient suspendues, etc. Le fait
même qu'il lui était répondu en dit beaucoup. Soulavie
ayant lu cette correspondance, Méaulle n'osa la garder.
Il ne l'envoya pas à Robespierre, avec qui il n'était pas
bien (il figure sur une des listes qu'on a dressées des

Conventionnels qui eussent péri, si la Dictature eût été proclamée). Il l'envoya au Comité de salut public où, tombant au milieu de la catastrophe du 9, elle passa inaperçue.

Déjà informé par là, en partie, de ce que Robespierre préparait, Méaulle pourra l'être du reste par Jagot, bien intéressé à le connaître et bien placé pour cela.

Le reste, Barrère nous l'apprend. Un autre Conventionnel honnête et renseigné nous le répète.

Au commencement de messidor, Robespierre avait proposé une réunion des deux Comités « pour aviser aux moyens de donner de la force au gouvernement ». Là, Saint-Just demanda ouvertement la Dictature pour Maximilien, qui feignit la surprise, puis accepta « la responsabilité » de la proposition. Presque tous les assistants protestèrent. « Jagot, membre obscur du Comité de sûreté, mit le plus d'éclat dans cette révolte. » On alla aux voix ; il y en eut cinq (sur vingt-quatre) pour la Dictature. Les auteurs de la tentative sortirent furieux. A partir de ce moment, Robespierre ulcéré cessa de paraître au Comité de salut public (Baudot, *Mémoires* cités par Quinet, *Révolution*, l. 18, ch. 6, p. 200).

Et le fils de Lebas, le neveu de la fiancée de Robespierre Eléonore Duplai, qui a vécu cinquante ans avec sa tante, admet que la proposition a été faite par Saint-Just, « qui penchait vers cette solution » (*Annales de l'Histoire de France,* II, 322, 323).

On a contesté le témoignage de Barrère, l'affirmation de Baudot, l'autorité de Lebas. Nous montrerons tout à l'heure, à l'appui, une déclaration difficile à récuser.

Les Triumvirs, maîtres de fait, voulaient donc l'être de droit. César fit la même faute et elle lui réussit de même.

La Dictature ! si c'était par là qu'on voulait finir, il n'eût pas fallu, pendant six ans, repaître la France de discours contre le pouvoir d'un seul. Il lui faudra, pour s'y résigner, six autres années et d'autres misères.

Et celui de nos Représentants en qui les Hébertistes de Bourg et de Belley ont trouvé un protecteur et qu'ils appellent « leur père », proteste plus haut que pas un contre les projets du Triumvirat gouvernant ! Le 18 février on a vu Grégoire Jagot intervenir pour arrêter les exécutions chez nous. La dernière semaine de la Terreur, il recule devant les torrents de sang qu'on fait couler à Paris. A la liste du 3 thermidor, qui contient *trois cent dix-huit* noms et envoie à la mort les chefs de l'aristocratie française (laquelle n'en règne pas moins en 1877), Jagot ne met pas sa signature (Michelet, l. xxi, ch. 2). La Dictature lui répugne en tout ; et par un endroit le Dictateur lui convenait peu ; Jagot était de ceux qui ne lui pardonnaient guère son déisme affiché, et qui ne lui pardonnaient pas du tout ses complaisances secrètes pour les adorations bouffonnes de Dom Gerle et de Catherine Théot. L'accueil significatif que Nantua, gouverné par les siens, va faire au 9 thermidor nous en est un sûr garant. Il faut ajouter, pour tout dire, que, membre du Comité de sûreté dépouillé récemment de ses attributions de police par un bureau spécial dépendant de Robespierre, il restait ulcéré de cet empiètement, Robespierre le savait bien.

De l'attitude de Gauthier et de Merlino la veille du 9, je n'ai rien pu savoir. Je vois, dans l'*Histoire de deux amis de la Révolution*, t. xii, que Deydier « membre du Comité de division, avait juré avec ses collègues de renverser *le tyran* ». Et on lit dans les *Papiers inédits de Robespierre*, t. i, que Ferrand, girondin caché dans la

Plaine, se laissant aller à croire que Maximilien « le moins corrompu des tyrans terroristes », avait compris la nécessité de finir la Terreur, était des Représentants de l'Ain le moins disposé à entrer dans la coalition responsable du coup d'état du 9.

Une lutte sourde précède la guerre ouverte. Le 22 messidor (8 juillet), le Comité de sûreté, en quête d'une popularité qui lui manque, considérant que la famine menace, qu'il faut des bras pour faire la moisson, décrète l'élargissement en masse des cultivateurs détenus. Ils étaient fort nombreux, observateurs du dimanche, infracteurs du maximum, récalcitrants aux réquisitions. On n'osa pas désobéir en face, mais admirez nos gens ; ces gens que Méaulle, à son arrivée, adjurait de n'être pas plus révolutionnaires que la Convention. Ils élargissent de la main droite, ils incarcèrent de la main gauche. Du 5 au 14 thermidor (23 juillet au 1er août), notre Comité de surveillance illettré arrête quatre paysans à Viriat, dix à Fleyriat, vingt-cinq à Buellas ; d'autres encore à Saint-Denis, à Polliat, dont le nombre ne nous est pas dit. Ces paysans n'ont pas observé la Décade ! — Et c'est huit ou dix jours après l'arrêté formel du Comité de sureté que l'Agent national près le District de Trévoux, très-lettré, lui, mande à Méaulle : « Grande partie des communes ont affecté de célébrer la Saint-Pierre.... j'ai dissipé les rassemblements, fait arrêter le joueur de violon qui refusait de se retirer, les cabaretiers les plus entêtés, etc. »

Ainsi, ni Robespierre proclamant le 8 juin la liberté des cultes, ni le Comité de sûreté ordonnant le 8 juillet d'élargir les paysans qui l'ont pratiquée à leur façon, ne sont écoutés l'un plus que l'autre. Le parti jacobin indisciplinable ne suit plus ses chefs. Et si Robespierre eût réussi à Paris, il eût été contraint de sévir contre les siens en province. Les Sans-Culottes font observer le Décadi par intimidation en 1794, comme les prêtres et les juges de la Restauration feront le Dimanche en 1814.

La crise arrive. Le 8 thermidor, Robespierre dans un discours élaboré plus d'un mois à l'avance (on a le manuscrit de sa main) met la Convention en demeure d'opter entre lui et les Comités récalcitrants : croyons-le *pro se et contrà se*. L'apostrophe à Fouché est superbe : « Non, Fouché, la mort n'est pas un sommeil éternel ! effacez des tombeaux cette maxime impie, etc. » L'accusation contre Cambon est injuste et insensée. (Louis Blanc le reconnaît). L'orateur affirme que c'est « le duc d'York qui l'a gratifié, le premier, d'une patente de dictateur » dont il a horreur. Puis vient une peinture énergique du « système de division et de calomnie » ourdi contre lui. Dans une note raturée mais lisible (Lebas), il l'attribue principalement à Jagot et à Amar. Et il conclut qu'il faut « *punir* les traîtres, *épurer* le Comité de salut public lui-même, constituer *l'unité* du gouvernement »…. Du nom de dictateur, il n'en veut pas, c'est vrai. Mais quoi ! ne demande-t-il pas là le pouvoir dictatorial ? J'entends ces effrayantes et décisives paroles comme la Convention fit. Les entendre autrement, c'est admettre que le coup d'état parlementaire du lendemain fut un effet sans cause.

Deux jours auparavant, aux Jacobins, Couthon aussi avait accusé l'intention d'appeler devant la justice révolutionnaire les « *quelques hommes impurs* qui, dans la Convention, cherchaient à corrompre la morale publique » (Louis Blanc, VI, 174).

A en croire la liste la plus autorisée, les têtes que

voulait le Triumvirat étaient celles de Carnot, de Cambon, de Billaud, de Collot, de Tallien, de Fouché et de Javogues (Michelet, l. xxi, ch. ii, p. 328), les têtes les plus pures et les têtes les plus souillées.

Ces hommes, se sentant sous le couteau, traitèrent dans la nuit du 8 au 9 avec la Plaine. Le 9, Billaud et Tallien menèrent l'attaque. « La Montagne indépendante, celle qui ne voulait pas de Dictateur, regardait..... De son sein partirent deux voix qu'on n'avaient entendues jamais. — L'arrestation ! — L'accusation ! — C'étaient Louchet et Lozeau, deux fermes jacobins, qui firent plus d'impression que Tallien. — Puis le cri du sépulcre : Le sang de Danton l'étouffe » poussé par ce Garnier qui avait, avec Bassal, décrété la Terreur chez nous. Et on vota, à l'unanimité, au cri de : Vive la République ! la mise hors la loi des rois de la veille.

La commune de Paris essaya de les défendre. Le sort de la journée fut indécis assez longtemps. La Convention nomma Barras chef de la force publique et lui donna six adjoints, chargés spécialement d'aller gagner les sections indécises. Ferrand, de l'Ain, est l'un des six.

Les hommes du parti montagnard qui comptent chez nous sont Gauthier, Jagot et Goujon. Ce que furent les deux premiers, on l'a vu. Goujon, né à Bourg, d'une famille bourgeoise, était le plus jeune, le plus pur et le plus beau de la Convention où l'avait envoyé Seine-et-Oise. On lui offrit un ministère en 1793 ; il préféra vivre aux armées et revint mourir en prairial avec « les derniers des Romains ». Les deux premiers ont voté la chute des Triumvirs. Le dernier en a félicité la Convention. Quand un si rare accord se produit entre ses chefs, le pays suit. Le neuf thermidor eût pu être fait autrement, il ne pouvait être évité ni ajourné.

Depuis la Loi de prairial qui fit, en quarante jours, tomber treize cent cinquante-six têtes, Robespierre était plus que jamais, à tort ou à raison, identifié avec la Terreur. Lui tombé, on crut la Terreur finie, ce qui la finit. La chute des Triumvirs allait rendre la Contre-Révolution possible. Les fautes des Thermidoriens aidant et se cumulant avec les fautes antérieures la rendront inévitable.

Le 15, jour où arriva la nouvelle ici, nous étions sans maître ; Méaulle n'était pas encore rentré à Bourg. C'est à Châtillon-de-Michaille qu'il l'apprit. Le 15, connaissant, on le sait, les projets de Robespierre, les voyant manqués, voyant dans la coalition qui les avait déjoués Billaud, Collot, Tallien, Fouché plus tachés de sang que les Triumvirs, il dut penser qu'entre les lendemains possibles était une revanche de l'Hébertisme, une recrudescence de Terreur. Pour lui, ce lendemain-là était plus à craindre qu'à désirer : il semble cependant qu'il s'y prépara.

Il trouva dans ses dépêches un arrêté du Comité de salut public élargissant ce Lyonnet de Vieu qu'il avait fait incarcérer le 2 messidor comme agitateur. Il risqua de déclarer le Comité (d'avant le 9) mal informé et, comptant que le Comité du lendemain lui saurait gré d'une pareille audace, il maintint l'arrestation de Lyonnet.

Il ne lui échappait pas toutefois que si les autres journées de la Révolution, le 10 août, le 2 juin, accusaient leur but sans ambiguïté, du 9 thermidor il n'en était pas de même. Une coalition avait voté qu'elle ne voulait pas de la Dictature. Ce qu'elle voulait elle ne le disait pas, ne le sachant pas bien encore. Un résultat quasi sûr de cette incertitude, c'est qu'en province chacun allait interpréter cette journée à sa façon, c'est-à-dire selon son secret désir.

Méaulle ne se faisait pas illusion sur le mouvement d'opinion de ces derniers mois dans le Département qu'il gouvernait. Il savait en quelle disposition notamment il avait laissé le Chef-lieu. Il songea, je crois, tout de suite à se garder contre une levée de boucliers possible du parti réactionnaire à Bourg.

C'est le 15 même qu'ordre fut envoyé au général Jeannet, commandant à Gex, de porter un bataillon de garde nationale rurale, de trois cents hommes, sur le Chef-lieu, soit à marches forcées, soit en poste (les documents disent l'un et l'autre). Un peu antérieurement une mesure identique avait été prise pour Belley.

Qui donna cet ordre ? Qui pouvait le donner régulièrement, assurer la solde, les logements, les vivres, les voitures à cette troupe, sinon le Représentant en mission ?

Cependant le *Tableau analytique des intrigants de la commune de Bourg* attribue la mesure à l'Agent national près le District, Juvanon. A l'appui de cette version on produit une lettre de Juvanon à Jeannet en laquelle il lui demande « trois cents bons b.... à poil », c'est-à-dire des hommes sûrs. On ajoute que l'ordre ne fut communiqué ici ni au District, ni à la Commune. Bonnard commandant la ville en aurait eu seul connaissance.

Faut-il supposer de la part de Juvanon et des deux généraux complices une usurpation de pouvoir dont la responsabilité pouvait être terrible ? — Dans cette supposition, qui donc aura fait mouvoir le détachement de Gex à Belley ?

Je préférerais admettre que Méaulle, partant pour Gex, avait laissé les pouvoirs nécessaires à Juvanon pour un cas déterminé, le cas où en son absence le parti réactionnaire effervescent ferait à Bourg quelque démonstration. Le *Tableau analytique* ménage Méaulle, il n'aura pas voulu le commettre.

Une autre pièce de même provenance, la *Dénonciation des citoyens de la commune de Bourg contre Amar, Javogues, Albitte et Méaulle*, postérieure au *Tableau analytique* d'un an et qui ne ménage plus rien, attribue formellement à Méaulle ce que le *Tableau* attribue à Juvanon: il faut l'en croire. J'admets même sa véracité quand, faute de mieux, elle en vient à reprocher au conventionnel breton un goût prononcé « pour les femmes sans pudeur et la pêche à l'anguille ».

Méaulle rentra ici le 16 au matin (3 août) et y trouva les nouvelles de Paris du 12 ; il en eut, le lendemain 17, de la journée du 14 qui fut décisive.

« Les deux Comités en tuant Robespierre espéraient le continuer... » Ainsi, pour exécuter la Commune robespierriste il fallait des officiers municipaux qui constatassent l'identité. Sans hésiter le Comité de sûreté en fabriqua. L'Assemblée « restait flottante ». L'attitude de Paris, l'ouverture spontanée des prisons pesèrent sur elle. Enfin le 12, le preneur de Lyon, « Dubois-Crancé fit voter ce que les Montagnards indépendants, Cambon, Lindet, Merlin avaient demandé dès septembre 1793, que les Comités fussent renouvelés par quart tous les mois... » (Michelet, *Directoire*, 39, 40, 42, 54, 41.) Gauthier dut s'associer à ce vote, conforme au principe démocratique (à Grenoble et à Lyon d'ailleurs il marchait déjà avec Dubois-Crancé).

Le premier renouvellement mensuel eut lieu le 14 (1er août). Que ceux qui avaient enlevé le vote du 12 aient conduit celui du 14, cela n'est pas bien douteux. Or, sur la proposition formelle de Merlino, ils éliminèrent du Comité de sûreté Jagot qui put commenter ce jour-là le *Sic vos non vobis*, mot du lendemain en toutes nos révolutions. Ce vote n'amena pas d'aigreur toutefois entre nos députés ; je vois Jagot s'unir à Gauthier à quelque temps de là pour faire réintégrer Segaud au District de Montluel.

L'Ain étant le premier sur la liste des départements, on s'occupa de nos affaires immédiatement. Méaulle fut atteint comme Jagot, sans nul doute pour s'être trop ostensiblement rallié à lui, ce dernier mois. Naturellement les nôtres intervinrent dans le choix de son successeur (nous en aurons la preuve écrite). Ce successeur fut Boysset, compatriote de Dubois-Crancé. Il y eut dissentiment entre les Conventionnels de l'Ain sur l'affaire de Desisles, Rollet, Frilet et Martine, et on remit à Boysset la tâche de l'examiner en arrivant chez nous et de prononcer sur les quatre inculpés renvoyés à Bourg en surveillance.

Gauthier alla en mission dans le Mont-Blanc.

Ici cependant, du 14 où on sut la chute de Robespierre au 17 où on sut quelles conséquences immédiates elle avait pour nous, on n'avait guère soufflé mot, sauf au District où, le 14 même, on crut devoir voter tout chaud l'adresse obligatoire au lendemain des coups d'état. Le District donc « supposait que les victoires tant *internes* qu'extérieures de la Convention lui permettaient *enfin de se reposer* », l'hydre contre-révolutionnaire s'était levée encore une fois... Le District applaudissait l'Assemblée de l'avoir terrassée de nouveau, etc., etc.

A travers les *clichés* d'alors il ressort ici un mot à noter, Le District de Bourg, composé de patriotes, mais où il n'y a qu'un Jacobin (Juvanon), prête à la Convention le *besoin de se reposer* qu'elle n'a point encore accusé que l'on sache. Il ressent ce besoin pour elle (et pour lui ?) Ne serait-ce point là, simplement, de toutes les façons de conseiller une abdication, la plus honnête, la plus réservée?

Quant à la Commune, elle avait retrouvé avec son état-major jacobin ses ardeurs primitives. Peut-être espérait-elle plus de Collot et de Fouché si bons collègues de Javogues à Lyon, que du *tyran* qui menaçait la tête de Javogues et n'avait pas voulu amnistier Desisles. Elle vota le 15 « *qu'elle voterait* » aussi une adresse, elle mit à la rédiger une lenteur prudente. Enfin le quatrième jour, après avoir reçu de Méaulle, au lieu et place des nouvelles qu'elle espérait, l'annonce de l'élimination de Jagot, de la nomination de Boysset, du retour nullement triomphal de Desisles, elle s'exécuta avec une grimace significative.

« Représentants, votre énergie vient de déjouer le plus horrible des complots... Continuez à mériter la reconnaissance de la race présente et future. *Restez au poste* que vous remplissez si bien, jusqu'à ce que vous ayez fait *disparaître tous les traîtres* du sol de la liberté, etc. »

Le mot qui importe ici, que Méaulle y fit mettre, je crois, c'est le *restez à votre poste*. C'est une réponse à la sournoise insinuation du District, peut-être à la presse parisienne qui à ce moment ressuscite d'entre les morts et se met tout de suite à parler d'élections supprimées en France depuis quatorze mois...

Quant à l'invitation à continuer les égorgements, elle est bien superflue. Nos monomanes peuvent être tranquilles ; on continuera les égorgements. Seulement c'est eux qu'on égorgera !

Tout cela le 17 (4 août), dans un calme plus apparent que réel, auquel l'annonce du rappel de Méaulle fit succéder, le soir, une certaine agitation. La séance de la

Société populaire s'en ressentit. L'attitude provoquante des tribunes y suscita « des orages ».

L'agitation s'accrut le 18. On vit le matin arriver de Paris, dans une voiture particulière, un nommé Rousset (de Lagnieu) dont le départ furtif, le 28 ou 29 mai, avait fait bruit. Il était allé, croyait-on, dénoncer non pas Desisles mandé par le Comité de salut public le 10 avril, mais peut-être Rollet et Martine. Le Comité de surveillance, ayant à cœur de montrer qu'il existait encore, le fit arrêter comme il sortait de voiture. Cette arrestation augmenta l'effervescence qui aboutit vers le soir à « un mouvement contre la Société populaire ».

Ce mouvement, nous l'avons vu se préparer inconsciemment dès floréal (Pâques). L'attitude des tribunes à la séance du 14 messidor devait le faire craindre à tous les moments. Les journaux, les lettres de Paris ne laissaient plus douter de ce qui s'y passait. L'occasion était flagrante ; « les orages » de la séance de la veille indiquaient l'envie ou le parti pris d'en profiter. Les attroupements de la journée à l'arrivée de Rousset furent un essai. A la nuit tombante, les groupes qui se portaient à la Société Populaire, plus nombreux que d'habitude, eurent de suite l'attitude hostile. Tout se borna cependant à des cris et à des menaces dans la rue, et, dans la salle, à des violences de langage et altercations qui firent abréger la séance.

Cette explosion, attestée par les documents officiels et dont j'ai connu un témoin oculaire, est niée par les pamphlets thermidoriens. C'est, je crois, qu'elle justifie Méaulle d'avoir mandé ici le bataillon de Gex.

A la nuit close, un membre de la Commune prit sur lui de convoquer ses collègues. Onze d'entre eux (sur vingt-neuf) se réunirent. Ce petit nombre démontre, à lui seul, le découragement du parti fort concevable d'ailleurs. Trois officiers de la garde nationale, appelés sans doute, se joignirent aux onze fidèles. La séance se prolongea jusqu'à trois heures et demie du matin, « et il n'en fut pas dressé procès-verbal... »

On répéta en ville, le lendemain, qu'il avait été parlé là, entre gens sûrs, d'un massacre dans les prisons, si certaines nouvelles attendues de Paris arrivaient et si le bataillon de Gex, attendu aussi, voulait bien y collaborer?

Le District, encouragé dans l'attitude prise le 14 par l'émeute (ou plutôt la manifestation) de la veille, se réunit lui au complet le 19, et requit la Commune « de lui faire part à l'instant même des motifs de sa réunion nocturne et de ce qui s'y était passé ».

Il fut répondu au District « que Méaulle avait dit le soir même qu'après ce qui s'était passé à la Société Populaire il convenait que la Municipalité veillât pour assurer la tranquillité ». De là la réunion suspectée, laquelle avait ordonné « des patrouilles conduites par des officiers municipaux ». Ces patrouilles rentrant et déposant que la tranquillité était complète, le Conseil était allé dormir. Il n'y a vraisemblablement rien là que de vrai, si ce n'est pas toute la vérité.

Que si dix jours après une révolution qui n'avait trouvé d'opposition nulle part, les Jacobins de la Commune espéraient encore un retour de l'opinion en leur faveur, il n'est pas à croire que Méaulle se fît des illusions de ce genre. Son principal souci, à ce moment, était sans doute de maintenir l'ordre un peu compromis jusqu'à l'arrivée de son successeur. Pour contenir les turbulents, il demanda au Comité de surveillance de faire une enquête sur les scènes tumultueuses du 18. Le Comité était aussi jacobin que la Commune et venait de montrer, en faisant empoigner Rousset, que la réaction qui commençait ne changeait rien à ses dispositions. Mais il ne pardonnait pas à Méaulle de l'avoir déchargé d'une partie de ses attributions au profit du District. Il fit au Représentant le mauvais tour d'appeler à sa barre, le 19 et le 20, et d'entendre une dizaine de bonnes femmes, lesquelles « avaient dit — pour *l'avoir ouï dire*, que Méaulle faisait venir des troupes pour guillotiner les détenus »....

Si imposant que soit ce témoignage, nous n'en tiendrons pas compte. Méaulle, qui a arrêté l'effusion du sang à Lyon, qui venait d'élargir en deux fois à Gex vingt-quatre détenus sur trente-trois, cela en pleine Terreur, n'a pas, au lendemain du jour où la Terreur finit, projeté de faire égorger les trois cents détenus de Bourg. Retz a dit : Tout arrive en France ! cela signifie que peu de choses sont impossibles chez nous. Celle-ci est du nombre.

Le bataillon de Gex, dont la venue était interprétée de cette façon par quelques Jacobines enragées et par quelques réactionnaires tremblants, arrivait le 19 à Nantua, où il trouva l'ordre « de partir à 7 heures du soir pour être rendu le 20 (7 août), à 9 heures du matin, à Bourg régénéré »....

Pourquoi Méaulle, en apprenant sa révocation, n'avait pas contremandé cette troupe ? — Parce que l'attitude de la population de Bourg régénéré, au lendemain de Thermidor, lui faisait, bien plus que la veille, craindre des voies de fait contre la Société Populaire, contre la Commune imposée ou contre lui-même ; et qu'il répondait de l'ordre ici jusqu'à l'arrivée de son successeur.

Il partit le 19 au soir, Boysset étant annoncé pour le

20; ainsi que les Gessiens. Ceux-ci arrivèrent les premiers par le faubourg du Mont-Blanc (Saint-Nicolas), à 11 heures du matin. Toute la journée du 20, qui était un Décadi, la ville resta livrée à ses autorités jacobines et à cette garnison redoutée. Personne ne fut massacré....

Boysset arriva le soir assez tard par le faubourg de Mâcon. « De nombreux citoyens, qui l'attendaient, firent cortége à sa voiture. » Il crut devoir garder ici les b.... à poil de Gex trois jours, leur présence lui paraissant bonne à quelque chose (par exemple à contenir ses amis et ses ennemis). Voici la pièce qui le constate :

« Bourg, 24. D'après l'ordre de départ des 300 gardes nationaux de Gex, Ferney et Châtillon (de Michaille), que le représentant Boysset a arrêté ; il est ordonné aux gardes nationaux de Bourg de retirer de suite (et remplacer) les hommes de garde des susdits gardes nationaux de Gex, etc. Ravier, général de brigade, commandant le département de l'Ain. Vu et approuvé, Boysset. »

Le général Bonnard avait, lui aussi, un successeur, on le voit.

Le jour même où il donnait congé aux Gessiens, le nouveau maître, Boysset, prit un arrêté ordonnant l'arrestation et le transfert à la prison de Sainte-Claire, de Bonnet, et de quatre Sans-Culottes de Belley. Cette arrestation fut suivie, à trois jours de là, de sept autres, à Champagne et Ceyzérieu (sur les sept arrêtés, il y a trois ex-prêtres).

Pourquoi ce fut à Belley que Boysset songea d'abord, nous allons l'entrevoir. Il n'y eut pas là plus de résistance qu'ailleurs au coup d'état du 9. Il y avait quelque velléité de résister.

Les derniers jours du règne de Bonnet avaient été assez

laborieux pour que cet homme témoignât à Albitte, avec qui il continuait de correspondre, le désir de quitter sa position pour quelque fonction rétribuée dans l'administration de l'armée des Alpes. Sa seconde réintégration n'avait pas été endurée sans murmures à Belley même, et l'attitude de Champagne et Ceyzérieu, restée hostile, l'inquiétait. Est-ce pour le retenir et rendre sa situation possible qu'on appela à Belley un détachement de ruraux gessiens dont on était sûr? Je le suppose sans pouvoir le prouver.

A la nouvelle du 9 thermidor, Bonnet comme bien d'autres ne comprit rien à ce qui se passait. Ce manque de clairvoyance le conduisit à une fausse démarche tout de suite.

Il expédia en hâte à Jagot une note d'une prétendue conversation entre Gouly et lui, impliquant nettement que dès le commencement de nivôse Gouly préparait dans l'Ain la dictature de Robespierre et recrutait pour elle. Ensuite de quoi il demandait la tête de Gouly seulement ! Sa dénonciation commence par cette phrase qui ne laisse pas de confirmer ce que Baudot nous dit de l'attitude de Jagot à la veille de Thermidor : « L'on doit en partie à ton zèle la découverte de l'horrible conspiration qui vient d'être déjouée ». Ce que Bonnet ne devine pas, c'est que Jagot a eu, le 9, Gouly pour allié et complice. Gouly, en janvier la bête noire des Jacobins de Bourg, est en juillet secrétaire de la Société-mère ! Trois jours avant le coup d'état parlementaire, il y défend Gauthier. Deux jours après il y réintroduit Dubois-Crancé que Robespierre avait fait expulser. Gouly était donc pour Jagot le 8 un allié à acquérir, et restait le 10 une influence à ménager. On a donc pu, sinon lui montrer la note meurtrière expédiée

de Belley, du moins l'avertir qu'il y a là-bas des dénonciateurs. Et il a pu, lui, recommander ceux-ci à Boysset.

Après cette faute de clairvoyance, Bonnet fait une
erreur de jugement. Il voulait se retirer, trouvant sa situation dans l'opinion mauvaise sous le gouvernement dont
Jagot, son protecteur, était membre ; il croit pouvoir
rester sous celui dont on vient d'éliminer Jagot. Il se fait
ingénument thermidorien plus que pas un. Nous voyons
cela dans une lettre à Méaulle, où il appelle ces Triumvirs qui l'ont réintégré à Belley deux fois « des monstres
dévorateurs de la liberté ». Nous le voyons aussi dans sa
conduite louche à Belley.

Là comme à Bourg, comme partout, la population eut,
plus que ceux qui la conduisaient, le pressentiment que
le régime jacobin était fini. Mais dans la capitale bugiste
le parti jacobin ulcéré se mit à gronder sourdement, peut-
être à comploter quelque peu. Les Sans-Culottes ne pouvaient croire la France lasse d'eux et ils se confiaient en
l'attitude revêche du détachement gessien. Le 23, l'existence d'une liste de proscription menaçant quarante-deux
personnes, et dont six « patriotes » étaient réputés les
auteurs, fut affirmée. Bonnet qualifie d'*insurrection* l'émotion extrême que cette rumeur causa, cela dans une proclamation du 24 « aux citoyens de Belley ». Je n'ai aucun
moyen de savoir si ce mot d'insurrection est exact.

Le même jour l'Agent national écrit bien à la Municipalité que cette rumeur est l'œuvre « d'un parti ennemi
de l'ordre et de l'*unité* », c'est-à-dire des Girondins. Mais
il est d'un autre avis avec Boysset auquel il mande,
toujours le 24, en lui envoyant quatre *déclarations* que je
ne retrouve pas : « Depuis 10 à 12 jours ce projet (de liste)
se fomentait. Des patriotes (dont les quatre *déclarants*)

semblaient se séparer de la Société Populaire. Ceux qui avaient été attachés à la Révolution paraissaient *tournés* ou chancelants. *Si* ce sont des patriotes qui *ont fait cette liste*, ils sont indignes de ce nom ».

Ceci ressemble beaucoup à un aveu du fait, et à un désaveu de ses auteurs. Bonnet, espérant pouvoir se conserver, abandonne les siens.

Mais ce jour même 24 thermidor (11 août) partait de Bourg l'ordre d'arrêter Bonnet. Sibuet était chargé de l'exécuter.

Le 7 fructidor (24 août), j'anticipe pour ne pas revenir, Boysset arriva lui-même à Belley. Des deux arrêtés en date du lendemain, voici le plus curieux :

« Un détachement du District de Gex, cantonné à Belley et Pierre-Châtel, pouvant être utile à la culture en son pays, inutile en ce District *où la liberté est établie depuis le jour d'hier*, se retirera dans les 24 heures, à peine *d'encourir la peine portée par les loix pour cause de désobéissance*. Fait à Belley, octodi 8 fructidor, Boysset. »

Ainsi on crut devoir user d'intimidation pour décider les Gessiens à *se retirer*. Cela indique la situation de Belley pendant les dix derniers jours et explique pourquoi Boysset songea à y remédier dès son arrivée chez nous.

Cela explique aussi mieux pourquoi la descente à Bourg des trois cents b..... à poil de Juvanon y causa tant d'émotion.

L'autre arrêté de Boysset réorganise, selon le procédé arbitraire introduit par les Jacobins, mais au profit de leurs adversaires, le District, les Tribunaux, la Commune. Sibuet en arrivant avait ouvert les prisons. Au sortir les Girondins, Rubat, Dumarest, Tendret, Parrat, Brillat, Collet réoccupèrent les fonctions publiques.

Revenons de Belley à Nantua. Ce district, le plus révo-lutionnaire de l'Ain (avec celui de Saint-Rambert), était gouverné par des parents et amis de son député Jagot. Une « *journée due* en partie au zèle » du membre du Comité de sûreté devait y être bien accueillie, mais elle devait aussi y être comprise d'une façon particulière. L'adresse thermidorienne de Nantua, en date du 26 (13 août) montre certes ! qu'il en a été ainsi :

« A la Convention. Citoyens Représentants, depuis le commencement de la Révolution Nantua n'a connu d'autre point de ralliement que la représentation nationale ; il ne changera pas de manière. Le corps politique vient d'é-prouver une crise, il a eu la force de la surmonter... Nous applaudissons aux mesures énergiques déployées le 9 et le 10 thermidor contre *le dévot tyran* et ses complices... Périsse l'imprudent qui aura la témérité d'élever un front audacieux au-dessus du niveau de l'Egalité »...

L'approbation va ici aussi loin qu'elle peut aller. On applaudit le coup d'état du 9 ; on applaudit l'effroyable exécution du 10. Et on explique pourquoi en deux mots. On ne veut pas d'un tyran, cela va contre l'Egalité. On ne veut pas spécialement de celui qui tomba le 9 thermidor, lequel croit en Dieu.

En Bresse, moins de deux mois auparavant, Méaulle menace des rassemblements *fanatiques* du glaive de la loi, reparle de Vendée (après Gouly). Et voilà qu'on « applaudit » à Nantua à la chute de Robespierre parce qu'il est *dévot !* Qu'est-ce à dire ? — Qu'il y a entre la Bresse et le Bugey une différence d'éducation simplement. Le Bugey a été constitué, gouverné, et en grande partie possédé par quatre souverains ecclésiastiques, l'évêque de

Belley, les abbés de Nantua, de Saint-Rambert et d'Ambronay...

Notre ennemi, c'est notre maître.

Nantua et Saint-Rambert ont produit trois de nos principaux terroristes.

Si on me disait que je m'accroche à un mot, je répondrais d'abord que ce mot a été fort pourpensé. La nouvelle
du coup d'état était vieille de onze jours quand l'adresse
de Nantua a été rédigée. Et ensuite que, le même jour, le
District écrivait à Boysset : « Le fanatisme est aux abois.
Nous avons pensé qu'il était prudent de *l'écraser* et qu'une
adresse à nos concitoyens pourrait donner *à ce monstre le
dernier coup*. » Suit l'adresse, elle n'acheva pas *le monstre*. Mais tout ceci est fort clair.

Retournons à Bourg. Desisles envoyé ici en surveillance
était arrivé le 20. Il resta libre quelques jours. Puis
Boysset, à qui la décision de son affaire était remise,
ordonna son arrestation et celle de sept de nos municipaux
à une date que je ne puis préciser — en tous cas avant le
3 fructidor (21 août) où les huit détenus sont transférés
de la Prison *aux Barreaux*, dans le cachot le plus sûr
et aussi le plus malsain de Sainte-Claire.

Les habitudes de la Terreur lui survivent, ses instruments aussi. D'autres arrestations sont ordonnées par le
Comité de surveillance, entièrement renouvelé et restant
composé d'un bourgeois, d'un ancien militaire et de dix
ouvriers. Il est installé dans la vieille maison curiale ; on
la meuble « *avec les meubles des suppliciés* » (page 10 de
son registre). Il fait incarcérer « un instituteur au collége
de Bourg », Thévenin dit Brutus, lequel est accusé
« d'avoir affiché l'aristocratie jusqu'en 1793 ; d'avoir, un

mois après la mort *du tyran Capet*, fait un discours en sa faveur ; d'avoir depuis prêché aux enfants l'athéisme, l'immoralité et l'anarchie ; d'avoir tergiversé depuis Thermidor et de s'être fait finalement l'espion des aristocrates masqués de patriotisme ». Je ne sais dans quelle mesure cet énoncé est exact. Il est bon à montrer combien les Thermidoriens, au début, restaient fidèles au langage et peut-être au sentiment révolutionnaire. En apprenant qu'on l'accusait d'être un royaliste masqué d'Hébertisme, ce malheureux Thévenin s'étrangla dans sa prison.

Les premiers élargissements, qui eurent lieu à Belley, furent partiels. Il y avait, dans les prisons de cette ville, environ soixante et quinze détenus, Méaulle en ayant élargi vingt-trois le 13 prairial. Boysset en libéra trente aux trois derniers jours de Thermidor (du 15 au 17 août).

C'est seulement du 1er au 10 fructidor (du 18 au 27 août) que les prisons s'entr'ouvrent à Bourg. Voici comment le nouvel Agent-national au District, Brangier cadet, expose le fait :

« Pendant cette décade, le représentant Boysset a rendu la liberté à *nombre de patriotes détenus*, après avoir reconnu que leur détention était le résultat de haines et de vengeances particulières.... La décade du 10 a été célébrée par le concours de la presque totalité des citoyens. On y a fait lecture des lois et *des actions héroïques*, entendues avec le plus grand intérêt par le peuple qui y a constamment applaudi.... »

On n'a pas eu encore occasion de dire un mot de ces lectures, la plus neuve et la plus saine peut-être des institutions nouvelles.

Le petit récit de Brangier implique, on le remarquera, que les premiers élargissements ne s'étendent pas à toutes les classes de prisonniers. Ces mots : *Nombre de patriotes détenus* doivent être pris au pied de la lettre. Quand on amena Saint-Just à la Conciergerie il y trouva Hoche. Et Michelet a cru pouvoir dire que « la furieuse année 1794 avait emprisonné la glorieuse année 1793 ». Brangier est l'un des deux bourgeois entrés et restés dans la municipalité que conduisait Desisles. Ceux qu'il appelle des *patriotes* sont au moins des Girondins, peut-être même sont-ce des Montagnards modérés. Est-ce que nous n'avons pas vu le Président de ce District de Montluel qui a refusé si hautement de s'associer au mouvement sécessionniste de Bourg et de Belley, destitué, incarcéré (par Couthon et Maignet) ? Et ce patriote si digne de ce nom n'est-il pas réhabilité le 1ᵉʳ fructidor (18 août) par un arrêté spécial de Boysset, sur une glorieuse attestation de civisme couverte des signatures de Dubois-Crancé, de Gauthier, de Deydier, de Merlino, de Ferrand, de Gouly et de Jagot ? — Le District de Montluel, tel encore qu'Albitte l'avait fait, remercia Boysset de cet acte « de justice ». Ce District ne fut remanié, assez légèrement, que le 22 (8 septembre).

Il ne faut pas l'oublier, les Thermidoriens honnêtes, les Montagnards indépendants, Cambon, Carnot, Lindet, le vieux Romme et le jeune Goujon, Dubois-Crancé et Gauthier ne s'étaient coalisés avec les restes de la Gironde que pour sauver la Révolution d'elle-même, réparer, s'il n'était pas trop tard, les fautes commises, en empêcher de nouvelles. Ce qui leur manqua pour le faire, ce ne fut pas la bonne et droite volonté : ce fut la force, peut-être le génie, et sûrement la fortune.

L'homme qu'ils avaient envoyé ici, Boysset, n'a pas d'autre souci que le leur, à en juger par ses premiers actes. Il *épure* les autorités de Bourg le 28 thermidor

(15 août) ; celles de Belley le 8 fructidor (25 août) ; celles de Gex le 13 (30 août). De ces opérations, la première est la seule dont je puisse parler avec quelque connaissance de cause. Le District, le Tribunal restent ici à peu près ce qu'ils étaient sous Albitte et Méaulle. La municipalité qui nous est imposée (comme celle qui l'avait précédée) se compose de huit bourgeois gros et petits, dont deux avaient siégé avec Desisles, Alban, Frilet, etc., de quelques marchands .et de seize à dix-huit ouvriers. En tout, dans le nouveau personnel mis ici aux affaires, je ne vois, sauf erreur, que trois réactionnaires sortant des prisons et dont deux ont vu, aux Terreaux, la guillotine de près ; pas un royaliste, pas un ex-noble.

La municipalité thermidorienne, en partie montagnarde, en partie girondine, va ordonner dès le 7 vendémiaire (28 septembre) la reconstruction du clocher de Bourg. Mais il est expliqué que c'est pour recevoir l'horloge dont la Commune est privée depuis trop longtemps et ne peut se passer. Et le même arrêté dispose que des gradins en amphithéâtre seront placés à l'intérieur du Temple pour la célébration des fêtes décadaires qui continueront *huit ans* encore. Je trouve que le 6 ventôse an III (25 février 1795) on faisait dans la nef du Temple l'exercice du canon, à cause du froid. Et quand la Convention ordonnera qu'une salle soit affectée ici « à l'exercice des cultes », la modeste chapelle du Collége suffira à cette destination.

Le Conseil thermidorien, il est vrai, un mois après la translation au Panthéon des restes de Marat installés depuis un an au Carrousel dans une chapelle funéraire, ordonnera le déplacement du cénotaphe élevé ici à la porte de l'Hôtel de Ville. Il fut transporté au Bastion, dans l'axe de la rue Crève-Cœur. Les inscriptions premières qui rappelaient la cause de l'érection de l'édicule (la fête girondine du 30 juin 93) furent détruites. Mais on les remplaça par d'autres encore conservées ; on peut se convaincre en les lisant que la Commune thermidorienne qui les rédigea et les consigna en ses registres n'était pas contre-révolutionnaire du tout. Je ne nomme pas leurs auteurs, ils ont des fils vivants.

Ceux-là ne savent guères comment les choses humaines vont, qui croient que la Contre-Révolution a pu commencer sciemment au lendemain du 9 thermidor. Rien de tout ce que nous venons de voir n'est contre-révolutionnaire en l'intention. Comment donc ces hommes qui ne voulaient pas la Contre-Révolution l'ont-ils faite ou laissé faire ?

.S'il était une mesure exigée par l'opinion après la Terreur, c'était assurément l'évacuation des prisons. Saint-Just l'avait proposée le 15 avril. Méaulle chez nous l'avait commencée. Une amnistie eût popularisé ses auteurs : les Thermidoriens s'arrangèrent pour en avoir les inconvénients sans en avoir les mérites. L'amnistie se fit sans eux et contre eux.

Boysset n'osa pas ce que n'osait pas la Convention. Ses élargissements partiels sont équitables ; ce sont des républicains qu'il libère. Ils sont politiques ; ce sont des auxiliaires qu'il va chercher dans les prisons. Il eût été plus politique encore d'être tout-à-fait généreux, puisque la France allait se montrer telle.

Il y avait eu un moment au Chef-lieu 360 incarcérés ; il y en avait à Ambronay 75 ; à Belley 136 ; à Nantua 64 ; à Trévoux 92 ; à Montluel 26 ; à Thoissey 19 ; à Saint-Rambert et Poncin 33 ; à Gex 21. En tout 806, auxquels il faut ajouter pour les maisons de détention de Pont-de-Vaux, Marboz, Val-Libre (Saint-Trivier), Châtillon dont je ne connais que l'existence, quelques 200 prisonniers. Disons en tout 1,000.

Albitte en avait élargi 72 ; Méaulle plus de 200. Il pouvait en rester en thermidor environ 700.

Ce que la Convention, ni son mandataire n'édictèrent, les Comités de surveillance, assurés de la complicité universelle, le firent sans trop de discernement ou de choix. L'entraînement fut tel que le Représentant crût devoir intervenir. Il ordonna le 5 vendémiaire (26 septembre) la réincarcération de tous nobles, prêtres et parents d'émigrés mis en liberté depuis quarante jours, sous prétexte de maladie ou autre, compris dans la loi du 17 septembre 1793 (la loi des Suspects).

Toutefois, une lettre qui accompagnait son arrêté expliquait que « les citoyens mis *par lui* en liberté, fonctionnaires ou ex-nobles patriotes », n'étaient pas compris dans cette mesure. « C'est, ajoutait-il, la loi du 17 septembre qu'il s'agit d'exécuter. Que les vexations ne renaissent pas.... »

Il faut, dit le proverbe, qu'une porte soit ouverte ou fermée. On peut aussi entre-bâiller même une porte de prison.

Le Comité de surveillance de Bourg, fort de la clameur inouïe que l'arrêté de réincarcération suscita, prit sur lui tout simplement *de surseoir* à l'exécution de cette mesure « tant qu'on n'aurait pas établi une infirmerie à Sainte-Claire ». Il notifia cette résolution au District, lequel naturellement ne trouva pas de fonds pour créer une infirmerie....

Et les 8 et 9 vendémiaire (29 et 30 septembre) ce Comité élargit huit femmes nobles. Le 11 (2 septembre), pour garder les apparences, ou parce que Boysset fronçait le

sourcil, il fit réincarcérer l'abbé de Jalamonde et Mˡˡᵉ D...,
fille noble qui portait des habits d'homme et avait, dit-on,
des goûts masculins. — La même qui, le soir du 30 juin
1793, dansait la Carmagnole en chantant : « A la guillotine
Desisles ! » sous les fenêtres du Jacobin. On l'incarcéra
non loin de lui, *aux Barreaux*, cachot infect, jadis
l'*in pace* du couvent bâti par le tyran Philippe de Bresse,
et que cette Révolution, qui avait promis mieux, rendait
à sa première destination.

Cela fait, le Comité députa à Boysset (parti pour Mâcon)
son président (Quinson) « chargé de *soumettre* au Représentant les considérations d'humanité qui dictaient sa
conduite ».

Soumettre est bien honnête et un peu moqueur.

Boysset laissa-t-il la bride sur le cou à nos philanthropes?
C'est à croire. Le 18 (9 décembre), ils élargissent quatre
personnes et décident, pour en finir, « qu'ils ne tiendront
plus note *nominative* des libérations qu'ils arrêteront ».

Ainsi, deux mois après son triomphe, la coalition
thermidorienne, pour n'avoir pas su rompre avec une
politique finie, au lieu de nous conduire était conduite par
nous — plus loin qu'elle n'eût voulu.

Nous avions des gouvernants qui ne gouvernaient plus.

Ils n'avaient pas compris qu'à une situation nouvelle il
fallait une politique nouvelle : cette politique, c'était la
liberté promise par la Révolution, que la Convention avait
pu et dû suspendre pendant l'invasion, devant la guerre
civile ; qu'elle devait nous rendre la guerre civile vaincue
et l'invasion rendue aux envahisseurs. Ils ne voyaient pas
cela que tout le monde voyait. Ils étaient médiocres ; à
ceux qui ne l'étaient pas on avait coupé la tête....

Paris, au lendemain de Thermidor, demanda des élections

libres par la voix de Babœuf, il est vrai ; et, comme il arrive trop souvent chez nous, l'avocat perdit la cause. Il eût fallu savoir qu'avant l'Utopiste, les plus *pratiques* des hommes, les moins complaisants aux chimères, les paysans de deux villages perdus dans nos montagnes avaient réclamé ce droit de se gouverner chez eux qu'on leur devait strictement, dont on les privait plus longtemps qu'il n'était nécessaire. Il eût fallu, toutes choses cessantes, le leur rendre et le rendre à la France. Car ces deux premiers villages venus, Chaley, Saint-Sorlin, dont Paris ne sait pas le nom et qui ne savent pas bien que Paris existe, s'ils en viennent un matin à parler comme Paris, parlent là vraiment pour toute la France.

Des élections à cette date eussent été républicaines presque intégralement — girondines au plus chez nous dans deux districts sur neuf. Elles eussent rajeuni et épuré dans le bon sens du mot la Convention vieillie, engagée par tant de cuisants souvenirs, tant de fautes commises, les luttes mal endormies, les blessures non cicatrisées, le sang non expié ! Il eût fallu laisser condamner Carrier, Collot, Billaud par les électeurs, non par leurs collègues et leurs complices.

Avant de faire à Michelet un dernier emprunt, je dirai pourquoi je le préfère à des écrivains plus *posés*, plus corrects, plus graves infiniment. Il manque de doctrine — comme la France. Il manque de suite et se contredit incessamment — comme la France. Il a le même tempérament qu'elle, de là vient qu'il la comprend et la raconte mieux que les autres. Il aime la Révolution comme elle, dans ses grandeurs, dans ses fautes, dans ses folies. Je le préfère aussi parce que je l'ai entendu et que depuis lors il est resté mon maître. Les dogmatistes ont des systèmes, les prêchent, y subordonnent les faits. Les sectaires font de même, qui pour Danton, qui pour Maximilien, qui pour Babœuf. Il ne faut pas avoir, en histoire, de dogme, ni d'idole. Il faut dire tous les faits, et citer même Babœuf quand il a du bon sens.

Michelet emprunte ce qui suit au n° 22 du *Journal* de l'Utopiste demandant après la liberté d'élire, la liberté de trafiquer. « Le régime des réquisitions avait pu être nécessaire pour la défense nationale. Mais à ce moment la France devenait envahissante... L'Europe avait à se défendre. Devait-on, pour une guerre offensive, maintenir dans sa dureté le régime des réquisitions et la cherté des vivres qui en résultait ? »

Certes ! Si cette question-là eût été posée dans les Assemblées primaires en qui, aux termes de la constitution de 1793, était le Souverain, la réponse eût été unanime ; on a le droit de l'affirmer ici.

Or, voici comme entendait la liberté du commerce Boysset notre *sauveur*, chanté en vers et en prose par tous les écrivassiers du Chef-lieu :

« Le Directoire de Châtillon-sur-Chalaronne séant publiquement le 6 fructidor (28 août) ; est comparu le citoyen E. Benoît, membre du Comité des subsistances de Mâcon, lequel a présenté l'arrêté suivant :

« Le Représentant délégué dans l'Ain et dans Saône-et-Loire, vu la lettre des administrateurs du District de Mâcon, du 3, se plaignant du dénuement de leur marché ;

» Vu les observations des Districts de Pont-de-Vaux et de Châtillon-sur-Chalaronne ;

» Considérant que dans un état libre *l'égoïsme est proscrit*, qu'il serait dangereux de tolérer les écarts ou les erreurs de certaines administrations sur l'emploi des subsistances...

» Que le département de l'Ain a été de tout temps le grenier des départements qui l'environnent ;

» Voulant faire cesser les besoins du département de Saône-et-Loire ;

» Arrête que les Districts de Pont-de-Vaux et Châtillon-sur-Chalaronne approvisionneront en grain et autres denrées, *dans le plus court délai*, le marché d'Ain-Saône (ci-devant Saint-Laurent) et tous autres qu'ils étaient en *usage d'approvisionner avant* 1789. Boysset. »

C'était bien de « proscrire » l'égoïsme à Pont-de-Vaux et Châtillon. Il n'eût été que juste de le proscrire aussi à Mâcon. Et Boysset-pacha eût dû arrêter encore que les riches consommateurs de Saône-et-Loire paieraient aux pauvres producteurs de l'Ain leurs *denrées* à prix débattu, selon *l'usage d'avant* 1789, puisque l'usage d'avant 1789 redevenait la loi de 1794.

Châtillon dût s'exécuter. Seulement le même 6 fructidor, son District par représaille ;

« Considérant qu'il est dépourvu de vin, ce qui augmente les fièvres, etc., met en demeure la Commission des subsistances de la Convention de réquisitionner et mettre à sa disposition *sous le plus bref délai*, 500 tonneaux de vin demandés au District de Mâcon et 200 au District de Trévoux *au prix du maximum*. » Ce sont les gens de Châtillon qui soulignent.

Quinze jours après nouvel arrêté de Boysset. Nouvelle apparition à Châtillon du citoyen Benoît. C'est que *malgré les efforts du District* (fit-il tant d'efforts ?) le marché d'Ain-Saône n'est pas garni plus que devant.

Et pour comble d'égoïsme les habitants des départements voisins viennent enlever *à tout prix* les grains dans nos campagnes? Cela est qualifié de « *contrebande affreuse* ».

Que dire ici, sinon ce que j'ai redit tant de fois? On a voulu avec assez de raison détruire un passé intolérable. On a tout démoli de ce passé. Seulement l'éducation qu'il nous a faite ne pouvant être supprimée par décret, les démolisseurs eux-mêmes gardent de ce passé presque toutes les idées. Les voilà qui, selon l'usage de la monarchie, qualifient le libre commerce d'un département à l'autre de contrebande, et qui, en fait, relèvent ces barrières de douanes entre provinces que 1789 avait cru renverser à jamais.

L'esprit de 1789 prévaut sur la réglementation de 1794. En vain le juge de paix de Pont-de-Veyle saisit, arrête, confisque, prononce l'amende et la prison. L'*égoïsme* triomphe, la *contrebande* s'accroît. Le District demandera à Boysset pour y mettre ordre « de la troupe réglée! »

Le système des réquisitions continue et on le voit rester odieux et devenir ridicule. Les Thermidoriens régnant, ce mélange se fera un peu en toutes choses ; et à mesure qu'on avancera, si l'odieux diminue, le ridicule gagnera.

Thermidor est la seule *journée* de la Révolution dirigée à quelque degré contre la pensée religieuse : l'adresse de Nantua acclamant la chute du tyran déiste montre qu'on avait compris cela chez nous. Si les nouveaux gouvernants étaient plus hostiles que leurs devanciers au Christianisme, ils avaient la main moins rude. Au lieu de décréter la liberté du commerce, ils vont laisser le *maximum* tomber en désuétude. Au lieu de proclamer la liberté religieuse ils vont la laisser s'introduire furtivement. Voici trois extraits du registre du Comité de surveillance thermidorien de Bourg qui font voir comment nous les reconquîmes l'une et l'autre au même temps. Ils sont de brumaire (octobre 1796).

Quatre commissaires envoyés en mission dans les campagnes déclarent en rentrant le 5 (26 octobre) :

« Que la loi du maximum n'est que faiblement observée par certaines communes et *absolument oubliée* dans les autres ». — La Commune rurale, même soumise à une Municipalité et à un Conseil imposés, par la force des choses redevenait la maîtresse chez elle de fait. Et toutes les fois qu'elle le voudra bien il en sera ainsi.

Les commissaires ajoutent « qu'ayant fait des observations aux Municipaux sur l'inobservation du *maximum* et des *fêtes décadaires*, on a répondu que les *agricoles* seraient disposés à observer ces lois si les communes voisines du Jura s'y conformaient (le Jura n'a pas eu d'Albitte), qu'ils étaient tentés par les prix exorbitants qu'on leur offrait de leurs denrées d'une part, de l'autre émus des reproches *qu'on leur fait* lorsqu'ils chôment les fêtes décadaires qui *paraissent s'oublier depuis quelque temps* ».

Le jour où il a entendu ce rapport, le Comité élargit deux prêtres non abdicataires.

Nos Thermidoriens n'étaient pas contre-révolutionnaires, ai-je dit plus haut. Malgré les preuves à l'appui de ce dire, on doutera ; car les Thermidoriens ont fait la Contre-Révolution. Ce Comité, par exemple, a élargi en masse, malgré Boysset, les ennemis de la Révolution. Le voilà qui amnistie encore deux irréconciliables. Et comme on y prend philosophiquement son parti de la non-observation du Décadi « *oublié* », nous dit-on ! (pas de tout le monde pourtant puisqu'il y a des « agricoles qui le chôment » et des muscadins qui leur en font un crime). Ce Comité, s'il ne travaille à la restauration du passé, en prend bien allégrement son parti.

Pas tant qu'on croit ! Qu'on lise donc ce qui suit :

Du 8 (29 octobre). Le Comité « frappé de la multitude des pétitions des ci-devant prêtres, religieux, religieuses détenus, tous demandant à rentrer dans leurs communes, — considérant qu'il serait très-dangereux d'accorder à *ces individus* la liberté de rentrer dans les communes où ils ont enseigné un culte contraire à la morale républicaine, qui commence à peine à germer dans les *âmes agricoles* des campagnes.... leur ancien empire pouvant se renouveller et étouffer ce germe.... qu'il serait dangereux encore qu'ils ne troublassent le repos de leurs confrères qui, ayant de bonne foi abdiqué la prêtrise, jouissent paisiblement avec leurs épouses des douceurs de la vie, etc.....

» Estime que la liberté de ces *individus* ne doit être que *provisoire,* qu'ils devront habiter le chef-lieu de leur district, etc. »

Qu'en dit-on? Cette complaisance pour les prêtres mariés et leurs épouses, ce souci de protéger la douceur de leur vie contre l'orthodoxie farouche des non-abdicataires me semblent des préoccupations assez inexplicables chez des gens qui prépareraient sciemment la Contre-Révolution.

Et ces gens-ci seront tout simplement des hommes droits qui veulent la liberté de conscience, sentant qu'ils la doivent ; et qui la font. Après quoi, voyant à ses premiers résultats que, grâce aux fautes commises en matière religieuse, elle va servir à la Contre-Révolution, oubliant que donner et retenir ne vaut, ces politiques

retirent à demi ce qu'ils ont concédé, défont d'une main
ce qu'ils ont fait de l'autre....

La contradiction sera le péché mignon de cette époque...

Qu'importe d'ailleurs? Rien de ce qu'ils font ou défont
n'aboutira. Ce ne sont pas *ces individus*, comme ils disent
dédaigneusement, élargis par eux mais *provisoirement* et
restant ainsi sous le coup de la loi, qui, du 16 brumaire
au 25 ventôse, iront provoquer des « rassemblements
fanatiques » à Hautecour, à Tossiat, à Cuisiat, à Viriat,
à Corveissiat, à Salavre et à Coligny. Ce sont des « *âmes
agricoles* ».

De même qu'au IVe siècle, les gens des *Pagi*, les *Pagani*,
les Payens recommencent, sous Julien, le culte aboli des
grands et petits dieux, de ceux du ciel, de ceux de la
maison et de ceux de la tombe — de même leurs descen-
dants, les paysans, au lendemain d'Albitte, retrouvent en
leurs *caches* l'Homme-Dieu mort en croix, et sa mère
leur Dame, et leurs saints guérisseurs ; ils n'ont pas eu le
temps d'oublier les chants et les rites qui rendent
ces saints favorables. Une épizootie, en cette année 1794,
a été déclarée par les bonnes gens du District de Belley
le résultat de la colère du Ciel.

Donc, à Salavre, des filles menacent l'Agent national
s'il ne leur livre pas la clé du Temple, où elles veulent
chanter des cantiques. — A Tossiat, des vieilles se ras-
semblent dans la chapelle de Saint-Roch pour lire l'Evangile. — A Cuisiat, « quelques fanatiques » forcent les barreaux
d'une fenêtre pour entrer dans l'église, où ils psalmodient.
— A Corveissiat, l'instituteur dit vêpres tous les dimanches.
— A Viriat « il a été porté des corps morts dans le Temple
de la Raison ». Pierre Jouvent, maître d'école et autres
citoyens, y disent vêpres. Le même Jouvent ondoie les

nouveaux-nés : on le fait amener à Bourg par un gendarme, on l'admoneste, on lui fait promettre de ne pas récidiver, de ne pas parler aux enfants de l'ancien culte, de leur procurer des livres républicains ; et on le renvoie chez lui (ceci le 30 nivôse an III, 19 janvier 1795).

Quinze jours après, le District expédie à qui de droit un arrêté du Comité de salut public par lequel le Comité de surveillance est tenu, sous sa responsabilité, de s'opposer à tous rassemblements fanatiques, d'arrêter les orateurs et auteurs de ces rassemblements. Je ne vois pas qu'on en ait tenu compte.

En somme, le gouvernement thermidorien veut presque tout ce que voulait son prédécesseur. Il diffère de lui en ce qu'il ne sait pas faire exécuter ce qu'il veut. A la fin de 1794, de vieilles femmes lui forcent la main.

Après tout il fallait arriver à la liberté de conscience.

Mais au printemps 1795, on nous mènera où il ne fallait aller à aucun prix.

X.

LA CONTRE-RÉVOLUTION.— NOS CONVENTIONNELS AU 1ᵉʳ PRAIRIAL. — GOUJON. — TUERIES DE CHALLE LE 19 AVRIL ET DU PONT-DE-JUGNON LE 1ᵉʳ JUIN 1795.

Le premier écrivain de notre pays a écrit : « Jamais la puissance de la Convention n'avait été plus grande... Je ne sais si après tant d'échafauds, il pouvait être donné à ces hommes d'ordonner l'oubli et de se faire obéir. Je ne sais si cela ne dépasse pas les limites des choses humaines... Leur devoir était de le tenter. Ils firent le contraire. » (Quinet, *Révolution*. II, 240.)

Les Thermidoriens ne pouvaient proposer le pardon aux autres, ils ne savaient pas se l'imposer à eux-mêmes. Pas plus que les Jacobins ils ne se croyaient les maîtres si leurs adversaires vivaient. Et ils vont épouser simplement la politique de ceux qu'ils viennent de renverser.

Les prisons vides un jour se repeuplèrent. Ceux qu'on appelait alors les Intrigants, qu'on nomme aujourd'hui les Terroristes, remplacèrent les Royalistes et Girondins dans les cachots. Aux meneurs de Bourg vinrent se joindre ceux des autres Districts. Leur nombre s'élevait à quarante environ à l'automne 1794.

Le gouvernement nouveau, peu différent de son devancier par les principes, prétendait bien se distinguer de lui par la modération et l'équité. Il avait à prouver l'une et l'autre.

Parmi les nouveaux détenus il y avait des exaltés conduits à des actes terribles par la haine de l'ancien régime et l'amour de la Révolution. — Il y avait deux

ou trois bêtes féroces à leur suite ; il y en a dans les bas-
fonds de toutes nos sociétés et toutes les révolutions les
démusèlent. — Il y avait enfin des fripons parmi les meneurs, et des imbéciles parmi les menés. Il fallait démêler,
proportionner les châtiments aux crimes ; c'est ce qui
s'appelle juger. Il fallait éviter par-dessus tout que ces
châtiments ne dégénérassent en représailles. Un gouvernement régulier punit (le moins possible). De se venger il
n'a garde.

Boysset avait été, par le Comité de salut public, chargé
de statuer sur la procédure commencée contre Desisles et
ses co-accusés. Il ne s'en soucia et prit le 8 fructidor
(25 août) un arrêté ordonnant un supplément d'instruction, et la formation d'une commission municipale chargée
d'y vaquer. Celle-ci, composée des quatre membres les
plus considérables de la Commune thermidorienne, cita
régulièrement cinq cents personnes appelées à déposer
sur les faits imputés aux Détenus.

Cette enquête paraît avoir duré du 8 fructidor au 17
frimaire (7 septembre), date à laquelle nous voyons les
Commissaires remettre « les dénonciations » au Comité de
surveillance, celui-ci devant prononcer la mise en accusation s'il y avait lieu.

Dans l'intervalle de trois mois et demi, l'attention
publique, si elle eût pu être distraite de cette affaire, y
eût été ramenée de deux façons :

1° Par les réclamations bruyantes des nouveaux détenus
contre l'insalubrité de leur prison et contre les traitements qu'ils disaient y recevoir. — L'insalubrité n'était pas
douteuse, ils n'y avaient pas remédié pendant qu'ils
régnaient et ne pouvaient espérer des ménagements dont
si récemment ils avaient manqué. — Quant aux mauvais

traitements, je ne suis pas en mesure de pouvoir rien affirmer... L'un d'eux s'était pendu dans son cachot...

On les ôta *des Barreaux* le 10 vendémiaire (1ᵉʳ octobre); quatre jours après on les y remit sur l'ordre de Boysset. Le 17 frimaire (7 décembre), le froid arrivant, on leur donna des chambres meilleures, mais le lendemain ils tentèrent de s'évader, on les rejeta définitivement dans l'*In pace*.

2° Leurs femmes, aussi dévouées qu'eux à leur cause, étaient « plus furieuses et plus imprudentes qu'eux » (Michelet). J'en vois une qui, folle de douleur et peut-être sans pain, va insulter *tous les jours* le poste de la prison où on a mis son mari (un serrurier qui avait forcé la sacristie de Brou et s'était adjugé, affirme-t-on, ses reliquaires de vermeil).

Les autres jacobines se réunissaient, le soir, dans la maison de Desisles avec sa femme, sa belle-mère et sa belle-sœur. La population s'occupait et, nous dit-on, s'inquiétait de ces réunions « nocturnes », les épiait, les dénonçait. Le Comité de surveillance donna à ces femmes « l'avis fraternel de rester en leur ménage ». Elles n'y déférèrent pas, continuèrent de se réunir et de récriminer en toute occasion contre « les autorités constituées ». C'est, je le crains, dans tous les mondes, l'usage de toutes les femmes occupées de politique. « Les autorités constituées » firent la sottise d'en incarcérer sept le 10 vendémiaire. Boysset les fit élargir presque immédiatement.

3° On avait mis le séquestre sur le magasin d'orfèvrerie de Desisles. Sa belle-mère demanda qu'il fût levé, étant, disait-elle, en participation de commerce avec lui. Le Comité de surveillance rejeta la demande en appuyant sa délibération d'un réquisitoire spécial où on affirme que le Détenu avait « pris le marché des fournitures faites pour l'équipement des volontaires de 92 et 93, assisté à une réunion nocturne où avait été décidé le- transfert à Lyon des suppliciés du 18 février »...

Ces réclamations entretenaient les colères, les inquiétudes, surexcitaient les impatiences. Qu'attendait-on pour passer outre, voter l'accusation d'avance résolue, commencer le procès ?

Peut-être que, les impatiences étant usées, les colères assoupies, les inquiétudes dissipées, on put éviter un jugement *ab irato*?

Mais la situation générale, assez perplexe, se gâtait de plus en plus. Thermidor était l'œuvre d'une coalition, laquelle s'était dissoute bientôt comme de raison et comme de coutume. Une guerre sans merci commençait entre les alliés contre nature. Paris se remettant à s'agiter sous la triple impulsion de la *jeunesse dorée* de Fréron, des Jacobins et de Babœuf (janvier et février 1795), la majorité girondine de la Convention se décida à agir contre la minorité montagnarde. Le 21 pluviôse (9 février) commence l'attaque contre les Jacobins. Babœuf est incarcéré douze jours après. Le dernier jour de février l'on renvoie aux Comités une proposition de Fréron demandant la révision des lois *Révolutionnaires*. Et le 2 mars on procède *révolutionnairement* contre Billaut, Collot, Vadier et Barrère...

Cependant la Province n'avait garde de ne pas imiter Paris. Et Lyon, comme il lui arrive, s'arrangea pour le dépasser. On jugeait là les juges de la Commission révolutionnaire, Fernex dont il a été parlé plus haut fut acquitté. Des femmes furieuses s'emparèrent de lui au sortir du tribunal, le mutilèrent avec leurs ciseaux, le traînèrent par les pieds des Terreaux au Collège, et le

jetèrent, vivant encore, au Rhône où on l'acheva à coups
de harpons. (Balleydier, III, p. 70.)

Cela donna ici gain de cause aux impatients. Le 12 ventôse (2 mars), les citoyens Buget et Picquet déposèrent
leur rapport (de 77 pages) sur les dépositions ou « dénonciations » au Comité de surveillance qui en approuva
les conclusions.

Ensuite de quoi ledit Comité « accuse devant le Peuple
et dénonce aux tribunaux qui doivent en connaître :

» Blanc-Desisles, ex-Procureur-syndic de la commune;

» Layman, ex-Officier municipal ;

» Alban, ex-Maire ;

» Rollet, ex-Agent-national au District ;

» Merle, ex-Accusateur public ;

» Chaigneau, Receveur des domaines, notable ;

» Gay, Receveur des taxes révolutionnaires ;

» Frilet, ex-Conseiller au Présidial, Officier municipal ;

» Juvanon, ex-Administrateur au District ; »

Et dix comparses qui n'ont pas été nommés ici ;

» Prévenus de dilapidation de valeurs appartenant à
la Nation, — vols aux citoyens, — d'avoir entretenu dans
le Département, quinze mois, la plus affreuse terreur —
fait égorger quinze citoyens probes, — incarcérer grand
nombre d'autres, — commis des vexations et abus de
tout genre dans les fonctions qu'ils avaient usurpées... »

Tous dans les cachots de Sainte-Claire, sauf le Maire
Alban qui n'avait pas quitté la Conciergerie.

A trois jours de là, les Représentants en mission
Richaud et Borel, ordonnent « le désarmement de ceux
qui ont participé à la tyrannie d'avant Thermidor ». Ceci
en prévision du procès qui tombe mal, car Paris remue et
l'effervescence de là bas va gagner ici.

Le parti jacobin ne pouvait croire à son impopularité, à sa déchéance. La même méprise est faite par tous les partis détrônés. On les laisse dire qu'il n'y a de salut pour la Société que par eux, que le peuple les suit et leur est indissolublement lié par un vote formel, ou par ses intérêts : ils finissent par en être persuadés. Quand ils sont renversés, ils tiennent que leur chute est le résultat d'une méprise, d'une surprise, d'un guet-apens, et que la France n'a de souci, d'espoir, d'affaire que leur relèvement. De là des tentatives qui les désabusent trop tard.

Le 1er germinal (24 mars) le faubourg Saint-Antoine va aux Tuileries réclamer la constitution de 1793. Siéyès fait voter en réponse que si la Convention est menacée elle ira siéger à Châlons. Le 7, des jacobines envahissent la salle demandant du pain : elles reviennent le 1er avril (12 germinal). La réponse de l'Assemblée à cette fois, c'est la déportation sans jugement préalable de douze députés montagnards ou hébertistes (dont Amar).

C'est à la même date (10 germinal) que les Jacobines de Bourg essayèrent, elles aussi, nous dit-on, d'ameuter la population. Nous étions affligés de la même disette qui avait rendu les mouvements de Paris possibles. Malgré la suppression tardive du Maximum (en décembre 1794) le prix du pain avait encore augmenté. Ces femmes attribuaient tout haut la cherté à une municipalité composée d'aristocrates et de fédéralistes : on les emprisonna de rechef. On procéda au désarmement préventif ordonné par Richaud et Borel. On reconnut les officiers de la Garde-Nationale. On arma les corps de garde.

Les appréhensions que ces mesures impliquent étaient-elles feintes ? On se laisserait aller à le croire en songeant qu'à vingt jours de là, ce n'est pas pour relever les Jacobins, mais pour les écraser que la ville s'ameutera. Toutefois on ne voit ni la nécessité, ni le profit possible d'une comédie. Le parti jacobin était peu nombreux, dépopularisé, mais furieux. Un mois auparavant, le 12 ventôse (2 mars), exaspéré par les démonstrations catholiques des campagnes voisines, il avait nuitamment mutilé le portail de Brou, et comme il menaçait de forcer l'église et de continuer la dévastation, on avait, tant on craignait d'en venir aux mains avec ces désespérés, pris le parti pour garantir les merveilles du sanctuaire, d'encombrer celui-ci de paille et de foin. (Registre de correspondances. Comptesrendus décadaires.)

Les nouvelles de Paris, exagérées comme d'habitude par l'esprit de parti ou par la peur, encourageaient les entreprises. Les gens honnêtes et timorés qui avaient ajourné le procès, avaient donc peur d'un conflit possible, d'une collision dans la rue, un malheur qui nous avait été épargné jusque-là ; — si réellement peur qu'ils finirent, pour se rassurer, par recourir *in-extremis* à l'expédient qui a tourné d'une façon si lugubre.

Le 26 germinal (15 avril) la Commune prit un arrêté « portant que le grand nombre des détenus nécessite soixante hommes de garde tous les jours, ce qui surcharge trop la Garde-Nationale dont le plus grand nombre ne vivent que de leurs travaux journaliers... En conséquence il sera demandé aux Représentants en mission d'envoyer les *Contre-révolutionnaires (sic)* du département de l'Ain à un tribunal qu'ils croiront *que l'attribution de les juger appartient* »... (Nos Thermidoriens, on le voit, n'avaient pas plus de grammaire que leurs devanciers.)

Ce même jour on reprit avec plus d'autorité, aux termes d'une loi du 21 germinal, le désarmement commencé le 10.

L'arrêté des Représentants ordonnant « la translation des *Contre-révolutionnaires* du département de l'Ain au Tribunal criminel du Jura » suit : je n'en ai pas la date ; mais la translation devait être opérée le 30 (19 avril) jour de Décade, encore chômé. Les Représentants, il faut le dire, choisissaient là maladroitement, s'ils voulaient que la translation fût tranquille. — Croyons à une maladresse...

Nous connaissons la scène du 19 avril par le procès-verbal des six Notables du Conseil municipal chargés de conduire l'opération — et par une tradition orale assez constante.

Voici d'abord le procès-verbal rédigé immédiatement et inséré au Registre municipal le 1er floréal (20 avril).

« Il a été fait lecture du procès-verbal dressé le jour d'hier par les Commissaires nommés pour protéger la sortie de la ville des trente-six Détenus transférés de la maison d'arrêt de cette commune en la maison de justice du tribunal criminel de Lons-le-Saulnier ;

» Duquel il résulte que les Commissaires ont pris les mesures les plus sûres pour protéger le convoi des Détenus *pendant la traversée de la ville et du faubourg* — qu'ils ont fait placer la force armée commandée à cet effet de manière à ce que ledit convoi n'éprouvât aucun événement fâcheux, qu'ils ont eux-mêmes entouré les voitures sur lesquelles étaient les Détenus, afin de les défendre de toute atteinte...

» Mais qu'un rassemblement *innombrable* de citoyens de tout âge et de tout sexe, armé de bâtons, pierres et autres armes offensives, ayant forcé les rangs à l'arrivée des voitures sur la place Jemmapes (du Greffe), ils n'ont pu empêcher ce rassemblement de fondre sur les Détenus qui ont essuyé quelques légers coups de bâton. Cependant la force armée ayant resserré ses rangs et les Commissaires ayant *péroré autant qu'ils l'ont pu ledit rassemblement*, les voitures sont parvenues *à peu près* sans accident jusqu'à la sortie du faubourg du Jura.

» Là et à l'entrée de la route de St-Etienne-du-Bois, un rassemblement *encore plus nombreux* que le premier et composé non-seulement des citoyens de la Commune mais encore d'une *infinité de citoyens des campagnes* a de nouveau percé les rangs de la force armée et s'est porté sur les Détenus de la première voiture presque tous de Bourg auxquels ils ont porté plusieurs coups de bâton et de pierres, même des coups d'armes à feu, fusils ou pistolets.

» Qu'alors les Commissaires, la force armée, l'Accusateur public, décoré, et le citoyen O... administrateur du District, ont fait les plus grands efforts pour arrêter la fureur des citoyens, mais le grand nombre de ceux-ci a rendu ces efforts impuissants. Après s'être épuisés de fatigue et quelques-uns d'entr'eux ayant même été blessés, ils ont été forcés de voir les Détenus essuyer les plus mauvais traitements qui ont insensiblement augmenté...

» Les Commissaires ont, pour dernière mesure, fait doubler le pas à la première voiture, et lorsqu'ils ont vu le rassemblement à peu près dissipé, ils se sont retirés et ont dressé le présent procès-verbal... »

Voici ce que j'ai su de témoins oculaires :

On avait bien tout préparé pour que le départ des prisonniers pût avoir lieu de grand matin, avant que la ville fût éveillée. Mais un nombre insolite de Gardes nationaux dut être commandé la veille, cela réveilla l'attention ; l'heure, le lieu indiqués nécessairement renseignaient ; la

réunion des cinq ou six voitures, nécessaires aux trente-
six transférés, à la porte de la prison acheva d'avertir.
En un moment la ville fut debout.

Le signal de l'émeute fut donné place Jemmapes
(du Greffe) par une dame noble ayant perdu un des siens
sur l'échafaud du 18 février. Elle rompit l'escorte, et avec
des gestes, des cris, des larmes terribles fit pâlir les
prisonniers autour desquels commencèrent à gronder les
clameurs de mort.

Dans la rue étroite où le cortège s'engagea, ces clameurs
partant des fenêtres redoublèrent. Sur la place Marat
(place d'Armes) une autre femme, la femme infidèle du
plus considérable des transférés, se jeta sur la voiture
assaillie entre toutes où était son mari, pour le couvrir de
son corps ou pour lui dire adieu. C'était elle qui était
montée la première sur l'autel de Notre-Dame, le bonnet
phrygien sur sa tête blonde, la pique et le triangle dans
ses belles mains. Cette population qui l'avait adorée
insultait à ses larmes. « Si ton mari te manque trop, lui
criait-on, n'as-tu pas Méaulle pour te consoler ? »

Un peu plus loin, la foule dense empêchant les voitures
d'avancer, un furieux armé d'une bûche se jeta sur l'une
d'elles, menaçant le Sans-Culotte qui l'avait fait incarcérer.
Celui-ci embrassa un des gardes nationaux de l'escorte en
lui disant : « Citoyen G..... tu me connais, protège-moi ».
— « Oui bien, citoyen F..... je suis là pour çà », répondait
le Garde national avec phlegme, se détournant pour faire
place à l'assommeur. La foule forcenée applaudit.

Les chars funèbres avançaient lentement au milieu de
l'insulte croissante. Au faubourg du Jura, une femme en
grand deuil attendait à une fenêtre, un pistolet à la main.
Elle put choisir sa victime, la viser à loisir. Celui qu'elle

visait était le moins mauvais de tous, le seul qui, dans le lamentable groupe, gardât quelque fierté d'attitude. Elle tira ; un long cri partit que les battements de mains de la foule suivirent. Cette femme était la veuve de l'imprimeur guillotiné aux Terreaux dix mois avant ; elle imputait la mort de son mari à celui dont elle prenait ainsi la vie.

La scène qui eut lieu à l'issue du faubourg est suffisamment montrée par le procès-verbal. Les Commissaires remplirent leur mission qui était de protéger les Détenus *pendant la traversée de la ville et des faubourgs*, comme ils purent, mais à la lettre.

Or, à six cents mètres environ des dernières maisons, à la bifurcation des deux routes de Jasseron et de Lons-le-Saunier, au pied de la montée de Challe, un autre rassemblement attendait. Celui-là était composé de ces jeunes gens qu'on nommait *Muscadins* et de quelques paysans venus (appelés peut-être) des communes voisines. Ils étaient armés de bâtons ferrés, se jetèrent sur la première voiture et achevèrent l'œuvre abominable.

Les principaux détenus de Bourg étaient là au nombre de huit, six périrent. L'état civil s'en tait. Lalande a imprimé leurs noms (dans une note ajoutée à son éloge de Joubert, tirée à part). Ce sont Desisles, Rollet, Merle, Juvanon, Chaigneau et Ducret. Je ne sais pas ce qu'on a fait de leurs cadavres.

Un document bref apporté par Lalande permet d'évaluer le nombre des égorgeurs. A la veille du coup d'état de Fructidor, le Directoire ordonna des poursuites contre 132 des Compagnons de Jésus et de leurs émules (13 messidor an V). Le tribunal d'Yssengeau chargé de l'instruction lança à Bourg, le 19 floréal an VI (8 mai 1798), 26 mandats d'amener qui répandirent la terreur. « Cent personnes

découchèrent, ajoute Lalande : Bo..... a couché chez moi. »
Le premier chiffre que nous avons là est sans doute
précis ; il implique qu'il y avait des charges positives
contre *vingt-six* personnes. Le second est plutôt un
nombre rond ; il permet encore d'admettre que les gens
s'estimant plus ou moins compromis étaient une centaine.
(Les prévenus de Bourg furent acquittés ; voir la note sur
les Compagnons de Jésus.)

J'ai connu deux des égorgeurs vers 1827, fort dévoués
à la Restauration. Je m'abstiendrai de les nommer pour
deux raisons : je n'ai de preuve contre eux que la notoriété de l'imputation, et je ne crois pas licite de punir
leurs petits-enfants de leur méfait.

Rien ne me donne à penser que les *Compagnons de
Jésus* lyonnais aient été de quelque chose dans cette
tragédie. Il n'en sera pas de même de celle qui suivra à
bref délai. Un historien de Lyon (Montfalcon) raconte que
« les Compagnies de Jésus », royalistes et catholiques,
s'étaient organisées en sa ville aux mois précédents (t. II,
p. 1058). Un autre, plus explicite, M. Balleydier, est à
citer textuellement. « Les chefs de la réaction (dit-il, t. III,
p. 106) organisèrent une société d'hommes d'action et lui
donnèrent le nom de Compagnie de Jésus... Les membres
armés d'un bâton ferré portaient un chapeau à la victime,
une cravate verte d'une hauteur prodigieuse, une carmagnole flottant sur une ceinture rouge garnie de pistolets et
un sabre-briquet. Cette société avait ses bureaux, ses
agents et ses *exécuteurs* »...

Si ces exécuteurs, ainsi faits, eussent figuré dans la
journée du 19 avril, il en serait resté vestige, soit dans le
rapport officiel, soit dans la tradition. Voir leur main dans
la tuerie de Challe, c'est confondre celle-ci avec celle du
Pont-de-Jugnon.

Non ; les paysans appelés la veille au soir et accourus le matin de trois villages qu'on désigne, les Muscadins dont on sait les noms et qu'on a connus n'étaient pas compagnons de Jésus. Les Muscadins, c'est vrai, s'étaient souvenus de l'acquittement et du dépècement de Fernex : ils craignaient que le tribunal de Lons-le-Saunier n'imitât celui de Lyon et ont copié eux-mêmes les *tricoteuses* de la rue Royale.

Cette émulation horrible ne devait pas s'arrêter là. Si nous avons suivi, le 19 avril, l'exemple de notre grande voisine, elle nous le rendit le 5 mai avec usure. « Le 16 floréal au soir, on se réunit aux spectacles. De là les trois cents compagnons de Jésus en trois bandes se portent aux prisons. Dans l'une les Détenus se défendirent en désespérés, on les *brûla vivants* ». C'est à Michelet qu'on prend cette indication sommaire. M. Balleydier, royaliste et honnête, a un long récit bon à lire et qui se termine par ces deux mots : « Ce fut une longue et épouvantable boucherie... compliquée d'obcénités »... (III, p. 109 et 117.)

Dorfeuille périt dans cette soirée ; ceux qu'ils avaient mitraillés à la Tête-d'Or ne pouvaient demander davantage.

Pendant la période sinistre qui va de la tuerie du 19 avril à celle du 3 juin se produit un fait qui est bien la suite logique de la première et la préface de la seconde. Nous en noterons là un autre encore, mieux là qu'ailleurs.

Le premier, c'est l'adresse des 379. La fièvre qui nous tient n'est pas calmée par la saignée de Challe. Desisles, Rollet ont payé à la réaction ce qu'ils doivent. Et nous soupçonnions bien ce que Lons-le-Saunier allait faire de Frilet et de Layman que nos Muscadins avaient laissé échapper. Mais de nos maîtres de la veille il en est qui sont hors de portée. 379 signataires de toutes conditions

demandent donc ici, le 23 floréal (12 mai) à la Convention
« de punir selon l'énormité de leurs crimes les monstres
Amar, Javogues, Albitte et Méaulle ».

Plusieurs points sont à signaler dans cette adresse.

Et d'abord les noms des signataires (j'ai connu encore
les principaux). Il en ressort pour moi que tout ce qui
n'était pas sans-culotte ici s'est fait thermidorien, hélas !

Je le vois de plus : dans cet entraînement si dangereux
des révolutions, tous perdent toute mesure. La commission des Terreaux frappait hier de la même peine les chefs
militants de la rébellion lyonnaise et ses complices in petto.
Voilà aujourd'hui des gens honnêtes et sensés (politique à
part) qui confondent dans le même anathème les pourvoyeurs de la guillotine et celui qui a enrayé ici la Terreur !

Dans cette adresse, au dossier assez chargé d'Albitte, on
parle de son « goût pour la parure » et de ses « combats
contre la milice de Vénus ». Dans celui de Méaulle assez
mince on lui reproche son penchant pour « les femmes
sans pudeur » et aussi pour « la pêche aux anguilles ».
Ceci dut empêcher à Paris de prendre le reste au sérieux.

Amar, lui, est accusé de « fureurs incendiaires », et
encore « d'avoir agité les brandons de la discorde dans
notre cité paisible ». Or, dans l'adresse du 23 mai 1794 au
Comité de salut public, émanée du même parti et revêtue
de beaucoup des mêmes signatures, le même Amar est
montré « rétablissant le calme et la paix dans cette cité ! »

On voit le degré de créance que méritent les pamphlets
du temps, l'autorité qu'ils ont.

A la Convention Albitte paya d'audace. Méaulle établit
qu'il avait élargi dans l'Ain « plus de deux cents détenus ».
Amar et Javogues emprisonnés ne répondirent pas. L'Assemblée renvoya l'adresse aux Comités qui l'enterrèrent.

Le second fait à noter ici, c'est la continuation de la disette. C'est la disette qui va amener le 1ᵉʳ Prairial ; et c'est cette journée néfaste qui déterminera de nouveaux massacres.

Voici une pièce montrant d'abord la situation des marchés, puis en expliquant fort crûment la raison. C'est une adresse de la Commune de Bourg aux abois (au District et au Département) :

« Citoyens, les habitants de la campagne ont ce qui est de la plus absolue nécessité, la nourriture... et se refusent à livrer les denrées à un prix honnête. Ils se rendent par là les tyrans et les homicides des habitants des villes.

« Après tous les maux que la Commune de Bourg a éprouvés de la part des Terroristes et buveurs de sang, il lui était réservé un autre genre de tyrannie *plus cruel encore*.

« Nous sommes entourés de champs fertiles qui ont rendu une moisson abondante, il n'arrive aucuns grains au marché de la Commune. Le cultivateur les enfouit dans ses greniers, parce que ses coffres *regorgent d'assignats*.

« Cet égoïsme et cette insociable avarice sera la source des maux qui vont bientôt accabler toute la République... Quelques personnes de la classe ouvrière et malheureuse de Bourg se portent déjà à des murmures contre les Officiers municipaux. Ils disent ouvertement et d'un air menaçant que du temps de leur précédente municipalité ils avaient le blé à *trois* livres cinq sols la mesure, qu'ils sont à présent obligés de la payer jusqu'à *cent quarante* livres et qu'ils ne peuvent atteindre à ce prix exorbitant.

« Les officiers municipaux de la Commune de Bourg ont cru qu'il était de leur devoir de dénoncer les maux qui les entourent, les murmures et propos séditieux excités sourdement par les Terroristes... afin que le remède soit promptement appliqué à la plaie prête à dévorer le corps politique et à armer (sic) le peuple des villes contre celui des campagnes »...

Je livre cette pièce étrange dans son incorrection.

L'obstination du paysan à garder ses denrées est donc la cause unique de la pénurie des villes. Or, cette disposition des campagnards est attribuée nettement, par la Commune de Bourg, très bien placée pour en connaître, à la dépréciation des assignats. La grande chute du papier-monnaie républicain est en effet de la date où nous arrivons.

L'assignat de cent livres valait 60 à 65 livres en numéraire en janvier 1793 ; en 1794 il valait encore 48 à 50 livres ; en avril 1795 il tomba à 13 ou 14. La première et principale cause de la chute du papier républicain à cette dernière date, ce fut l'invasion des faux assignats fabriqués le mois d'auparavant par les prêtres réfractaires avec la permission de l'évêque de Dol et pour le compte de Puysaie, l'agent des princes en Angleterre. (Voir chez L. Blanc, tome XII, p. 105, la lettre du curé Douduit ; l'autographe est au Musée britannique). Ce même assignat de 100 livres ne vaudra plus que 10 sols en mars 1796, quand les émigrés et les réfractaires rentrant viendront annoncer tout haut dans les campagnes que la République et la Révolution sont à bout.

Le paysan, voyant de ses yeux et touchant de ses mains en 1796 l'ancien seigneur et l'ancien prêtre, en conclura logiquement que l'ancien régime va ressusciter. Et voyant les Muscadins dévaliser sur les grandes routes les convois d'argent de l'Etat impunément, il conclura encore que la République se mourait, qu'elle était morte.

Son papier ne pouvait pas lui survivre. Ce n'est pas l'égoïsme du paysan qu'il faut accuser, c'est sa clairvoyance.

Il manque, chez nos historiens, un chapitre sur le rôle des paysans pendant la Révolution. On ne l'a pas fait ici davantage ; mais on a peut-être réuni quelques matériaux pour sa rédaction future. La Commune de Bourg récriminant contre les Terroristes a emprunté ici leurs arguments contre les campagnes. Barrère, à la fin de 1793, les accusait déjà « de ne songer qu'à leurs profits et à affamer les marchés » (*Moniteur*, n° 43,793). Entre autres réponses possibles, j'en vois une catégorique dans un des procès-verbaux de notre hôtel de ville (du 20 thermidor). On lit là cet incroyable aveu : « Si l'égoïsme des gens des campagnes a causé la pénurie, les *mauvais traitements* faits à ceux qui avaient le courage d'amener des grains et comestibles n'y ont pas peu contribué ».

L'ancien régime n'est détruit que de nom. Pour ces taillables et corvéables d'hier, qu'on y songe donc, la notion de patrie n'existe pas. La patrie ! Elle ne faisait rien pour eux que de les exploiter et saigner à blanc. La politique pratique résultant de leur expérience de mille ans est bien résumée tout entière en cette terrible sentence de l'auteur du *Paysan du Danube :* « Notre ennemi ? c'est notre maître ». Le XVIIIe siècle n'y a rien changé en fait : sa prédication, plus humaine n'est pas descendue si bas. La Révolution a voulu transformer les serfs en citoyens, mais la métamorphose n'est pas bien avancée. En attendant, les gens des villes traitent ceux des campagnes comme les anciens seigneurs les ont toujours traités. On les réquisitionne quand ils désertent les marchés ; quand ils y viennent on les pille et on les bat.

Revenons à mars 1795. Le Conseil municipal de Bourg, non suspect de dénigrement pour le régime thermidorien (il en est), arrive donc à nous dire que ce régime est plus pénible pour lui que le précédent. C'est que, le 17 ventôse (7 mars), il a été « envahi par quarante-cinq femmes coalisées » demandant du pain. Il réquisitionne. Le 27 une sommation aux campagnes d'avoir à fournir 6,000 coupes de blé nous en amènera encore 1,659. En germinal (avril) le pain se paiera ici *trente-sept sous* la livre. Enfin le 6 prairial (25 mai) il n'arrivera à Bourg « aucune espèce de grain au marché ». Nous allons voir qu'à Paris la situation n'est pas différente. C'est là qu'elle va produire ses conséquences inévitables.

Ici et là jusqu'à la fin, cette terrible question des subsistances pèsera sur les destinées de la Révolution, exaspérant tout. La réaction est prête à exploiter les fautes que la disette et la misère feront faire aux Jacobins. Ceux-ci irrités, maladroits par cela même, iront au-devant de la catastrophe dont ils ne se relèveront pas.

Le 1ᵉʳ prairial (20 mai 1795), le pain manquant aussi à Paris, on se porta sur les Tuileries. La section Bon-Conseil vint lire une adresse où l'on insistait sur le massacre de Lyon, où l'on demandait l'abrogation du Gouvernement révolutionnaire, la constitution de 1793, des élections, du pain. On sait ce qui suivit (vers deux heures) : l'envahissement de la salle par les faubourgs, l'agonie de la Convention.

Après sept heures de tumulte, de violences, après ce premier égorgement de Féraud qui pouvait en faire prévoir d'autres, la Montagne intervint, conduite par notre Goujon. En escaladant le bureau il criait à ses amis : « Marchons à la mort ! » tant il s'abusait peu sur le succès. La tentative était bien tardive, par là malhabile, mais par là aussi montrant assez qu'elle n'était ni préméditée, ni préparée. Ils votèrent et firent voter, entre autres choses, l'abolition de la peine de mort, puis une série de résolutions qui les mettait au pouvoir.

Ils n'eurent pas le temps de s'y installer. Les sections thermidoriennes arrivèrent à minuit. On se hâta de brûler les minutes des décrets votés, ce qui donne à penser que l'impression en eût été bonne pour les Montagnards. Après quoi la Convention se mit tout de suite à proscrire ces hommes qui venaient de la sauver peut-être d'une dissolution violente, peut-être d'un massacre.

« Les derniers des Romains », Romme, Soubrany, Goujon, etc., furent emmenés d'abord en Bretagne, au fort du Taureau, sur un rocher en face de Morlaix, pour être déportés, ce semble. Puis la réaction montant, on se ravisa, on les ramena à Paris où on osa les traduire devant une commission militaire. « La Convention traitait Paris en ville prise » (Clarétie). Une voix réclama, poignante, redemandant « les garanties que la loi accorde aux accusés » ; c'était la voix de la mère de Goujon : on n'écouta rien. Les défenses écrites des prétendus *auteurs* de la rébellion du 1ᵉʳ prairial » ne furent pas même lues et on écrivit dans l'arrêt qu'on les condamnait *sur leur propre aveu* ».

Nous avons vu les commissions lyonnaises à l'œuvre, elles n'ont pas osé une pareille infamie.

Ils entendirent impassibles la sentence abominable et, au sortir du tribunal, se frappèrent au cœur d'un couteau qui passa sanglant de main en main.

Goujon avait 29 ans. A 12, il avait assisté à la bataille d'Ouessant. A deux reprises on avait voulu le faire ministre, sa capacité administrative étant démontrée. Il avait préféré aller aux armées et avait pris une glorieuse part à la conquête du Palatinat. Il reste de lui un *Hymne de mort* d'une poésie énergique et altière, sa *Défense*, des lettres dernières en l'une desquelles on lit : « Je n'ai jamais voté l'arrestation illégale d'aucun de mes collègues, jamais je n'ai voté l'accusation, ni le jugement d'aucun ». Il n'y en avait guères, parmi ceux qui le tuèrent, qui pussent en dire autant : et ceci aurait dû le sauver de cette condamnation et de cette mort iniques. Ce n'est pas un médiocre honneur pour nous d'avoir donné à la Révolution un pareil combattant. Il est de ceux qui la défendent le mieux contre l'insulte croissante.

Le sang versé contre la justice charge éternellement ceux qui l'ont répandu. De tout celui prodigué par les deux Terreurs (la rouge et la blanche), il n'en est pas qui crie plus haut que le sang de Goujon. On a tué ces hommes-ci pour des motifs qui, en équité, devaient les faire épargner.

Ils avaient, par haine de la dictature, collaboré ou adhéré au 9 thermidor, et ainsi sauvé une première fois Tallien, Fouché, Fréron, du sort à eux réservé par Robespierre. Pour récompense on les frustra de leur part du pouvoir reconquis en commun : on n'entendait pas partager.

Féraud fut égorgé le 1er prairial parce qu'on le prit pour Fréron. On le voit par là : la Montagne sauva la vie aux Thermidoriens ce jour-là une seconde fois. Ceux-ci dès lors ne pouvait moins faire que de l'envoyer à la guillotine.

Tallien, Fréron, Fouché, ces gens les plus tarés et les plus sanglants de la Convention, devaient se dire : Prairial recommencera demain et, conduit cette fois, aboutira.

Soubrany, Goujon, Romme sont la dernière ressource, le dernier espoir d'une démocratie sincère. Or, Tallien, Fouché, Fréron ne voulaient d'aucune démocratie. Ils voulaient dévorer tranquilles leur règne d'un moment. Et ce règne va achever de salir la Révolution avant de la tuer.

Albitte eût pu partager l'échafaud des derniers Montagnards, quoique indigne ; il se déroba à cet honneur en s'évadant. Quinze autres représentants furent poursuivis, dont Jagot (dénoncé par les rancunes de Gouly) et Javogues. Ils furent compris dans l'amnistie du 4 brumaire an IV (26 octobre 1795). Javogues sera fusillé à un an de là comme fauteur de la révolte de Grenelle.

Ainsi finit la Montagne, perdue par ses auxiliaires.

Elle avait, en cette lugubre nuit du 1er prairial, proclamé l'élargissement des détenus. Il y fut pourvu. Au milieu des larges tueries qui suivirent à Tarascon, à Aix, à Marseille, à Toulon, dans le Comtat, et qui firent, au compte du réacteur Prudhomme, 750 victimes, le modeste sacrifice humain de Lons-le-Saunier n'a guère été aperçu. Nous avons sujet d'y regarder.

Les Terroristes échappés à la tuerie de Challe étaient arrivés le soir du jour de leur départ en cette ville qui s'appelait alors *Franciade*. Une escorte de cinquante Gardes nationaux les reçut. Ils furent enfermés dans la *tour des Cordeliers* et y vécurent tranquilles un mois.

Mais le 6 prairial (25 mai), c'est-à-dire au reçu des nouvelles de Paris du 1er, un attroupement se forme, se porte sur la prison, parvient à y entrer. Le Maire de la ville accourt, dissipe les émeutiers et se retire. Un peu après, l'attroupement se reforme, revient, oblige le geôlier à livrer ses clefs, force des grilles de fer. Quand le Maire arriva de nouveau, il trouva « le citoyen Frilet, de Bourg, tué d'un coup de pistolet ; Layman, de Bourg, étendu dans la cour, blessé à plusieurs endroits... »

La journée du 7 (26) se passa sans événements. La nuit du 7 au 8, les Muscadins, au nombre de 20, forcent de nouveau les portes de la tour des Cordeliers, escaladent des murailles. Layman est *achevé*, Tabey (du Jura) tué. Ceci est pris à l'*Histoire de la Révolution dans le Jura* d'A. Sommier.

J'arrive à un fait plus odieux encore que ceux que je viens de raconter. Je ne plaide pas les circonstances atténuantes pour les tueries du 19 avril et du 25 mai. La *vendetta* est en horreur à nos lois et à nos mœurs. Ces neuf malheureux écharpés à Challe et à la tour des Cordeliers n'étaient pas également coupables. Si plusieurs avaient mérité la mort, les égorgeurs, sans discerner, leur ont infligé à tous mille morts : des gens qui prennent leur vengeance ne comptent pas les coups et ne regardent pas où ils frappent. Du moins le massacre du 19 paraît avoir été à peu près spontané. Et dans l'intention des massacreurs c'était une revanche. On ne peut rien dire de pareil, je le crains, du guet-apens du 1er juin.

Il y avait à Sainte-Claire une vingtaine de Jacobins du Jura envoyés ici pour la raison qui avait fait conduire les nôtres à Lons-le-Saunier. Les charges qui pesaient sur eux ressemblent à celles qui pesaient sur les nôtres. (Toutefois l'exécution à Paris des douze meneurs de la sécession girondine chez nos voisins paraît avoir été imputable surtout à leur compatriote Dumas, le vice-président du Tribunal révolutionnaire.) Pourquoi, si peu de temps après les scènes de la tour des Cordeliers aux 25 et 27 mai, on résolut de ramener des détenus dans une ville où les prisons étaient si mal gardées, je ne l'ai pas vu, je ne le comprends pas et j'ai peine à me défendre d'une supposition affreuse.

Quoi qu'il. en soit, voici ce que je lis dans le registre municipal de Bourg à la date du 10 prairial (29 mai) :

« Des *jeunes gens inconnus*, arrivés dans cette commune, *se proposent*, à la faveur de la nuit, de *forcer la Maison de justice pour assommer les Terroristes* du Jura y détenus. Il sera fait une députation au District pour l'inviter à seconder la Commune dans les mesures à prendre pour mettre en sûreté les Détenus. »— L'affirmation ne saurait être plus expresse : nous devons croire qu'on parle là de science certaine.

Deux municipaux nommés commissaires sont chargés de visiter les auberges, de découvrir ces jeunes gens étrangers, et ne les découvrent point. Ou la perquisition fut mal faite, ou les jeunes gens étrangers étaient descendus ailleurs que dans les auberges, chez des amis par exemple, autant vaut dire, hélas ! chez des complices... S'il fallait choisir entre les deux suppositions on choisirait à regret la seconde.

Le compte-rendu décadaire de l'Agent-national dit le lendemain 11 (30 mai) : « Le Procureur-syndic du District donne avis (à la Commune) qu'il se forme des rassemblements qui pourraient être funestes aux détenus du Jura. Il sera sur-le-champ donné des ordres à la Garde nationale pour renforcer les postes, en établir un à Sainte-Claire, faire de fréquentes patrouilles, dissiper tout rassemblement tumultueux, empêcher toute violence...

« Le Conseil restera en permanence cette nuit », etc., etc. Et plus loin : « Il résulte des patrouilles faites que tout est tranquille, qu'il n'y a aucune apparence que la sûreté des Détenus soit compromise. Comme il est minuit sonné, le Conseil s'ajourne au lendemain ».

Le lendemain, 31 mai, sur *quatre-vingts* Gardes-nationaux de service, il s'en présente *dix !*

Ceux qui manquent à l'appel seront inscrits *sur la liste des suspects*... Distribution *de cartouches* dans les postes... (Registre municipal.)

Les jeunes *inconnus* ne se souciaient pas d'avoir affaire avec *dix* honnêtes gens munis de cartouches ! Ils changèrent de plan. Et nous fûmes sauvés de la honte et de la douleur de voir nos rues ensanglantées une seconde fois.

Nos registres sont muets sur la scène du 13 prairial (1er juin). Elle ne s'est pas passée en la commune de Bourg. Le récit qui manque est suppléé dans l'*Histoire* d'Antoine Sommier par une lettre de M. le Maire de Bourg, adressée en 1840 à une personne de Lons-le-Saunier (nommée). Voici cette lettre écrite par le Secrétaire de la municipalité d'alors, vieillard contemporain du fait, et signée d'un nom que nous connaissons tous :

« Les prisonniers partirent le 1er au matin. A une lieue de Bourg, le jour commença à paraître. C'était au Pont-de-Jugnon, dans un endroit où la route est bordée de bois des deux côtés. Les prisonniers se croyaient sauvés quand *une multitude d'individus masqués* arrête le convoi, somme les gendarmes de se retirer. Alors un carnage épouvantable a lieu, les prisonniers sont criblés de balles. On s'aperçoit qu'ils portent sous leurs vêtements des liasses de papier qui amortissent les coups. La rage des massacreurs s'irrite, le sabre à la main, ils frappent les victimes à la figure. Quelques-uns des prisonniers fuient dans les bois ; ils les y poursuivent et les achèvent. Un échappe avec une lame de sabre dans le crâne, on le découvre, il demande grâce, on le rapporte à Bourg, puis pendant le trajet on lui tire un coup de pistolet...

« Ainsi périrent les principaux jacobins de Lons-le-Saunier, au nombre de dix. Leurs cadavres furent enterrés dans le cimetière de Viriat. Il ne fut fait qu'un seul acte de décès comprenant les noms sans désignation du genre de mort ». (Parmi ces noms figure celui d'André Rigueur, le principal terroriste de Lons-le-Saunier.)

« Le Maire de Bourg, dans sa lettre, déclare encore que les auteurs de l'assassinat étaient l'*élite de la Société* ». (A. Sommier, *H. de la Révolution dans le Jura*, pages 416, 417.)

Un récit antérieur de dix ou douze ans, de M. J....., maire de Lons-le-Saunier sous la Restauration, dit seulement que « parmi les assommeurs figuraient *quelques membres de familles notables* »...

Que faut-il faire de ces deux dernières assertions ?

Si elles concernaient les égorgeurs à visage découvert du 19 avril, il n'y aurait pas à réclamer, hélas !

Appliquées aux assassins masqués du 1er juin, elles donnent à penser que, pour consommer le guet-apens, les « jeunes inconnus » arrivés à Bourg le 30 mai, avec l'intention de « forcer la Maison de justice » n'ont pas refusé de s'associer quelques-uns de nos Muscadins, non rassasiés du sang versé par eux quarante jours auparavant.

J'aime mieux croire qu'à quarante-quatre années de distance la municipalité de Bourg aura confondu les deux tueries, comme de bonne heure la tradition orale a fait, comme elle le fait encore aujourd'hui. Et je suppose, jusqu'à preuve contraire, que les inconnus masqués du Pont-de-Jugnon venaient de Lyon ou, si l'on veut, de Lons-le-Saunier...

Le 17 prairial (5 juin), Boysset (alors à Mâcon ?) prit un arrêté invitant notre municipalité à rechercher les auteurs ou complices du meurtre du 1er, à examiner la conduite des gendarmes de l'escorte, à faire connaître les précautions prises par cette escorte pour assurer la sécurité des détenus...

La municipalité de Bourg avait fait, je le crois, tout le possible pour empêcher les deux tueries du 19 avril et du 1er juin. Je crois aussi qu'elle mit peu d'empressement à rechercher leurs auteurs. Elle attendit *onze* jours pour désigner deux commissaires chargés de faire la perquisition demandée, laissant ainsi à ceux qui avaient intérêt à s'y dérober tout le temps nécessaire. Et elle choisit comme à dessein pour cette tâche les deux personnages qui avaient si mal réussi en leur enquête du 11 prairial (30 mai) dans les auberges. Ceux-ci ne furent pas plus heureux le 28 (16 juin) naturellement.

La Municipalité déclare d'ailleurs que la conduite du brigadier et des cinq gendarmes chargés d'escorter les détenus « lui a toujours paru sans reproche », et s'en réfère à ses délibérations de la veille du meurtre pour établir qu'elle a pris les précautions dues, que ses mesures ont assuré la tranquillité de la ville, la sortie du convoi menacé « et que l'assassinat commis le 1er ayant eu lieu sur le territoire de la commune de Viriat, on ne peut imputer aucun défaut de vigilance au Conseil général de la commune de Bourg qui n'avait aucun droit, ni *aucun motif* de faire escorter les prisonniers sur un territoire étranger ». (Registre municipal.)

En tant que ceci concerne la journée du 1er juin, ceci est vrai, sauf le dernier mot. Il y avait *un motif* d'humanité à faire escorter les Détenus le plus longtemps possible puisqu'on savait la présence ici de gens venus pour les égorger. Le Conseil avait une meilleure raison à donner de son inertie, c'est à savoir les dispositions de la Garde nationale ; elle les avait laissé voir le 31 mai. Or, le Conseil n'avait pas d'autre force à sa disposition.

En ajoutant, aux quinze suppliciés du 18 février, celui du 26 ventôse (Duhamel) et celui du 5 floréal (Marin Rey), on a un total de dix-sept victimes.

Il y a eu à Challe six égorgements, deux à la tour des Cordeliers, dix au pont-de-Jugnon, en tout dix-huit.

Il semble en vérité que, suivant la vieille loi, on ait exigé « œil pour œil, dent pour dent », et que l'on ait compté les cadavres. Ceux qui se sont donné cette satisfaction stricte ont perdu par là le droit de reparler de la Terreur...

Certains vont crier que la comparaison établie là implicitement est intolérable : les victimes de 1794 sont innocentes ; celles de 1795 sont « des bêtes venimeuses qu'on avait droit d'écraser du pied »... (Lalande.)

Je répéterai, si l'on veut, ce qui est dit plus haut : les proscrits de 1794 assurément n'avaient pas mérité leur sort. Je répéterai aussi : sur les huit terroristes égorgés en 1795 dont je puis parler pour les connaître, si plusieurs — non pas tous — avaient mérité la mort, on leur a infligé à tous mille morts...

Quant aux égorgeurs des deux époques, il y a entre eux aussi quelque distinction à faire. La Commission de Lyon, à regarder l'ensemble de sa besogne horrible, a pourtant acquitté un accusé sur deux : à regarder ce qui nous concerne, sur les dix-huit que nous lui avons livrés, elle en a élargi trois. Elle restait en vérité capable de quelque discernement. Ces hommes qui, en 1795, ont assassiné sur le grand chemin, dans leur soif de vengeance, ne discernaient rien. Enfin Parein et Fernex n'étaient pas des lâches peut-être ; ils n'étaient pas masqués et signaient leurs arrêts...

Ayant répété plus haut le propos frénétique de Layman dans le paroxysme de la Terreur rouge, on doit par esprit d'équité montrer ce que l'on imprimait encore ici en 1800, longtemps après que la Terreur blanche était finie. Cela fera la balance. Donc l'homme le plus considérable de notre pays, Lalande, osait applaudir encore à des scènes d'abattoir, les autorisait—où le bel esprit va-t-il se nicher ? — d'un passage d'Ovide et d'un verset de l'Apocalypse stupéfaits de se coudoyer ! Bien plus, il regrettait que l'égorgement du 19 avril n'ait pas été plus complet. Il redemandait la vie de sept malheureux qui y avaient échappé !.. Cela se lit dans une note adjointe à l'éloge de Joubert, tirée à petit nombre et, je le crains, pour des gens triés qui partageaient ces sentiments. Que s'il y a dans cette explosion de férocité tardive quelque affectation, et l'envie de faire oublier à la bonne compagnie certain discours prononcé le 8 février 1794 à la fête de la Raison dans l'ex-chaire de Sainte-Geneviève, cela attesterait encore les dispositions de la bonne compagnie d'alors. Les moutons même étaient enragés.

Et s'il en était ainsi en 1800, qu'en était-il en 1795 !

La municipalité de Bourg si peu empressée à rechercher les massacreurs — décidément elle les connaissait — les croyait, paraît-il, fort capables de recommencer aux occasions. On voit cela dans sa conduite. Le 19 avril elle n'avait pas supposé que sa responsabilité dépassât l'extrémité de nos faubourgs. Le 5 juin elle admet implicitement qu'elle s'étend jusqu'aux limites de la Commune. Le 9 juillet, Belley nous transférant ses terroristes sous escorte, elle envoie « pour renforcer la force armée qui les conduit une brigade de gendarmerie, qui doit aller au-devant d'eux » jusqu'à rencontre, ce semble.

Enfin, quand de Bicêtre (où on mit ces transférés de Belley) on dut, pour les juger, les transférer en la Maison d'arrêt voisine de la Maison de justice, la Commune les escorta elle-même d'une geôle à l'autre, entourée de cent cinquante baïonnettes. Que ceci lui soit compté !

A deux ans de là encore, le 23 février 1797, quand le maire Alban, renvoyé ici de la Conciergerie où il était enfermé depuis avril 1794, devra être transféré à la haute-cour de Vendôme, on attendra huit heures du soir pour le tirer furtivement de la geôle « pendant la comédie, parce que les jeunes gens de Bourg voulaient en faire *justice* comme des autres tueurs ». (Lalande, *Anecdotes,* p. 126.)

Ni à Vendôme, ni ici les tribunaux ne furent sévères. On estima, ce semble, qu'à Challe leurs complices avaient payé pour ces malheureux.

On fit de même au Puy, quand après fructidor le Directoire poursuivit un peu tard les réacteurs de 1795 ; un d'entre eux accusé d'avoir pris part à la tuerie de Challe fut acquitté. Les tribunaux du moins voulaient sortir « *de cette orniére de sang et de boue des représailles où périssent ceux qui y entrent* ». (Thiers.)

J'ai connu, étant enfant, un de ces détenus de Bicêtre dont Lalande demandait la vie. Il était à l'aumône, converti, et distribuait, les dimanches, l'eau bénite de porte en porte (un usage qui s'est perdu). Les enfants avertis ne lui jetaient pas sans quelque effroi le sou qui payait son *Benedicat vos* et qui lui donnait du pain.

Douze jours après la tuerie du Pont-de-Jugnon, un

arrêté de la commune de Bourg affecta « l'église du ci-devant Collège (devenu le Gymnase) à l'exercice *des cultes* ». (Les prêtres assermentés purent seuls en user.)

Et le 9 messidor (27 juin) « le *Règlement de police* de 1750 fut remis en vigueur, la force armée pouvant être requise pour son exécution ». Le même jour, « les foires et marchés furent rétablis comme ils étaient avant 1789 ; ils se tiendront tous les sept jours ». C'est le nouveau calendrier qu'on abroge là de fait. Nulle résistance : les deux *Terreurs* ont usé ou brisé tout ressort.

Les démonstrations royalistes se succèdent chez nous pendant la seconde moitié de 1795. L'élection d'un émigré (Duplantier) provoque un retour offensif du parti républicain au commencement de 1796. Toute cette année, lutte fervente ; pas de sang, mais force injures et force gourmades. A la fin d'octobre, défaite des républicains. En 1797, nous nommons aux Anciens Picquet, lequel à la Constituante votait avec la Droite.

Le coup-d'état de Fructidor (4 septembre 1797) dérange tout cela. Et nos élections en 1798 sont, au dire de Lalande, « un peu jacobines ». Nous élisons un prêtre marié (Groscassand).

Mais en 1799, la reprise des hostilités, les levées d'hommes et d'argent tuent les Fructidoriens. Les paysans qui vendent mal (le blé est à 44 sous), les propriétaires non payés, les ouvriers sans travail remplacent les Jacobins par de futurs chevaliers de l'Empire. Ces élections vont rendre Brumaire possible.

Mais j'excède la limite que je me suis imposée.

XI.

RÉSUMÉ.

Quand le bien diminue, quand le mal prévaut, la société périclite ; si alors ceux qui la conduisent ne réussissent à la réformer, elle croule. Ne cherchons pas d'autres causes à la chute de l'ancien régime que ses prévarications.

A la fin du xviii° siècle, il y avait en France deux choses possibles : une révolution ou une réforme.

Une réforme, c'est-à-dire l'amendement de l'ancien régime et sa transformation, une transformation mûrement étudiée, patiemment et plus ou moins régulièrement menée à bien.

Cette réforme fut entreprise par Turgot en 1774. L'essai montra les empêchements et qu'ils étaient dirimants : c'est à savoir la faiblesse du Roi, le caprice de la Reine, l'inintelligence des parlementaires, la mauvaise volonté du clergé. (V. Droz, I, 171, 182, 167, 168). Louis XVI a pu dire : « Il n'y a que M. de Turgot et moi qui aimions le peuple ». C'eût été assez peut-être si le Roi avait eu, je ne dis pas du génie, mais quelque force de caractère et de volonté.

La réforme manquée en 1774 par le fait de ceux qui y étaient le plus intéressés pouvait-elle être reprise avec chance de succès par les Etats-Généraux en 1789 ?

Non, si l'on votait par ordre dans trois chambres égales en nombre ; les influences qui avaient tout fait manquer en 1774 devant prévaloir de rechef en ce cas, aux premières difficultés, à la première déconvenue.

Non, si l'on doublait le Tiers et si l'on votait par tête,

car le Tiers ne pouvait pas croire beaucoup à la réforme, croyait beaucoup à la Révolution et la voulait. Au petit groupe des gens prudents préoccupés de conserver ce qui pouvait rester de bon dans le vieux mécanisme, il disait : On ne met pas le vin nouveau dans de vieilles outres. Aux hommes de science prêchant la division, la pondération des pouvoirs, l'autonomie des provinces, etc., il répondait : C'est trop savant ; c'est trop anglais ou trop américain ; ce serait trop complexe, d'un fonctionnement trop laborieux et trop lent. On avait monté ce pays-ci à attendre l'âge d'or pour demain, pour ce soir, tout de suite. Il ne voulait véritablement rien de moins.

Le Tiers doublé, la Révolution était immanquable.

La Révolution, c'était d'abord la ruine totale de l'ordre ancien. Tout le monde y travailla, les uns par action, les autres par inaction, certains par des velléités de réaction peu sensées, prématurées, exaspérant et accélérant tout. Ce ne fut pas une démolition qui suivit, ce fut un effondrement. De là désordre complet, parfois péril des vies, souvent destruction partielle ou même totale des biens, souffrances de toute sorte, à peu près pour tous, jusqu'à ce qu'un ordre nouveau fût trouvé.

O théoriciens qui nous dites que cela fut en somme mal conduit, si vous savez dans l'histoire, dans la nôtre en particulier, des révolutions sans désordres et sans violences, montrez-les-nous. Ne le savez-vous pas ? les hommes sont faillibles ; et sur dix choses qu'ils font il y en a neuf — ou dix — qui ne sont pas bien faites.

Mais la Révolution, c'était encore et parallèlement la construction d'un ordre nouveau, absolument nouveau et simplement parfait, l'attente de cette génération étant ce qu'elle était. Nous sommes disposés à l'en railler, nous

désabusés. Prenons garde ; il y a dans l'histoire des générations ainsi faites, qui n'ont pas demandé moins que la
Jérusalem nouvelle.

Une construction sociale quelconque est chose en soi
difficile, plus difficile dans le bouleversement et effondrement qu'on a dit, les deux besognes s'enchevêtrant,
s'entravant ; le sang-froid manquant beaucoup à tous et
l'expérience pour le moins autant.

Nulle doctrine, nulle bonne volonté ne suppléent au
défaut d'expérience. S'il est une chimère au monde, c'est
l'idée alors acceptée de tous qu'on peut détruire le despotisme passé en habitude, établir la liberté en son lieu
et place, avec du patriotisme, de la droiture, une constitution logique, de belles chansons civiques, de belles
batailles gagnées. Démêler la liberté vraie de ses apparences, la mesurer et proportionner aux besoins veut de
l'étude, des tâtonnements, amène des méprises, des mé-
comptes, des déconvenues, exige du temps, de la patience,
de la suite : poser ses limites justes nécessite des efforts
coûteux, des luttes âpres, des souffrances douloureuses,
et au bout de tout des transactions difficiles à obtenir
d'autrui, à s'imposer à soi-même. Tout cela acquis, et la
liberté faite, reste le plus malaisé qui est de nous faire à
la liberté. Voilà quatre-vingt-dix ans que nous y travail-
lons ; y sommes-nous arrivés ?

Cette préparation à la liberté politique que les Etats-
Unis, la Belgique, l'Italie elle-même, ont due à leur éducation antérieure, à la conservation, à la pratique des
franchises provinciales ou communales, nous a manqué
grâce aux trois règnes malfaisants qui avaient systématiquement détruit ces franchises. Qu'est-ce donc que pouvaient, pour suppléer à cette instruction et habitude sécu-

laires de chacun et de tous, les constitutions improvisées
à coups de syllogismes par quelques disciples de Rousseau
oubliant la plus sage leçon de leur maître.

Jean-Jacques écrit lui-même que « l'expérience dans
les affaires éclaire plus sur l'art de conduire les hommes
que toutes les méditations ». Et quand on lui demande de
constituer la petite Corse, il veut *quatre ans* pour le faire
« n'étant pas sûr que *si peu de temps* lui suffit ». (Lettres
I et II à M. Butta-Foco.)

On n'a pas à apprécier ici les trois Constitutions qui
nous furent données de 1789 à 1795 et dont l'une coûta
moins d'un mois à ses auteurs. Le District de Bourg a
déclaré la première la meilleure qui ait jamais été. En
cherchant un peu on trouverait des déclarations d'amour
non moins chaudes pour les deux suivantes. Les vices
intrinsèques dont elles étaient abondamment pourvues
toutes trois ont été pour bien peu dans leur ruine précoce.
Deux autres causes y sont presque pour le tout.

On a insisté sur la première, sur des accidents extérieurs
(dont l'un absolument indépendant de la volonté des
hommes qui gouvernaient). La disette permanente et la
guerre permanente poussèrent à bout, ensauvagèrent une
population qui avait rêvé l'Age-d'Or, et qui avait à traverser un âge de fer. On explique la Terreur, personne
ne la défend plus. « Il est faux, a dit Louis Blanc, qu'elle
ait sauvé la France ; on peut affirmer qu'elle a éreinté la
Révolution ». Il faut la condamner aussi pour le mal
qu'elle a fait à la liberté, pour le bien qu'elle a compromis,
retardé, que son fantôme empêche encore. Mais enfin je
demande à ceux qui savent de l'histoire ou savent les
hommes : en quel temps, en quel pays, sous quelle constitution et sous quel Dieu, un peuple entièrement débridé

et maître chez lui, payant le pain quinze sols la livre, gardant ses blés la nuit dans la crainte qu'on les incendie, s'est-il préservé des mauvais conseils de la faim ?

On n'a pas assez montré l'autre cause qui, à elle seule, eût ruiné vite les plans bons ou mauvais de nos législateurs. Ces plans étaient neufs, grandioses, logiques, cohérents, faciles à entendre, sinon à exécuter. Ce pays qui les avait voulus tels était, lui, assez vieux, bien plus passionné que logicien, et fort prêt à sacrifier la logique à l'enthousiasme et à la colère. On avait changé ses lois, on n'avait pas changé ses mœurs. Pour vouloir être libres, nous n'avions, gouvernés ni gouvernants, aucunement perdu l'habitude, les traditions, le goût du despotisme. Et la France révolutionnaire restait, quoi qu'elle en eût, de par le tempérament que lui avaient fait mille ans de servitude (de par ce qu'on appelle aujourd'hui l'atavisme), l'héritière et la continuatrice inconsciente de l'ancienne France qu'elle allait renverser. Ses chefs ont voulu très sincèrement *faire toutes choses nouvelles* : il leur eût fallu pour cela d'abord se faire eux-mêmes des *hommes nouveaux*, se dépouiller de cette seconde nature que leur éducation leur avait donnée. Nés de l'ancien régime, restés ses fils quand même, formés par lui, ils ont usé et abusé de ses moyens de gouvernement. L'intolérance qu'ils veulent détruire en religion, ils la poussent en politique tout de suite, en irréligion bientôt, jusqu'où elle peut aller. Le *sois mon frère ou je te tue* n'est qu'une rédaction différente du *hors de l'Église point de salut* d'autrefois. On copiera sans scrupule les édits d'Arcadius contre un culte, ceux de Richelieu contre les châteaux, ceux de Louis XIV contre les Camisards. On prodiguera la peine de mort (qu'on parlait de supprimer) presque autant que nos anciens tribunaux laïques ou d'église. En somme on emprisonnera, décimera, on inquiétera pour sa vie, on dépouillera en partie de ses biens, on violentera en sa conscience une minorité, ni plus ni moins que les Croisés de Montfort au xii⁰ siècle ou que les Ligueurs du Balafré au xvi⁰.

Ce sera très mal fait : je le répète. Toutefois, notons-le, cette minorité, si fondée à se plaindre et qui ne s'en fait faute, laisse aussi redire tous les jours complaisamment à ses journaux « qu'elle a fait la France », cette France ingrate. Le propos est excessif ; ce qui est exact, c'est qu'elle a gouverné la France mille ans à sa façon, et qu'elle avait fait l'éducation de ses oppresseurs. Je ne refuse pas ma pitié au pédagogue que ses écoliers devenus grands maltraitent : ces écoliers sont des butors, j'en conviens. Je ne puis ne pas répéter qu'ils sont ce qu'on les a faits ; c'est d'évidence.

C'est la mode plus que jamais cependant de rendre le xviii⁰ siècle responsable des fautes, des excès, des crimes de la Révolution. Cette mode est inique et insensée.

Vous dites que le *Contrat social* contient en germe la Constitution de 1793 ; je le veux : on ne l'a jamais exécutée. Mais nos maires terroristes de 1794, le serrurier et le tailleur ; mais les clubistes de nos bourgades dont j'ai lu les registres effrénés et baroques ; mais les Comités de surveillance des communes de Gex dont j'ai là, sous les yeux, les prodigieux et honnêtes rapports, n'ont lu, croyez-m'en, le *Contrat social* non plus que leurs devanciers, les Cabochiens qui ont pris la Bastille en 1413, ou les Jacques qui brûlaient les châteaux en 1358.

Vous assurez que, sans les pamphlets de Voltaire, l'attaque menée contre le Christianisme par Fouché,

Chaumette, Albitte et consorts eût été impossible. Je crois que Fouché, Chaumette, Albitte, hommes sans génie, n'eussent pas réussi même un jour à *déchristianiser* nos paysans, si la dîme et la main-morte conservées à côté de nous et chez nous n'avaient par avance dépopularisé le clergé et ce qu'il avait mission de défendre. L'abbé de Tournus voulut en 1774 rétablir la servitude à Biziat, à l'aide d'une cédule de Charles-le-Chauve (arguée de faux). Nous avons oublié cela : nos paysans le savaient. Et ils n'avaient lu *La-Pucelle* non plus que ces *Pauvres de Lyon* qui, conduits par un des nôtres, Pierre de Vaud, voulaient au xii° siècle déposséder les clercs ; non plus que notre sire, Hugues II de Bâgé qui, au x°, faisait manger l'avoine à son cheval sur l'autel de la cathédrale de Mâcon par lui incendiée...

L'ancien régime est trois fois responsable des excès de la Révolution par ses abus, par sa répugnance à les réformer, par l'éducation qu'il avait donnée à ceux qui l'ont détruit.

Voilà, pour moi, le sens général des choses de ce temps. Je regarde maintenant de plus près et au détail : ce que je distingue ne dérange rien à cette vue première, tant s'en faut.

Nos Feuillants ou Constitutionnels, dès qu'ils se voient en minorité, n'hésitent pas un moment à en appeler à la force, à l'armée. Ce sera là, en France, le perpétuel péché des minorités. Nous n'en sommes pas tout à fait corrigés après quatre-vingt-neuf ans d'expériences, et tant de déconvenues lamentables.

Ici, l'Église constitutionnelle, à peine établie, persécute. Un homme qui a contribué à la fonder, qui l'honore par sa science, par la gravité de ses mœurs, l'évêque de l'Ain, qui sera demain l'évêque de la Seine, veut fermer les chapelles de ses adversaires comme au XVII° siècle les évêques (gallicans et ultramontains) fermaient les églises luthériennes et les temples de Calvin. — Et tel curé-maire du Bugey, emprisonnera sa sœur qui ne va pas à sa messe.

Le parti oligarchique et décentralisateur, le parti centralisateur et démocratique sont, sous tels noms qu'on voudra, par tous pays « les deux pôles de tout état libre » (E. Quinet). La liberté même résulte de ce qu'ils se font contre-poids ; on la supprime si l'on supprime avec violence ou cautèle l'un ou l'autre.

Nos Girondins oublient cela tous les premiers. Quand ils voient que Paris ne les suit plus, ils le menacent. Paris, sous tous les régimes, c'est l'opposition. Il faut l'endurer. Et c'est une faute grave de menacer Paris même quand il déraisonne, ce qui lui arrive.

Donc à Belley, on veut marcher sur la grand'ville et on ne bouge. A Bourg, hélas! on parle tout de suite du « glaive de la loi ». A Lyon, on le fait fonctionner, on dresse deux échafauds. On projette aussi une expédition sur Mâcon, laquelle reste en projet. Pourquoi? Ce n'est pas que la bonne volonté manque...

C'est que les Girondins ont commis une autre erreur (que nous avons vu recommencer en 1847). Ils n'ont pas compris à temps, qu'ayant encore la majorité dans la Convention, ils ne l'ont déjà plus dans le pays. Mâcon, ils apprennent cela trop tard, ne les suivra non plus que Paris.

Les administrations départementales, élues, bien placées pour voir cela, ne le verront pas plus qu'eux. On ne voit jamais trop que ce qu'on regarde. Ces administrations, tout à fait indépendantes du pouvoir central, le jalousent par essence ; elles aideront donc les Girondins à se faire illusion sur leur impopularité.

On a d'ailleurs méconnu et outrageusement calomnié leur ferveur révolutionnaire. Notre Directoire girondin réclame avec indignation contre la doctrine des otages, c'est vrai. Il réclame aussi d'avance contre la loi des suspects, on doit en convenir. Mais nous l'avons vu, il pratique cette doctrine et il applique cette loi. Et avant les Montagnards il bat monnaie avec les statues de bronze de nos églises.

Le parti montagnard régna. Il obtint de la France un effort unique, il suspendit la civilisation pour sauver la patrie. Il triompha au dehors, au dedans, de la coalition, de Lyon, de la Vendée. Comment a-t-il échoué ?

Les hommes de ce parti, j'entends ceux qui furent des hommes de gouvernement, forts de leur bonne volonté non contestable et de leur droiture, ont cru que toute opposition était criminelle, — ce qui n'était point vrai, — et bonne à supprimer, ce qui était impossible. « Cherchant ce monstre qui ne s'est point vu d'un état libre ne contenant aucune divergence d'opinion ou d'instinct » (Quinet), ils supprimèrent d'abord l'élection. Elle les eût contrariés parfois sans doute, mais elle les eût avertis de s'arrêter quand la France se lassera de les suivre eux aussi. Ils avaient cru supprimer pour cela les divisions intestines habituelles aux partis vainqueurs, les résistances qu'elles amènent, et qui venant des amis d'hier, sont les plus pénibles à endurer : ils se trompèrent en cela absolument, jamais ces divisions ne furent plus âpres, plus irréductibles qu'en 1794. Alors ils commencèrent à se décimer rapidement, impitoyablement eux-mêmes, les pires d'entre eux tournant contre les meilleurs les armes que ceux-ci avaient forgées contre leurs adversaires...

Cependant les passions mauvaises, qui ne manquent en aucun temps et sévissent en des temps pareils davantage, faisaient leur œuvre. Louis Blanc a écrit ceci (t. xh) : « Le salut public, fanatisme des âmes sincères, fut le prétexte dont se couvrirent d'ignobles fureurs. Le régime né de sa nécessité s'agrava de ce qui y fut ajouté par l'envie, la haine, la vengeance, une exaltation malsaine, des instincts féroces... A côté de Saint-Just, il y eut des Fouché, des Collot, des Carrier, des Amar, Nérons de la plèbe en démence... » En retenant ce passage, je songe à ceux de nos Municipaux que Saint-Just refusa d'amnistier et que la Némésis frappa...

Chez nous toutefois les violences contre les personnes firent moins que les entreprises contre les intérêts. Le régime économique de 1793 nuisit plus à la Révolution que les vingt échafauds de 1794. Sans doute 1000 à 1200 familles avaient été atteintes par l'incarcération de leurs chefs. Mais 50,000 familles l'étaient dans leur commerce, leur industrie, leurs moyens d'existence. La popularité qui avait entouré et soutenu les Montagnards un moment se retira d'eux. Les rigueurs contre les riches, contre les aisés supprimaient de fait le travail dans les villes. Les classes ouvrières souffrirent, firent défection. Pour faire vivre celles-ci on avait édicté le Maximum ; il ne remplit son but qu'incomplètement, ruina le commerce, désorganisa l'industrie. Les réquisitions n'aboutirent pas mieux et ulcérèrent les producteurs des campagnes. Ceux-ci, enthousiastes de la Révolution qui les avaient affranchis, se refroidirent quand elle les malmena et les ruina. Que pouvait-on, pour le salut, sans le secours des campagnes en hommes et en argent ? Or, elles le refusaient quand Thermidor arriva. Si tout croula si facilement le lendemain, c'est que de la veille tout était miné.

Et si ce petit livre, où la Révolution est étudiée dans la Province, montre quelque chose clairement, c'est cette désaffection de l'ouvrier et cette défection du paysan, toutes deux décisives et par qui seulement la réaction devint possible. Aux Tuileries, en Thermidor, on allait se contenter d'un changement de personnes. Les campagnes commenceront la Contre-Révolution tout de suite.

Les Thermidoriens, conduits non par les Montagnards modérés, mais par des Montagnards repentis, songeaient d'abord à vivre. Ils y ont réussi. Puis à gouverner. Ils y ont réussi fort mal. Qu'ils voulussent réparer les maux du régime précédent, il faut le croire ; c'est le désir de tous ceux qui arrivent aux affaires. Ils y ont échoué. Ils ne surent profiter aucunement de l'expérience de leurs devanciers. Cette coalition des médiocrités survivantes de tous les partis recommença les fautes de ces partis, alternées, cumulées, agravées. On ne guillotinait plus, on égorgeait. Nous nous lassâmes d'une liberté ainsi faite et quand on nous rendit trop tard le droit d'élire, nous en usâmes pour détruire la liberté.

Ainsi avorta ce grand et sincère effort pour établir en France un gouvernement démocratique régulier. Il avorta en somme par une double infirmité commune à tous les partis : l'éducation de l'ancien régime absolument autoritaire, le manque total d'expérience politique. Il n'y avait de remède à ces maux-là que le temps et l'avènement d'une génération nouvelle. Nos devanciers ont longtemps erré dans le Désert ; entrerons-nous dans la Terre promise?

Ah ! que le mal eût été moins grand, cependant, si cette philosophie du XVIII° siècle, qu'on nous montre conduisant la Révolution, l'eût conduite en réalité ! Elle lui eût enseigné au moins ce dont elle a le plus manqué, la tolérance des dissentiments infaillibles que la liberté engendre et qui sont sa vie.

Croit-on que, si la Gironde eût su composer avec Paris, que si les Montagnards eussent su se contenter du possible (dont ils avaient déjà reculé les limites), que si les Thermidoriens eussent résolûment abrogé le Gouvernement révolutionnaire et eussent refait la liberté, croit-on que les choses n'eussent pas pris un meilleur tour ?

Oui, si, vers 1800, vis-à-vis de l'homme qui revint d'Égypte, ceux qui se sont entre-tués, Barnave, Vergniaud, Condorcet, Danton, Saint-Just, Goujon eussent été debout, unis au moins pour défendre la Révolution, la France se fût partagée ; et ce qui a été fait à Saint-Cloud n'eût pas été osé.

Et peut-être ce que nous attendons encore, ce gouvernement régulier où la majorité endure l'opposition ; où la minorité sait préparer et attendre son heure ; où ces deux émules nécessaires, par patriotisme ou par intérêt bien entendu travaillent, chacun à sa façon, au bien commun, serait fondé.

Ce qui ressort de ce récit, ce ne sont pas les grandeurs de la Révolution, ni ses services ; ce sont ses fautes et ses souffrances. Je l'ai reconnu déjà. Sur le terrain étroit et ingrat qui m'était laissé je ne pouvais plus. Pour faire un juste contre-poids, il faudrait montrer ce que quatre-vingts ans du régime nouveau ont donné de prospérité à notre pays. Mais ce ne serait pas trop d'un autre volume pour cela, je le laisserai faire à un plus jeune.

Tout ce que je puis, c'est d'appeler ici ce pays lui-même en témoignage.

J'ai vécu au milieu d'hommes qui avaient traversé la grande lutte. J'ai interrogé avec une curiosité passionnée ces témoins qui avaient souffert. (Tout le monde, qu'on le sache bien, avait souffert.) Non-seulement je ne les ai pas entendus maudire la Révolution, mais ils lui restaient attachés du fond du cœur, sûrs, bien qu'elle n'ait pas tenu encore toutes ses promesses, qu'elle était bonne et qu'il fallait la faire, résolus à empêcher qu'on la défît.

J'ai pu questionner même quelques-uns des combattants vieillis ; je les ai trouvés non lassés, avouant sans hésiter des fautes, les croyant et les montrant couvertes par le service rendu, fiers de leur œuvre en tout et ne se repentant aucunement de ce qui a tant coûté à quelques-uns, de ce qui les a tous payés assez peu.

(Il me semble qu'ils attendent de moi un dernier mot, je ne le leur marchanderai pas pour l'épargner à la génération présente. Si à certaines heures terribles ils se sont trompés, est-il bien sûr qu'à leur place nous aurions fait mieux ? Il nous est facile aujourd'hui, dans ce bien-être que leur vie et leur mort nous a donné, de marquer ces erreurs. Que du moins cette tâche assez ingrate nous serve. Tâchons de ne pas recommencer ces erreurs ; elles seraient mortelles pour la patrie aujourd'hui. Surtout préservons-nous de renier les laboureurs rudes et sanglants en récoltant ce qu'ils ont semé.)

Mon cher pays, d'ailleurs, est à l'abri de ce reproche. Son histoire, pendant ces grandes et dures années, on ne l'a que trop vu, est l'histoire de ses souffrances, de ses efforts, de ses déconvenues. Les générations présentes en conservent en gros la mémoire très distincte. Cependant elles restent aussi attachées à la Révolution que celles qui l'ont faite. Toutes les fois que notre département de l'Ain a été consulté librement, il l'a résolûment affirmé. Quelle explication donner à cela, sinon qu'il pense encore que la Révolution est bonne.

On lit dans un écrivain grec du second siècle :

« Quand une femme met un enfant au monde, elle gémit, car c'est une heure de souffrance qui est venue ; mais quand elle a enfanté un fils elle ne se souvient plus de son épreuve, en la joie qu'elle a de ce qu'un homme est venu au monde »... (Evangile selon Jean, xvi, 21.)

C'est un monde meilleur que la Révolution a enfanté.

APPENDICE ET NOTES.

J'avais projeté d'abord une histoire de la Révolution en Bresse et en Bugey complète. Ma santé s'étant altérée et ce travail excédant mes forces, je me suis restreint à un plan moins vaste. Divers matériaux amassés pour le premier projet me restent, plus ou moins informes. Je les place ici tels qu'ils sont, les uns en Appendice, d'autres en Notes. Ils ont quelque intérêt en eux-mêmes ; ceux qui m'auront suivi jusqu'ici les liront.

LES DISCUSSIONS DE 1788.

La Révolution a été précédée à Bourg, comme ailleurs, par des discussions fort vives. On ne s'y étendra pas ici, car elles n'ont pas eu d'influence directe sur les événements. On en dira un mot, car elles ont produit les hommes et fait les élections aux Etats-Généraux. (On n'y entre que dans cette mesure restreinte.)

La première roule sur les privilèges de la Noblesse et les tendances de cet ordre à les étendre.

Les Notables en 1787 avaient voté l'abandou et suppression de tous les privilèges pécuniaires. La noblesse de Bresse réclama contre ce vote par l'organe de son Conseil conduit par M. Garon de la Beyvière (20 septembre 1788).

Ce Conseil de plus attaqua des *Considérations sur l'administration de la Bresse* où l'avocat Gauthier des Orcières avait montré « les vices attachés à la composition du Conseil du Tiers-Etat, et à la prépondérance de son premier syndic devenu en fait administrateur perpétuel ». La Noblesse venait d'admettre ce syndic dans son corps, ce qui le rendait suspect à ses commettants.

Gauthier répondit à l'attaque par un *Examen des privilèges de la noblesse de Bresse*, lequel commence ainsi :

« J'étais frappé depuis longtemps des abus introduits dans l'administration de ma province. J'en avais reconnu deux : 1° Le défaut d'un corps vraiment représentatif du Tiers-Etat et qui pût le défendre contre les efforts renaissants des privilégiés ; 2° L'extension abusive donnée par les nobles de Bresse à leurs privilèges. »

Les *Considérations* avaient signalé le premier abus. L'*Examen* vise le second.

« La Noblesse, y est-il dit, a deux sortes de biens : 1° Les fiefs nobles exemptés d'impôts parce qu'ils devaient le ban et l'arrière-ban qui sont supprimés ; 2° Les acquêts faits aux roturiers de biens non féodaux : ceux-ci sont en droit sujets à l'impôt ; or, la Noblesse les y soustrait, prétendant que son privilège est non *réel*, mais *personnel* » (autrement que le noble anoblit sa chose).

« La capitation enfin monte en Bresse à 61,666 livres. Elle est assise sur le revenu. Or, la Noblesse qui possède du quart au tiers des biens, et qui devrait payer au moins le quart de cet impôt, en paie le treizième ! »

L'ordre des avocats de Bourg, par une déclaration du 27 octobre 1788, approuva les *Considérations*, ajoutant nettement que les députés du Tiers aux Etats de la province, pris parmi les officiers des Seigneurs (officiers, juges seigneuriaux, hommes d'affaires et autres dépendants), ne défendent pas leur Ordre.

Il approuva l'*Examen*, affirmant que le Conseil de la Noblesse « n'a d'autre objet que de perpétuer des exemptions d'impôt que cet Ordre ne peut légitimer... »

Ceci fut signé par vingt-cinq avocats dont MM. Picquet, Favier, Populus, Mortier, Midan, Duhamel, Monnier, Dangeville, Lyvet, Buget, Gromier, etc.

L'*Examen*, parfait de méthode, simple et uni de ton, donne une excellente idée de l'auteur : celui-ci est un esprit droit, ferme, lucide, exempt des péchés mignons de ce temps, qui sont la déclamation, l'emphase et le manque de précision. L'*Examen* a dû faire et a fait la fortune politique de Gauthier, bien que contredit vivement par les intéressés.

Le comte de la Baume-Montrevel, le plus grand seigneur de la province, trouva le moment bon pour faire imprimer à Mâcon un travail lu par lui à la Société d'Émulation de Bourg en 1783, où il avait proposé à la Noblesse de payer la taille pour dégrever le Tiers-État. Il se séparait là de son ordre, jugeant évidemment que cette discussion mettait celui-ci dans une situation dangereuse — en quoi il ne se trompait pas.

Non content d'atteindre les siens dans leurs intérêts, il les blessait encore grièvement à un endroit presque aussi sensible. Lui, descendant prouvé de Galois de la Baume, il rappelait aux nobles de Bresse qu'ils étaient issus de l'échevinage lyonnais, et avaient acquis « du produit de

leurs trafics » les titres et noms de terre sonores dont ils
s'étaient revêtus. Ceci non plus ne devait pas être pardonné.

Un second débat très animé roule sur la situation financière de la Province : je n'ai pu atteindre aux pièces et
les quelques mots qui vont suivre viennent des *Anecdotes
de Bresse*, manuscrit de Lalande.

Ces *Anecdotes*, sans plan, sans lien, sans suite, sans
style, sans grammaire souvent, non destinées à la publicité
à coup sûr, ont la simplicité, la franchise, la crudité parfois, les répétitions, les contradictions aussi, de notes
qu'on prend pour soi, de toutes mains, au hasard de
l'information, en se réservant d'en faire un triage. Elles
sont loin d'avoir la même valeur toutes ; celles que Lalande
sait *de visu*, pendant les séjours qu'il fait à Bourg à l'automne, valent : d'autres sues *de auditu*, ne valent guère.

Amelot de Chaillou, fils du Ministre, et Intendant de
Bourgogne à vingt-trois ans, « ne veut pas donner communication (aux États de Bresse) des comptes de M. de
Fenille (receveur des finances) pour les étapes, les milices,
la capitation... Il se fait des abus...

' » M. de S... M...., syndic du Tiers-État (depuis 1774)
accuse M. l'Intendant et M. de Fenille, demande compte
de 126,000 livres ; revient à la charge, après une rétractation apparente, dans une Requête au Roi imprimée.. Il
a été destitué...

» M. de Fenille fait imprimer une lettre pour sa justification, au sujet du compte des étapes. »

M. de S... M.... avait déjà cherché noise à Varenne
de Fenille, en 1785, à propos de ses pépinières. Varenne
lui avait répondu dans un travail lu à la Société d'Émulation (le 19 septembre 1785).

Il serait inique absolument de condamner sur ce mot de Lalande, « il se fait des abus », soit Varenne, homme distingué, utile et qui en a été mal payé, soit le très jeune M. Amelot. La charge de M. de S... M...., syndic du Tiers, ne doit pas nous tromper. Ce n'est pas ici une querelle politique. Le Syndic du Tiers est du monde et de l'opinion de ceux qu'il attaque avec acharnement.

Le 9 janvier 1814, jour où les Autrichiens entrèrent avec un pulk de Cosaques à Bourg-en-Bresse, par le faubourg St-Nicolas, un petit vieillard les accueillit devant l'Hôpital par des cris chaleureux de : Vive le Roi ! Vivent nos alliés ! Un guerrier des bords du Tanaïs, avisant que le bonhomme portait un ample et chaud manteau bleu, muni au col d'une lourde agrafe d'argent, prit le manteau par un bout et tira. L'agrafe ne cédant pas, le petit vieillard fut traîné par son allié jusqu'à la porte des Halles où un passant délivra M. de S... M.... avant qu'il fût tout à fait étranglé. M. de S... M.... n'y laissa que son beau manteau. Espérons que le Roi le lui aura payé.

Cette anecdote-ci ne vient pas de Lalande, mais du passant qui a délivré l'ex-Syndic du Tiers. Elle est ici pour faire voir que celui-ci n'était pas jacobin et aussi qu'il n'était pas sage : ses attaques contre l'administration financière de la province de Bresse, en 1788, ne sauraient donc être acceptées comme décisives, sans examen préalable.

Le précédent débat, politique, montre la division entre les classes. Celui-ci, peut-être en partie personnel, montre la division dans le sein de la classe dirigeante.

De la discussion sur la réforme de la discipline ecclésiastique tout ce que je sais, c'est qu'elle fut assez vive et pesa sur les élections aux Etats-Généraux.

20

Ce fut le clergé rural qui fit les nominations de son ordre. Il n'était pas alors organisé militairement comme le Concordat l'a rendu possible. Il refusa ses voix au candidat de la Haute église, Courtois de Quincey, évêque de Belley ; au candidat janséniste et réformiste, Royer, curé de Chavannes ; aux chanoines mondains de Bourg. Il élut deux curés de campagne, Bottex et Guiédan, qui prendront parti chaudement contre la Constitution civile du clergé.

La noblesse de Bresse écarta M. de Montrevel qui s'était séparé d'elle et qui était suspect de philosophie, francmaçon, mesmérien, etc. Elle choisit ce même Garon de la Beyvière qui l'avait défendue contre Gauthier.

Le Tiers-État nomma Picquet, Bouveyron, Gauthier des Orcières et Populus. Sur les huit députés de la Bresse, les deux derniers seulement « se sont, dit Lalande, montrés démocrates ».

Mais le clergé du Jura élut Royer, la noblesse de Mâcon élut Montrevel. Plus tard ce sera aussi Saône-et-Loire qui enverra le girondin Carra à la Convention et Seine-et-Oise qui y enverra le montagnard Goujon. Le mot qui a été dit à Nazareth « Nul n'est prophète dans son pays » est plus vrai chez nous qu'ailleurs.

1789. LE CONTRE-COUP DE LA PRISE DE LA BASTILLE.

Nous avons vu, aux premières pages de ce livre, comment, chez nous, le gouvernement despotique des Bourbons avait détruit systématiquement les libertés provinciales léguées par le Moyen-âge. Un fait similaire, plus choquant encore, doit être noté ici tout d'abord.

Bourg au Moyen-âge est une république. Chaque année, le 2 novembre, l'assemblée générale des chefs de famille faisant feu nomme le Conseil des Soixante, celui-ci le Conseil des Douze et les deux Syndics qui administrent la communauté. Cette constitution a été détruite par les trois derniers rois.

Louis XIV, en 1692, a créé ici un maire héréditaire et vendu simplement cette belle place au plus offrant. Il est vrai qu'elle a été depuis supprimée. Voici comme nous sommes gouvernés depuis 1783.

L'Assemblée générale existe encore de nom. De fait elle se compose de deux députés des chanoines de Notre-Dame, deux de la Noblesse, deux du Présidial, deux de l'Élection, deux des Avocats, deux des Médecins, deux des Notaires, deux des Procureurs, deux de la Bourgeoisie (mais choisis par la Municipalité tant on a peur de l'élection), deux des Chirurgiens, deux des Marchands.

Louis XVI nous a gratifiés de cette réglementation l'année où il donna le Ministère Calonne au royaume de France. On cherchera, si l'on veut, à qui l'honneur ou l'infamie en revient.

Cette infamie était ressentie par la vieille Commune. Aux élections du 2 novembre 1788, les deux Députés de la Bourgeoisie refusent leur concours. « Ils craignent, disent-ils, de *présenter leurs vœux* pour ceux de toute une classe qu'ils n'ont pas consultée. »

Leur protestation, si sensée au fond, si modeste en la forme, n'empêche aucunement de passer outre. Cette singulière Assemblée *Générale*, composée de vingt personnes, *présente ses vœux*, c'est-à-dire ses candidats aux offices municipaux. Car on a limité là ses attributions.

C'est le Roi qui choisit, parmi ces candidats, 1° le Maire,

2° les deux Officiers municipaux proprement dits (adjoints); 3° les trois Conseillers de ville ! Le 31 janvier 1789 il choisit donc ; il choisit deux candidats qui ont obtenu de leurs vingt électeurs l'un 6 voix et l'autre 5. Gauthier des Orcières qui en a eu 7 n'entre pas.

Ce qui est le plus étonnant et le plus significatif, c'est que cette Municipalité deux fois triée sur le volet est en plein dans *le mouvement*. Trois cents de ces bourgeois qui n'ont plus le droit de nommer leurs édiles, demandent au Roi le doublement du Tiers aux États-Généraux. Lalande et Duplantier sont chargés de porter la requête à Versailles. A leur retour, MM. de Ville leur paient leurs frais de voiture et leur offrent en remercîment *à chacun vingt livres de bougie*. Le cadeau est modeste et tout à fait bourgeois : mais il ne faut pas oublier que notre Municipalité solde ses budgets en déficit, de temps immémorial.

Les États-Généraux sont convoqués. La Ville a à exercer ses droits politiques, c'est-à-dire à choisir des délégués chargés de formuler ses vœux et doléances et d'élire les Députés du Tiers. Qui choisira ? Cette Assemblée *Générale* composée de *vingt* personnes ! A cette idée la clameur fut telle qu'on voulut bien, 1° adjoindre à ce cénacle imposant, treize représentants des orfèvres, menuisiers, ébénistes, cordonniers, tanneurs, boulangers, charpentiers, tisserands, cordonniers, tailleurs, maçons, cardeurs de laine, et bouchers : chacun de ces métiers ayant une voix ; 2° Appeler les 293 personnes du Tiers n'appartenant à aucune corporation à désigner 6 délégués, ce qui porta le Collège électoral à 39 membres.

Cela dans une ville où, selon le vieux droit, tous les chefs de famille sont électeurs, et dans un temps qu'on dit gagné aux idées égalitaires des philosophes du XVIII° siècle. L'ancien droit est oublié, et le Contrat social n'a pas de lecteurs chez nous. C'est évident.

Le Collège des *Trente-neuf* nomme les dix Députés de la Ville à l'Assemblée du Tiers-Etat de Bresse : Picquet passe en tête, Populus troisième, Gauthier des Orcières huitième.

Rédaction des Cahiers. Si on a compté, en restreignant le plus possible le nombre des Électeurs, enrayer ou modérer le mouvement, on s'est trompé. Nos mandataires demandent qu'aux États-Généraux on vote par tête. Que si le Clergé et la Noblesse s'y refusent, *« la Nation sera suffisamment représentée par les députés du Tiers !... »*

Ils demandent la suppression des tribunaux des évêques et des seigneurs, du casuel du Clergé, des moines mendiants, de la *Main-morte*, etc.

Ce dernier vœu semblera platonique. Bourg s'occupe-t-il là de nos voisins, les serfs des Bénédictins de Saint-Claude ? La Main-morte n'a-t-elle pas été supprimée ici par notre Charte de franchise qui est de 1250 ? Oui. Elle l'a été d'abondance en 1507, du fait du duc Amé VIII de Savoie. Seulement ceux qui s'y fieraient absolument connaissent peu le Moyen-âge. Un des hommes de France qui le savent bien, M. Fustel-de-Coulange, disait, cette année-ci, que les libertés qu'il édictait restaient d'ordinaire sur le papier. Aussi tard que 1730, on avait vu ici le seigneur de Bouvent prétendre l'échute d'une femme Goy, sa main-mortable, d'autres seigneurs trouver ce grand exemple bon à suivre, et la Municipalité de Bourg intervenir consternée pour affirmer et faire respecter le droit à nous vendu deux fois, en 1250 et en 1507. Le fait était assez gros, et soixante ans après on en gardait mémoire.

On a vu le résultat des élections de 89 plus haut. **La**

petite capitale de la Bresse conduit l'opinion de la Province à cette date : sur quatre députés du Tiers, elle en a trois. Le fait depuis ne s'est pas reproduit et nous avons vu des époques où le député de Bourg n'est pas de Bourg, les classes dirigeantes ici ne dirigeant plus, les autres n'étant pas en mesure d'y suppléer.

L'ascendant de la Ville sur les campagnes est acheté d'une autre façon encore. La disette sévit, Bourg fait faire du pain « à juste prix ». Les villageois dans un rayon de trois lieues viennent s'y approvisionner. Ce fut ici la grosse affaire dans l'intervalle qui va de la réunion des États-Généraux à la crise du milieu de Juillet 1789.

En cet âge d'or ingénu de notre vie parlementaire, on regardait comme un devoir strict du Député de rester en communion d'idées, en communication constante avec ses commettants. C'est pourquoi les Députés du Tiers écrivent tous les jours à la Municipalité de Bourg, lui exposant ou lui expliquant les votes de la journée. Chacun des quatre est *de semaine* à son tour.

Ces lettres sont conservées en très majeure part. J'en ai lu bon nombre et j'ai tout parcouru. C'est proprement un compte-rendu des séances. De faits neufs, il n'y en a pas. Il y a, je crois, des incidents inédits. Il y a surtout les impressions vives de la discussion. Les séances de la Constituante commencent, on le sait, vers dix heures et finissent vers quatre. On écrit le soir même avec l'émotion du matin, avec le sens intime et tout frais des choses, qui n'apparaît pas toujours dans le *Journal des Débats*, et qui est parfois un peu voilé dans le procès-verbal authentique.

Il serait maladroit et peu utile d'imprimer le tout. Il pourrait être de quelque intérêt, si l'on fait jamais une histoire de cette généreuse assemblée (injuriée aujourd'hui) d'en extraire des parties. Cette tâche ne pourrait être bien faite que par quelqu'un de clairvoyant ayant les procès-verbaux sous les yeux.

Les courts fragments qu'on va donner ici ont pour but soit de suivre nos intérêts locaux sur ce théâtre-là, soit de montrer au vif deux ou trois hommes qui ont laissé des traces dans cette petite histoire.

Quoique le sujet et le cadre de ces lettres soient les mêmes, elles ont une physionomie différente selon le caractère et l'opinion de celui qui tient la plume — selon son caractère encore plus que selon son opinion.

Les lettres de Populus sont vives, ardentes, agressives souvent, ironiques parfois ; personnelles, je veux dire que l'homme y apparaît tout entier ; il est sympathique, bien qu'excessif ici et là.

Celles de Gauthier, en comparaison, semblent froides, encore qu'elles soient apologétiques de préférence. Ce qui y apparaît le plus, c'est le légiste consommé ; il expose en peu de mots, explique et commente.

Tous deux du club des Amis de la Constitution (qui deviendra la Société des Jacobins), ils aiment la Révolution autant l'un que l'autre. Lalande disant d'eux qu'ils « se sont montrés démocrates » ne se trompe pas.

Le futur Montagnard, bref, contenu, serré, paraît plus modéré de tempérament que le futur Girondin expansif et tout en dehors.

Bouveyron et Picquet se bornent généralement à exposer, sans grande vivacité, (parfois avec un peu de lourdeur), avec une clarté suffisante, une abondance extrême. Il y a des lettres de 16 pages grand in-8°. Les différences d'opinion qui séparent ces honnêtes gens de leurs collègues, nullement étalées, sont perceptibles à la longue.

Picquet est royaliste, ou plutôt monarchiste (il n'affiche pas de religion pour les personnes royales). Il est d'un meilleur monde, ce semble, que Bouveyron qui a peu de grammaire et d'orthographe, et qui tient à la Droite surtout par les convictions religieuses.

Les deux premières lettres (conservées), de 24 et 23 pages, sont de Populus ; les intrigues tendant à empêcher la réunion des trois Ordres y sont exposées avec force détails d'une grande curiosité ; je n'ose dire avec trop d'imagination, je n'y ai pas regardé d'assez près, et les moyens de contrôle me manquent.

Voici le passage sur le serment du Jeu de Paume :

« Nous nous sommes rendus (au Jeu de Paume) au moment où nous avons été instruits (de la réunion). Nous y avons pris un arrêté pour déclarer que tous les lieux étoient bons pour tenir les États-Généraux et que l'Assemblée Nationale existoit partout où il y auroit réunion de ses membres. Nous nous sommes ensuite liés par la religion du serment, de ne point nous séparer... »

Les nouvelles des 11 et 12 arrivent. Les sait-on encore ?

C'est l'exil du Ministre populaire ; le soulèvement de Paris ; la retraite des troupes après la charge du prince de Lambesc, la constitution spontanée de la Commune parisienne par les Électeurs...

Bourg est debout. « Des citoyens de toute classe affluent à l'Hôtel de Ville et chez M. de Fenille, demandant que les deniers de l'État soient transportés à l'Hôtel commun et offrant d'organiser, pour les garder, une milice urbaine. »

La vieille garde bourgeoise du Moyen-âge a été, au XVIIIe siècle, supprimée par la monarchie comme toutes les institutions libres... On obtempère sans difficulté à ce désir. Le commandant de place, vieil officier de mérite, Loubat de Bohan, adhère. Une souscription pour l'armement de la *Garde-Nationale* est ouverte.

La nouvelle du 14, tombe (le 20) au milieu de cette population émue. La Municipalité, cette Municipalité choisie par le Roi, appelle à elle les Électeurs du 9 mars, et rédige une adresse à Louis XVI ; elle y demande :

« De poursuivre ceux qui l'ont trompé, ont fait verser le sang des citoyens... que le procès soit fait par l'Assemblée.... qu'un *exemple terrible* garantisse à jamais les rois et les peuples du plus grand crime dont les hommes puissent se rendre coupables... etc. »

Ceux qui sont désignés là, ceux qui ont trompé Louis XVI, c'est la Reine, ce sont les frères du Roi.

Les signataires de cette pièce, programme des évènements si *terribles* en effet qui vont suivre, s'appellent Bergier, Bottier, Brangier, Buget, Chesne, Chevrier, Debost, Durand, Favier, Gonet, Goyffon, Jayr, Monnier, Morellet, Puthod, Renaud, Reydellet, Riboud, Vuy, etc. Le Maire qui l'a rédigée s'appelle Chevrier-Corcelles.

Dix-sept gentilshommes de la Ville adhèrent immédiatement ; leur adhésion est apportée à l'Hôtel de Ville par MM. Loubat de Bohan, Garon de Chatenay, Favre de Longry.

Et on annonce deux actes qui sont aussi des adhésions et qui montrent que la commotion atteint tout. Le plus haut représentant du Roi, l'Intendant de Bourgogne, souscrit pour l'armement de six fusiliers de la Garde-Nationale. L'Archevêque de Lyon, notre évêque, ordonne qu'un *Te Deum* soit chanté dans toutes les paroisses du Diocèse. *Te Deum confitemur !* L'Église reconnaît la main de Dieu dans la prise de la Bastille. Elle en remercie Dieu, *Te Deum laudamus !*

Suit la panique. Le 25 juillet arrivent ici « des avis multipliés apportés par les habitants des campagnes, qu'il paraît aux frontières de Bresse, au Levant, une troupe considérable de brigands, versant le sang de nos concitoyens et incendiant les habitations... » (Registre municipal de Bourg.)

La frontière de Bresse au Levant est à trois lieues de Bourg. L'idée d'y aller voir ne vient pas. On constate que la Ville est absolument dépourvue d'armes et de poudre (grâce aux lois sur la chasse ?) On court en demander à Lyon. Lyon pris des mêmes terreurs refusera.

Mais le lendemain 26 commence le soulèvement des paysans du Mâconnais. Lalande note le fait et ajoute ceci : « M. de Lay qui a fait les informations... croit que le Palais-Royal avait envoyé des émissaires... Il y a eu 80 châteaux ou maisons brûlés ou pillés... Une trentaine de paysans ont été pendus ensuite. » (Anecdotes, p. 96.)

Or, ce même 26, les habitants de la commune rurale de Vonnas, sise entre Mâcon et Bourg, se portent sur le château de leur seigneur (Audras de Béost), « insultent et battent le châtelain, pillent la maison » et enlèvent les terriers qu'ils conduisent à Pont-de-Veyle.

Le lendemain 27, la Mairie de Bourg convoque les 39 électeurs du 9 mars à l'Hôtel commun. Cette assemblée députe à Vonnas le lieutenant-général Duplantier et deux Commissaires. Ceux-ci réunissent les paysans, leur disent « que les brigands n'existent pas », qu'on doit « payer les redevances jusqu'à une loi prochaine qui apportera les soulagements qu'on désire ». Duplantier promet solennellement qu'il ne sera fait « aucune poursuite ».

Les paysans répondent « qu'ils regrettent ce qui s'est passé, qu'il y avait eu du vin *sur jeu*, que les excès (contre M. de Béost) ont été commis par des *étrangers* ». Le soir même ils réintègrent les terriers au château « de leur propre mouvement ». (Reg. mun.)

Lalande attribue les désordres de Vonnas « au curé qui a suscité les paysans par vengeance personnelle, ayant procès avec M. Audras. On en voulait aussi au Seigneur à cause du chemin et des corvées. Il n'y a eu que lui (de maltraité) en Bresse ». (Anecdotes, p. 96, 98.)

La coïncidence exacte de cette échauffourée avec la Jacquerie du Mâconnais implique pour moi la non spontanéité du fait. Toutes les explications données peuvent être exactes : le mot d'ordre envoyé de Paris, la présence d'étrangers, le vin, une animosité personnelle, et aussi la rancune du paysan contre les terriers, les parchemins exécrés qui si longtemps l'ont fait serf.

Les jours suivants on signale de l'agitation sur d'autres points. L'Hôtel de Ville de Bourg, le 31 juillet, envoie aux campagnes douze commissaires chargés « de leur prêcher la fidélité au Roi, l'union, la paix, le respect de la propriété sous toutes ses formes, le paiement des redevances jusqu'à temps ». Le rapport des Commissaires du 7 août est satisfaisant.

Toutefois, le 8, avis est donné qu'à Vonnas encore et à Thoirette des malintentionnés essaient de remuer les esprits. Deux nouvelles députations se mettent en route. Enfin une dernière, le 14, ira dans le Revermont, à Cize, Hautecour, Romanèche et Bohas, où l'exemple de « *plusieurs* communautés du Bugey, qui ont obtenu par menace et violence » les terriers de divers propriétaires, peut être contagieux ; quelques Bressans s'étaient joints à ces attroupements du Bugey.

Je ne sais sur ces troubles du Bugey qu'un détail de plus, c'est que les Bénédictins de Saint-Sulpice furent de ceux dont on détruisit les terriers. (Lalande.) Cette destruction ne fut pas générale, le mot *plusieurs* l'indique déjà. Ce qui achève de l'établir, c'est qu'on voit brûler les terriers en grande solennité quatre ans plus tard.

Un écrivain qui a fait de cette période un tableau bien sombre (chez nous inexact), M. Taine, a remarqué justement que dans cet effondrement subit de l'ancien régime qui suit le 14 juillet, la Commune fut la seule institution qui restât debout. Elle régna par cela seul. Nous venons de voir le beau rôle que prit ici celle de Bourg. Nommée par le Roi, comme on a vu, ce n'est pas à son origine qu'elle dut son ascendant. Elle le dut à ce qu'en Juin elle avait nourri les campagnes, et à cette adresse du 20 juillet, non révolutionnaire à demi.

Du 28 juin au 26 juillet, point de lettres. Elles ont été en partie interceptées. « Peut-être est-ce un bien, dit Populus le 30 ; elles auraient porté la terreur et le désespoir dans les provinces... »

Les mesures prises à Bourg le 20, l'adresse municipale demandant la mise en jugement des auteurs du renvoi de Necker, l'armement, etc., sont approuvés par Populus et « ses collègues ».

« Les Villes ne sauroient trop se mettre en état de défense... parce qu'il est certain qu'il court des brigands dans plusieurs provinces... » (30 juillet.)

Paris, le 14, en avait fini avec le despotisme de droit divin. Dix jours après les campagnes s'insurgèrent donc contre la féodalité. Nulle part on ne le voit aussi bien que dans ces lettres, cette seconde insurrection, plus sanglante que la première, porta coup.

Populus écrit au reçu de la nouvelle :

« M. le comte de Montrevel est venu, ce matin, chez moi, au moment où notre députation y étoit réunie, pour me prier de vous écrire... de faire savoir à ses emphytéotes et à ses voisins qu'il met bas son train de chasse, vient de donner à ses gens les ordres les plus exprès de détruire dans ses terres les bêtes fauves qui dévastent les récoltes. Dans l'appréhension de n'être pas assez ponctuellement obéi, il invite tout le monde à... les tuer... Je me hâte de vous donner cette heureuse nouvelle, qu'on ne sauroit trop rendre publique, pour engager les seigneurs voisins à suivre un si louable exemple. » (2 août.)

S'il eût été donné quinze jours plus tôt, plus spontanément, cet exemple, il eût empêché bien du mal et peut-être sauvé bien des vies !

Il est beau cependant de l'avoir donné le 2 août. Il fut suivi comme on sait. La nuit du 4 août, les deux aristocraties abdiquèrent. La lettre du 5 « trois heures du matin », laquelle a 7 pages, est un cri de victoire.

C'est un évêque qui a demandé la suppression du droit de chasse, mais M. de Montrevel l'a appuyé. On ne nous dit pas qui a demandé la suppression des dîmes : Populus prétend que l'article « passa un peu lestement et tremble qu'on ne revienne là-dessus ». Car rien n'était rédigé.

Les lettres du 6 au 11 racontent de quelles embûches cette rédaction fut entourée. On chicana en détail ce qu'on avait abandonné en bloc et il y eut des scènes de haute comédie. Voici ce qui nous concerne :

« Un membre des Communes (possédant fief?) veut que la Noblesse, en sacrifiant les droits féodaux, n'ait entendu sacrifier que ses droits *personnels* attaquant la liberté des citoyens, mais non ses droits *réels*, qui ont une origine légitime...

» Les Députés de Franche-Comté et ceux de Bresse (pays) sur lesquels la Main-morte pèse, et plus à même de l'expliquer que ceux des autres provinces, qui ne la connaissent que par ouï-dire, en développèrent alors l'origine. Les stipulations singulières (particulières?) de notre province nous ont parfaitement servi pour démontrer que la Main-morte *réelle* n'est qu'une émanation de la Main-morte *personnelle* : elle la remplaça lors de l'établissement des Communes, et n'a pas une cause plus légitime qu'elle...

» Nous fûmes écoutés avec beaucoup d'impatience ..

» Pendant que nous parlions, M. Duport, de la Noblesse, rédigea l'article d'une façon qui nous donnoit gain de cause; il eut l'honnêteté de nous le communiquer...

» M. Mounier se présenta pour parler. Assurés qu'il ne nous étoit pas favorable, nous nous ameutâmes pour l'en empêcher ; il y parvint à la fin...

» On lui répondit. Les opinions prises, M. Mounier a perdu son procès.

» L'article 1er portant : L'Assemblée Nationale abolit le régime féodal, etc., « a été admis en sorte que les Main-mortes *réelles, très fréquentes en Bresse*, sont supprimées. » (6 août.)

Ceci montre que Bourg avait sujet de réclamer l'abolition de la Main-morte plus encore que nous ne l'avons dit.

Le 9 on en vient à la Dîme ; les prévisions de Populus se réalisent.

« Je me suis fait inscrire, écrit-il, pour demander la suppression sans indemnité. La Dîme est un impôt national... La Nation peut en disposer... Le 11, le haut clergé, ne prenant conseil que de son désespoir, fait un tapage qui ne permet plus de délibérer... » Un peu après, les Communes se voyant en minorité, « parce que les vieillards sont allés se coucher (il est onze heures du soir), firent ce que le Clergé venait de faire », en sorte qu'il n'y eut pas de vote possible. « Les curés » capitulèrent le lendemain, « demandant à l'Assemblée de fournir à leur subsistance. »

Je mets là un mot sur la discussion relative aux biens d'église qui ne vint qu'à la fin d'octobre. Populus, ici radical, expose avec un développement inaccoutumé l'argumentation qui prévalut et abrège l'autre. L'analyse qu'il fait d'une « lecture » du député breton Pélerin, remontant jusqu'à Constantin, descendant de règne en règne jusqu'à Louis XVI, sans faire grâce d'une étape, citant les lois romaines en latin et les « pétrissant à son aise »; est assez gaie. Populus, excédé et affamé, abandonne le lecteur à Charles-Martel et passe à la buvette où il trouve nombre de collègues qui déjeunent ; il boit aveo eux « à la santé de Charlemagne et de notre bon roi » (il est fort épris de Louis XVI) et rentre dans la salle où il retrouve avec désespoir le Pélerin à la tribune tout au plus à moitié chemin de sa « demi-main de papier... Il a fallu avaler le calice... »

C'est Gauthier qui annonce la solution. C'est lui qui va raconter les scènes des 5 et 6 octobre.

« Le samedi 4, cette fête a recommencé à l'hôtel des Gardes-du-Corps... Elle commença à midi et finit à 9 heures du soir ; on y but à outrance, on y fut indiscret, on se livra à quelques propos menaçants, on brisa les meubles et la vaisselle, on fut obligé d'emporter nombre d'acteurs chez eux... Pendant que le militaire se livrait ainsi à une joie tumultueuse, Paris manquait de pain, et le Ministre dénonçait à l'Assemblée le vide absolu du trésor royal...

« Le bruit s'était répandu que des conseillers perfides voulaient entrainer le souverain à Châlons... Les fêtes données si mal à propos avaient donné la plus grande consistance à ce bruit, etc. »

Ce récit, exempt de déclamation et assez bref, est contresigné par Bouveyron, Bottex curé, Cardon de Sandrans, de la Bévière.

Ces lettres, écrites le soir et la nuit, étaient lues le lendemain à la députation réunie, souvent signées de nos huit députés.

Populus reprend la plume pour raconter l'émeute qui amène la loi martiale, — l'apparition du vieillard de Montfleur, âgé de 120 ans, devant lequel, sur la motion de Grégoire, l'Assemblée se lève.

Le dernier acte de la Municipalité de 1789 fut l'envoi aux députés d'un plan de finances de Varenne de Fenille ; ce plan est annexé au Registre. L'auteur propose pour parer au déficit sans emprunt : 1° d'imposer la Rente ; 2° de confier aux départements nouvellement créés l'admi-

nistration des finances, de leur partager la Dette pour
chacun amortir sa part, etc. La raison donnée à l'appui
de la seconde innovation, c'est que les pays d'Etats, la
Bourgogne notamment, avaient par leur bonne gestion
conservé le crédit que la France avait perdu.

Le Tiers-Etat du Bugey avait déjà proposé la répartition de la Dette entre les provinces. La Municipalité, en
adressant le plan de Varenne à la Députation, y adhérait
en quelque sorte. Populus répondant (17 décembre 89)
l'adopte, y voyant « un moyen d'éviter d'envoyer l'argent
des provinces à Paris ».

Il faut nommer les choses par leur nom quelquefois.
Ces très honnêtes gens, qui veulent créer en France
quatre-vingt-six ministères des finances indépendants les
uns des autres, sont girondins avant la Gironde et bien
plus fédéralistes qu'elle n'a été jamais.

1790.

Pour notre députation et pour nous, la principale affaire
de la fin de 1789, et du commencement de 1790 est la
constitution du département de l'Ain, plus difficile que
nous le supposerions.

La première difficulté, c'est la prétention qu'a le Bugey
de former un Département à lui seul ; elle fut plaidée avec
ténacité par son député Brillat-Savarin et aurait eu quelque chance d'être écoutée, si le plan de Mirabeau, qui voulait diviser la France en 120 compartiments, eût passé.
Le pays de Gex déclara qu'il se réunirait au Jura plutôt
que de dépendre de Belley ; cela en finit.

Si le Bugey parlait de se séparer de nous, le Mâconnais parla un moment de se réunir à nous. Talleyrand, si écouté à l'Assemblée, voulait le chef-lieu de Saône-et-Loire en sa ville épiscopale. De là la colère et la démarche de nos voisins : ils entendaient que leur ville fût notre chef-lieu. Cela rompit tout.

Enfin, on songea un instant à réunir en un Département les Dombes et le Beaujolais. Lyon, je crois, fit échouer cette combinaison.

On adopta l'arrangement présent, le plus naturel ; cela arrive quelquefois.

Le groupe des quatre petites provinces, Bresse, Dombes, Bugey, Gex conservé, il fallut fixer les frontières. Les points litigieux furent : Coligny que le Jura voulait et qui opta pour nous, — Romenay, que nous désirions et que nous aurions pu avoir peut-être, en échange de Saint-Laurent — et nos limites au nord-est et au sud-ouest qui furent déterminées au moyen d'une transaction avec le Rhône et le Jura.

Puis vint la subdivision. Celle en six districts eut des partisans. Populus expose les raisons qui firent préférer celle en neuf (15 novembre 89). Bourg, Trévoux, Belley, Nantua, Gex ne furent pas contestés ; il n'en fut pas de même des quatre autres districts. Pont-de-Vaux eut à lutter contre Bâgé et Saint-Trivier, — Châtillon contre Pont-de-Veyle et Thoissey ; Montluel contre Pérouges, Meximieux et Chalamont, — Saint-Rambert contre Ambérieu et Lagnieu.

J'ai attribué plus haut le fractionnement excessif en quarante-quatre cantons à l'intention de détruire les anciennes agrégations féodales. Populus, qui conduisit toute cette affaire, allègue un autre motif. Nos petites villes vivaient en partie des justices seigneuriales condamnées. On leur rendit des justices de paix pour les consoler.

La Municipalité de 1788-89, la dernière de l'ancien régime, fut remplacée en 1790 par une assemblée nommée par les citoyens *actifs*.

Ceux-ci, aux termes de la Constitution, doivent avoir 25 ans et payer un impôt équivalent à trois journées de travail. La journée de travail fut cotée à 12 sous. Le chiffre des citoyens *actifs* monta à 662 (dont 475 éligibles); tous devant prendre part à la nomination des nouvelles administrations (ecclésiastiques, judiciaires, départementales et municipales).

Le dernier maire, Chévrier-Corcelles, fut réélu... La bourgeoisie, qui avait signé l'adresse du 20 juillet, entra au Conseil en très grande majorité.

Des graves discussions qui remplissent 1790, celle qui passionne le plus nos députés, c'est celle concernant la vente des biens d'église. Elle était votée en principe ; il s'agit à cette date de la mettre à exécution.

Le 13 avril, Bouveyron cite au long un discours de l'archevêque d'Aix, qui déclare les aliénations qu'on va faire *nulles*. Notre député trouve que l'abbé de Montesquiou parle « supérieurement ». Il prend même au sérieux le chartreux Dom Gerle, le futur aumônier de Catherine Théot, demandant que le culte catholique « soit seul public, que ses frais soient la première dette de l'État, etc. »

Populus s'exalte, il accuse (15 avril) la Droite de « provoquer une guerre de religion... on espère réussir... on sait qu'il y a eu quatre protestants tués à Nîmes ». Il prétend :

« Qu'un des infâmes traîtres qui sacrifieraient la patrie plutôt que 'abandonner 40,000 livres de rente, s'est écrié, en parlant de la motion du Chartreux : La mèche allumée est sur le baril de poudre. Voyons comme les patriotes s'y prendront pour la détourner... »

Le 16, Royer, curé de Chavannes, combat chaudement Dom Gerle. L'impression de son discours est ordonnée. Bouveyron veut que le futur évêque de l'Ain ait dit : « Le clergé jouit de 70 millions de biens qui ne lui appartiennent pas... Un tiers de ses biens est aux pauvres, un tiers aux paroisses, un tiers aux prêtres utiles... »

L'Assemblée décida qu'elle ne pouvait délibérer sur la motion de Dom Gerle, n'ayant pas pouvoir sur les consciences ; les deux députés du clergé de Bresse, Bottex et Guiédan, protestèrent contre cette sentence ainsi que M. de Lucinge, député de la noblesse du Bugey. Il y eut le 26 mai une « motion » faite à ce sujet par un de nos concitoyens qu'on ne désigne pas autrement. La Commune de Bourg demande à Picquet « son sentiment sur cette motion ». Picquet répond le 1er juin « qu'elle lui paraît bien rigoureuse... bonne à aigrir les esprits », etc. Il défend MM. Bottex, Guiédan, Lucinge ; « une différence d'opinion en matière de religion ne doit pas être le motif d'une cessation de correspondance avec eux, etc. » La commune de Bourg fut d'un autre avis. A partir de ce moment, les signatures de Bottex et Guiédan disparaissent de cette correspondance.

Arrive la discussion sur l'organisation judiciaire. Voici sur ce sujet une très courte lettre de Gauthier, du 7 mai :

« Deux jours se sont passés dans les débats les plus vifs.... Une partie des députés met une chaleur inouïe à demander que le Roi choisisse entre trois sujets présentés par le Peuple pour chaque place de juge... l'autre partie s'y refuse parce que ce serait priver la Nation d'un droit qui lui appartient incontestablement. C'est aujourd'hui que cette question sera décidée. Le tumulte scandaleux et effroyable des séances précédentes ne nous promet pas de tranquillité. Je vous ferai connaître le résultat. Je laisse le soin de tracer le tableau de ces scènes aux journalistes qui peuvent tout dire sans craindre d'inculper des collègues... »

Le 10, Gauthier annonce le résultat « avec bien du plaisir ». On le connaît ; les juges sont nommés par les électeurs pour six ans ; le parquet par le Roi, il est inamovible. Suit une apologie curieuse de ces deux dispositions. « Les juges sont amovibles pour qu'ils s'efforcent de garder la confiance qui les a appelés à leurs fonctions. Le ministère public est inamovible pour qu'il ne devienne pas l'instrument passif des volontés ministérielles... »

21 et 26 mai. Attroupements à Bourg pour empêcher la circulation et vente libre des grains. Les émeutiers veulent empêcher les Bugistes d'acheter. Nos anciennes provinces étaient closes chez elles par leurs jalousies autant et plus que par les barrières et péages qu'on sait. On avait supprimé les barrières, les jalousies restaient. L'ancien régime aboli dans les lois tenait bon dans les esprits.

Tout ce qu'on put faire ce fut d'arrêter deux émeutiers, et la Garde nationale n'y suffisant, d'y employer les Chasseurs d'Alsace. Cette scène-là recommencera bien des fois. On eût pu peut-être afficher ces deux lignes qu'écrivait Gauthier : « Ces mouvements tumultueux dans les marchés éloignent les fournisseurs, et le prix du blé augmente par le procédé qu'on emploie pour le faire baisser ». Il est vrai que les émeutiers ne savaient pas lire.

Au commencement de juin la Municipalité, aidée par une souscription, fit vendre trois francs la coupe le blé qui en valait quatre.

Elle était occupée à ce moment d'une fâcheuse besogne : de l'inventaire du mobilier des couvents d'hommes demandé par le Comité ecclésiastique de l'Assemblée. « La conduite des P. Augustins et Cordeliers fut régulière et digne d'éloges » (Populus, lettre du 1er juin). Celle des P. Dominicains parut suspecte. Ils refusèrent « de représenter les registres de la Communauté », firent des réponses tortueuses aux questions qu'on leur posa « sur des coupes de bois, sur la disparition d'une partie de leur mobilier, sur des pièces d'argenterie dont on connaissait l'existence par l'aveu naïf » d'un d'entre eux. Le Prieur adressa au Conseil une lettre injurieuse qu'on mit au procès-verbal. Tout cela aboutit à une délibération contre ces moines où on emploie les gros mots de « turpitudes et de prévarication », après quoi, ce qui nous paraît plus étonnant que le reste, vient un « Ordre de la Commune aux dits Dominicains de faire la procession du Corps-de-Dieu... » Cette injonction sent son Moyen-Âge ; on ne détruit pas l'œuvre de dix siècles en deux ans.

La querelle avec les Dominicains occupa la Ville près de trois mois. Une scène bizarre, le 12 juillet, vint nous en distraire. Un ex-privilégié prenant mal son temps pour se clore, s'était mis à construire un mur qui ôtait la vue du Bastion à la rue Crève-Cœur, et rétrécissait la place où on allait deux jours après fêter ici la Fédération. Cinquante personnes, au dire du Registre municipal, vinrent démolir le mur la nuit : le Maire, honoré de tous, accourt, les harangue ; elles se retirent. Des poursuites sont ordonnées contre les démolisseurs. L'ex-privilégié intervient et demande « qu'on assoupisse l'affaire » : Populus qualifie sa conduite de « fanfaronnade ».

Paulo minora. En août l'Assemblée veut bien réglementer les préséances, y compris les préséances à la procession. Populus affirme :

Qu'une procession étant faite « spécialement pour la commune où elle a lieu », le rang d'honneur y est acquis au Corps municipal qui la représente. A quoi « M. Mirabeau, l'aîné, et je crois M. Robespierre, cherchant à éluder la question, dirent que tous les citoyens étant égaux devant la divinité, il ne devoit y avoir aucune préséance dans les cérémonies religieuses, et que les corps ne devoient point y assister en corps, mais seulement comme citoyens. »

Populus prétend que la majorité faillit lui donner gain de cause, puis elle se ravisa, hélas ! et décréta que le pas aux processions appartient aux Administrations départementales.

Un petit journal royaliste, couvrant toutes ces institutions révolutionnaires de la même ironie, montrait la question résolue avec bien de la sagacité dans la chanson des petites filles :

> Quand les canes vont en champ,
> La plus belle va devant...

Je rencontre ici (hors de son lieu) une pièce de quelque intérêt. Pour l'entendre il faut se remémorer ceci : Les neuf dixièmes de notre province dépendaient des sièges de Lyon et d'Annecy, le reste (46 paroisses en tout) de Belley le plus petit évêché des Gaules. La Constitution civile du Clergé fit du tout l'évêché de l'Ain qui fut offert au titulaire de Belley, Courtois de Quincey. Le Directoire de l'Ain invita ce prélat, le 8 décembre 1790, à organiser le Chapitre de sa cathédrale, un séminaire, etc. La pièce susdite est la réponse de M. Courtois (du 11 décembre).

Il écrit : Les affaires dont vous me proposez de m'occuper sont trop importantes pour que je ne sente pas la nécessité d'y donner l'attention la plus suivie,.. surtout pour le choix des Vicaires qui formeront non-seulement le clergé de la Cathédrale, mais encore le Conseil du Diocèse et qui *seront mes coopérateurs*... Cette organisation doit être et sera le premier de mes soins, etc.

J'ai l'honneur d'être avec respect, Messieurs, votre très-humble

et très-obéissant serviteur. Signé † G., év. de Belley au département
de l'Ain. Pour copie : Brangier aîné, secrétaire.

Le Directoire de Belley, chargé de faire tenir cette
réponse au Directoire départemental, mande à celui-ci :

« Si vos *invitations* restoient sans effet, nous vous en donnerions
avis. Au surplus, la santé de ce prélat est dans un état de délabre-
ment qui fait craindre que le terme de ses jours ne soit prochain ; ce
sera peut-être un motif excusable du retard qu'il pourroit apporter
à s'exécuter, etc. »

Le serment civique fait-il partie de l'*exécution* ? M. Courtois acceptait, ce semble, la situation que la Constitution
civile lui faisait. Quant au serment que demanda aux accep-
tants une loi postérieure, d'après l'*Histoire hagiologique
de Belley* il le refuse. Sa mort, en janvier 1791, en finit
avec cette situation singulière.

Le 24 décembre 1790, l'Assemblée avait décrété une
première vente de biens nationaux. Brou était porté au
tableau annexé ; sa mise à prix étant 65,700 livres, il eût
trouvé des preneurs à coup sûr. Le Directoire de l'Ain,
mû par son procureur-syndic M. Riboud, demanda la
conservation du monument. La Députation, conduite par
Gauthier des Orcières, plaida et gagna cette cause. Le
décret qui radie Brou du tableau est du 13 mars 1791.

Je ne trouve là-dessus dans cette correspondance que
deux lignes.

Au mois d'août, on fit le recensement de la population.
Bourg a 6,163 habitants ; ce qu'on appelle la banlieue en
a 787 ; cela fait en tout 6,900. Le recensement de 1774
en comptait 6,566 (dont 78 prêtres et moines, et 147 religieuses). La population, en 1802, ira à 7,500.

Lalande, multipliant le nombre moyen des naissances
par 26, atteignait le chiffre 7,436. Les recensements de 74

et de 90 passent pour peu exacts. La population de Bourg, aux 25 dernières années du XVIIIᵉ siècle paraît avoir varié très peu et le chiffre obtenu par l'astronome est le plus voisin de la vérité.

Cette ville qui avait un peu plus de 7,000 habitants, en comptait 5,200 ne payant pas de taxe et 351 d'assistés. Le premier de ces chiffres est énorme. Il fait voir l'impôt réparti entre un nombre de contribuables bien inférieur à celui d'aujourd'hui ; c'est que la fortune était alors bien plus inégalement divisée.

A l'Hôpital il entrait tous les ans 2,000 malades. Le nombre de vagabonds auxquels la Commune donnait 2 sous par lieue jusqu'à la ville prochaine avait été de 639 en 1789, en août 1790 il était de 941. Il allait avoir doublé.

« Les ouvriers étaient sans travail depuis un an. » Dès août 1789, Lalande nous a dit que « les fermiers ne payaient pas ». Dans un pays sans industrie ces deux faits sont étroitement corrélatifs.

Une population qui souffre s'en prend, plus souvent à tort qu'à raison, à ceux qui la conduisent. Aux élections municipales de la fin de 1790, le corps municipal est renouvelé. Duport est maire. Les officiers municipaux sont Goyffon, Bon, Morand, Quinet (l'aïeul du grand écrivain), Mugnier, Ravet. Les Notables sont Lefranc, perruquier : Carabasse, architecte ; Bottier, chirurgien ; Desborde, notaire ; Hugon, épicier, etc. Si je ne me trompe, ceux qu'on évince, c'est la bourgeoisie constitutionnelle, ceux qui arrivent seront des Girondins.

Il y avait ici une corporation ecclésiastique nombreuse, riche, influente, où les principales familles étaient représentées. C'était le Chapitre de Notre-Dame. Les chanoines au XVIᵉ siècle sont souvent en guerre avec l'Hôtel-de-

Ville : souvent ils lui prêtent de l'argent. Au XVIIe siècle ils pèsent sur lui et l'amènent à expulser les familles protestantes. La Constitution civile du Clergé ne laissait subsister que les Chapitres de Cathédrales. Le nouveau Conseil entreprend donc de dissoudre le nôtre.

7 décembre 1790. « Les officiers municipaux (Morand et Goyffon) se transporteront à Notre-Dame à l'issue de Vêpres, pour inviter, et si besoin est sommer les prêtres composant le ci-devant Chapitre de ne plus tenir chapitre et cesser de porter les marques distinctives des chanoines telles qu'aumusse, camail, mitre, etc. Inventaire sera fait des ornements, vases sacrés, etc. Les registres de délibérations seront remis, etc. »

Les registres furent remis, mais les ci-devant chanoines continuèrent à dire matines et à porter leurs rochets et camails, ce qui « *fatiguait plusieurs citoyens* ». Duport, maire, et Morand et Goyffon, officiers municipaux, demandèrent ce qu'ils avaient à faire au Comité ecclésiastique de l'Assemblée.

Le Comité répond : « Il faut attendre *la sanction* du décret du 27 novembre... Il défend de faire fonctions de corps à peine d'être puni comme perturbateur de l'ordre public... Cela renferme tout, etc. »

L'autorité ecclésiastique avait longtemps empiété tant qu'elle avait pu sur l'autorité civile. On le lui rendait avec usure.

Ce qui est incroyable presque, c'est qu'on n'entendait nullement, ce faisant, ruiner le culte. La preuve, c'est qu'à huit jours de là (le 16) on fait processionnellement la translation des malades de l'ancien Hôpital dans le nouveau. Or, le Curé portant le corps de Dieu, le Clergé, les religieuses, *le Département, le District, la Commune*, y assistent..

1791.

Le 14 janvier 1791, la Commune assistera à une inaugu-
ration d'un autre genre, à celle de la *Société des amis
de la Constitution*. L'établissement de ce club avait été
provoqué quelque temps auparavant par deux de nos députés affiliés à la Société-mère. Il eut Duhamel pour premier président.

La Commune se prodigue : le 14 janvier « Monsieur
l'évêque du Département, fixé à Belley (Courtois de Quincey), vient de laisser son siège vacant par mort. Il sera
fait un service solennel en son honneur. Le Département,
le District, le Corps-Municipal, l'État-Major de la Garde-
Nationale y assisteront. » Voilà bien le dernier titulaire
de Belley transformé en premier évêque de l'Ain.

Le 8 février, le corps électoral lui donna pour successeur Royer, curé de Chavannes, député du Clergé de
Lons-le-Saunier à la Constituante et l'un des promoteurs
de la Constitution civile.

Le même jour, il nomma M. Martinon juge de Cassation pour quatre ans.

Le 1er avril, Royer, *confirmé*, aux termes de la Constitution civile, par l'évêque de Viviers premier élu, fait à
Bourg son entrée, à 9 heures du soir. Le Corps-Municipal
en écharpes le reçoit sur le pont des Halles. Discours du
maire Duport, du Procureur de la Commune Populus.
Réponse de Royer « respirant le civisme le plus pur ». Le
cortège se rend à l'Hôtel de Ville entre deux haies
de Gardes-Nationaux à pied ou à cheval. Illumination
spontanée sur le parcours. Acclamations, chant du *Ça ira*.

L'Evêque se présente au peuple sur le balcon ; puis on le conduit en corps « à son appartement chez M. Gauthier, député », où on lui donne une garde d'honneur.

14 avril, service pour Riquetti l'aîné (Mirabeau), célébré aux frais des Amis de la Constitution. Les corps constitués y assistent.

Au retour, « M. l'Évêque, accompagné de la majeure partie des Amis de la Constitution, » vient à l'Hôtel commun remercier les « citoyens de cette cité de l'accueil qui lui est fait ».

Il est expliqué par la délibération du 1ᵉʳ avril que ces démonstrations ont pour but « de désabuser le peuple égaré par le plus aveugle fanatisme... en un instant de crise où les prêtres réfractaires à la loi cherchent par tous les moyens à lui faire abhorrer une Constitution qu'il devrait adorer, etc. »

Ces réfractaires auraient été peu nombreux ici, du moins, si j'en crois Lalande qui écrit en date du 1ᵉʳ mai : « On nomme à la place des *dix* curés réfractaires ou non jureurs du District. »

Le Père Pacifique Rousselet, prieur des Augustins de Breu et auteur d'une Notice sur cette église, fut nommé curé de Bourg. Je vois que le jour où Rousselet fut installé la ville illumina. Je vois aussi Lalande écrire à cette date que « la majorité de la population ne veut pas de la messe des jureurs ».

1ᵉʳ juin. La Supérieure de la Charité refuse d'assister à la messe constitutionnelle et d'y conduire les enfants. Sur réquisition du Procureur de la Commune Populus, le Conseil ordonne la fermeture des chapelles de couvent au public, les religieuses restant libres d'y faire dire la messe par qui bon leur semble.

Les lettres de nos députés, copieuses en 89, surabon-
dantes en 90, se font en 91 plus brèves et plus rares.

Gauthier raconte l'émeute de Vincennes et la réunion
simultanée au Château des *Chevaliers du poignard* (28
février). Populus la journée du 17 avril, arrangée peut-
être pour constater que Louis XVI était captif; puis
l'émeute qui fit voter la Loi martiale. Nous n'avons à
apprendre dans ces récits qu'une chose, à savoir comment
chez deux hommes distingués, modérés de caractère ou
d'opinion, l'exaltation allait croissant et quel tour elle
prenait. Populus voit partout (où elle est et où elle n'est
pas) l'action des prêtres réfractaires; Gauthier suspecte
les complots de l'aristocratie nobiliaire au dedans et au
dehors.

Sur ce qui se trame, on est peu renseigné. Le 6 mai,
Gauthier lui-même écrit : « Nous n'avons rien à craindre
de l'extérieur ». Populus, lui, écrira le 10 : « Un manifeste
de l'Empereur qu'on fait circuler est faux ». Oui : mais
c'est le 22 mai 1791 que la Reine mande à son frère,
l'empereur Léopold, que Louis XVI et elle vont partir
pour la frontière ; Bouillé y réunit des forces : elle demande
10,000 Autrichiens pour servir d'exemple à nos soldats et
les contenir. Et Léopold répond, le 12 juin, à sa sœur : il
met à ses ordres argent et troupes, aussitôt l'évasion
opérée.

C'est donc au milieu d'une sécurité aveugle que tomba,
le 21 juin, la nouvelle de l'évasion du Roi.

Les quatre lettres de Populus sur cet « événement
terrible » ne nous apprennent rien du fait. Grâce à la
correspondance de Marie-Antoinette, nous en savons sur
ses causes plus que les contemporains. Mais ces lettres
nous montrent l'influence que la royale équipée eut sur

les esprits. La religion monarchique de Populus, imperturbable jusque-là, en est atteinte.

« Le Roi, dit-il (et c'est la première fois qu'il lui retire les épithètes caressantes qu'il lui prodigue d'ordinaire), le Roi a de grands reproches à se faire. *On ne trompe pas impunément une nation.*

» Voilà une grande leçon, surtout terrible pour la Reine. On lui avait sans doute persuadé que l'absence du Roi serait le moment décisif pour la contre révolution, que l'anarchie, le meurtre, le carnage de l'Assemblée et de tous les patriotes en seraient la suite. Déçue de *cet espoir,* elle a vu Paris dans le plus grand calme, etc.

« Les prêtres non conformistes ont disparu, je les crois cachés dans des greniers, car on n'entend plus *leurs croassements,* etc. (23 et 26 juin). »

Mais en voilà assez pour montrer à quoi servit le coup d'audace essayé par Louis XVI, et comment, vers ce moment, plus d'un constitutionnel devint girondin, c'est-à-dire républicain. Le mot « on ne trompe pas *impunément* une nation » porte loin.

Ces quatre lettres sur la fuite à Varenne ont été lues du balcon de l'Hôtel de Ville de Bourg, par le maire d'alors (Chevrier-Corcelles), à la cité inquiète : Michaud jeune, auditeur, le conte dans un article de la *Biographie universelle,* d'ailleurs fourmillant d'inexactitudes ; il leur reproche « un ton de gaîté » qu'elles n'ont pas. La dernière phrase citée et une tirade contre « *les bigotes* », qui suit, ont dû soulever quelques rires dans l'auditoire ; de là l'erreur de Michaud, si erreur il y a (il y a aussi quelque malveillance).

Populus se trompe sur les causes de la fuite à Varennes qu'il attribue aux prêtres réfractaires. Il se trompe sur ses suites, quand il prétend qu'elle « affermit la Constitution davantage ». Elle contribuera à la détruire plus que rien autre. Après le départ furtif de Louis XVI et la protestation qu'il lança en partant, la Constitution n'était plus qu'une fiction.

Ce qui se passa ici à la nouvelle de l'évasion du Roi fera bien comprendre l'influence de l'événement sur les esprits et par suite son importance réelle. Cette population, restée calme jusque-là, sortit de son caractère et passa à l'état effervescent.

L'idée lui vint qu'on n'a pas eu la folie de tenter ce qu'on tente sans l'avoir préparé en province.

Le complot royal doit donc avoir des ramifications ? Où cela, sinon chez ceux qui sont ses adhérents-nés ? Donc « plusieurs citoyens viennent en la Maison commune annoncer qu'il y a des rassemblements suspects dans deux châteaux voisins de la ville, et un dépôt d'armes chez le ci-devant curé, Paret ». Deux officiers municipaux, escortés chacun par 23 gardes-nationaux, feront une perquisition dans les châteaux susdits. Un troisième avec une patrouille fera une fouille stricte chez le curé. On ne trouve rien. Mais si on eût trouvé quelque chose de suspect, que serait-il arrivé ?

Les lettres de nos députés manquent en juillet et en août.

Les quatre dernières (31 août, 5 et 7 septembre) respirent une confiance dans l'avenir qui est propre à ce temps.

La Constituante avait assigné à son œuvre trente ans de durée.

La Législative, avec l'aide du gouvernement de Louis XVI tombé en quenouille, mettra un peu moins d'un an à renverser cette œuvre.

Les élections se firent à la fin d'août 1791 avant que l'émotion causée par l'évasion du Roi, et renouvelée par l'exécution militaire du Champ de Mars (17 juillet) fût tombée.

Y eut-il lutte ? Y avait-il déjà des partis enrégimentés,

ayant un programme ? Il ne semble pas. Ce qu'on distingue malgré l'absence de journaux et la réserve des documents, c'est qu'il y avait deux tendances et qu'elles se firent jour.

Nombre de gens croyaient, comme Thouret, la Constitution solide et la Révolution finie.

D'autres, comme ceux qui étaient allés au Champ de Mars pétitionner contre l'inviolabilité royale, entrevoyaient que la Constitution était un mensonge et que la Révolution allait continuer.

Les élections alors se divisaient en deux actes. Les citoyens *actifs* nommaient premièrement les électeurs. A Bourg, les citoyens *actifs* (au nombre de 6 à 700 sur 7,000 habitants) firent des choix fâcheux selon Lalande (Anecd. 165), c'est-à-dire à son gré trop révolutionnaires ; sur la liste, je vois Duhamel, le premier président de la Société populaire ; Brangier, un des deux bourgeois qui feront partie de la Commune de 1793.

Mais la Ville eut peu d'influence sur cette élection. On ne prit dans son sein qu'un député sur six. Et le collège, composé de 393 électeurs, nomma quatre constitutionnels et deux démocrates.

Les premiers furent Rubat, juge à Belley, président du Directoire départemental ; Riboud, procureur-syndic de ce Directoire ; Régnier, procureur-syndic du District de Trévoux ; Girod, maire de Gex en 1780. (Riboud et Girod seront plus tard l'un chevalier, l'autre baron de l'Empire.)

Les seconds sont Deydier, notaire à Pont-de-Vaux ; et Jagot, juge de paix de Nantua, qui voteront avec la Gironde en attendant mieux.

Le parti constitutionnel eut le malheur d'être médiocre et le tort d'entreprendre une tâche impossible. Il voulait réaliser la belle devise qu'il mit sur nos monnaies : *la*

Nation, la Loi, le Roi. Mais ni la Nation, ni le Roi n'étaient bien épris de la Loi, et ne mirent de religion à l'observer. La Gironde ne vit à cela qu'un remède qui fut de la changer.

Les discussions du 1er octobre 1791 au 21 septembre 1792 n'ont pas eu en notre province de contre-coups bien visibles : elles ne pouvaient tenir grand'place en ce volume. Nos députés à la Législative sont tout juste nommés ici. Cette histoire voudrait être complète qu'ils seraient éclipsés quelque peu, tous les six, par le journaliste de Pont-de-Veyle, Carra, préparant le 10 août dans ses *Annales patriotiques*, un an avant de le conduire.

Edgar Quinet, racontant la première fédération, après avoir montré « les drapeaux, les bannières au vent, les épées nues, les acclamations de quatre cent mille hommes autour de l'autel de la Patrie », ajoute : « Quelques mécontents seuls se tenaient à l'écart : Loustalot, *Carra*, Camille Desmoulins. Ceux-là ne furent pas désarmés par la joie feinte ou réelle. Déjà Louis XVI n'était plus pour eux que M. Capet. Tout les indigna dans l'allégresse publique ; leur haine inplacable en parut augmentée. »

D'ailleurs les témoins, tout à l'heure surabondants, semblent à cette époque si anxieuse ne vouloir plus rien livrer.

Un de nos députés écrit bien en tout 13 lettres qui, réunies, n'atteignent pas les 25 pages de telle épître de Populus : cinq pages du 20 octobre 91 au 13 août 92 d'abord ; j'en détache ceci qui paraît destiné à expliquer cette réserve de M. Riboud :

« Une correspondance me serait infiniment précieuse, mais nos séances continuelles et nos travaux la rendent impossible. » (4 avril 1792.)

La Ville est d'une autre humeur que le Département ;

elle fit en novembre des élections municipales. Quinet fut
élu maire par 44 voix. Les Officiers municipaux furent
Bergier qui a 47 voix, Buget qui en a 37, Rollet qui en a
15, Desisles qui en a 12. Les Notables sont le curé Rousselet avec 68 voix, Dufour père avec 35, Lyvet avec 29,
Gagneur vicaire avec 26, Duhamel avec 18, etc.

Deux des futurs terroristes entrent donc à l'Hôtel-de-
Ville, avec 15 voix l'un, l'autre avec 12 : mais ils entrent.
Le nombre infime des votants est bien à remarquer.

Aussitôt installé, le nouveau Conseil a une occasion de
montrer son tempérament. En Décembre, les boulangers
se mettent en grève. On les réduit en les menaçant « de
faire *murer leurs fours* ». Au XIIIᵉ siècle, les marchands
de Bourg refusant d'aller travailler aux remparts, le Seigneur Comte fait *clouer la porte de leurs boutiques*. Il n'y
a rien de nouveau sous le soleil.

1792.

L'année 1792, si féconde en événements, est pour moi
la plus stérile en documents. Je n'ai pu atteindre aux
journaux d'alors. De là une des lacunes que je laisse à
regret dans ce travail, non la moins fâcheuse. Je vais du
moins nommer trois journalistes :

Le plus considérable de beaucoup est Jean-Louis Carra,
fils d'un commissaire à terriers de Pont-de-Veyle. Il rédi-
geait avec Mercier, l'auteur du *Tableau de Paris*, les
Annales patriotiques, l'une des deux feuilles les plus lues
d'alors. Lalande dit que c'est « un journal enragé qui fit

beaucoup de mal »; Carra avait vécu à l'étranger long-temps ; il poussait alors à la guerre contre l'Autriche, la croyant inévitable. Il contribua à la décider.

Il faut nommer ensuite Cerisier, fils d'un épicier de Châtillon-lès-Dombes; il faisait à Paris, avec Boyer, la *Gazette universelle*. Lalande, qui trouve le journal de Carra « enragé », trouve celui de Cerisier « excellent ». (Anecd. p. 100.) Il était en rapport avec le rédacteur, c'est évident, et nous dit que la *Gazette*, qui avait 7,000 abonnés en novembre 1791, arriva en mai 1792 à 10,000. Elle fut suspendue le 10 août. Les deux rédacteurs furent emprisonnés à Lyon l'année d'après. Cerisier fut acquitté par la Commission révolutionnaire, Boyer fut guillotiné.

Il ne me parait pas que le journal de Carra ait eu chez nous l'influence qu'il avait ailleurs. Carra est de ceux (trop nombreux) oubliés à tort par le pays qui les a produits. C'est Mâcon qui a envoyé à la Convention cet homme un des auteurs du 10 Août.

Je ne crois pas bien davantage à l'action de la feuille de Cerisier ici. L'abonnement à un journal n'entrait pas encore dans les habitudes. Il y avait, il est vrai, depuis 1782, un cercle (dans les salles où est l'imprimerie du *Courrier de l'Ain*), et il y avait une de ces salles où on lisait « les papiers publics ». Mais ce cercle n'avait pas plus de 57 associés « à un louis chacun ». (Anecdotes, 82.) Il fut « supprimé en 1793 ». On y recevait certainement la *Gazette universelle* ; quant aux *Annales patriotiques*, ce n'est pas bien sûr.

Enfin, en cette année 1792, il y eut une tentative faite pour créer un « *Journal du Département* ». Ce fut « George Sibuet, né à Belley, » qui s'y risqua. Ce journal parut « toutes les semaines et finit en Août. Roustaing

étoit un des bons collaborateurs ». (Anecd., p. 108.) Le
rédacteur, après le 10 août, alla à Paris faire avec Poul-
tier *L'Ami des lois* qui l'aurait, toujours d'après Lalande,
enrichi en deux ans. Je n'ai jamais rencontré un numéro
du journal de Sibuet. Quelle qu'ait été sa couleur, j'y
discernerais ce que je vois assez mal, l'état des esprits chez
nous au commencement de cette année décisive.

Les scrupules de Louis XVI, entretenus par une correspondance avec Pie VI (connue depuis peu), ses velléités
de résistance, augmentaient l'agitation religieuse, redon-
nant quelque espoir aux Romains et exaspérant les
inquiétudes des Constitutionnels.

Nous avons vu la Ville perquisitionnant chez son ancien
curé ; nommant le nouveau conseiller municipal.

Voilà qu'à son tour la campagne fermente. Vers le 20
janvier, « 400 paysans du côté de St-Trivier s'emploient à
arracher les bancs (seigneuriaux ?) des églises ». Ils sont,
il est vrai, dispersés par un chevalier de Saint-Louis à la
tête de 40 gardes-nationaux.

Le fait n'en est pas moins grave : il montre qu'on est
inquiet du lendemain partout, et que le paysan se porte-
rait à des violences pour en finir. (Il y en aura de commises en mars, à Hautecour, contre M. de Bohan père.)

Les opposants n'en étaient pas plus prudents. Il y avait
huit mois que la Commune de Bourg avait, à la demande
d'un des Populus, ordonné que les chapelles de couvents
où le culte romain était permis, fussent closes au public.
Elle n'était pas obéie. Le Directoire intervint sur la motion
de Gauthier des Orcières (élu Procureur-syndic), et le 5
mars on mit « un planton à la porte de l'Hôpital, pour
empêcher les religieuses d'ouvrir leur chapelle où un
réfractaire disait la messe ».

Notons vite, qu'à vingt jours de là, la Garde-Nationale fera *bénir* solennellement ses drapeaux et que le jour suivant, 26 mars, on verra les corps constitués et la Commune (Gauthier donc et Desisles) à la procession de la Fête patronale, derrière la Vierge-Noire...

La tentative aventureuse faite par le pouvoir civil pour repétrir le catholicisme à son usage, allait, on le voit, jusqu'où elle pouvait aller, dans les deux sens.

Lalande ici mord Gauthier (qu'il ne peut souffrir), l'appelle « enragé ». Demain il s'attellera, lui, au char de la déesse de Chaumette.

Nous voici venus à ce 20 avril 1792 où Louis XVI osa proposer à la Législative de déclarer la guerre à l'Autriche à laquelle il envoyait, en secret, son affidé Mallet-Dupan avec un projet de manifeste destiné « à ouvrir la porte à l'invasion ». (Quinet, Bertrand de Molleville.)

Un des nôtres, le seul qui à ce moment comptât et pût peser, Carra dans son journal poussait à la rupture de toute son influence, et il devait en avoir ayant vécu en Allemagne et sachant les cours étrangères. Seul Robespierre s'opposait, montrant « dans un de ses meilleurs discours » (Quinet), que la guerre, quelle que fût son issue, nous menait infailliblement à la servitude. Lequel fallait-il donc écouter de ces deux hommes, sincères à coup sûr, et qui tous deux voyaient juste? Carra disait : « Prenons nos avantages en commençant la guerre, car « l'Autriche va nous la faire ». C'était plus vrai qu'il ne croyait, car il ne connaissait pas la mission de Mallet-Dupan. Robespierre de son côté prophétisait. Il y a des heures dans l'histoire où l'on ne distingue plus la voie droite.

A ce moment toute l'attention était ici, à Bourg, à une

affaire bien mince en elle-même, qui, telle qu'elle était, ravivait une plaie non fermée, réveillait les haines et les colères contre le passé, « qu'il est lent à mourir ! » et partageait pour la première fois le parti révolutionnaire en deux moitiés, préparant ainsi les luttes prochaines.

Un ouvrier nommé Juliéron avait été, quelques années auparavant, condamné à 22 livres d'amende par le juge de M. de B... « pour avoir chanté la nuit sur le chemin », (nous dirions pour tapage nocturne). Il en gardait rancune à M. de B... Au moment où la Municipalité de Bourg faisait perquisitionner deux gentilshommes et un prêtre soupçonnés de faire des amas d'armes, Juliéron se présenta au château de B...; là, par menaces au seigneur et à sa femme, il se fit rendre les 22 fr. qu'il leur avait payés et s'empara de deux vieux fusils.

M. de B..., ancien officier estimé, qui avait donné des gages à la Révolution et l'a traversée sans en souffrir, porta plainte. Merle, Accusateur public, requit contre Juliéron. Gauthier des Orcières « contribua à sa défense ». Le Tribunal élu le condamna « en six ans de fers ».

La Société des Amis de la Constitution s'émut. Elle invita, par voie d'affiche, « les personnes charitables et sensibles » à souscrire pour fournir aux frais d'un appel près le Tribunal de Cassation, et à remettre leurs souscriptions à la Municipalité.

La Municipalité délibère que cette affiche, sur laquelle elle n'a pas été consultée, est contraire à deux lois : l'une interdisant les affiches en nom collectif, l'autre interdisant tout acte politique aux Sociétés ou Clubs en nom collectif. Elle désavoue l'affiche, défend d'en apposer de non signées, fixe les lieux où on affichera désormais. Cette délibération est signée de Desisles et de Rollet.

L'affaire parut assoupie. Voici en juin le seul contre-coup que j'aperçoive des mesures prises après nos premières défaites. « Goyffon (officier municipal) présente (au Conseil) une liste des personnes de la Ville dont il ne peut attester la résidence dans le Département ». Il y a sur cette première liste d'Emigrés 33 noms, 16 nobles, 3 prêtres, 2 marchands, 2 femmes. Goyffon est chargé « de fournir, pour satisfaire à la loi, l'état de leurs biens ».

Le 3 juillet, on sait cela, Vergniaud frappa Louis XVI à la face et fit déclarer *la Patrie en danger* : son discours fut distribué aux 83 départements ; on y lut ces mots : « La Contre-Révolution se fait ». On complota une démonstration contre le jugement qui frappait Juliéron, jugement déclaré contre-révolutionnaire. Le 11, la Municipalité fut avertie que la Garde-Nationale de Ceyzériat devait le 14, jour de la fête anniversaire de la Fédération, se porter sur la prison et enlever le détenu... Elle requit le Commandant de place, M. d'Oraison, « d'avoir main forte suffisante, pour au besoin repousser la force par la force ». Rollet signe la délibération, Desisles présent ne signe pas.

Le jour venu, Gauthier des Orcières alla droit aux émeutiers et par bonnes paroles leur persuada de rester tranquilles. Pendant qu'ici le parti révolutionnaire se divisait, à Paris il réunissait ses forces pour faire le 10 Août. Le coup frappé ce jour-là rend la parole à notre Députation.

Du moins, du 13 août au 22 septembre, Riboud écrira neuf fois.

Le 13 août, il se réfère, « sur ce qui s'est passé » le 10, à une lettre qu'il a écrite au Département.

Le 27, il mentionnera « une cérémonie funèbre consacrée

à la mémoire des citoyens morts le 10... L'Assemblée y a assisté en corps... » Suit un mot sur la prise de Longwy :

Le 31 : « On a décrété le principe qui consacre le divorce. »

Le 3 septembre : « On a annoncé samedi à l'Assemblée que Verdun était environné par l'ennemi .. La Commune de Paris a saisi cette occasion pour exciter l'énergie et former une armée qui puisse se porter vers les frontières. On a en conséquence tiré dimanche à deux heures le canon d'alarme et sonné le tocsin pour rassembler les citoyens armés ; il se présenta beaucoup de monde.

» Il est malheureux que ce rassemblement ait donné lieu à des mouvements à la suite desquels on s'est porté dans les différentes prisons de Paris où une grande quantité de personnes détenues ont reçu la mort. On a laissé la vie aux détenus pour dettes. Il m'est difficile de vous donner des détails de cette nuit, parce que les rapports varient ; on ne peut prévoir quelle sera l'issue de ces tristes événements, il faut faire des vœux pour la patrie, s'armer pour sa défense, et plaindre les personnes qui peuvent être enveloppées sans le mériter. »

Le 4 : « Paris est plus calme, le peuple est encore néanmoins occupé à l'attaque de Bicêtre, où un grand nombre de personnes ont déjà péri. » Et, après six lignes sur les faits de la veille : « Le nombre des morts est très grand... La ci-devant princesse de Lamballe, le cardinal de La Rochefoucauld, plusieurs évêques, près de 200 prêtres ont subi ce triste sort...

» Pour ramener vos regards sur des objets moins sinistres, je vous annonce que les levées d'hommes sont aussi rapides que prodigieuses...

» P.-S.—L'Assemblée a rendu un décret pour le canal du Rhône, je me félicite d'avoir pu coopérer par mes soins et mes mémoires à un travail qui peut être utile à notre département et y verser des fonds pendant son exécution... »

Le 12 : « Le camp de Maulde a été malheureusement levé ; c'était le boulevard du Nord. L'ennemi l'occupe.

» Le peuple se plaint avec raison de l'incertitude où l'on est sur les mouvements de nos armées... Cependant, il paraît que la situation est bonne, tout nous présage des succès...

» Bien des remerciments de la Notice de l'élection à la Conven tion. L'amour du bien et le patriotisme qui anime (nos députés) nous promet les plus grands avantages de leurs travaux... »

Le 21 : « Je quitte l'Assemblée pour aller travailler au camp de Paris .. Les travailleurs coûtent beaucoup et ne font pas grand'chose...

» La Convention peut faire plus de bien que nous : elle réunit tous les pouvoirs, n'a ni liens, ni obstacles, elle pourra marcher d'un pas plus ferme. »

Le 22 : « Si je n'avais pas été au camp, j'aurais pu vous annoncer l'installation de la Convention... Ses décrets principaux sont l'abolition de la royauté..., la réélection de tous les corps administratifs, etc. Cette Assemblée paraît réunir des hommes d'un grand talent... J'ai dîné avec MM. Royer, Merlino, Jagot et Deydier, etc. »

Nous apprenons ailleurs ce qui nous touche sur le 10 Août : c'est que Carra fit le plan de l'insurrection à laquelle il prit part énergiquement. Il fut, le 1ᵉʳ septembre, élu à la Convention par deux départements et opta pour Saône-et-Loire.

Chez nous l'élection se fit à Trévoux. Deux des membres de l'Assemblée Législative seulement furent nommés, Deydier et Jagot. On leur adjoignit deux Constituants, Gauthier des Orcières et Mollet. L'évêque Royer et Merlino complétèrent la liste.

Le 2 Septembre, un des députés du clergé de Bresse, Bottex, périt aux Carmes ; il y était emprisonné pour avoir correspondu avec l'abbé Mauri. L'autre, Guiédan, fut tiré de la même geôle, la veille, par Deydier.

Le 19 septembre, les couvents de femmes encore existants ici furent fermés. Vers la même date, Lalande enregistre le premier divorce à Bourg.

BOURG SOUS LE DIRECTOIRE.

J'ai cru devoir revenir, dans la Note précédente, sur l'époque qui va de la prise de la Bastille à la mort de Louis XVI pour en indiquer la physionomie.

Je vais faire de même pour ce que j'appelle la Contre-Révolution et qui va du 1er Prairial au 18 Brumaire.

L'une et l'autre Note compléteront mon travail dans la seule mesure où je puisse le faire, et aideront celui qui, après moi, essaiera plus et mieux.

FIN DE 1795. — LA RÉACTION DEVIENT ROYALISTE. — MISSION DU CONVENTIONNEL REVERCHON QUI TENTE DE L'ENRAYER.

Mon récit s'arrête au milieu de 1795. La principale préoccupation de la seconde moitié de cette année fut ici la disette. Vers le commencement de l'année, les acheteurs « ne trouvaient pas de sécurité à la Grenette de Bourg, une troupe de femmes et de perturbateurs se portant à des violences sur les étrangers ». C'est le District de Montferme qui s'en plaint. La Commune de Bourg reconnaît « qu'un municipal de Cerdon, qui enchérissait le prix de la coupe de 20 sous, a failli tomber sous la *juste* fureur du peuple ». (17 pluviôse, 5 février.)

Cet état de choses va s'aggravant. Le 6 prairial (25 mai), « il n'est arrivé aucune sorte de blé au marché ». En thermidor et fructidor, après la récolte, des attroupements de femmes, dans les faubourgs, se jettent sur les voitures amenant du blé et les pillent.

Ces violences, la répugnance du paysan pour l'assignat « dont il a ses coffres pleins » expliquent la disette.

L'assignat est tombé ici assez bas pour qu'un particulier prête à la Ville 100,000 livres en papier contre un remboursement de 1,200 livres en espèces, dans deux ans.

Cette somme est destinée à la reconstruction du clocher démoli l'an d'avant. Comme on récrimine contre cette mesure ayant pour but de donner de l'ouvrage aux ouvriers, il est répondu que « c'est la tour de l'horloge qu'on rebâtit, cela est indifférent aux cultes ». Le temple de la Raison reste temple de la Raison ; on fait l'exercice du canon, dans la nef, en ventôse (le 24 février 1795).

Les objets manufacturés manquent comme le blé (pour la même raison). On n'a pas ici de chandelle et Jouffroy, le directeur du théâtre offrant de venir donner des représentations, la Commune refuse, sa consommation nécessaire devant relever encore le prix du luminaire. « Les circonstances n'ont pas permis d'allumer les reverbères cette année. »

Ces nuits sombres de l'automne 1795 étaient loin d'être calmes. La Ville s'agite. Est-ce le mécontentement causé par la difficulté de l'approvisionnement qui produit seul cette agitation? L'approche des élections, que la constitution forgée par la Convention expirante va nous rendre, y est-elle pour quelque chose ? Oui.

Pour quelque chose aussi les agences royalistes qui s'organisent. L'enfant du Temple était mort le 8 juin. Le comte de Provence manda son avénement au Pape le 24. Charette l'annonça à la Vendée le 26. Le 25, les émigrés étaient descendus à Quiberon ; leur défaite (du 20 juillet) ne découragea pas le parti royaliste, mais l'amena à concentrer son action à l'intérieur. L'agitation qui va aboutir au 14 Vendémiaire (6 octobre) commence à Paris en août.

L'agence royaliste du Midi, dirigée par Précy, confère à ses adhérents le soin de pousser les royalistes aux élections primaires et « de ne rien négliger pour gagner au Roi les autorités constituées ». (Louis Blanc, tome XII, p. 28.) Conformément, nos conseillers municipaux reçoivent, le 15 fructidor (1er septembre), timbrée de Lausanne, « la *Déclaration de Louis XVIII, roi de France et de Navarre, à ses sujets...* »

A quinze jours de là commence ici l'effervescence, vers le milieu de septembre ; au moment où Chartres remue au cri de *Vive le Roi !* où les sectionnaires parisiens attaquent dans la rue les grenadiers de la Convention , il y a ici des attroupements nocturnes, armés, des chants réactionnaires, des batteries à la porte du bal du sieur Bonange, au Bastion. La Commune fait des adresses pathétiques. Legot, Conventionnel en mission, défend le *Réveil du Peuple*. Le Quatorze vendémiaire préparé dans le cabinet de Gauthier des Orcières, membre du Comité de sûreté, n'y peut rien. Dix jours après, 4 brumaire (26 octobre), notre jeunesse royaliste, en armes, fait une démonstration contre la gendarmerie qui est patriote.

Tout ceci véritablement prépare assez bien ou accompagne assez logiquement l'élection de Valentin Duplantier, ex-noble, dernier Lieutenant-général civil au Présidial, émigré en Suisse sous la Terreur (Lalande), mais non inscrit sur la liste fatale et dont l'élection aux Cinq-Cents fut validée. Gauthier des Orcières, Deydier et Royer étaient rentrés dans les Conseils, mais de par le décret de la Convention qui y introduisait le tiers de ses membres. Gauthier obtint de Carnot et de Rewbel, Directeurs, la nomination du Conventionnel Reverchon comme commissaire de l'Exécutif dans l'Ain et les départements limitrophes ; Reverchon venait enrayer la réaction. Voyons-le à l'œuvre.

Le 28 frimaire (18 décembre), Gondran, chef de brigade du 20ᵉ dragons commandant la place de Bourg, fait occuper nos rues par 50 de ses hommes, commence des visites domiciliaires, notamment dans le bâtiment de l'Administration départementale, et communique le soir un arrêté de Reverchon ordonnant dix arrestations. Une seule est faite. Le Département, le Tribunal, la Commune font des représentations appuyées « sur l'Acte constitutionnel ». La Commune invite l'officier chargé d'opérer la translation à Mâcon du détenu unique, dont on ne dit pas le nom, à surseoir, répondant du prisonnier. On obtempère. Le 30 (21 décembre), Députation à Reverchon (à Mâcon) ; elle n'obtient rien.

Le 1ᵉʳ et le 2 nivôse (22 et 23 décembre), Reverchon licencie les grenadiers et chasseurs de notre garde nationale, destitue un membre du Département, quatre membres de la municipalité (Picquet, Duclos, Goyffon), et le juge de paix de la Commune récemment élu.

Le 6 nivôse (27 décembre), le Détenu, dont l'Administration municipale avait répondu, s'évade à 5 heures du soir par la porte de la prison avec la collaboration de cinq *muscadins* déguisés en dragons qui amusent le guichetier.

Le 8 (29), les dragons occupent les rues. Une proclamation invite les citoyens à s'assembler aux *Pénitents*. Le 10 (31), un millier de personnes réunies, voient arriver Reverchon en berline, le sabre au côté ; il descend, harangue l'assemblée, se plaint, dit le procès-verbal (hostile), « d'ètre précédé par la Terreur et mal vu de ceux qu'on appellait jadis les *honnêtes gens* ». Un fonctionnaire public (pas de nom), lui répond (ironiquement) « *qu'il est faux* » (sic), qu'on soit effrayé, que le Commissaire ne vient sans doute que « pour l'exécution des lois ». L'assistance applaudit.

Le Représentant installe (à midi) Morand, patriote de 89, au Département, comme commissaire de l'Exécutif, en remplacement de Brangier destitué. Le lendemain, 11 nivôse (1er janvier 1796), il nomme Paté en même qualité près l'Administration municipale. Celle-ci refuse d'installer Paté sur ce qu'il ne paie pas de contribution dans la Commune. Paté produit une quittance d'impôt mobilier et force ainsi la porte.

Lalande qualifie les deux Commissaires ainsi installés, et Reydellet et Bataillard nommés près les tribunaux criminel et correctionnel, de gens décriés, puis de Jacobins. Il nous montre Duplantier imprimant, le 19 janvier, une « lettre très-forte contre Reverchon, l'accusant d'avoir excité les *sicaires* de Bourg contre les *républicains* ». Ces républicains-ci sont, je crois bien, des royalistes, comme lui Duplantier, qu'à ce moment même Sibuet accusait, dans l'*Ami des Lois*, d'avoir émigré.

Quinet écrit de ce Directoire premier qu'il avait « un costume et une épée de théâtre ». Reverchon, son Commissaire, avait, lui, un sabre de bois évidemment. Son petit coup d'état contre notre commune royaliste (c'est Picquet, frère d'un ex-constituant votant avec la Droite, qui la conduit), aboutit juste à nous donner en la personne de Paté une manière de *tête de Turc* sur laquelle nous allons essayer et entretenir nos forces.

1796. LUTTE DES RÉPUBLICAINS ET DES ROYALISTES.
SUCCÈS DES DERNIERS.

« Le premier gouvernement qui renonça à faire peur, on le méprisa. » (Quinet.) Les incidents de la lutte .entre la municipalité de Bourg et le commissaire Paté relèvent du vaudeville pour la plupart. On en dira quelques-uns seulement.

Ce faible Directoire ne manquait pas une occasion de récriminer contre la tyrannie d'avant Thermidor ; mais il conservait beaucoup de ses traditions. Il mit en vigueur les dispositions de la loi décrétant les *fêtes morales*, bien que rendue sur la proposition de Robespierre. Ordre vint ici de célébrer la fête de la *Jeunesse* le 10 germinal. Paté requit la résurrection des promenades civiques, de l'autel de la Patrie, etc. L'Administration municipale dit qu'elle n'a pas l'argent nécessaire, se refuse par nécessité de modestes frais de bureau. La fête se bornera à des jeux au *Mail*. Paté en appelle à l'Administration départementale qui, mue par Morand, annule la délibération de la Municipalité et lui enjoint d'en prendre une conforme aux intentions du Directoire, le 6, « *avant-midi* ».

L'Administration municipale est contrainte d'obéir et d'inscrire sur ses registres l'arrêté de Morand qui l'accuse de résister à « l'exécution des lois », qualifie sa conduite de « coupable ».

Le 10, elle prit sa revanche. Les administrations, les fonctionnaires étaient groupés sur l'autel de la Patrie, chantant des chants patriotiques. Ils ouvrirent le registre sur lequel la *Jeunesse* devait venir se faire inscrire. Mais, « à la *juste surprise* de l'Administration municipale, aucun jeune citoyen ne se présente... » Et le décadi suivant, cette jeunesse récalcitrante scia l'arbre de la Liberté planté dans la cour du Collège. Le soir, au théâtre, elle demandait la *Marseillaise* pour se donner la joie de la siffler...

On se tromperait fort si l'on attribuait la répugnance de nos municipaux royalistes pour les fêtes républicaines à leur attachement pour l'ancien culte. Ce même 20 germinal (9 avril), le général Chevalier prévient Morand que les Réfractaires disent la messe, rue des Halles, chez un tailleur (Dufeu), que ceux détenus à Brou sortent journellement pour faire le culte dans les campagnes. Morand invite la Municipalité à réprimer ces contraventions. Celle-ci renvoie Dufeu en police correctionnelle et enjoint au capitaine des Invalides, casernés à Brou, de ne plus laisser sortir les prêtres détenus et d'empêcher les femmes d'entrer pour assister à leurs cérémonies. Sur ce point pas de dissentiments.

On le verra mieux encore en thermidor quand les *Romains* répandront par milliers une chanson contre le culte *constitutionnel* de la chapelle du Collège. Paté fulmine un réquisitoire emporté à l'adresse des « incorrigibles prêtres réfractaires ». Suit, sans discussion, un arrêté municipal conforme, défendant d'exercer un culte sans autorisation et serment préalable « d'obéissance aux lois de la République ». (Cet arrêté est minuté au registre de la main de Périer de la Balme.)

La fête des *Époux*, celle des *Victoires*, celle des *Vieillards*, celle de la *Fondation de la République* se succéderont sans encombre. On n'en peut dire autant de celle de la *Liberté* qui tombe à l'anniversaire du 9 Thermidor. Elle fut troublée par un concert de clameurs dirigées ostensiblement contre les Commissaires de l'Exécutif, principalement contre Morand « mille et mille fois traité de brigand et de coquin ». Paté de réclamer des poursuites, la Municipalité de refuser sous prétexte que les cris « A bas les brigands ! » n'étaient applicables « qu'aux anarchistes dont on célébrait la chute ce jour-là ».

A quatre jours de là, Paté rouvre la salle des Pénitents pour y faire au public la lecture des nouvelles. La Municipalité proteste, refuse la clef. C'est dangereux pour l'ordre, et cela rappelle le souvenir des Sociétés populaires qu'il faut abolir. Quand les nouvelles seront intéressantes, on les lira à l'Hôtel de Ville. Interdiction aux crieurs publics de faire aucune proclamation à ce sujet. Protestation de Paté contre cette délibération « prise contre la loi en son absence et constituant une révolte ouverte, car le Commissaire a le droit de faire des publications... ».

Ceci se passe le premier août 96. A la fin du mois, les meneurs royalistes obtiennent un premier succès : la révocation des deux commissaires près les tribunaux. Ils organisent un pétitionnement contre Morand. Lalande se fait la Mouche du Coche. Il écrit à Carnot pour appuyer la pétition.

Une scène étrange, qui se passa au théâtre, accéléra le dénouement. Le Directoire, en l'an iv, avait défendu la représentation des pièces pouvant troubler l'ordre et ordonné de jouer chaque jour quelque pièce républicaine. Le 30 vendémiaire an v (21 octobre 96), la Municipalité dut, à l'instigation de Paté, rappeler cela au directeur du théâtre. Celui-ci n'en tenant pas compte, paraît-il, Paté lui écrivit le 10 brumaire (31 octobre). Le lendemain Paté fut insulté grossièrement en pleine représentation. Enfin, le 13, au dénouement de la *Femme difficile à vivre*, « des hommes armés de bâtons, après avoir qualifié le Commissaire, le général de brigade Chevalier, et son aide de camp de terroristes, *Mathevons*, coquins, poussèrent le délire jusqu'à dire qu'il fallait en faire justice sur la scène... ».

Paté, le lendemain, requérant que l'arrêté du Directoire fût strictement exécuté, que le répertoire fût soumis à l'administration municipale, qu'une garde fût mise dans la salle, etc. ; la Municipalité répondit que la gendarmerie suffisait — que toutes les pièces jouées à Paris seraient jouées à Bourg — que quant à l'arrêté du Directoire, exigeant une pièce républicaine par jour, il serait obéi ; seulement, «elle tient pour telle toute pièce tendant à corriger les vices, épurer les mœurs, etc. ».

Devant ces manifestations d'une spontanéité douteuse, qu'on put présenter dans une ville sans journaux comme l'expression de l'opinion publique, le faible gouvernement du Luxembourg sacrifia des agents auxquels on osait jeter le nom de *Mathevons*, donné aux terroristes lyonnais. L'heure était mauvaise pour ces derniers : on venait de fusiller ensemble à Grenelle Bertrand, l'ami de Chalier, le Maire de Commune-affranchie, et Claude Javogue, — celui qui voulait démolir Lyon et celui qui l'avait défendu, — impliqués que bien que mal dans la conspiration de Babœuf. Le général Chevalier fut changé. Morand fut remplacé comme commissaire de l'Exécutif au Département par Riboud, procureur du Roi au Présidial avant 89, depuis membre de la Législative où il avait voté avec les Feuillants.

1797. JOUBERT ET LE DIRECTOIRE DE L'AIN. — FÊTE DE LA
PAIX. — COUP D'ÉTAT DE FRUCTIDOR.

Cette victoire calma, ce semble, notre municipalité
royaliste. Paté, averti et assagi par la disgrâce de Morand,
contient son zèle et ne donne plus guère signe de vie.
Périer de la Balme, le seul républicain de nos cinq administrateurs municipaux, se retire (28 mars 1797). Picquet
(le frère de l'ex-constituant), nommé président (30 mars),
peut dès lors préparer sans obstacles l'élection de son
cadet aux Cinq-Cents lors du renouvellement du premier
tiers sortant. Je ne vois guère dans cette accalmie trom-
peuse du commencement de 1797, qu'un incident à noter.
Ce sera la querelle de Joubert avec notre administration
départementale.

Ce ci-devant avocat de Pont-de-Vaux, Joubert, était le
fils d'un vieux juge-mage dévot, républicain nonobstant.
Le père et le fils restaient, même en ce temps, fidèles à leur
opinion. Les Royalistes tracassaient le père et exécraient
le fils devenu général de division. Pendant que celui-ci
faisait, en plein hiver, la conquête du Tyrol, les combats
de géants dans les glaces et les neiges ralentirent et suspendirent la correspondance du fils pieux avec le vieillard.
Ce que voyant les honnêtes gens crurent le jeune croquant
perdu. Ils ne laissèrent pas que d'en faire à Pont-de-
Vaux des caricatures, à Bourg des chansons, et, ce qui est
odieux, d'inquiéter le vieux juge.

Puis, quand on sut le triomphant dénouement, on avisa
qu'il n'était que prudent de réparer ces sottises affreuses.
L'Administration départementale gardait des mesures ;
elle avait encore juré haine à la Royauté, par exemple, le

24 janvier 97, « anniversaire de la juste punition du dernier roi des Français ». Elle imagina d'écrire une lettre de félicitations au jeune vainqueur.

Celui-ci ulcéré comme fils, offensé comme militaire, était irrité en outre comme militaire et comme patriote. La désertion, à cette époque, décimait nos effectifs. Le Gouvernement était, de par la Constitution, obligé de la laisser rechercher et réprimer par les Administrations départementales. Celles-ci s'acquittaient mollement de ce devoir ou le négligeaient tout à fait. Bonaparte, partant pour l'Egypte, accuse la nôtre principalement. Joubert, dans sa réponse aux félicitations du Directoire de l'Ain, lui reprocha sa conduite. Nos administrateurs blessés votèrent la transcription en leurs registres de l'épître quelque peu soldatesque. On l'y cherche inutilement ; faut-il en conclure que l'accusation était fondée ? C'est bien l'avis de Deydier (alors aux Anciens) : il écrit que c'est la lettre « d'un militaire patriote *justement* indigné de ce que si peu de Français secondent l'armée dans ses glorieux travaux ». (*Le général Joubert* par M. E. Chevrier.) Lalande dit que cette lettre est « malhonnête » ; il se peut bien : il ajoute que Joubert « ne trouvait pas nos administrateurs assez républicains » ; Joubert ne se trompait pas tant. La chose fit esclandre tout à fait, motiva des rancunes durables et le glorieux vaincu de Novi y perdit une statue. On verra cela plus loin.

Pourtant, à voir se succéder régulièrement et sans plus d'opposition les fêtes civiques, nos Administrateurs jurer « haine à la Royauté » en nivôse, chanter la *Marseillaise* le premier vendémiaire, on eût pu croire la République fondée. Le 17 floréal (6 mai), l'Administration municipale lisant sur les places et carrefours de cette commune le message du Directoire annonçant la signature des préliminaires de paix à Leoben, « en présence du peuple assemblé », ce peuple cria fort: Vive la République ! mais il cria aussi : Vive Bonaparte ! La jeunesse témoigna de son enthousiasme pour la paix en organisant au Quinconce, le 5 prairial (24 mai), un vaste banquet civique où, pour simplifier, « chaque père de famille apporta *son ordinaire* ». On se croyait sûr de vivre, ce jour-là, âge d'homme, et personne ne devinait les glorieuses boucheries des vingt ans suivants.

En messidor, il ne restait plus guère rien de ce regain d'enthousiasme républicain. Le 10, jour de la fête de l'*Agriculture*, la Municipalité se rendit au lieu ordinaire de ses séances, où elle avait convoqué pour 9 heures les autorités, la garde nationale, la force armée, les laboureurs, etc. Elle attendit là « jusqu'à l'heure de midi » sans qu'il se présentât personne. « Considérant que le mauvais temps et les travaux de l'agriculture ont *sûrement* empêché les corps constitués, la force armée, les citoyens » de faire honneur à sa convocation, elle leva la séance et alla dîner.

Cependant, à Paris, vers cette date, on faisait le siège en règle de l'institution républicaine. On avait coupé les vivres à la place d'abord en ôtant au Directoire qui la défendait la disposition du Trésor. Puis on tâta, on essaya d'enlever les ouvrages extérieurs. Puis arrivèrent, pour l'heure où l'on attaquerait le corps de la place, les chefs vendéens et les émigrés. La collaboration de Pichegru et de Barbé-Marbois, présidents des deux Conseils, devait faciliter le dénouement.

La municipalité de Bourg, conduite par M. Picquet, ne voulut pas attendre le succès pour s'y associer. La fête du

10 Août arrivait. Le 20 thermidor (7 août), trois Administrateurs municipaux firent enlever le bonnet de la Liberté du sommet du fronton de l'Hôtel de Ville, pour préluder à la solennité. Paté, se réveillant à ce coup de sa torpeur, protesta et, comme c'était son droit, écrivit sa protestation pour qu'on n'en ignorât au registre municipal. On en fut quitte pour minuter en regard — que ce bonnet 1° tombait en ruine ; 2° nuisait à la toiture ; 3° n'était point aux couleurs nationales. — Ils le firent donc barbouiller à leur gré et replacer en un « lieu plus sûr » ; c'est-à-dire moins visible. Je vois le lendemain un de nos Administrateurs se démettre et Picquet demander un congé d'un mois : Cela ressemble à une reculade.

Le 22 (8 septembre) les nouvelles du 18 arrivèrent. La majorité du Directoire avait, pour sauver la République, fait appel à la force, à l'armée. Deux Directeurs, cinquante-un députés, les rédacteurs et propriétaires de quarante-un journaux étaient déportés. Les élections de cinquante-trois départements, leurs administrations, leurs tribunaux étaient annulés ou destitués.

Les trois Administrateurs qui nous restaient, au reçu des proclamations du Directoire annonçant le Coup d'État, délibèrent qu'elles seraient déposées sur le bureau où les citoyens curieux pourraient en prendre lecture.

Paté protesta. La délibération prise sans qu'il eût été convoqué était illégale de ce chef. Une lettre du Ministre accompagnant les proclamations ordonnait leur publication. Le Commissaire requit donc « une nouvelle délibération *dans le jour* ». Le lendemain, 23, on délibéra « qu'une publication ne pourrait qu'inquiéter les citoyens, que le devoir principal était de maintenir la tranquillité publique », et on arrêta que les pièces fatales qui dénonçaient la conspiration royaliste resteraient « sur le bureau ». Par amiable composition, une proclamation au son de la caisse inviterait les citoyens à venir en connaître. On poussait la condescendance jusqu'à autoriser le Secrétaire à lire les nouvelles aux illettrés.

Le 24, postes renforcés, patrouilles, interdiction d'entrer au théâtre avec des armes ou des bâtons, « quatre gendarmes veilleront à ce que la tranquillité du spectacle ne soit pas troublée ». Le 25, lettre du Ministre de l'Intérieur posant à la Municipalité des questions. Montbarbon est chargé de l'enquête préalable nécessaire pour répondre. Montbarbon donne séance tenante sa démission. Didier et Sevré font de même, puis reprennent leurs fonctions, provisoirement, sur sommation du Département.

Et le 1er vendémiaire an vi (22 septembre 1797) ces condamnés, y compris Picquet qui a reparu la veille, célèbrent à petit bruit et sommairement la fête de la fondation de la République. Les discours « analogues à la circonstance sont suivis, dit le procès-verbal, de *plusieurs* cris de Vive la République ! ».

LENDEMAIN DE FRUCTIDOR. — DÉPORTATION. — DESTITUTIONS. ÉLECTIONS TURBULENTES. — FÊTE DE L'AGRICULTURE.

Le jour même où ils rédigeaient ce procès-verbal dénué d'enthousiasme ils furent foudroyés comme ils l'avaient assez bien mérité.

Lalande dit tout en deux mots : « Les administrations changées. Les honnêtes gens ont peur ». C'est du Tacite. Mais détaillons un peu :

1° Valentin Duplantier est condamné à la déportation ;

2° L'élection de Picquet aux Cinq-Cents est annulée ;

3° L'Administration départementale est destituée. Les considérants de l'arrêté lui reprochent d'avoir « favorisé la rentrée des prêtres déportés, laissé les insoumis célébrer leur culte, notamment sous ses yeux à l'hôpital de Bourg, en certains lieux hors des temples (à Montluel) ; d'avoir radié des émigrés provisoirement, toléré des réunions d'eux dans les principales communes et des menaces proférées par eux contre les acquéreurs de biens nationaux... ».

L'arrêté au registre est suivi d'une réfutation. Les intéressés lui opposent des mesures prises par eux (surtout en l'an IV). Si elles n'ont pas été exécutées par les communes, ils en ignorent. Ils ne savent pas même ce qui se passe à l'hôpital de Bourg.

Des successeurs qu'on donne à ces gens si peu renseignés et si mal obéis, j'en nommerai deux seulement : Morand, qui rentre comme administrateur, et Groscassand-Dorimont, un prêtre marié ! *Proh Pudor*! qui remplace Riboud comme commissaire de l'Exécutif.

Celui-ci dut, avant de partir, notifier à la Municipalité royaliste de Bourg le sanglant arrêté de La Réveillère-Lépeau qui la frappait. Le voici :

4° « Considérant que trois Administrateurs de la commune de Bourg se sont permis de faire enlever, sans nulle délibération, les emblèmes de la Liberté du fronton de la Maison commune, que leurs deux collègues n'ont donné aucune marque d'improbation à un acte aussi illégal ;

» Que cette administration a livré au plus criminel oubli les lois... qui concernent les émigrés et les réquisitionnaires déserteurs ;

» Qu'elle a affecté de célébrer avec une indécence marquée la fête du 14 Juillet...

» Arrête : Les Administrateurs de la commune de Bourg sont destitués. Ils sont remplacés par Bugey, officier de santé, Enjorran fils, etc. »

Cette nouvelle administration choisit pour président Claude-Anne Bizet (de vieille bourgeoisie) et garda Despinay pour secrétaire.

Suivit ce qu'en France on revoit à chaque commotion politique. Les fonctions publiques, surtout les fonctions rétribuées, furent enlevées aux vaincus par les victorieux. Je vois se succéder pendant des mois les arrêtés remaniant à fond les Municipalités *cantonales* — une institution de l'an III — diminuant la Commune en attendant qu'on la supprimât : elle n'a pas laissé que de dépopulariser beaucoup la République dans nos campagnes. Deux ou trois de ces arrêtés motivés doivent être notés pour la lumière qu'ils font sur l'état des choses à cette date.

L'administration de Montluel est révoquée pour avoir laissé rétablir publiquement le culte romain à Notre-Dame : un enterrement, précédé par la croix et conduit par un réfractaire, parader librement dans les rues, — pour avoir étalé sur ses registres les procès-verbaux de fêtes nationales qu'elle n'avait pas célébrées, — toléré des émigrés et déportés en son ressort, — et *vendu quatre-vingt-deux faux certificats de résidence.*

Celle de Chalamont a souffert qu'on fit des quêtes publiques pour les prêtres insoumis, — laissé commettre des actes de brigandage sur son territoire, — permis à des déserteurs de s'y réfugier et de s'y réunir.

Celle de Mollon a laissé un réfractaire rouvrir et bénir son église paroissiale, etc., etc.

A part leur sévérité pour les réfractaires, on ne voit pas les Fructidoriens justifier chez nous la « peur qu'ils firent aux honnêtes gens », à en croire Lalande. Ils s'efforcent, sans se mettre en grands frais d'imagination, de conserver, pratiquer et repopulariser l'institution républicaine.

La Municipalité nouvelle essaie de réorganiser la garde nationale ; (on ne trouvait plus huit hommes de bonne volonté pour garnir un poste). Elle s'efforce de faire rejoindre les armées par les réquisitionnaires récalcitrants. Elle fait des visites chez les marchands pour saisir les marchandises anglaises. Elle enrichit les fêtes civiques de cérémonies nouvelles ; envoie les enfants des écoles à l'anniversaire du 21 Janvier, etc. Le théâtre tenait beaucoup de place dans la vie de ce temps : elle ordonne au directeur de s'abstenir de toute pièce entretenant « la honteuse superstition de la royauté », et de jouer tous les jours au moins une pièce républicaine, le tout à peine d'arrestation. Son arrêté étant enfreint et les artistes ayant refusé de chanter à la fête funèbre de la mort de Hoche, elle ferme la salle.

Malgré cette éducation qu'on nous fait comme l'on peut, les élections de mai 1798 montrèrent combien nous étions peu avancés dans la pratique de la vie publique. Des jeunes gens armés « de pistolets et de stylets » se portent à des « injures, des menaces, des violences » en la salle électorale ; en suite de quoi les violentés qui sont les patriotes, car Paté est avec eux, *scissionnent* et vont élire dans une autre salle. Peu s'en fallut qu'il ne se produisît chez nous ce qui advint en d'autres départements, à savoir une élection double. (Le Directoire choisit, et osa choisir les élus de la minorité quand ils lui étaient favorables.) Nos *scissionnaires* furent ramenés par Groscassand.

On voudra bien ne pas récriminer, sur ce, contre le suffrage universel. Ces électeurs, munis de stylets, sont des électeurs du second degré. Le résultat de l'opération ainsi accidentée fut, au dire de Lalande, « un peu jacobin ». Le Département restait plus républicain que la Ville. Ces jacobins mitigés sont : Gauthier, Merlino, Deydier, Groscassand, Girod de Thoiry (ex-constituant) et Vezu.

Bourg, qui eut aussi à élire sa Municipalité, remplaça les Fructidoriens intégralement par MM. Monnier, Goyffon, Rodet, etc., lesquels, installés le 1er floréal, se mettent à tracasser un de ceux qu'ils remplacent (Bizet) à propos d'une clôture, — recherchent, le 28, Cointicourt, président du Département, pour une arrestation arbitraire et destituent, à un mois de là, le Commissaire de police pour abus d'autorité. Les Fructidoriens avaient-ils abusé ? C'est difficile à discerner, je m'abstiens.

Toutefois, cette municipalité, qui prit Goyffon pour président, ne réagit que contre ses devanciers. Je la vois essayer de remettre en honneur le calendrier nouveau, rétablir le marché au Primidi, chicaner les comédiens qui jouent le Dimanche et ne jouent pas le Décadi (à quoi les comédiens répondent que le dernier Décadi, ayant affiché, ils n'ont eu personne). Surtout on s'entend avec le Département pour donner à la fête de l'Agriculture, le 10 messidor, une grande solennité. On s'en souvient, l'an d'avant elle avait été abandonnée honteusement. Vingt-quatre laboureurs, entourant une charrue, suivis d'un char portant des instruments agricoles, en furent les héros. Le plus méritant, montant sur l'autel de la Patrie, y reçut du président du Département l'accolade fraternelle. Puis le cortège s'achemina au bruit du canon, des cloches, des chants patriotiques au Quinconce, qu'avoisinait encore un champ cultivé. Là, Cointicourt prit la vieille araire couronnée de fleurs et de ses mains ouvrit un sillon. Sans doute, c'est renouvelé des Chinois, mais nos comices agricoles, qui font uniquement appel aux intérêts, me semblent moins beaux.

ÉLECTIONS DE 1799 RÉACTIONNAIRES. — POURQUOI? PÉNURIE DE LA VILLE. — BRUMAIRE A BOURG.

Ce qui avait rendu possible le coup d'état de Fructidor, ce fut la hâte maladroite avec laquelle les Royalistes s'étaient découverts. Les inquiétudes données par eux aux acquéreurs de biens nationaux firent les élections « un peu jacobines » de Mai 1798.

Comment, dans l'année qui suivit, le courant révolutionnaire, un moment ravivé, fut-il arrêté de nouveau? Et comment faut-il expliquer les élections de 1799 qui firent inopinément revenir aux affaires le girondin Tardi et le feuillant Riboud? Les écrivains de la Révolution accusent les fautes du Directoire ; il n'y a pas à les contester. Toutefois, dans un département où il n'y avait pas de journaux, elles eurent peut-être moins d'influence que des faits d'un autre ordre. En premier lieu, il faut noter la reprise des hostilités contre le Continent (après l'assassinat de Radstadt), les levées d'hommes et d'argent qui suivirent (doublement de l'impôt des portes et fenêtres, subside de guerre sur l'enregistrement, le timbre, les hypothèques, impôt sur le tabac), etc.

En second lieu, indiquons l'avilissement du prix du blé. Le rétablissement de la liberté du commerce, et une bonne récolte l'avaient mis à « *quarante sous* la coupe ». Lalande dit : « Nos fermiers ne paient pas, parce que le blé est trop bon marché et qu'il n'y a pas d'argent dans le pays. Il m'est dû *deux ans* ». Ainsi le malaise du fermier amenait la gêne du bourgeois des villes ; le bourgeois gêné ne donnait pas de travail à l'ouvrier.

Enfin, les tracasseries contre les réfractaires eurent leur influence. Par fidélité aux souvenirs, par goût d'opposition, par mode, on revenait au culte romain.

Et les élections de 1799 furent faites chez nous par des bourgeois qui n'étaient pas *payés*, des paysans qui *vendaient mal*, et des prêtres qu'on tourmentait.

Le même flot qui amenait aux Cinq-Cents le futur chevalier Riboud, amena à la Municipalité de Bourg le futur chevalier Sirand.

La première chose que font ces nouveaux élus (Sirand, Faguet, Monnier, Peloux, Dagallier), c'est de constater, hélas ! que « la pénurie » de la Commune ne permet pas de réparer la porte Inutile et la porte des Capucins croulantes ; elles seront démolies. Il en sera de même du « mur de clôture de la cour au-devant du *Temple décadaire*, lequel mur gêne le passage du cortége des fêtes républicaines ». Les matériaux seront vendus.

Le budget municipal de l'an VII va à 22,000 fr. La plus forte allocation de 3,200 fr., disons-le à l'honneur de ce temps, va aux écoles primaires. Les reverbères viennent ensuite : ils coûtent 2,000 fr. ; les fêtes civiques 1,200 fr.; le juge de paix est appointé 800 fr.; l'architecte 150 fr...!

L'administration élue de MM. Sirand et Monnier vécut deux mois et demi. Elle fut remplacée, après le 30 Prairial, par une municipalité du choix du nouveau Directoire. Ce n'est pas le lieu de raconter cette journée qui fut une journée des Dupes. Des nouveaux tuteurs que le président du Directoire nous choisit (sur les indications de la Députation ?) les uns refusent, les autres n'acceptent que pour se retirer presque immédiatement. Et cette administration imposée emploie les quatre mois qui séparent le 30 Prairial du 18 Brumaire 1° à se quereller avec le Département à propos des logements militaires et de la nourriture des troupes qu'on met à la charge de l'habitant. Le Département en vint à suspendre un de ces municipaux guerroyants. — 2° à se compléter, ce qui, vu la fièvre de démissionner qui la possède, est à recommencer incessamment.

Ce sera Charrassin (adjoint au maire sous la Restauration) qui, le 24 brumaire, publiera ici, entouré de la force armée, la loi du 19 et les arrêtés subsidiaires des Consuls. Le 29 frimaire, « il promulguera » dans nos rues la Constitution de l'an VIII, et le même jour appellera les citoyens à venir écrire leur *acceptation* sur le registre à ce destiné. « Le citoyen Ozun, préfet de l'Ain, nous arrive en mars 1800. Le 8 avril, Bonaparte nomme nos tribunaux inamovibles. Riboud est Président du tribunal criminel, Picquet du tribunal civil. » On offre la Mairie à Bohan, à Chevrier-Corcelles qui la refusent. Chossat de Saint-Sulpice l'accepte (6 prairial an VIII).

LE PROCÈS DES COMPAGNIES DE JÉSUS.

Les élections d'avril 1797 ayant mis une majorité royaliste dans les Conseils, Pichegru à la présidence des Cinq-Cents, Barbé-Marbois à celle des Anciens, le gouvernement resté républicain fut attaqué avec acharnement. On fit entrer au Directoire, à la place de Letourneur sortant, le marquis de Barthélemy. On abrogea les lois contre les Royalistes, les prêtres insermentés (juin 1797). Les départements de l'Ouest et du Midi furent de nouveau courus par des bandes qui renouvelèrent les exploits des Compagnies de Jésus.

Le Directoire, sortant de son apathie, préluda aux mesures extra-légales du 18 fructidor (4 septembre 97), par un arrêté qui, bien tardivement, visait les crimes commis par les bandes royalistes depuis 1795. Cet arrêté, du 13 messidor an v (1ᵉʳ juillet 1797), renvoyait, nous dit M. Cuaz qui a pu lire l'acte d'accusation, devant le jury (d'accusation) d'Yssengeau cent trente-deux individus compromis dans les scènes sanglantes dont le Rhône, l'Ain et le Jura avaient été le théâtre au commencement de 1795 (*Les vrais compagnons de Jéhu*. Annales de l'Ain, t. 1, page 117).

L'an vi (du 22 septembre 97 au 5 septembre 98), fut employé à l'instruction ; Lalande nous a montré, le 8 mai 1798, vingt-six mandats d'amener arrivant à l'improviste d'Yssengeau à Bourg et épouvantant la bonne compagnie. (Un ancien aide-de-camp de Précy, Bonardel, vient se cacher chez l'astronome.) Le jury d'Yssengeau, après avoir entendu plusieurs centaines de témoins, renvoya les accusés devant le tribunal criminel du Puy.

Ils comparurent devant les juges en ventôse an vii (5 mars 1799). L'acte d'accusation présentait leurs faits et gestes comme le résultat d'une conspiration... dont le but était de renverser le gouvernement républicain et de mettre sur le trône le Prétendant... Les frais étaient faits par des agents royaux auxquels s'étaient joints des hommes d'affaires, des prêtres, des ci-devant nobles (Cuaz, id., p. 122). Des compagnons de Jésus existaient dans les communes de Lons-le-Saunier, Cousances, Saint-Amour et Bourg. (P. 123.)

« Le jugement fut rendu le 8 germinal an vii (28 mars 1799). Le plus grand nombre des accusés fut acquitté ; d'autres furent renvoyés en police correctionnelle». (P. 125).

Lalande nous dit que tous les accusés de Bourg furent renvoyés de la plainte. Parmi eux, M. Cuaz nomme Debost ex-greffier du tribunal de Bourg, le même que nous avons vu déjà sortir indemne du terrible prétoire de la Commission révolutionnaire de Lyon.

Trois, sur cent trente-deux, furent condamnés à mort, tous trois lyonnais.

Après ce jugement qui n'était pas trop décourageant pour les enfants perdus de la réaction et rendit la liberté à quelques-uns d'entre eux vraisemblablement, on voit bientôt commencer dans l'Ain les vols de diligence à main armée. Les deux premiers, commis à Montluel et Meximieux (Meximieux était une des places fortes de l'Ancien régime chez nous), sont du 30 messidor et 26 fructidor (18 juillet et 13 août 1799).

Celui de messidor fut perpétré par neuf individus bien mis, dont quelques-uns portaient « des bas de soie et qui parlaient très-bien français ». (Cuaz, id., p, 146). Ces voleurs élégants enlevèrent 9,300 francs au Courrier, mais donnèrent six francs au postillon « pour boire à la santé du Roi ». (Discours de Vezu de l'Ain aux Cinq-Cents, séance du 4° jour complémentaire an vii, 20 septembre 1799).

Au second vol, le Courrier était escorté et fut défendu. Deux des voleurs furent tués. Un d'eux « fut reconnu pour appartenir à une riche famille de Lyon ». (Discours de Vezu.)

Le troisième vol, du 25 brumaire an viii (16 septembre 1799), entre Bourg et Saint-Etienne-du-Bois, fut commis par des gens pourvus d'eaux de senteur et les faisant respirer aux voyageuses. (Procès-verbal de Romain Chevrier, juge de paix à Bourg.)

Le quatrième, du 25 ventôse an VIII (16 mars 1800), eut pour théâtre les rives pittoresques du lac de Sylan au-dessus de Nantua. C'est le plus connu. Il a fourni à Nodier et Dumas le sujet de compositions romanesques où l'histoire est travestie, et à M. Cuaz celui du travail où elle est rétablie. (Annales de la Société d'Emulation de l'Ain, 1868 et 1869.)

Le chef de la bande qui travaillait par là était un Leprêtre, « fils d'un ancien noble, Rénovateur des rentes des Comtes de Saint-Jean (chanoines), de Lyon, capitaine au 2ᵉ bataillon de Rhône-et-Loire ». (Cuaz, Annales, 1869, p. 80, 83, 84.)

En l'opération du 16 mars 1800, Leprêtre, assisté de trois acolytes, voulut bien enlever, pour les besoins de sa cause ou les siens, on ne sait pas précisément, 55,000 francs à sept banquiers, négociants, horlogers de Lyon, Genève et Lausanne. Pas un seul des groups d'argent volés par ces charmants garçons n'appartenait à l'Etat.

Leprêtre fut arrêté à Lyon, rue du Bœuf, le 5 floréal (25 avril), dans une maison où « on le traitait pour une maladie vénérienne. Quand on lui demanda de quoi il vivait, il répondit qu'il taillait le rouge et le noir dans les cafés de Société ». (Cuaz.)

Il fut condamné *à mort* avec ses complices par le Tribunal criminel de l'Ain, aux termes du Code pénal d'alors, frappant de cette peine l'assassinat même « non consommé, quand l'attaque *à dessein de tuer* aura été effectuée ». Les condamnés se pourvurent en Cassation. La Cour suprême confirma l'arrêt. L'exécution est du 23 vendémiaire an IX (11 octobre 1800).

(Le procès-verbal de cette exécution est rédigé par Debost, restauré dans ses fonctions de greffier du Tribunal après son acquittement au Puy : il les conservait encore dans mon enfance sous la Restauration. Debost a laissé sur les événements dont il a été témoin et acteur des *Mémoires* manuscrits dont il existe plusieurs copies. Lalande qui accuse l'auteur, page 96 des Anecdotes, d'avoir, en 1789, excité la population effervescente à brûler Challes, fait de considérables emprunts à ces mémoires ardemment réactionnaires. (On n'a pas agi de même ici : un homme accusé de vouloir brûler Challes en 1789, traduit en 1794 comme contre-révolutionnaire devant la Commission des Terreaux, en 1799 devant le Tribunal du Puy comme complice de la tuerie de Challes, n'a pu être impartial à aucun moment.)

Je reviens au procès de Leprêtre. Nodier a fait une bévue dans son récit en supposant le Tribunal de Bourg, ou son président Riboud, hostile aux accusés. Ces quatre jeunes gens inspiraient ici le plus vif intérêt à quiconque savait vivre. Seulement, à la date du jugement, en août 1800, on était, à Paris, en pleine réaction contre le royalisme. On venait de voter la loi *des otages*, la loi imposant le serment à la République ; les visites domiciliaires pour arrestation des émigrés rentrés allaient suivre. Et Joubert marchait sur Novi. On condamna donc à mort ces voleurs intéressants, mais on les avait du moins exemptés « de manger le pain grossier de la prison » : le Président ne put retenir des larmes en prononçant l'arrêt (Cuaz, Annales 1869, p. 88), et la maîtresse de l'un d'eux, fille d'un médecin, leur fit passer aisément les poignards qui les dispensèrent d'aller vivants à la guillotine.

24

FÊTE DE LA VIEILLESSE CÉLÉBRÉE LE 10 FRUCTIDOR AN IV.

1° Les citoyens Vuitton père, Guyot, cordonnier, et les citoyennes veuve Bolomier et femme Dufour sont et demeurent choisis (au scrutin) pour assister à la fête, comme plus anciens d'âge, jouissant d'une probité, patriotisme et vertu reconnus.

2° Les citoyens Despiney fils, Painblanc fils, Picquet fils, Debost fils puiné sont choisis pour, dès le matin, aller orner de feuillage les portes des vieillards désignés ci-dessus.

3° Les enfants des deux sexes, de huit à douze ans, escorteront les Administrations (à la pompe civique) dans l'ordre prescrit par l'arrêté du Directoire exécutif.

4° Un détachement de 50 gardes nationaux sera réuni sur la Place d'Armes.

5° Tous les sexagénaires de la Commune seront invités à assister à la fête, où ils auront une place distinguée.

6° Il sera fait, sur la Place d'Armes, une estrade où seront placés les quatre vieillards désignés par l'art. 1er.

Le président de l'Administration municipale, au milieu d'eux, fera un discours sur le respect dû à la vieillesse, après quoi il posera sur la tête de chacun d'eux une couronne de verdure.

Des corbeilles ornées de fleurs et pleines de fruits seront préparées. De jeunes épouses, choisies dans le cortége, les présenteront aux quatre vieillards.

Pendant ces cérémonies, les amateurs de musique convoqués exécuteront des airs patriotiques.

7° Les quatre vieillards seront reconduits en leurs

maisons avec solennité. Le cortége se séparera. Le Président invitera la jeunesse à s'exercer à la danse pendant le reste de la journée.

8° Les autorités constituées seront invitées à la fête.

Extrait de la présente délibération sera adressé à l'Administration centrale du Département.

Fait et clos le 7 fructidor an iv (24 août 1796).

César Périer, administrateur municipal (Président). — Paté, commissaire du Pouvoir exécutif. — Verzey, administrateur municipal. — Sevré, administrateur municipal. — Duclos, administrateur municipal. — Despiney, secrétaire général de la Commune.

Extrait du Registre des délibérations du Conseil municipal de la Commune de Bourg, commencé le 11 brumaire an IV de la République, et fini le 5° jour complémentaire, même année.

SUR NOS DISTRICTS.

Que Paris ait conduit la Révolution, je n'ai garde de le méconnaître, j'en ai donné quelques preuves nouvelles dans la petite enquête que je termine.

Paris toutefois n'avait pas alors plus du quarantième de la population de la France. Il y aurait déjà, de ce chef, quelque intérêt à chercher ce que la Révolution conduite par lui est devenue en dehors de son enceinte.

Nous suivions Paris dans les départements, mais chacun à son pas et selon son tempérament particulier. Les uns voulaient le devancer, d'autres s'attardaient.

On l'a vu, la terreur a fini chez nous deux mois avant Thermidor. Et elle n'a pas été à Bourg ce qu'elle a été à Mâcon, à Grenoble, à Lons-le-Saunier.

Que si nous poursuivons notre examen plus avant et arrivons aux tout petits centres de nos Districts et de nos Cantons, n'obtiendrons-nous pas des résultats analogues? C'est vraisemblable en soi; mais il ne faut pas se contenter de la vraisemblance là où on peut atteindre la réalité.

Retournons donc aux deux cents in-folios dont les neuf Districts de l'Ain ont enrichi nos archives.

Les faits que ce second dépouillement nous livrera seront nécessairement minces. Mais la conclusion qu'ils permettront sera peut-être assez grosse. Cette conclusion c'est que les histoires générales ne donnent pas toujours une idée très exacte des faits. Ce qu'elles racontent avec une complaisance et insistance naturelles, je suis tenté de le dire, c'est l'exception.

Et les théories générales, de quelle part qu'elles viennent, sont peu de mise ici. Ce qui pèse sur le District, le Canton aux trois quarts rural, clos souvent, vivant de sa vie propre, c'est :

1° L'état politique antérieur — l'histoire d'hier.

2° Les conditions économiques.

3° Les influences personnelles.

Examinons dans la mesure où nous le pouvons ces trois moteurs.

1°.

Dans les pays possédés au moyen-âge, encore dominés en 1789 par l'Eglise, la Révolution a été dirigée contre l'Eglise. Dans les deux principautés monastiques de Nantua et de Saint-Rambert, elle a été anti-chrétienne ouvertement : on l'a vu déjà.

A Belley, petit évêché jadis souverain, où la main de l'Evêque pèse d'autant plus sur les clercs que ceux-ci sont moins nombreux, le clergé s'est fait presque entier constitutionnel, puis Gouly nous le montre abjurant *tout entier*. L'expression ne doit pas être prise au pied de la lettre. Il y a eu des réfractaires peu nombreux ; et ils ont été poursuivis partout où on a pu les atteindre.

M. Depery donne (dans son *Histoire hagiologique de Belley*) la liste des prêtres de l'Ain qui ont péri dans la Révolution. Il en compte treize. Le seul exécuté dans l'Ain est **Marin Rey**; il a été poursuivi par le District de **Belley**. Un aurait été victime d'un guet-apens à Champfromier.

Des onze autres, six ont été frappés à Lyon, deux à Paris, deux à Oneille, un à Grenoble. Ceux qui savent un peu les choses de ce temps admettront sans hésiter que c'est sur des dénonciations partant de chez eux qu'ils ont été recherchés. Le fait qui importe ici, c'est que sur treize huit sont du Bugey.

La Réaction elle-même reste à Nantua anti-chrétienne. Dans le Bas-Bugey (Lagnieu) elle reste schismatique.

La Bresse nous offre la contre-partie : ce pays est féodal surtout. La dotation et l'attitude du clergé y sont relativement modestes, la conséquence c'est que les idées religieuses y ont gardé plus d'ascendant. C'est que la réaction, dès le premier jour, aura le caractère d'une réaction religieuse. Et Méaulle après Gouly appréhendera là une Vendée possible.

Même chose en Dombes. Le catholicisme, là, païen plus qu'à demi et naïf, n'était nullement dépopularisé. Albitte n'y peut guères. Fareins, on le verra, se fera jacobin pour rester janséniste, c'est-à-dire chrétien.

La Révolution, anti-ecclésiastique dans le Bugey, est anti-féodale de ce côté de l'Ain.

Notre département est un de ceux où on a le moins émigré. Le chiffre total de l'émigration étant d'environ 60,000 personnes, la moyenne par département serait de 700. L'Ain n'en a que 165 (dont seize femmes).

Les familles nobles, représentées comme telles à l'assemblée de l'Ordre le 23 mars 1789, étaient dans nos provinces au nombre de 317, réparties très inégalement entre les deux moitiés du pays.

Sur notre rive droite de l'Ain, en Bresse et Dombes, il y avait 212 familles nobles.

Il y en avait dans le Bugey et le pays de Gex seulement 105.

En multipliant le chiffre de 317 par 4 on aura 1268 personnes nobles dans les deux moitiés de notre département, dont 848 dans la moitié occidentale, et 420 dans l'autre.

J'ai dans les mains la liste générale, par ordre alphabétique, des émigrés de toute la République. J'y relève les noms qui ont figuré aux assemblées de la noblesse de notre pays. Ces noms désignent de une à sept personnes émigrées. Ces personnes sont au nombre total de 82 ;

Savoir : en Bresse et Dombes, 56 ;

En Bugey et Pays-de-Gex, 26.

La proportion est sensiblement la même, et l'on peut conclure, d'abord, qu'elle est dans les deux contrées en rapport exact avec le nombre des personnes nobles.

Mais la répartition des émigrés gentilshommes, non plus entre les deux rives de l'Ain, mais entre les quatre anciennes petites provinces, donne des résultats différents.

En Bugey, je trouve qu'il y a un émigré sur vingt personnes nobles. Dans l'ancienne Dombes (ne pas confondre avec l'arrondissement actuel de Trévoux), la proportion est la même.

En Bresse, il y a un émigré sur treize nobles.

A Gex, il y en a un sur onze.

Que si enfin on considère non plus seulement l'émigration dans la caste nobiliaire, mais dans son ensemble, en y comprenant les personnes non nobles, en nombre presque égal, liées soit d'affection, soit d'intérêt à la cause de l'aristocratie, le chiffre total qu'il faut comparer dès lors à celui de la population totale est de 165 émigrants.

Bresse et Dombes y sont pour 111, sur une population de 160,000 habitants (Lalande, Recens. de 1790) ; Bugey et Gex pour 54, sur une population de 125,000 habitants.

En Bresse et Dombes, il y a donc un émigré sur 1,450 personnes ; — en Bugey et Gex, il y en a un sur 2,135 personnes.

Nous avons là le bilan de l'impopularité relative des châteaux dans les deux parties de notre territoire.

En tenant compte de ces divers computs, je crois voir que c'est dans le Bugey, où le moine régnait, que le gentilhomme a été le moins inquiété. Il ne paraît pas l'avoir été bien davantage dans l'ancienne Dombes (elle a 27,000 habitants, en 1790).

Pourquoi l'ancienne Bresse fournit-elle à l'émigration un contingent si considérable ?

C'est, vraisemblablement, que le seigneur a conservé la main-morte *réelle* plus tard et plus opiniâtrément qu'il n'eût fallu. C'est encore que l'attitude prise par la Noblesse, en 1788, y fut inintelligente et imprudente.

Il y a plus d'émigrés à Gex qu'en Bresse, proportion gardée. Ma vue n'atteint pas là. Ce qui obligea la Noblesse gessienne à fuir, est-ce le ressouvenir de la confiscation des biens des Protestants, en 1686, dont elle aurait profité pour partie ?

J'ai comparé (en 1873) l'émigration de 1792 à celle de 1686. Cette comparaison cloche plus que de raison.

Il y eut à Gex, en 1792, 19 émigrés. En 1686, d'après les Intendants, 888 familles protestantes, environ 4,000 personnes, s'expatrièrent. Leurs biens furent confisqués le 20 décembre 1690.

Il y eut à Bourg, en 1792, 30 émigrés. Entre 1620 et 1686, 28 familles, soit environ 140 personnes protestantes, furent chassées de la ville. Le chiffre de 28 familles sort d'un document conservé aux Archives du Présidial.

2°.

La seconde cause qui chez nous donne à la Révolution une physionomie différente, d'un district à l'autre, ce sont les différences assez grandes qu'il y avait alors dans leurs situations économiques.

Gex, Nantua, Belley, Saint-Rambert ne font pas, de 1789 à 1800, assez de blé pour vivre. Ils viennent s'approvisionner sur les marchés de Bresse ; on les accueille par des vexations et des batteries. Le système des réquisitions fut adopté pour remédier à cet état de choses : il suppose une force publique qui n'existe pas, ou un patriotisme qui manque au paysan : il est vite éludé. Le pain monte à 75 ou 90 centimes le demi-kilogramme, cela en un temps où la journée d'un homme était d'un franc cinquante, celle d'une femme de soixante centimes.

En temps ordinaire, une population affamée accuse son gouvernement ; en ce temps, elle accuse les accapareurs et les adversaires politiques. Belley, on l'a vu, garde ses blés la nuit, en 1794, de peur que les ennemis de la Révolution ne viennent les incendier.

L'exaltation révolutionnaire de nos quatre Districts orientaux vient en grande partie non de la disette, mais de l'idée qu'elle était factice.

Les cinq Districts occidentaux exportent habituellement du blé ; ils éludèrent, eux aussi, les réquisitions le plus qu'ils purent ; leurs gardes-nationaux en armes vendaient leur grain en plein jour, sur les marchés de la Saône, aux acheteurs des départements limitrophes. Les coquetiers de Lyon couraient la Dombes la nuit, enlevant les vivres à tout prix. Ces pays-là vécurent donc. Peut-être même gagnèrent-ils. De là leur modération relative.

3°.

Une pierre roulant d'une montagne arrive *nécessairement* au bas ; sauf le cas où quelque accident de la déclivité l'arrête indéfiniment.

Dans l'histoire, tel fait se produira aussi *nécessairement* ; sauf le cas où une volonté humaine y fera obstacle.

L'influence des personnes, amoindrie ou même niée en notre temps par le fatalisme historique, n'est nulle part mieux visible que dans une mince histoire locale. Les grandes vues des généralisateurs y sont perpétuellement contrariées et déjouées par les faits. La Révolution, prise dans le détail, est faite à l'image et selon l'humeur variée et variable de ceux qui la conduisent.

Après la part de l'atavisme, après celle des circonstances économiques, il faut donc faire très large celle des individus.

On le montrera plus loin : en tel chef-lieu de Canton où les différences entre les classes sont peu sensibles, où toutes les classes entrent dans la Révolution avec la même ardeur et du même pas, il n'y aura pas de luttes naturellement, ni par suite de violences contre les personnes. La propriété n'y changera pas de mains.

Les circonstances directement contraires produiront des résultats opposés.

On a emprisonné en Bresse une personne sur trente-deux ; en Bugey, une sur trente-cinq. La différence est mince. Un fataliste peut dire : Le nombre des suspects était à peu près le même ici et là, la Révolution ayant partout les mêmes ennemis.

Regardez de plus près. Le District de Nantua est quasi aussi populeux que celui de Trévoux. Nantua emprisonne soixante individus ; Trévoux cent vingt.

La ville de Lagnieu était aussi populeuse que celles de Thoissey et de Montluel. Lagnieu n'a que six détenus, Thoissey en a dix-neuf, Montluel en a vingt-six.

Un représentant bugiste, passionné, sans fortune, de famille très humble (Jagot) ne conduit pas son District — comme un autre, lyonnais, riche, calculé, ancien magistrat (Merlino) conduit le sien. Ils sont d'ailleurs du même parti à une nuance près.

Une commune menée par un gentilhomme franchement patriote ; une seconde menée par un curé jureur, maire ; une troisième conduite par un homme du peuple, violent ; une quatrième livrée à un comédien, c'est-à-dire alors un déclassé, ayant eu tous les mépris à subir, seront gouvernées différemment. La quatrième a le plus mauvais lot de beaucoup.

Un regard sommaire jeté sur les registres de nos districts, de nos comités de surveillance en dit beaucoup. Il y a des lieux qui n'ont pas cessé d'être régis par des hommes cultivés (soit d'une classe, soit d'une autre). Il y en a qui ont eu une fortune contraire.

Les notes qu'on va lire sont la contre-épreuve et la vérification de ces remarques.

PONT-DE-VAUX.

De nos neuf Districts, Pont-de-Vaux est celui où la Révolution semble avoir causé le moins de perturbation et le moins de violences. Cela appert, pour moi, de l'unique document concernant ce pays qui soit à ma portée : les registres du District conservés aux Archives de l'Ain.

La tradition orale, qui ailleurs complète et contrôle, me fait défaut ici.

J'indique d'ailleurs, tout le premier, un moyen de vérifier mon appréciation : ce sera d'examiner les registres municipaux de la ville natale de Joubert, et les procès-verbaux du club des Jacobins, rédigés par le futur général, secrétaire de cette réunion.

En somme, le Directoire de Pont-de-Vaux, conduit en 1793 par Trambly et André, était modérément mais fermement montagnard.

Il fut *épuré* cependant, en novembre, par Reverchon. Grognet fut président, André restait secrétaire.

L'épuration d'Albitte, en février 1794, fut totale. On va voir les noms imposés par lui.

Et aussi ceux ramenés par Boysset en septembre.

Ces noms sont tous, si j'en juge bien, une suffisante explication de la douceur relative, ici, d'une période pénible à traverser ailleurs.

J'ai indiqué deux seulement des scènes orageuses dont St-Laurent a été le théâtre à cette époque. Ce grand marché de blé nous est disputé par Mâcon depuis le IX⁰ siècle. Il reste fidèle au nom d'*Ain-sur-Saône* qu'il prit en 1793. Sa résistance persistante à l'occupation mâconnaise montre que la race bressane est vivace et ne se laisse pas absorber.

La petite ville féodale de Coligny, à l'extrémité orientale du District, avait, il faut le noter, sa vie propre. Le parti conservateur du passé y gardait beaucoup d'influence dès lors ; sa résistance là a été très vive en 1793-94, et la réaction y a commencé tôt.

Fragments des Registres du District.

15 juin 1790. Les douze membres du District élisent président Claude-Marie Joubert, avocat, secrétaire Charles-Joseph André.

16 décembre, démission de Joubert, élection de Trambly.

8 août 1792. Les officiers municipaux de St-Laurent mandent que les voisins (Mâconnais) prétendent s'opposer à la libre circulation des grains à cause du prix excessif du blé ; ils craignent une insurrection à la foire du 10. Envoi de Commissaires qui font respecter l'ordre. Mâcon refuse un arrêté qu'on lui demande pour protéger la liberté du commerce et veut obtenir un décret de l'Assemblée qui lui donne la police du marché de St-Laurent.

17 septembre. Volontaires du 6e bataillon font une perquisition chez un prêtre qui s'échappe. Menaces contre la Chartreuse de Montmerle. Invitation aux moines de l'évacuer pour prévenir « les plus grands excès »...

15, 16 et 17 septembre, troubles à St-Laurent à l'occasion d'une réquisition faite par deux Commissaires du pouvoir exécutif. « Le pouvoir exécutif étant délégué, ses délégués ne peuvent le transmettre ». De plus le ton des Commissaires vis-à-vis des administrateurs n'est pas tolérable dans « un régime de liberté et d'égalité. Deydier député à la Législative » réclamera « la juste improbation que mérite la conduite des Commissaires auprès de l'Assemblée et du Pouvoir exécutif ».

14 octobre. Adresse à la Convention la félicitant de l'abolition de la royauté, abolition qui « présente aux Français la perspective du bonheur » ; votée en séance publique par sept membres et signée de MM. Trambly et André seulement.

11 décembre. Réélection du District. Gonet, médecin, président ; Poisat, avoué, secrétaire.

24 mai 1793. Le Département a décrété une *levée d'hommes et d'argent* destinée à la création d'une force départementale. Longues observations et objections multipliées du District (au complet et en séance publique). Le Département demandait de plus que le District lui désignât les personnes et les fortunes sur qui on assoirait la susdite levée. Le District refuse « craignant de tomber dans l'arbitraire ».

10 juin. Le Département invite les Districts à lui envoyer des dé-

putés pour délibérer avec lui sur tout ce qui peut intéresser la sûreté générale et le salut public.

Le District députe le citoyen André pour « être présent aux mesures que la prudence suggérera et qui tendront à *la conservation de l'unité et de l'indivisibilité* de la République ».

25 juin. Le Département « invite le District à continuer de tenir près de lui un député du dit District ».

Le District voulant « que ses principes sur l'unité et l'indivisibilité soient consacrés, arrête qu'il n'y a lieu à délibérer sur l'invitation dont s'agit », et révoque la mission d'André (sept votants, signé Gonet et Poisat).

9 juillet. Instances du Département. Nouveau refus (8 votants).

10 août. Fête de l'Unité, célébrée avec pompe. Messe à l'autel de la Patrie élevé aux Champs-Elysées Serment à la Constitution du 24 juin. Bûcher sur la place de la Révolution où l'on brûle les terriers aux cris : A bas la féodalité!

12 brumaire an 2 (2 nov. 1793). Reverchon, Représentant en mission, après avoir consulté « la Société populaire et le Comité de surveillance, considérant qu'il est temps de purger les administrations de ce District de l'esprit de modérantisme et de fédéralisme qui les infectaient », remplace les Conseils élus. Au District, Denis-Catherin Grognet est nommé président. André reste secrétaire.

5 pluviôse (24 janvier 94). Maximum définitif : Bœuf, veau et mouton, 10 sous la livre. — Vache, 7 sous. — Porc, 12 sous. — Chapon gras fin, 25 sous. — Paire de poulets, 30 sous. — Oie grasse, 12 sous la livre. — Lièvre, 8 sous. — Beurre, l'hiver, 16 sous ; l'été, 11 sous. — Pommes de terre, la livre, 1 sou. — Huile d'olive, 33 sous. — Chandelles, 20 sous. — Drap Louviers, 44 livres. — Sédan, 45 livres. — Elbeuf, 29 livres. — Ratine grise, 16 livres. — Velours coton rayé, 9 livres 10 sous. — Toile de ménage rousse, 3 livres 6 sous. — Bas de laine pour hommes, 3 livres ; pour femmes, 2 livres. — Souliers pour homme, 8 livres. — Chapeau d'homme, 15 livres. — Bonnet rouge, 24 sous. — Bois : le moule rendu, 48 livres ; en forêt, 10 livres. — Vin de Mâcon de l'année, 140 livres la botte. 8 sous la bouteille. — Petit verre d'eau-de-vie, 1 sou. — Sucre, 42 sous la livre. — Café, 6 sous la tasse.

28 pluviôse (16 février). Convert et Vauquoy, Commissaires délégués d'Albitte.

8 ventôse (26 février). Épuration du District. Presque tous les noms sont nouveaux. Lethenet est président; Garraud, secrétaire; Frèrejean, chaudronnier, est receveur.

3 vendémiaire an 3 (24 sep. 94). Boysset, Représentant du peuple, envoyé dans l'Ain pour le triomphe de la République et l'affermissement du gouvernement révolutionnaire, investi de pouvoirs illimités par décret du 9 fructidor, considérant que dans un gouvernement républicain chaque citoyen a droit aux places, réorganise les administrations. Le citoyen Joubert redevient président; Clément-Joseph Poisat est agent-national; Garraud reste secrétaire.

CHATILLON-SUR-CHALARONNE.

Ce District était composé des trois cantons peu homogènes de Châtillon, de Thoissey et de Pont-de-Veyle.

Je le trouve ardemment révolutionnaire au début, ardemment réactionnaire à la fin.

L'aristocratie féodale n'y a pas été, qu'on sache, plus lourde à porter qu'ailleurs. Elle y a été particulièrement maladroite. C'est là qu'elle a trouvé les chefs qui la conduisaient chez nous en 1788, et qui lui firent faire une faute bien malaisée à réparer, cette protestation contre les Notables demandant l'égalité de l'impôt.

Et ce sera là que les instigateurs, quels qu'ils soient, de la Jacquerie de juillet 1789 jetèrent chez nous le brandon: nul doute qu'ils n'eussent choisi le terrain le plus propice.

L'autre élément conservateur, l'Église, était ici représenté bizarrement par les comtesses de Neuville, Bénédictines de souche royale ou seigneuriale, de mœurs décriées, ayant besoin déjà, au XIIᵉ siècle, d'être réformées, ne pouvant plus l'être au XVIIIᵉ, car une réforme implique que tout n'est pas perdu.

Cet état de choses explique peut-être la ferveur révolutionnaire des commencements.

Parmi les causes qui ont amené chez nous la réaction avant que Thermidor en ait donné le signal, il en est de propres à cette contrée. La Révolution devait diminuer l'importance de Châtillon, ancienne capitale d'une terre indépendante et considérable, foyer d'une vie municipale active. Les décrets contre les étangs ruinaient la cité et le canton. Les levées d'hommes faisaient un désert de ce plateau inondé de Dombes où l'homme est si clair-semé. A l'été 1794, on ne trouva plus de bras pour faire ici les récoltes.

Aussi c'est là que la protestation commence. Elle a, dans ce District, un caractère particulier, absolument distinct.

Méaulle, qui craint une Vendée en Dombes, se trompe du tout. On n'a pas là, comme dans le Bocage du Poitou, le fanatisme sombre. Sur les berges riantes de la Saône, on adorait l'ondine lascive de Riottier, qui est l'Arar divinisée. Sur les douves des étangs, on adore des saints obscènes. A Bouligneux, on adore le soleil. Ces païens-ci n'entendent rien au culte abstrait de Chaumette et de Lalande : leur *Raison* a supprimé *la Vogue*, cela est sûr et cela est un grief. Au bon vieux temps où l'on avait pour dieu ce saint Guignefort qui rend la vigueur aux maris las avant l'heure, pour Dames ces comtesses de Neuville si humaines, on pouvait danser une fois l'an. Ce sont des *Ménétris*, armés d'une vielle, qui mènent ici la protestation, la réaction si l'on veut, et c'est par des rigodons que le Christianisme recommence.

Fragments des Registres.

22 nivôse an 2 (11 janvier 94). Le District requiert onze communes de conduire tous les samedis, à la grenette de Châtillon, un quintal de blé ou seigle par charrue et par ferme.

28. — Réquisition de 1,800 quintaux de grain, pour Lyon, et injonction de déférer à toutes réquisitions émanant comme celle-ci de la Commission temporaire, à peine d'être tenus et traités comme suspects. Signé, Albitte, Fouché, etc.

Du 15 au 30, 4 curés abdiquent la prêtrise. Ces abdications ont précédé les arrêtés d'Albitte.

8 pluviôse (27 janvier). Réquisition de maïs et blé noir pour Mâcon, — et de 40 bœufs pour l'armée des Alpes.

12. — La cure transformée en maison de détention pour les prêtres.

24. — Réquisition de grain pour Commune d'Armes (St-Etienne-en-Forez).

4 ventôse (2? février). 7,000 quintaux de blé pour l'armée des Alpes.

11. — Réquisition de 150 moules de bois pour Lyon.

14. — Réquisition de 82 têtes de bétail pour l'armée des Alpes.

3 germinal (23 mars). Adresse à la Convention sur *la découverte de l'horrible conspiration*, etc., etc. (C'est la tentative d'Hébert.)

6. — Réquisition de toile à sac pour l'armée.

13. — Réquisition de 7,000 quintaux d'avoine pour l'armée des Pyrénées.

6 floréal (25 avril). Réquisition de foin et paille pour la même armée.

27 prairial (15 juin). Réquisition de 1,200 quintaux de grain pour Condat-la-Montagne (Saint-Claude). Le District se déclare épuisé.

13 messidor (1er juillet). Méaulle écrit au District : « La révolte de la Vendée a été attribuée avec raison à la faiblesse des administrateurs. Il se forme des rassemblements fanatiques dans plusieurs communes de ce département. Hier, j'en ai vu de mes yeux à Saint-Paul-de-Varax. J'ai fait traduire devant moi le maire, les officiers municipaux et l'agent national. Si les fonctionnaires publics ne préviennent ou dissipent pas de pareils rassemblements, j'appellerai sur leur tête le glaive de la Loi... »

Le District, « considérant que les dits rassemblements se font aux ridicules époques des fêtes et dimanches », prend un arrêté interdisant ces jours-là tous bals, danses, vogues, festins et jeux publics, défend aux cabaretiers de donner à boire, etc.

14. — Réquisition de 200 quintaux de blé noir pour semences extraordinaires, demandée pour Belley.

25

29. — Réquisition, pour aller faire la moisson dans le canton de Marlieux qui manque de bras, de tous les hommes et femmes valides de 18 communes · Biziat, Mézériat, Montcet, Vandeins, Bourbau (*sic*), Vonnas, Pont-de-Veyle, Cruzilles, Cormoranche, Crottet, Grièges, Laiz, Mépillat, Perrex, Menthon (St-Cyr), Chavagnat, Genis, Huiriat, à peine pour les récalcitrants d'être punis comme suspects.

4 thermidor (22 juillet). Arrestation d'un des Jussieu (Charles-Aimé), muni d'un jugement de la Commission temporaire de Lyon qui le met en liberté. Il se fait réclamer par la Commune de Lyon.

· 13. — Huit communes requises d'approvisionner le marché de Pont-de-Veyle s'y refusent. Le District, indigné de leur égoïsme et cupidité, rend les officiers municipaux personnellement responsables, les menace de les traiter comme rebelles, etc.

15. — Adresse thermidorienne : « La Montagne, formée des plus purs représentants, les Comités avoués par la Convention ne cessent d'avoir la confiance, l'estime et l'attachement du District, etc. »

24. — Les municipalités rurales réquisitionnent exclusivement les propriétaires urbains dits forains : arrêtés pour y mettre obstacle.

28. — 12 communes sur 18, réquisitionnées pour aller moissonner à Marlieux, s'y sont refusées. Leurs officiers municipaux cités devant le juge de paix avec réquisition à celui-ci de sévir.

6 fructidor (23 août). Le Directoire séant publiquement, est comparu le C. E. Benoît, membre du comité des subsistances de Mâcon, lequel a présenté l'arrêté suivant :

« Le Représentant délégué dans l'Ain, vu la lettre des administrateurs du D. de Mâcon, du 3, se plaignant du dénûment de leur marché ;

« Vu les observations des Districts de Pont-de-Vaux et Châtillon-sur-Chalaronne ;

« Considérant que dans un état libre l'égoïsme est proscrit ; qu'il serait dangereux de tolérer les écarts ou les erreurs de certaines administrations sur l'emploi des subsistances ;

« Que le département de l'Ain a été de tout temps le grenier des départements qui l'environnent, etc. ;

« Voulant faire cesser les besoins du département de Saône-et-Loire, etc. ,

« Arrête que les Districts de Pont-de-Vaux et Châtillon approvisionneront en grain et autres denrées, dans le plus court délai, le marché d'Ain-Saône, ci-devant Saint-Laurent, et tous autres qu'ils étaient dans l'usage d'approvisionner avant 1789. BOYSSET. »

Sur quoi Châtillon s'exécute ; mais par représailles « considérant, le même 6 fructidor, qu'il est dépourvu de vin, ce qui augmente les fièvres, etc. ».

Met en demeure « la Commission des subsistances de la Convention de réquisitionner et mettre à sa disposition 500 tonneaux de vin demandés au District de Mâcon, et 200 au District de Trévoux, *au prix du maximum* ». (C'est l'arrêté qui souligne.)

21. — Nouvel arrêté de Boysset, nouvelle apparition du C. Benoît. Malgré les efforts des Districts, le marché d'Ain-Saône n'est pas garni. La cause, c'est que les habitants des départements voisins viennent acheter *à tout prix* les grains dans les campagnes, ce qui est qualifié « de *contrebande affreuse* ». En vain le juge de paix de Pont-de-Veyle a saisi, arrêté, confisqué, prononcé des amendes, des emprisonnements, la contrebande s'accroît. Le District demande, pour en finir, à Boisset « *de la troupe réglée* » pour empêcher l'enlèvement furtif des grains et faire approvisionner les marchés.

1er vendémiaire an 3 (22 septembre 94) Renouvellement du District par Boysset. Dombey président.

4 vendémiaire. L'armée des Alpes envoie 25 sapeurs pour aider au battage dans les communes manquant de bras.

TRÉVOUX.

Le District de Trévoux représente à peu près l'ancienne Dombes. Ce pays avait une existence propre. Il était séparé du reste du Département par son histoire, par l'absence quasi totale de voies de communication, par le manque de rapports qui en résulte. La Révolution y a une physionomie qu'elle n'a pas ailleurs.

Ce District est le foyer d'une double opposition.

La Ville, ci-devant capitale, ci-devant parlementaire, est dérangée dans ses intérêts, dans ses habitudes. De là une résistance active ou passive au mouvement. De là le nombre énorme des incarcérations. La répartition des rigueurs entre les classes a ici une précision qui manque ailleurs. En voici le bilan, il a son intérêt : prêtres emprisonnés, 28; — nobles, 21; — autres, 43. — Total, 92.

L'opposition dans les campagnes a une forme imprévue. Le pays était et reste de grande propriété. L'exploitation agricole a besoin là d'un nombre considérable de domestiques. Ceux-ci refusent de travailler les cent cinquante jours de fête inscrits au calendrier chrétien. L'emprisonnement auquel on a recours contre les autres récalcitrants aggraverait le mal en diminuant la somme de travail. L'embarras créé par la grève des *Compagnons d'agriculture* reste grand. Méaulle a pu sévir contre *les vogues*, il reste impuissant contre le chômage.

Lyon, la grande cité voisine, avec qui les communications sont faciles et fréquentes, est ici le vrai chef-lieu. Il y avait là dès lors, il y a encore une colonie bressane nombreuse. Cette colonie paraît s'être jetée ardemment dans les luttes qui ensanglantèrent Lyon en 1793. Elle en a été punie durement. Or, près du *quart* des nôtres poursuivis par la terrible *Commission temporaire* appartient au District de Trévoux dont la population était le *dixième* de celle du Département. Quinze périssent (dont 3 nobles). Ce lugubre contingent s'explique sans doute en partie parce que Trévoux, si voisin de Lyon, y émigre davantage, mais aussi en partie parce que cette émigration est peu favorable à la Révolution, comme son pays d'origine.

Il reste à noter ici un fait bizarre. Le pays le plus hostile à la Révolution du Département, a produit une de ses manifestations les plus excessives et les plus originales, savoir une religion nouvelle, le *Fareinisme*. Il naît avec elle en 1788, il se développe à son souffle ardent. Le 2 septembre le fait sourire. Malgré les hostilités âpres, acharnées qui l'entourent, malgré la Convention, Bonaparte, les Bourbons, il survit ; il a été plus vivace que les autres inventions religieuses de cette époque. Ce n'est pas assez, pour ce fait si singulier, de cette mention brève. Et j'y reviendrai plus loin au long.

Fragments des Registres.

Nivôse an 2 (janvier 94). — Les Commissaires de la *Commission temporaire* de Commune-affranchie font des enlèvements de grains dans le District et aussi des arrestations. Deux citoyens du District enlevés et conduits à Marat-sur-Saône (Neuville). Enlèvement par les mêmes Commissaires de l'argenterie du curé de Sathonay.

19 Nivôse (8 janvier). — Le District arrête que les biens des pères et mères d'émigrés sont mis sous la main de la nation.

14 Pluviôse. — Le District demande (à Albitte) s'il doit réincarcérer quelques femmes détenues du fait d'Amar pour n'avoir pas voulu assister à la messe de prêtres assermentés.

Il n'y a que trois communes qui n'ont pas encore déposé l'argenterie de leurs églises.

21 Pluviôse (9 février). — 19 personnes détenues à Thoissey.

25 — 45 prêtres abdicataires en résidence à Trévoux, aux termes de l'arrêté d'Albitte ; 28 non abdicataires sont incarcérés ; — 12 mariés sont libres.

19 Ventôse (9 mars). — L'agent national du District à son collègue de Bourg : « Je viens d'être informé que le maire de Pont-d'Ain est un ci-devant chanoine de la secte des Bonjour (Fareiniste). Tu sens quel mal un pareil scélérat peut faire dans la commune. »

22. — Le même au Comité révolutionnaire de Pont-Mognand (Saint-Trivier) : « Séparez (dans la prison) les hommes des femmes, autrement ces b...... là s'occuperaient à nous f..... de petits aristocrates... »

11 Germinal (31 mars). — 6 détenus à Montmerle.

29. — Des *Compagnons d'agriculture* (domestiques de fermes) se

plaignent de ce qu'ils se sont affermés à la condition d'avoir 150 jours de repos et n'en ont plus que 36.

14 Floréal (3 mai). — Rapport à Méaulle. Les détenus à Trévoux sont (non compris les prêtres) 39 hommes, 4 femmes. — Plus 7 hommes, 11 femmes ex-nobles. — Les grandes propriétés sont presque toutes sous la main de la Nation. — Dans les chefs-lieux de canton le fanatisme est détruit ; mais dans la campagne les compagnons d'agriculture refusent de travailler les ci-devant jours de fête.

19. — Il a été envoyé à Pont-de-Vaux pour la fabrication de canons 50,635 l. de métal de cloches.

22. — Il faudrait 20 écoles primaires dans le District composé de 64 communes, il n'y en a que 2, une à Trévoux, une à Thoissey.

2 Prairial (21 mai). — Sous prétexte d'approvisionner Commune-affranchie, les coquetiers (pourvoyeurs) courent les campagnes et enlèvent les denrées à un prix double du Maximum. Par suite les marchés sont désertés.

5. — Emprisonnement d'accapareurs.

11. — Fêtes décadaires méprisées, sauf à Trévoux.

21. — Méaulle à Trévoux. Trois arbres de la Liberté mutilés nuitamment (entre Thoissey et Montmerle).

8 Messidor (26 juin). — 28 communes refusent depuis longtemps d'obéir aux réquisitions de la Commission des subsistances. Ordre d'obéir dans les 24 heures.

11. — Il a été vendu 606,550 tels biens nationaux estimés 103,163 livres.

12. — Paysans, cabaretiers et musiciens fêtant la Saint-Pierre, incarcérés dans plusieurs communes.

28 Thermidor (15 août). — Arrêté de Boysset défendant d'incarcérer qui que ce soit sans son autorisation.

MONTLUEL.

L'histoire de la Révolution à Montluel est fort particulière et intéressante. Son originalité résulte :

1° *De la situation* de cette ville aux portes de Lyon. Je ne reviens pas sur l'attitude si ferme et si sage du Directoire de Montluel pendant la sécession girondine ; en ayant parlé au long.

Il suffit de jeter les yeux sur les notes qui suivent pour voir que les Représentants en mission dans Rhône-et-Loire ont (régulièrement ou non) autorité sur les cantons limitrophes de l'Ain et qu'ils en usent largement.

De là l'exécution aux Terreaux des Girondins de Montluel, à laquelle Gouly qui nous gouvernait alors ne prit assurément aucune part.

De là les réquisitions ou exactions incessantes des proconsuls lyonnais dans un pays que les besoins de l'armée de siège avaient épuisé. De là les résistances du Directoire si franchement montagnard de Montluel qui ne veut pas laisser saigner à blanc ses administrés.

Ni Gouly, ni Albitte, ni Méaulle n'ont osé essayer de défendre leur domaine contre des hommes comme Couthon et Fouché.

On surprend là et on constate un des inconvénients majeurs du gouvernement absolu d'une Assemblée. Le Comité des subsistances de la Convention, délégation expresse de la majorité, est désobéi et nargué par des meneurs qui, les jours de vote, pèsent par eux-mêmes ou leur coterie. Il faut compter avec eux et ils ne comptent avec personne.

2° *Les conditions économiques* fort particulières ont leur influence. La lutte entre les gens à principes de la Convention et le pays d'étangs doit être étudiée sur ce terrain-ci. Certes ! les étangs sont condamnés à disparaître presque tous. Leur suppression totale et immédiate décrétée par la Convention eût assaini la Dombes. Mais elle l'eût appauvrie, affamée, et en eût fait une steppe aride. Crever les digues, lever les *thous* (écluses) était facile. Mettre les étangs à sec en culture était impossible : il n'y manquait que des bras, du bétail et du fumier. En éludant, comme on va voir, un décret bien intentionné, à coup sûr, mais non moins inconsidéré, le Directoire de Montluel a rendu service à son pays.

3° *L'antagonisme entre les deux parties du District* est à noter. Les communes voisines de Lyon, et Montluel à leur tête, sont très révolutionnaires. La vieille colonie latine de Meximieux et à sa suite les communes de la Côtière (rive droite de l'Ain) sont attachées au passé. Dans le District voisin, Fareins a mis au monde une religion nouvelle. Dans celui-ci Meximieux relève la bannière de l'ancien culte. C'est le seul point de notre département où le Catholicisme attaqué ait tenté de se défendre. Ici d'ailleurs, comme en Vendée, il est secondé par des conscrits réfractaires et des réquisitionnés récalcitrants.

Si l'on voulait tout voir il faudrait aller chercher dans les registres municipaux des deux petites villes rivales les incidents d'une lutte qui recommence deux fois.

Ce sera à Meximieux que l'abbé Ruivet (grand-vicaire de l'archevêque Fesch), qui a rétabli le catholicisme chez nous, a placé le séminaire d'où est sorti le nouveau clergé. On comprend pourquoi.

Fragments des Registres.

15 avril 1793. Les autorités réunies délibèrent sur l'accueil à faire aux représentants Amar et Merlino. Un membre et une partie de la réunion s'opposent à ce qu'on aille à leur rencontre. L'assemblée passe outre et va les recevoir.

16. — Après s'être informé de l'état du recrutement, de la rentrée des impôts, des subsistances, Amar s'étonne de ce qu'on n'a pas encore arrêté les suspects et en fait la liste.

Elle comprend 26 personnes, dont 6 prêtres, 3 femmes, 2 officiers municipaux; — 14 autres sont en arrestation chez elles, ainsi que les sœurs de l'hôpital, une exceptée.

Réunion du peuple à l'église Notre-Dame. Amar y parle 3 heures sur les droits et devoirs, le respect dû aux personnes et aux propriétés, etc., au milieu des applaudissements.

Mai. La proposition de lever une force départementale, adoptée à Bourg par le Directoire de l'Ain, mal accueillie à Pont-de-Vaux, le fut mieux à Montluel. Une Commission chargée de chercher les voies et moyens d'exécution fut nommée (MM. Chenevier, Eynard et Legrand). Un commissaire envoyé à Bourg (Eynard) dut offrir 100 hommes au nom du District et spécifier qu'il convenait de les prendre dans toutes les classes *sauf les agriculteurs et les anciens privilégiés*.

Entre le 23 mai, date de ces résolutions, et le 10 juin, jour où le District délibérera sur les propositions sécessionnistes du Directoire de l'Ain, se place le soulèvement des sections lyonnaises et leur victoire du 24 mai. Les gardes nationales du District, appelées à Lyon au secours de la municipalité montagnarde, par Gauthier et Nioche, arrivèrent trop tard. Je ne trouve pas de détails sur cette prise d'armes.

Le 10, le District, lecture faite des arrêtés de l'Ain et du Jura, déclare « qu'il ne cessera pas de reconnaître la Convention comme autorité souveraine », et s'adjoint, pour plus ample décision, les autres autorités de la ville. Cette réunion vote le 11 que

« Les décrets de la Convention seront, comme par le passé, lus, publiés, affichés, pour être exécutés suivant leur forme et teneur; qu'une adresse aux communes manifestera la résolution de rester inviolablement attaché à la Convention. En ce qui concerne les pièces contenues dans les dépêches du Département de l'Ain, l'assemblée passe à l'ordre du jour motivé sur ce qu'il ne peut y avoir lieu à délibérer. »

10 juillet. Disette. Interdiction aux boulangers de trafiquer sur les grains. Réquisition nominative aux particuliers ayant des blés disponibles de les amener, le 15, aux peines portées par la loi.

Même mesure à Meximieux. Un piquet de garde nationale est chargé de réduire les réquisitionnés; ils s'attroupent armés de fourches, *goyards*, etc., à la Côte, assaillent la garde nationale qui va chercher du renfort, fait une arrestation, puis relâche l'homme arrêté. Le 14 juillet, une vraie émeute se forme, attaque et maltraite le Maire, le Procureur-Syndic (14 juillet).

Le District envoie un Commissaire (le 21) qui proclame la loi martiale.

12 août 1793. L'armée de siège épuise le District. Deux envoyés au quartier général demanderont qu'on fasse des approvisionnements ailleurs.

14. — Logement accordé aux émigrés lyonnais, et subside de 30 sous par jour.

28. — Incarcération de ceux qui refuseraient les réquisitions pour l'armée.

9 octobre. Reddition de Lyon. Le District vote des remerciements aux Représentants chargés de l'expédition.

30. — Réquisition de la Commission temporaire de Lyon d'avoir à laisser circuler librement les grains. Vu qu'on demande 10,000 quintaux de blé pour l'armée, que depuis les achats des Lyonnais les communes limitrophes sont en déficit de grain, etc., le District, présents Rollet et Baron chargés des pouvoirs d'Albitte, persiste dans un arrêté du 24, et déclare qu'il ne peut plus promettre aucun secours en subsistances à Ville affranchie.

5 frimaire (25 novembre). — Enregistrement d'un arrêté de Collot-d'Herbois et Fouché, en mission à Lyon, donnant pouvoir au citoyen Roche de faire conduire à Lyon « généralement tous les grains qu'il trouvera dans toutes les communes qu'il parcourra »...

8 frimaire. Les arrêtés pour la levée des hommes de 18 à 25 ans sont restés sans exécution « dans la plupart des communes ». Les Sociétés populaires choisiront quatre piquets de « douze citoyens, d'un civisme reconnu », qui iront arrêter les réfractaires.

21. — Députation des Sans-culottes de Montluel au Département pour l'inviter, vu l'épuisement du District, à révoquer les réquisitions pour Lyon et Saint-Etienne.

30. — Fouché et Laporte, en mission à Lyon, *régénèrent les administrations* de Montluel. (On dirait d'une représaille.)

4 nivôse. — Le désordre causé à Meximieux par le fanatisme est au comble. Les patriotes sont peu nombreux; la municipalité n'a pas de fermeté. Huit commissaires s'y transporteront avec la force armée pour mettre en arrestation les auteurs du désordre.

7. — Réquisition de grain de la Commission temporaire. Refus.

12. — Nomination de commissaires pour « appréhender les souliers existants, et les envoyer à Chambéry pour l'armée ».

15. — 300 quintaux requis pour Lyon par Fouché et Albitte, à peine pour ceux qui feront obstacle d'être « traduits de suite à la Commission révolutionnaire de Commune-affranchie ». 2,400 quintaux requis par Javogues pour Saint-Chamont.

1er pluviôse (20 janvier). Injonction des représentants de Commune-affranchie à tous Districts, Municipalités, etc., de déférer aux réquisitions de la Commission temporaire, sans qu'ils aient besoin d'y mettre leur attache... à peine d'être traités comme suspects.

On opposait aux injonctions de la Commission temporaire une instruction de la Commission des subsistances de Paris disposant qu'il n'y avait pas lieu d'obtempérer aux réquisitions qui n'émanaient pas des Représentants en mission.

19. — La Convention avait ordonné le desséchement des étangs (14 frimaire), sauf ceux nécessaires pour le service des usines, etc. Le 29 nivôse, le District nomme une Commission pour déterminer ceux qui doivent être conservés. Le vœu des communes consultées est de les conserver presque tous. Le District arrête qu'ils seront tous vidés, à l'exception de 130, et enjoint aux communes de faire exécuter son arrêté, de faire semer les étangs desséchés.

26. — Envoi aux communes d'un décret de la Convention disposant « qu'il ne sera coupé aucune chaussée d'étang, si l'écoulement des eaux peut être opéré autrement ».

30 ventôse (20 mars). Epuration des autorités et élargissement de 15 détenus par Albitte. (Arrêtés de Chambéry.) Le District est peu remanié.

9 germinal (29 mars.) Adresse anti-hébertiste du District.

8 brumaire an IV (30 octobre 1794). Treize communes sont requises d'approvisionner les marchés de Pérouges et de Chalamont. Elles ne font aucun cas de l'injonction. Bourg-sous-Fontaine répond « qu'elle ne fournira rien parce qu'elle n'a pas besoin d'assignats ». Le Directoire arrête qu'un de ses membres s'y transportera avec la force armée, et, au cas de refus, enlèvera les grains.

Les cantons de Montluel, Meximieux et Chalamont devant verser aux magasins militaires les trois quarts de leurs contributions foncières (rôle de 1798) avant la fin de brumaire, à défaut seront contraints d'en payer la totalité en grain. La majeure part des communes du District n'est pas en mesure. Treize commissaires sont chargés de faire effectuer le paiement en grain.

SAINT-RAMBERT.

Pour m'expliquer l'attitude du District de Saint-Rambert en 1794, je ne vois que deux causes :

1° Ce que j'ai appelé l'influence des personnes ; je n'y insiste pas, crainte d'erreur ;

2° Le poids et les rancunes du passé. Trois couvents, jadis souverains, se partageaient encore ici le sol, les redevances féodales, les dîmes : Ambronay, Saint-Rambert et Portes. Même au XIII° siècle, les vassaux et serfs des Bénédictins d'Ambronay refusent l'obédience et les servis. Que sera-ce au XVIII° !

Nul doute qu'ici l'exaltation et l'appétit de la vengeance n'aient été plus grands qu'ailleurs. Et Montferme est le seul de nos Districts qu'on puisse qualifier d'hébertiste. Je renvoie ceux qui voudraient contrôler cette assertion à ses registres, et note ici seulement à l'appui :

L'emprisonnement par le Directoire d'un juge élu, qui de plus a un certificat de civisme de sa commune..;

La réincarcération de M°° de Montverd, acquittée par la Commission temporaire de Lyon. Celle de deux nobles (sur cinq), que Méaulle avait élargis..;

Et la fidélité du District à Albitte après que la Convention l'a désavoué.

Je toucherai ailleurs aux querelles du petit gouvernement de Montferme avec la grosse commune de Lagnieu. C'est une des formes les plus curieuses de l'anarchie où nous tombions à l'été 1794.

On va voir ici où nous conduisait, à la même date, le système des réquisitions.

Les réquisitions avaient sauvé la France, dont le trésor était vide quand l'invasion vint. C'est la ressource extrême des extrêmes périls. Il n'en faut pas moins reconnaître les inconvénients majeurs de cet expédient héroïque : on ne peut l'ériger en système permanent sans détruire le commerce; et on va voir, par les mesures prises contre les ouvriers tanneurs de Saint-Rambert, ce qu'il fait de la liberté individuelle.

En mai et juin 1794, on eût pu et dû y renoncer. C'est parce que le gouvernement qui nous avait sauvés de l'invasion suspendait les libertés promises et dues, plus longtemps qu'il n'était nécessaire que nous l'avons laissé tomber en Thermidor.

C'est dans ce District si peu suspect d'hostilité contre le gouvernement révolutionnaire que surgit la manifestation la plus significative de la lassitude qu'il causait à nos campagnes. La tentative des deux communes de Chaley et de Saint-Sorlin, dont on a parlé plus haut, est un des faits les plus considérables de cette histoire. Les petites communes rurales en avaient assez du despotisme de Paris.

Fragments des Registres.

10 ventôse an 2 (28 février 94). Le District siégeait à Saint-Rambert, le tribunal à Ambérieu. Un juge à ce tribunal obtient un certificat de civisme de la commune. Le Comité de surveillance refuse son visa. Le District déclare ce juge suspect et l'incarcère.

12. — Les officiers municipaux de Bénonces requis de faire démolir leur clocher sous 4 jours, à peine d'être déclarés suspects. Même réquisition à ceux d'Arandaz.

17. — Même réquisition à ceux de Leyment.

18. — Elargissement du juge D..., plus haut mentionné, par Albitte, « au moyen d'une amende de 600 livres ». (Correspondance, lettre 49.)

24. — La citoyenne G. de M., arrêtée et envoyée à Lyon par le District, est acquittée par la Commission temporaire ; elle demande la levée du séquestre sur ses biens. Le District déclare

que la Commission n'a pu juger que sa conduite à Lyon, et la fait réincarcérer à Ambronay.

26. — Ordre de démolir le clocher d'Hostiaz et celui de Portes.

28. — La commune de Château-Gaillard, la seule de ce District qui n'ait pas changé de nom, est invitée à le faire, son nom conservant un vestige de féodalité.

10 germinal (30 mars). Visite de Lajollais, Alban et Rollet à la prison d'Ambronay, qualifiée d'expédition par le District et inexpliquée.

19. — Femmes et filles incarcérées à Ambronay, transférées à Poncin où elles seront enfermées.

8 floréal (27 avril). Le District invité à se prononcer sur les pétitions de 32 nobles détenus à Montferme, Ambérieu et Poncin, dont 18 femmes, approuve la libération de 23, — deux devant être frappés de fortes amendes. — Deux des femmes seront élargies « *parce qu'elles ont vécu toute leur vie en sans-culottes* ». Cette mesure ne reçut pas d'exécution.

Id. — Les cartes à jouer, portant des signes de royauté, affectées aux bibliothèques pour servir aux catalogues.

10. — Les marchés ne sont approvisionnés que par voie de réquisitions. La *force armée* a été employée plusieurs fois contre des communes qui refusaient *de s'y soumettre*. Les semences d'orge manquant par suite de l'approvisionnement militaire, le District, autorisé par Albitte, en tire des magasins pour les semailles.

Id. — Lettre de l'Agent national au Comité de Sûreté générale : « Une veuve Barbier a été mariée à Corlier, par un officier public, sans y avoir consenti et sans avoir paru à l'acte. Le fait étant constant, j'ai fait arrêter l'officier public, le marié (et les témoins qui avaient signé sans lire). Je renvoyai les coupables au jury d'accusation qui a déclaré qu'il n'y avait lieu à suivre... »

13. — Les habitants de Chaley veulent se réunir pour « *renouveller la municipalité* ». Ce droit appartient aux Représentants en mission, d'après la loi du 5 brumaire. Si on persiste, ordre d'empêcher les habitants de Chaley de se rassembler.

15. — La commune de Lagnieu demande au District si elle peut forcer les riches égoïstes de vendre leur vin. Le District répond qu'on ne peut les forcer à vendre aux marchands qui en abuseraient, mais « ils peuvent être contraints à vendre aux citoyens indigents, pour la consommation de ceux-ci »...

19. — Une loi ordonne à tous cordonniers de livrer deux paires de souliers par décade pour les armées, à peine de cent livres d'amende. Elle n'est exécutée que peu : ils manquent de cuir. Ordre aux municipalités d'enlever dans les tanneries les cuirs existants et de les distribuer aux cordonniers. Elles feront, de plus, défense aux maîtres tanneurs « d'interrompre leur commerce, et aux ouvriers tanneurs de quitter leurs ateliers ».

29. — Sur demande de Méaulle, voulant épurer les autorités de Poncin, l'Agent national charge l'agent de Jujurieux « de lui former sur-le champ une liste de 12 bons B... pour le Comité de surveillance. »

16 prairial. Méaulle libère 5 nobles. Le District en réincarcère deux. (Registre des Dénonciations.)

19. — Laporte, ci-devant Bénédictin, se présente pour être instituteur à Bonne-Fontaine (Saint-Sorlin). La loi exclut des fonctions d'instituteurs tous les ci-devant prêtres.

12 messidor (30 juin). Le nommé Guillard parcourt les départements sous la fausse qualité de Commissaire de la Convention, se permettant des actes arbitraires, et laissant partout des traces de son immoralité ; ordre de l'arrêter.

12. — Des juges de paix usurpent les fonctions des notaires, passent des contrats de mariage, ventes, échanges, etc. Le District les a rappelés à l'ordre sans succès, et invite le Comité de Salut public à intervenir.

28. — *Mutinerie* à Bonne-Fontaine contre la municipalité, parce qu'elle n'est pas nommée par les habitants. Six arrestations.

9. — Arrestation, à Chaley, d'un citoyen se mutinant contre les réquisitions.

NANTUA.

Le mot de Louis Blanc « La terreur a éreinté la Révolution », reste définitif.

Il faut reconnaître après cela surtout, quand on descend aux infiniment petits, que les résistances ont été le motif des rigueurs souvent (leur prétexte quelquefois).

Bourg, Belley ont payé leur sécession (sans doute trop cher). Trévoux a été frappé pour ses répugnances.

Mais voici un District où nous allons voir la contre-partie. L'amour de la Révolution y est quasi unanime. Les rigueurs se réduisent à peu de choses.

Point de sang versé. Un petit nombre d'émigrés, prêtres la plupart.

Quarante arrestations sur une population de 30,000 habitants, soit une sur 750 personnes. — Quand Trévoux en a une sur 310 ; — quand Bourg en a une sur 20 !

On le voit déjà au chiffre des prêtres émigrés ; la Révolution a été faite ici contre l'Eglise. C'est que l'Eglise a été ici la souveraine trop longtemps. Dès le xiiie siècle, les moines princes de Nantua étaient assaillis par les hérétiques (vaudois ?) de St-Martin-du-Frêne : leurs sujets les défendirent alors, et en furent mal récompensés : Nantua n'a eu sa charte de commune que bien après les villes de Bresse ; il se vengea en 1793 de sa longue servitude.

L'hostilité contre le Christianisme est ici systématique. Le clergé étant fidèle, on emprisonne ce qui n'émigre pas. Les *saints de bois* sont traités par les Sans-culottes comme les idoles de Chanaan par les Israélites.

En mars 1794, « le fanatisme est *tué* ».

Cette hostilité est persistante. La Réaction, dévote partout, est ici elle-même athée. Nantua applaudit Thermidor parce qu'il est fait contre un « tyran dévot ». On trouve ici Robespierre dévot.

M. Dépery veut qu'un crime privé, l'assassinat d'un prêtre « par quatre *apostats* » commis à Champfromier, en septembre 1801, soit un fait révolutionnaire. Il y aurait à y regarder. Mais enfin c'est dans le District de Nantua que ce fait s'est produit en pleine réaction catholique.

Un dernier point mis en lumière ici, c'est que Thermidor n'a nulle part chez nous été plus populaire que dans ce pays ardemment montagnard. Grégoire Jagot, membre du gouvernement de la République, le prépare activement aux Tuileries. Son frère, « *ouvrier de santé* », et président du Directoire, le salue à Nantua. La race énergique de cette contrée, poussée à bout par la disette qu'on n'a pas su lui épargner, par les réquisitions qui l'aggravent, se soulève à l'avance contre le régime qui va finir. Ce peuple, le plus jacobin de notre Département, est le seul qui ose résister à Albitte ordonnant de recenser les blés dans les greniers.

En Dombes, pour protester, on coupe *la nuit* les arbres de la Liberté, on chôme le dimanche, on danse à la Saint-Pierre. Ici, à l'Abbergement, à Brénod, à Samognat, à Leyssard, on s'ameute...

Fragments des Registres.

3 Frimaire an 2. (23 novembre 93). — Réquisition de 60 bœufs pour l'armée des Alpes.

1 Nivôse (21 décembre). — Réquisition de 1,200 quintaux de seigle et d'orge.

6. — Arrestation du curé de Dortan qui fanatise les femmes.

18. (7 janvier 94). — Arrestation du curé de Nantua Laporte aux termes de l'arrêté de Gouly du 13 ordonnant l'incarcération de tous les prêtres du District.

3 Pluviôse (22 janvier). — On approvisionne le marché de Nantua par voie de réquisition.

8. — Première liste d'émigrés, 35 personnes, dont 32 prêtres, 1 légiste, 1 cabaretier.

14 (2 février). — Les prêtres arrêtés aux termes du décret d'Albitte mis dans le couvent des ex-religieuses. Les lits du collège leur sont affectés.

26

16. — Un lyonnais demande à établir une imprimerie à Nantua. Albitte, invité à solliciter pour lui de ses collègues un matériel séquestré à Lyon.

26. — Albitte réorganise le District. François Jagot (ouvrier de santé) nommé président. — Enfants nobles remis à un instituteur à 60 fr. par tête et par mois.

30. — La Société populaire installée dans l'église des ex-religieuses.

Le C. Joseph-François Laguette, âgé de 17 ans, détenu comme ex-noble, libéré sur la demande de son père, qui déclare que le jeune homme veut servir la patrie.

13 Ventôse (3 mars). — Adresse à la Convention. Le District d'Orgelet amenait au marché de Nantua toutes les semaines 1,000 à 2,000 quintaux de blé, avant la Révolution. Il n'en amène plus. Le patriotisme de Nantua est la cause des maux qu'il endure. Il a résisté au fédéralisme. La ville infâme ci-devant Lyon l'a menacé de venir le brûler. Le fanatisme *y est tué*. Les gens du Jura se rient des nôtres qui se sont dépouillés des hochets de la superstition et ont *renvoyé leurs Druides.* Ils poussent l'égoïsme au point de venir enlever à tout prix le peu de subsistances qui nous restent.

17. — Bélignat garde une cloche pour son horloge, un tabernacle en bois, deux tableaux et deux livres. Il amènera le tout à Nantua.

26. — La plupart des Communes, par vanité ou reste de fanatisme sont attachées à leurs cloches, et gardent les plus grosses pour leurs horloges. Défense à Hotonnes de garder une cloche de plus de 2 quintaux.

30. — La Société des Sans-culottes demande que « les prétendus saints en bois, plâtre, pierre des ci-devant églises lui soient livrés pour être détruits ». Le District l'autorise avec applaudissement.

7 Floréal (26 avril). — Envoi à Albitte de la liste des suspects du District; elle comporte 64 personnes, dont 12 nobles, 7 femmes.

18. — Pension d'un ex-moine fixée à 750 l., vu qu'il a 150 l. de revenu.

2 Germinal (22 mars). — Arrestation de Jules Sonthonax, père du Commissaire à Saint-Domingue En marge, on a mis un arrêté du Comité de sûreté daté du 23 thermidor qui l'élargit.

4. — Trois hommes arrêtés au Grand-Abbergement pour s'être mutinés contre une réquisition.

5. — Curé d'Arlod marié élargi. — Mutinerie à Brénod contre une réquisition. — Deux Laguette et un Douglas, enfants, placés chez un instituteur qui les élèvera dans les principes républicains. Le cadet Douglas laissé aux soins de sa gouvernante à Montréal.

6 — Recensement décadaire des grains ordonné par Albitte dans les Communes; sur 62, quinze seulement ont obéi. Leur négligence sera dénoncée aux Comités.

10. — Dix-neuf communes du District d'Orgelet sont invitées à approvisionner le marché de Nantua. Chaque habitant devra amener un quintal de blé par charrue. Cela aux termes d'une lettre de la Commission des subsistances.

11. — On a besoin, pour le marché de Nantua, de 1,300 mesures d'orge pour semence, il n'en a été amené que 23. Réquisition dans 16 communes environnantes.

22 Germinal (11 avril). — Matafelon a fait réparer son presbytère. Le District alloue la somme dépensée, mais, vu que le fanatisme détruit, les prêtres enfermés, il n'y a plus lieu de garder de presbytères, décide que leur vente sera demandée à la Convention.

5 Messidor (23 juin). — Arrestations de marchands occupés d'introduire de faux assignats.

7. — Arrestation d'un maître d'école qui enseigne le catéchisme.

21. — Arrestation de deux cultivateurs de Samognat refusant d'obéir à une réquisition.

7 Thermidor (25 juillet). — Arrestation d'un cultivateur de Leyssard pour violences contre les commissaires aux réquisitions.

17 (4 août). — Liste supplémentaire d'émigrés; elle porte 52 noms : — 37 curés et vicaires; — 2 nobles; — 2 légistes; — 1 médecin; — deux épiciers.

GEX.

Bien plus encore que Trévoux, Gex est pour moi hors de portée. Je groupe quelques faits le concernant sans trop les expliquer.

C'est, chez nous, le point où l'émigration a été le plus considérable. Ce fait semble impliquer une grande ferveur révolutionnaire parmi les classes *dirigées*. Cependant, Gouly prétend ne pas pouvoir trouver à Gex des éléments d'une administration montagnarde, et, pour ce motif (ou sous ce prétexte), il annexe Gex, exaspéré par cette mesure, au District voisin de Nantua.

Albitte revient sur cette mesure de Gouly. Il trouve à Gex ce que Gouly n'y trouvait pas ; a-t-il pris son état-major gouvernant dans une classe où Gouly répugnait à l'aller chercher ?

Cet état-major semble avoir employé des méthodes de gouvernement toutes primitives. En Dombes, faute de bras, on fait moissonner les sapeurs de l'armée des Alpes; ils y sont gauches. Il a dû en être de même des citadins de Gex et de Ferney requis pour couper les blés. Faut-il penser que le Jacobinisme, à Gex, tournait au Collectivisme ?

Enfin, quand Thermidor sonne, au moment où Nantua l'applaudit, Gex prête à Méaulle ses *ruraux* que le Représentant appelle à Bourg et à Belley pour y contenir la réaction. Est-ce par antagonisme avec les voisins ou par conviction robespierriste que Gex se sépare ainsi du reste du Département ?

Fragments des Registres.

Albitte rétablit, le 10 ventôse (28 février 94), le District de Gex réuni par Gouly à celui de Nantua. L'arrêté de Gouly était du 14 nivôse.

16 ventôse (6 mars). On a mangé les blés de semence ; les réquisitions sont sans effet. Chaque individu est réduit, pour huit jours, à deux livres de grains.

21 germinal (10 avril). District réorganisé par Albitte. Béatrix, Balleydier, Passerat, etc., exclus. Trois laboureurs introduits.

25. — Dix mille quintaux de grain, pour Gex, réquisitionnés en Bresse.

25 floréal (14 mai). Les citoyens qui sont à l'étranger (domestiques, etc.) sont déclarés émigrés. — Tous, sous peine d'être punis comme ennemis du bien public, sont tenus, au moment de la récolte, d'aller offrir leurs bras aux cultivateurs. Ceux qui exercent quelque art ou métier hors de l'agriculture, cesseront leur travail à cette fin.

11 prairial (30 mai). Réquisition par Lacoste et Baudot en mission à l'armée du Rhin, de chemises, bas, chapeaux et manteaux : 535 chemises, 431 paires de bas, 42 chapeaux et 14 manteaux, répartis entre les plus aisés. Gex est taxé à 3 manteaux.

14 prairial. Toutes les cloches du District transportées à Gex sous trois jours.

23 prairial. 7,245 fr. 10 envoyés par la Convention, répartis aux indigents.

6 messidor (24 juin). Nomination de trois médecins des indigents, appointés, l'un 500 fr. les autres 350 par le District.

27 messidor. Séquestre des biens des détenus et des personnes mises aux arrêts domiciliaires. Les premiers sont au nombre de 29, dont 9 femmes et deux prêtres. Les seconds au nombre de 5, dont 3 femmes.

30 messidor (18 juillet). Des citoyens et citoyennes suspendent leurs travaux, s'habillent plus proprement les ci-devant fêtes et dimanches et négligent d'assister aux fêtes décadaires. Défense leur est faite de s'assembler ces jours-là d'une manière particulière, aux cabaretiers de donner à boire et à manger, sauf aux voyageurs. Les absents à la Décade seront dénoncés et punis selon la rigueur des lois.

2 thermidor (20 juillet). Arrivée de Méaulle.

13. — Tous Lyonnais réfugiés, depuis le siège, à Gex, tenus de sortir de France, sous trois jours, à peine d'être traités comme suspects.

14 (1er août). Sont mis en liberté onze ex-nobles, dont 8 femmes. La détention de 7 autres est continuée.

1er fructidor (18 août), Comptes du receveur du District. Les

domaines nationaux ont rapporté	390,678 l.	13 s.	4 d.
la dépense a été	385,859	15	4
Reste en caisse	4,618	18	
Les biens d'émigrés ont rapporté	512,157	7	6
— — dépensé	311,929	10	
Reste en caisse	200,217	17	6
Recettes, contrib. foncière	168,876	17	
Enregistrement	116,987	»»	
Douanes	323,806	13	4
Postes	34,020	16	6

13 fructidor. Réorganisation du District, commune, tribunal, etc. par Boysset. — Arrestation de Nicod dit Marat, agent national ; de Ducimetière dit Brutus, qui seront conduits à Bourg. — Dissolution et renouvellement de la Société populaire.

15 (1er septembre). Arrestation de 3 membres du ci-devant Comité de surveillance.

24. — Réquisition de 930 livres de beurre pour Paris.

Le 12 vendémiaire, Boysset élargit les deux Perrault.

———————

Je désire que ces notes si incomplètes donnent, à des gens mieux placés que moi, l'idée d'étudier l'histoire de leur district ou de leur commune pendant la Révolution.

On aura vu ici que cette histoire n'est pas partout semblable. C'est le résultat (indiscutable je crois) d'un premier triage et débrouillement fait trop vite, et surtout sans la connaissance suffisante des hommes, des faits, que l'on n'a bien que sur place.

Que ceux qui voudraient tenter de reprendre ce travail sur nos Districts, me permettent de leur offrir un conseil ou deux. Ce qui m'en donne la confiance c'est que je crois avoir mesuré les difficultés du sujet.

1° A l'époque révolutionnaire les documents publics sont la base, de beaucoup principale, des renseignements : ce temps n'ayant peur de rien a tout affiché hautement.

Ces documents sont le plus souvent fort verbeux. Quand ils contiennent trois lignes utiles, il ne faut pas leur en emprunter quatre. Quant à les publier intégralement, ce serait défier la patience des lecteurs.

2° La tradition orale et la légende, c'est tout un. Il y a très peu à s'y fier. Si on veut s'en servir, il faut traduire leur langue qui est celle de l'imagination dans la langue du bon sens : et on chicanera la traduction.

3° Les documents privés imprimés et manuscrits sont fort dangereux à suivre. Ces témoignages sont pour l'ordinaire de gens mêlés à la lutte, en ayant souffert, et qui devant leur papier blanc ne sont retenus ni par leurs colères, ni par leurs rancunes. Ils se vengent à leur aise, portes closes. On comprend ces fureurs chez des combattants. Mais ceux qui se les inoculeraient et les resserviraient après quatre-vingt-dix ans, ne récolteraient à ce métier que dégoût et mépris.

4° *Est modus in rebus*. Proportionnons-nous à notre sujet qui est petit. Ce qui nous concerne, nous, notre famille, notre clocher, nous paraît toujours fort digne de mémoire. Mais voyons bien ; on n'en juge pas ainsi de l'autre côté de la rivière. Que dis-je ? de l'autre côté de la rue... on en rit de l'autre côté du mur mitoyen. Pour nous défendre de ce patriotisme domestique, le meilleur moyen est de faire court.

L'on va me dire que je n'ai pas prêché d'exemple. C'est vrai. J'avais projeté de faire ce volume plus court de 150 pages : je n'ai eu ni le temps ni la force.

LA RÉVOLUTION A LAGNIEU.

Ceux qui auront lu ce précis des événements de la Révolution en nos deux anciennes capitales liront bien encore les lignes qui suivent. Ils y trouveront la Révolution telle qu'elle fut dans une de nos plus anciennes communes, populeuse, intelligente, assez riche, mais qui n'avait pas de bureau de poste, ni de voiture publique, — peu de livres, peu de journaux, peu de lettres partant.

J'ai pu lire le registre municipal de Lagnieu aux années 1793 et 1794 : je vais user de ce registre et d'une histoire manuscrite de la petite ville, à elle laissée par l'auteur (M. l'abbé Culaz) pour montrer ce que la Révolution a pu être là — et aussi vraisemblablement dans nombre de bourgs placés de même, sans communications actives avec les villes et soustraits en partie à leur influence. Nous apprendrons du même coup pourquoi le souvenir laissé par le grand événement de la fin du XVIII⁰ siècle dans nos campagnes diffère de celui qu'on en conserve ailleurs.

1789. — « Une malheureuse dispute au sujet des bancs et chaises de l'église divisait depuis des années en deux camps ennemis la population de la ville... Les familles considérables avaient placé des bancs dans cette église trop petite : une opposition nombreuse voulait leur suppression. » (Abbé C.) Il y eut émeute, bris de bancs, intervention de la maréchaussée, incarcération d'un meneur des mutins, procès intenté par les dits mutins, perdu par eux, le tout de 1785 à 1789. Le 8 mars de cette dernière année, les habitants envoyèrent à l'Assemblée générale du Bugey, à Belley, trois chefs du parti des chaises, du parti populaire, sur quatre élus. Ce triomphe fut confirmé et accru aux élections municipales qui donnèrent la conduite de la commune à la bourgeoisie révolutionnaire pour cinq ans.

1790. — Suppression du Chapitre : il se composait de neuf chanoines ayant un revenu total de 2,594 livres (5 à 6,000 francs d'aujourd'hui) ; chacun avait de plus sa maison, rue des Prêtres. Ce Chapitre était curé de la ville en droit et nommait le curé de fait. Les deux autorités avaient maille à partir. En 1693, par exemple, Ronchet, curé, fait au Chapitre un procès qui « se prolongea, au grand déplaisir des âmes vertueuses ». (Abbé C.) Ce ne fut pas trop de l'archevêque de Lyon (notre évêque) et du Roi pour le terminer.

Suppression des couvents. Il n'y en avait pas à Lagnieu. Mais les Chartreux de Portes étaient depuis longtemps possessionnés en la commune, fréquemment en procès avec elle « parce qu'ils trouvaient (dit l'abbé C.) leur quote-part des charges publiques insupportable... ils en avaient obtenu l'exemption d'Amé IX de Savoie » dit le Saint. De plus, ils avaient acheté, en 1706, le marquisat de Saint-Sorlin, dont la seigneurie de Lagnieu était une mouvance. Ils venaient rendre la justice et recevoir la dîme, qui leur valait 3,000 livres d'alors, soit quelque

6,000 francs d'aujourd'hui au moins. On comprend dès lors quel événement ce fut pour Lagnieu que le décret du 13 février 1790, qui supprimait les ordres religieux.

Fédération, 14 juillet. Toute la population se réunit aux Acquises, communal, promenade publique, *forum* de la cité. On a élevé là un portique baptisé en lettres d'or « Temple de la Concorde ». En arrière, au sommet d'une colline, est l'autel à trois faces. On y célèbre trois messes à la fois. Discours du curé officiant, Branche de Merloz. Serment général à la Constitution.

8 décembre. — Un chanoine proteste en chaire contre la Constitution civile du clergé. La municipalité le somme de livrer son discours. Il dit l'avoir brûlé.

1791. 30 janvier. — Le Conseil municipal se rend à la messe paroissiale : le curé prête entre les mains du maire le serment constitutionnel. Ses deux vicaires, le doyen du Chapitre, un chanoine et deux Bénédictins suivront son exemple.

23 octobre. — Constitution portée en triomphe, lue publiquement ; le soir, *Te Deum*.

1792. 14 juillet. — Plantation d'un arbre de la Liberté à côté de l'église, au chant du *Ça ira*. Discours du maire.

Octobre. — La commune invite le curé à dire des prières pour le beau temps.

Novembre. — Election municipale. Réélection de Bourdin, maire ; Guillon, Méhier, Tournier, Berlie, Lépine, officiers municipaux.

Décembre. — La Place Royale devient Place de la Liberté.

1793. — Levée d'hommes. Le contingent de la ville est de 36.

27 mars. — Le bureau municipal se fait remettre les

lettres en paquet, sous cachet, par la Direction des postes d'Ambérieu ; il les inspecte, saisit deux lettres d'un prêtre émigré.

Avril. — Le Conseil alloue des fonds pour la bénédiction mensuelle du Saint-Sacrement.

Visite, le 10, au château de Montgrillet (à une famille de Lyon) pour enlever les armes qui y seraient. Visite à même fin « chez les prêtres et autres suspects ».

Avril. — Tous prêtres, moines, nobles, mis en surveillance, avec défense de se réunir.

14 mai. — Antoine Guynet de Montverd (chef de l'unique famille noble de la commune) élu commandant du bataillon cantonal. Benoît Dupuys, commandant en second.

30 mai et 6 juin. — Les deux Fêtes-Dieu célébrées avec pompe. La garde nationale y assiste ainsi que les principaux habitants, décorés de larges rubans tricolores.

27 juin. — François Bonjour, huissier (de Lyon) nommé député du canton à l'Assemblée (sécessioniste) convoquée par le Directoire de l'Ain — « en tant, est-il stipulé, que les mesures à prendre ne seront pas en opposition avec la Convention ».

C'est ici le seul acte politique fait à Lagnieu pendan la période révolutionnaire. On voit quelle est sa portée.

10 août. — On brûle les terriers au pied de l'arbre de la Liberté.

16 septembre. — Démission de M. de Montverd.

29 id. — Sur ordre du District, l'argenterie des Pénitents blancs est transportée à l'église. Leur chapelle devient un grenier à foin.

11 octobre. — Sortie des Lyonnais annoncée. Armement général.

13 *id*. — Saisie des lettres et du journal (Courrier de Lyon) de Mme de Montverd.

23 *id*. — Le district de Saint-Rambert réquisitionne les blés à Chazey (canton de Lagnieu). Lagnieu, où le blé a déjà manqué, réclame.

13 brumaire (3 nov.). — Formation d'un Comité de surveillance.

16 *id*. (6 nov.). — D'une société populaire. Blanchy, président ; Pitrat, vice-président.

Visites domiciliaires chez les marchands qui cachent leurs marchandises.

30 *id*. (20 nov.). — M. de Montverd dépose ses titres de noblesse ; il est mis en surveillance, puis arrêté le 4 frimaire (24 nov.) avec sa femme, sur ordre du District. Ils seront gardés en leur maison.

7 frimaire (27 nov.). — Arrêté du Conseil, sur pétition de la Société populaire, portant que « les signes extérieurs du fanatisme, croix, statues, etc., seront abattus ».

12 frimaire (2 déc.). — Autre arrêté municipal ordonnant l'enlèvement de l'argenterie et du mobilier de l'église : « Vu qu'il ne doit y avoir, dans la République, de culte public que celui de la Liberté et de l'Egalité. » L'argenterie, pesant 146 marcs, envoyée à la Convention. La Société populaire s'installe dans l'église.

Le curé renonce à ses fonctions, livre ses lettres de prètrise qui sont brûlées et reçoit en échange l'accolade du président de la Société. Le doyen du Chapitre et deux autres prètres font de même.

13 *id*. (3 déc.). — Arrestation de François Bonjour (sur ordre de Rollet-Marat).

1794. 18 nivôse (7 janvier). — Lagnieu met en réquisition tous les grains des communes du canton.

26 nivôse (15 janvier). — Le Directoire de Saint-Rambert réquisitionne les dites communes. Lagnieu s'oppose : il n'a plus de grains depuis un mois.

1er pluviôse (20 janvier). — Le canton de Villebois se plaint de ne plus rien trouver au marché de Lagnieu.

Lagnieu, affirmant son droit de réquisitionner exclusivement dans le canton, ayant fait pour le maintenir des démarches infructueuses au District, puis auprès du Représentant en mission, s'adresse au Comité de Salut public et au Comité des subsistances.

Ce conflit bizarre nous est une nouvelle preuve des inconvénients du système des réquisitions. Quelle situation étrange il faisait aux communes réquisitionnées !

Quant à la situation de Lagnieu, elle est indiquée par les mesures que le Conseil va prendre. — Défense aux particuliers d'acheter ailleurs qu'à la halle, et notamment sur les routes. A l'ouverture du marché, évacuation préalable de la halle par le public ; les plus nécessiteux, pourvus d'un bon du Comité de surveillance, rentreront ensuite les premiers, un par un ; on avisera à ce qu'il n'en entre qu'un par famille. Le tout a pour but de maintenir l'ordre.

Il y avait encore dans les âmes tant d'espoir que ceci n'était pas pris au tragique et que le lendemain on fête le 21 janvier du mieux qu'on peut. Il y a illumination, feu de joie aux Acquises ; et dans l'église devenue le temple de la Raison, un immense et bruyant banquet. Ayant vu depuis des illuminations par ordre, on pourrait supposer que celle-ci en fut une. Mais, en premier lieu, on n'a pas encore vu de banquet par ordre ; en second lieu, nulle part les fêtes instituées par la Révolution n'ont passé dans les mœurs au même degré qu'ici. (Cela apparaîtra dans le livre de M. l'abbé C., s'il est imprimé.)

Albitte arrivant (22 janvier 1794), fit réincarcérer à Ambronay un prêtre qu'on venait d'élargir, et ordonna la démolition du clocher et des fortifications de la ville et des deux châteaux. On commença par les tours défendant les trois portes. Le Conseil demanda au Représentant d'épargner le château de Valernod, propriété d'un émigré étranger à la ville, laquelle venait d'être vendue à de pauvres cultivateurs. Il prit sur lui de surseoir à la démolition du château de Montgrillet, appartenant à une « rebelle lyonnaise », puis, la population murmurant, il fit abattre seulement les quatre tours.

2 ventôse (20 février). — Liste des suspects. Elle contient cinq noms : ceux de M. Guynet de Montverd, de sa femme nommée Bruyère, de M. Compagnon de la Servette, du prêtre qu'on venait de réincarcérer et de Bonjour. Deux de ces personnes sont de la ville. Les suspects furent emprisonnés, sauf le dernier, émigré. Leurs bien séquestrés ont été rendus à leur élargissement.

3 et 13 ventôse (21 février, 3 mars). — Vente de la cure, motivée sur ce que « la commune ayant abjuré le culte catholique pour ne suivre que la religion de la Liberté, de l'Égalité et de la Raison, n'a plus besoin de prêtres ».

5 germinal (25 mars). — Dix tours de l'enceinte de la ville démolies. Au point de vue de la salubrité publique, cette démolition de l'enceinte trop étroite a été un bienfait. Elle a permis de plus à la ville de s'agrandir.

28 germinal (17 avril). — Le nombre des hommes de

la commune sous les drapeaux, à ce moment, est de quatre-vingts.

1er floréal (20 avril). — Première communion donnée à quelques enfants, dans une chambre, par un prêtre réfractaire. Trois personnes recevaient ce prêtre et ses fidèles alternativement, pour dépister la surveillance. Aucune des trois chambres où le culte se perpétuait ainsi ne peut contenir trente personnes.

4 floréal (23 avril). — Le district de Montferme (Saint-Rambert) ordonne la saisie de tous « parchemins, papiers, livres pouvant blesser les principes de la Raison ». Cette mesure rejoint, dans le passé, celles de l'Inquisition contre le Talmud ; dans le présent, la tâche que se donne l'*OEuvre des vieux papiers* (qui achète les livres antichrétiens pour les brûler).

17 prairial (5 juin). — Sur la petite porte du temple, il sera écrit : « Le Peuple français reconnaît l'Être suprème, etc. »

4 messidor (22 juin). — « Plusieurs citoyennes disent publiquement qu'elles fêteront la Saint-Jean (24 juin, fête patronale de la ville), et danseront comme à l'ordinaire, aucune loi ne le défendant.... Quelques fanatiques travaillent les décadis et chôment les dimanches... » Défense de la municipalité de chômer les ci-devant fêtes ; les cabaretiers qui donneront à boire et à manger ces jours-là seront passibles d'une amende de cinquante livres. Ordre d'assister à la lecture des lois, le décadi ; ceux qui, de dix heures à midi, seront trouvés ce jour-là dans la rue ou au cabaret pourront être arrêtés.

21 messidor (9 juillet). — Ordre du Conseil à des fermiers de Posafol (hameau de la commune) de semer du blé noir dans les terres qu'ils laissent en friche.

26 messidor (14 juillet). — Ordre de Méaulle d'élargir Claude Guynet (de Montverd), frère d'Antoine, et domicilié à la Croix-Roûsse. Il était prisonnier à Ambronay.

Fête anniversaire de la prise de la Bastille. Une jeune fille, Mlle B..., « accepte, dit l'abbé C., l'infâme honneur de représenter la déesse (de la Raison ou plutôt de la Liberté). Elle monte demi-nue, parée de guirlandes de fleurs, sur un char d'où pendent des rubans tricolores ; des jeunes filles en blanc tiennent le bout de ces rubans ». Le char, traîné à bras, est conduit au temple. Là, le maire donne la main à la Déesse, monte en chaire avec elle et entonne *la Marseillaise*.

La tradition veut qu'on ait mené à cette fête un âne vêtu d'une chape. Fouché, un peu auparavant, avait montré à Lyon ce spectacle (renouvelé du Moyen-âge). On aurait fait boire la bête dans le calice : ceci est peu croyable, le calice ayant été envoyé à la Convention le 2 décembre 1793.

Un sans-culotte, membre du Comité de surveillance, chargé de faire partir des *boîtes* sur le passage de la pompe civique, voulut en employer une à détruire le piédestal de la croix de la halle. Il se fit sauter lui-même, « par la permission de Dieu, à 20 ou 30 pieds de hauteur (dit M. l'abbé C..). Quand il retomba, dans ce tas de chair il était impossible de reconnaître forme humaine. Plusieurs, sur le moment, prétendirent que c'était un chien. On lui demanda son nom, etc. Dix-huit mois après, le feu prit à sa maison, sa veuve périt dans les flammes avec trois ou quatre enfants... Cet exemple *consola les chrétiens fidèles...* »

Ce petit récit, que j'ai entendu faire il y a cinquante ans, non sans quelques variantes, a de l'intérêt tel que le voilà et les derniers mots compris, pour l'histoire de nos variations religieuses.

7 thermidor (25 juillet). — Prix de la viande : bœuf, veau, mouton, porc, 15 sous. Vache, génisse, agneau, 12 sous.

20 thermidor (7 août). — Tous chiens inutiles seront tués. Ils ne sont bons qu'à manger du pain et réduire la subsistance du pauvre.

30 thermidor (17 août). — Fête des martyrs de la Liberté. Pompe civique où les assistants portent des statuettes de Marat et de Chalier. Chants, danses, *boîtes*, banquet final à l'église.

5ᵐᵉ jour complémentaire (21 septembre). — Même programme.

Le 9 thermidor a passé inaperçu. Boysset, en fructidor, remanie quelque peu le Conseil municipal, non plus celui qui a traversé la Révolution et descendu si docilement son courant ; il avait été dépossédé, le 6 messidor, par Méaulle irrité de ses querelles permanentes avec le district de Saint-Rambert. Le nouveau conseil qui va conduire la réaction est moins bourgeois que celui qui a conduit la Révolution ; il n'est pas plus dévot.

La Réaction, dans ce milieu-ci, c'est le rétablissement du culte. Il y fallut du temps. A la fin de février 1795, la Convention ayant, sur les réclamations réitérées de l'évêque constitutionnel Grégoire, voté la liberté des cultes, le Conseil de Lagnieu, après quelques jours de réflexion, rendit, pour obéir, aux Pénitents blancs, leurs livres de prières confisqués. Le curé, Branche de Merloz, vint devant le dit Conseil rétracter son abjuration. C'était réclamer son église ; on ne fit pas semblant d'entendre.

27

« Plus religieux que ceux de Lagnieu », les gens de Posafol redemandèrent leur culte. « Ils obtinrent qu'un prêtre de Loyes (constitutionnel) viendrait leur dire la messe, le 24 juin. » (Abbé C.)

Cependant, le 24 août, la Convention ayant dissous les Sociétés populaires, les sans-culottes furent dépossédés de l'église, au commencement de septembre. Le culte constitutionnel recommencera à la fin de 1795 ou aux premiers jours de 1796. L'incertitude de la date donne à penser que la réinstallation se fit sans bruit.

1796. — Sous le régime directorial les fêtes impies de 1793 et 1794 sont remplacées (dit l'abbé C.) par des fêtes d'un autre genre. Celle de la *Jeunesse* fut célébrée le 30 mars. Un autel de la Patrie fut élevé à la *Porte d'en haut*. La fête eut lieu là et se borna à des chants et à des danses. — Le 10 mai, fête des *Epoux*. Les époux mariés depuis six semaines, les épouses vêtues de blanc, les vieillards accompagnés de leurs enfants et petits-enfants y eurent la place d'honneur. Force manœuvres de la Garde-Nationale. Coups de fusil à satiété. Chants et danses. — Le 29 mai, fête de la *Victoire*. « Les soldats blessés, les pères et mères des jeunes gens sous les drapeaux sont à la place d'honneur autour de l'autel de la Patrie. Lecture est donnée des noms de tous les militaires du canton, puis du récit des affaires où ils ont figuré. Une palme est ensuite décernée aux blessés. » On chante et on danse. Le 27 juillet, fête de la *Liberté*. Le 22 septembre, fête de la fondation de la *République*, on chante et on danse de plus belle.

Ces fêtes sont, si je ne me trompe, celles qui furent décrétées par la Convention, au nombre de 35, le 7 mai 1794, sur la motion de Robespierre. On les retrouve nommées dans l'article 7 du décret reconnaissant l'*Etre suprême.*

30 novembre 1796. — Arrêté du Conseil contre deux prêtres non assermentés exerçant leurs fonctions assez publiquement à Saint-Sorlin dans deux maisons particulières.

1797. — Une ou deux fêtes civiques encore. Le Conseil s'occupe de faire observer le décadi. Le curé Branche de Merloz jure haine à la Royauté et à l'Anarchie, fidélité à la République.

1799. — Les derniers arrêtés municipaux contre les prêtres non assermentés sont du 18 août 1799.

En 1803, « le cardinal Fesch nomme M. Perrin curé de Lagnieu :... l'année suivante... M. de Merloz, *justement dépossédé*, monta en chaire pour demander pardon *à son peuple* du scandale qu'il lui avait donné... Quelques-uns voulurent rester attachés *à son parti* ; on cria à l'injustice à son égard... et ce ne fut que vers 1807, époque de sa mort, que la Révolution pour les bons chrétiens se trouva matériellement finie... » (Abbé C.) Ces détails hors cadre ont leur prix.

Le milieu est étroit, les faits sont minces, les acteurs sont minuscules. Le tout prête à des réflexions ayant de l'intérêt.

Voici le bilan de la Révolution dans un bourg de 1,500 âmes,

Où il n'y a qu'une famille noble qui n'a pas émigré ;

Où les chefs du clergé ont capitulé devant l'ennemi ;

Où la bourgeoisie patriote ne s'est ni séparée du peuple, ni cabrée contre le courant :

En mai 1793, sous Amar, pas d'incarcérations.

En février 1794, sous Albitte, cinq suspects dont deux

sont de la commune, trois non nobles, un prêtre, un légiste, une femme.

Deux propriétés à des émigrés étrangers, une à un couvent, vendues en détail.

80 hommes sous les drapeaux, dont 9 volontaires.

Réquisitions multiples causées par l'état de guerre.

Graves embarras causés par la rareté des grains.

Suppression du culte, saisie de son matériel, mise en surveillance des deux clergés (assermenté et réfractaire).

Fêtes civiques incessantes auxquelles participe le gros de la population. Catholicisme survivant d'une faible minorité.

Un prêtre marié. Quatre divorces en tout. (Paris, proportion gardée, en devrait compter 12 à 1,400. Il y en a eu là 6,000 en une seule année.) — Si notre population avait changé de foi, ce n'était pas par libertinage.

Les conditions qui se sont rencontrées là, qui y ont rendu la Révolution moins laborieuse et moins douloureuse que dans les villes, ne se retrouvent-elles pas fréquemment dans les petites cités agrestes du Bugey ou dans les grandes communes rurales de Bresse ?

Il faudrait tenir grand compte d'un fait pareil dans toute appréciation de la Révolution ; les villes en 1789 ne contenaient pas le quart de la population totale de la France ; si elles ont souffert et saigné en 1793, il n'en fut pas de même de la plupart des bourgs et des communes rurales qui en faisaient les trois autres quarts. De là l'attachement de nos campagnes à la Révolution.

Cette histoire si humble montre en somme ce que la Révolution eût été si on l'eût moins combattue. Elle confirme le mot de 1824 : « La Révolution *a eu beaucoup d'obstacles à vaincre, ce qui a produit* des excès passagers. » On reconnaît Mignet à ce ferme regard et à cet air simple.

Signalons toutefois un point noir : c'est cette lutte *pour l'existence* entre Lagnieu et le chef-lieu du District.

On avait admis en principe, à Paris, qu'une commune affamée avait le droit de réquisitionner celles qui l'approvisionnaient avant 89. Cette règle amenait nécessairement des conflits comme celui-ci. Lagnieu et aussi Saint-Rambert vivaient l'un et l'autre des grains de ce qu'on appelle *La Plaine*. Que faire devant une compétition pouvant se traduire un jour ou l'autre en voies de fait entre les commissaires aux réquisitions des deux villes ?

En supprimant l'élection municipale, en nommant lui-même la municipalité, le Gouvernement révolutionnaire avait cru se garantir absolument l'obéissance de la commune. Il avait en sa confiance laissé celle-ci s'arroger tous les pouvoirs, usurper sur lui, désobéir.

Qu'arrivera-t-il le jour où l'intérêt local prévaudra sur le patriotisme, sur l'esprit de parti ? Les communes de la Dombes s'entendront tacitement pour sauver leurs étangs. Celles des bords riants de la Veyle refuseront d'aller moissonner dans le pays inondé. Celles des montagnes de Nantua battront les commissaires aux réquisitions envoyés du District. Ici, voilà un débat où il y a aux prises un défendeur voulant garder sa récolte et deux demandeurs voulant s'emparer d'elle.

Croyez que, des embarras semblables, il y en a dans les 86 départements. Quel remède le Comité des subsistances peut-il bien y apporter ? Hélas ! on pressent là une autre sécession plus vaste, plus périlleuse cent fois, composée non plus des beaux diseurs de la Gironde, mais de paysans qui ne parlent pas français...

PROCÈS DE MARIN REY

Nous avons vu fonctionner à Lyon un tribunal d'exception ; nous verrons procéder ici la justice régulière. L'analyse qui suit a été faite au vu des pièces.

Marin Rey, né à Ceyzérieu, vicaire à Cressin, avait, le 6 février 1791, en l'église du dit Cressin, à l'issue de la messe paroissiale, en présence de toute la commune, prêté le serment exigé par la loi du 27 novembre 1790, à deux réserves près : l'une stipulant qu'il ne s'engage que « quant au temporel », l'autre « exceptant le spirituel ». Le procès-verbal de la prestation, signé de Rey, vicaire, Récamier, maire et des membres du Conseil municipal, est au dossier du procès (que je dois à une communication bienveillante). Rey affirme, en deux requêtes, où il expose ses moyens de défense, et en ses interrogatoires, « n'avoir pas rétracté ce serment ». Il n'est donc pas, ajoute-t-il, « sujet à la déportation décrétée contre les prêtres réfractaires ».

Le 25 mars 1792, il « abandonna son état », à cause de ses infirmités (il perdait la vue) et « d'une maladie de langueur pour laquelle on lui conseillait de changer d'air ».

Le 23 septembre 1792, il est à Culoz, « se rend avec les autres citoyens au pied de l'arbre de la Liberté, se réjouit comme les autres du succès des armes françaises et fait des offrandes patriotiques selon ses facultés, ». (2ᵐᵉ requête.) Le lendemain ou le surlendemain, trois jours après l'occupation de la Savoie par les Français, il passe le Rhône. L'accusation fait remonter ce fait, qu'elle considère comme une émigration, dix-huit mois plus haut, vu que Rey, depuis ce temps, « n'a justifié d'aucun certificat de résidence sur le territoire de la République ». (Arrêté du directoire de l'Ain du 26 germinal.)

Quoi qu'il en soit, Rey vit cinq mois à Chanaz « sans se rétablir ». Il revient à Ceyzérieu, son pays, le 1ᵉʳ mars 1793, y reste sans sortir de sa chambre et sans voir personne que la servante qui lui apporte à manger, jusqu'au 20 novembre, jour où il est arrêté, non muni de passeport, « au-dessus de Seyssel, sur la route qui va de Culoz à Genève », conduit à Belley et de là transféré à Bourg où il est incarcéré, non à Bicêtre ou à Brou, prisons affectées aux prêtres réfractaires, mais aux Clarisses.

En son interrogatoire du 15 frimaire (5 décembre), Rey reconnaît que depuis son retour à Ceyzérieu il est resté « caché ». C'est, dit-il, « qu'on voulait l'obliger à continuer ses fonctions de vicaire qu'il ne pouvait plus remplir, ayant la vue faible et étant valétudinaire ». Il n'a pas demandé de passe-port parce qu'il ne voulait pas qu'on connût sa retraite et qu'il n'allait « qu'à quatre lieues de distance, voir le curé de Chanaz ».

Un premier jugement du 23 nivôse (12 janvier 1794) déclare Rey « prévenu d'émigration », et renvoie la procédure commencée au Directoire départemental, « à qui la connaissance des faits d'émigration appartient ».

Le 13 ventôse (3 mars), le Directoire, « vu la liste supplétive (des émigrés), arrêtée le 18 frimaire (8 décembre 1793) par le district de Belley, sur laquelle se trouve porté Marin Rey, vu les réponses fournies par lui, arrête que le dit Marin Rey est considéré comme émigré ».

Seconde requête du prévenu, exposant avec plus de développements les moyens de la première : il n'avait pas de motif pour émigrer ; il eût été dans l'émigration sans ressources : « Aurais-je pu compter sur les prêtres déportés ou émigrés ? La diversité d'opinion les avait désunis ; les réfractaires étaient devenus nos plus cruels ennemis... Sur la bourse des ci-devant nobles ? Je n'en ai jamais fréquenté ; leur insolence, leur avarice... me les ont toujours fait regarder comme les ennemis du peuple... » Il demande enfin un sursis pour pouvoir prouver ses dires.

Le Directoire, à qui cette requête est adressée, y répond par un second arrêté du 26 germinal (15 avril) confirmant le premier et « au besoin arrêtant de nouveau que Marin Rey est déclaré définitivement émigré ». — En acceptant son système, à savoir « qu'il est passé en Savoie seulement le 24 septembre 1792, la Savoie n'ayant été réunie que le 26 novembre, il y a séjourné deux mois avant qu'elle fût française ».

Le 4 floréal (23 avril), comparution de l'accusé par-devant le tribunal criminel ; nouvel interrogatoire où Rey répète qu'en passant en Savoie il croyait « que ce territoire appartenait à la France, puisque les troupes françaises y étaient entrées trois jours avant ». Après constatation de son identité, l'accusateur public conclut à la peine de mort et à la confiscation des biens de l'accusé ; le tribunal opine à haute voix, et le Président prononce le jugement condamnant Rey à mort, pour fait d'émigration, aux termes de l'article 78 de la loi du 28 mars 1793.

Voici le texte de la sentence :

Jugement à mort de Marin Rey, prêtre émigré, en date du 4 floréal an II.

Vu : 1º Les réponses fournies à l'audience du 15 frimaire par Marin Rey, âgé d'environ 48 ans, par lesquelles il a avoué avoir quitté le territoire français, le 24 septembre 1792, pour se retirer en Savoie ;

2º Le jugement du tribunal, du 23 nivôse, qui a renvoyé le dit par-devant les autorités constituées, à qui la connaissance des faits d'émigration appartient ;

3º L'arrêté du directoire du Département qui a rangé le dit dans la classe des émigrés ;

4º Un autre arrêté du même Directoire qui, sans s'arrêter à la réclamation du dit contre l'arrêté du 13, le déclare définitivement émigré ;

5º L'interrogatoire qu'il a subi à cette audience et la déposition des deux témoins qui ont attesté que le dit Marin Rey est le même individu que celui dont l'émigration a été constatée par les dits arrêtés ;

Vu les articles 76, 77, 78 de la loi du 28 mars 1793 ;

Le Tribunal, entendu l'accusateur public, condamne à mort le dit Marin Rey, ci-devant prêtre, conformément à l'article 78, ainsi conçu :

« Les témoins cités seront entendus publiquement... le prévenu comparaîtra devant les témoins et, s'ils affirment l'identité, les juges condamneront l'émigré à mort. »

Fait à Bourg, le 4 floréal an II. Signé Meunier, président ; Desbordes, Rolin, Machard.

Suit le procès-verbal « de mort » constatant que Rey « a été, le 5 floréal, traduit sur la place de cette commune par le vengeur du peuple de ce département, assisté de la force publique, et y a subi la peine, etc. »

CONDITION D'UN PRÊTRE QUI A ACCEPTÉ LE RÉGIME RÉVOLUTIONNAIRE.

Méaulle, en conformité avec une motion de Saint-Just, a élargi chez nous deux cents prisonniers ; ceux-ci au préalable ont dû établir leur civisme par requête en forme. Quelques-unes de ces pièces sont conservées. En voici une qui montre la condition d'un moine acceptant sa sécularisation.

« Hugues-François-Bernard J... est né en 1736, le 6 décembre, d'une noblesse des plus indigentes. Ses parents le firent religieux à 17 ans pour faire un héritier plus riche. Il a 58 ans, a eu une attaque d'apoplexie qui le laisse infirme. En 1790, a payé ses impôts exactement, donné 250 livres en don patriotique, a abjuré le 12 pluviose an 2 à Brou, depuis s'est présenté tous les deux jours à la municipalité de Bourg ; assiste aux Décadis.

» Il a des siens une pension de 600 livres, jouit d'un traitement de 1,000 fr. comme ci-devant religieux (de l'abbaye de Nantua) sur lesquels il paye 110 francs d'impôt. Il a un logement à vie dans une maison nationale à Nantua. Il doit 800 livres à Carré de Nantua, dont l'intérêt est de 40 francs. Son revenu reste de 1,450 francs. »

Suivant le District, la Municipalité, le Comité de surveillance de Nantua, « l'ex-noble J... est ignorant, borné, ayant toute la marque sacerdotale et nobiliaire, il est vindicatif et crapuleux. Son extérieur annonçait constamment un homme fatigué par la Révolution. Il n'avait pas d'ailleurs d'influence sur l'opinion... »

Le Directoire de Bourg, consulté sur la demande de J... qu'on lui rende sa pleine et entière liberté, « considérant que la conduite du dit J... n'est pas aussi patrio-

tique qu'il le dit, arrête que le présent rapport sera adressé
à Méaulle, à la justice duquel il s'en rapporte. »

Suit un autre rapport avec conclusion conforme sur un
autre Bénédictin noble, semblable dans sa teneur, et sur-
chargé à l'endroit décisif. (Reg. du Distr. de Bourg,
4 prairial, pages 467 et 473.)

Et un rapport plus favorable sur un ex-noble de Bourg
qui accuse avoir 9,448 livres de rente, et avoir dénoncé
le premier l'émigration de son frère. Même décision.

HABITANTS DE LYON, ORIGINAIRES DE L'AIN, POURSUIVIS POUR PARTICIPATION A LA SÉCESSION DE LYON.

J'ai relevé, dans la publication bien connue de M. Melville-Glover, les noms et origines de nos colons établis à
Lyon qui ont péri ou ont été poursuivis et élargis après le
siège. Elle n'est pas d'une exactitude infaillible. Le nom
de M. Vuy, on l'a vu, manque au jugement du 15 février
1794. Celui de la citoyenne Guynet de Montverd, de Lagnieu, manque à la liste des élargis.

Nos colons condamnés à mort et exécutés sont au nombre de *soixante-un*. Cinq sont nobles. Deux sont prêtres.
Il y a cinq légistes, un avocat, deux notaires, un rentier,
huit marchands, dix-huit ouvriers, trois agriculteurs.

Quatre sont condamnés à la détention.

Soixante-quatre sont élargis. Parmi ces derniers il y a
trente-deux ouvriers et laboureurs.

On a souvent affirmé que ce ne sont pas les hautes
classes uniquement qui ont souffert de la Révolution. Il y
a ici de ce fait une preuve palpable.

Trévoux a 8 suppliciés; Montluel, 6; Bourg, 6; Belley,
4. Les autres condamnés sont de 30 communes diverses.

BUDGET DÉPARTEMENTAL EN 1793.

Contribut. foncière. Bourg....	291,060 f.		Belley....	139,580 f.
— Pont-de-V.	242,390		St-Ramb..	134,070
— Trévoux..	159,390		Nantua...	125,930
— Montluel..	138,380		Gex......	76,400
— Châtillon..	145,300			

1,452,500 f.

DÉPENSES GÉNÉRALES A LA CHARGE DU DÉPARTEMENT.

Travaux publics.. — Routes, digues, ponts, etc...... ..	248,000 f.
— — Prisons, gendarmerie............	11,050
Agriculture. — Achats d'étalons, grains, outils....	6,000
Bienfaisance. — Hôpitaux, épidémies, incendies....	30,000
Tribunal criminel.................................	12,000
Administration départementale. — Directoire... 18,450 }	112,350
— — Bureaux.... 93,900 }	
Avances faites par le Trésor public....................	88,775
Dépenses imprévues.................................	15,000
Déficit des sols additionnels de 1792....................	15,057
Assemblées électorales..............................	32,721
Frais d'impression.................................	28.222
Déficit sur le traitement des bureaux, 1792..............	3,520

539,975 f.

DÉPENSES A LA CHARGE DES DISTRICTS.

Bourg.			Nantua.			
Administ..	7,050 }	21.525	Administ..	7,050 }	22.725	
Ord. judic.	14,475 }		Ord. judic.	15,675 }		
Belley.			Pont-de-V.			
Administ..	7,050 }	18.525	Administ..	7,050 }	19.125	Total :
Ord. judic.	11,475 }		Ord. judic.	12,075 }		184,125
Gex.			St-Rambert.			
Administ..	7,050 }	19.125	Administ..	7,050 }	20.925	
Ord. judic.	12,075 }		Ord. judic.	13,875 }		
Montluel.			Trévoux.			
Administ..	7,050 }	19.725	Administ..	7,050 }	19.725	
Ord. judic.	12,675 }		Ord. judic.	12,675 }		

BIOGRAPHIES COMPLÉMENTAIRES.

———

Ayant eu la fortune de retrouver quelques faits neufs, ma principale préoccupation, après leur mise en lumière, a été de préciser, autant que j'ai pu, ce qu'ils peuvent ajouter à la connaissance de la Révolution.

Le sujet de l'Histoire, depuis l'*Essai sur les mœurs*, ce n'est plus le prince, ni les courtisans, ni les courtisanes. Ce n'est plus même le héros : c'est la Nation, comme on disait en 89.

Quant aux personnes, médiocres à quelques-unes près, que j'ai rencontrées, l'oubli les noie déjà plus qu'à demi. Je ne me suis pas donné pour tâche de les repêcher.

Je me suis occupé d'elles dans la mesure où elles ont pesé sur les faits, ni plus ni moins.

Je reviens sur six d'entre elles, qui le méritent, pour quelques détails complémentaires, pour dire aussi leur fin ; elle éclaire parfois ce qui précède.

Si quelque vanité privée souffrait de ne pas trouver ici les satisfactions qu'elle prétend, elle pourra toujours se servir elle-même à sa faim et soif.

Ici encore je me restreins le plus possible.

Les figures auxquelles je me tiens, principales incontestablement, représentent :

La Baume-Montrevel, l'aristocratie ralliée dans une certaine mesure à la Révolution et le parti constitutionnel ou feuillant ;

Brillat-Savarin, le parti révolutionnaire résolument décentralisateur ;

Gauthier-des-Orcières, le parti montagnard au gouvernement ;

Alexandre Goujon, le même parti aux armées, puis dans l'opposition ;

Royer, évêque de l'Ain, plus tard de la Seine, l'église constitutionnelle ;

Joubert, notre armée ; la légion de l'Ain.

On mettra du moins ici le nom de Sonthonax, cet avocat bugiste qui a fait, de notre colonie de Saint-Domingue, la république d'Haïti. L'œuvre est controversée, mais considérable. Je ne puis davantage pour l'auteur, les renseignements et la force me manquant.

A la fin du volume, nous plaçons une étude sur le Fareinisme, une secte encore existante chez nous. Elle sera là à sa place : l'utopie révolutionnaire faisant bien partie de l'histoire de la Révolution.

LE COMTE DE MONTREVEL.

Les Labaume-Montrevel tiennent une assez belle place dans l'histoire de notre province. Ils la doivent à deux ancêtres illustres : Galois de Labaume, qui aida Philippe de Valois à repousser les Anglais, et Guillaume de Labaume, « superintendant » de la croisade conduite en Thrace par le Comte Verd.

Leur attachement ancien pour la monarchie française leur valut, quand celle-ci annexa notre pays, le premier rang chez nous. Ils l'exploitèrent indignement au XVIe siècle, après la conquête de François 1er, et au XVIIe siècle sous Louis XIV ; on l'a montré ailleurs. Le dernier de cette maison paya, comme il est arrivé à de plus illustres, les fautes de ses aïeux durement.

Melchior-Alexandre-Florent, comte de Montrevel, prince du Saint-Empire, né à Mâcon en 1736, hérita de son père, à l'âge de trois ans, d'un grand nom, d'une fortune énorme, sise moitié en Bresse, moitié en Mâconnais. Sa mère, régente, était du Châtelet, d'une famille se disant puînée de la maison de Lorraine : c'était une femme de quelque mérite, capable d'affaires ; elle rétablit celles que son mari laissait en désordre, et donna à son fils unique l'instruction, les opinions et les goûts de la bonne compagnie d'alors.

Ce fils, grandement né et apparenté, jouissant à sa majorité de quelque chose comme trois cent mille livres de rente d'aujourd'hui, exemptes de charges; bien élevé, instruit pour son temps et pour son rang ; aimant et cultivant les arts et le plaisir, a eu une existence ainsi faite que son dernier mot, à 58 ans, fut celui-ci : « J'ai assez de la vie !... »

Sa mère le voulut militaire : ce n'était que séant au descendant du Galois, au petit-fils du maréchal de Montrevel. Il ne fit qu'une guerre, hélas ! et ce fut la guerre de Sept-Ans. Et il était aide de camp du prince de Soubise, à Rosbach, ce Waterloo (ou ce Sédan) de l'ancienne aristocratie. Le grade de maréchal de camp, atteint en 1770, ne fut pas un avancement et un acheminement, mais une retraite et une décoration bienséante. M. de Montrevel avait renoncé au service actif.

On l'avait marié, en 1752, ayant seize ans révolus, à Elisabeth de Choiseul, fille du ministre de ce nom. Cette union, trop précoce peut-être, devait rester inféconde. Elle fut de plus, pour cela même, pour d'autres raisons encore, très malheureuse. Le jeune mari croyant avoir, ayant peut-être de graves sujets de mécontentement, enferma la Comtesse à Noble, un de ses châteaux du Mâconnais.

L'intervention des Choiseul délivra la captive, et en 1764, une convention « amiable » sépara les deux prétendus conjoints de corps et de biens. Elisabeth de Choiseul y survécut deux ans.

M. de Montrevel crut possible de se remarier presque immédiatement avec une fille de la famille de Grammont (1768). Cette seconde tentative aboutit, comme la première, à un détail près. La nouvelle comtesse s'étant oubliée avec un roturier de Pont-de-Vaux, que Lalande nomme (*Anecdotes de Bresse*), avait donné des preuves contre elle. Le mari, cette fois, n'eut pas à se faire justice lui-même. Il put obtenir une lettre de cachet donnant pour résidence à l'infidèle la maison des Carmélites de la rue Saint-Jacques, c'est-à-dire une prison la plus rigide qui soit. Mme de Montrevel s'y convertit, à ce qu'on dit : elle n'avait rien autre à faire, sinon à mourir de désespoir.

Dans les questions d'alcôve il reste toujours un peu d'incertitude. Leur solution la plus sensée est, je crois, l'anecdote bien connue. A un souper, en pleine Régence, la vertu d'une dame est discutée ; un convive l'affirme résolument ; sa femme hausse les épaules et dit à son conjoint d'un air de pitié : Mon Dieu ! Monsieur, où prenez-vous donc cette belle confiance que vous avez là ? La vertu d'une femme ne se prouve pas. Une faute qu'elle fera pas davantage. De cette faute on en est sûr ; un demi-sourire surpris, un air de tête, un son de voix, un silence absolument convaincants n'en laissent pas douter. Mais ces témoignages-là ne pèsent pas beaucoup devant un jury.

Depuis qu'on s'est remis à gloser sur la vertu de MM^{mes} de Montrevel, il n'a été apporté qu'un renseignement de valeur. Ce sont deux lettres de leur mari (publiées par M. Vayssière). M. de Montrevel garde bon souvenir de Mlle de Choiseul ; il ne lui refuse pas sa pitié. Rien de plus, rien de moins. C'est quelque chose, mais ce n'est pas de quoi nous éclairer beaucoup. Quant à Mlle de Grammont, son époux a pour elle un si entier mépris qu'il pardonne à son second (?) amant, un cousin à lui Montrevel, auquel, dans son oubli d'une injure misérable et qui ne compte pas, il ne veut rien reprocher que sa froideur pour le bon parent qu'il est !

Ces lettres curieuses nous ouvrent un jour inattendu sur les mœurs de ce grand monde fini. Elles nous marquent la différence entre les deux Comtesses : l'une digne de pitié, l'autre méprisable. Elles ne nous disent pas si l'on a calomnié le Comte en attribuant ses infortunes conjugales à un défaut de nature le condamnant à être le dernier de sa race.

C'est après la séparation « amiable » avec la captive de Noble que ce mari malheureux se mit, pour occuper sa vie, à bâtir l'Hôtel de Mâcon, où il voulait passer les hivers, et à transformer son château de Challes (situé à quelques centaines de mètres de Bourg), dont il allait faire sa résidence d'été.

On conserve aux Archives de Bourg un « plan géométrique du château de Challes, de ses avenues et environs avant les augmentations, plantations et bâtiments commencés en 1766 ». Deux notes annexées énoncent, l'une que ces augmentations ont été faites « sur les dessins et sous la conduite de M. le comte de Montrevel » ; l'autre que « ce plan a été dessiné et lavé par lui en septembre 1786 ».

De l'état de choses constaté par ce document, il ne reste que la bizarre avenue enserrée par les deux canaux où l'on a fait passer la Reyssouze et qui conduit de la ville au pied de la colline sur laquelle était situé le château. Celui-ci était composé, en 1766, de trois corps de bâtiments entourant la cour d'honneur ; le corps principal faisant face à la ville avait 70 mètres, hors œuvre ; les deux ailes chacune 90 mètres. A droite et jouxtant, une cour plus petite, carrée, était entourée par des bâtiments de service ; elle avait 50 mètres de côté.

Cette construction considérable dominait, du côté de la campagne et au Nord-Est, une esplanade de 90 mètres de

28

longueur sur 70 de largeur, d'où partait : au Nord-Est, une avenue de 4 rangs d'arbres, dans l'axe du château, venant joindre (en biais), à 400 mètres de distance, la route de Besançon ; au Nord-Ouest, quatre autres avenues dont la principale, d'environ 600 mètres, longeait le rebord de la colline et dominait la vallée de la Reyssouze ; les trois autres rayonnaient dans l'intérieur du parc.

Celui-ci est couvert, pour moitié, de terres en culture, au milieu desquelles sont des bâtiments d'exploitation dénommés domaines Chambre, Merle, de Challes ; pour une autre moitié, d'une immense bruyère, au milieu de laquelle est assis l'Etang de Challes, flaque d'eau de 260 mètres, du Nord au Sud, de 400, de l'Est à l'Ouest. Ce bassin est alimenté par une fontaine au Nord-Est, et par un ruisseau au Sud-Est.

Il n'y a pas trace de murs de clôture.

M. de Montrevel, on l'a vu, ne se confia qu'à lui-même du soin de transformer, au goût du XVIIIᵉ siècle, ce manoir (fait ou refait au XVIIᵉ ; le plan l'indique assez).

J'ai vu aussi un dessin à la plume représentant la façade du château. Ses dépendances étaient encore debout dans mon enfance. Le tout manquait de style absolument. Le noble architecte n'avait visé qu'à avoir là une habitation vaste, commode et assortie à ses besoins.

Le théâtre, où la Saint-Huberti a chanté, et qu'un ami plus âgé que moi a vu intact, était dans l'aile gauche. Les écuries, où logeaient 56 chevaux, dans la petite cour à droite. Quant au palais des 200 chiens, il était rejeté à une distance de 180 mètres, au delà de la route de Besançon, au lieu qui s'appelait encore, il y a 50 ans, le Chenil.

La partie des jardins qui avoisinait le château et qui fut, après 1766, enceinte d'une muraille basse, encore

debout en grande partie, s'appelait le Petit Parc. C'était
un quadrilatère irrégulier, dont le côté sud, regardant la
ville, avait 800 mètres de longueur ; le côté est, longeant
la route de Besançon, en avait 700 ; le côté nord environ
1,200 ; le côté ouest environ 800.

Ce Petit Parc fut dessiné à l'anglaise, de façon à conserver sinon les avenues rectilignes de 1766, du moins une
partie de leurs plus beaux arbres ; il était très boisé,
divisé en deux moitiés inégales par une pelouse remplaçant la vieille esplanade. A droite (en sortant du
château), Lalande nous montre, disséminés dans les
massifs :

1° Une *grotte de Diane* en rocaille. Diane était bien
ici la principale divinité. L'on y boudait Vénus, pour
cause...

2° Le *Kiosque allégorique*, dans le goût chinois ; il était
décoré de peintures représentant le ciel, la terre et, on ne
voit pas pourquoi, l'enfer de Dante. Il dominait à l'Est,
par-dessus les clôtures basses, le plus riant paysage de
nos environs, une vraie Arcadie, fermée au matin par les
douces cimes bleues du Revermont, encadrée au soir par
les grands chênes (tombés) de Bouvent, et coupée par les
jolis méandres sinueux de la Reyssouze et de la Vallière.

Non loin, dans un fourré, se cachait 3° *la Charbonnerie*,
lieu mystérieux de séances magnétiques selon les uns,
d'initiations maçonniques selon d'autres. M. de Montrevel
était franc-maçon, comme le duc d'Orléans, comme le duc
de Luxembourg, comme la reine de Naples, sœur de la
reine de France. Pour celle-ci, je ne sache pas qu'elle ait
été affiliée ainsi que l'étaient Mmes de Lamballe et de
Polignac, ses deux favorites. Cependant j'ai vu, il y a 50
ans, dans la salle des séances de la *loge* de Bourg (*les Élus*,

constituée en 1768), à la place d'honneur, un portrait de Marie-Antoinette, accoté de deux de ses vertus royales, — je ne sais lesquelles précisément, — et souriant au-dessus du triangle et du trilittère. *La Charbonnerie* de Challes était-elle et pouvait-elle être une succursale de la *loge des Élus*... ou le germe dont cette *loge* sera sortie...? Je n'ai pu le savoir. Peut-être était-ce plutôt tout uniment un pendant anticipé de la fameuse *laiterie* de Trianon, et M. le Comte allait-il là jouer au charbonnier, comme la Reine allait jouer à la bergère dans son chalet de marbre blanc.

A gauche, en sortant du château, dans l'autre moitié du *Petit Parc*, il y avait 4° un *temple d'Apollon* où l'on donnait de petits concerts. Le maître y jouait du violon avec plus d'enthousiasme que de talent.

5° Le *temple de l'Amitié*, à laquelle M. de Montrevel avait plus de dévotion qu'à l'Amour. Il était orné des chiffres D. L. B. G. Lalande lit les deux derniers Bersalien, Galiffet.

Puis 6° la *Table ronde*, avec « les devises des chevaliers ». M. de Montrevel avait connu à Nancy, à la cour de Stanislas où il avait été élevé, M. de Tressan qui, ayant retrouvé les poèmes du Moyen-Age au Vatican, les affadissait dans sa prose sucrée et parfumée et les mit à la mode. Montrevel et Tressan s'étaient aussi occupés ensemble de magnétisme, autre goût du temps.

Au nord du *Petit Parc* et hors de son enceinte, le *Grand Parc* s'étendait en pleine campagne, et allait rejoindre les grands bois de la *Gélière*, et par delà le ruisseau de Jugnon, les bois et le château de chasse de *Bon Repos*. Il n'était pas clos et était plus agreste et un peu plus accidenté que le petit. Le principal *accident*, c'était, dans une dépression de terrain, l'étang de Challes (ou de Cuègre), devenu le *Lac*. La magnifique source qui l'alimentait avait été par des moyens artificiels, élevée de 20 pieds, elle sortait d'un rocher factice (j'ai encore vu une butte couverte de thym marquant son emplacement). Au milieu du *Lac* était l'*Ile d'Apollidon*, un souvenir des Amadis, si je ne me trompe. Sur les bords cinq ou six fabriques, plus ou moins pittoresques se succédaient. Savoir : le *Chalet* ou *hameau suisse*, l'*Hermitage* où était la *Glacière*, l'*Arc des loyaux amants*, encore une réminiscence des hypocrisies gracieuses du Moyen-Age, et non loin, hélas ! *Le Cabinet défendu* où un éclectisme raffiné cachait, à en croire certains souvenirs, les pires caprices de la licence gréco-romaine...

Toutes ces fabriques, plus ou moins heureuses de conception et d'exécution, étaient, selon la mode d'alors, embellies ou gâtées par des inscriptions en vers, la plupart de la façon de leur architecte. Aucune n'est restée. S'il est permis de juger de la poésie du descendant de Galois de Labaume par sa prose, elle ne valait pas beaucoup.

On pardonne cette description trop longue. Elle conserve le souvenir de la principale œuvre laissée à notre ville par le XVIII° siècle. Puis elle renseigne assez bien sur l'homme qui l'avait créée. M. de Montrevel a mené là une large existence de 1766 à 1786. Les grandes chasses d'il y a cent ans (1778) dans les environs de Bourg, bien plus boisés qu'aujourd'hui, et où le cerf abondait encore, sont restées célèbres. Les représentations théâtrales un peu antérieures (1772) où le châtelain réussissait dans les rôles du *Glorieux* et du *Méchant*, bien que devenu gros, sa figure noble et son beau port lui restant, méritent aussi une mention. A Mâcon, où M. de Montrevel avait un autre théâtre (celui qui existe encore), il appelait des troupes d'opéra. A Challes on ne jouait que la comédie de société, sauf à donner un rôle à la Saint-Huberti quand on pouvait l'avoir.

En 1783, nous voyons M. de Montrevel lire à la Société littéraire de Bourg (elle se qualifie *Societas litteraria Burgensis* sur la médaille frappée pour Lalande, son premier fondateur) un discours sur les privilèges de la noblesse de Bresse. Ce discours a été imprimé à Mâcon en 1789. L'auteur conteste les privilèges de cette noblesse selon lui issue en majeure part de l'échevinage lyonnais. Il propose de faciliter les ventes de fiefs et de supprimer les droits féodaux au fur et à mesure des aliénations. Personnellement il tenait à ses privilèges. Il a plaidé longtemps avec le curé de Lugny, sa principale terre de Mâconnais, pour un banc à l'église.

En 1784, il donne à la même Société, dont il est membre honoraire, le fonds d'un prix à distribuer pour l'assainissement des marais de la Reyssouze dont on souffrait à Challes. Il contribuait aux frais du cours de physique de l'abbé Barquet, et à la fondation de l'hôpital de Bourg dont il posa la première pierre en 1788.

Cette année même il tomba gravement malade et voulut se traiter par le magnétisme. Il avait installé un baquet à Challes et y faisait des cures parmi ses gens. Cependant un d'entre eux, frappé de cécité, resta aveugle quoi que fit son maître, qui ne réussit pas davantage à se guérir lui-même. Lalande veut que le magnétisme lui ait fait beaucoup de mal. Sauvé par sa constitution ou par la science orthodoxe, il crut devoir en consacrer le souvenir par un édicule ayant la forme d'un obélisque et placé dans le *Petit Parc*. C'est Lalande, géomètre, de plus ayant vu des obélisques en Italie, qui nous fixe là-dessus; il a relevé, en 1789, et nous conserve les inscriptions votives que voici :

Au couchant : *Florens-Alexander-Melchior de Balmd, XV montis Revelii comes, die II aug. 1788. Vitæ redditus, Deo, Amicitiæ, Sebusianis, gratissimus erexit.*

Au midi : *Sebusianorum dolor.*

Au matin : *Amicitiæ sollicitudines.*

Au nord : *Medicorum scientia.*

Elles sont certainement de la composition du malade reconnaissant.

Sebusianorum dolor ! M. de Montrevel se croyait populaire à Bourg ! Il faisait le possible et un peu davantage pour l'être à Mâcon : j'ai vu la liste, écrite de sa main, des invitations qu'il faisait là à ses bals; sur 400 noms, il y en a 20 de sa caste, et j'y trouve des hôteliers et leurs femmes ! Mais quelque morgue et beaucoup de timidité bizarrement mélangées empêchaient ce seigneur de plaire.

La Révolution arrivait. Montrevel l'avait vue venir et s'y était préparé à demi. Il faisait tout à demi, n'étant guère en toutes choses qu'un amateur intelligent.

L'Assemblée des notables, en 1788, avait demandé « que les impôts fussent supportés par tous les Français ». Le Conseil de la noblesse de Bresse réclama (20 septembre 1788) contre ce vote. Lalande, que je suis ici, montre M. de Montrevel disposé à se séparer en cela de son ordre; celui-ci prie le Comte d'ajourner toute manifestation jusqu'à délibération collective. Le Comte passe outre, forçant ainsi par le fait la main aux siens. Ils lui en gardèrent rancune et « cela l'empêcha d'être député de la noblesse de Bresse aux Etats-Généraux. » Mais la noblesse du Mâconnais, s'associant à ses vues, avait fait imprimer le mémoire de 1783, dans le *Journal de Paris* (en mars), et élut son auteur. Bien qu'il eût reçu d'elle un mandat contraire, il fut un des premiers de son ordre à se réunir au Tiers.

Son attitude, lors de l'abdication du 4 août, plus significative encore, ne laisse pas de doutes sur ses sentiments et sur sa façon de voir. Il acceptait les nouvelles bases de l'ordre social, et la première constitution dans son ensemble. Conformément, il vota avec les Feuillants. Il eût été chez nous le chef de ce parti, si ce parti eût été autre chose qu'une élite et eût vécu. Mais les Feuillants eurent tout contre eux, leur insignifiance numérique, la mauvaise foi de Versailles et les rancunes des populations.

Contre les Montrevel, en particulier, il y avait un arriéré de haines et de colères, tel qu'au dernier de la race, si bien intentionné qu'il fût, 1793 arrivant demanda sa vie.

Le château de Lugny, en juillet 89, fut le premier brûlé par les paysans du Mâconnais. A Bourg, Challes fut menacé, au dire de Lalande, qui croit pouvoir nommer ceux qui voulaient s'y porter : des quatre désignés, un a péri sur l'échafaud, en 1794, comme Girondin ; un, réactionnaire ardent, a été, en 1795, poursuivi comme étant l'un des égorgeurs du 19 avril. Notre registre municipal, très explicite sur ce qui se passa alors au château de Béost, ne dit mot d'une démonstration contre Challes. Il y eut une velléité, ce fut tout. Et elle fut arrêtée par l'attitude de la Municipalité et de la Garde-Urbaine, qui venait de se reformer spontanément.

La mauvaise volonté d'une partie de notre population ne s'explique pas suffisamment par ce qu'on nous dit (dans une biographie récente) de la façon d'être hautaine et froide du grand seigneur. La légende s'était de bonne heure emparée du dernier des Labaume et lui faisait expier déjà les grandeurs et les méfaits de ses aïeux et ses propres travers. Des femmes présentées aux deux Comtesses chuchotaient le secret de leurs alcôves (le petit-fils de ce maréchal de Montrevel, qu'à Versailles on avait surnommé le *Taureau banal*, était impuissant). Des servantes savaient qu'il avait fait mourir Elisabeth de Choiseul. Des paysans malmenés par ses gardes-chasse savaient qu'il avait *tué un homme*. (Le Roi lui avait fait grâce.) Dans les sacristies de village on l'estimait sorcier (pour son baquet magnétique et ses cures équivoques). Enfin on l'accusait couramment d'impiété dans les parloirs de couvents et par suite au lavoir, à la fontaine, au four pour la façon particulière dont tout ce beau monde de Challes solennisait la *Semaine Sainte*. Jeu d'enfer tous les jours, sauf les lundi et vendredi où l'on courait le cerf. Tout ce qui était accordé aux bienséances c'est que le maître d'hôtel servait du turbot et des sarcelles le samedi (le samedi seulement). La compagnie ainsi macérée quittait le château le samedi au soir. Et l'on peut admettre, si l'on veut, qu'elle se comportait le lendemain convenablement, comme faisait d'ailleurs le seigneur de Ferney lui-même.

Ces rumeurs, peu ou point fondées, n'ont pas causé la mort tragique du dernier des Labaume : elles ont grandement contribué à l'impopularité qui a rendu cette mort possible. M. de Montrevel ne reparut pas à Bourg. En 1792 il habite Paris ou Orléans. Au commencement de 1793, on le voit vendre son hôtel de Mâcon à la ville qui traite au prix de 166,000 livres (qu'elle n'a, me dit un Mâconnais, jamais payé).

Vers la fin du mois d'août de la même année, la commune de Bourg ayant voté l'érection d'un cénotaphe à Marat sur la place où les Girondins l'avaient brûlé en effigie, pour faire court on prit à Challes, selon la tradition, et l'on transporta l'obélisque de 1786. A cette date le propriétaire de Challes n'était encore ni déclaré suspect, ni inquiété. Ce transport, s'il a eu lieu réellement, ne put être fait qu'avec sa permission. Il eût été imprudent de la refuser.

Un biographe récent croit pouvoir montrer « les autorités municipales de Bourg, voyant dans les vastes domaines du propriétaire de Challes une proie aussi désirable que facile, s'adressant (pour arranger l'affaire) à Pache, et celui-ci faisant arrêter et conduire au Luxembourg M. de Montrevel, en février 1794 ». Voici sur le fait même le témoignage plus précis du procès-verbal de la Société populaire de Bourg, du 14 germinal (3 avril) même année. Le maire Alban lit là une lettre de Pache, maire de Paris, annonçant que, sur renseignements envoyés par son collègue, il *vient de faire arrêter* Labaume. Du motif prêté à Alban, tout ce qu'il y a à dire, c'est que la commune de Bourg n'a pas gagné un pouce de terre à la confiscation des biens des Labaume. Que n'a-t-elle fait comme Mâcon et acheté Challes à propos ?

M. de Montrevel fut impliqué dans ce qu'on appelle la conspiration des prisons avec 58 autres personnes, appartenant en partie comme lui à la grande aristocratie française. Le procès fut jugé le 19 messidor (7 juillet). L'exécution précéda de 20 jours celle de Robespierre.

Revenons à Bourg suivre la fortune de l'obélisque de Challes. Une légende affirme que, après avoir été consacré à Marat, sur notre place d'Armes, il a été charrié à

Montaplan, et n'est autre que la pyramide Joubert. Ceux qui ont accrédité cette fable paraissent ne pas se douter de ce qui distingue un obélisque d'une pyramide. Le premier, en élévation, est un cône tronqué, à cinq côtés. La pyramide est un triangle. J'engage ceux qui ne verraient pas déjà, dans cette différence, une raison suffisante pour distinguer les deux monuments l'un de l'autre, à lire la pièce suivante :

« Albitte, Représentant du peuple, envoyé pour l'exécution des mesures de salut public... dans l'Ain et le Mont-Blanc.

» Considérant qu'un des premiers et des plus heureux moyens de venger le peuple des longues et cruelles privations que lui fit endurer si longtemps la tyrannie, l'orgueil et l'égoïsme, est d'employer à son avantage et à ses besoins une portion des injustes richesses qui n'étaient employées qu'à servir les passions, le luxe et la perfidie...

» Qu'un des premiers besoins des citoyens, après la liberté, l'égalité, des armes et du pain, est l'abondance, la pureté et la salubrité des eaux, qu'une partie, la plus importante de Bourg régénéré en est privée, etc., etc. Arrète :

» La Municipalité est autorisée à faire conduire dans la place de Montaplan les eaux de la fontaine des Capucins et d'y faire construire une fontaine... La somme employée à cette construction ne pourra s'élever au-dessus de celle de 6,800 livres et sera prise sur les 60,050 livres confisquées sur le nommé Fromental, de Commune affranchie, et déposée dans la caisse du District, etc.

» Fait à Chambéry, le 17 ventose, an II (7 mars 1794). »

On m'eût accordé, je pense, *à priori*, qu'Albitte n'a pas songé à déposséder Marat de son obélisque emprunté.

Mais enfin, si de preuve il était besoin, cette allocation de 6,800 livres à prendre immédiatement sur une somme liquide ferait une preuve assez bonne.

Ceux qui ont, il y a soixante ans, accrédité la légende dessus dite ne seraient pas désarçonnés pour si peu. Albitte, diraient-ils, nous a été ravi moins de deux mois après cet arrêté. Il n'a pas pu le faire exécuter. Lui parti, l'obélisque aura changé de place et de forme en attendant qu'il changeât de héros...

Eh bien, non ! les choses n'allèrent pas ainsi du tout.

Et d'abord, les architectes Coche et Chauvrèche (le vieux Chauvrèche qui a bâti l'hôpital, si je ne me trompe) donnèrent des plans et un devis « afin qu'il soit *travaillé sans délai*». On se mit à l'œuvre tout de suite ; car à moins de quarante jours de la signature de l'arrêté, et le 27 germinal (16 avril), la commune doit « voter une somme de 2,000 livres pour *paiement des ouvriers* ».

Albitte se sépara de nous, il est vrai, à la fin d'avril. Mais voici le seul résultat perceptible de son départ sur les travaux de Montaplan : Le 7 prairial (26 mai), les architectes font refuser « *quatre toises trois quarts* de pierres mureuses » destinées à la construction et décider qu'elles seront « remplacées » par l'entrepreneur. Ainsi, premièrement, on n'abandonne pas le projet en train d'exécution ; secondement, on met à cette exécution plus de scin et d'exactitude que nous ne l'eussions cru possible en un temps pareil. Et le vieux Chauvrèche pourra construire sa pyramide en ce style nu et froid qu'on appelle dans les écoles style *messidor*, en grand appareil, comme il avait déjà construit l'avant-corps de son hôpital.

Quatre toises trois quarts de pierres mureuses remplacées ! On n'a donc pas bâti la fontaine de Montaplan avec des matériaux ayant déjà servi. En voilà trois preuves déjà, si je compte bien.

Mais nous ne sommes pas au bout de nos renseignements :

Le 8 thermidor (26 juillet), la commune fait une dernière allocation de 2,800 livres pour le *parachèvement* du monument.

Et la fontaine de Montaplan fut *parachevée* avant l'hiver 1794. Elle a coûté, non 6,800 livres, comme Albitte l'avait statué, mais presque le double. Les architectes avaient déjà de mauvaises habitudes en ce temps-là.

A l'activité avec laquelle cette entreprise fut conduite, il y eut d'ailleurs une raison qui n'est dite nulle part. C'est la nécessité où l'on était de donner du travail aux ouvriers du bâtiment. Ils s'étaient multipliés ici depuis le milieu du XVIII° siècle, grâce à la construction de petits hôtels élégants, de la Halle, du Théâtre, de l'Hôtel de Ville, de l'Abattoir, puis de l'Hôpital. (Le même motif fut pour quelque chose dans la reconstruction du clocher du Temple de la Raison, l'an d'après.)

Cependant le petit obélisque de Challes, devenu le cénotaphe de Marat, faisait toujours figure à la porte de notre Hôtel de Ville.

La réaction thermidorienne n'eut garde d'attaquer immédiatement le culte de l'*Ami du peuple*. Le 5° jour complémentaire de l'an III (21 septembre 1794), la Convention ordonna le transfert de ses « cendres », du Carrousel au Panthéon d'où elles chassèrent celles de Mirabeau.

La commune de Bourg prit une mesure analogue. Elle décida que le cénotaphe élevé par Desisles, à sa porte, serait transporté sur la place de la Fédération. Ce transport suivit immédiatement ; il ne coûta que 839 livres ; ce chiffre sur lequel il y a à imputer, outre le transport, la démolition et la réédification de l'édicule, implique absolument qu'il avait des proportions fort modestes. (9 ventôse an III, 27 février 1795.)

La commune de Thermidor, composée en partie de Girondins, voulant abolir la mémoire de la fête sécessionniste du 30 juin 1793, que les inscriptions de Desisles rappelaient, en fit composer d'autres consignées dans ses registres. Ces inscriptions existent, non entièrement gravées, sur quatre plaques de marbre noir, conservées longtemps dans les caves de l'Hôtel de Ville, placées aujourd'hui sur l'escalier du Musée. Leur dimension aussi prouve que le monument qui devait les recevoir était de petites proportions.

Les cendres de Marat furent jetées dans un égout le 8 février 1794. Celles des rois de France n'avaient pas été traitées beaucoup mieux : et toutes les reliques finissent à peu près de même. Sur le terre-plein du Bastion, dans l'axe de la rue Crève-Cœur, deux tilleuls, plus jeunes que les autres, indiquent encore la place occupée un moment par l'obélisque de Challes. Je n'ai pas cherché à quelle époque précise il a été détruit. Il me suffit d'avoir établi que la pyramide de Montaplan était debout et *parachevée* avant l'hiver 1794, qu'à cette date l'obélisque existait encore sur la Place, et que s'il l'a quittée en février 1795, ce fut pour être transporté sur le terre-plein du Bastion.

Il me reste à dire comment la fontaine de Montaplan est devenue la pyramide Joubert, et à indiquer d'où sort la légende qui la confond malignement avec l'obélisque de Challes.

Le général bressan, en trois jours, avait démoli le petit

état de nos vieux maîtres, et détrôné la sœur de Louis XVI
« l'auguste Clotilde ». Ceci causa à Bourg, dans quelques
familles, autant d'émotion que le 21 janvier. Joubert
devint la *bête noire* du parti royaliste, et son héroïque
mort à Novi passa pour une punition divine.

Le 3 novembre 1799, le Conseil des Cinq-Cents vota
« l'érection, au chef-lieu de l'Ain, d'une pyramide au héros
que la République regrette ». Ce vote resta lettre morte.
Bonaparte, à son passage ici, le 9 avril 1805, en marqua
de l'étonnement. On lui dit que l'argent manquait. Il donna
20,000 francs. On les détourna simplement de leur destination. Il y avait d'ailleurs à Montaplan une pyramide
faite depuis onze ans. On trouva ingénieux de la consacrer à
Joubert. Cela se fit à petit bruit et à peu de frais. Il restait
à Brou un marbre noir qui avait couvert la tombe des
Gorrevod. On y scia trois dalles minces qui furent bou-
lonnées aux parois de la fontaine de Montaplan et reçurent
les inscriptions votives. La Restauration, fidèle à ses colères contre le destructeur du trône de Madame Clotilde,
enleva ces marbres. 1830 les a remis à leur place.

La légende qu'on vient de démolir est une autre vengeance
des Blancs contre un Bleu. Quand on l'inventa, vers 1816,
bien des témoins eussent pu la contredire; ce n'eût pas été
prudent. L'échafaud de Savarin, dressé par la Cour prévôtale, nous a remplis de prudence pendant quinze ans.

Le parc de Challes a été dépecé et le château démoli
sous la Restauration, par un spéculateur hardi, le même
qui a créé un quartier neuf dans le jardin de Varenne.
Des matériaux qu'il ne put vendre, ce spéculateur a construit deux jolies maisons du faubourg Saint-Nicolas, non
dépourvues de style.

L'avenue de Challes subsiste entre ses deux canaux

bourbeux. Des platanes magnifiques ont remplacé ses peupliers. Sur l'emplacement du château s'élèvent trois petites maisons de plaisance. Dans l'une, un pavillon au toit aigu peut remonter au XVII° siècle. Une autre conserve quelques portraits provenant de l'ancienne galerie où il y en avait, dit-on, deux cents. Les pentes de la colline, du côté de la ville, sont couvertes par les jardins de ces trois villas ; il peut y rester quelques arbres du temps du Comte. Le plateau est occupé à l'Est et au Nord par trois exploitations toutes rurales, au Nord-Ouest par le cimetière de Bourg dont la Ville a acheté le terrain vers 1830.

L'enceinte du *Petit Parc* est debout presque entière.

Dans le *Grand Parc* il ne reste plus rien d'autrefois, sauf dans le pli de terrain où s'étendait le lac, la magnifique source qui l'alimentait. La butte qui avoisinait cette fontaine et où j'ai fait, dans mon enfance, des bouquets de bruyère, a été rasée. Le chemin de fer de Lyon à Besançon coupe en deux, diagonalement, le paysage méconnaissable. Et une maison d'aliénés remplace par là l'*Arc des loyaux amants* et aussi le *Cabinet défendu...*

BRILLAT-SAVARIN.

Anthelme Brillat est né à Belley le 1ᵉʳ avril 1755, d'une famille qui avait produit plusieurs légistes. Nous le voyons, en 1776, à vingt-un ans, suivant à Dijon un cours de Droit en la Faculté, un cours de Chimie sous Guyton-de-Morveau, un cours de Médecine domestique sous Maret, père du ministre. En 89, à trente-quatre ans, il est Lieutenant-général-civil au bailliage de sa ville natale. Rien ne ressemble trop dans l'organisation judiciaire actuelle à cette charge considérable. Entre autres attributions, le Lieutenant-général-civil connaissait seul des causes n'excédant pas dix livres; il était par là en contact avec les petits, on le voit. L'élection du jeune magistrat aux Etats-Généraux par le Tiers-Etat donne à croire qu'il s'était fait estimer et aimer de ses humbles justiciables.

Balzac, le plus brillant de ses biographes, veut que Brillat, dans cette grande assemblée, se soit montré dépourvu de principes politiques, et n'ait pris la parole que sur des détails insignifiants : c'est bien tranchant. Les douze cents députés ne pouvaient pas tous proposer une Constitution. Balzac, très gracieux pour Brillat homme de lettres, est prévenu contre Brillat homme public (peut-être par les Michaud, pour la biographie royaliste desquels il écrit).

Si Brillat n'avait pas de principes politiques, il avait une opinion politique très nette. Elle apparaît bien dans un petit récit de la prise de la Bastille, qu'il imprime et envoie à ses commettants. C'est le récit du temps, sans aucun de ces *repentirs* que le parti vaincu ce jour-là essaie encore d'y introduire. L'auteur dit « s'être procuré connaissance exacte des faits ». Il conte l'invasion de Paris par l'armée campée aux portes, la charge brutale de M. de Lambesc dans le jardin des Tuileries, l'armement, la réunion des électeurs à l'Hôtel-de-Ville. Le lendemain « Paris eut une armée, du canon, des munitions ». A midi la Bastille est investie. De Launai parlemente, laisse entrer les assaillants au nombre de 200, fait tirer sur eux, en tue 60. Fureur du peuple. Prise de la geôle... Brillat ajoute :

« M. De Launai devait s'attendre *à de justes représailles, aussi fut-il massacré par le peuple...* »

J'infère de tout ceci, légitimement, que Brillat, à cette date, épousait avec ardeur la cause populaire.

J'en vois une autre preuve moins directe, tout aussi nette, dans sa préoccupation lors de la création des assignats : il demande de petites coupures, de la monnaie pour les petites gens. On y vint plus tard.

Le politique s'efface à cela près. Le légiste se produit. Il plaide à la tribune deux causes chères à la magistrature dont il est membre — contre le jury qui fut adopté — pour la peine de mort qui fut maintenue. « C'est en la conservant, dit-il en sa péroraison, que vous prouverez que la vie de l'homme vous est chère. » Voilà, ce semble, de l'esprit hors de propos.

- Toutefois, son principal souci et labeur, là-bas, fut de défendre et sauvegarder les intérêts de sa chère petite patrie, le Bugey, et de Belley, sa charmante cité.

Si l'homme est le produit logique du pays où il naît, Belley doit être un nid de *particularistes*. Car rien n'est plus particulier, mieux clos, plus ravissant que le joli bassin de montagne dont la petite ville est reine incontestée.

.Brillat entreprit de faire de son Bugey un département, de Belley un chef-lieu. Il échoua et se rabattit à demander l'annexion au district de Belley de ceux de Nantua et de Gex. Ceux-ci, ne s'en souciant point, la seconde combinaison eut le même sort que la première.

Comme fiche de consolation, il réclama pour sa ville le siège de cette institution nouvelle (qui survit) l'évêché de l'Ain. Bourg s'opposait. D'aucuns proposaient Ambronay (cela eût sauvé l'Abbaïe fort curieuse et ayant des parties fort belles). Brillat, cette fois, réussit.

Belley reconnaissant lui fit un accueil triomphal.

Le Département de l'Ain ne lui garda rancune ni de ce qu'il avait voulu le partager en deux, ni de ses opinions sur le jury et la peine de mort. La Constitution que Brillat venait de voter conférait, aux électeurs choisis par les assemblées primaires, le droit de nommer les Députés, les administrateurs du Département, du District, de la Commune, les membres des tribunaux, les évêques et curés. Les électeurs de l'Ain conférèrent d'abord à Brillat la présidence du Tribunal civil du Département. Puis désignés (par un roulement établi entre les Départements) pour élire un des 50 membres du Tribunal de cassation, ils choisirent encore Brillat pour cette haute magistrature. On ne pouvait certes lui donner une plus complète preuve du cas qu'on faisait soit de son mérite comme magistrat, soit de son dévouement à la cause de la Révolution.

Les juges de Cassation étaient élus pour quatre ans. Nous allons retrouver Brillat à Belley en 1792. Il n'a donc pas rempli jusqu'au bout son mandat. Qui l'en empêcha? On ne nous le dit pas. Il a laissé des *Mémoires politiques* et nous l'apprend. Ces *Mémoires* subsistent. Attendons-les.

La situation que Brillat, rentré à Belley, s'y créa était

très forte. Son mérite, son caractère, l'influence de sa famille « qui avait des racines dans chaque maison de la ville » (m'écrit-on), y furent pour beaucoup. Il est entré au District et y tient la plume. Il est maire de Belley. Et je crois bien qu'il conduit de fait le *Club de la Liberté et de l'Egalité*, séant aux Bernardines. Ce club, bien qu'affilié à la Société-Mère de la rue Honoré, n'est pas si jacobin. Autour du Maire se groupent, si je ne me trompe, les Modérés de tous les partis.

Les orageuses discussions des premiers mois de 1793 eurent un contre-coup à Belley. Un parti exalté se forma, il opposa club à club. La lutte suivit. Toutes les chances semblaient acquises au parti conduit par Brillat. Mais le 31 mai arriva. Brillat et les siens étaient ralliés d'avance et de fait à ceux qui furent écrasés ce jour-là. Ils ne s'étaient pas faits girondins ; ils l'étaient avant la Gironde. On peut, si on veut en voir la preuve, lire les cahiers du Tiers-Etat du Bugey. Nulle part l'autonomie de la Province n'a été réclamée plus haut. (Et Brillat, voulant faire du Bugey un département, réclamait la même chose dans la mesure du possible.)

Devant la violation inexcusable de l'Assemblée, on crut à une revanche possible des Départements contre Paris. Et à Belley on rédigea la fatale adresse du 10 juin, appelant hautement cette revanche et la guerre civile. La faute était majeure. Il ne fallut qu'un mois pour qu'on le reconnût à Belley. Gauthier des Orcières arrivant avec l'armée des Alpes, on ne marchanda plus la réparation.

L'adresse du 11 juillet applaudit (et dans quels termes !) à ce 31 mai contre lequel on avait si chaudement protesté le 10 juin. Les deux pièces sont signées du même nom. Je ne répète plus avec Balzac que Brillat n'a pas de principes. Il y a, en révolution, un principe qui trop souvent domine tous les autres. C'est que d'abord il faut vivre — et, si l'on peut, durer...

Cinq mois encore, et ces mois-là comptent comme des années, Brillat, à force d'habileté et de ténacité, défendit sa position.

L'invasion austro-sarde, menaçant de passer le Rhône, le maire de Belley prit la meilleure attitude. Nonobstant, à un mois de là, les sans-culottes du club adverse vont chercher à Dôle, chez Prost, commissaire de la Convention dans l'Est, la destitution de Brillat et l'obtiennent.

C'est à ce moment qu'il faut placer la petite anecdote intitulée : *Bonheur en voyage*, le seul souvenir de ces temps qu'il ait voulu mettre dans la *Physiologie*. Il a pris son cheval *La Joie*, et s'achemine vers Dôle. Comme il égaie le chemin, c'est affaire à lui de le conter. Il arrive, trouve Prost sourcilleux. Mais la citoyenne Prost est musicienne, « elle chanta, je chantai. Nous chantâmes... elle me dit : Quand on cultive comme vous les beaux-arts, on ne trahit pas son pays. » Et elle lui fit avoir le sauf-conduit qu'il venait chercher. Ce sauf-conduit lui permit d'échapper à la prison, nous dit-il.

Il lui permit encore d'obtenir de la Convention, le 6 novembre, un décret mettant l'arrêté de Prost à néant, le restaurant lui, Brillat, à la mairie de Belley, et ordonnant l'arrestation des Sans-culottes qui l'avaient dénoncé. Peut-être les *Mémoires* nous diront comment fut opéré ce tour de force, plus malaisé que celui de Dôle, comment Brillat établit son républicanisme à la Convention, au tragique moment où Madame Roland montait à l'échafaud.

A Belley, ce revirement étonnant fut suivi d'une mêlée ardente, dont je sais en tout ce que Gouly nous dit :

« qu'on était sur le point de s'égorger. » Brillat, qui faisait
vaillamment tête à la tourmente depuis dix mois, eut du
pire, ce semble. Gouly nous dit encore dans un arrêté du
21 décembre que « le Maire de Belley est en fuite depuis
un mois ». Cet arrêté ordonnait l'arrestation et l'envoi à
Bourg de Brillat ; un autre, qui suit à deux jours de là, ordonne sa translation à Paris, pour être traduit au Tribunal
révolutionnaire. Ces deux mesures, qui ne pouvaient pas
être suivies d'effet, sont des satisfactions à moitié illusoires
données au parti que Gouly mit au pouvoir à Belley. A
moitié, car la condamnation infaillible qui suivit entraîna
la confiscation des biens du condamné, y compris Machuraz,
le vignoble d'élite, ci-devant bien de moines, acheté de la
Nation.

Brillat cependant prenait la vie en patience à Lausanne,
au *Lion d'argent*, bon lieu, dont il garda un reconnaissant
souvenir. C'est là vraisemblablement qu'il sut sa condamnation à mort comme *Fédéraliste*. (Voir l'arrêté de Gouly.)

Etait-il fédéraliste ?

Il était, de tout temps, comme beaucoup de gens de son
pays, *Autonomiste*, c'est-à-dire un peu plus Fédéraliste
que la Gironde. — Toutefois, quelqu'un qui a lu les *Mémoires politiques*, m'écrit que Brillat apparaît là « beaucoup plus royaliste que girondin... »

J'accepte sans hésiter cette vue comme exacte. Les *Mémoires* vont jusqu'à la condamnation à mort ; ils sont donc
postérieurs (au moins en partie). La situation d'esprit qu'ils
auront traduite est celle du condamné ou de l'homme qui
va l'être. Cet homme tourne au royalisme. Eh bien, le fait
n'est ni rare, ni surprenant. Quand la haute bourgeoisie
lyonnaise partit en guerre contre la Convention, elle était
fort sincèrement girondine ; l'excitation de la lutte aidant,

elle se trouva un jour royaliste à ce point qu'elle donna le commandement de son armée à Précy, défenseur de Louis XVI au 10 août.

« Sous ces mobiles cieux que l'on appelle France, »

dans ce pays qui, en moins d'un siècle, a changé de religion politique treize fois, combien y a-t-il d'hommes de quarante ans qui n'ont jamais varié dans leurs opinions ?

Girondin ou Royaliste, Brillat reste le vrai représentant dans l'Ain de ce parti *décentralisateur* qui fit des fautes dans la tourmente de 1793, mais qui est indispensable à tout état libre. Je dis le vrai représentant ; il a en effet des qualités de gouvernement faisant totalement défaut aux meneurs de la sécession à Bourg. C'est à ce titre surtout que je le mets ici.

Brillat, ayant à chercher un asile à l'étranger, le demanda à la Suisse d'abord, puis aux Etats-Unis. Est-ce sympathie pour les institutions républicaines ? Je ne le pense pas. Dans les états monarchiques l'ex-Constituant, le narrateur enthousiaste de la prise de la Bastille eût peut-être manqué de sécurité.

En Suisse, il vécut au milieu de l'Emigration ; le tableau qu'il en fait n'est pas flatteur. On y reviendra. La peinture qu'il crayonne de la société américaine naissante est toute favorable.

En l'une et l'autre contrée, il se préserva de mélancolie. Un peu plus tôt, il eût pu rencontrer Chateaubriand à New-York. Un des deux était monté dans les carrosses du Roi. L'autre avait prêté le serment du Jeu de paume. En politique, eussent-ils été d'accord ! C'est douteux. En littérature ? Jamais. Il n'y a pas, sous la convexité du ciel, deux êtres moins ressemblants.

Brillat vécut trois ans à New-York, de leçons de français, « occupant une des premières places à l'orchestre du théâtre, car il était musicien très distingué ». (Richerand.) Le chapitre de son livre, intitulé *Séjour en Amérique*, est composé de six lignes de points. Mais au suivant, où il conte son départ, on peut lire : « Je m'y étais si bien trouvé (en Amérique), que tout ce que je demandai au ciel fut de ne pas être plus malheureux dans l'ancien monde que dans le nouveau. »

Sa condamnation à mort était mise à néant par l'amnistie de 1795. Restait son incription sur la liste des Emigrés. Barras trônant au Luxembourg, le règne des femmes recommençait. A côté de la Castillane Thérèse Cabarrus, de Germaine Necker Genevoise, de Joséphine Tascher créole, une autre, bien Française, mariée depuis trois ans chez les Récamier, alliés de Brillat, luisait d'un éclat plus modeste. N'est-ce pas son pur sourire qui enleva la radiation ?

Brillat rentra en septembre 1796. On ne lui rendit pas Machuraz tant regretté (Balzac). Mais ses amis le firent secrétaire de l'état-major de l'armée d'Allemagne (il ne fit qu'y passer), puis commissaire du Directoire près le Tribunal de Seine-et-Oise (de 1797 à 1800).

Après Brumaire, Brillat fut nommé par le Sénat à la Cour de cassation. « Il y remplaça son compatriote Sibuet, qui lui-même l'avait *supplanté* en 1792. » (Balzac.) Le Sénat lui rendait ainsi la place à laquelle il avait été, lors de la création de la Cour suprême, destiné par les électeurs de l'Ain. Il a pendant vingt-six années montré qu'il en était digne par sa capacité et son intégrité.

A partir de ce moment, y a-t-il encore dans sa vie des événements véritables ? Il y a son livre. Nous allons y venir.

En politique, il pouvait avoir des préférences. Démêle

qui pourra ses opinions aux Cent-Jours. Il est assez bonapartiste pour signer l'adresse Muraire, peu clémente pour
les Bourbons repartis. Il est assez royaliste pour signer l'a-
dresse Desèze, foudroyant l'usurpateur après sa chute.
Disons comme l'avocat de Venise : *E sempre bene.* Ce qui
importait, c'était qu'il gardât le siège où nous l'avons mis
et qu'il pût écrire la *Physiologie du goût.*

Richerand, son ami, nous le montre dans ses hautes
fonctions (et ce loisir que nous faisons à notre magistrature)
« environné du respect de ses inférieurs, de l'amitié de ses
égaux, de l'affection de tous ceux qui avaient le bonheur
de le connaître, possédant un fonds inaltérable de gaîté,
s'abandonnant volontiers aux séductions du monde, puis
s'y dérobant avec délices pour les jouissances plus douces
de l'intimité », — un Epicure, le vrai, celui de Lucrèce,
aussi serein, plus souriant...

Il nous a dépeint lui-même son intérieur. — Un vaste
appartement confortable, dont les plafonds et les dorures
sont du milieu du règne de Louis XV. Au milieu de plâtres
d'après l'antique, de peintures de quelque valeur, d'armes,
d'instruments de musique, de belles éditions françaises et
étrangères, sourit un buste de Chinard, l'excellent sculpteur lyonnais. C'est Juliette, le sein nu. Existe-t-il encore,
ce buste indiscret ? Il serait curieux à comparer avec celui
dont le Musée de Lyon est si fier : il est celui-ci de Canova
qui a arrangé la pure idole en Béatrice. Que de chances
pour que le premier soit le plus vrai ?

Plusieurs fois Brillat avait tenté la renommée. Ni les
Vues d'économie politique (1802), ni les *Fragments d'une
théorie judiciaire* (1818), ni un *Essai historique sur le duel*
(1819), ni une *Note sur l'archéologie du département de
l'Ain* (1820) n'étaient arrivés à une grande notoriété.

C'est à Villecrène, chez le Dr Richerand, un compatriote et un ami, que les premières pages du livre qui fera vivre Brillat-Savarin autant que notre langue ont été écrites.

Je vais feuilleter la *Physiologie*, surtout pour achever ce que j'essaie, le portrait de l'auteur. Brillat ne mit pas son nom au petit livre qui l'immortalise, un peu parce qu'il s'y mettait lui-même tout entier, en déshabillé du matin. Or, en ce temps patriarcal, pour mieux conserver le respect, les conseillers à la Cour suprême laissaient croire qu'ils couchaient avec leur robe rouge. L'intention était louable, mais l'expédient n'a pas servi.

La *Physiologie du goût* est un livre du XVIIIe siècle égaré dans le XIXe.

Je me tiens à une citation : L'homme a deux buts, « la conservation de l'individu et la durée de l'espèce... assurer cette durée est le plus saint des devoirs!... » (Méditation Ire, des Sens, *in fine*.)

Ce livre, ouvertement sensualiste, a été goûté en 1825 et l'est encore en 1880. C'est que le XIXe siècle est de la même opinion que le XVIIIe : il a professé cette opinion hautement jusqu'en 1848; depuis il la renie de bouche, mais il la suit de cœur.

Ce qui fait que la *Physiologie* se rit de la réaction spiritualiste, et se réimprime, et se sait par cœur en « un temps si fertile en miracles », c'est, 1° pour la raison dessus dite, 2° parce que Brillat, siégeant sur les fleurs-de-lys, ami du baron Richerand médecin du Roi, cousin de Mme Récamier plus jeune, plus belle, plus adorée en 1825 qu'en 1796, a respecté *tout ce qu'il faut respecter*, c'est-à-dire, fait à toutes les puissances établies et à toutes les grimaces convenues, la révérence obligée. Considérant le temps, sa situation, son caractère, je ne pense pas qu'il faille lui faire un reproche de ces ménagements. Sachons-lui gré plutôt de ne donner à penser nulle part qu'il pourrait être dupe, ou qu'il consentirait à être complice. Non, sur aucun point.

Le monde où vit Brillat est plus ou moins croyant ; mais il est ostensiblement soumis à « Notre mère Sainte Eglise » (comme on disait en 1826). De se rebeller le Professeur n'a garde. Mais son opinion apparaît en vingt lieux. Lisez donc *Un dîner chez les Bernardins*, *L'omelette du curé*, *Le Plat d'anguilles*, la Méditation sur *le Jeûne*, celle sur la *Fin du monde* ; dites quelle impression en ressort.

Il est impossible d'égorger les gens avec plus d'aménité et un plus joli poignard.

En politique, la réserve de Brillat semble absolue au premier aspect. Il n'y avait en 1826 que deux partis : celui qui voulait conserver l'ancien Régime le plus possible, et celui qui de l'ancien Régime ne voulait à aucun prix. Etre indifférent et neutre eût été dangereux. Brillat dut s'arranger pour faire attribuer sa discrétion à son bon goût : un écrivain sensé ne devait pas plus introduire la politique dans un traité de gastronomie qu'une maîtresse de maison alors ne la laissait introduire à sa table.

Mais si, en ce sujet irritant, le Professeur s'abstient, les aversions et les préférences de l'homme se laissent peut-être discerner. Ainsi, Brillat reparle souvent des émigrés avec lesquels il a vécu. Avec quelle grâce maligne il dénombre leurs travers, on n'a qu'à voir. A l'Abbaïe aux bois on avait trop de monde pour se cabrer. On devait se dire là toutefois que nul royaliste n'immolerait ainsi de vieux serviteurs de la cause.

Il y a dans ce livre plein de l'inaltérable aménité du Sage un mot dur. Il tombe sur un grand et bel émigré lyonnais

qui, pour ne faire œuvre de sa personne, meurt de faim
de la meilleure grâce. « Tu travailleras ! » lui est-il dit !
C'est dans la Genèse, j'en conviens. C'est le mot du bon
sens, je le reconnais. Mais c'est encore le code bref et
rigide de l'école démocratique et sociale. Eh quoi ! ne
voyez-vous pas qu'en adoptant ainsi et faisant sien ce
code-là, Brillat tourne le dos définitivement à ce vieux
monde où, dit-il, on regardait comme heureux ceux
qui avaient « de la considération, de l'argent et rien à
faire ! »

Un autre indice, confirmant le premier, ce sont les deux
passages sur les Etats-Unis. Relisez le mot si inattendu
sur Lafayette. Quand le livre parut, le voyage triomphal
du héros des Deux-Mondes remontait à un an à peine, il
était « pour les libéraux une consolation, un encourage-
ment, une espérance » (H. Martin), pour cette pauvre cour
des Tuileries une vague menace. Relisez surtout le pané-
gyrique ému de la république américaine qui suit. « Tout
nous vient de la liberté... Je suis maître chez moi, on n'y
entend jamais le bruit du tambour... et les portes n'ont
pas de serrures, etc., etc... Les impôts ici ne sont presque
rien, etc. » Sans doute Brillat, qui sait ce que parler veut
dire, a mis ce dithyrambe dans la bouche d'un fermier du
Connecticut. C'est bien. Mais le mieux est ennemi du bien.
Et Brillat, pour s'abriter tout-à-fait, assure que, pendant
l'allocution enthousiaste, il ne songea trop qu'à la façon de
cuire une dinde sauvage et des écureuils gris qu'il venait
de tuer, problème ardu, qui lui coûta « un travail profond ». Pas assez profond, ô Professeur ! pour vous empêcher de retenir et de refaire trente ans plus tard, avec
l'accent le plus convaincu, cet éloge peu ménagé de la
confédération des Etats-Unis...

En somme, voilà le monarchiste de 1793 en train de co-
queter en 1825 avec la République.

Venons un peu maintenant du fond à la forme.

Autrefois nous nous vantions en France de savoir faire
un livre, contestant cette science aux Anglais diffus, aux
Allemands diffus et confus. Nous ne le savons plus bien.

Neuf fois sur dix un livre, aujourd'hui, est un amalgame (*magma*) de documents ramassés de toutes mains,
incohérents souventes fois, ou même boxant entre eux,
cousus à la diable par... le compilateur. Celui-ci chemine
au travers du fouillis, guidé, si c'est œuvre d'imagination
qu'il tente, par son caprice ; si c'est œuvre plus grave par
quelque passion sournoise ou étalée, débordant de tous les
côtés, versant du côté où il penche, n'introduisant de lui
que ses instincts, ses travers et ses haines, ne croyant
beaucoup qu'à son infaillibilité (et l'accommodant de contradictions très bien). D'ailleurs, absence totale de composition ; style tantôt haché et qui en abuse de toutes les façons, tantôt monté avec ressorts, procédés, sonneries et
tintamarres. A travers tout cela, du talent quelquefois,
mais qui se guinde, s'éblouit de ses propres éclairs et prétend qu'on l'appelle génie.

Or, le génie est le bon sens sublime. Nous sommes
presque tous sublimes assurément, mais nous manquons
de bon sens parfois.

Un livre, quand on savait les faire, avait un sujet défini
rigoureusement, limité avec exactitude. L'auteur avait
pour premier souci d'en classer, proportionner et enchaîner logiquement les parties. Peut-être sa seconde tâche
était d'y introduire et distribuer à propos, dans la mesure
juste, le genre d'agrément propre au sujet. Il n'avait recours aux emprunts et citations qu'avec la sobriété due,

voulant que le livre fût sien. Il se retranchait les digressions toujours nuisibles au sujet, se chicanait les notes qui sont des digressions déguisées. A chaque alinéa il se demandait : 1° si cet alinéa disait quelque chose, 2° si ce qu'il disait était utile. Que s'il pouvait supprimer une ligne, un adjectif, une virgule, il les supprimait, sachant bien qu'en France on ne lit que les petits livres. Il laissait parfois conclure le lecteur, qui s'en charge volontiers. Ou, s'il concluait lui-même, il prenait garde que la conclusion n'excédât pas les prémisses et qu'elle n'eût pas l'air d'un oracle.

Je viens de faire le portrait de la *Physiologie du goût*. C'est un livre bien fait. C'est un livre plein. C'est un petit livre. Et le livre est de son auteur.

Parlons du style, puisque « le style c'est l'homme ».

De livre plus personnel que celui-ci, je n'en connais pas. Et « le moi est haïssable ».

C'est vrai du moi janséniste qui fermente sourdement et s'aigrit, du moi moliniste emmiellé, visqueux, nauséabond, du moi genevois si pédant, du moi doctrinaire si cassant, du moi pataud qui administre, du moi lourdaud qui sentencie, du moi suffisant qui enseigne, et du moi idiot qui prêche...

Mais le moi de Montaigne se fait supporter. On aime celui de Mme de Sévigné. Celui des humoristes anglais est divertissant : ils font un peu les clowns toutefois.

Brillat est un humoriste français ; il a la grâce aisée et ne minaude pas. Sa gaîté est fine, légère, intarissable, parfois sensuelle, toujours sensée, parfois maligne, jamais méchante ou malsaine, aimable toujours et décente. Cette gaîté sympathique et qui gagne vient, on le sent, d'une source pure, à savoir la joie de vivre. Et ce sont des endroits délicieux que ceux où *le Professeur* apparaît en son œuvre, se moquant doucement de lui-même et de nous.

Avec un fonds pareil, la forme, le style sera naturel d'abord.

Brillat n'imite nullement Voltaire, qu'il met le premier sur la liste de ses auteurs favoris. Il est peut-être des écrivains de son temps, le moins contagionné par la rhétorique éloquente de Jean-Jacques, ou par le *ronron* grandiose et maussade d'Attala, ou le miaulement harmonieux et lubrique du chantre d'Elvire. Il ne fait ni sa pose ni sa prose comme P.-L. Courier, le vigneron d'après Amyot. Il sait, dit-il, cinq langues ; il pourrait parler le *charabia* international qui commençait de son temps à sévir. Il s'en préserve. Il cite une fois Shakespeare, et une fois il jure en allemand : *Schwernoth !* C'est la modération même.

Le second mérite de son style est une simplicité absolue. Quand on vient tard, et après cent chefs-d'œuvre, on est exposé à un danger qui est de raffiner et d'orner trop sa langue. La Bruyère y donne déjà : qu'est-ce de Beaumarchais ? Voyez Balzac dans la *Physiologie du mariage*, ce pastiche spirituel et maladroit.

Brillat sera encore exact comme un Port-royaliste. Nous ne savons plus bien toucher juste. Aussi nous frappons fort. La tribune, la barre et la chaire rivalisent dans cet exercice de Cyclopes. Nous descendons logiquement par cette pente à la langue des porte-faix.

Un autre danger, celui-là de tous les temps, c'est de se laisser conduire par « sa faculté-maîtresse ».

Vous avez une plume et savez vous en servir. Entre quatre murs silencieux, sur le papier qui souffre tout, vous la laissez trotter. Le secret démon mène le petit instrument terrible... *Spiritus flat ubi vult !*

Tels qui ont laissé la bride sur le cou à ce Pégase-là, s'appellent Rabelais, Voltaire. (On pourrait leur associer le poète des *Châtiments.*)

D'autres, obligés de le contenir et gouverner, de le sevrer de ses emportements, ruades et incartades, ont nom Molière, Lafontaine. Parmi ces derniers il faut mettre Brillat à une distance honnête.

Si on me demande lesquels je préfère, je prendrai à Brillat sa réponse à une dame, voulant savoir s'il aimait mieux le Bordeaux que le Bourgogne : « C'est un procès dont j'aime tant à visiter les pièces, que je le renvoie toujours à huitaine. »

Brillat, disais-je, gouverne l'esprit qu'il a et le prive de ses... écarts... Nous y perdons. Il reste de lui des *Anecdotes* inédites, propres, si j'en crois deux personnes qui les ont lues, à nous faire mesurer l'étendue de cette perte. Il y aurait peu de sécurité à les imprimer en un temps où le tribunal de la Seine pourchasse des *Contes* que Mme de Sévigné citait à Mme de Grignan.

Nous y gagnons aussi. Nous y gagnons les vingt ou trente historiettes semées dans la *Physiologie* comme bluets et coquelicots dans les blés. Elles sont exquises, et aussi parfaites en leur genre que tel portrait de La Bruyère, que telle fable de Fénelon. Or, pour conter ainsi, la première condition c'est de se posséder, de se châtier, d'arrêter sa verve et sa plume :

« Tu viendras jusqu'ici, tu n'iras pas plus loin! »

Mais je parle trop longuement d'un homme qui a fait des merveilles en dix lignes.

Un mot pourtant de sa mort ; elle achève de nous renseigner sur sa vie. En janvier 1826, le Président de la

Cour de cassation l'invite à assister à la cérémonie expiatoire du 21, à St-Denis. Dix fois depuis 1816, le sinistre anniversaire était revenu et avait réuni les fidèles de la Monarchie dans l'église où sont les tombes des Bourbons vides de leurs habitants. Les Royalistes venaient là demander pardon à Dieu de notre régicide de 93. Les présents étaient comptés, les absents aussi. Car M. le comte Desèze disait à Brillat :

« Votre présence-là nous sera d'autant plus agréable que *nous ne vous y avons pas encore rencontré.* »

Ceci n'étaie pas peu des conjectures plus haut risquées.

En 1826, Brillat était au-dessus d'une disgrâce. Mais il comprit que, s'il n'obtempérait, son monde, peu édifié de maints passages de la *Physiologie*, allait l'excommunier. Il se montra donc à Saint-Denis le 21 janvier 1826, y prit une fluxion de poitrine et en mourut.

Je vois en Brillat-Savarin un sceptique, préférant les gouvernements libres, peut-être même une république fédérative, aux gouvernements absolus, pour les connaître ; et parce que, pensant librement, il avait besoin de liberté. Il a eu en sa vie une passion, une seule, je crois, l'amour profond de sa province natale. Nous ne comprenons plus beaucoup cet amour, la grande patrie nous faisant oublier la petite de plus en plus. Chez un sceptique, toute passion est une inconséquence. Brillat a persisté en la sienne jusqu'à la fin. L'accueil cordial qu'il faisait aux Bugistes à Paris, l'empressement qu'il mettait à leur rendre service, en sont les preuves touchantes.

GAUTHIER-DES-ORCIÈRES.

Les progrès que nous devons à la Révolution, étaient-ils tous, en 1789, ébauchés pour le moins et en voie de s'accomplir ? Les habiles d'une certaine école l'affirment. A la suite des habiles, il y a des sots pour dire que ceux de ces progrès vraiment nécessaires étaient consommés. Selon les uns et les autres la Révolution les a tout juste compromis, retardés, empêchés ou détruits.

La première partie de la biographie de Gauthier-des-Orcières, non connue, non la moins curieuse peut-être, va nous apporter quelques lumières là-dessus.

Ces assertions des derniers apologistes du passé resteront pour nous le contraire de la vérité simplement.

A la fin du règne de Louis XV, sous la Dubarry, nous avons ici une réaction cléricale et monacale. Les chanoines de Notre-Dame, qui ont la dîme à Bourg, entreprennent en 1770-71 de l'accroître notablement. Un couvent de femmes usurpe des terrains communaux avec la complicité de M. de Choin notre gouverneur. (Même date.) Un couvent d'hommes essaye de ressaisir (à Biziat) des droits féodaux abolis depuis deux cents ans et produit, pour ce faire, une charte de Charles-le-Chauve fabriquée. (Même date.) De 1740 à 1789, l'autorité royale a « déchargé » nos assemblées provinciales de la part la plus considérable de leurs droits utiles (voir cela en détail p. 8 et 9). Le règne tout entier de Louis XV a conspiré et en grande partie procuré la destruction de ce qui reste à Bourg de nos vieilles libertés communales. Et ce forfait lâche et mesquin est perpétré Louis XVI régnant !

Voilà comment les institutions de droit divin étaient en voie de se réformer quand la Révolution les renversa.

Devant le dernier caprice sénile mais logique de la monarchie absolue, ne se sentant pas absolue tout-à-fait, et voulant aller *jusqu'au bout*, il y eut un homme qui releva la tête. C'était un avocat jeune, obscur, dont l'extérieur prévenait contre lui, dont le talent très réel était trop réfléchi pour être séduisant ou tout-à-fait sympathique. Son attitude ferme devant l'iniquité le fit ce qu'il a été : la popularité ne se trompe pas toujours. Cet homme d'opposition devint homme de gouvernement sans se renier. Il a conduit ici et par conséquent contenu la Révolution pendant dix ans ; à Paris il a aidé ses chefs à la diriger, et quand les chefs se furent entre-tués, il a mis la main aux rênes et conduit le char un moment en Vendémiaire.

Gauthier (Antoine-François) est né à Bourg le 26 décembre 1754 d'une famille bourgeoise nombreuse. Selon l'usage d'alors il ajouta à son nom celui d'un bien qui lui fut attribué. A la Convention on l'appelait Gauthier de l'Ain.

En sa qualité d'avocat au Présidial il se distingua de bonne heure. Le 1ᵉʳ mai 1784, M. de Breteuil, ministre de Louis XVI, ayant détruit d'un trait de plume la vieille constitution de Bourg et transmis les pouvoirs de l'Assemblée Générale des chefs de famille faisant feu à vingt délégués des principales corporations, il se trouva dans ce conciliabule une majorité pour proposer au Roi comme premier syndic de Bourg cet avocat de 30 ans. Ce fut bien un acte d'opposition, car le Roi, qui avait aussi usurpé le droit de contrôler et d'infirmer nos élections municipales, donna l'exclusion à Gauthier.

Cette exclusion lui valut un regain de popularité. Et

aux élections du 21 décembre 1787, il passa de nouveau comme premier syndic dans la prétendue Assemblée *Générale*, composée de *vingt* votants, où les chanoines de Notre-Dame et la noblesse avaient le haut bout. Versailles ne voulut de lui en 87 non plus qu'en 84.

Il répondit à cette seconde exclusion en prenant la principale part dans les discussions de 88 qui préparèrent chez nous la Révolution. Ses deux pamphlets (voir p. 302) se laissent lire encore. La science réelle, la méthode exacte avec laquelle il déduit, la clarté, la vigueur et la simplicité avec laquelle il expose, l'auraient fait distinguer partout. Le corps électoral que M. de Breteuil nous avait imposé pour une autre fin, paya Gauthier de sa courageuse attaque contre les privilèges de la noblesse et l'extension abusive qu'on leur donnait chez nous, en le choisissant une troisième fois (comme conseiller) en décembre 1788. M. de Breteuil, naturellement, l'exclut une troisième fois.

A quelques mois de là, le Tiers-Etat de Bresse rémunéra noblement ses services en le prenant pour un de ses députés aux Etats-Généraux.

Les extraits donnés plus haut de sa correspondance avec ses commettants, indiquent assez le rôle qu'il y prit. La Révolution n'eut pas de plus ferme défenseur que lui.

La Constituante ayant fait la faute d'interdire la réélection de ses membres, on nomma Gauthier Procureur-Général-Syndic du Département (1791). L'an qui suivit, au milieu des divisions qui commencent et partagent la société de Bourg (Lalande en a laissé un tableau décousu mais vivant), Gauthier reste ce qu'il a été à l'Assemblée; et il y avait plus de mérite à cela à Bourg qu'à Paris. Son attitude dans le procès Juliéron (voir plus haut) contribua à son élection à la Convention. Il fut l'un des 693 qui déclarèrent Louis XVI coupable d'attentat contre la liberté et de conspiration contre la sûreté générale de l'Etat (votants 729, minorité 36); et des 387 qui le condamnèrent à mort (votants 721, minorité 334). Des révélations postérieures viennent à l'appui du premier verdict. Sur le second, les historiens se partagent encore. E. Quinet tient, comme Billaud « ce génie de la Terreur », qu'il eût fallu, après l'évasion de Varennes, « reconduire le Roi à la frontière, escorté par une garde suffisante » (Révolution, t. 1. Livre XII, ch. 2).

On passera ici rapidement sur des faits exposés plus haut. Gauthier était en mission à Lyon avec Nioche, lorsque les sections girondines attaquèrent la municipalité montagnarde. Il appela à lui, pour défendre l'Hôtel-de-Ville, les gardes nationales du district de Montluel ; elles arrivèrent trop tard.

Il fut envoyé de là à l'armée des Alpes où il eut presque immédiatement à préparer le siège de la cité rebelle. Il partagea d'abord la tâche pacificatrice de son collègue Dubois-Crancé à Grenoble, qui s'était prononcé pour la Gironde, et ramena personnellement l'Ain à la Convention sans échafauds, sans incarcérations, sans destitutions. Ces opérations préliminaires menées à bien, on put commencer le siège de Lyon. Au début les deux conventionnels n'avaient que 6,000 hommes et 12 canons contre des forces deux ou trois fois plus considérables. Toulon était aux Anglais, Marseille était révoltée, l'Ouest était aux Royalistes qui remuaient les départements du Centre. L'invasion austro-sarde allait descendre le Rhône. Pour espérer réussir dans ces conditions, il fallait les convictions et les énergies de ce temps.

Kellermann commandait nominalement. L'ingénieur Dubois-Crancé conduisait les opérations. Ce fut la tâche de Gauthier de recruter, d'équiper et de nourrir l'armée. L'Ain, docile à son représentant montagnard et partageant la passion qui l'animait, donna ses cloches, dont Frèrejean à Pont-de-Vaux fit des canons, envoya ses volontaires improvisés artilleurs, par milliers ; envoya, sans compter, ses blés, ses bœufs, des effets d'habillement et d'équipement. Pendant que personnel et matériel se complétaient, on ne laissait pas que de négocier avec la ville. Gauthier prit aux pourparlers une part active. L'historien républicain de Lyon, Morin, le montre « moins passionné que son collègue Dubois et plus disposé à une transaction ». (Tome III, p. 309). Cet espoir ayant été trompé, « Gauthier accompagna Kellermann dans un voyage d'inspection à la frontière, peut-être parce qu'il ne voulut pas assister au bombardement ». (T. III, p. 235.)

A Paris on s'impatientait des lenteurs du siège. On accusait ceux qui le conduisaient d'une tactique surannée. A la fin de septembre, Couthon et Châteauneuf-Randon soulevèrent l'Auvergne et arrivèrent sur Lyon avec leurs levées en masse. Dubois-Crancé leur dit « qu'il ne donneroit pas deux liards de leurs paysans ». Il venait d'enlever le pont de la Mulatière, et la Ville, ainsi ouverte au sud, n'ayant que huit jours de vivres, n'avait plus qu'à capituler. Couthon ne savait pas attendre. Il voulut le 2 octobre une attaque de vive force par Perrache. Les hommes de guerre s'y refusèrent, et Gauthier avec eux. Une manœuvre pareille, tant que de Sainte-Foi les Lyonnais pouvaient couvrir la presqu'île de leur feu, était insensée. On attaqua donc et on enleva Sainte-Foi au préalable.

Pendant ce temps Couthon obtenait à Paris un décret

révoquant Dubois et Gauthier ; il est du 6 octobre ; Couthon le publia le 7, avant de l'avoir officiellement. Dubois et Gauthier refusèrent de le reconnaître et entrèrent à Lyon le 9, distribuant du pain aux habitants affamés.

Ils partirent le 12 : à leur arrivée à Paris ils apprirent qu'un décret du 16 ordonnait leur arrestation. Ils allèrent droit au Comité de salut public et s'y firent écouter. Le 19, sur un rapport de Barrère, la Convention, mieux informée, révoqua le décret du 16.

Ni la mauvaise humeur de Couthon, ni les accusations de Collot-d'Herbois n'ébranlèrent depuis la situation de Gauthier. Le souvenir du service rendu, et aussi ses relations avec Robespierre, le défendirent constamment soit contre Albitte, l'âme damnée de Collot, soit contre les meneurs de Bourg et de Belley protégés de Couthon. Quand Albitte, en février 94, envoie à l'échafaud des Terreaux quinze détenus choisis dans nos prisons, c'est Gauthier qui provoque l'intervention de la Convention et empêche qu'on ne recommence soit ici, soit à Belley. La révocation d'Albitte est enlevée par lui et son parent Gauthier-Murnan.

Dandelot, membre du Comité de surveillance de Mâcon, lié avec les Hébertistes de Bourg et jouant la même partie qu'eux, dénonça Gauthier aux Jacobins le 27 messidor an III (15 juillet 1794). L'affaire revint le 29 et fut renvoyée au 1er thermidor. Ce jour-là, Gouly, tant abominé par les Jacobins de Bourg, mais que la Société mère trouvait assez révolutionnaire pour en faire un de ses secrétaires, demanda un nouvel ajournement motivé sur ce que Gauthier « à cause de la faiblesse de sa complexion » préférait écrire sa défense. Cet ajournement, puis le renvoi de l'affaire au Comité de sûreté, furent appuyés par

Dumas (le vice-président du tribunal révolutionnaire) et furent votés.

La *Défense* de Gauthier, datée du 4 thermidor, parut au moment même où se faisait le travail souterrain et le déclassement des partis qui rendirent possible le coup d'état parlementaire du 9. Ce déclassement était déjà prouvé par ce fait non signalé que Gouly, tant accusé de modérantisme, et Dumas, absolument à l'abri de ce reproche, plaident la même cause aux Jacobins.

Au même moment Robespierre faisait exclure de la Société Dubois-Crancé ; Gouly aura assez de crédit pour l'y faire rentrer.

Quelle put être l'attitude de Gauthier le 9 ? Je n'ai pu le savoir précisément. Lié avec Robespierre, lié plus étroitement avec Dubois-Crancé, desservi par Couthon, secouru par Dumas, il dut s'effacer et regarder, comme fit la Montagne « indépendante » (Michelet). On sait qu'il n'y eut pas de scrutin, car il n'y eut pas de dissidence ostensible ce jour-là.

Quelques jours après, les Thermidoriens donnèrent la Savoie à gouverner à Gauthier. A son passage ici le Comité de surveillance en corps alla le remercier de ce qu'il avait « avec Merlino, Deydier, Gouly et Ferrand, tiré le pays de l'oppression.... » Ni le District, ni la Commune, ne s'associèrent à cette démarche. Le Comité de surveillance, composé d'ouvriers à une exception près, restait le plus démocratique des corps épurés par Boysset.

Les *Mémoires pour l'histoire ecclésiastique du diocèse de Chambéry*, par le cardinal Billiet, contiennent sur le passage de Gauthier en Savoie quelques renseignements utiles. (P. 184 et suiv.) Les voici :

« Gauthier fut nommé par décret du 9 fructidor an II

(28 août 1794) Représentant en mission dans l'Isère (?) et le Mont-Blanc. Il était d'un caractère plus modéré et plus humain que son prédécesseur... Dès son arrivée il se montra disposé à réparer au moins en partie les excès d'Albitte... Les bruyantes protestations des Jacobins de Chambéry ne furent pas écoutées... Le plus grand nombre des nobles détenus ou en arrestation domiciliaire (il y en avait 132 à Chambéry, dont 73 femmes ou plus, et 15 à Carouge) furent successivement mis en liberté par Gauthier ou ceux qui lui ont succédé... Les prêtres détenus ont été traités d'une manière beaucoup plus sévère... Gauthier s'est borné à laisser rentrer dans leurs familles, sous la surveillance des municipalités, un très-petit nombre de vieillards, tout à fait infirmes, à la condition qu'ils n'exerceraient aucune fonction sacerdotale... Les prêtres détenus étaient alors au nombre de 30... »

A son retour à Paris, Gauthier trouva la Convention, délivrée de la veille des Jacobins, réduite à se défendre contre les Royalistes. Devant ces adversaires-là elle se retrouva tout entière. Aux approches de Vendémiaire, je vois Lalande, devenu réactionnaire ardent, reprocher au représentant de Bourg les efforts qu'il fait pour rallier à la Convention les sections indécises. Ce zèle de Gauthier est reconnu et récompensé par le choix qu'on fait de lui à ce moment pour recruter le Comité de sûreté chargé de la défense de l'Assemblée (et non le Comité de Salut public, comme on imprime).

On commençait à redouter la prépotence militaire. On voulut, pour *faire la journée*, un officier de mérite, obscur encore. Gauthier depuis a raconté aux siens que le 12 vendémiaire, le général Bonaparte se rendit auprès de lui, en son domicile, sinon pour recevoir des ordres, du moins pour concerter avec lui les mesures à prendre en vue de l'attaque du lendemain.

Gauthier entra au Conseil des Anciens en 1797 et fut réélu en 1798.

Après le 18 Brumaire il fut nommé juge au tribunal de première instance de Paris, en devint vice-président en 1811, et occupa cette place jusqu'en 1815. Ayant signé l'Acte additionnel et ayant été nommé conseiller à la Cour de Paris, il fut compris au retour des Bourbons parmi les trente-huit conventionnels exceptés de la loi d'amnistie.

Il se réfugia à Bruxelles comme la plupart de ses collègues. Ils ne tardèrent pas à y être pourchassés par la diplomatie qui faisait semblant d'avoir peur de quelques vieillards impuissants. On obtint leur expulsion du gouvernement des Pays-Bas, et ils reçurent l'ordre de quitter son territoire avant le 15 février 1816.

On raconte ainsi à Bruxelles comment cet ordre fut révoqué :

Gauthier (de l'Ain), forcé de quitter le pays où il avait espéré se faire un établissement définitif, était assis dans le coin le plus retiré du Parc, sur un banc, se demandant en quel lieu du monde il pourrait bien abriter le reste de sa vie contre les fureurs ineptes mais toutes puissantes qui le traquaient. Ses traits accusaient une telle détresse, son attitude un si absolu désespoir qu'ils émurent un promeneur, lequel vint s'asseoir près de lui, crut pouvoir et devoir le questionner sur les causes de son chagrin, d'un air touché, ménageant toute susceptibilité et appelant toute confiance. Le proscrit dit sa situation avec une éloquence sombre et fut écouté avec une sympathie croissante. On lui conseilla de s'adresser au Roi des Pays-Bas, accessible à tous à un jour et à une heure déterminés.

Gauthier secouant la tête, son interlocuteur prit congé en disant qu'il parlerait lui-même.

. Ce promeneur était Guillaume d'Orange, Guillaume Ier, dit le Têtu; il comprit qu'on lui avait fait faire une iniquité et sut la réparer. L'exilé, rentré, vit arriver un chambellan lui annonçant que ses compagnons et lui pouvaient rester à Bruxelles.

Gauthier obtint de rentrer en France sous le ministère Martignac, en 1828. Il se retira dans l'Isère où il s'était marié. On l'a revu à Bourg après 1830; il y parla du passé à un magistrat dont les souvenirs ont pu être utilisés ici.

Il est mort en 1834 à 80 ans. (Son collègue Jagot est décédé nonagénaire. La génération à laquelle ces hommes appartenait était forte.)

Aux yeux du parti royaliste ici, ce n'était pas Javogues, ce n'était pas Desisles qui était le bouc émissaire chargé du crime de la Révolution, c'était Gauthier. J'y vois plusieurs raisons.

Des adversaires qu'on a, ceux qu'on hait le plus, ce ne sont pas les plus violents; ce sont les plus sages, ceux-ci étant bien en fin de compte les plus dangereux.

Puis Gauthier a été le premier ennemi. Il a commencé ici la bataille, et les coups assénés par lui portent. La blessure qu'il a faite ne s'est jamais tout à fait cicatrisée.

Il a ruiné, en prenant Lyon, la grande espérance de ses adversaires et ajourné leur revanche de vingt-deux années.

Desisles n'a duré que trois ans, Javogues n'a duré que trois jours. Gauthier a, de fait, gouverné ici dix ans, et il a vécu quatre-vingts ans.

Les ennemis morts sentent bon. Les ennemis qui survivent si longtemps, non. Ils ont tous les vices, ont commis tous les crimes. Un royaliste reproche à Gauthier sa figure.

Reconnaître que c'est à ce juge de Louis XVI que les 360 détenus de Bourg ont dû de ne pas voir, par la fenêtre de leur geôle, la guillotine debout à la porte attendant leurs têtes, — que c'est sa politique qui, en nous envoyant Méaulle, a fini ici la Terreur deux mois avant Thermidor, ce serait de la clairvoyance et de la probité. Les ambitions et les jalousies masquées des uns, les haines ouvertes des autres en étaient incapables. Et beaucoup, devant leur vie ou celle de leurs parents à Gauthier, l'ont poursuivi jusqu'à sa mort, même plus tard, de leur inepte et ingrate invective.

Brillat eut presque tous les dons et, pour les perfectionner, une excellente éducation. La nature paraît avoir été avare pour Gauthier. Le premier est un sceptique brillant et charmant; le second un croyant rigide qui se fait surtout estimer. Tous deux ont eu l'ambition de gouverner leur pays. Brillat, qui a pris le vent et tourné avec lui, a régné dix mois. Gauthier, qui a barré droit, a régné dix ans; — et il est mort sans avoir amené son pavillon maintes fois foudroyé. N'est-ce pas pour un homme de cette trempe qu'Horace épicurien, ne pouvant refuser son admiration, dictait le *Justum ac tenacem propositi virum...*

ALEXANDRE GOUJON

Jean-Marie-Claude-Alexandre Goujon est né à Bourg le 13 avril 1766. Son père, nommé aussi Alexandre, était, d'après l'extrait de baptême, directeur des droits-réunis (d'après les biographies courantes, directeur des postes). Huit ans après la naissance de son fils, il quitta Bourg pour Provins (Lalande. *Anecdotes*). De là l'oubli total de cette famille en ce pays-ci, où elle n'est pas revenue.

Les fonctions du père, les noms des parrain et marraine, Messire Jean Colin, écuyer, et Marie-Anne Durocher de Langadie, impliquent nettement que les Goujon étaient de bonne bourgeoisie.

Nous trouvons le futur conventionnel, à l'âge de douze ans, sur le pont du *Saint-Esprit* où flotte le pavillon amiral, à l'affaire d'Ouessant, la première de la guerre d'Amérique et où notre marine se releva des humiliations de la guerre de *Sept ans*. Le jeune témoin de ce premier triomphe en écrivit le récit à son père alors à Paris : la missive fut lue au jardin du Palais-Royal au milieu des bravos.

Goujon paraît avoir passé les huit années suivantes à la mer, puis à l'Ile-de-France où il apprit, en regardant l'esclavage de près, ce que la liberté vaut.

En 1786, on le retrouve à Versailles, sans que le fait soit autrement expliqué ; il se lie là d'amitié avec Tissot, le futur homme de lettres et professeur, plus jeune que lui de deux ans. Il étudie et il écrit. Un « *Discours sur l'in-*

fluence de la morale des gouvernements sur celle des peuples » fut mentionné favorablement par l'Académie de Dijon qui avait mis ce sujet au concours (le prix ne fut pas décerné). Ce discours reste ; Goujon y est déjà tout entier avec son amour profond de la liberté et de la justice et son enthousiasme qui semble inextinguible (hélas !). Le style est sobre et mâle, presque exempt de déclamation et d'emphase, mérite rare en ce temps. Il y a des vues comme celle-ci : « Parler de l'influence de la morale des gouvernements sur celle des peuples, n'est-ce pas apprendre aux hommes le secret de leur servitude, les faire rougir de leurs fers et leur apprendre le moyen de les briser ? » L'ardent gascon La Boëtie, auquel celui-ci fait songer, est plus concis, il n'est pas plus ferme.

Ce discours est de 1789. Des deux années qui suivent il y a un drame spartiate en prose dont l'auteur semble avoir la vision de l'avenir, de son heure la plus tragique. Son héros, prisonnier du tyran de Syracuse, va mourir. « Sainte vertu ! c'est toi que j'implore... C'est toi qui dois soutenir mon courage lorsque je lutte seul contre l'injustice des hommes... Etre des êtres, toi qui me donnas la force d'écarter de mon cœur les semences du vice, ne souffre pas que je déshonore à ma dernière heure l'œuvre de tes mains... Déjà mon âme s'agrandit en songeant qu'elle est ton ouvrage, elle s'épure en se rapprochant de toi. Fort de mon innocence je me repose sur ta justice. L'estime des hommes n'est plus rien pour moi. Je brave leurs jugements, je ne les crains plus, je sais *mourir...* »

Beaucoup l'auront pensé aux heures de foi. Quelques-uns l'auront déjà dit à peu près. Goujon l'a pensé de tout temps, l'a assez bien dit et il est certain qu'il l'a fait.

En avril 1791, on nous montre Goujon, à la nouvelle de

la mort de Mirabeau, lui faisant une oraison funèbre en-
flammée, digne de lui, monté sur un banc, au milieu de
la population du village qu'il habite près Versailles. Ceux
qui l'entourent s'éprennent de sa jeunesse, de sa beauté
quasi-féminine, de l'honnêteté de son enthousiasme.

Versailles bientôt fera de même. La ville natale de
Hoche, autre jeune immortel, nomma Goujon, âgé de
25 ans, l'un des administrateurs de Seine-et-Oise; il y
apprend les affaires : il est après le 10 août Procureur-
syndic du Département, et lors des élections à la Convention suppléant du Représentant en titre, Héraut de
Séchelles.

On lui offrit en 1793 le ministère de l'Intérieur ; il eut la
modestie de refuser ! Il préféra entrer dans la commission
de Commerce et d'approvisionnement, avec son ami Tissot
qui venait d'épouser sa sœur. Sa droiture, son désintéressement, son expérience vite acquise aidèrent à ramener
l'ordre, l'économie, une sécurité relative et momentanée
dans cette branche si importante à ce moment des services
publics.

Il semble qu'on l'ait jugé à sa place partout et ayant des
lumières de tout, car on venait de lui confier l'ambassade
de Constantinople quand une vacance s'étant produite qu'il
fallait combler, un arrêté du Comité de Salut public lui
confia le portefeuille de l'Intérieur par intérim (mars 1794).
Il dut le déposer presque immédiatement pour venir siéger aux Tuileries à la place d'Héraut condamné à mort
avec Danton.

Il était le plus jeune de la Convention ; il demanda à
être envoyé aux armées. Il contribua par son intrépidité
aux succès de celle de Rhin et Moselle et à la conquête du
Palatinat. Desaix, Saint-Cyr le trouvent prompt à les

comprendre, ardent à les suivre, bientôt capable de les conduire ; ils ne subissent pas à demi l'ascendant de ce héros beau et sage comme une vierge, robuste comme un athlète, brave comme un grenadier.

Le 13 thermidor 94 Goujon envoya de Thionville son adhésion au coup d'état du 9 qu'il voyait de loin et sur les résultats duquel, comme bien d'autres, il se fit illusion. Rappelé peu après, il semble avoir compris de suite que les vainqueurs faisaient fausse route. « Je hais autant que vous les hommes de sang, leur crie-t-il (21 ventôse an III), s'il y a des coupables, qu'on fasse justice. » Mais du mot vague de terroriste, il n'en veut pas, il sent qu'on va s'en servir pour forger une autre terreur. Ni son honnêteté qui sait la Convention responsable, ni son patriotisme inquiet, ni son humanité effrayée ne s'y résignent.

« Je marche, écrivait-il alors, avec l'heureux souvenir que je n'ai jamais voté l'arrestation illégale d'aucun de mes collègues, que je n'ai jamais voté ni l'accusation ni le jugement d'aucun. »

Fort de cette situation, il commence la lutte contre des réacteurs comme Tallien, Fouché, Fréron, plus souillés de sang que ceux qu'ils poursuivent, défend les anciens comités dont il n'a pas partagé les fautes ; ne pouvant dire que dans la voie où l'on entre il n'y a pas de raison pour qu'on s'arrête et que la ruine de la liberté et de la patrie est au bout, mais le voyant très clairement.

Et c'est là ce qui lui donne le courage de voter seul, lui le plus jeune de l'Assemblée, contre la rentrée des *Soixante et treize*. Il sent quelle force ces hommes justement irrités vont apporter au mouvement involontaire et aveugle qui emporte la France et la Convention même. Il sent qu'à se déjuger dans cette mesure on se diffame. Il a l'intuition qu'à ce lent suicide de la Convention la Révolution ne survivra pas.

Le chagrin que lui fit le spectacle dont il était témoin, s'il ne causa l'état maladif dont il commença à souffrir, l'aggrava visiblement. Il prévoyait la ruine de la liberté et songeant à n'y pas survivre, il demandait à son médecin de lui montrer bien la place du cœur afin de ne pas se tromper...

Le 12 germinal (1er avril 1795), les faubourgs pressés par la faim, dirigés par le président de la commission révolutionnaire de Lyon, Parein, envahirent un moment la Convention. Haussmann, de Seine-et-Oise, déposa plus tard que Goujon lui avait témoigné son « horreur » pour cet acte. Je le crois, car sa culpabilité, d'abord, n'était pas douteuse, en outre il devait retomber sur la Montagne, complice ou non. Collot-d'Herbois (était-il derrière Parein?) et trois autres représentants furent du fait déportés, huit furent emprisonnés.

Goujon habitait la rue Saint-Dominique avec sa mère veuve, un frère cadet, sa femme et un enfant au berceau. Le 1er prairial (20 mai), il prit, pour se rendre à la Convention, par le pont Louis XVI; et il se baignait dans la rivière, sous le Cours la Reine, au moment où, à l'autre extrémité de la grand'ville, l'émeute commença à gronder. Ce prétendu conspirateur a pris le chemin des écoliers. Il arrive aux Tuileries au moment où, dans les rues voisines, on bat la générale.

De deux heures après midi, où la salle fut envahie, à neuf heures du soir (selon le *Moniteur* préparant là le procès), la Montagne « *cause* » avec les envahisseurs. Sept heures de conférence avant que l'entente soit faite! Goujon se dit, lui, insulté et même frappé par les émeutiers.

31

A neuf heures le désordre commence à s'organiser (Louis Blanc). Le girondin Vernier, au fauteuil, appelle Goujon, ancien secrétaire, à monter au bureau. Il refuse d'abord. Un faubourien criant que le peuple ne sortirait pas qu'on n'ait voté ses propositions, les Montagnards se concertèrent et se décidèrent à agir. On croyait les Comités, qui depuis le matin ne donnaient plus signe de vie, dissous. Goujon proposa la suspension de ces gouvernants qui oubliaient de gouverner, de plus qu'on nommât une commission chargée de rétablir l'ordre et d'assurer l'arrivée des subsistances. Ce fut toute sa part dans le *pronunciamento* qui suivit et que fit avorter, à minuit, l'arrivée des sections thermidoriennes.

Il fut, pour ces propositions assurément licites, décrété d'arrestation la nuit même, et, au jour, acheminé avec cinq de ses collègues, Romme, Soubrany, Bourbotte, Duroy, Duquesnoy, les plus honnêtes gens de la Montagne, aussi coupables que lui, vers la Bretagne. L'accusation de *rébellion* est du 8 ; il fallut tout le temps intermédiaire pour y habituer les témoins de ce qui s'était passé.

Le 9, les « *derniers des Romains* » arrivaient au fort du Taureau assis sur un rocher couvrant la rade de Morlaix. C'est là que Goujon a écrit son *Hymne de mort* au bruit de la mer d'Armorique dont ce chant reproduit un peu la grandeur morne et la désolation. Ceci égale bien les plus nobles poëmes lyriques du temps, l'*Hymne à l'Etre suprême*, de Chénier, l'*Ode au vengeur*, de Lebrun :

> Dieu protecteur de la justice,
> C'est nous qui sommes dans les fers !
> C'est nous que des hommes pervers
> Osent menacer du supplice !

De la vertu fais que nos cœurs
Conservent la sainte énergie,
Agrandis-nous dans nos malheurs,
Nous les souffrons pour la patrie !

Liberté, veille à notre gloire,
Assieds-toi sur nos corps sanglants.
Qu'ils restent devant nos tyrans
Et les flétrissent dans l'histoire...

C'est le rythme mâle, l'accent profond, le tour superbe, la sobriété d'ornements ; c'est le coup d'aile surtout et l'élan de la Muse qui nous menait sur les champs de bataille où la vieille Europe fut vaincue : Goujon sait ses refrains héroïques pour les avoir chantés en lui donnant la main devant l'armée du Rhin et Moselle victorieuse... Ceux qui ont au cœur de pareils souvenirs se consolent partout de vivre. Ils savent aussi mourir.

Cinq jours après leur arrivée à Morlaix, ces hommes qui demandaient la Constitution de 1793 apprirent que leurs collègues les livraient à une commission militaire ! Les gendarmes de l'escorte qui les ramena à Paris, touchés de la jeunesse de Goujon, lui firent entendre qu'ils fermeraient les yeux sur une évasion. Il ne voulut pas se séparer de ses amis.

Aux Quatre-Nations (Institut) où on les mit, ils ont écrit leurs défenses qu'il ne leur fut pas permis de lire. Elles restent aux Archives, manuscrites. On peut voir là si, comme ose l'articuler l'infâme jugement, ils ont *avoué* ce fait de rébellion qui leur était imputé.

Ils ont appris l'insurrection en entendant battre le rappel ! A la séance, ils ont parlé sur l'invitation du Président. « J'ai parlé, dit Goujon, quand j'ai cru que c'était pour moi un devoir... J'ai dit en séance à Lanjuinais :

Nous ne devons avoir qu'un but — sauver la Convention du danger dans lequel elle se trouve — calmer l'agitation en accordant ce qui se peut sans danger — obtenir ainsi que la salle se vide... » Mais Lanjuinais au tribunal ne *reconnaît pas* ce collègue, Goujon, ex-secrétaire, le plus jeune, le plus beau de l'Assemblée et qui dépasse les autres de la tête...

Le 29, pendant que les cinq soldats de la commission militaire libellaient leur arrêt, la famille de Goujon obtint de le voir. Sa mère, sa femme, sa sœur qui ne pleuraient plus, qui ne parlaient plus, lui apportaient un couteau et du poison. « A peine se fut-il senti maître de son sort, écrit Tissot, son beau-frère, présent aussi, que sa figure prit une expression sublime. On eut dit que son âme s'emparait du ciel. Son frère enfant lui dit : « Je te vengerai ! Mon enfant, répondit le martyr, sois bon, sois libre, sois juste. Ta sagesse fera ma gloire. Défends-moi contre l'imposture, c'est assez. Dis à la calomnie : Respectez la mémoire de celui qui m'a fait un homme. » (Souvenirs de la journée du 1er prairial an III, par F.-S. Tissot, Paris, an VIII.)

Ses compagnons écrivaient à leurs proches, espérant que ces adieux leur seraient remis : M. Claretie les a retrouvés, au Greffe, dans les dossiers de sang de la Commission. « On n'eut pas la pudeur de les faire tenir aux mères, aux épouses, qui purent apprendre la mort de ceux qu'elles aimaient par les journaux... »

En sortant de l'audience, Bourbotte le premier, celui qui avait fait voter le soir du 1er prairial l'abolition de la peine de mort, se frappa devant la foule et tomba.

En entrant dans la chambre où se faisait la toilette, Goujon tira de dessous son habit bleu un couteau et se l'enfonça dans le cœur. Romme l'en arracha et s'en laboura la poitrine, le·cou et le visage, puis tomba, tendant ce couteau libérateur à Duquesnoy... Le bourreau attendait dans la cour. On lui livra les survivants tout sanglants. On en chargea la charrette. « La place était presque déserte. Les lécheuses de guillotine n'avaient osé venir. On était las du sang. » (Claretie. *Les derniers Montagnards.*)

Un des plus grands que depuis nous avons donnés à cette cause, Edgar Quinet, accusait un jour, devant nous, sa ville natale, de ne savoir pas honorer ses morts et s'en parer. Cette ville lui élève une statue. Ce serait trop peut-être pour Alexandre Goujon. J'aurai fait pour lui ce que j'ai pu en appendant son médaillon héroïque en ce petit livre et en adjurant ses compatriotes d'apprendre au moins son nom à leurs enfants.

ROYER, ÉVÊQUE DE L'AIN

L'Assemblée nationale, après avoir proclamé un principe nouveau, la liberté des cultes, laissa son comité ecclésiastique composé de Jansénistes fabriquer une église constitutionnelle, revenant en cela aux errements du XVI° siècle. Cette église fut aidée d'abord par la Révolution, puis par elle combattue, et tuée par Bonaparte.

Elle n'a pas fait ce qu'elle voulait faire pour plusieurs raisons, dont voici deux : 1° Parmi ceux qui la conduisaient, plusieurs manquaient de foi. Il faut généralement, pour mener les hommes, croire à ce qu'on leur enseigne. Trop de prêtres constitutionnels chez nous ont abjuré quand Albitte l'a voulu. Les martyrs ont manqué à cette cause. — 2° Elle a eu des chefs honnêtes et médiocres, un Grégoire, un Le Coz, un Royer. L'œuvre qu'ils reprirent après Thermidor courageusement, le rétablissement du culte avait réussi en partie quand Bonaparte intervint : *Tulit alter honores.* Qu'est-ce que le Consul, qui a conservé et imposé au Pape quatorze évêques assermentés, eût fait si, à la tête de ce groupe trouvé sain, il y avait eu un Jean Huss ou un Savonarole, c'est-à-dire un homme de quelque génie, sachant parler à la France de haut et écouté d'elle ? Mais les hommes de génie aussi ont manqué à l'Eglise constitutionnelle.

Pour dire comment elle fut servie et combattue dans l'Ain, les renseignements me font défaut. Je n'ai pu connaître ni le chiffre des prêtres ayant prêté le serment constitutionnel, ni celui des prêtres l'ayant refusé. Il y a des cas où le serment a été prêté avec des réserves, ce qui complique. Je n'ai pas davantage le nombre des prêtres abdicataires persévérants et mariés, ni celui des abdicataires revenant sur leur abjuration. Ni la répartition par district des uns et des autres.

Dans l'état de mes informations, je crois voir ceci :

C'est dans le district de Belley qu'il y a eu le plus d'abjurations ; dans celui de Nantua une partie très grande du clergé a émigré. ; l'Eglise constitutionnelle a réussi relativement dans les districts bressans.

Voici quelques mots sur les chefs de cette église :

Je nomme premier Claude Loup. C'est un de ces prêtres « enfants du pays » auxquels, après l'expulsion des Jésuites, Bourg avait confié son collège. Ils avaient prêté serment en le motivant. Loup, plus tard, ayant donné des gages à la Gironde, périt à 32 ans sur l'échafaud des Terreaux, le 18 février 1794. Dépery, comptant les prêtres sacrifiés à la Révolution dans l'Ain, ne le nomme pas : ceux qui ont choisi, pour obéir aux lois de la France, de désobéir au Pape, sont à ses yeux des apostats.

Le futur évêque de Gap ne nomme pas davantage (pour la même raison ?) Jean-Marie Grumet, ex-grand-vicaire de Loménie de Brienne, cet archevêque de Toulouse qui ne croyait pas en Dieu et avait en bénéfices ecclésiastiques 678,000 livres de rente. J'ai pu lire un volume de lettres du grand-vicaire à son évêque : il y a deux anecdotes curieuses, mais non édifiantes, sur les mœurs des couvents d'alors. Grumet, bon prêtre, administrateur capable, politique timide, fut un des meneurs de notre directoire girondin. Comme Loup, il paya de la vie non ses opinions religieuses, mais ses préférences politiques.

Mais M. Dépery range parmi nos « hommes célèbres » le P. Pacifique Rousselet, prieur des Augustins de Brou, élu curé de Bourg et membre de notre municipalité girondine. Rousselet avait été incarcéré comme suspect à la fin de 1793. Albitte, qui arriva ici le 22 janvier 1794, supprima les deux cultes le 26, inaugura le culte de la Raison le 5 février, élargit, à sept jours de là, plusieurs prêtres « revenus aux principes de l'Eternelle Raison », dont le principal est l'ex-curé de Bourg. Il l'annonça triomphalement aux Jacobins le 16, jour où il envoyait Loup et Grumet à la Commission temporaire de Lyon. M. Dépery évite de raconter tout ceci, et assure que Rousselet est mort orthodoxe.

On n'en peut dire autant de Groscassand-Dorimont, curé de La Chapelle-du-Châtelard, assermenté, abdicataire, marié. Il entra au directoire de l'Ain, après le 18 fructidor, comme commissaire du pouvoir exécutif, et fut, en mai 1798, nommé aux Cinq-Cents.

Après ces croquis assez informes destinés à faire entrevoir ce qu'ont été chez nous les coryphées de l'Eglise constitutionnelle, il faut esquisser un peu plus au long la biographie de son chef légal, l'évêque de l'Ain.

Jean-Baptiste Royer était né à Cuiseaux, (petite ville de la Bresse chalonnaise), de parents honnêtes et d'ancienne bourgeoisie (Désiré Monnier). Il était, en 1789, curé de Chavannes-au-Revermont.

Les innovations de la Constituante en matière de discipline ecclésiastique ont été, comme les autres, précédées en province par des discussions plus ou moins approfondies. Royer était auteur d'un plan de réforme qu'il produisit, dit Lalande (*Anecdotes*), « à l'Assemblée baillivale de Bourg ». Ce plan effaroucha ses confrères ; il ne fut pas élu.

« Les curés de Bresse s'étaient ligués pour ne pas choisir à Bourg les députés du Clergé. » Ils ne voulurent pas davantage, pour représentant, de Courtois de Quincey, évêque de Belley, lequel n'eut pas, en Bugey, plus de chance. Les députés du clergé bressan aux États-Généraux furent deux curés de campagne, Gueydan, de Saint-Trivier, et Bottex, de Neuville-sur-Ain.

Mais le clergé du bailliage d'Aval en Comté (de Lons-le-Saunier), plus aventureux que le nôtre, nomma Royer malgré son plan ou à cause de son plan.

Bien que le Jura ait été gouverné, en 1793, par un prêtre abdicataire, Bassal de Versailles, le culte n'y a pas été détruit, comme il l'a été dans l'Ain, presque totalement. Faut-il attribuer le fait à cette attitude moins hostile à la Révolution des prêtres jurassiens? Je n'y ai pas regardé d'assez près pour répondre à cette question.

Royer prêta serment à la Constitution civile du Clergé, étant l'un de ses auteurs. Je trouve dans le *Moniteur* (janvier 1791) une anecdote qui le montre au vif. Il monte à la tribune et y raconte à l'Assemblée, voltairienne plus qu'à moitié, que :

« Voulant célébrer le sacrifice de la messe et (au préalable) se purifier au tribunal de la pénitence (rires et murmures à droite), le confesseur lui a demandé s'il était membre de l'Assemblée constituante. — Il a répondu : oui. — S'il avait prêté le serment? — Oui. — S'il voulait le rétracter? — Non. — Eh bien, je ne peux pas vous entendre. (Applaudissements à droite.) » Royer a répondu à cette sentence « que la conscience et l'honneur devaient seuls le guider ; qu'il rendait le confesseur responsable, lui et tous les évêques, de tous les maux pouvant résulter de leur résolution ».

Sur quoi le *Moniteur* se raille « de ce bon curé patriote qui prend l'Assemblée de la Nation pour une conférence de curés ». Cette sincérité de Royer, qui lui vaut les moqueries du *Moniteur*, va lui valoir aussi la succession de l'évêque de Belley.

Sur le rôle de M. Courtois de Quincey dans la querelle religieuse, les témoignages ne sont pas bien d'accord.

L'*Histoire hagiologique* montre le prélat malade, refusant le serment avec indignation, puis mourant de l'émotion à lui causée par une scène violente ayant pour but de l'amener à capituler. Mais une lettre de Courtois au directoire de l'Ain le fait voir se disposant à « organiser... le clergé de sa cathédrale et le conseil du diocèse, qui seront ses coopérateurs ». (Voir plus haut page 326). Cela au 11 décembre 1790, — et le registre municipal de Bourg écrit au 19 janvier suivant : « Monsieur l'évêque du Département, fixé à Belley, vient de laisser son siège vacant par mort..» Ceci implique, ce semble, que M. Courtois avait accepté au moins la nouvelle circonscription donnée à son diocèse et qui en décuplait l'étendue, en faisant des réserves, si l'on veut, sur le reste de la Constitution civile du Clergé. Toutefois, je laisserai creuser cette question à d'autres.

Après le décès de M. l'évêque du Département, les électeurs furent invités à lui donner un successeur. On peut contester leur compétence, c'est vrai. Mais cette compétence a été reconnue par Rome à François 1er, à Henri IV, à Louis XV, à Louis XVIII, grands pécheurs et petits théologiens s'il en fut.

Les électeurs choisirent Royer ; il dut évidemment ce choix au mélange de piété et de patriotisme dont les Voltairiens des deux moitiés de l'Assemblée se riaient. Un des quatre prélats acceptant la Constitution civile, l'évèque de Viviers, le sacra, ce qui le mit dans la situation où sont les évèques anglicans ou russes, successeurs incontestés des apôtres, quoique n'étant pas en communion avec Rome.

Le premier (ou second ?) évèque de l'Ain entra à Bourg le 1er avril 1791. La ville illumina pour le recevoir, l'escorta à l'Hôtel-de-Ville au chant du *Ça ira !* peu satisfaite d'ailleurs de le voir, lui aussi, « se fixer » à Belley.

Belley lui fit grand accueil; le district (feuillant) lui déclare que c'est « la Providence... la voix de Dieu » qui le place au siège de Belley.

Mais les dissentiments ne tardèrent pas. Ils viennent au fond de ce que l'Evèque est croyant et intolérant et de ce que le District n'est ni l'un ni l'autre. Le District prend la liberté de conscience au sérieux. En juin 91, il défend les prêtres non conformistes contre la garde nationale; en novembre, il les défend contre Royer qui veut leur interdire par la force l'exercice de leur culte. Il fait très bien à son évèque une leçon de tolérance. Mais cet évèque a un parti ; au commencement de janvier 1792, voilà que le District l'accuse de vouloir ameuter ce parti contre lui. Cet état de choses bizarre est aggravé et compliqué par les retours offensifs du clergé réfractaire. A celui-ci, l'Evèque répond par une lettre pastorale dont je n'ai ni la date précise, ni le texte. Je la connais du moins par « La Grande dénonciation des attentats commis par le sieur Royer, député à l'Assemblée nationale et soi-disant évèque du département de l'Ain, contre la vérité, le bon sens, la justice et la religion » (sans date ni nom d'imprimeur).

D'après cette réplique des adversaires, Royer, en sa pastorale, avait voulu prouver la légitimité de l'intervention du pouvoir civil dans la discipline de l'Église par l'histoire des premiers empereurs chrétiens. Il avait ensuite accusé les insermentés de « préparer ſa guerre civile et l'enlèvement du monarque ».

La Grande dénonciation fait allusion aux brefs du Pape des 10 mars et 13 avril, condamnant la Constitution civile : elle est donc postérieure. Elle est antérieure, toute sa teneur l'implique, au 20 juin, date de « l'enlèvement du monarque ».

Elle répond à Royer, sur les faits par lui produits pour établir la légitimité de l'intervention du pouvoir civil, par d'autres faits postérieurs, plus ou moins contradictoires (c'est toujours possible quand il s'agit d'une institution vieille de 1,800 ans, immuable de nom seulement). Aux « horribles calomnies » de Royer accusant ses adversaires de préparer l'enlèvement du Roi et la guerre civile, elle demande des preuves. Nous les avons. C'est la guerre de Vendée et l'évasion à Varennes. Royer n'avait, lui, que de justes pressentiments ; il faut le reconnaître.

L'argumentation des « dénonciateurs » est saupoudrée d'aménités comme celles-ci :

« Le sieur Royer a eu la bassesse de vendre son âme aux ennemis de l'Église... Il est un fléau.., un impudent et vil calomniateur... Sa pastorale est un infernal libelle. Il y vomit de dégoûtantes horreurs... Il est un curé obscur qui ne s'est annoncé dans Belley que par son ignorance, sa fureur et sa déraison... Sa lettre est le hurlement d'un tigre altéré de sang... qui semble ranimer la férocité de ses semblables et les réunir autour de sa proie... Il est le monstre le plus impur qu'ait jamais vomi l'enfer.., un fou qu'il faudrait enchaîner... Il est arrivé avec une berline à six chevaux, précédée de deux superbes courriers... Il a 12,000 fr. de traitement... » (L'évêque de Strasbourg en avait naguères 300,000, celui de Toulouse 678,000.)

« Peut-être, comme Luther, avez-vous en vue quelque nouvelle de Bora, dont les charmes, » etc. (Page 33.)

On reconnaît l'*odium theologicum*.

Mais voilà bien le débat devenu de religieux politique, par la faute des uns et des autres assurément, de ceux qui ont fait la Constitution civile et de ceux qui conspirent contre elle, la tenant pour vomie par l'enfer véritablement. Ces propos insensés et atroces, le ressentiment du prêtre dont les mœurs étaient et sont restées pures, l'indignation de ses adhérents achevèrent de faire de l'évêque de l'Ain un chef de parti. Les électeurs de l'Ain l'envoyèrent à la Convention. Il s'y assit parmi ces Girondins qui avaient fait le 10 août et proclama avec eux la République.

A environ vingt jours de là le district de Belley écrit au conventionnel Mollet de curieuses lignes déjà citées, mais qui, ici dans un cadre un peu différent, font bien voir où en étaient à Belley la querelle religieuse et la lassitude des spectateurs.

« Il serait à souhaiter pour la tranquillité de notre District que l'on n'y connût pas plus les évêques et les curés qu'à l'Assemblée. Et pour vous faire voir combien il est dangereux de *laisser subsister* plus longtemps une classe d'hommes qui ne sont jamais d'accord, nous vous adressons copie d'un arrêté que vient de prendre le Conseil épiscopal de Belley contre son évêque. Nous ne faisons aucune réflexion sur cette pièce... »

Ce district, qui est encore le district feuillant, est naïf. Il risque là un peu plus qu'une réflexion. Son sentiment sur « cette classe d'hommes », à savoir le clergé, nous fait comprendre comment tout à l'heure les arrêtés d'Albitte seront si aisément exécutés.

Au procès de janvier 1793, l'évêque de l'Ain fut l'un des 693 qui déclarèrent Louis XVI coupable ; des 286 qui le condamnèrent à la détention et au bannissement après la paix.

Dans la lutte qui suivit, il resta fidèle à la Gironde, fut emprisonné avec les *Soixante et treize* protestant contre le 31 mai. Prêtre fervent comme il était, il dut vraisemblablement, à cette incarcération de 21 mois, de vivre.

A l'organisation de la Constitution de l'an III, Royer entra aux Cinq-Cents de par le décret de la Convention qui prorogeait les pouvoirs des deux tiers de ses membres. Il y est fidèle à lui-même : on le voit à la tribune une fois pour dénoncer un complot royaliste dans la Haute-Loire, une fois pour demander la liberté des cultes. Il fit partie du tiers sortant en 1798 et ne reçut pas de nouveau mandat.

Depuis sa sortie de prison il n'avait pas cessé de travailler par ses écrits et par sa prédication à la résurrection de l'Eglise constitutionnelle. Nous avons vu celle-ci recommencer le culte à Bourg dans la chapelle du Collège le 12 juin 1795 (le 24 du même mois dans un hameau voisin de Lagnieu). Une note où Lalande raconte qu'en mai 1798 le président de la commission municipale de Bourg et *le curé Rolet* l'invitent à rétablir à Notre-Dame l'épitaphe de son père, implique, ce semble, qu'à cette date le clergé assermenté avait reconquis l'ex-temple de la Raison.

Sur les efforts et sur l'œuvre de ce clergé, en 1795 et 1800, je voulais mettre ici l'opinion de M. Gazier, un écrivain qui s'en est occupé (dans la Revue historique).

Toute réflexion faite, voici celle d'un contemporain très peu suspect de partialité. Un des grands vicaires du cardinal Fesch, l'abbé Ruivet, qui a eu une considérable part au rétablissement du catholicisme romain dans l'Ain, m'a dit (il peut y avoir quarante-deux ans) : « Dans les paroisses où le culte a été interrompu de 1794 à 1801, nous avons eu bien du mal à le rétablir et ces paroisses restent plus ou moins mauvaises. Il n'en a pas été de même dans celles où, vers le commencement de 1796, les prêtres schismatiques l'ont à demi restauré et où l'église n'a été fermée qu'un an. Ces apostats ont là, sans le vouloir, rendu un service réel. »

L'Eglise constitutionnelle a encore quelques rarissimes partisans. Elle a pour adversaires les catholiques et les libres-penseurs. Ce fait déplaira aux uns et aux autres, ce n'est pas un motif pour l'omettre ici. Ce qui importe, c'est que l'histoire soit sue. Il y aura toujours quelques bons esprits pour en profiter.

Royer assista en 1797 au premier concile de Paris où il fut pourvu aux sièges vacants. Le 21 mai, les évêques, ses collègues, le nommèrent à celui de la Seine. Il fut installé à Notre-Dame le 15 août. Je ne sache pas qu'il ait été donné de successeur à l'évêque de l'Ain.

Dans les cinq années qui suivirent 1796, les prélats constitutionnels tinrent soixante synodes et huit conciles métropolitains, dont un à Lyon.

Après le 18 brumaire, le siège de Paris paraît être devenu intenable pour Royer. Son caractère, ses antécédents, furent-ils trouvés incommodes ou désagréables par le nouveau maître ? Est-ce qu'en présence des négociations de Bonaparte avec le Pape, Royer pénétra l'homme qui, un peu plus tard, appela à l'archevêché l'abbé Mauri ? Et désespéra-t-il dès lors de l'Eglise constitutionnelle? En janvier 1801, on le voit écrire au Consul de rappeler simplement l'ancien titulaire, Juigné. Puis il s'opposa au second concile de Paris, comédie arrangée par le Consul pour inquiéter Rome et amener Pie VII à ses fins. Cette attitude franche contrariait les plans quelque peu tortueux du restaurateur de la Religion et mit décidément mal en cour l'évêque de la Seine. Pie VII, inquiet de la possibilité d'un traité entre le nouveau Théodose et les *apostats*, se résigna à laisser deux archevèchés et douze évêchés sur soixante sièges à ceux qu'on qualifie de schismatiques et d'intrus. Les titulaires furent choisis par Bonaparte. Royer n'en fut pas ; il donna sa démission, comme ses collègues, à l'exception d'un seul, en septembre 1801.

Ce n'est pas un médiocre honneur pour l'Eglise constitutionnelle que de ses deux chefs l'un, Grégoire, n'ait accepté d'entrer au Sénat que pour y voter contre l'établissement de l'Empire, l'autre, Royer, se soit montré incapable d'obtenir les faveurs du futur empereur.

Le janséniste Le Coz, évêque d'Ille-et-Vilaine (que Carrier voulait marier et emprisonna au Mont-Saint-Michel pour sa résistance) eut le siège de Besançon, il nomma Royer chanoine de sa cathédrale. Un biographe, que j'ai trouvé deux fois incomplet et une fois inexact, assure que Royer adressa au Pape une rétractation. M. Désiré Monnier (dans l'Annuaire du Jura) ne dit rien de cela : il nous montre Royer partageant sa vie désormais entre Besançon où le vieux janséniste « se voue exclusivement au service des hôpitaux » et Cuiseau sa ville natale. A Cuiseau, « il remplissait gratuitement ses fonctions ecclésiastiques et saisissait volontiers les occasions de parler au peuple. Le vieux prélat était instruit, parlait avec facilité ;

se montrait affable à tous et méritait, par ses vertus privées, la considération dont l'entouraient ses concitoyens. »
(Ann. du Jura, 1848, p. 360.)

Royer est mort en 1807 du typhus pris en soignant les
soldats malades dans les hôpitaux de Besançon.

J'ai été bref sur la querelle religieuse. Réparons un peu
ce tort.

Quand la Constituante aborda les questions ecclésiastiques, que voulait-elle ? Détruire le christianisme ? Aucunement ?

Elle voulait renverser cette institution politique du
Moyen-Age, l'Eglise féodale — un clergé devenu le premier ordre de l'Etat — des évêques pairs après avoir été
hauts-justiciers — des moines-seigneurs — des tribunaux
d'église punissant les protestations contre le dogme —
quoi encore ? La dîme, création des empereurs carlovin-
giens.... Mais en somme des choses nullement évangéli-
ques, c'est-à-dire nullement chrétiennes.

A cette fin elle proclama l'abolition de tous les privilèges
et la liberté de conscience en droit. Elle se devait à elle-
même et nous devait d'établir ces libertés en fait. Pour
cela il fallait abroger toutes les lois incompatibles avec
la liberté individuelle, la liberté religieuse, la liberté de
discussion. Il n'y avait plus à s'occuper du clergé, cela
fait, que pour le ranger expressément à la condition commune avec tous ses droits et aussi toutes ses charges.

Mais, de par l'ancienne loi, la Constituante était composée de prêtres pour un quart. Les conséquences logiques de la liberté de conscience effrayèrent la majeure
part de ces législateurs singuliers. Ils livrèrent ou dispu-
-tèrent peu les biens d'église, cet appât monstrueux. Mais
en échange ils demandèrent et obtinrent la constitution

32

d'une église légale et d'Etat, ne gouvernant plus au temporel, mais au spirituel restant guide et maîtresse.

Le résultat, c'est que, dès le début de la Révolution, nous voyons l'évêque de l'Ain appeler à son aide le bras séculier pour fermer les chapelles de ses adversaires. La liberté de conscience n'est pas plus respectée par Royer qu'elle ne l'a été par Bossuet.

Le résultat, c'est qu'au fort de la tourmente, en 1794, les révolutionnaires excédés de la dispute religieuse plus ardente que jamais, acceptent ou même provoquent les mesures d'Albitte, négations radicales de la liberté que 1789 avait voulu fonder.

Le résultat, c'est, après 1795, la reconstruction lente, persévérante, de l'ancienne église, contre-révolutionnaire nécessairement, mieux disciplinée qu'autrefois et n'ayant renoncé à aucune de ses prétentions.

Ainsi l'Eglise constitutionnelle a nui, à tous les moments, sciemment ou non, à la cause de la Révolution.

Non, il ne fallait pas fermer les couvents en 1791. Deux lois existantes, celle qui défend les vœux perpétuels, celle qui concède à tous, les moines non exceptés, le droit de ne pas rester dans l'indivision, appliquées, eussent vidé en bien peu de temps ces maisons gagnées alors par le siècle, et d'où sortirent, il ne faudrait pas l'oublier, Sieyès, Fouché, Daunou, Merlin de Thionville, Fauchet (évêque de la Seine), Lindet (évêque de l'Eure), le chartreux Dom Gerle, le capucin Chabot, le sanglant récollet de Strasbourg Euloge Schneider, et le dominicain Chalier...

Il ne fallait pas, en 1794, marier les prêtres par force ; il fallait simplement leur permettre comme à tous de se marier. On ne décrète pas la primitive église. Il faut la laisser se rétablir... si elle peut.

Il est puéril de détruire les saints de bois ; on les refait avec le premier bloc de poirier venu.

Il l'est davantage d'abolir les superstitions par des décrets : nos nourrices s'en moquent bien.

Il y avait à nous rendre non pas seulement en droit, mais en fait, à faire passer dans les mœurs ce droit de libre discussion que le Dieu des Juifs lui-même, si jaloux qu'il soit, reconnaît. *Tradidit mundum disputationibus eorum.* Malgré cette parole, Rome, Wittemberg et Genève nous l'ont ôté. Rendez-nous-le. Je ne sais si nous en ferons une religion nouvelle ou si nous amènerons l'ancienne à se réconcilier avec le monde nouveau. Le moins qu'il puisse en arriver, c'est de nous mettre dans la situation de l'Amérique où l'Etat n'a à s'occuper des cultes que s'ils menacent son existence.

Un grand écrivain a dit autrement. Selon lui, l'indifférence en matière religieuse, la liberté de discussion n'ont jamais rien pu. C'est que la liberté de discussion n'a jamais existé entièrement, surtout chez nous. Nous en fîmes entre 1715 et 1789, un essai un peu contrarié par la Sorbonne, par le Parlement, par le Censeur royal, un peu contenu par ces sentences qui brûlaient l'*Emile* et les *Lettres philosophiques* par la main du bourreau, et aussi par les Exempts qui menèrent deux fois Voltaire à la Bastille. Cet essai si incomplet n'a pas été infructueux. Il a fait, de la France monarchique et féodale, la France du xix° siècle. Recommençons-le avec plus de loyauté : il tuera ce qui doit mourir et conservera ce qui doit vivre.

JOUBERT

I.

Pendant l'époque grande et triste qu'on a essayé de montrer ici, une part notable de notre population était aux armées, défendant contre les rois d'Europe acharnés à le détruire le peuple de France qui avait entrepris de faire « toutes choses nouvelles ». On ne peut donner à la légion de l'Ain la place qui lui serait due : il n'est pas possible de l'oublier. Que cette génération militaire soit du moins représentée dans ce livre par celui qui reste son image exacte et son vrai chef, par Joubert.

Il a été son chef par le mérite, par le succès, par la gloire juste et pure qui rayonne à son jeune front. Tous savent cela et l'homme de Rivoli et de Novi, vrai héros et vrai martyr, n'a plus besoin qu'on le raconte. Quelle histoire de France, un peu digne de ce nom, n'y a pourvu ?

Mais il avait été d'abord l'image la plus fidèle et la plus complète de cette famille guerrière. Cela apparaît bien quand on regarde de près, *intus et in cute*, non plus l'officier brillant, mais l'homme. Il la représente au mieux par son caractère dont le trait majeur est le dévoûment réfléchi et modeste, et par une intelligence droite, exacte, profonde des choses d'alors qui fit de nos armées les bonnes servantes de la Révolution.

Est-ce tout, et avons-nous là Joubert entier? Non. Ce même examen attentif fait entrevoir un côté de l'homme peu ou point aperçu jusqu'ici. Joubert, pour figurer dans ce livre, va avoir un autre titre encore. Le soldat patriote, le divisionnaire accompli ont ébloui les biographes : ils n'ont vu que lui. Ils n'ont pas vu derrière lui un politique excellent, l'homme d'état formé par la Révolution, le plus dévoué à sa cause, le plus propre à la conduire au port, *si qua fata aspera sinant,* s'il n'en avait été décidé autrement à Novi.

Où j'ai cru discerner cela? C'est en regardant ce que d'autres ont regardé assez peu ou ont négligé de regarder — à savoir le moment de la vie de Joubert où il est enfin hors de page, tout-à-fait responsable de ses actes, étant passé, de lieutenant, général en chef ; où il peut et veut entreprendre de faire tout ce qu'il y a à faire de la plus admirable armée ; où il donne sa mesure tout entière, où il vaut tout ce qu'il peut valoir.

L'opinion que je vais risquer là, qu'on veuille bien le noter, c'est celle de Fouché, de Talleyrand, de Bonaparte, c'est-à-dire de ceux des contemporains qui se connaissent le mieux en hommes. C'est celle de tous les partis d'alors : s'ils ont tous attendu en Joubert un *sauveur,* c'est évidemment qu'ils lui en trouvaient l'étoffe et l'envergure. Cette opinion, je la puise où Bonaparte et Fouché, où le Manège jacobin et Clichy royaliste l'ont puisée, C'est parce qu'on avait vu à l'œuvre le général en chef de l'armée d'Italie à Milan qu'on l'a fait général en chef de l'armée de Paris le 1er prairial. Ses projets de décembre 1798, suspendus en pleine exécution par le Directoire, expliquaient aux contemporains et m'expliquent ses projets de juin 1799 interrompus par la mort. Et il n'y a pas pour moi d'énigme à la fin de cette pure et noble vie.

Je serai plus long que d'ordinaire, ayant à établir mes dires et à en discuter une partie contre le dernier en date des portraitistes de Joubert, de tous le plus lu et qui a tant de chances de remplacer les anciens, moins bien placés et moins attrayants.

Les premières biographies de Joubert sont maigres, étriquées, insuffisantes pour bien des raisons. Vers 1800, le pouvoir régnant, préoccupé d'éteindre à tout prix des feux couvant sous la cendre, n'eût pas souffert qu'on vînt indiscrètement remuer les braises rouges sous prétexte de montrer comme naguère elles brûlaient. Les faiseurs d'oraisons funèbres eux-mêmes ne se souciaient pas beaucoup de s'y échauder les doigts. Et le goût régnant ne comportait trop que des notices brèves où la tradition révolutionnaire apportant sa déclamation, ses grands cris, ses grands bras, une grimace qui n'était plus sincère ; la tradition académique imposant sa rhétorique vague, ses lieux communs usés, son goût factice, excluaient tout naturel et toute vérité.

En 1860, ces vieux éloges écourtés, ampoulés et plats furent remplacés par une étude exempte des préoccupations et des travers de 1800, copieuse, sincère, où Joubert, homme privé, apparaissait dans les fragments vivants de sa correspondance avec son père, où Joubert, homme public, se laissait entrevoir dans une pièce d'une extrême importance.

De cette étude que l'auteur, M. E. Chevrier, lui adressa, Sainte-Beuve fit tout de suite un de ces portraits qu'il faisait si vrais et si fins quand sa politique ne les faussait pas un peu. Il avait alors « un pied chez le Gouvernement », il le dit lui-même, (Lettre à M. Renan, ni de la Corr. P. 184). Et le grand critique et le grand peintre, si bien placé pour tout savoir, si capable de tout voir, si expert en l'art de tout dire, ne voulut pas reconnaître en Joubert tout ce qui y était, et réussit à y montrer ce qui n'y est pas. Cela, hélas ! arrangeait son plan d'être utile à ceux qui gouvernaient et agréable à celle que Lamartine voulait bien lui-même appeler « la cousine d'Auguste ».

Pour faire accepter le Joubert qu'il propose Sainte-Beuve trouve bon de se guinder à une de ces théories transcendantes dont il sait si bien se passer d'ordinaire. On croyait jadis à un plan divin des choses humaines ; on intitulait une histoire superbement : *Gesta Dei per Francos*. Bossuet a fait de cette idée une théorie. On sait comme, dans son *Histoire universelle*, il conduit en laisse et déchaîne à temps les hommes providentiels, exécuteurs des *gestes de Dieu*. Mais M. Renan, lui, nous montre là plutôt une *force* divine, un dessein extraordinaire, supérieur à toute liberté, qui se poursuit par le monde et par l'homme. Chez Bossuet ce serait que Périclès est envoyé pour compléter Athènes. Chez Renan, Athènes mûre enfante Périclès. Sainte-Beuve s'accommode de cette *force* dont le jeu ou *processus* régulier détermine les choses. Les sciences naturelles (un Cuvier qu'il appelle à son aide), nous la font voir procédant par ébauches et tâtonnements. Or, cette force étant une, *doit* agir tout de même dans l'histoire. Donc Joubert est l'ébauche de Napoléon... ! !

« On ne s'attendait guère à voir Cuvier dans cette affaire », bien que la *force, le dessein extraordinaire* l'ait fait naître la même année que Bonaparte et que Joubert. Je ne me sens pas de compétence précisément pour combattre ou pour adopter des spéculations si hautes. Mais la seconde fût-elle fondée, l'application qui en est faite à Joubert ne l'est pas ; il va ressortir des faits pour le lecteur que jamais deux hommes n'ont plus différé l'un de l'autre que Bonaparte et Joubert.

Le grand critique s'est mépris, un peu parce que la méprise lui souriait, beaucoup parce qu'elle est par un côté plausible. Ces deux hommes si peu semblables ont vécu dans le même milieu, leur situation y fut un instant presque pareille, les circonstances surtout les ont successivement incités tous les deux à prendre le même rôle, celui de chef d'état. Mais les circonstances qui maîtrisent les hommes ne les refont pas. Et Joubert, par caractère, par honnêteté, par conviction républicaine, eût compris ce rôle-là autrement que Bonaparte, et pour le jouer n'eût pris de leçon ni de César, ni de Talma.

Joubert est, il reste, à tous les moments de sa vie, l'enfant de sa petite cité, patriotique entre celles de Bresse ; l'homme de la classe moyenne, demeurant fidèle alors à ses origines, ne se séparant du peuple que par une éducation meilleure, mais sentant comme lui et combattant avec lui ; le rejeton d'une famille où les mœurs antiques sont conservées, se conciliant au mieux avec les opinions nouvelles.

Sa ville natale, c'est Pont-de-Vaux, à qui on ne dispute guère d'avoir le sol le plus plantureux, le peuple le plus intelligent, et d'être la plus jolie ville de Bresse, la plus aimée des siens par suite.

La *Terre* de Pont-de-Vaux appartenait, l'ancien régime finissant, aux Bertin, ils en prenaient nom MM. Bertin-de-Vaux : l'un n'était pas moins que Contrôleur général (ce que nous appelons ministre des finances) ; l'autre,

Bertin-de-Blagny, avait choisi d'être Trésorier des parties casuelles et membre de l'Académie des Inscriptions. Ces seigneurs-là étaient de leur siècle et travaillaient beaucoup au bonheur de leurs sujettes et un peu au bien-être de leurs sujets. Voir ce qu'ils faisaient pour les sujettes en quelque histoire de l'Académie royale de musique. Les sujets furent dotés d'un canal ; pour ce faire on trouva Racle, celui-ci de la famille des inventeurs, qui ne sut jamais d'orthographe, mais qui fit sur son canal un pont de fer ; après quoi il essaya de ressusciter *l'art de terre* abandonné pour la porcelaine, proposant, en deux mémoires conservés, un nouveau modèle de four à potier, et de faire entrer la faïence émaillée dans la décoration des bâtiments. Racle fut entendu d'une académie de province qui garde ses manuscrits ; de Voltaire, ce qui eût dû lui servir davantage ; et du jeune Joubert, ce qui eût servi sa mémoire au moins, si le jeune Joubert eût vécu.

La famille de Joubert maintenant. C'était une des plus honorées du pays. Le père était Claude-Marie, avocat au Parlement de Bourgogne et juge-mage en la juge-magerie de MM. Bertin. Un des confrères de Claude-Marie, Monnier, juge lui de Treffort au même temps, nous montre quel personnage c'était qu'un juge-mage. « Cette judicature, dit-il vaniteusement (en des *Mémoires* manuscrits conservés à la Bibliothèque de Bourg) est d'autant plus belle que le titulaire n'est gêné par le pouvoir d'aucun autre et a son siège, *ses* prisons, et tous les suppôts nécessaires de la justice... !! » Salomon, en son temps, ne pouvait davantage ! Et quand on songe à ce que font, en des pays qu'on sait, des tribunaux « gênés » par deux juridictions supérieures, on se demande en pâlissant ce qu'un juge-mage ne faisait pas.

La mère, Françoise Giraud, était fille ou sœur du Bailli-châtelain de la Ville. Et une sœur de Claude-Marie avait épousé M. Grognet, notaire-royal et procureur du roi à la police. — Voilà une famille, et assise.

Le Juge-mage est un homme du vieux monde ; *vetus homo priscus in antro*, croyant en Jésus-Christ, aimant la liberté, honoré et aimé de tous pour une probité et intégrité rudes, éprouvées cent fois, la science compétente et des mœurs graves. En 1789, quel autre que lui serait choisi par sa ville pour rédiger les doléances et cahiers, lesquels traceront leur tâche à MM. les députés du Tiers ? Et un peu plus tard (15 juin 1790) quand il faudra organiser le Conseil élu par les cantons pour administrer le District (c'était le *self-government* que la France réinventait là, mais elle n'a pas su en user et ne l'a pas gardé) quel autre que le vieux juge vénéré fera-t-on tout d'abord président du Directoire de ce district ?

Puis si cette génération, trop tôt lasse de tenir le gouvernail, laisse les hommes de trente ans s'en saisir et pousser le navire vers les mers inconnues, le vieux juge démissionnaire (16 décembre 1790) gardera le respect de tous : en 1793, il continuera d'aller *more veterum*, faire sa prière du soir dans l'église de Pont-de-Vaux ; cette église est bien devenue à cette date le club des Jacobins ; mais le vieillard n'estime pas que pour autant l'Eternel Dieu ait quitté la place.

Dans une ville où cela a été possible il n'y a pas eu de sang versé.

Le Juge-mage avait donné à son fils aîné, Barthélemy-Catherine, né le 14 août 1769, une éducation quasi ecclésiastique, selon l'usage prévalant encore dans les provinces reculées. Un abbé Moyret commence l'enfant à Saint-

Trivier-de-Courtes. Puis les Joséphistes de Louhans continuent le jeune homme et si bien le conduisent que, le 1ᵉʳ janvier 1785, ce rhétoricien de seize ans se sauve pardessus la muraille de la pieuse maison, et s'en va tout d'un trait à la Fère s'enrôler dans l'artillerie. *Spiritus flat ubi vult* : contre le souffle d'un temps rien ne prévaut. L'éducation ecclésiastique elle-même avait de ces succès-là : les Jésuites de Bourg avaient formé Lalande, ceux de Langres Diderot.

Barthélemy-Catherine, devenu général de l'armée d'Italie, signera encore, écrivant au vieux de Pont-de-Vaux : Votre *très-soumis* fils. Cette soumission, strictement d'étiquette alors, avait, on le voit, des intermittences et des bornes. Par exemple le très-soumis fils ne voulait pas du tout être juge-mage, comme son père le rêvait pour lui (n'imaginant rien de *plus beau* sous le soleil). Le père, par le crédit de MM. Bertin, put faire annuler l'engagement du blanc-bec. On fit diriger celui-ci de la Picardie sur Lyon. On l'enferma en la noire maison des Jésuites du quai du Rhône, si semblable à une prison, si bien décrite plus tard par un autre captif nommé Edgar Quinet. Il y finit une rhétorique aussi bien commencée ; après quoi, en 86, il passe au Séminaire où il suit les cours de philosophie et de mathématiques, possibles là seulement. Ainsi quatre maisons religieuses auront travaillé à l'éducation de ce destructeur de monarchies.

Enfin en 1787, voilà Joubert à Dijon étudiant le Droit. Et 89 le trouve avocat et garde-national.

Avocat, il plaide pour une femme pauvre contre une famille riche. On n'a jamais trop parlé de son éloquence. Mais la cause le soutient, l'opinion davantage. Il gagne sa première victoire et quelque popularité par surcroît.

La Révolution est commencée, on le voit. L'émeute **court** les rues de Dijon, elle renverse la statue de Louis XIV, M. le Gouverneur voulant la défendre, elle arrache la perruque à M. le Gouverneur. Puis, s'enhardissant, elle **veut** arracher la vie à M. le Président du Parlement, M. de Saint-Seine. Un jeune homme armé d'une canne barre la porte de l'Hôtel à ces fous furieux, les harangue. Quel est-il ? Ce n'est pas un suspect, c'est l'avocat de la pauvre femme d'hier. Eloquent ou non, il touche la foule et lui épargne un crime. Il commence bien, il finira mieux. ·

La Révolution monte, elle achève de s'emparer d'un jeune homme qui est à elle, qui la conduira, l'épée au poing, à Rivoli. Elle en fera un garde-national d'abord, à Dijon ; puis à Pont-de-Vaux où elle le fait encore secrétaire de la Société populaire. Les procès-verbaux de la main qui écrira tant de bulletins de victoire subsistent. Ils seraient curieux à compulser ; qu'y trouverait-on ? Du patriotisme à coup sûr et des sentiments honnêtes ; toute la vie qu'on va effleurer ici nous le garantit ; cette figure du vieux juge-mage écoutant, regardant du fond de la salle l'œil triste ou ravi, nous en répond. Puis bien des illusions, de celles qu'on a à vingt-deux ans par tout pays, en tous les temps ; qu'on avait davantage en France, en 1791. Des idées justes encore, par exemple une proposition de mettre là, dans la salle, (était-ce l'église déjà) le buste de Racle qui vient de mourir (en avril 1790). Il faudrait savoir gré de cette pensée à un homme mûr, au lendemain des luttes civiles ; — bien plus à ce garde-national imberbe, enthousiaste d'une révolution qui ne saura pas remplacer ce qu'elle détruit... On va chercher un culte et inventer celui de la Raison. Joubert proposait là celui des hommes qui ont fait le bien, une nouvelle forme du culte des héros ou des saints, plus intelligible aux petits que le culte de Chaumette.

La tâche de secrétaire du club des Jacobins n'absorbe pas notre jeune homme. Il apprend, à côté du vieux légiste, la pratique du Droit. Il apprend de l'anglais, ce qui l'empêchera d'être, un an ou deux plus tard, par trop spartiate ou par trop romain — et de l'italien ce qui lui servira aussi beaucoup, nous le verrons.

Cependant, quatre-vingt-onze va finir. Par-dessus la frontière arrive, dans nos petites villes effervescentes, les insultants défis, la menace qui ne sera pas oubliée, encore qu'elle ait été deux fois punie. Les Emigrés, les princes d'Allemagne rendent à la Révolution qui se fût peut-être consumée en des luttes civiles sans gloire, l'immense service de lui offrir une lutte plus digne ; des champs de bataille retentissants. Ceux qui sont jeunes, croyants, sûrs de leur cause et d'eux-mêmes, prennent le mousquet et quittent la stérile agitation des clubs et de la place publique pour la frontière où l'on entend le clairon prussien.

Barthélemy Joubert harangua les volontaires de sa ville au départ. Il mit même ce départ en vers qui ne sont pas très bons. Il était pardonnable de mal rimer à ce jeune homme qui va se battre assez bien. Le passage à Bourg des volontaires de Pont-de-Vaux ne resta pas inaperçu grâce à une aventure qu'on a pu savoir d'un témoin et dont il est parlé aussi dans les *Anecdotes de Bresse* de Lalande (manuscrites).

Des chasseurs ayant fait, paraît-il, la guerre de sept ans riaient de nos soldats improvisés. Un d'eux laissant trop voir qu'il avait d'eux la même opinion que MM. les Emigrants et que le vieux duc de Brunswick, l'avocat-poète

Joubert, lui mit deux pouces de fer dans le bras droit. Que Joubert ait été assisté en cette occasion par son camarade de chambrée, Claude-Marie-Joseph Pannetier, dont il ne se séparera guère, étant de la même ville et de la même année, je crois le savoir. Pannetier sera un jour l'aide-de-camp de Joubert, il fera son oraison funèbre : sous l'empire on l'appelait le Cupidon de l'armée pour sa beauté et les succès qu'elle lui valait, ce qui ne l'empêchait pas, en 1808, de gagner la bataille d'Alcolea. Nous l'avons revu ici en 1835 ou 1836, commandant le Département, entouré d'une famille charmante, contant volontiers avec sourire le premier duel et les premières amours... Lalande a touché aussi à ce chapitre délicat en ses *Anecdotes* bavardes, cela d'une main froide et lourde, habituée à manœuvrer des x. Les *Anecdotes*, un jour ou l'autre, seront imprimées, il faut donc dire un mot de l'idylle que contait le camarade de lit de Joubert.

Le grand jeune homme de cinq pieds neuf pouces, un peu frêle, de complexion délicate et froide en apparence, de figure sympathique bien que manquant de régularité, s'était fait aimer de la plus charmante fille de Saint-Trivier, la belle S..... Le vieux juge ne voulut pas permettre à un garçon de vingt-deux ans de parler à lui de mariage. Ce garçon s'engagea aussi un peu pour attendre. Avant de partir, il avait échangé avec la belle fille de ces promesses d'amoureux dont feu Jupiter, en son vivant, tolérait la violation. Il faudra bien dire plus tard ce qu'il en advint.

Joubert s'engagea à Bourg dans le troisième bataillon des Volontaires de l'Ain, comme grenadier. Depuis l'Iliade où les Dieux, en trois pas, vont du Mont-Olympe en Ethiopie, les héros qui marchent à la frontière l'atteignent dans les livres en quelques enjambées. Dans la réalité il n'en est pas de même tout-à-fait. Il faut forcément placer ici un séjour à Gex, une garnison dans une toute petite ville qui n'était pas gaie, où les Volontaires de l'Ain toutefois trouvent moyen de s'amuser — où Joubert, qui s'est procuré des livres de tactique, étudie bravement et sensément le métier qu'il va faire.

Un avocat qui se fait grenadier quand les Prussiens viennent, ce n'est pas de quoi s'étonner; il faut l'applaudir pourtant, car une autre ambition lui eût été possible et permise. Mais j'admire davantage ce grenadier de ce qu'il étudie. En temps de révolution, l'enthousiasme n'est pas rare ; le bon sens l'est toujours ; leur réunion décèle une nature d'élite. Sur dix avocats qui prennent la cocarde, il y en a bien neuf qui, comptant sur leurs mérites, estiment qu'ils vont deviner sur le champ de bataille cette mathématique formidable de César et de Frédéric, que Joubert apprenait à Gex dans les livres. Cela réussit à notre jeune homme ; il fut nommé sergent !

Ce sergent instruit, zélé, sachant parler aux hommes, apte évidemment à les commander, fut acheminé de Gex sur Dôle, de là à l'armée du Rhin, où il traversa en quelques mois les premières, les plus dures étapes de la carrière militaire.

Trois jours après la déclaration de guerre, le 28 avril 1792, il obtient l'épaulette de Sous-Lieutenant au 51° faisant partie de l'armée des Pyrénées-Orientales. A quatre mois de là (le 20 août) il est Lieutenant au même corps lequel passe à l'armée des Alpes et entre dans le comté de Nice.

II.

CORRESPONDANCE DE JOUBERT. — LA GUERRE EN DESHABILLÉ. — PREMIERS
FAITS D'ARMES, RAON. — MALADIE ET ANNÉE PERDUE (1794). — UNE
DÉFAITE (MELAGNO). — UNE VICTOIRE (LOANO). — INVASION DU PIÉMONT
(1796). — MILAN. — ÉCHEC DE LA CORONA. — MORT DE CHARLOTTE
JOUBERT. — RIVOLI. — LE TYROL. — LE RÔLE POLITIQUE DE JOUBERT
COMMENCE.

Ici débute pour nous une correspondance précieuse
du jeune officier avec son père. M. Chevrier l'a eue à sa
disposition, et en a publié de nombreux extraits, fonds
solide de son *Étude*. Sainte-Beuve a puisé dans cette mine
des deux mains, y laissant toutefois une grosse pépite dont
M. H. Martin a fait son profit en passant, nous le verrons ;
ils seront bons à imiter l'un et l'autre, à titres différents.

Dans les récits que des historiens médiocres ont faits de
ces années, l'attention est consacrée à peu près tout
entière soit à la tragédie sans égale qui se consomme à
l'intérieur, à cette France portant sur elle-même des mains
violentes, détruisant son passé dont elle ne veut plus, déci-
mant sans pitié la génération même qui a préparé l'avenir
— soit à ces champs de bataille solennels de Champagne
et de Belgique, théâtre des premières victoires de la Révolution. Tout l'intérêt pourtant n'était pas là.

Si quelque lecteur, non entraîné, voulait voir d'un peu
près ce qui se faisait à ces petites armées sacrifiées qui
n'ont fait que garder la barrière des Alpes et des Pyrénées
— connaître, moins les belles journées qui ont leur bul-
letin, que les mauvaises qui abrègent le leur — et ce *tous-
les-jours* de la guerre, ce *déshabillé* qu'un historien
songeant au *Fauteuil* drape souvent quelque peu, s'il ne le
transfigure tout-à-fait ; ce lecteur peut venir chercher tout

cela dans ces lettres d'un lieutenant contant sa vie militaire à son père et à ses sœurs. Il faut bien le redire :

La prose de Joubert est beaucoup négligée...
C'est du français bressan, parfois accidenté
D'accrocs à Vaugelas qui ne font pas beauté....

Mais comme elle sort du cœur, émue et sincère en toutes ses émotions, et exempte de toute parure et pose ! Je cite, abrégeant à regret :

« Nous sommes quelquefois trois jours sans pain ; le soldat ne murmure pas.

« Nous sommes depuis trois semaines à un quart de pain. Le fils Ravier mange quelquefois ma soupe. Son père devrait lui envoyer quelque argent ; un grenadier est malheureux avec un quart de pain par jour...

« Je suis tombé dans le lit du commandant piémontais, j'ai trouvé ses belles chemises, sa redingote, ses belles culottes, son sabre et des jambons. J'ai tout envoyé au Général, sauf les belles culottes (les miennes étaient déchirées), le sabre et les jambons...»

Honte et malheur aux chefs qui mettent une armée à de pareilles épreuves ! Ils sont responsables des déportements du soldat. A côté de ce lieutenant donnant sa soupe au fils Ravier « malheureux avec un quart de pain », (je prise autant Joubert pour cela que pour une redoute enlevée aux Piémontais), on est forcé d'entrevoir dans nos rangs des fauves à la curée : « Que des pillages dans les villes ! Que de cruautés dans les campagnes ! » s'écrie ailleurs Joubert. Et encore : « Il est impossible de vous raconter ce que les Marseillais ont commis d'horreurs, même contre les femmes...»

Je ne puis ici m'attarder aux récits d'actions militaires détaillés, pleins d'entrain, de confusion, où revit la guerre de montagnes avec ses vives escarmouches, les rochers enlevés au cri de « Vive la Nation ! Ça irà ! » les torrents passés à gué sous le feu des Piémontais, les bivouacs dans la neige. Je voudrais montrer en passant les volontaires marseillais de tout-à-l'heure à l'affaire de Lescarena, « courant comme des lièvres, sans savoir où, criant à la trahison, comme s'ils n'avaient pas tout fait eux-mêmes par leur lâcheté…. » Joubert réparant cette lâcheté et cette sottise et rétablissant l'action avec une poignée de soldats de ligne — ou forçant les *Barbets* (paysans insurgés) dans leurs repaires — ou derrière Miollis, avec 7 officiers, 60 soldats, entrant dans Isola gardée par 1,500 hommes (mai 1798).

Je voudrais dire son action de Raon, laissant les Piémontais l'apprécier. Il est cerné avec 30 grenadiers, par 500 Austro-Sardes, dans une redoute qu'il défend jusqu'à ce que les cartouches lui manquent, puis, quand elles manquent, à la baïonnette. On l'écrase de boulets. Son mur croule. Il sort le chapeau à la main. Un officier piémontais reçoit son épée et lui dit : « Le Roi est là, il vous a vu battre, il veut vous voir. » Les courtisans, l'État-major surpris le regardent et, suprême hommage en la bouche de ces gentilshommes, lui demandent « S'il n'est pas noble ? » Cette scène est assez neuve, elle vaut bien celles de nos vieux romans chevaleresques, je dis les plus belles (8 novembre 1793).

Joubert avait répondu : « Je suis citoyen français ». Sur quoi il fut emprisonné à Turin et assez maltraité. Il tomba malade. A la sollicitation du général Devins (savoyard ?) il fut renvoyé sur parole. Peut-être trouvait-on à Turin son attitude et surtout son épaulette d'un dangereux exemple ?

Victor-Amédée, trente-quatrième de la plus noble des maisons royales, excepté une, qui voulait voir de ses yeux ce lieutenant si brave et cependant roturier, qui le renvoyait chez lui, « ne prévoyait guère, dit bien M. Chevrier, que le jeune et obscur officier, cinq ans plus tard, renverserait de son trône la Maison de Savoie ».

En attendant que Turin le reçût en maître, Pont-de-Vaux le revit en janvier 1794, malade de la dyssenterie, venant refaire sa santé compromise par les misères de cette campagne. Sur la scène bizarre qui suivit voici ce que je sais de précis. Le 18 avril 1797, Joubert a écrit à l'Administration départementale de l'Ain : « Les suppôts d'Albitte me chassèrent de mon pays pour m'être récrié (au club de Pont-de-Vaux) contre son despotisme. » En 1860, M. Chevrier dit qu'on envoya de Bourg des hussards pour l'arrêter, que, prévenu à temps, il s'échappa par une fenêtre. En 1861 une biographie désigne comme responsables de cette aventure Alban et Vauquoi, le premier maire de Bourg, le second en effet suppôt ou commissaire d'Albitte.

Joubert revint à l'armée, non guéri. Les plus brillantes carrières ont des heures mauvaises. Le père du lieutenant se plaint de ce que son fils n'avance pas. Le fils répond en février 94 qu'il est nommé commandant. En juin il est chef de bataillon en mission à Toulon, chargé d'embarquer un corps destiné à sauver la Corse des Anglais. Mais le mal chronique pris en passant à pied les torrents glacés des Alpes se change en fièvre putride. Une année presque entière de cette vie si courte et si pleine est dépensée à l'hôpital de Toulon, puis dans une bastide d'Aix ; le médecin de Joubert le prend en amitié, l'emmène chez lui pour rétablir sa santé. Quel attrait y avait-il en ce jeune malade ?

N'était-ce pas Vauvenargues, moins écrivain, plus soldat, sur un lit d'hôpital? Même manque d'extérieur, même hauteur de cœur, une honnêteté antique, un dévoûment entier à la patrie, à la cause, au métier.... Voici comme Joubert, commandant, entend ce métier et le fait :

« A chaque heure répondre de la vie de plusieurs milliers d'hommes — hasarder à propos la vie de ses soldats pour la leur sauver — voir dans la lutte continuelle succomber ses amis, ses connaissances ; il y a là de quoi tourmenter un homme ! — Et moi qui ne sens rien faiblement, je m'affecte d'autant plus que, dans notre état, il faut avoir l'art. de cacher aux autres ses affections particulières — Il faut paraître confiant quand on est inquiet, dur envers le soldat quand il n'inspire que la pitié, avoir un visage qui n'est plus le miroir du cœur... »

On peut mieux dire ; mais l'humanité vraie, le sentiment du devoir, de la responsabilité, n'ont jamais parlé plus haut ni plus juste dans une âme guerrière. Celle-là « qui ne sent rien faiblement » en souffre et s'y lasse, on l'entrevoit. Celles qui sentent ainsi sont capables de tous les efforts, mais l'effort les use vite.

Voici venir d'autres épreuves, de celles qui ne manquent guère dans la vie militaire. Les désertions ruinent nos effectifs. « Comment, écrit Joubert, dans les Districts peut-on souffrir les désertions? S'il nous arrive un événement fâcheux, les Administrations, faibles ou criminelles, auraient à se le reprocher » (juin 1795). Ces administrations électives d'alors ont rendu des services tant qu'il s'est agi d'organiser la Révolution ; elles se sont montrées faibles, sinon lâches, quand il s'est agi de la défendre...

L'événement fâcheux pressenti arrive à un mois de là. En juillet 1795, à Melagno, Joubert, adjudant-général (colonel) provisoire, reçoit l'ordre d'attaquer avec 2,000 hommes 6,000 Hongrois. « J'ai perdu 500 hommes. J'ai tout fait pour m'enterrer dans leurs redoutes, j'ai fait l'arrière-garde de pied-ferme. A mon arrivée au Quartier-général, j'ai appris que je n'étais plus compris dans la liste des adjudants-généraux envoyés de Paris...»

Un revers non encore connu du Comité de Salut public ne pouvait être cause de ce déni de justice. Joubert accuse l'intrigue. En juillet 1795, c'est Tallien, Louvet, Camba-cérès qui conduisent le Comité. Et si la politique est en ceci pour quelque chose, ce sera de Jacobinisme qu'on aura accusé Joubert. Quant à Albitte, condamné à mort après le 1er prairial (20 mai) et obligé de se cacher, il n'est pas en situation de nuire.

Le Général (Kellermann) réclame et en attendant la réponse des dictateurs, maintient Joubert en sa place (de colonel). La réponse fut favorable. Kellermann dit au pauvre brave officier : « Je vous demande deux pièces de canon d'ici à la fin de la campagne ». A Melagno il avait fallu en laisser deux, les affûts étant cassés.

Joubert ne fit pas attendre Kellermann longtemps. A Loano (15 novembre 1795) il commande l'avant-garde du centre, arrive le premier dans les redoutes ennemies, fait avec 600 hommes mettre bas les armes à 800 Autrichiens, leur enlève leurs magasins, 12 canons et décide la victoire. Sur le champ de bataille, Schérer le propose aux Représentants du peuple pour être promu Général de brigade. Il avait vingt-six ans.

Un général de brigade en 1795 n'était pas encore un satrape. Et Loano n'était pas Capoue précisément. Le nouveau général écrit à son père :

« Tout nous manque. Nous sommes nus depuis l'été.

Nous n'avons ni pain, ni souliers. Je vis économiquement chez un bon curé qui depuis trois mois ne veut pas entendre parler de paiement... Nous souffrons tous les maux, couchons sur la paille, buvons de l'eau, très souvent réduits à 12 ou 14 onces de pain rempli de pierres, noir comme du temps de Robespierre.... » Il demande « un peu de numéraire pour changer ses habits, harnacher ses chevaux... Encore un effort, mon bon père, un bon mariage raccommodera cela... »

Et la belle fille de Saint-Trivier, homme sans foi ?

En ces premières étapes vers la gloire, si rapides, nullement exemptes de traverses, j'ai suivi le héros pas à pas pour mieux voir l'homme, je commence à le bien connaître ; les lettres du général de brigade, qui songe à ses Mémoires, plus curieuses pour un militaire, pour un historien, le seront moins pour moi. Je ne rechercherai pas ce qu'elles introduisent de détails neufs dans le récit des admirables campagnes de 1796. Si je m'attarde un peu plus à Rivoli, dans les gorges du Tyrol, ce sera pour chercher avec curiosité, avec intérêt, ce que le succès, l'entier succès, celui qui s'appelle du nom étourdissant de gloire fera de cet officier modeste qui ne voulait pas « dépasser le grade de colonel » — pour savoir aussi ce qui rend mélancolique le front du jeune triomphateur, surprendre et constater la plaie que la vie lui a faite, pour montrer encore que les insulteurs ne manquent à aucun des triomphes de la terre.

Bonaparte a pris le commandement de l'armée des Alpes. Elle n'avait plus de chevaux et ne pouvait atteler que douze canons. Nous savions cela. Joubert nous apprend de plus que les hommes y mouraient « d'inanition ». Il ajoute (19 mars 1796) : « Plutôt que d'assister à l'enterre-

ment d'une armée, je donne ma démission. » Il assiste à
sa résurrection et y contribue énergiquement.

A Montenotte, le jeune général en chef voit pour la première fois à l'œuvre son jeune lieutenant ; c'est là qu'il le
déclare « général par le talent, grenadier par le courage ».
Ce mot est le point de départ de leur illustre amitié. Veut-
on savoir comment Joubert la justifie ? Qu'on lise l'assaut
de Cosseria bicoque ignorée dans l'Apennin.

« J'ai été blessé en passant par un créneau. Mes cara-
biniers me soutenaient en l'air. J'embrassais le mur. Je
parais les pierres avec mon sabre ; j'en ai paré deux ; j'ai
été abattu au moment où je pénétrais. Un officier m'a aidé
à me relever. Toute ma colonne me croyant tué avait reculé
de trente pas. J'ai été consolé de ma blessure en entendant
mes chasseurs crier : Vive notre général ! L'ennemi inti-
midé s'est rendu!» — Au tacticien qui sépara les Piémontais
des Autrichiens d'abord, et les battit ensuite successivement on n'a pas marchandé la gloire ; et nous savons bien
quelle récompense il a reçue. Aux lieutenants qui exécu-
taient ainsi sur le terrain ce que ce tacticien avait arrangé
sur la carte a-t-on fait toute leur part ?

Le Piémont est enfin envahi. Sa richesse rend à l'armée
le goût du pillage. Joubert « fait *peste et rage* auprès du général en chef pour faire fusiller quelques soldats... Pas de
jour qu'on n'en fusille... » ainsi la guerre est faite, quand
on la fait humainement.

Bonaparte lui a donné l'avant-garde à conduire ; il court
sur Turin, il va attaquer. La petite monarchie féodale de
Savoie capitule. « Le vieux général de La Tour est dé-
pêché la nuit avec plein pouvoir (de traiter). Ce brave
homme nous dit en passant (aux avant-postes) : Vous êtes
des gens terribles ! N'allez pas au moins nous casser

encore quelques gueules ; c'est inutile. Demain nous serons amis » (28 avril 96).

Les proclamations du Général en chef sont fort superbes ; on sent qu'il lit les bons auteurs, et songera à Bossuet devant les Pyramides, et l'égalera vraiment. Je ne goûte pas beaucoup moins le bien dire naïf de ces frères qui se reconnaissent pour tels, le vieux Savoyard de La Tour et le jeune Bressan Joubert. Encore qu'il ne soit pas pour leur ouvrir les portes de l'Institut (3° classe), il a un goût de terroir bien franc, très français aussi.

Mais on ne surprendra pas Joubert à poser. Il résumera ainsi la campagne d'avril 96: « Nous avons bien travaillé. En quinze jours détruire deux armées et forcer un roi à la paix !... Je vais enfin me reposer : depuis quinze jours, je suis seize heures à cheval chaque jour ; je suis comme un squelette, et noir comme un maure... »

Erreur ! avec Bonaparte on ne se repose pas. Cet immense égoïsme, armé d'un pareil dévoûment, n'a garde de le laisser chômer. Et puis Milan nous attend, apporte à Joubert et à Massèna « ses clés d'or et les applaudissements d'un peuple ».

Une lassitude nouvelle, inconnue, empêche Joubert de dormir. Mais il faut passer l'Adda. Il faut aller au-devant de Wurmser qui descend du Tyrol. Notons ici un ou deux éclairs de gaîté. C'est ce qui est le plus rare en cette correspondance. « — De Vérone, ci-devant cour de Louis XVIII, Quartier-général républicain ; 2 juin... La Cour a fui à notre approche. Les Emigrés galoppent à pied du côté de Venise... » Et de la Corona, 23 juin : « Il paraît que nous tiendrons bientôt concile à Trente. »

Pas encore. Il faut d'abord couvrir le siège de Mantoue. Le poste périlleux, à la Corona, est confié à Joubert. Il le défend deux jours, donne au moins par là à Bonaparte le temps de se concentrer, puis se replie sur Brescia.

« Le 16 août, j'allais me mettre au lit. Une ordonnance arrive. Partez, bien portant ou non, pour Castiglione, soyez-y avant six heures du soir. — J'arrivai. On disait : Voilà Joubert : c'est bon augure pour demain. — Il faut encore que tu donnes un coup de collier; me dit Bonaparte. Nous nous reposerons demain... »

« Le lendemain sur le champ de bataille où nous sommes sept contre vingt, Bonaparte court à moi. Vois-tu Serrurier qui attaque ! Tu devrais déjà être engagé. Pars avec tes chasseurs et force le centre de l'ennemi. L'armée applaudit. Je suis déjà en marche. Augereau me soutient; en une heure et demie, je m'empare de Solférino défendu par 6,000 Autrichiens.

« Je suis à présent à Vérone, ruiné, écrit Joubert au lendemain de ce *coup de collier* ; mes équipages sont perdus. Je suis malade, épuisé. Mon frère court dépenser 30 louis qui nous restent pour me refaire un porte-manteau. Bonaparte m'a *promis* de me faire rembourser. J'attends la paix... » La paix est loin. L'Autriche a encore quatre armées à faire battre avant de s'y décider.

Dans le rapport de Bonaparte au Directoire sur la défaite de Wurmser, Joubert n'est pas nommé. Masséna qui l'a fait battre à la Corona l'a-t-il desservi ?... « Bonaparte est trop grand pour l'avoir écouté. S'il ne m'a pas flatté dans son rapport, c'est qu'il sait que je n'en ai pas besoin. Il ne peut pas se faire qu'on parle toujours du même homme : c'est peut-être un bien. Bonaparte a voulu être laconique. Il n'y a rien là à dire. » L'admirable soldat ne soupçonne pas, ne veut pas qu'on soupçonne son chef d'injustice.

Il est bien découragé cependant. Il est malade à Brescia d'une de ces maladies d'estomac que les souffrances morales aggravent et qui assombrissent le caractère. Son frère, qui est son aide-de-camp, malade aussi, est forcé de retourner au pays. De là-bas une mauvaise nouvelle est venue : Charlotte, une sœur aimée, vient de mourir. Le gémissement du pauvre héros est profond. Son chagrin et son mal influent sur son jugement. Pendant ce repos forcé de deux mois, il voit tout en noir, la situation de l'armée notamment, prévoit des défaites, blâme le Directoire de continuer la guerre, de vouloir l'Italie encore quand nous avons le Rhin... (2 octobre 96).

Son cœur ne s'aigrit pas. Sainte-Beuve a cherché par où Joubert ressemble à Napoléon. Reprenons sa tâche et regardons un peu les deux hommes atteints au cœur. Napoléon apprend au Caire que la femme à qui il a donné son nom se conduit misérablement, écrit à son frère Joseph : « J'ai beaucoup de chagrin domestique. Le voile est entièrement levé. Toi seul me restes. Fais que j'aie une campagne à mon arrivée, je compte m'y enfermer. Je suis ennuyé de la nature humaine. Je n'ai plus que de quoi vivre. Il ne me reste qu'à devenir bien vraiment égoïste... » — Cela lui sera facile. — Joubert, lui, n'a pas de quoi vivre. C'est qu'il lui arrive « d'abandonner son traitement pour nourrir la troupe et de n'avoir pas le sou » (20 janvier 97), ayant donné « ses derniers dix louis » à un espion. Il rêve de s'établir, à la paix, « bourgeoisement, car c'est là le bonheur ». Et bourgeoisement, c'est bien le contraire de solitairement. La perte de sa sœur lui rend son frère plus cher : son souci c'est de garder celui-ci, même en se privant de lui. Il le renvoie donc se soigner à Pont-de-Vaux, et il lui recommande de passer par Grenoble et Bourg, car à Lyon on tue les patriotes dans les rues comme des chiens. J'admire l'homme de bronze, mais j'aime mon compatriote dont je sens le cœur battre.

Les chaleurs passées, la maladie d'estomac enraie. Bonaparte refroidi un moment, soit à cause de l'échec de la Corona, soit pour une correspondance avec Deydier, représentant de Pont-de-Vaux, protecteur de Joubert à Paris, qui a fait ou laissé imprimer quelque lettre peu diplomatique ; soit parce qu'avec cet immense égoïsme des héros il trouve qu'un lieutenant à lui n'a pas le droit d'être malade ; Bonaparte revient, lui donne à garder Legnago, le pont fortifié sur l'Adige qui protège le blocus de Mantoue. « Il m'a entretenu avec la plus grande familiarité, mande Joubert, ému comme on l'est au retour d'une maîtresse adorée. Il m'a dit en partant : Tiens vingt jours ; et sors, si tu peux, avec les honneurs de la guerre... » L'espérance est revenue avec les fraîcheurs, avec la santé, avec la confiance du chef idolâtré. « Je me sens beaucoup mieux, je demande à marcher. Il y a double à parier pour nous » (28 octobre 96). Il y avait beaucoup à parier en effet pour une armée commandée par des hommes ainsi faits et on n'eût pas perdu son enjeu à cette veille d'Arcole.

« Jamais, écrit Joubert de ce champ de bataille héroïque, les Autrichiens ne se sont si bien battus ; le Général en chef a chargé à pied avec son état-major. Mon avant-garde a battu l'ennemi, lui a pris 1,500 hommes, 3 canons... Bonaparte a dit de moi: Je compte sur lui comme sur moi. » Bonaparte le fait général de division un an après sa nomination de général de brigade, jour pour jour.

Joubert refuse, refuse deux fois ; et en quels termes ! « Une division de 9,000 hommes est un fardeau qui m'accable. Une brigade est plus qu'il ne m'en faut. Une brigade est mon fait... » Et un mois après seulement : « Je n'accepte qu'avec inquiétude... Sous vos ordres j'agirai avec confiance, il faut laisser quelque chose à César et à sa fortune. » Ce nom de César ici nous fait quelque peine ; c'est que nous savons ce qui a suivi. Joubert ne le soupçonne pas. Bonaparte lui-même a écrit que ce ne fut guère qu'après Arcole qu'il entrevit l'avenir et ambitionna de régner...

En annonçant au divisionnaire que sa promotion est agréée à Paris, le Général en chef ajoute : « Je vous engage à choisir deux aides-de-camp d'un courage à toute épreuve. » Joubert choisit donc Pannetier et André. Quel éloge plus grand pour deux officiers qu'un tel choix après une telle recommandation !

La cinquième armée d'Autriche descend sur le bas Adige ; Alvinzi par les montagnes, Provera par la plaine convergent vers Mantoue qui se défend toujours. Bonaparte s'occupera de Provera. Joubert arrêtera Alvinzi dans les positions de la Corona et de Rivoli où il a une revanche à prendre.

Le 12 janvier 1797, les 10,000 soldats de Joubert, sans souliers dans la neige, par un froid excessif, vont au clair de lune reconnaître l'ennemi double (au moins) en nombre. Il est contenu et repoussé.

Le 13, 2 heures avant le jour, Joubert attaque. Je le laisse conter Rivoli à son père. « Jamais bataille plus sanglante... Supposez un cercle d'ennemis, nous dedans. Des charges, des déroutes pendant dix heures de suite. Enfin, au moment où l'ennemi chantait victoire, j'ordonne une charge. J'étais à pied, Berthier à cheval ; sa cavalerie part ; je suis à la tête de l'infanterie, En un clin d'œil de vaincus nous sommes vainqueurs sur notre front. Bonaparte (arrivé à minuit), avec son sang-froid ordonne l'attaque du corps qui nous avait tournés. Tout est culbuté. La journée est à nous. »

Le soir même, Bonaparte, sûr du lendemain, part pour la Favorite où il écrasera Provera, laissant Joubert sur le plateau de Rivoli, vis-à-vis Alvinzi battu, mais encore supérieur en nombre. Joubert enveloppe son adversaire le 14, le précipite dans le lac de Garde, dans l'Adige, lui prend son canon, 6,000 hommes, le force à s'enfuir presque seul vers Trente.

Le 16, Joubert écrit à son père : « Je viens de faire le plus beau coup qui se soit fait dans cette célèbre campagne. » Nous savons qu'il ne s'avantage guère. D'ailleurs le Directoire lui envoie « le témoignage de sa satisfaction pour les services qu'il rend à la République » et déclare que les deux journées du 13 et du 14 « lui donnent des droits à la reconnaissance nationale ». À quoi bon insister ? Thiers ici est injuste ; il l'est souvent.

Je ne peux raconter la conquête du Tyrol et la marche sur Vienne en plein hiver, à travers les grandes Alpes, à quatre-vingts lieues du principal corps d'armée, à travers une insurrection formidable, à travers les derniers bataillons de l'Autriche retranchés dans des gorges quasi inaccessibles et commandés par l'archiduc Charles. Il y eut à livrer huit combats que Carnot compétent a déclarés « des combats de géants ». Disons vite que c'est là le vrai titre militaire de Joubert, celui qui le range parmi les plus grands en sa terrible profession. On ne songe pas à apprécier en lui le militaire consommé, c'est fait depuis longtemps. On cherche l'homme dans le héros. Or, cette marche si chanceuse qu'il amène à bien, il savait tout ce qu'elle livrait au hasard et la désapprouvait. Au départ, il écrivait à son père : « Le froid est excessif, s'il neige nous sommes perdus. » Veut-on savoir pourtant comme il la prépare et la conduit ? « Voilà dix nuits que je passe blanches. Mais ma division a eu ses distributions régulièrement faites, dans ce pays où le pain nous manquait l'été. Tous les jours de combat, à huit heures les cartouches, à dix heures le pain, à quatre heures l'eau-de-vie.'Quand je parais au point du jour sur ma ligne, la joie est peinte sur toutes les figures... Je viens de marcher quinze heures à pied pour faire le tour de ma ligne... »

Mais la rapidité de l'opération a amené du désordre, des violences. Le Tyrol se soulève. Joubert remonte sans hésiter à la source du mal, à la cause première de toutes les insurrections de ce genre. Un ordre du jour où il en appelle à l'honneur militaire fait livrer les soldats coupables par leurs propres camarades. Mesure horrible et nécessaire, « des fusillades faites à propos » prouvent à son armée, aux insurgés, qu'il y a des choses que le général républicain met au-dessus du bien-être de ses soldats. Une proclamation où il s'engage à ne faire aucune réquisition en argent, des *prévenances* pour un clergé influent (conseillées par Bonaparte), beaucoup de fermeté, d'humanité, un peu d'adresse font poser les armes à ces paysans soulevés.

Par prévenances qu'entendons-nous ? Quelque démonstration bienveillante, l'intervention du Général pour sauver du pillage *le trésor* d'une Madone favorite ou la châsse d'un Saint guérisseur... Mais Lalande veut (*Anecdotes*, P. 161), que Joubert ait crûment acheté contre espèces la neutralité du clergé tyrolien. Il sait même que pour le « subjuguer », il en a coûté de 24,000 à 30,000 francs.

En rejoignant les notes sur Joubert éparses dans le manuscrit des *Anecdotes*, on y sent courir un venin latent. Derrière cette affirmation il y a de l'ironie. C'est une façon d'insinuer que la conquête fameuse du Tyrol n'a pas été si difficile. Je reconnais là des ennemis mortels dont il va falloir parler. Si je croyais au fait que Lalande répète, je n'y verrais rien de fâcheux que pour les curés du Tyrol. Diminuer les souffrances de notre armée, l'effusion du sang, les brutalités d'une occupation au prix de 30,000 francs, c'est un expédient permis et louable. Que n'en avons-nous usé avec les moines espagnols en 1808, avec les popes russes en 1812 ?

Le 8 avril 1797, Joubert fait sa jonction avec Bonaparte à Saxemburg. Ses soldats n'avaient plus de cartouches. Au Quartier-général (et en France) on le disait perdu. Il va droit à la tente du Général en chef, la sentinelle lui refuse l'entrée ; il passe outre. Bonaparte vient à lui les bras ouverts, disant à la sentinelle qui suivait courroucée : « Va ! républicain, Joubert a forcé les gorges du Tyrol, il peut bien forcer ta consigne ». Corneille ou Plutarque ont de ces mots-là : c'est avec eux qu'un César paie les cœurs de ceux qu'il mène derrière lui sur les champs de carnage.

Cette jonction de l'aile gauche au corps d'armée, c'était la possibilité d'aller à Vienne. Dix jours après, l'Autriche signa à Léoben ces préliminaires de paix, prix de l'opération la plus osée qui soit dans les annales de la guerre. Bonaparte pouvait la combiner en tout état de cause ; il ne pouvait l'exécuter qu'avec un pareil lieutenant. La conception était grande et risquée, l'exécution l'a sauvée et dépassée.

Paulò minora. Descendons un peu. Un contemporain,

savant aux choses du cœur, a dit que les femmes les mieux
aimées sont celles à qui manque la beauté. Il en sera de
même des chétives, pauvres, obscures petites patries.
Même à cette époque où *la Nation*, où la France arrivée à
la plénitude et à tout l'orgueil de la vie, absorbait, éclip-
sait dans toutes les âmes la province et la cité presque
abolies, Joubert restait Bressan. A l'armée il s'entoure de
son frère, de ses compatriotes. Dans les palais de Milan
et de Brescia, il songe à la petite maison du juge-mage de
Pont-de-Vaux. Dans la tente du vainqueur d'Arcole, il
songe à sa sœur Charlotte. Comme de raison, il devait
souffrir par où il était attaché. Et il ne serait pas logique,
le sort étant ce qu'il est, et l'homme valant ce qu'il vaut,
qu'une si belle gloire, qu'un triomphe si pur eussent
manqué d'insulteurs. Au lieutenant aimé du libérateur de
l'Italie, au général qui vient d'arracher à l'Autriche sa plus
fidèle province, son beau Tyrol, qui a tant aidé à faire
cette paix si appelée, le vieux juge mande de sa petite ville
de surprenantes nouvelles.

Pour comprendre sa plainte, il faut dire qu'il y avait chez
nous un parti que la dispersion de la Cour de Vérone (dont
Joubert riait tout-à-l'heure) avait désolé, que la paix avec
l'Autriche devait mettre au désespoir. Ce parti dans l'Ain
avait élu un Émigré député, mis un Feuillant au Directoire
du Département. Il n'avait pas pris le deuil quand les
journaux réactionnaires français avaient annoncé la destruction de l'armée du Tyrol, quand Vienne l'avait fêtée.
A Bourg il en fit des « caricatures », à Pont-de-Vaux des
« chansons! » On osa davantage : on inquiéta, on menaça,
on « persécuta » (le mot y est) la famille du héros !

Il n'y avait pas quatre ans encore qu'Alban et Vauquoi
avaient lâché leurs hussards contre Joubert accusé de mo-

dérantisme, et voilà que les Royalistes traitent en jacobins son père et lui, et se vengent des victoires du fils, qui dérangent leurs plans, en inquiétant le père. Quand on aime la liberté honnête qui est la liberté pour tous, on a la chance d'être ainsi traité. Joubert ulcéré écrit qu'il quittera sa ville natale : « Si mes concitoyens me refusent le repos, je trouverai assez de coins en France pour y vivre tranquille et honoré ».

Puis on apprit à Bourg que « cet homme (il l'appelaient ainsi) vivait encore, » que l'armée du Tyrol victorieuse s'acheminait vers Vienne. On eut honte alors, on eut peur de ce qu'on avait fait. Le Directoire de l'Ain crut faire que sage d'adresser au vainqueur une lettre de félicitations. Joubert répondit par une missive irritée ; nous ne l'avons pas. Selon Lalande, elle n'était point « honnête » (polie) ; et le républicanisme de nos administrateurs y était dit médiocre. Selon Deydier, c'est la lettre « d'un militaire patriote *justement* indigné de ce que si peu de Français secondaient l'armée dans ses glorieux travaux ». Peut-être Joubert y disait-il que le Directoire de l'Ain eût pu garder ses félicitations et lui renvoyer les déserteurs qu'il « protégeait ». Passons. Mais il devait bientôt acquérir un nouveau titre à la haine de ces gens-là.

Des préliminaires de Leoben au traité de Campo-Formio il s'écoula six mois : l'Autriche retardait la signature, espérant toujours une contre-révolution à Paris, laquelle ne lui eût marchandé la paix non plus que le comte d'Artois fit en 1814. Pendant ces six mois Joubert administre deux provinces vénitiennes, Vicence et Bassano. Ses lettres à cette date éclairent les causes de la ruine de Venise. Le Sénat vénitien, qui était de l'école historique, avait voulu refaire les vêpres siciliennes contre notre

34

armée; perfectionnant même le procédé, et commençant par égorger nos malades dans les hôpitaux de Vérone. C'était un crime. Les crimes politiques sont si rarement rémunérés comme ils le méritent qu'il faut applaudir d'abord à leur châtiment.

Mais quoi? ne pouvait-on renverser cette aristocratie dépravée et décrépite et faire de son territoire un état libre! L'objection est plausible. Joubert répond: « Partout ce peuple est attaché à son exécrable gouvernement... Les lettres prises à la poste vénitienne montrent que les Patriciens ne rêvent que contre-révolution. Je répugne à voir des arbres de liberté dans ce pays... »

A ce qui fut fait à Leoben, il y avait un autre motif : Si nous abandonnions Venise, on nous cédait la Belgique.

Les deux contractants, c'est vrai, ont peu gagné à ce marché.

Quoi qu'on pense de la question, il ne faut pas voir dans l'opinion de Joubert un reste de complaisance pour le passé. C'est à cette date même que l'armée d'Italie prend l'attitude qui rendra le 18 fructidor possible. C'est le 14 juillet 1797 que Bonaparte dira à ses soldats : « Des montagnes nous séparent de la France, vous les franchirez avec la rapidité de l'aigle... pour protéger les républicains. Les royalistes, dès le moment où ils se montreront *auront vécu!* »

Quant à Joubert, deux jours auparavant, il a écrit à son père: « Les intrigues de Clichy (le club royaliste dont Thibaudeau appelle les affiliés des Jacobins blancs) ont éloigné la conclusion du traité de paix. *Malheur à Clichy!* »

Dans son adresse publique au Directoire, il ira plus loin : il attaquera hautement les Conseils que mène Pichegru : « On suit ouvertement dans la Législature l'exécution d'un plan combiné pour rétablir le trône. Une loi liberticide est à peine passée qu'une autre est proposée. On accuse sans pudeur le Directoire *dans lequel* repose le dépôt de notre constitution..» Bonaparte écrira à Joubert que cette adresse est « goûtée » (Mémoires de Thibaudeau, II, 228). Et le Directoire, « *dans lequel repose le dépôt de la Constitution* », traitera le *dépôt* comme on sait. Les Fructidoriens ont du moins ajourné la Restauration de dix-sept ans.

C'est, qu'on ne l'oublie plus, par cette adresse « goûtée » du parti voulant conserver la république, c'est par ce mot « Malheur à Clichy ! » qui n'est pas précisément d'un Modéré que le rôle politique du jeune général commence.

Il y a des natures complexes, versatiles le plus souvent; leur premier mot indique leur point de départ, rien de plus. Mais chez les natures simples, chez Joubert, le premier mot montre la voie adoptée d'instinct ou choisie par la raison; il découvre leur pensée et état d'âme, indique leur direction, dénonce leur but.

III.

La paix signée, Joubert revient chargé par ses frères d'armes de la plus noble des missions auprès de la grande patrie. La petite, qu'il revoit en passant, expie par un accueil triomphal sa chanson odieuse. Il jouit un moment des embrassements de son père et de ce singulier et délicieux battement de cœur qu'on ressent en rentrant fier de soi-même, entouré, admiré de ceux qu'on connaît et qu'on aime, en ce petit lieu humble qui s'appelle de ces douces syllabes, le pays.

Il eut là des émotions de plus d'une sorte , une mélangée d'un peu d'amertume dont il faut bien dire quelque chose. Nous souvient-il de cette belle fille de Saint-Trivier qui, en 1791, lui avait promis de l'attendre? Il l'avait fait attendre beaucoup, je ne puis le nier. Qu'après six ans elle fût de lui oubliée à moitié, tous ceux qui auront vu l'Italie , fût-ce un jour et en passant, et senti sur eux le décevant sourire des blondes de l'Adige et de la Brenta, le croiront bien. La belle S..... pensa aussi son ami infidèle ou seulement perdit patience. Elle se maria donc, ou si vous aimez mieux se laissa marier avec un cousin à elle. Après quoi elle s'en repentit. Non qu'elle fût plus mal lotie qu'une autre. Mais nous nous repentons tous naturellement de ce que nous avons fait, pauvres êtres mobiles que nous sommes. Le mari avait peut-être écorné le petit bien. La vie était peut-être devenue mal aisée. Enfin, la belle S..... n'était plus contente de la vie. Elle était toujours belle ; Joubert put le savoir et le voir. Car elle demanda une audience au Général. Comme la Pauline de Corneille qu'elle ne connaissait pas, elle venait solliciter pour l'époux la protection de l'ancien ami, quelque place un peu bien appointée. Le Général , ayant plus de crédit à Milan qu'à Paris, donna une place dans l'administration de l'armée à Milan. S..... dut vivre à Saint-Trivier du peu qui lui restait. Toutefois , au bout de quelques semaines, elle partit sans dire où elle allait. J'anticipe pour en finir de ce roman. Elle arriva un matin à Paris, chez le Général qui l'attendait ou ne l'attendait pas, on n'a pas su. Il l'avait aimée, il s'aperçut qu'il l'aimait encore. Il n'en eût rien été qu'il n'eût pu la jeter hors, dans les fanges de la Babylone que gouvernait l'ex - comte de Barras, et où Mᵐᵉ Tallien et Mᵐᵉ Bonaparte régnaient. Je n'ai pour ce qui va suivre de témoignage que celui d'un camarade du Général, partial pour lui. J'y crois parce que c'est bien humain et reste honnête. La fin de l'aventure fut triste, S..... n'était pas de celles qu'on peut fixer. Joubert n'était pas de ceux qui se résignent à partager. Que ce soit lui qui l'ait quittée, ce n'est pas sûr. Et quand le mari, après l'évacuation de Milan par les Français en 1798, revint en Bresse et se noya, ce fut moins parce qu'il retrouvait son foyer désert, que parce qu'il n'avait plus de moyens d'existence.

Tout ceci diffère du récit sommaire et brutal de Lalande, moins par les faits quasi les mêmes que par le sens qui leur est attribué. On eût pu n'en rien dire. Mais les manuscrits légèrement calomniateurs sont là, attendant l'impression, dans deux dépôts, l'un ouvert à tous, l'autre accessible à beaucoup ; il vaut mieux qu'ils soient contredits quelque part.

Revenons aux choses dites sérieuses. Le 10 décembre 1797, un autel de la Patrie fut élevé au milieu de la cour du Luxembourg, une salle de fête comme il en est peu. Autour de l'autel, sur un immense amphithéâtre, le *tout Paris* officiel et le *tout Paris* élégant d'alors prirent place en face du Directoire, des deux Conseils en ce grand costume que David avait dessiné. Le Ministre des affaires étrangères présenta au gouvernement de la République le citoyen Bonaparte, qui déposa sur l'autel la ratification du traité conclu avec l'Empereur et le citoyen Joubert qui y déposait, lui, le drapeau de l'armée d'Italie.

Bonaparte en quelques mots « proclama l'ère des gouvernements représentatifs commençants... » Etait-il sincère ? Si vous croyez aux hommes tout d'une pièce, répondez non. Mais celui-là a changé comme tous les autres, plutôt en mal. Je crois à sa sincérité ce jour-là.

Joubert ensuite montra « les campagnes de l'an IV et de l'an V, déterminant dans le système politique des changements heureux qui consacraient à jamais la puissance et la souveraineté d'un grand peuple... » A Leoben, l'Autriche avait parlé de reconnaître la République française, celle-ci avait refusé avec hauteur, ne voulant pas dater d'Arcole et de Rivoli, pour belles que fussent ces journées. Si donc ce peuple né en l'an IV et V n'est pas celui de France, c'est celui d'Italie. On ne le nomme pas encore de son nom par un reste d'égards pour la diplomatie effarée : mais en réalité on notifiait là son avènement à la vieille Europe. A seize ans de là, celle-ci répliquera par la voix railleuse de M. de Metternich : l'Italie, c'est une expression géographique. On sait comme depuis ce dialogue solennel a fini.

Il fut aussi parlé dans ce lieu si retentissant, de la future expédition d'Angleterre, cela avec tant d'ostentation, qu'à Londres on dut se dire que nous ne songions pas réellement à la faire. Il y avait pourtant quelqu'un à Paris qui la voulut fortement trois mois : c'est Bonaparte. On lui objectait qu'on n'avait pas d'argent — il conseillait d'en aller chercher à Berne, — qu'on n'avait pas assez de vaisseaux, — il conseillait de réunir aux débris de nos flottes les restes des flottes de Hollande.

Nous avons quelque peine à comprendre ce qui fut fait alors à la Haye, à Milan, étant un peu assagis par nos désastres. Mais nous étions en ce temps-là comme affolés par notre prépondérance militaire, plus inattendue, plus enivrante après les humiliations non oubliées du temps de Louis XV, — et par des conquêtes pareilles en grandeur à celles des premiers âges de notre histoire (pareilles aussi en fragilité). Nous nous promettions d'user mieux de ces conquêtes que nos devanciers. Aînés incontestés de l'Europe, nous nous regardions comme faits pour initier successivement des monarchies cadettes de la nôtre à la liberté. Et nous pensions pouvoir légitimement employer les ressources des états libérés les premiers, à procurer la libération des autres.

Si ces états hésitent, comme la Hollande, à accepter nos visées (nos visions) ; à nous seconder dans l'effort que nous faisons pour les réaliser : — ou si, comme la Cisalpine, ils veulent marcher plus vite que nous, et nous conduire plus loin qu'il ne nous agrée, nous les traitons tout de suite comme des écoliers insubordonnés, voulant en remontrer à leurs maîtres. Nous les forçons *manu militari* à nous obéir, — ne voyant pas que, ce faisant, nous leur reprenons cette liberté que nous venons de leur apporter, et mettons leur reconnaissance d'abord, puis leur estime pour nous à une rude épreuve.

On décida à Paris, que le corps français occupant la Hollande, formerait l'aile droite de l'expédition d'Angleterre : une escadre suffisante, équipée par la République batave, embarquerait nos soldats et les débarquerait en Écosse, à l'entrée du Firth of Forth, non loin d'Edimbourg. Nous voulions à tout prix passer la mer, ruiner cette oligarchie d'Angleterre, mortelle adversaire de notre Révolution ; nous sommes si corrigés aujourd'hui de ces ambitions-là, que nous ne les comprenons plus.

Toutefois, on voulait encore, à Paris, ménager le plus possible le petit peuple de Hollande, grand dans l'histoire et fier à juste titre. La sagesse que Joubert avait montrée dans un pays non moins difficile, le Tyrol, le désignait pour cette tâche délicate : on la lui donna. En regardant d'un peu plus près que les biographes antérieurs à l'état des choses en Hollande, nous le verrons vite, ce qui était demandé à Joubert était impossible. Quand, au bout de tout, on est résolu à manger les gens, il faut savoir se passer de leur agrément.

Les sept provinces unies des Pays-Bas devenus nominalement la République batave en 1795, entraînées violemment dans l'orbite de la grande République, semblaient ressentir et reproduire ses convulsions. La ressemblance était plus apparente que réelle. Chez ce petit peuple économe, c'est une question d'argent qui sépare les Unitaires des Fédéralistes. Les provinces obérées sont unitaires, voulant faire payer leur dette par l'Union. Les provinces non endettées sont fédéralistes, n'entendant payer que ce qu'elles ont emprunté. L'accord sur ce terrain est plus difficile que sur tout autre. Deux Conventions réunies, l'une en février 96, l'autre en août 97, ne réussissent ni à constituer le pays, ni à le pacifier. Enfin, au commencement de 98, on put craindre à Paris que le parti fédéraliste si vivace là-bas, et hostile à l'influence française, ne réussît à en affranchir la Hollande au moment même où les ressources maritimes qui restaient à ce pays nous devenaient le plus nécessaires.

Pour augmenter ces ressources, on avait voté un emprunt forcé. Quelques-unes des provinces refusèrent de le payer. On résolut à Paris de frapper à La Haye un de ces coups de force auxquels nous n'étions que trop habitués. On va trouver suffisamment brutal ce qui a été qualifié chez nous de Fructidor à l'eau rose. Je ne veux rien gazer et puise dans l'historien Van-Hasselt, estimable et estimé, et dans l'*Art de vérifier les dates*.

Le 22 janvier 1798, la minorité unitaire (et démocrate), comptant 43 députés, assistée de la garnison, d'une part de la Garde-Nationale, des généraux Joubert et Daendels, de leurs états-majors, envahit tout simplement la Convention, enlève et incarcère 21 fédéralistes, en exclue 32, supprime les sept provinces, institue un Directoire de cinq membres, et se constitue avec lui en « Administration législative » du peuple batave indivisible. Cette Administration législative est provisoire, elle fabrique une constitution qu'on fera voter par le peuple en mai et qu'on ne se pressera pas de mettre en vigueur.

On ne peut que regretter de voir Joubert mêlé à une pareille besogne. Sa correspondance montre d'ailleurs ce qu'il en attend et ce qui l'a guidé. Le 24 il mande à Bonaparte ce qu'on a fait le 22. Le général en chef de l'expédition d'Angleterre répond le 30 par une approbation sans réserve. « C'était, dit-il du coup de force qu'il a peut-être conseillé, le *seul parti à prendre* pour que la Hollande pût *nous être utile.* » Moins d'un mois après, Bonaparte demande à son lieutenant des nouvelles de seize vaisseaux dont Joubert a dû presser l'équipement. Puis, perdant patience, il adresse Forfait (le futur ministre de la marine du Consulat, l'inspecteur-général de la flottille de Boulogne) au Directoire de la Haye pour le mettre en demeure de s'exécuter, « pour connaître au vrai sur quoi — sur quel secours effectif — il pouvait compter ».

Mais en premier lieu, pour un gouvernement Hollandais après tout, c'était un méchant emploi de fonds qu'une expédition en Ecosse : en second lieu le Directoire *provisoire* avait un autre souci plus pressant qui était de s'ancrer et perpétuer au pouvoir. A cette fin il avait mis ses amis aux places, c'est assez l'usage en pareil cas; puis cette main mise augmentant l'irritation et l'opposition contre lui, il en vint, « vu les dangers de la patrie, » c'est-à-dire vu ses dangers propres, à suspendre effrontément la Constitution qu'il avait forgée et à proroger audacieusement son propre mandat. Ceux de ses partisans qui étaient honnêtes rougirent d'expédients pareils. Le parti qui avait fait le 22 janvier se divisa. Lacroix, ministre de France, tenait pour les Directeurs. Joubert et Daendels se rallièrent aux opposants et eurent vite le pays pour eux.

Avant d'agir, Daendels alla prendre langue à Paris, muni d'un sauf-conduit et de lettres de recommandation du général français pour Barras, Gauthier-des-Orcières. M. Chevrier, très bref sur tout ceci, nous en donne deux fragments. Joubert montre la nécessité d'en finir avec un gouvernement composé « d'hommes flétris, dont les mesures arbitraires inquiètent un peuple marchand, tuent le crédit de l'Etat, font disparaître l'argent, vont rendre l'alliance batave *sans utilité pour nous* ». La préoccupation unique de Joubert perce dans le dernier mot, c'est celle même accusée tout à l'heure par Bonaparte, dans des termes identiques.

Daendels fait accepter ses vues au Luxembourg et revient le 12 juin à la Haye. Ses amis lui donnent un banquet. Le Directoire a mis des troupes sur pied ; il fait arrêter les commissaires. Joubert lui demande l'explication de ces mesures. On répond qu'on n'a pas de compte à rendre.

Daendels se met à la tête de deux compagnies de grenadiers bataves, investit les Directeurs en train de dîner avec Lacroix, arrête un des Cinq. Quatre démissionnent ou prennent la fuite. Les deux capitales, La Haye et Amsterdam illuminent.

Lacroix proteste ; mais le Luxembourg le désavoue et le rappelle. Il retourne « furieux à Paris, jurant de perdre Joubert ».

Le coup de main du 12 juin diffère du coup d'état du 22 janvier en ce que le général français et ses soldats s'abstiennent d'y prendre part. Mais cette « fureur » de Lacroix est fondée. Une lettre de Joubert à son père, en date du 23 juin, ne laisse aucun doute sur sa parfaite complicité : il y est parlé de mesures, les unes proposées *par lui* à Paris, les autres prises « à l'impromptu, sans instruction », toutes approuvées au Luxembourg, et qui ne peuvent être que celles exécutées le 12.

Que ce second coup de force ait été accepté par les Mynheers comme une réparation du premier, c'est certain. Que ce fût la seule réparation possible, c'est vraisemblable.

Eh bien, le 22 janvier reste coupable encore d'avoir rendu le 12 juin nécessaire. *Abyssus abyssum vocat.* Il n'est pas bon d'employer l'armée même à rétablir le droit.

Ces copies (au pastel) de notre 31 mai ou de notre 18 fructidor sont des fautes contre l'honnêteté, contre la saine politique, contre un estimable petit pays. Ces fautes, disons-le vite, viennent pour partie de ce que la situation de Joubert à La Haye n'était ni simple, ni franche. Il avait là des devoirs qui ne s'accordaient pas. Les intérêts français étaient trop distincts des intérêts bataves subordonnés et devant être au bout de tout sacrifiés. En Hollande, Joubert n'est qu'un lieutenant du général en chef de l'expédition d'Angleterre, le divisionnaire qui mènera l'aile droite de notre armée en Ecosse. Il doit se préoccuper par-dessus tout de conduire son corps au but assigné, vers Leith et Edimbourg. De là, et de là uniquement toute cette politique de La Haye qui est de Bonaparte.

Nous verrons bientôt à Turin, à Milan, celle de Joubert, général en chef, ayant les coudées franches et la responsabilité.

Les violences de La Haye sur lesquelles nous insistons trop ne devaient pas aboutir. L'expédition d'Angleterre, grâce à un génie fécond, extraordinaire, extravagant, allait se transformer en une expédition d'Egypte, inattendue, invraisemblable, d'autant plus propre à distraire Paris badaud et la France mobile d'un avortement.

Cette mission de Hollande est presque inaperçue des biographes. Elle fut cependant féconde en résultats :

Pour la Hollande. Rien là n'était fini. Les deux coups-d'état de 1798 ne sont qu'un avant-goût des caprices que Bonaparte fera subir à ce pays.

Pour la France. L'éducation que nous donnions là à

notre armée était grosse de conséquences périlleuses. Son intervention dans les querelles politiques tournait en habitude pour elle et pour nous. Ce qu'on avait réputé licite à la Haye allait devenir faisable à Saint-Cloud.

Pour Joubert. Il put étudier sur le vif, de près, à fond, le jeu âpre et peu scrupuleux des partis, dut s'y mêler plus ou moins volontairement, fit en somme l'apprentissage du métier d'homme d'état en le pratiquant. Cet apprentissage coûte. Notre esprit s'y aiguise. Notre connaissance des hommes, notre savoir faire y augmente. Mais la pratique, ses nécessités, ses tentations mettent les convictions à une rude épreuve. La méchanceté humaine démontrée nous fait prendre notre honnêteté pour une duperie. Devant l'ineptie prodigieuse des uns, l'égoïsme féroce et hypocrite des autres, le patriotisme se décourage et se lasse. Et si Joubert, après avoir gouverné à la Haye et à Milan, conserve sa hauteur de cœur, sa droiture de sens, son amour pour la France et la liberté, nous dirons qu'il est très bon et très grand.

Mais Paris, en tout temps peu attentif à ce qui se passe hors barrière, en juge comme un aveugle des couleurs. Ce qui reste de ces choses de Hollande et d'Italie, vues en gros, dans l'esprit de ses politiques, c'est que nous avions là un général fort patriote, un peu simple, très facile à conduire avec quelque adresse, très prompt et porté à frapper à droite, puis à gauche, selon le besoin du moment, fait exprès pour servir la politique dite alors modérée ou constitutionnelle, dite depuis de juste milieu. C'est bien en voyant, de loin et d'un œil myope, ce bon jeune homme ardent manœuvrer à travers les contrefaçons et répliques batave ou lombarde de notre révolution, que Siéyès se fera de Joubert une idée inexacte. Ce qui nous préserve, nous, de tomber dans l'erreur du grand théoricien qui se trompe sur Joubert et que trompera Bonaparte, c'est la connaissance que nous avons et que Siéyès n'avait pas des commencements du jeune homme de Pont-de-Vaux. C'est cette correspondance surtout où nous voyons à nu son âme, où ses mobiles vrais, le sentiment rigide et exalté du devoir, un dévouement entier, la clairvoyance, la droiture et la fermeté des convictions rayonnent. Il fallait d'ailleurs et il faudra encore nous donner le spectacle qui a pu tromper les contemporains, ne fût-ce que pour nous expliquer leur bévue et rester par là même tout-à-fait autorisés à ne pas la partager.

Deux faits montrent la conduite de Joubert en Hollande amnistiée ou approuvée par ces contemporains.

La République batave lui offrit « un cheval, un sabre et une armure antiques ». Elle le traitait là en homme de Plutarque. Tant pis pour ceux qui en souriraient.

La République française lui donna, elle, à conduire son armée du Rhin. On avait compris le sens du mot dit par Bonaparte partant pour le pays où Alexandre passa Dieu : « Je vous laisse Joubert ».

IV.

L'armée du Rhin restait à la frontière l'arme au bras. La paix avec l'Empereur, signée à Campo-Formio, n'était pas la paix avec l'Empire ; les négociations continuaient à Rastadt pour aboutir comme on sait à une rupture. Si Joubert a laissé à Mayence, pendant un peu moins de trois mois qu'il y est resté, traces de son passage, je ne puis les ressaisir. Il dut employer ce temps à des travaux de réorganisation toujours nécessaires après les campagnes laborieuses, et auxquels il excellait, on va le voir.

Le 14 octobre 1798, il fut appelé au commandement de l'armée d'Italie ; l'attitude des cours de Naples et de Turin faisait prévoir là une reprise d'hostilité prochaine. Il a gardé ce commandement quatre mois. En ce court laps de temps s'accomplirent des événements considérables et les résultats les plus grands auxquels Joubert ait mis la main. Pour les aborder et les entendre, il faut au préalable voir sommairement ce qui s'était passé en Italie depuis Campo-Formio.

A tort ou à raison, le Directoire était revenu à la politique étrangère de la monarchie. En 1795, il n'avait compris et permis la conquête de la Lombardie que comme une main mise temporaire sur un territoire propre à être rétrocédé en échange d'une cession régulière de la Bel--gique. Cantu, l'historien milanais, l'affirme. La preuve en est dans *la Correspondance* de Napoléon où l'on voit que, même après l'occupation de Mantoue (2 février 1797), la rétrocession de Milan était encore regardée à Paris comme possible. Contre ces vues du Luxembourg, Bonaparte avait créé la République Cisalpine, germe d'un avenir facile à deviner. Et nous avons entendu Joubert, en ce discours solennel du 10 Décembre 1797, contre-signer l'œuvre, affirmer l'avenir...

Mais en 1798, les affaires étrangères étaient conduites par ce singulier républicain, le citoyen Talleyrand. Il y a à parler de lui ici avec quelque détail, car il a fort influé sur la destinée de Joubert. L'ex-évêque d'Autun venait de rentrer de l'émigration. « Une femme célèbre par son esprit, et qui l'était alors par ses intrigues, recevant le matin les Jacobins, les émigrés le soir, et à dîner tout le monde », Mᵐᵉ de Staël, avait fait entrer le prêtre boiteux à l'Institut, puis au Cercle constitutionnel, club dont Benjamin Constant était l'orateur : « Il y avait là des ambitieux très-habiles qui ne voulaient que de l'argent et du pouvoir. Talleyrand était à leur tête ». Mᵐᵉ de Staël introduisit encore son protégé à la cour de Barras. C'est chez celui-ci, à Surênes, dans un dîner, que « fut arrêtée sa nomination aux Relations extérieures ». Thibaudeau qui a vécu dans la société de Mᵐᵉ de Staël est en tout ceci notre garant (v. *Mémoires*, ii, 211). Et la fille de Necker revendique elle-même (*Œuvres*, xiii, 184) le triste honneur d'avoir mené par la main au Ministère le ci-devant évêque.

Un des successeurs de Talleyrand aux Affaires étrangères et qui l'a connu, Chateaubriand, a dit de lui que « quand il ne conspirait pas il trafiquait ». Il venait d'offrir la paix pour 1,200,000 fr. aux Etats-Unis dont les plénipotentiaires ébruitèrent la chose. Il l'avait, dit-on, vendue au Portugal 6,000,000. Il la vendait à l'Espagne, partageant les profits avec Godoï et en rendant partie à Barras. Cet homme «·dont la vénalité était la plaie hideuse » (Sainte-Beuve) était bien l'homme qu'il fallait pour revendre l'Italie au Conseil Aulique, et on le savait à Milan. Naturellement les patriotes italiens s'étaient mis en mesure de résister au besoin. Par contre, les cours italiennes s'étaient mises sur la défensive, plus ou moins ouvertement.

Après avoir détruit notre flotte à Aboukir le 1er août 1798, Nelson arriva devant Naples. Son apparition fit perdre la mesure aux princes d'Italie, ils cessèrent de cacher leur arrière-pensée et de masquer leurs préparatifs. Les patriotes (nous allions dire les *Italianissimes*), les maîtres à Milan, prêchèrent tout haut l'unité de l'Italie.

Mais Brune qui commandait notre armée d'occupation, revint de Paris avec des ordres du Directoire. Le Directoire était préoccupé de prévenir la guerre par-dessus tout, et croyait encore pouvoir y parvenir. Les 30 et 31 août, le général français fait garder la porte des deux Conseils cisalpins, ne laisse entrer que les députés sûrs, leur impose une nouvelle constitution, *épure* le Directoire, supprime les journaux, ferme les clubs, etc.

Presque immédiatement on demande au gouvernement qu'on vient de transformer de cette odieuse façon une contribution de douze millions. Ce gouvernement eut la pudeur et aussi le courage de refuser.

Brune, conduit par Fouché, notre ambassadeur à Milan, sans consulter Paris, ou même contre les ordres du Luxembourg, remet au pouvoir en octobre (le 19) ceux qu'il en avait chassés en août. Résurrection des journaux, réouverture des clubs, fermentation générale. Thiers approuve ici Fouché. Sainte-Beuve dit : « ce personnage dégagé de scrupules voyait juste dans le cas présent ».

Mais le Directoire, mu par Talleyrand, en jugea autrement. Le 14 octobre, il avait rappelé Brune, le remplaçant par Joubert, non sans avoir fait promettre à celui-ci de faire à Milan de l'administration, non de la politique! Et le 25, il annulait ce qui avait été fait le 19.

Dans un temps où toutes les places étaient électives la promesse demandée à Joubert était impossible à tenir, et il fit de la politique en arrivant. Voici comme il voit la situation à Milan (10 novembre) :

Deux partis, « les modérés, Autrichiens de cœur, conduits par une aristocratie *repoussante* : ils trompent le gouvernement français et l'ont gagné. Les patriotes énergiques, remis aux affaires par Fouché et dont, à Paris, on se défie. Il faut laisser le gouvernement à ces derniers ; en le leur ôtant nous ferions un contre-sens politique ». Joubert, on le voit, se rallie tout de suite aux vues de Fouché. Et celui-ci, en ses mémoires, se vante d'avoir converti le jeune général : c'est fatuité pure. Joubert pour s'entendre avec les patriotes, n'a nul besoin de se convertir. Et il n'irait pas à eux par penchant qu'il irait à eux par clairvoyance et par bon sens. Ceux-là seuls, dit-il pour expliquer son choix, « feront *tout* pour la guerre de la liberté, qui vient ».

Voici en effet où en sont les choses autour de nous au milieu de novembre 98. Les Autrichiens font des mouvements significatifs sur l'Adige, dans les Grisons. — Les Napolitains se préparent à envelopper notre armée de Rome. (Ils entreront dans l'Etat Romain le 24 novembre.) Le Grand-Duc en Toscane arme les paysans. Le Piémont a vidé ses arsenaux dans les campagnes voisines des Alpes, il demande que notre armée lui rende la citadelle de Turin. Ce qu'il y a par là d'effervescence et de fanatisme sombre des deux côtés apparaît en un fait : un comité insurrectionnel, excité et armé par les Génois, s'est emparé d'Asti. Le roi de Sardaigne fait pendre ses *cinquante-quatre membres* (Art de vérifier les dates). La République ligurienne alors de lui déclarer la guerre en règle. Nous ne pouvions guère laisser s'établir dans les Apennins, sur nos derrières, cette lutte dont le résultat pouvait tourner contre nous, ni prendre fait et cause pour un *despote* (style du temps) qui se défendait d'une façon si primitive. Il fallait aviser. Joubert écrit : « Le moment arrive à grands pas où notre armée d'Italie, pressée de toutes parts, va devoir vaincre la nature ou succomber. Quel œil n'aperçoit pas que la guerre est déjà commencée ? »

Evidemment il faut prendre l'offensive avant que les Autrichiens (et les Russes) débouchent sur l'Adige, en finir avec ces petits princes qui les attendent et se préparent, celui de Turin à tomber sur nos derrières ; celui de Toscane à couper notre armée en deux ; celui de Naples à détruire le plus compromis des deux tronçons.

A Turin d'abord ! Joubert promet d'en finir là en huit jours, après quoi il pourra « opposer aux Autrichiens vingt-cinq mille hommes de plus »...

Au point de vue purement stratégique rien de mieux. Mais au point de vue de notre politique étrangère, c'est bien gros ce que ce général de 29 ans, plus réservé d'ordinaire, si peu enclin naguère à accepter les responsabilités du commandement, propose là d'emblée ! — Appeler les patriotes de Milan « à faire tout pour la guerre de la liberté !... Anéantir la cour de Turin », la plus vieille qui reste en Europe ! Mais sous prétexte d'une opération de guerre, ce n'est pas moins qu'entamer le bouleversement de l'ancien monde ! Nous le menacions de ruine, il est vrai, depuis huit ans. A l'heure venue, le cœur manqua aux timorés du Luxembourg...

Ils n'ont garde d'acquiescer. Ils ne sauraient ni se dé-partir ainsi de la vieille politique, ni se départir davantage de ses expédients. Cela résulte clairement de la réponse que font aux deux propositions téméraires du Général leur président bossu, La Revellière, ou leur ministre boiteux Talleyrand.

A la première, ils répondent en mettant Rivaud à Milan à la place de Fouché.

A la seconde, ils répondent en demandant au roi de Sardaigne de mettre à la disposition de Joubert 9,000 hommes de troupes auxiliaires : dans le cas probable où ce prince tergiverserait, Joubert devra doubler la garni-son des places piémontaises que nous occupons. Doubler nos garnisons en Piémont, c'est juste le moyen de dimi-nuer notre effectif sur l'Adige déjà insuffisant. L'ex-évêque d'Autun est un grand diplomate, c'est sûr, mais comme stratégiste il n'est pas fort évidemment.

Sur ces entrefaites Joubert apprend une nouvelle : Caroline de Naples, la sœur de Marie-Antoinette, la plus âpre ennemie qu'aient la France et la Révolution, a fait passer la frontière à son armée sans déclaration de guerre ; les Napolitains conduits par l'Autrichien Mack, arrivent sur Rome que Championnet, trop faible, devra évacuer.

Au premier avis de ce mouvement Joubert « détermine » l'invasion et occupation du Piémont.

Sainte-Beuve, soucieux de faire de notre compatriote la lune du soleil qu'on sait, le taxera bientôt (amicalement) « d'un peu de faiblesse ». On a vu à Isola, à Raon, à

Cosseria, si le grenadier en lui est capable d'un coup de vigueur; la campagne du Tyrol nous a montré ce qu'il sait faire comme général. On voit ici ce que le politique, quand il le faut, sait oser. Non, la force ne manque pas à Joubert. Ce qui lui manquera tout-à-l'heure peut-être, c'est un peu de machiavélisme et la *suite* qu'ont les tempéraments bilieux.

Sans s'inquiéter des Autrichiens qui n'oseront tenter une irruption subite, Joubert ramène le gros de ses forces de l'Adige sur le Tessin, court sur Turin. En trois jours tout est fini. Le Roi renonce le 9 octobre à ses Etats de terre ferme et emmène la sœur de Louis XVI dans son île maigre et brûlée. Joubert, bressan, eut pour le descendant des anciens maîtres de la Bresse des façons honnêtes; celui-ci les reconnut par le don d'un tableau de prix que le général républicain ne crut pas devoir accepter.

C'est ici, à bien voir, la fin de la petite monarchie fédérale de Savoie, dont le prince, la cour, la capitale presque, parlaient français, ce qui mettait Alfieri en de si belles colères. L'Etat restauré à Turin en 1814 fut bientôt tout autre chose, tout italien; on l'a assez vu depuis.

La réaction en France, la coalition des haines et des inquiétudes en Europe saluèrent d'un cri de colère ce coup inattendu dont la hardiesse et la précision n'ont guère été dépassées. La chute de la petite monarchie si antique et si vivace à la fois, était pour les autres couronnes un peu plus qu'un avertissement. Le chant de Dubois-Crancé, oublié depuis, aussi aimé alors que la Marseillaise

> Si le despotisme conspire
> Conspirons la perte des Rois !

devenait une sérieuse menace.

Chez nous tout ce qui restait républicain applaudit trop

haut pour que le Directoire estomaqué de la désobéissance de son général, flatté et jaloux de son succès, fît mine de le déjuger. Il lui parut plus politique de s'associer à ce succès ; donc on voulut bien « s'en rapporter à Joubert sur la façon d'*utiliser l'occupation* du Piémont » (Correspondance). Ceci signifiait bien qu'il n'y avait pas à constituer définitivement ce pays conquis. Mais Joubert se souvenant du discours où il lui avait été donné de proclamer « la souveraineté d'un grand peuple », établit à Turin un gouvernement composé de quinze personnes les plus éminentes du pays (de l'aveu de Botta hostile à la France). Ce gouvernement débuta par l'abolition du droit d'aînesse et de la torture...

Il y eut ainsi, dans la Haute-Italie trois Etats démocratiques pour « faire la guerre de la liberté ». Mieux eût valu une seule République énergiquement constituée. Joubert avait à compter avec les répugnances de Paris ; à compter non moins avec les antipathies, jalousies, rivalités locales, tout ce qu'on nomme aujourd'hui barbarement *particularisme*; et il était disciple de Rousseau, non de Machiavel. Pour toutes ces raisons, il n'essaya pas d'arranger un autre fait accompli, de faire proclamer l'Italie une à Milan, à Turin et à Gênes, par les Italiens.

Le Directoire d'ailleurs, justement inquiet, avait pris les devants. Pendant que son général « anéantissait la cour de Turin », il anéantissait, lui, à Milan, les plans de son général. Ce commissaire que Talleyrand avait donné pour successeur à Fouché, Rivaud, muni des pleins pouvoirs du Luxembourg, faisait cerner les deux Conseils de la république Cisalpine, mettait hors violemment les cinquante-huit députés que Fouché avait réintégrés, restaurait les trois Directeurs (modérés) expulsés par Brune le 14 septembre, supprimait la presse, fermait les clubs, etc.; en somme remettait au pouvoir le parti que Joubert disait Autrichien de cœur, poussait à bout ce qu'il avait qualifié de contre-sens politique — et pendant que le Général assurait ses derrières à Turin, bouleversait à Milan sa base d'opération.

Ce n'est pas tout. On trouvait bon de chicaner le général en chef de l'armée d'Italie sur des questions de détail, à peine moins importantes, très délicates ; sur le personnel même dont il s'entourait : ainsi Paris voulait ôter aux chefs militaires l'administration des finances et des vivres de nos armées. En théorie, rien de plus régulier. En fait, les commissaires et les fournisseurs parisiens se gorgeaient et faisaient mourir nos armées de faim. Suchet, chef d'état-major de Joubert, voulant consacrer la contribution de la Cisalpine aux besoins de nos soldats, on entreprend d'ôter Suchet à Joubert. Les *faiseurs* de Barras, alléchés par cette proie de douze millions, osent parler de porter Suchet sur la liste des émigrés...

Joubert envoie sa démission. Le Directoire la refuse.

Il la retire donc, et continue son œuvre. Championnet, commandant notre armée de Rome, avait dû d'abord se retirer devant Mack ; il reprenait l'offensive, réoccupait les villes papistes insurgées contre nous, battait Mack (4 Décembre) et rentrait dans Rome. Joubert avait à assurer ses communications avec son lieutenant plus ou moins compromises, le duc de Toscane ayant laissé les Napolitains débarquer à Livourne. Parlons franc : il avait à réaliser son projet de renverser les petits Etats en conspiration permanente contre nous, (et de faire l'Italie). Il marche donc avec neuf mille hommes sur la Toscane.

O ciel ! c'est un archiduc, c'est le neveu de l'Empereur

qui règne à Florence ! le Directoire croit encore possible de prévenir une rupture avec Vienne. (Il y croira donc jusqu'au jour où ses plénipotentiaires seront sabrés à Rastadt). « Pour ôter tout prétexte à l'Autriche de crier à l'agression », on mande en hâte à Joubert « de suspendre l'entrée en Toscane »...

En 1815, au congrès de Vienne, la Saxe a acheté la protection de Talleyrand six millions. Combien l'Autriche en 1798 lui a-t-elle payé la confiance dans laquelle il a entretenu le Directoire ? Combien le Grand-duc lui a-t-il compté pour cette dépêche (du 23 décembre) qui va retarder de quelques mois son départ de Florence ?

Joubert, cette fois, répond de Reggio qu'il quitte l'armée. — Effarement des Pentarques : Nouvelle dépêche, repentante, concédant au Général, qui est « sur les lieux, que personne mieux que lui ne peut connaître ce qui est nécessaire pour le salut des deux armées qu'il commande, approuvant d'avance toutes les opérations *militaires* que les circonstances lui paraîtront exiger »...

« Toutes les opérations *militaires*. » Quelle restriction il y a derrière ce mot, on le comprend, je pense. Joubert demandait davantage. Quoi donc ? — Garat, notre ambassadeur à Naples en 1797, président du Conseil des Anciens en 1798, informé à ces deux titres, nous le dira dans l'oraison funèbre de Joubert, prononcée au Champ-de-Mars devant le Directoire. Joubert, à cette date, proposait « au gouvernement français d'affranchir toute l'Italie et de la réunir en un seul état ».

Pour mener à bien une entreprise pareille, bien plus épineuse en 1798 qu'elle ne l'a été de nos jours, pour la défendre contre les Anglais qui sont devant Naples, contre les Austro-Russes qui descendent des Alpes, c'est bien une dictature politique et non pas seulement *militaire* qu'il fallait à Joubert. Dans cette dépêche résolument restrictive on la lui refusait; c'est pourquoi il persista dans sa résolution, remit le commandement au général Delmas et partit pour Pont-de-Vaux.

J'expose ici des faits mal connus. Je n'apprécie pas le système dit des nationalités qu'on s'est mis à controverser un peu bien tard. A ceux qui trouveraient cette politique de Joubert mauvaise ou seulement prématurée, je crois pouvoir répondre pourtant :

Le moins qu'eût pu faire un gouvernement italien, constitué dictatorialement à Rome ou à Florence, eût été de se garder lui-même contre les partisans des dynasties détrônées et contre les débarquements anglais. L'armée sans égale d'Arcole et de Rivoli, encore intacte, mais disséminée forcément dans toute la Péninsule, concentrée à temps sur l'Adige ou le Pô, commandée par un général qui avait sa confiance et la méritait, par ce Joubert que Bonaparte lui avait « laissé » comme un autre lui-même, eût reçu Kray et Souvarov autrement qu'ils ont été reçus. Disputer à Joubert les moyens d'action dans les circonstances où l'on était, le confiner dans les mesures *militaires* insuffisantes, lui refuser une mesure politique qui doublait ses forces, c'était le paralyser d'avance et préparer efficacement la ruine de la meilleure armée que la France ait eue jamais.

Au Luxembourg on n'entra pas dans ces considérations. Bien au contraire, le citoyen Talleyrand trouva le moment bon pour désespérer les patriotes italiens en annexant le Piémont à la France. (H. Martin.) Ce fut le premier pas dans la voie des annexions contre nature où l'Empire entrera avec démence. Les pays annexés ne le lui ont pas encore pardonné, ni à nous, hélas !

En quatre mois d'un gouvernement si chicané, Joubert avait, c'est Suchet qui nous le dit : — Mis la solde de l'armée au courant, fourni l'habillement, assuré les subsistances, approvisionné les places, rempli les arsenaux ;— cela en mettant un terme à des dilapidations monstrueuses ; formé l'armée de Rome, portée à 25,000 hommes ; mis la Valteline sur le pied de défense ; — assuré les communications avec l'armée d'Helvétie ; — établi des flottilles sur les lacs de Côme et de Garde, sur le Pô ; — activé les travaux de Mantoue ; — fondu l'armée piémontaise dans la nôtre et organisé les levées de la Cisalpine ; — tout préparé en un mot pour la lutte imminente. — Ainsi ce révolutionnaire était organisateur autant que stratégiste. Ses piteux successeurs ne surent pas mettre à profit ces ressources. Et Turin fut occupé par les Cosaques en mai 1799.

Que la querelle d'ordre administratif et financier entre Joubert et les fournisseurs de Barras ait été vue, qu'on y ait tant insisté à l'époque, c'est tout simple. Barras régnant, son favori Ouvrard qui avait ramassé vingt-sept millions en trois ou quatre ans, les munitionnaires en sous-ordre, et derrière eux leurs bailleurs de fonds, les enrichis, les agioteurs, étaient tout-puissants. La lutte entre ces rapaces et nos généraux, les uns pillards (comme Masséna) et défendant leurs profits ; les autres honnêtes (comme Joubert) et défendant « la subsistance » du soldat ; était arrivée à l'état aigu. La question d'argent à Paris semblait la plus grosse de toutes — ou plutôt l'unique. On n'a jamais à Paris d'attention pour deux choses.

Mais que les biographes postérieurs, qu'un écrivain comme Thiers n'aient pas montré, n'aient pas vu peut-être la question politique débattue entre Joubert et Talleyrand, c'est un fait caractéristique. L'inattention, l'indifférence aux affaires extérieures reste un des défauts majeurs, une infériorité de notre race. Les Anglais, les Allemands s'en préservent et nous détruisent...

Et toute cette histoire du premier commandement de Joubert en Italie a été esquissée par les uns, traitée par les autres succinctement comme la mission en Hollande. Elle a cependant un double intérêt.

Elle montre Joubert entré entièrement, et de toute sa personnalité, dans la politique active, car cette fois il est responsable soit de ses vues, soit de ses actes. Or ses vues sont justes ; ses actes sont d'une droiture et d'une fermeté incontestables. Et les uns et les autres sont en pleine conformité avec ses premières opinions.

Ne disons pas cependant que depuis un an, au contact, au maniement des hommes politiques, notre compatriote n'a rien appris. A laisser croire à Fouché que c'est Fouché qui conduit le général de l'armée d'Italie, il y a un joli commencement d'habileté. Cette habileté profitera à Joubert. Car nous verrons Fouché dupe (dupe de sa propre vanité) partir de là pour recommander ce jeune homme si maniable à Siéyès arrivé au pouvoir et cherchant l'épée docile qu'il n'est pas destiné à trouver.

Enfin ces quatre mois si courts et si remplis sont gros de ce qui va suivre. Je veux dire que les démêlés du général de l'armée d'Italie avec le Directoire fructidorien en 1798, amènent et expliquent logiquement la conduite du général de l'armée de Paris au 30 prairial (18 juin 1799).

Le 30 prairial, qu'est-ce donc sinon la revanche de Joubert contre cette politique aveugle et criminelle qui lui a refusé les moyens de conduire à bien, avec l'armée d'Arcole intacte et l'Italie debout, « la guerre de la liberté » ?

V.

Joubert séjourne quelque temps à Pont-de-Vaux, puis il arrive à Paris où il passera cinq mois.

Il trouve la grande ville livrée passionnément à son occupation favorite qui est de détruire le gouvernement qu'elle a. Ce gouvernement étant le plus souvent mauvais ou médiocre, il ne faut pas s'étonner trop de cette manie des gens de Lutèce qui voient leurs maîtres de près.

Ce gouvernement en 1799 n'était pas médiocre, mais mauvais. La majorité du Directoire était formée de La Réveillère, Merlin et Treilhard, montagnards modérés. Bien que d'un républicanisme incontesté, ils préparaient par des mesures comme l'exclusion de trente-quatre députés valablement élus (le 22 floréal), la ruine de l'institution républicaine. Bien qu'honnêtes, ils avaient laissé le gaspillage le plus effronté gagner partout, le déficit arriver au chiffre de 60 millions. Bien qu'hommes d'ordre, ils avaient laissé le désordre se perpétuer ou se refaire dans l'ouest et le midi. Le tout parce qu'ils étaient aussi incapables qu'honnêtes.

Ils étaient dépopularisés absolument : 1° parce qu'ils gouvernaient ; 2° parce qu'ils gouvernaient mal ; 3° parce que les Russes allaient entrer à Turin (le 8 prairial, 27 mai 99) ; trois crimes dont l'un eût suffi à ce résultat. L'opinion appelait leur chute, attendant quelque mesure, légale ou autre, qui nous donnât du moins, devant la coalition refaite et l'invasion menaçante, un gouvernement non divisé avec lui-même.

Car il y avait, dans le pouvoir exécutif, une minorité composée de deux provençaux, l'ex-comte de Barras, politique sceptique et pratique, et l'ex-abbé Sieyès, théoricien éminent et chimérique assez. Cette minorité se préparait sourdement à devenir majorité. Elle comptait sur l'opinion ; sur les deux Conseils, irrités du déficit avoué, et d'avoir, pour le combler, à doubler certains impôts ; sur l'armée si besoin était (l'armée était livrée par l'incapable La Réveillère à l'incapable Schérer, battue contre son habitude et profondément mécontente) ; sur les généraux Jourdan, Augereau, Championnet, Bernadotte furieux contre un gouvernement qui leur ôtait l'administration et les finances de leurs corps pour les confier à des employés civils. En fructidor, Hoche et Bonaparte avaient donné la victoire au parti qu'ils avaient épousé ; leurs émules comptaient bien en faire autant.

Vis-à-vis des Fructidoriens usés par un règne de vingt-un mois et divisés, les Constitutionnels formaient un groupe expectant plutôt qu'un parti hostile. Ils tenaient tous, sinon dans le salon de Mᵐᵉ de Staël, du moins dans le cercle qui portait leur nom et dont Benjamin Constant, l'amant de service, était le grand homme. Leur programme c'était de rentrer dans la Constitution, leur but c'était d'entrer au Luxembourg. Mais la nécessité de ménager la position de Talleyrand, un des leurs, les contenait.

Il n'en était pas de même du parti montagnard ressuscité après Fructidor. Il n'avait rien à ménager. Il allait réorganiser le club des Jacobins au Manège (le 11 juillet), mais il avait des réunions au moins depuis les dernières élections qui lui avaient donné la majorité dans les deux

Conseils. Ses meneurs, c'étaient le jacobin Drouet, l'homme de Varennes, sorti des prisons d'Autriche, le dantoniste Sémonville, son compagnon de captivité, Prieur de la Marne, un survivant du Comité de Salut de 93, Bourbotte, le ministre de la guerre hébertiste du même temps, les futurs tribuns Destrem, Arena, etc.

C'est à ces revenants que l'aristocratie militaire choisit de se réunir. Joubert fut conduit dans leurs conciliabules par son camarade Augereau et son correspondant Deydier, le député montagnard de Pont-de-Vaux. L'attitude qu'il y prit, caractéristique, a eu de grandes conséquences pour lui. L'irritation, là, était extrême et le ton fort monté. Par exemple, Jourdan y demandera « la résurrection des piques » (l'armement des faubourgs) ; une mesure peu propre à arrêter les Russes. Joubert protestait avec chaleur contre des insanités « donnant, suivant lui, raison aux Clichyens qui appelaient les républicains « des échappés des bagnes ». Ceux qui prennent les gens mesurés pour des réactionnaires ne manquèrent pas de se tromper sur son compte. Mais en tout, c'est là qu'on chauffa l'opinion contre La Réveillère, Merlin et Treilhard « les ineptes et impudents triumvirs », et qu'on arrangea la journée qui allait les renverser.

Le 17 prairial, c'est-à-dire sous le coup de la nouvelle de l'entrée des Russes à Turin, les deux Conseils somment le Directoire de s'expliquer sur les causes de la situation. Il n'y en a d'autres, est-il répondu, que l'insuffisance du budget voté par les Conseils. Les Conseils furieux annulent immédiatement, pour un vice de forme jusque-là peu aperçu, l'élection de Treilhard qui remonte à un an ; mettent Gohier à sa place, déplaçant ainsi la majorité dans la commission de gouvernement. C'était un coup de partie.

La nomination de Gohier est du 29. Le 30, on fait une véritable émeute parlementaire contre La Réveillère et Merlin. Ils sont accusés des exactions de leur général Scherer, de leur impuissance contre les menées royalistes, d'un projet qu'ils nourriraient de mutiler les Conseils comme ils ont fait le 22 floréal an VI. Feignant de craindre pour sa sécurité, le pouvoir législatif vote d'urgence la *mise hors la loi* de quiconque attenterait contre lui. Pour afficher plus haut et exploiter cette crainte, on a donné à Joubert le commandement de l'armée de Paris. La Réveillère et Merlin, après avoir lutté jusqu'au soir, envoyèrent leur démission. C'était tout ce qu'on voulait.

Lacretelle, témoin, a imprimé qu'Augereau et Joubert avaient « conduit la journée ».

Nous l'avons dit : le 30 prairial fut pour Joubert une revanche des procédés du Directoire fructidorien avec lui. Mais pour aider à son renversement, il eut d'autres motifs que ses griefs personnels. Il avait pu jauger l'incapacité du triumvirat. Il crut remplir un devoir envers son pays en couvrant de son nom et de son épée une attaque parlementaire ayant pour but de rétablir au Luxembourg l'unité de direction et le bon accord entre les deux pouvoirs.

La faute faite le 30 prairial, ce n'est pas de s'être débarrassé régulièrement d'un gouvernement incapable, c'est de l'avoir remplacé par un gouvernement ne valant pas mieux ou valant moins.

Le parti qui avait mené l'attaque (disons le Manège pour abréger, bien que le Manège ne se rouvre ostensiblement que vingt jours plus tard) ; le Manège recueillit les fruits de la victoire. Si, voulant chasser du pouvoir des républicains qui livraient la République aux voleurs, il fit la faute énorme de laisser Barras au Luxembourg, il le força du moins de sacrifier Talleyrand. Ce fut pour les Constitutionnels une perte que rien ne compensa : ni Gohier, ni Moulin, ni Ducos qui entrèrent au Directoire, ni Robert Lindet, ni Bernadotte qui entrèrent aux ministères n'étaient des leurs. Mme de Staël se vengea en écrivant que nos généraux étaient « les *janissaires de la liberté*, le 30 prairial une révolution de *sérail*, à laquelle la *nation* n'avait pas pris la moindre part » (Œuvres, XIII, 152, 217). Sa colère travestissait odieusement ce coup-d'état parlementaire, lui faisant un grief de ce qui était son mérite, de n'avoir pas été fait par l'émeute. Les *janissaires* rétablirent tout de suite la liberté de la presse, des réunions, des élections (H. Martin, III).

Ce qui va détruire la liberté, c'est que la guerre a créé des officiers et que la Terreur a détruit les hommes. C'est que voulant mettre des républicains au gouvernement, on ne trouve plus que Gohier, Moulin, Ducos « vulgaires », dit la femme irritée (Œuvres, XIII, 217) ; incapables, dira l'histoire calme.

Deux témoins affirment ici qu'on pensa à Joubert lui-même.

L'un est au fond ennemi, mais très renseigné, c'est Mme de Staël. Elle nous dit (ib. p. 220) : « On *souhaita* d'abord que Joubert se mît à la tête de l'Etat ». Ce sera le projet de Sieyès entrevu qui est désigné là. L'autre témoin est un compatriote, un aide de camp, un ami de Joubert, le général Pannetier. Il dit dans l'oraison funèbre du héros de Novi : « Lorsque Joubert *fut appelé* à commander les troupes de la capitale, le Gouvernement *était désuni* (le 30 prairial au matin donc), on lui *offrit* d'en prendre les rênes, il refusa, il n'avait pas d'ambition ». Ce n'est plus d'un *souhait* qu'il est question, mais d'une *offre* faite évidemment par des gens ayant qualité pour la faire, par ceux qui préparaient la *journée* et qui la firent, par le Manège.

L'idée de rétablir l'unité au pouvoir exécutif, à laquelle Robespierre revint le premier et qui lui coûta la vie, avait gagné depuis les divisions du Directoire, plus visibles que celles du Comité de Salut public. On y pensait un peu de tous côtés. Sieyès y pense, nous le verrons plus loin. Barras y pense ; Thibaudeau, un des pères et des fidèles de la Constitution de 1795, nous montre avec effarement ce personnage, complotant avec Lauraguais et Saint-Simon (des gens de son monde), de « centraliser le pouvoir exécutif », et Saint-Simon l'avouant tout haut, et le *Journal des hommes libres* dénonçant le complot (Mémoires de Thibaudeau, II, 338). Enfin le Manège y pense ; Bonaparte nous le dira tout à l'heure. Et c'est le Manège qui fit l'*offre* connue de l'aide de camp de Joubert.

Quelle put être cette *offre* précisément. Les deux utopistes, Sieyès, Saint-Simon pouvaient rêver une « présidence ». Il est difficile de prêter cette idée à Drouet, babouviste, premier *directeur* du Manège, à Prieur montagnard, et même au dantoniste Sémonville. Elle ne sera pas jugée mûre même en Brumaire où l'on nous donnera nominalement trois consuls. Ce que le Manège offrit à Joubert le 30 prairial, ne fût-ce pas une place au Directoire, celle qu'on aura donnée sur son refus au général Moulin ? Il eût, au Luxembourg, *pris les rênes*, car il eût, lui cinquième, mis la majorité où il eût voulu. — Il n'avait pas quarante ans, dira-t-on ; l'élection eût été illégale : pas plus illégale que tant d'autres mesures de la veille et du lendemain.

L'*offre* du Manège lui parut-elle prématurée ? Le *souhait* des Constitutionnels peu sincère ? Se crut-il inégal à la

36

tâche proposée ? En vit-il une autre plus proportionnée à ses moyens, urgente, et que lui seul pouvait remplir ? — Tous ces motifs, d'autres encore, purent peser sur lui ; il refusa.

Il faut parler une fois à l'aise d'une disposition fréquemment accusée dans les lettres de Joubert, sur laquelle Sainte-Beuve a fort insisté — la disposition à refuser l'*avancement*...

Elle est sincère, disons-le vite, et n'a rien de commun avec le « *Nolo episcopari* » fréquent dans l'histoire de l'Eglise. Il faut l'imputer à une modestie non jouée et à un sentiment très vif de la responsabilité. Elle est combattue aussi et vaincue d'ordinaire par un autre sentiment non moins profond, celui du devoir.

Joubert refuse toujours ; c'est vrai, on a droit de le noter. Mais il eût fallu noter aussi qu'il accepte ensuite souvent, et surtout ajouter que, quand il a accepté, ce qui lui manque le moins, c'est dans l'exécution une témérité égalée, il se peut, non dépassée. Oh ! il refuse une division. « Ce n'est pas son fait ». Mais quand il l'a acceptée, il la mène à Rivoli combattre un contre deux et vaincre. Il s'effraie de l'expédition du Tyrol, si chanceuse à cause de l'hiver, de la nature du pays, du soulèvement des habitants, de l'infériorité numérique des forces qu'on lui donne. Il s'en effraie et le dit. Mais il conduit cette expédition si héroïquement et si sûrement que Carnot s'étonne et admire.

Et sur un autre théâtre que celui de la guerre, qu'est-ce donc que cet homme qu'on dit manquer de hardiesse n'a pas accepté de faire et n'a pas fait ? A-t-il refusé d'aller à La Haye transformer les Sept provinces en République batave, et de plus persuader les Mynheers que c'était pour eux un bon emploi de fonds et de forces que de faire une descente en Ecosse ? A-t-il hésité à renverser le trône de la sœur de Louis XVI défendu contre lui par l'innocence de La Réveillère et la perversité de Talleyrand ? Et ce projet qu'il a rêvé le premier, commencé à exécuter, de faire l'*Italie une* manque-t-il par hasard de confiance et d'audace ?

Il n'a, après tout, hésité, reculé devant une grande aventure politique qu'une fois. C'est quand, le jour ou le lendemain du 30 prairial, un cinquième de dictature peut-être lui aura été offert. Mais quoi ! s'il n'a refusé cette aventure-là que pour en courir une plus grande ? En ramenant la victoire infidèle sous les drapeaux de la République, en punissant les moujiks de Moscovie de leur descente au pays du soleil, tout le monde le pressentait bien, il pouvait atteindre un autre but encore, mais légalement : nous le verrons mieux bientôt. — Jamais, comme un autre a fait, il n'eût usurpé le premier rang, ce n'est pas sa manière. Que si la France sauvée d'une invasion l'eût offert au vainqueur, il l'eût peut-être accepté.

« Il n'avait pas d'ambition », selon Pannetier. Il nous l'a dit lui-même. Je n'en crois ni l'un ni l'autre. Il avait une grande ambition de toute façon légitime, celle de fermer notre frontière du Midi entamée. On n'a jamais conquis la France par ce chemin-là, a-t-il été dit. On pourrait répondre que c'est bien par là que les Romains sont venus. Il vaut mieux montrer que le Midi, tout entier effervescent, n'attendait que les soldats de Catherine II pour prendre la cocarde blanche. Il n'était que temps de fermer les passes des Apennins et des Alpes. Et c'était bien ce qui pressait le plus. Que Joubert sollicité de « prendre les *rênes* du pouvoir », c'est-à-dire de faire, au

Luxembourg, l'appoint d'une majorité républicaine et de gouverner au milieu de tiraillements et d'embûches misérables, refusât cette tâche et sollicitât, lui, d'aller se mesurer avec Souvarov, cela se comprend assez bien ; mais cela passerait difficilement pour un acte de modestie. Nous verrons plus loin si c'était une tâche facile que Joubert choisissait là.

Que si c'était à la fois le devoir et l'ambition permise du jeune général de demander le commandement de l'armée d'Italie à ses collaborateurs du 30 prairial, c'était bien le devoir de ceux-ci de le lui donner. L'homme de Rivoli, le conquérant du Tyrol, le destructeur de la monarchie sarde n'était-il pas le plus brillant, le plus honnête, le plus heureux de nos divisionnaires ? N'avait-il pas conquis ses grades sur l'échiquier où on allait combattre, en Ligurie ? Moulin, entré (sur son refus peut-être) au Directoire, n'avait-il pas été en 1794 son chef à l'armée des Alpes, ne savait-il pas que sa place était là ? Républicain sincère, Moulin savait aussi qu'on pouvait compter sur le républicanisme de Joubert. Ce fut assurément Moulin qui lui demanda les *Réflexions sur notre état militaire* avant de signer sa nomination.

Enfin à ceux qu'il avait couverts de son nom et de son épée le 30 prairial, qui lui avaient offert « de prendre les rênes du gouvernement » inauguré par eux, aux Jacobins du Manège; aux Modérés conduits par Sieyès, il convenait également pour le commandement de notre principale armée. Pour les gens du Manège, il était l'un d'eux, l'ancien ennemi de Clichy ; pour les Modérés il était la mesure même. Les uns et les autres devaient compter sur lui.

Leur fallut-il une autre raison moins avouable pour procurer ce résultat si naturel ? Donna-t-on précisément l'armée d'Italie à Joubert pour qu'il pût conquérir par une victoire ce rang élevé qu'au 30 prairial les uns avaient *souhaité* lui voir prendre, les autres lui avaient *offert* inutilement ? Chose bizarre ! Des raisons qui précèdent et rayonnent d'évidence, il a été peu ou point parlé. Toute l'attention est allée, dans les coulisses, en dépister une autre, cachée et bonne à cacher. C'est justement celle-ci qui se fera place au grand jour de l'histoire. Et il nous faut maintenant venir, derrière le rideau, chercher ce qu'elle a de sérieux. Examinons donc si, n'ayant pas réussi, immédiatement et le 30 prairial, à faire Joubert chef de l'Etat, quelques hommes politiques reprirent le projet *à terme*, et, dans cette vue, purent bien le tramer du 30 prairial au 20 messidor. C'est dans ces vingt jours du moins que furent menés à bien la nomination et le mariage de Joubert.

Il y a là-dessus plusieurs opinions en présence.

Selon la plus ancienne et la plus accréditée, Sieyès préparant la ruine de la Constitution qu'on lui avait donnée à garder pour la remplacer par une utopie de sa façon, fort savante, aurait trouvé Joubert bon pour l'aider à cette besogne. Le prêtre défroqué avait gagné à son plan d'autres personnages considérables. Sainte-Beuve prend ici aux *Mémoires* de Fouché un passage qui montre bien, sinon le plan, du moins les mobiles du parti.

« Sieyès me montra de l'inquiétude sur le nouvel essor de l'esprit anarchique avec lequel on ne pourra jamais gouverner. — Je répondis qu'il était temps que la démocratie sans règle et sans but fît place à l'aristocratie républicaine ou gouvernement des Sages (*aristoi*) le seul qui pût se consolider. — Oui, sans doute, répondit Sieyès, et si cela était possible, vous en seriez. Mais que nous en sommes loin !

« Je lui parlai de Joubert, pur et désintéressé, que j'avais bien connu en Italie et auquel on pouvait, au besoin, donner sans danger une influence forte : il n'y avait à craindre ni son ambition, ni son épée *qu'il ne tournerait jamais contre la liberté de sa patrie.*

» Sieyès, m'ayant écouté attentivement, me répondit par un : « C'est bien ! » Je ne puis pas lire autre chose dans son regard oblique. »

De ce précieux colloque, il appert ceci clairement : les deux grands politiques s'entendent sur la nécessité d'un gouvernement oligarchique... qu'ils daigneront conduire. Mais il faut une épée à ces ex-prêtres. Fouché proposant Joubert à Sieyès et le lui montrant incapable d'un attentat liberticide, tâte là à la fois et avertit son complice. Et il faut traduire son propos comme suit : « Joubert est maniable, il n'est pas homme à vouloir nous supplanter. Mais si... vous vouliez aller jusqu'au bout, je ne vous le donne pas non plus comme homme à nous suivre si loin. » — Et le « C'est bien » (sans phrase), qui clôt la conférence édifiante implique à tout le moins que le sphynx Sieyès prend la proposition en grande considération.

Sur les projets fraternels et l'entente des deux ci-devant moines, il ne nous reste guère à apprendre. Mais ce qui nous intéresse surtout, c'est que le seul mot dit là sur les dispositions de Joubert est pour l'affirmer : il y a une chose qu'on ne peut pas attendre de lui ; c'est précisément un coup-d'état.

Et M. H. Martin imprimait hier ceci : Joubert, en voyant de près Sieyès, l'avait pris en défiance. « (*Hist. de France depuis la Révolution, III.* 48). — Et Lanfrey dit que le jeune général « dénonçait à Gohier les projets de son collègue » (*Hist. de Napoléon*, I. 427.)

Au fond Sieyès en Brumaire sera trompé par qui l'on sait. Au 30 prairial, s'il a compté, comme on l'a cru, que Joubert, pris dans un engrenage savant, irait où on le mènerait, il s'est trompé lui-même.

2° Une seconde opinion est au *Mémorial de Sainte-Hélène*. On fait dire là à Napoléon : « Joubert ne prétendait à rien moins qu'à tenter ce que j'ai exécuté en Brumaire. Seulement *il eût agi avec les Jacobins* dont les intrigues l'avaient porté au commandement de l'armée d'Italie. Il n'avait pas encore assez de gloire, de consistance, de maturité. Il était de nature à acquérir tout cela. » Et, dans les *Mémoires de Napoléon :* « Le mariage de Joubert le jetta dans les intrigues du Manége. » — Un des meneurs de ce club, Sémonville allait choisir ou accepter Joubert pour mari de Mlle de Montholon, fille de sa femme.

Il faut démêler ici deux faits bien vus d'une conjecture nullement fondée.

Les faits, c'est que la nomination de Joubert fut procurée surtout par les Jacobins du Manége, par Moulin, montagnard, le premier militaire entré au Directoire, et qui dut s'y occuper principalement des questions militaires. C'est que le mariage de Joubert, loin de le lier au parti rétrograde que va conduire Sieyès, l'en éloigne, resserre son alliance avec le parti adverse.

La conjecture, c'est que Joubert songeait à tenter avec les Jacobins et Sémonville le coup-d'état qu'il refusait de faire avec Sieyès : L'homme de Sainte-Hélène s'y complaît, pour raison ; il a à justifier Brumaire : pour ce faire il le montre attendu, comploté par tous, les Jacobins y compris. Il oublie de prouver ce dire que Joubert va réfuter lui-même tout-à-l'heure.

3° Sainte-Beuve n'ignore rien de tout ce qui précède

et ne s'y tient pas. Il reprend la plume qui a écrit *Volupté*, et le voilà qui nous dit : « Sémonville a enlacé Joubert par le plus sûr des liens. Une jeune personne charmante, sa belle-fille, avait fait impression sur le cœur du Général, et allait devenir sa femme… Voilà Joubert *le Sauveur* attendu par une part de la Société parisienne ! Les salons de Paris ! Il est curieux de voir ce qu'ils ont bientôt fait d'un jeune général en renom qui leur arrive. » — Est-ce à Lamoricière ou à Changarnier que songe là Sainte-Beuve ? ou à tous les deux ! — Mais, il revient et ajoute avec son scepticisme caressant, si contagieux : « Il n'est guère possible aujourd'hui de déterminer le projet politique auquel Joubert aurait concouru, s'il lui avait été donné de vaincre. Ceux qui du milieu de leurs clubs ou du fond de leurs boudoirs, l'envoyaient si résolument à la victoire, le savaient-ils eux-mêmes ? » Et l'Epicurien raffiné d'insister sur la mobilité de ce monde-là.

A la bonne heure ! des deux ou trois salons qui papotent, des deux ou trois clubs à la suite qui complotent, du grand projet d'hier, renversé par celui d'aujourd'hui, lequel ne vivra pas jusqu'à demain, nous tiendrons aussi peu de compte que le sceptique voudra. Les salons tirent à eux leur sauveur et se l'arrachent, c'est sûr : ce qu'ils feront de lui est incertain, je l'accorde. Mais quoique Joubert soit amoureux (l'est-il tant qu'on l'a dit ?), peut-être a-t-il su, lui, ce qu'il voulait faire ; peut-être même il nous l'a raconté, auquel cas nous n'aurions plus qu'à l'en croire.

4° Le dernier écrivain qui ait touché à cette question, M. H. Martin, bien concis et précis, et la mesure même, s'éloigne du *Mémorial* sur un point : « Les deux partis, voulant s'attacher Joubert, avaient également concouru à lui offrir une *grande position*. » Puis s'en rapprochant il ajoute : « Joubert *penchait* vers les adversaires de Sieyès. » D'un coup d'état projeté pas un mot.

« Il penchait ...» Est-ce dire assez ?

Il y a quelqu'un qu'il faut entendre aussi sur cette question, c'est Joubert lui-même. Ce *Sauveur* que les partis tirent à eux, nous a dit comment il entend nous *sauver*. Entre le 30 prairial (18 juin) et le 5 messidor (5 juillet), il a écrit des « *Réflexions sur la situation*, communiquées par le général André à M. Chevrier, et les a « présentées » le 5 au Directoire. Elles contiennent les vues et les projets du Général à ce moment, et débutent par l'exposé détaillé des mesures militaires et administratives propres, selon lui, à fermer le territoire à l'invasion.

Puis viennent, non dans le meilleur ordre, les propositions suivantes, d'une autre portée. Nous croyons devoir les disposer dans l'ordre logique, ayant soin toutefois de les donner *in terminis*, textuellement.

« Si nos frontières sont envahies...

« Le sort de la République dépend de l'énergie du Directoire...

« Il ne faut plus compter *comme républicains* que les hommes prononcés pour *les mesures extra-ordinaires*...

« Dans le moment de la crise, tous les *Modérés seront rangés* (se rangeront ?) *parmi les Royalistes*...

« Il faut profiter des quelques moments qui restent (avant l'invasion) pour s'entendre (entre républicains)...

« Un Comité par (chaque) Conseil, composé des membres influents, convenant avec le Directoire des propositions à faire (aux corps législatifs), est d'urgence...

« Par là (par cette entente et union des Pouvoirs) le mouvement nécessaire sera imprimé (à l'opinion, au pays)...

« Les *formes constitutionnelles*, si précieuses au corps social, seraient *conservées*...

« Et le vaisseau se sauverait... »

Tout ceci est clair. Une crise accompagnera l'invasion qui vient. — Un danger est particulièrement dénoncé, c'est le *modérantisme*, c'est l'opinion représentée par le *Cercle constitutionnel*, rival du *Manège*. — Les moyens de salut, c'est d'abord et avant tout l'entente des deux Pouvoirs, détruite depuis Fructidor, rétablie au 30 Prairial, affermie et perpétuée par un moyen qui a servi bien souvent et sert encore. — Ce sont ensuite des mesures *extraordinaires* (deux sont indiquées, l'établissement de gardes-nationales mobiles, le système des réquisitions). Extraordinaires ne signifie pas extra-légales, puisqu'on devra conserver « les *formes constitutionnelles* » : plus loin la Constitution est dite : « Conservatrice de nos droits... »

On n'examine pas si ce programme est le meilleur possible. On peut le trouver dans son ensemble, non exempt de roideur militaire, ou de préventions jacobines. L'imputation jetée ici aux modérés, si on l'entend dans un certain sens, semblera dure ou même injuste. Il eût mieux valu préciser davantage les mesures extraordinaires demandées. Mais cette part faite à la critique, on a le droit d'affirmer que, même pour le cas prévu et à prévoir d'invasion et de levée de boucliers royaliste simultanées, l'auteur des *Réflexions sur la situation* voulant et devant aviser, ne songeait ni à rentrer dans l'ornière de Fructidor, ni à nous précipiter dans celle de Brumaire.

Fructidor a été fait par l'un des Pouvoirs contre l'autre : Joubert veut leur entente avant tout. Fructidor a méconnu, violé tous nos droits ; Joubert veut sauvegarder ces droits.

Brumaire sera perpétré avec le concours des Modérés, Joubert refuse ce concours « rangeant les Modérés parmi les Royalistes ». Brumaire détruira la Constitution dont Joubert réclame la conservation par deux fois.

Si l'on voulait résumer les *Réflexions sur la situation* en deux mots, on n'en trouverait pas de plus appropriés que ceux-ci : Défendons la République, mais plus de coup-d'état.

On comprendra mieux la gravité de cette déclaration, car c'en est une, si on veut considérer bien en quelles circonstances elle intervient, à qui elle est adressée, par qui elle est faite.

Redisons-le : le déficit est flagrant, la guerre civile est imminente, l'invasion vient. Le gouvernement nouveau veut sincèrement pourvoir à ce double péril, et il prouve sa sincérité en appelant Robert Lindet au ministère et Joubert au commandement de sa principale armée. Mais il est bien neuf, bien peu imposant, contient sur cinq chefs deux hommes suspects et dont la présence au Luxembourg inspire la défiance aux républicains et entretient les espérances des adversaires de la République.

Il faut donc bien, quand on est le Joubert que nous connaissons, avant de quitter l'armée de Paris pour celle d'Italie, c'est-à-dire avant de laisser purement et simplement le timon au Directoire du 30 prairial, lui faire ses conditions et, en s'engageant avec lui définitivement, l'engager dans la mesure du possible. La note, sur la communication de laquelle la nomination de Joubert a été faite, y pourvoit. Il y a là entre celui qui la propose et ceux qui l'acceptent un contrat tacite. On a vu si les articles sont significatifs.

La nomination de Joubert avec cette préface assurait

donc le triomphe du Manège (qui put s'organiser ostensiblement le lendemain). Elle couronnait cette combinaison du 30 prairial où Sieyès seul entrait avec une arrière-pensée, mais que Gohier, Moulin, Ducos voulaient sincèrement maintenir, que Barras lui-même ne cherche trop à faire avorter qu'après Novi et quand Novi l'eut sinon détruite, du moins désemparée.

Mais enfin comment l'opinion d'alors a-t-elle pu s'y tromper? Je vois à la méprise des contemporains trois raisons assez bonnes.

Et d'abord les hommes de parti (et même tous les hommes) croient volontiers que ce qu'ils désirent est le meilleur, le plus urgent; et en train de se faire; ou à moitié fait. On voulait, à tout prix, au timon des gens capables. Il n'y en avait plus dans les Assemblées, grâce au large abattis qu'avait fait la Terreur. De là ces directeurs de Fructidor, de Prairial, minces, insuffisants, « vulgaires ». On leur cherchait aux armées, où il y en avait, des successeurs possibles. S'il n'y en avait pas eu, on en eût inventé. A une heure plus triste encore de notre histoire, l'opinion a inventé M. Trochu (et son plan). Et on faisait bon gré malgré conspirer tous les généraux, comme depuis 1790 on avait fait conspirer tous les politiques; par là même on conspirait déjà pour eux.

Les salons, Sieyès, se trompèrent donc sur Joubert en premier lieu parce qu'ils voulaient se tromper. Ils se trompèrent ensuite parce qu'au Manège Joubert prêchait la mesure, la conciliation. Les esprits absolus et les esprits ardents font une même erreur : ils croient qu'être mesuré, conciliant, c'est être tiède.

Cette attitude de Joubert était publique. Au contraire ce que nous savons désormais si bien, et qui forme notre religion, la correspondance du Général avec son père, ses démêlés avec le Directoire fructidorien, sa note au Directoire de Prairial restaient secrets.

Sieyès et ses amis devaient donc à peu près croire ce qu'ils ont cru, dire ce qu'ils ont dit. Au lendemain du mariage de Joubert, ils auront vu plus clair. Mais Novi intervint et les dispensa de se déjuger. Et quand on est Sieyès, on n'est pas pressé d'avouer qu'on a fait une bévue.

VI.

SÉMONVILLE ROBIN. — Mᵐᵉ DE SÉMONVILLE. — Mˡˡᵉ DE MONTHOLON. — LES INTERMÉDIAIRES. — LE MARIAGE « DÉROBÉ ». — SI JOUBERT Y A PERDU UN MOIS.

Au mariage maintenant : il fut arrangé, ce semble, parallèlement à la nomination. Pour le bien comprendre il faut connaître celui qu'on accuse de l'avoir arrangé.

Huguet de Sémonville, comte en 1808, marquis de par la Restauration, était de robe tout simplement. Conseiller aux Enquêtes, il fut l'un des premiers du Parlement à demander les Etats-Généraux. N'ayant pu entrer dans cette Assemblée, il entra dans la diplomatie. Envoyé à Gênes, puis en Corse (1791), il s'y lia avec les Bonaparte, et ramena en France Lucien dont il avait fait, d'après Napoléon, « un révolutionnaire et un clubiste ardent ». (En 1794, Lucien a été emprisonné comme terroriste). Le Comité de Salut public du 10 juillet 1793, celui qui gouverna jusqu'au 9 thermidor, chargea Sémonville d'une mission occulte (en Turquie selon les uns, en Toscane selon d'autres) ; comme il se rendait à son poste il fut arrêté, sur le territoire neutre des Grisons, par les Autrichiens et emprisonné par eux trente mois durant. Le 6 novembre 1795, il est échangé à Bâle contre la fille de Louis XVI (avec Drouet, le maître de poste de Varennes). Soit qu'il fût resté en 1799 le révolutionnaire fervent qu'il était en 1793, soit qu'il eût intérêt à le faire croire (c'est de Sémonville toussant qu'on demandera ce qu'il aurait à gagner à s'enrhumer), on le trouvera alors au Manège avec Drouet, son compagnon de captivité, notre Deydier et notre Joubert.

Du club où Joubert connut le mari au salon de la femme il n'y avait qu'un pas. Le monde parisien fraîchement ressuscité, heureux de revivre, n'avait garde de bouder la politique. Il y avait la coterie du Luxembourg où MM^{mes} Tallien, Hamelin, Bonaparte régnaient, — celle du *Cercle constitutionnel* dont Mme de Staël était la divinité et Benjamin Constant le prophète, — celle de MM^{mes} de Sémonville et de Nort, « fort intrigantes toutes deux », dit en ses *Mémoires* La Réveillère, qui traite brutalement de « *clique* » cette succursale du *Manège*. C'est pure rancune du bossu dépossédé de son fauteuil. La maison où Joubert entrait était suffisamment aristocratique, de manières du moins. Là le soldat de trente ans, de grande taille, manquant cependant d'extérieur, et non moins de cet esprit de conversation bien plus indispensable à Paris que la beauté et le talent ; mais qui semblait à tous prédestiné à gouverner, s'éprit d'amour, dit-on, pour Zéphyrine de Montholon, fille du premier lit de Mme de Sémonville. Mlle de Montholon avait « un esprit fin et décent, une jolie figure à l'expression malicieuse, une grâce charmante », si l'on en croit une amie, Mme d'Abrantès, qui trouve « Joubert bien *pardonnable* de l'avoir aimée ». Joubert écrira, lui, à son père que sa fiancée a « une physionomie *intéressante* et un caractère plus *intéressant* ». C'est bref et un peu froid. Mais, les deux croquis aidant, on voit l'aimable fille d'ici : une parisienne, mais qui a lu la Julie et Werther.

Que notre Bressan droit et simple fût enlacé, comme il plaît de dire à l'auteur de *Volupté*, enguirlandé comme on préférerait dire aujourd'hui, il faut l'admettre. Mais la part de l'amour en cette affaire, si visible qu'elle soit, ne doit pas empêcher de voir la part de la politique. Cette dernière ne peut être surfaite les Sémonville étant connus, la situation de Joubert étant donnée, — et Talleyrand s'étant, paraît-il, mêlé du mariage.

Dans quelle mesure ? Mme d'Abrantès ici n'exagère-t-elle pas un peu ? Talleyrand, elle ne sait pas cela, avait contre-carré, ruiné les plans de Joubert à Milan, à Turin. Nous l'avons vu. Et les patriotes ardents allaient au lendemain du 30 prairial forcer le boiteux suspect « à donner sa démission ». (H. Martin, III, 46). L'intermédiaire ne semble donc ici ni le plus naturel, ni le plus vraisemblable. Mais Talleyrand est... Talleyrand. Le vent changeait tous les jours. L'ex-évêque ne se raidissait pas. Il aura été heureux de se rétablir auprès du héros du moment, se sera fait de fête... Oh ! sans zèle, mais avec une bonne grâce parfaite; heureux peut-être aussi de détruire les plans de l'autre prêtre, Sieyès, qu'on trouvait profond, qu'il trouvait creux, qui était arrivé plus haut, avec son dogmatisme pesant et pédant, que lui Talleyrand avec sa naissance, son improbité, son habileté; de jouer le moine président du Directoire qui laissait mettre l'évêque d'Autun hors du ministère...

Toutefois, un homme qui a eu des rapports avec la générale Joubert et qui a écrit un éloge de son mari, Lalande sait (Anecdotes) que le mariage a été négocié par Deydier. Celui-ci conventionnel régicide, compatriote, correspondant de Joubert, ayant pu connaître Sémonville au Manège, est un intermédiaire aussi naturel que Talleyrand l'est peu. Seulement, d'un mariage négocié par Deydier, montagnard ardent sinon jacobin, faire une machination pour rapprocher Joubert de la réaction en quête d'un sauveur, serait d'une absurdité prodigieuse. Si ceux qui font du Général un instrument docile de l'ex-moine régnant ont connu cette intervention de Deydier, ils n'ont donc eu garde d'en parler.

En somme, le négociateur est un montagnard militant. La famille qu'on épouse d'un monde différent est du même parti, en bonne situation dans le parti, voulant s'y maintenir. Le gendre choisi y est propre entre tous. Enfin il importe à Joubert partant pour son commandement d'avoir sur la scène féconde en coups de théâtre et changements à vue qu'il quitte, des alliés assez bien placés pour le tenir au courant, assez influents pour le défendre au besoin, parer les coups des jaloux, des rivaux de l'intérieur plus à craindre pour lui que Kray et Souvarov. Cela pendant son précédent commandement lui aurait fort servi et lui avait beaucoup manqué. Est-ce tout ? Non ; nous allons voir fort clairement, en y regardant d'un peu près, à quel degré ce mariage fut machiné, et que, si l'amour y aida, il ne fut pour Joubert lui-même que l'auxiliaire charmant d'une combinaison politique légitime et naturelle.

La *Note* présentée au Directoire est en date du 5 juillet. La nomination au commandement de l'armée d'Italie est du même jour. Le même jour (ou la veille), Mme de Sémonville arrivait à Paris. Joubert écrit à son père le 9 : « Je suis convenu d'*en finir* avant mon départ. Je *dérobe ma marche au gouvernement*, et me rends à Grandpré (en Champagne, domicile légal des Sémonville ?) pour y épouser Mlle Sémonville. Je vous prie de m'envoyer... un certificat des annonces faites à la municipalité de Pont-de-Vaux (rien de l'Eglise ?) Il faudra que Grognet (le maire, leur parent) *fasse le certificat d'avance*... le tout *sur-le-champ*... *sans cela* vous m'auriez fait faire à toute une famille une démarche inutile... *Ne dites que le moins possible tout cela;* on le saura assez au *coup*

37

frappé... ». Un mariage secret ! des bans anti-datés ? Pourquoi ?

Quiconque sait ce que parler veut dire répondra : Evidemment on avait eu un intérêt majeur à suspendre et à taire le mariage jusqu'après la nomination. Le mariage ébruité pouvait, au Luxembourg, réveiller Sieyès de son rêve, inquiéter le girondin Ducos, contrarier en son insouciance Barras qui avait cru le lendemain arrangé et par conséquent la soirée sûre... Il pouvait susciter, entre les Pentarques mal unis, défiants les uns des autres, des divisions, remettre en question cette nomination décidée...

Evidemment, les noces cachées à Grandpré décèleront un engagement de parti entre Joubert et les néo-jacobins, jusques-là non avéré. Elles feront regretter la nomination au moins à ce profond Sieyès, le chef de fait du gouvernement, qui a cru Joubert acquis à ses plans secrets, à qui surtout le général de vingt-neuf ans a « *dérobé sa marche* », pour qui surtout le mariage ainsi accompli avant d'être annoncé ne sera pas moins qu'un « *coup frappé* ».

Rien ne dérangea la scène arrangée à Grandpré (par Mme de Sémonville ?). Le Général avait écrit à son père le 9. La lettre dut arriver à Pont-de-Vaux le 12. Le certificat demandé put être expédié à Grandpré le même jour par un exprès, qui y sera rendu le 15. La date de la publication des bans avait dû être reportée (au moins) au 7 pour que le mariage pût être célébré, comme il le fut, le 18.

Il faut s'aider soi-même, car les hommes ne nous aident guère et le ciel ne nous aide pas. Joubert avait découvert cela à 29 ans ; un méridional le sait à 20 ans ; et un Corse eût demandé que la lettre qui achève de nous renseigner fût brûlée.

Malgré le complément d'éducation que ce Bressan, élevé par les Joséphistes de Louhans et les Jésuites de Lyon, dut à son contact tardif avec la civilisation parisienne, il garde les mœurs bourgeoises et ceux qu'il épouse croient devoir lui complaire en cela. Les Montholon, robins de père en fils comme les Sémonville, n'ont pas le droit d'ailleurs de le prendre de trop haut avec le vieux juge-mage. Et Joubert a mandé à son père la veille du mariage « qu'il désire lui présenter son épouse et que la famille de celle-ci veut aussi le connaître ».

Donc le Général, sa femme, son état-major, les Sémonville et leurs deux fils, en tout douze hôtes, partis de Grandpré le lendemain du mariage (19 juillet), arriveront à Pont-de-Vaux le 23. Les parents, les amis aideront le vieux juge à héberger « tout cela. Employez mon linge, mon argenterie, ma batterie de cuisine, la Benoîte, etc. On veut absolument connaître ma sœur et ses enfants... que les deux André soient avec vous... envoyez-leur un exprès... Je ne les verrai pas de je ne sais quel temps... » Cet accent humain serait encore touchant quand même on ne saurait pas que cette réunion des deux familles serait unique, et que cet homme bon dont le cœur nous apparaît ici tout ouvert et tout entier ne reverrait pas les siens. On l'a accusé d'avoir perdu du temps avec eux. Il leur donna un jour ! Ce jour fut, dit-on, employé en partie à une cérémonie oubliée à Grandpré. Est-ce que dans le monde des Sémonville elle était tombée en désuétude ? Et est-ce le vieux juge chrétien qui la réclama ? C'est de la bénédiction nuptiale, on le comprend, que je veux parler. Joubert partit le 25 pour aller commander son armée. En embrassant sa femme une dernière fois, il lui dit : « Tu me reverras mort ou victorieux ».

La ville natale avait fait grand accueil à son illustre enfant, blâmé là cependant, à ce qu'il semble, de ces noces brillantes. Tandis qu'à Paris où l'on en savait le secret, ce mariage « *frappait un coup* » parce qu'il liait ouvertement Joubert avec le parti montagnard, Pont-de-Vaux le voyant épouser une fille noble à peu près, une *ci-devant* en tout cas, entrer par là dans un monde qui n'était pas le sien, le prenait pour un déserteur.

Cette impression un peu grossière est plus ou moins partagée par certains historiens, ignorant ou oubliant que la fortune militaire des Montholon a commencé le 18 brumaire où un chef d'escadron de ce nom... « a été utile à Bonaparte » ; et aussi que le marquisat de M. de Sémonville ne remonte pas plus haut que 1818 !

Des biographes sourdement royalistes et sourdement hostiles ; d'autres favorables, mais manquant de réflexion ou de critique, s'accordent à regarder que ces noces ont retardé le départ de Joubert d'*un mois* et à les rendre responsables de la catastrophe de Novi. Cette arithmétique inventée par la haine des premiers, adoptée sans contrôle par la facilité des autres, ne tient ni devant les chiffres donnés plus haut, ni devant les faits qu'on verra plus loin.

En premier lieu, Joubert n'a pas perdu un mois « à négocier et consommer son mariage ». Sa nomination est du 5 juillet ; son mariage est décidé du 5 au 9, jour où il le mande à son père ; il est consommé le 18 ; l'affaire aurait donc pris treize jours. Mais pendant les dix premiers (du 5, date de la nomination, au 15, jour du départ pour Grandpré), le Général s'est recordé avec le Ministre de la guerre, a pris ses instructions, celles du Ministre des affaires étrangères, fait son état-major, ses équipages, etc. Cela, indispensable en tous les cas, réduit la perte de temps de beaucoup. Enfin de Pont-de-Vaux (qui est sur la route de Paris en Italie) et qui fut quitté le 25, au quartier-général où Joubert arriva le 3 août, il a mis neuf jours. Ce n'est pas trop, je crois, pour franchir la distance qu'il y a entre Pont-de-Vaux et Gênes (par Marseille), inspecter sur la route les arsenaux, les magasins, les dépôts, presser, grouper, acheminer les renforts, — on va voir si tout cela était urgent !

Donc en tout six, huit jours au plus perdus, dont six ou sept donnés (sur les grands chemins) à Zéphyrine de Montholon, un consacré à embrasser le vieux père une dernière fois !...

Les stoïciens de ce temps-ci diront-ils qu'il ne faut pas perdre huit jours quand on a des responsabilités comme celles qui pesaient sur la tête du vainqueur de Rivoli ? Eh bien ! si on retrouvait une lettre de Joubert répondant que ces huit jours ont été employés après tout à une opération stratégique assurant ses derrières contre Sieyès joué et irrité, je trouverais la réponse bonne. Il n'y aurait que le roman de Mme d'Abrantès, native du pays d'Estelle et Némorin, et de Sainte-Beuve moins idyllique d'ordinaire qui y perdrait.

En second lieu, la perte d'une, de deux semaines n'aurait pas l'importance qu'on lui attribue. Nous allons le voir ; quand Joubert est arrivé sur le terrain, loin qu'il fût si pressant de se battre, il y avait à gagner à attendre ; et nous allons voir aussi ce qui l'en a empêché.

VII.

ÉTAT DE L'ARMÉE. — FAUT-IL COMBATTRE OU ATTENDRE CHAMPIONNET ?
— POUVAIT-ON L'ATTENDRE ? — NOVI. — L'AUTEL DE LA PATRIE EN
DEUIL.

Le général de l'armée d'Italie a inspecté, chemin faisant, la 8ᵉ division militaire de Nice ; il écrit le 30 juillet au Directoire :

« La désorganisation est complète. Les routes sont si pitoyables qu'une voiture de poste n'y peut aller qu'au pas. Les postes manquent de chevaux. Le service des étapes est nul. Marseille dépavée a l'aspect d'une ville qui va soutenir un siège. Toulon est approvisionné pour trois mois seulement et pour 8,000 hommes ; il en faut 12,000 pour le défendre. Son arsenal manque de matières premières pour le service de l'artillerie.

» J'ai cherché les hommes chargés de l'approvisionnement de l'armée, la Cⁱᵉ Baudin, elle s'y refuse. Il faut donc que ce soit de Paris que partent les ordres et *moyens d'approvisionnement* pour le Midi. Il n'y a pas un moment à perdre ou le *Midi est perdu* pour la République.

» Mes efforts pour nous maintenir en Piémont seront vains, si les derrières de l'armée restent dans un état qui prouve *l'absence de tout gouvernement.* »

L'état dans lequel il trouve l'armée elle-même est pire, s'il se peut. Le 5, il reçoit le commandement de Moreau. Il écrit du même jour :

« Je n'ai pas trouvé un sou en caisse : il n'y avait que des dettes ! » Et du 7 : « Au nom de la patrie en danger, faites pourvoir les magasins de vivres... A Gênes on manque de blé même pour les habitants ; les Anglais arrêtent tout... je ne sais pas où la perte d'une bataille nous mènerait et il *va falloir la donner* sous peine de voir affamer l'armée... »

Voilà comme sous La Réveillère, le gouvernement ou plutôt « l'absence de gouvernement », avait préparé la lutte qui semblait à tous la lutte suprême !

Un mois auparavant, en sa note du 5 juillet, Joubert avait demandé d'urgence la jonction de Macdonald qui ramenait l'armée de Naples vers le Pô et de Moreau trop faible pour agir et piétinant sur place dans les Apennins de Ligurie. Cette jonction n'était faite ni le 5 ni le 7 août. En pareille occurrence, hélas ! les généraux ne sont jamais pressés. Elle s'opéra enfin du 7 au 9. Il était temps : l'ennemi arrivait en force, ayant pris le 8 Saravalle. Cette bicoque l'avait retardé heureusement.

Joubert avait désormais dans sa main 40,000 hommes éprouvés.

Mais il avait devant lui 70,000 Austro-Russes, une artillerie notablement supérieure à la sienne, et 2,000 hommes de cavalerie seulement contre les 12,000 cavaliers ennemis.

Devait-il agir de suite ? Devait-il attendre que Championnet débouchant des Hautes-Alpes par Fenestrelles et Coni, forçât les coalisés à se diviser ? Et, pour attendre, devait-il rentrer dans les montagnes d'où, si ce plan était le plus sage, il eût mieux valu ne pas sortir ? C'était l'avis de Gouvion-Saint-Cyr qui commandait le centre de notre ligne et ne jugeait pas d'ailleurs « une bataille nécessaire » immédiatement.

Sainte-Beuve ici prend parti pour Saint-Cyr. Il a pu lire cependant, comme nous, dans la lettre de Joubert à Championnet du 9 août, « *forcé par les circonstances* je vais livrer bataille ». Et dans sa lettre du 7 au Directoire, plus explicite : « Je suis *réduit* à donner la bataille pour ne pas voir *affamer* l'armée... » On ne veut pas voir cela parce qu'il n'y a pas de réponse à cela. M. H. Martin, qui n'a pas de parti pris, sait et dit bien : La *disette nous poussait* des stériles montagnes de Ligurie dans le gras Piémont... » Nous étions revenus à la veille de Montenotte.

Joubert s'arrêta un moment devant l'opposition marquée de Gouvion-Saint-Cyr. Celui-ci, général en chef d'une capacité incontestée, était le plus récalcitrant, volontaire, insubordonné des lieutenants (Moreau en 1800, avant Hohenlinden, en a su quelque chose). Joubert eût voulu convaincre ; il disait doucement « avoir donné parfois des conseils à Bonaparte qui les écoutait... » Il donnait des raisons : Attendre Championnet ? il faut à celui-ci dix jours pour déboucher du mont Genèvre. Pendant ce temps comment vivre dans cette Ligurie aride, épuisée ? Il faudra donc disséminer à nouveau cette armée si laborieusement concentrée. Quoi ? Devant Souvarov qui a fini ses sièges et qui monte ! Mais c'est s'exposer à être détruit en détail. A tant faire que de combattre, combattons, non dans dix jours avec des squelettes fiévreux, ne pouvant plus traîner leurs fusils, mais demain avec des hommes...

Gouvion (en ses Mémoires) abonde en son propre sens, et soit dédain, soit prudence, ne tient compte de ces objections assez plausibles cependant.

On était au soir du 14 août. La délibération durait toujours. On voyait des fenêtres du casin les mouvements de l'ennemi, ses préparatifs pour une bataille ; cette bataille dont les Autrichiens ne voulaient pas, le vieux barbare ardent, Souvarov, la voulait. « Sur le soir, Joubert *parut* décidé à la retraite, il dit à ses généraux que, dans une heure ou deux, il leur expédierait l'ordre de la commencer ». Sur quoi Gouvion accuse son chef « *d'irrésolution* ».

Puis il ajoute que les généraux, peu convaincus, « s'occupèrent plus de dispositions de défense que de retraite ». Il ne voit pas que ceci même va contre l'imputation qu'il vient de risquer. Les lieutenants de Joubert croyaient bien, eux, à sa résolution de combattre. Et nous, qui avons lu ses lettres du 7 et du 9, savons mieux encore qu'elle était arrêtée depuis une semaine.

Le mot de « faiblesse » est aussi prononcé par Gouvion et répété par Sainte-Beuve: Il n'est pas beau, il n'est pas honnête de le jeter à un homme qui veut absolument combattre avec 40,000 hommes contre 70,000 commandés par Souvarov, à celui qui va si bien mourir...

Le lendemain (28 thermidor) 15 août, à trois heures du matin (Joubert ressemblait peu décidément à celui qui dormit si tard le matin de Waterloo), il prenait ses dernières dispositions. Les Autrichiens avaient jugé d'abord inexpugnable la position qu'il avait choisie. Son armée était placée en demi-cercle sur les hauteurs et les pentes couvertes de vignes du Monte Rotondo, qui est de ce côté la tête de l'Apennin. Pérignon à gauche, Saint-Cyr au centre, Moreau à droite commandaient ; Joubert de la hauteur conduisait.

A cinq heures, Kray escaladant les pentes attaque vivement Pérignon ; la 20ᵉ demi-brigade faiblit. Joubert accourt, enlève les soldats et charge à leur tête, l'épée haute ; les Autrichiens plient. Mais une balle vient frapper le héros au cœur, il crie aux soldats : « Marchez toujours ! » et tombe de cheval. Se sentant mort, il dit à Dave, un de ses aides-de-camp, de le couvrir ; l'autre, Mouton, l'homme de Lobau, pleurait à côté de lui amèrement, car on l'aimait...

Il avait pu voir les Autrichiens fuir. Il laissait le commandement à Moreau qui tint jusqu'au soir (cachant sa mort) et infligea à Souvarov des pertes telles qu'on ne put nous poursuivre. Nous gardâmes Gênes, ce qui rendit Marengo possible. Suchet défendit le Var avec 8,000 hommes contre 40,000 Autrichiens : Carnot compare ce fait d'armes à celui des Thermopyles.

La vie de Joubert a été une belle vie et sa mort une mort enviable. Je ne suis pas de ceux qui rient de l'inscription qu'on a mise ici sur son marbre : « Jeunesse française, voilà ton modèle et la limite de tes espérances. » Quelque chose y survit de l'enthousiasme de ce temps qui par là valait plus que ceux qui ont suivi. Ses frères d'armes de Novi ont vécu âge d'homme ; avec lequel d'entre eux le Joubert que nous connaissons eût-il consenti à changer de mort ? Ce n'est pas avec Moreau, je pense ! Ce n'est pas non plus avec Grouchy. Ce n'est pas même avec Suchet, son aide-de-camp favori, bien que la carrière de celui-ci soit une noble carrière.

J'ai demandé à un vieillard, élève alors de *l'Ecole de Mars* (polytechnique, logée au Champ de Mars en ce temps-là), ce que c'était que l'*Autel de la Patrie* : c'était une fabrique assez grandiose, que David avait flanquée de quatre bœufs antiques de proportions colossales, et qui n'était pas trop perdue au milieu de son immense esplanade. Là, le Directoire appela la Grand'ville pour une de ces fêtes théâtrales qu'elle aime et qui eussent passé aisément dans les mœurs si elles eussent été sincères toujours comme celle-ci.

Garat, pour les *Anciens*, prononça l'éloge du mort de Novi ; et le président du Directoire plaça le buste du héros sur l'autel en deuil. « A ce moment, dit un témoin oculaire, on entendit le bruit des sanglots de la foule, mêlés aux acclamations »... Paris a eu bien des occasions depuis de pleurer sur nous et sur lui-même, il n'en a pas abusé. Dans *Merlin l'enchanteur*, poëme d'Edgar Quinet, compatriote de Joubert, ceux de Lutèce disent : « Nous ne faisons que de naître, et déjà nous rions de tout dans ce canton. »

Ces larmes de Paris étaient prophétiques, Paris comprenait vaguement que Joubert ne serait remplacé par nul de ses compagnons d'armes et qu'une grande espérance mourait avec lui.

« Dans une histoire universelle, et fût-elle à la Bossuet, Joubert, a dit Sainte-Beuve, est sûr d'être nommé. Ce n'est pas en vain qu'on a été choisi, même pour manquer le rôle de César. »

Ce sont là de belles et solennelles paroles ; on ne les accepte ici qu'à demi. Joubert n'eût essayé jamais, ni par suite manqué le rôle de Napoléon. L'histoire, en y regardant mieux, dira que c'est pour un autre avenir que notre compatriote était prêt.

Si qua fata aspera vincas
Tu Marcellus eris...

Si Bonaparte, au milieu de cette aventure grandiose qu'il alla chercher au pays des Mille et une nuits, était tombé comme Kléber, si Joubert eût vaincu à Novi (Jomini a dit qu'il eût vaincu, Souvarov n'ayant fait tout le jour que des sottises), il est à croire que nous aurions, un peu après, sans coup-d'état aucun, et au milieu des acclamations de deux peuples, mis sur le pavois cet émule de Washington que nous attendons encore. Les destinées eussent été autres pour nos devanciers, pour nous moins dures à porter...

VIII

MONUMENTS ÉLEVÉS A LA MÉMOIRE DE JOUBERT A BOURG, A PARIS
ET A PONT-DE-VAUX.

Un domestique affectionné qui, sur le champ de bataille
de Nóvi, enveloppa Joubert mort de son manteau de
guerre, rapporta à Pont-de-Vaux sa ceinture et son épée.
Ces reliques sont conservées par la famille.

Les restes du héros furent inhumés à Toulon, au fort
Lamalgue, puis, en 1821, ramenés dans l'église de sa
ville natale où ils reposent.

En 1799, le Conseil des Cinq-cents vota à Joubert *une
Pyramide*. Une fontaine construite à Bourg en 1794 et
ayant cette forme lui fut dédiée.

Ajoutons ici deux mots à ce qui en a été dit plus haut.

L'un pour plus de précision et dans cette langue exacte
de la géométrie que nos petits écoliers, fussent-ils *des
cancres*, entendent aujourd'hui.

On a imprimé, sans même essayer d'en faire la preuve,
que la pyramide de 1794 avait d'abord été consacrée à
Marat.

Le cénotaphe élevé ici à Marat en août 1793 était
un obélisque : nous savons cela de Lalande géomètre, et
capable de distinguer. Une pyramide, carrée en plan,
triangulaire en élévation, n'est pas un obélisque dont le
plan est un parallélogramme, l'élévation un pentagone. De
plus les deux édicules ont existé en même temps, l'un sur
la place de Montaplan (place Joubert), l'autre sur la place
d'Armes. (Le registre municipal nous a permis de
l'établir. Voir plus haut, pp. 439 et 443.)

L'autre mot sera pour présenter une requête à qui de
droit.

La pyramide Joubert est, on l'a dit, un spécimen carac-
térisé de ce style sobre qu'à l'Ecole des Beaux-Arts, et
dans les ateliers, les rapins, race gouailleuse, appellent
style Messidor. Notre temps engoué successivement des
dentelles insensées du style ogival et des *chiffonneries*
extravagantes du style Pompadour, méprise cette contre-
façon révolutionnaire de la nudité antique. A vrai dire,
le pseudo-grec de 1794 est un peu lourd et gauche, et
manque bien de la grâce radieuse des modèles laissés par
Ictinus. Il ne manque pas en revanche d'une simplicité
assez fière et d'une mâle gravité. Il sera spartiate si l'on
veut, non athénien. Mais quoi ! entre notre première république et ses très rares monuments (la terrible année 1794
a peu bâti), il y a pour cela même une concordance réelle,
assez visible. Et ce style Messidor a sa raison d'être, nous
enseigne déjà l'histoire à sa façon.

Notre pyramide, si modeste qu'elle soit, nous l'enseigne
d'une autre manière encore, à savoir par les vicissitudes
assez bizarres qu'elle a traversées. Je ne blâme pas ceux
qui sentent autrement que moi ; mais je ne saurais rougir
pour ma petite ville, si pauvre en monuments, de celui-ci,
couvert du souvenir et de l'ombre tragique de ces trois
hommes — Albitte qui n'a pas cru là bâtir pour Joubert ;
— Joubert qui ne s'attendait pas à hériter de l'œuvre
d'Albitte et n'eût pas laissé d'en sourire ; — Bonaparte enfin
qui n'a hésité ni à donner du pain à son ami du siège de
Toulon, ni à employer la fontaine du proconsul à payer
sa propre dette au vaiqueur de Rivoli.

Les révolutions font de ces choses-là, ayant une logique
à elles « qui se rit de la logique ». Et il y a, en vérité,
dans la conjonction naturelle et surprenante des trois
noms ci-dessus un enseignement pour tous les partis...

Conservons nos monuments. C'est un des principaux historiens et continuateurs de la Révolution, Louis Blanc, qui nous le conseille. Ils ont une éloquence muette infiniment plus saine que celle dont nos orateurs grands et petits nous gavent et nous feront mourir.

Je voudrais voir le petit square, entouré de beaux platanes, qui se présente le premier aux arrivants de la gare et relie la ville neuve à l'ancienne ville, moins négligé. Je l'imagine — aussitôt qu'on pourra songer ici à des dépenses d'agrément — tapissé de gazon, orné de quelques fleurs, muni de deux ou trois fontaines et de deux ou trois bancs. Le piédestal assez délabré de la pyramide de l'an III est rejointoyé, les marbres noirs pris à Brou ont retrouvé leur poli, les inscriptions de 1805 leur dorure détruite par le temps. Je n'ai jamais pu les lire, et les étrangers journellement arrêtés autour de l'édicule, se demandent quels logogriphes il raconte-là ; les moineaux logés dans l'urne du sommet se moquent d'eux : ils tiennent que ce pot commode a été fait exprès pour leur couvée.

J'ai vu, il y a vingt ans, un buste de petites proportions, fait peut-être à Paris pendant le dernier séjour du Général, par un sculpteur de mérite ne cherchant pas d'ailleurs à idéaliser son modèle. L'homme montré là est de complexion nerveuse, un peu maladive et maigre. Ses traits sont sans beauté, non exempts de fatigue ou de tension habituelle. Sa physionomie grave, résolue, un peu triste, manque de jeunesse. Ce petit marbre très soigné est le document le plus sérieux que je connaisse sur l'extérieur de Joubert.

Napoléon empereur ne se crut pas quitte envers le vainqueur du Tyrol. Le grand escalier du Sénat, dans l'aile droite du Luxembourg, fut orné par lui des statues des principaux hommes de guerre de l'époque; celle de Joubert en fut. En 1835, j'ai encore vu la rampe ainsi superbement décorée.

Pont-de-Vaux a élevé une statue à son illustre enfant. Elle est de Legendre-Hérald. Le sculpteur lyonnais a cherché là ce que l'art grec, à sa bonne époque, n'avait garde de chercher, ce qu'un statuaire français cherche toujours si mal-à-propos, rencontre si rarement. Il a voulu donner du mouvement à sa statue. On a dit qu'il avait réussi : on a dit aussi le contraire. Je n'ai pas vu et ne tranche pas. Ce Joubert de Pont-de-Vaux est de marbre et résiste mal à nos pluies lentes.

En publiant ceci une première fois, j'ajoutais : Le Conseil général de l'Ain pourrait demander à l'Etat une copie en bronze de la statue du Luxembourg et en décorer la cour ou le jardin de la Préfecture de l'Ain, qui est le palais départemental.

Un ami, en situation d'aider à ce projet, voulut bien chercher d'abord si les remaniements postérieurs du palais avaient laissé subsister le grand escalier et sa double rangée de sentinelles héroïques. Il m'écrivit bientôt, hélas ! « La statue de Joubert que vous avez vue au Luxembourg n'existe plus. Le temps en a eu raison ; elle était en plâtre ! »

En plâtre, comme bien d'autres créations du premier empire. Le maître réservait le marbre et le bronze pour lui. En plâtre : c'était assez pour vous, vainqueurs de Rivoli, de Zurich, d'Héliopolis, dont notre César corse daignait jalouser un peu, et savait exploiter très bien la gloire !

Eh bien, la France a ce que Joubert voulait pour elle, la République... une république assez riche pour payer ses gloires. Est-ce qu'elle ne nous donnera pas, à nous qui avons donné le martyr de Novi à sa pauvre et grande aînée, ce Joubert de bronze qui nous manque ? Nous mettrons sur la base le mot que le héros en tombant jetait à ses soldats : Marchez toujours ! Il est bon de le répéter quelquefois aux hommes, car ils s'engourdissent aisément pendant les longues paix ; nous ne le savons que trop. Nos places publiques appellent ces images qui entretiennent le feu sacré et préparent... l'avenir.

LE FAREINISME

PRÉAMBULE

Un écrivain compétent avait commencé à traiter ce sujet :
il s'est arrêté après la première page.

Les autres historiens de Fareins ne savent pas, très bien
ce que c'est que le Jansénisme, origine de la secte des deux
Bonjour, et pas bien mieux ce que c'est que le Quiétisme qui
a dépravé cette secte. De là leur inintelligence du sujet.

De plus, ils se renseignent uniquement chez les adversaires;
de là leur rage contre les Fareinistes.

Le côté politique de cette conception bizarre leur échappe
plus complètement encore que son côté religieux.

Il y a donc lieu de revenir là-dessus.

M. Perroud m'a transmis des documents importants et
inédits, par lui recueillis à la Sous-Préfecture de Trévoux ;
ils me renseignent sur l'intervention de la politique dans les
affaires de la secte, depuis 1790 jusqu'à 1816.

Un ancien sectaire, tout à fait désabusé, m'instruit sur les personnes.

J'ai dans les mains un recueil de cantiques, qui ne laissent rien ignorer soit des dogmes de la secte, soit de ses espérances d'avenir ;

Et une correspondance du prophète François Bonjour avec les siens, avec la femme qui est pour les croyants l'*épouse divine*, la mère du *Paraclet*, troisième personne de la Trinité.

Il ne m'appartient pas de dire que ce travail est intéressant ; il l'est, je crois, pour ceux qui s'occupent de l'histoire des religions. Il sera peut-être trouvé curieux par d'autres. Et il est, en très grande partie, absolument neuf.

LE FAREINISME

Il y eut, au temps de la Révolution, en notre province, une tentative de rénovation religieuse d'un grand intérêt. Ce fut, à côté de la grande commotion, une petite secousse parallèle, distincte et parente à la fois.

Le Fareinisme nous appartient en propre. Il procède comme l'Église constitutionnelle du Jansénisme. Il avoue cette origine plus haut qu'elle, s'en éloigne aussi plus qu'elle, étant d'humeur bien plus novatrice et plus révolutionnaire. Il est moins complètement mort qu'elle, après tout. A ces divers titres, il mérite une place ici. On la lui fera avec d'autant moins d'hésitation qu'on aura à apporter sur la secte des documents inédits ne laissant pas d'éclairer beaucoup son histoire et d'en accuser mieux la physionomie.

Le Fareinisme a pris son nom du village où il est né. Fareins est sis au rebord occidental du plateau de Dombes, en dehors de la région mélancolique des eaux stagnantes, sur le versant relativement gracieux et peuplé que la Saône borde,

Ce pays de Dombes est profondément superstitieux. Les époques primitives y ont tellement multiplié leurs *tumulus*, que pour en expliquer le nombre en ce territoire peu peuplé, peu fécond, resserré entre le Rhône, la Saône et l'Ain, on a évoqué les religions de l'Inde, tenant les *prayagas* ou confluents pour des lieux particulièrement sacrés. Un culte obscène, celui des *pierres debout*, y subsistait encore, près d'Ars, il y a cinquante ans. Et la dévotion à saint Guignefort s'y perpétue : c'est une dévotion bizarre où tous les cultes qui se sont succédé par là ont mis du leur : le Druidisme y est pour son culte des arbres ; le Paganisme latin pour ses Faunes ; le Catholicisme pour sa vénération des reliques. (Ce sont ici les reliques authentiques d'un chien lévrier.) Quant aux rites, ils semblent sortir des plus anciens recueils d'incantations magiques. (Voir *Saint Guignefort* dans les tomes xi et xii des *Annales de la Société d'Emulation de l'Ain*, par M. Vayssière.)

C'est sur ce sol, resté fécond en rêves devenus rares ou disparus partout ailleurs, qu'est éclose, il va y avoir cent ans, la spéculation fareiniste faite, elle, du limon de deux ou trois hérésies antiques, remué et un moment vivifié par le levain révolutionnaire.

Son histoire a été commencée ici en 1873. (Voir *Documents pour l'histoire du Fareinisme*, par Cl. Perroud, *Annales de la Société d'Emulation de l'Ain*, tome vi, page 105.) L'auteur connaissait les lieux pour y avoir vécu, les hommes pour en avoir causé avec des contemporains survivants, les choses pour y avoir regardé de près. Il est à regretter qu'il n'ait pas continué, car il a fait plus de lumière sur la question que ses devanciers et successeurs réunis.

Il a montré et fait toucher le lien existant entre le Jan-

sénisme finissant et la secte de Fareins. Le Jansénisme
chassé de Paris par la fermeture du cimetière Saint-
Médard, nullement résigné à mourir, remplissait les provinces de l'Est et du Sud des convulsions interdites sur le
tombeau du diacre Pâris...

> De par le Roy, défense à Dieu
> De faire miracle en ce lieu...

Les ordres du Roi étaient non avenus dans des provinces perdues, comme le Forez et notre Dombes. En Forez,
vers 1775, l'agitation des sectaires *secouristes* (c'est-à-
dire réveillant et entretenant leur exaltation d'esprit par
des secours ou moyens tout physiques et bien étranges)
avait tourné au Millénarisme.

On attendait donc là le *Règne de Dieu* promis par les
Évangiles (entendus littéralement), règne réalisé sur la
terre par le Saint-Esprit incarné en la personne d'Elie :
« *Elias cùm venerit primò, restituet omnia.* » (Marc, IX, II.)
« Elie venait de naître à Saint-Galmier ; il y avait eu
des miracles à Montbrison ; le curé Fialin, à Marcilly-sur-
Loire, avait crucifié sa servante » laquelle ne s'en portait
pas plus mal. (*Documents*, Perroud.)

En 1775, un curé de la contrée où se passaient ces belles
choses, Claude Bonjour, fut transféré en la belle et riche
paroisse de Fareins, voisine relativement de Pont-d'Ain,
son pays natal.

La *Délibération* du 27 septembre 1789, en laquelle 57
catholiques de Fareins demandent des poursuites contre
Bonjour, veut que ce prêtre ait commencé à dogmatiser
en Forez, que cette permutation ait été une disgrâce. Un
document janséniste dit que ce fut une faveur de M. de
Montazet, l'archevêque de Lyon, janséniste lui-même.

Ce qui est sûr, c'est : 1° que le Vicaire général du diocèse, M. Jolyclerc, dans une lettre imprimée à Lyon en 1788 (chez A. Delaroche), présente Claude Bonjour comme un homme resté en 1775 « simple et modeste, doux et affable, doué du don de la parole, pleinement instruit de la science de son état »..; c'est, 2°, que, les curés étant alors inamovibles, le transfert de Bonjour du Forez en Dombes n'a pu être « forcé », comme prétend la *Délibération*.

Jolyclerc, hostile mais non haineux, nous apprend encore que « la régie de Claude Bonjour reste édifiante et chrétienne jusqu'au temps où son cadet, François Bonjour, arrive d'Alais, où il avait professé dans un collège, » étant envoyé pour vicaire à Fareins. Dès lors tout change. »

Premier miracle (en 1783). La Laurent est guérie d'une tumeur au sein par la seule application « d'un linge qu'elle avait fait toucher à l'image du bienheureux diacre ». Mais la miraculée s'étant, un peu après, cassé la jambe, Bonjour échoue dans la tentative qu'il fait de la guérir. Elle accouche d'un enfant mort et meurt elle-même, le 27 octobre 1783.

Bonjour aîné, « découragé par cet insuccès, imagine de résigner sa cure à son frère... sans en faire part à M. l'Archevêque... Quand celui-ci en apprit la nouvelle, il se montra fort affligé et s'écria : Ce petit drôle (Bonjour cadet) ne m'a jamais plu ; il a gâté son frère et me donnera bien des soucis. »

On voit jusqu'où allait alors l'indépendance du clergé paroissial.

Le curé démissionnaire part pour Paris ; « il y apprend l'art des secouristes ; à son retour, il dépouille l'habit de son état, renonce à toutes fonctions sacerdotales. Couvert de vieux haillons, il assiste aux Offices » de la porte de l'église. Il se fait goujat, sert les maçons. Tels messieurs de Port-Royal se faisant jardiniers. « Bientôt une bande de démoniaques (femelles) est formée dans la paroisse... Des moines fanatiques accourent... » Les exorcismes commencent. On frappe les possédées « à coups redoublés avec la Bible ; on verse l'eau bénite à grands flots... Elle les brûle comme un charbon ardent... On les dépouille, on les bat de verges ; des moines se prêtent à cette besogne ». (Jolyclerc.) Deux de ces créatures s'enfuient et s'enferment dans une chambre. François Bonjour les poursuit avec deux quasi-démoniaques mâles, essaie d'enfoncer la porte, puis entre par la fenêtre au moyen d'une échelle, « reste jusqu'à deux heures après minuit avec ces filles... A deux heures, passe un habitant ; il entend des sanglots, fait du bruit ; ces filles l'appellent. M. le curé s'évade », etc. Une de ces deux filles est Tiennon (Etiennette) Thomasson, l'autre Marguerite Bernard ; il ne sera que trop reparlé d'elles.

Plainte de M. Merlino, conseiller en la Sénéchaussée, et autres domiciliés à Fareins au Procureur général du parlement de Dijon. Ce magistrat écrit à M. de Montazet. Le prélat commet M. Darles, curé de Messimy, archiprêtre, à faire une enquête. L'archiprêtre, « ami de MM. Bonjour » déclare que « la plainte est la suite de l'antipathie de quelques-uns. Il y a quelques folles à Fareins : MM. Bonjour ont eu la crédulité de les croire obsédées du démon.. ils ont employé d'anciens exorcismes, mais tout est fini ». (L'archiprêtre est voltairien.)

Commencement des prophétesses. « Une jeune fille, Jeanneton, native de Lyon, élevée à la Charité de cette ville, est mise à leur tête. » Assemblées nocturnes « bien cachées ». On prépare la fameuse crucifixion. Tiennon

passe le carême 1787 « sans boire ni manger ». Un bois
sec et mort reverdit en ses mains : on l'expose à la vénération du peuple. A la procession de la Fête-Dieu, Tiennon
hurlante se jette sur le curé portant l'ostensoir, cherche à
déchirer ses habits. François Bonjour lui donne trois fois
la bénédiction du Saint-Sacrement. Ses fureurs en redou-
blent. Le vicaire Farlay (fils d'un tonnelier de Boën, en
Forez) prend l'hystérique sur ses épaules et l'emporte.

Voici maintenant les faits qui se passèrent le 12 octobre
1787, tels que les a exposés François Bonjour à Jolyclerc,
chargé par M. de Montazet de faire une enquête sur ces
faits.

A trois heures après midi, en la chapelle de la Sainte-
Vierge, en présence de quatorze ·témoins, Etiennette
Thomasson, déjà plusieurs fois miraculée, demandant ins-
tamment depuis longtemps à être rendue semblable à
Jésus-Christ, est mise, vêtue de ses habits ordinaires, les
mains en croix contre la muraille, le curé tenant sa main
droite, le vicaire sa main gauche. Elle a les mains percées
par des clous de quatre pouces et demi de long qu'ils
enfoncent aussi avant qu'ils peuvent·à coups de marteau
dans le mur. Les pieds sont pareillement percés, et le
clou qui les perce se rive contre le pavé (*sic*). Pendant
son supplice volontaire, Tiennon. n'a poussé qu'un seul
cri : « O mon Dieu ! » en levant les yeux au ciel. On ne
nous dit pas combien de temps elle resta en croix. Quand
on arracha les clous, les plaies des mains donnèrent quelques gouttes de sang. Le pied gauche en répandit un demi-
verre. Puis la crucifiée se prosterna contre terre, les bras
en croix, et on étancha le sang en marchant sur ses pieds
et ses mains percées... Ceci a-t-il été dépassé jamais en
démence, en atrocité ?

Après quoi, Tiennon se releva « en parfaite santé et put continuer de suite soit ses exercices de piété, soit son travail ordinaire ». (Procès-verbal de Jolyclerc en date du 20 décembre 1787, signé de Bonjour, Merlino, Farlay, Pasquier, curé de Saint-Bernard, Jolyclerc, vicaire-général promoteur. — Et Lettre de F. Bonjour à ses confrères du diocèse de Lyon.)

Suit, signé des mêmes, le récit d'un autre miracle opéré par Bonjour. Marguerite Bernard s'étant cassé un os de la jambe reçoit, dans une vision, ordre d'un inconnu de souffrir que ses pieds soient percés d'un couteau qu'il lui montre. Elle revoit ce couteau dans les mains du curé, lequel lui perce les mains d'outre en outre avec le dit couteau, sur quoi elle se trouve guérie, soit de la fracture, soit de douleurs et enflures qui durent depuis quatre mois.

« Cris jetés par les gens du monde contre ces miracles... Mais ils produisent un surcroît d'ardeur et de charité dans l'âme de la victime volontaire, dans celle des ministres de son sacrifice, des témoins, de la plus grande partie de la paroisse... La ferveur des premiers siècles paraît revivre à Fareins...; de simples paysans récitent en français l'Office de l'église..., apportent à la Sainte-Table des cœurs brûlants de charité. Le détachement de la terre, l'étroite union des cœurs... retracent une vive image de l'église de Jérusalem, etc. » (Lettre de F. Bonjour.)

« Concluez, dit l'auteur à ses confrères, que le Seigneur a fait parmi nous des merveilles, qu'il est avec nous, etc. » Lucrèce conclurait tout autrement...

« On se plaignait du silence de l'Archevêque » sur cette étrange affaire. Il commit, on l'a vu, Jolyclerc à l'examiner. Aussitôt le procès-verbal de celui-ci reçu, M. de

Montazet mande de Paris à son grand-vicaire qu'il « ne perdra pas un moment pour arrêter le cours de pareils excès ». (Lettre du 2 janvier 1788.) Va-t-il poursuivre les auteurs de l'horrible scène du 12 octobre devant les tribunaux soit d'église, soit laïcs ? Non. Outre que cela eût entraîné des lenteurs, cela eût nécessité des confrontations, des interrogatoires plus ou moins scandaleux. Cela aussi eût fait établir judiciairement qu'on ne mourait pas nécessairement du supplice de la croix, qu'on en guérissait vite. On recula devant ces résultats. M. de Montazet obtint trois lettres de cachet : une exilant l'aîné des Bonjour à Pont-d'Ain, une renvoyant Farlay à Boën, une enfermant Bonjour cadet chez les moines de Tanlay, en Bourgogne.

Le 21 janvier, huit cavaliers de maréchaussée cernent l'église de Fareins. Deux entrent armés. François Bonjour à l'autel, l'Agneau sans tache dans les mains, s'unit à son sacrifice et, son action de grâces dite, demande aux satellites les ordres du Roi. On les lui dit. Il s'offre à partir sur-le-champ. On le fait entrer à la cure pour prendre quelques hardes. Il embrasse son frère qui veut le suivre à pied et qu'on avertit de son propre exil. Au sortir, il trouve *son* peuple assemblé et en larmes. Il lève les yeux au ciel, prie Dieu d'avoir soin de ses brebis, exhorte celles-ci à respecter les ordres du Roi et leur donne sa bénédiction... Les gardes attendris mettent la main sur leur visage pour cacher leur émoi, etc., etc. A Villefranche, où le prisonnier s'arrête pour prendre un repas, il est insulté et moqué par la populace... (Lettre d'un curé, etc.)

Dix jours après l'*enlèvement* du curé Bonjour, une autre « exécution militaire » installe à sa place un curé commis nommé Comte. En ce temps-là, un archevêque ne pouvait davantage.

Les procédés arbitraires accrurent l'exaltation, comme toujours. Farlay, caché dans la paroisse ; Souchon, un des prêtres acquis à la cause (il y en avait sept); la prophétesse Jeanneton, les miraculées, les possédées (il y en avait treize) entretiennent la ferveur. Les adeptes s'interdisent d'entrer à l'église occupée par des « intrus ». Les réunions nocturnes se multiplient. On y lit des lettres de Tanlay. Bonjour écrit le 1ᵉʳ février 88 : « Mes très chers enfants en Jésus-Christ, notre BB. (*bon bon*); continuez de vous assembler, et toutes les fois dites la prière qui est au ver-set du ch. IV des Actes des Apôtres. » C'est un cri vers Dieu contre les rois et princes de la terre, un commentaire du *Quare fremuerunt gentes*... cette *Marseillaise* de la théocratie hébraïque.

Il écrit, le 18, à Comte : « Je suis curé de Fareins ; vous n'ignorez pas que je ne suis mort ni civilement, ni naturellement. Je suis pasteur de ce troupeau, pasteur unique. Moi seul puis y mettre en mon absence des vicai-res. Je ne puis vous regarder que comme *intrus* pour ne rien dire de plus. Je vous signifie, si mon fondé de pou-voir ne l'a fait légalement (il ne l'a pas osé, dit Jolyclerc), que je vous refuse et vous ôte toute juridiction sur mon peuple », etc.

Comte, à bout, en appelle à la justice séculière. Tout ce que sait faire d'abord Jourdan (futur député à la Législa-tive), juge de la baronnie de messire Claude, marquis de Sarron, seigneur de Fareins, etc., est d'interdire les assem-blées nocturnes, à peine de cent livres d'amende. Cette sentence comminatoire ne servant de rien, on organise un coup de force.

L'expédition du 20 juin 88, conduite par le Procureur-fiscal de Trévoux (Chuinague), le châtelain (Moyne), suffisamment d'huissiers et de recors, forte d'une vingtaine d'hommes, tombant, comme dit si bien un des conseillers à la Sénéchaussée de Dombes (Merlino), « sur les quatre sabots à la fois »; c'est-à-dire sur les quatre lieux de réunion des sectaires, en ramasse un nombre considérable. Après quoi, elle va souper chez M. de Sarron, en son beau château de Fléchères.

Pour tout cela, pour ce qui suivit immédiatement, je renvoie au charmant récit de M. Perroud. On prodigua un peu les amendes : le curé-commis, Comte, avait dit « qu'elles devaient payer tout le monde ». On en mit une sur une femme de 80 ans et un enfant de 11, du hameau de Bicheron, lequel est de la justice de Montbriand.

« Louis Le Viste de Briandas, comte de Montbriand, Grand sénéchal d'épée de la Sénéchaussée de Dombes, en cette qualité président des assemblées de la noblesse, seigneur de Chaleins, partie de Messimi, Agnereins et Fareins, » pas bien fâché de contrarier les plans de MM. de Sarron, Merlino, Chuinague et Jourdan, réclame au nom du bon sens et de l'humanité :

« Les habitants de Fareins s'assemblent dans quelques maisons particulières pour prier Dieu, écrit ce seigneur. Ils ont tort.., sont rebelles à l'Église. Cela mérite-t'il la contrainte par corps pour payer de fortes amendes que la plupart sont hors d'état d'acquitter? Et laissera-t'on pourrir dans les prisons ceux qui ne le pourront, des femmes... »

Mᵐᵉ de Montbriand, qui ne sait pas l'orthographe, mais qui sait le français, écrit, elle, que si on emprisonne sa pauvre protégée « qui est à l'aumône » elle lui « constituera un procureur. — M. de Sarron, ajoute-t-elle, vou-

drait-il que son nom tînt lieu de justice et de droit ? » —
M. de Sarron était de robe. L'ancien régime revit tout
entier dans cette scène de haute comédie.

« Qu'en advint-il ? dit M. Perroud. Les pauvres laboureurs traqués par la justice seigneuriale, les femmes, les
enfants condamnés à d'exorbitantes amendes, menacés de
la prison ; les petites gens ayant à leurs trousses et M. le
Baron, et son procureur-fiscal, et son juge, et son châtelain, et les huissiers de Montmerle, et la maréchaussée de
Trévoux » s'exaspérèrent et s'affolèrent par suite de ces
misérables petites vexations. Jolyclerc nous montre l'état
des choses à ce moment : « Il se faisait, dit-il, vingt
mariages annuellement à Fareins. Il ne s'en est fait qu'un
(rendu nécessaire) depuis trois ans. Les hommes négligent
la culture des champs, les femmes affaiblies par les jeûnes
et macérations sont entraînées aux assemblées nocturnes
qui durent jusqu'à deux heures du matin. » Le prêtre, que
les possédées et les prophétesses appellent leur « *petit
papa* » et qui y faisait fonction de père fouetteur, est à
Tanlay ; mais les illuminés des deux sexes s'y fustigent
mutuellement...

Pourquoi donc un passage de *La Nuit obscure de l'âme*,
le beau cantique passionné de Saint-Jean-de-la-Croix,
l'ami de Sainte-Thérèse, me revient-il en mémoire ici ?

> Con su mano serena
> En mi cuello *heria*
> Y todos mi sentidos suspendia...

L'âme, cherchant Dieu dans la nuit, le trouve, le serre
sur sa poitrine « *en mi pecho florido.* Lui, de sa main
calmante, en mon col *frappait,* et tous mes sentiments
suspendait... »

Il ne faut pas s'étonner de beaucoup de choses.

A défaut des chants du rituel, dans ces *Nuits obscures de l'âme*, on chantait quelque cantique de l'exilé de Tanlay. J'en ai dans les mains un recueil manuscrit de 147 pages, contenant 44 morceaux d'une poésie un peu lâche et plate d'ordinaire, bien que nourrie des psaumes.

> Mon âme vous désire
> Avec bien plus d'ardeur
> Que le cerf ne respire
> Les eaux dans sa chaleur !

Vous avez reconnu, si défiguré qu'il soit, le « *Quemadmodùm cervus desiderat ad fontes aquarum, sicuti anima mea desiderat ad te, Deus...*

Voici une apostrophe au « Dieu d'amour » qui est d'un beau sentiment et d'un beau jet :

> Venez, fils de Marie,
> Secourir vos prédestinés.
> Ils sont à l'agonie,
> Venez, venez, venez !
> Quand vous viendrez dans ces bas lieux
> Nous vous verrons, victorieux,
> Fermer l'enfer, ouvrir les cieux.
> Nous l'attendons sans cesse :
> Vos prophètes l'ont annoncé ;
> Tenez votre promesse,
> Venez, venez, venez !

Un chant sur la ruine de Port-Royal est solennel et bien ému :

> Auguste et saint asyle où le Dieu de nos pères
> Se conservait encor quelques adorateurs,
> Nous allons visiter vos débris solitaires
> Et les arroser de nos pleurs.

Peuple ingrat ! que de vierges pures,
De saints, à ton Dieu consacrés,
Se sont vus, sans aucuns murmures,
Arracher de ces lieux sacrés...
Trop contents d'être les victimes
De leur amour pour Jésus-Christ,
Ils t'ont pardonné tous tes crimes ;
Dieu seul s'en souvient aujourd'hui !

Ces quatre derniers vers sont superbes, encore que mal rimés.

Tremblez, tremblez, juges iniques,
Vos forfaits *vont être punis*...

Les auteurs de ce chant croiront, le 2 septembre 1792, voir leur malédiction exaucée aux Carmes.

Ils sont jansénistes encore ; on le reconnaîtra à d'autres marques, et du même coup on les montrera égarant le Jansénisme en des routes immondes, à lui bien inconnues jusque-là.

Le 1ᵉʳ février 88, Bonjour avait écrit de Tanlay à Jeanneton la prophétesse qu'il serait bientôt libre. (Sa lettre se termine par ces mots : « Adieu, mon petit enfant, que Jésus enfant te remplisse de son esprit d'enfance. ») Prisonnier sur parole ; il s'enfuit pendant l'office ; un cheval à la porte du couvent l'attendait. On répéta à Fareins qu'il avait été délivré par un ange, sans doute celui qui avait délivré Pierre dormant entre deux geôliers, lié de deux chaînes...

Le fugitif de Tanlay se réfugia à Paris. Il y fut rejoint par Benoîte Monnier et la miraculée Marguerite Bernard, que « Dieu fit partir de Fareins pour que les fidèles n'eussent plus de recours et secours humains ». Elles firent le

2

voyage, l'une à pied, l'autre dans le coche, récitant leur office.

· Le lendemain de son arrivée, Marguerite, dite aussi Gouton, « alla à Saint-Médard. Là le *Bon Bon* lui commanda de se faire une plaie longue d'un doigt, trouée jusqu'aux os, au côté gauche, et de boire huit jours de suite, à jeûn, un verre d'urine mêlée de vin. Ce qu'elle fit sans ressentir d'incommodité ».

··· « Puis elle alla à Port-Royal sur le tombeau de la mère Angélique. Elle vit cette sainte Mère, qui lui ordonna de manger pendant neuf jours, à midi, des *excréments humains* avec son pain, et de se faire percer les deux pieds pour obtenir la conversion de son frère. Le premier juin, le Bon Bon lui prescrivit de boire (à même fin) du fiel tous les matins, pendant neuf jours, et de se faire percer tous les jours la langue plusieurs fois...

» Toutes ces pénitences, qu'elle a faites, non seulement ne lui ont point causé de mal, mais l'ont délivrée de douleurs qu'elle éprouvait auparavant. »

· Ces odieux détails sont mandés par F. Bonjour à ce frère de Gouton qu'il s'agit de convertir, dans une lettre conservée, du 2 juin 1788. Dans le *post-scriptum*, Bonjour dit qu'il loge chez un Desaint, imprimeur du Châtelet, rue Saint-Jacques. (Etait-il déjà prote d'imprimerie?)

Nous savons encore ces ignominies par des plaisanteries immondes que Jolyclerc eût pu épargner à la mémoire de la Grande Angélique. Il nous paraît difficile à comprendre que le dignitaire ecclésiastique ait cru bon de reparler à ce sujet du fameux chapitre IV d'Ezéchiel. Mais on ne se prive pas de l'esprit qu'on croit avoir, et Jolyclerc trouve l'occasion belle pour dire à Bonjour : « Vous abusez du IVᵉ chapitre d'Ezéchiel, pour persuader à vos miraculées que *c'est* la manière d'obtenir infailliblement le don de prophétie... »

De la fin de 88, de la majeure partie de 89 nous savons peu de choses. En janvier de cette dernière année, « dans la rigueur du froid, Bonjour, après avoir planté cinq clous dans chaque talon de la fille Bernard, la fit aller de Paris à Port-Royal, pieds nus. Elle souffrit d'horribles douleurs : on lui dit que c'étoit son manque d'humilité, parce que, craignant de passer pour folle en traversant une petite ville, elle avoit mis des chaussons de toile à ses pieds... Marguerite Bernard est morte à Paris, cet hiver, des suites de ses épreuves ». Ceci est imprimé dans un *nota* qui suit le Procès-verbal de la crucifixion du 12 octobre 87, extrait du greffe de l'archevêché de Lyon (chez A. de la Roche, aux Halles de la Grenette, 1789). La *Délibération* des 57, en septembre 89, nous redira cette mort de la misérable Gouton. François Bonjour, dans un interrogatoire postérieur, l'attribue à une fluxion de poitrine ; les deux versions ne s'excluent pas.

LA RÉVOLUTION. — BONJOUR CADET RENTRE A FAREINS. — DÉLIBÉRATION
DES 57 (CATHOLIQUES). — ÉLECTION MUNICIPALE JANSÉNISTE. — ARRIVÉE
DE LA MARÉCHAUSSÉE DE TRÉVOUX. — CONTRE-ÉLECTION ORTHODOXE.—
ÉMEUTE, RÉPRESSION, VIOLENCES. — ARRESTATION ET DÉTENTION DES
DEUX BONJOUR. — LEUR ACQUITTEMENT A LYON.

Bonjour cadet était à Paris quand la Bastille tomba et
quand, à ce signal, s'effondra brusquement l'ordre ancien.
Tel que nous le connaissons, il dut voir dans ces faits la
Tribulation qui, dans les Evangiles, précède le *Second
Avènement*; la chute aussi de la *Grande Prostituée* qui, dans
l'Apocalypse, précède l'arrivée du *Fidèle et du Véritable*.

Le frère aîné, Claude, resté son plus fidèle sectateur,
rentra à Fareius au commencement de septembre 89.
Est-ce lui qui y apporta le *Rappel d'Israël*, chant dicté, ce
semble, à ce moment-là pour le besoin de l'heure ?

> Mon bras vous tire d'esclavage,
> Vous rendant un peuple nouveau.
> Je suis votre sauveur. O ma nation sainte !..
> Mon prophète attendu son secours vous apporte, etc.

François Bonjour arrivera quinze jours après son frère.

La *Délibération*, dont les auteurs sont des légistes peu
familiers avec l'Ecriture, dit très sensément d'ailleurs :
« La Révolution actuelle a paru au sieur Bonjour une circonstance favorable pour rentrer dans sa cure et continuer son apostolat. »

La situation de ces légistes, richement possessionnés à
Fareins ou dans les communes voisines contagionnées, était
particulière. MM. Merlino, Jourdan, Bouchet, etc., étaient
aussi partisans que pas un de la Révolution, en commu-

nion d'idées, par là du moins, avec les Bonjour. Mais cela ne les rapprochait en aucune façon des sectaires qu'ils tenaient pour des fous furieux ou des fripons malpropres. L'idée de laisser les Bonjour s'emparer de l'autorité à Fareins ou de la partager avec eux ne leur vint à aucun moment. Peu nombreux, ils s'unirent, pour avoir une armée, aux Catholiques, et préparèrent avec le curé-commis la résistance à l'assaut que l'arrivée des deux prophètes faisait prévoir.

Il serait naïf de consulter le Droit canonique sur le cas de Fareins. De quelque façon que ce cas y soit réglé, le belligérant condamné saura bien tourner la sentence. Le sens commun dit que là où il y a deux troupeaux, il y a place pour deux pasteurs, lesquels n'ont autre chose à faire qu'à vivre l'un à côté de l'autre, sans trop se mordre. Mais le sens commun n'a aucune chance d'être écouté dans ces procès-là. Silence donc à ses radotages !

Il y a deux récits du conflit qui suivit : il y en a toujours deux en pareille occurrence (dont souvent aucun n'est honnête). Je suis celui des Catholiques.

F. Bonjour était arrivé le 20 septembre 1789. L'évêque (*in partibus*) de Sarepta, administrateur du diocèse pendant la vacance du siège de Lyon, était à Fareins, chez un chanoine Vouty. Le 21, « environ cent personnes se présentèrent à lui tumultueusement, disant qu'ils vouloient F. Bonjour pour leur curé et qu'ils alloient l'installer ».

Puis cette foule se porte sur la cure, d'où Comte a disparu, « s'empare des clefs de l'église, se met à sonner les cloches à toute volée ». F. Bonjour monte en chaire et fait à l'émeute « un discours peu propre à la calmer », se contente de dire la *Délibération*, qu'il faut croire sur ce point. Toutefois un écrivain catholique a imprimé qu'il prêcha là la *loi agraire* seulement. Cet oubli de toute mesure dans les paroles s'accorderait peu avec celle que l'on mit dans les actes. La foule s'établit dans le jardin de la cure, les Bonjour restant au milieu d'elle : on nous montre François « les bras en croix, les yeux au ciel, l'excitant ». (Lettre du sous-préfet de Trévoux, Sausset; archives de Trévoux.) Les prophétesses, les miraculées, les possédées que nous savons, « les moines fanatiques », dont nous a parlé Jolyclerc, sont là. Cependant tout ce monde insensé se réduit à arrêter qu'on passera tous ensemble la nuit dans le jardin, qu'on restera là jusqu'à ce que le curé Bonjour soit remis en possession, et « il fut impossible de les faire retirer». (*Délibération*.) Mais M. de Sarepta avait écrit pour appeler la maréchaussée de Trévoux.

Le lendemain, M. de Lanoir, le sous-lieutenant, arrive avec deux cavaliers ; il remontre à Bonjour que n'ayant pas fait révoquer « la *commise* de Comte, les ordres du Roi, il ne peut se remettre en possession », ne se fait pas écouter, verbalise. « Bonjour craignant les suites, engage sa troupe à se retirer ; et le jardin de la cure est libre après une occupation de trente-six heures... »

Ceci, le 22 au soir. Le 27 est prise la *Délibération* des 57. « Louis Le Viste de Briandas, comte de Montbriand, etc., savoir faisons que par-devant le conseiller du Roi, notaire, etc., sont comparus : Messire Claude, marquis de Sarron, etc.; M. Vouty, prêtre, etc. ; sieur Jean-Marie Merlino, conseiller, etc.; sieur Albert Bouchet, bourgeois de Lyon, etc., etc, tous formant la majorité des habitants, etc., *puisque la contribution aux vingtièmes de la paroisse montant à 1,462 livres, ils en paient 1,350 à eux seuls*, etc., etc.; lesquels ont dit, etc., etc. » Suit un exposé des faits qu'on sait.

L'oligarchie de Fareins composée de sept ou huit légistes voltairiens, et d'une cinquantaine de vignerons restés catholiques, qui se donne résolûment pour « le plus grand nombre » dans une commune de 1,000 à 1,200 habitants, a une arithmétique fort particulière. Elle a aussi une logique surprenante, mais qui ne lui est pas propre. Les PP. La Chaise ou Tellier, les casuistes de leur compagnie, eussent suggéré l'argument qu'on va faire valoir pour tourner la déclaration du 24 août 1789 : — « Nul ne doit être inquiété pour ses opinions même religieuses, etc. » — Ils eussent approuvé les insinuations risquées qu'on va donner pour des faits constants, applaudi aux violences qui suivirent et qui sont imitées des temps monarchiques.

Lisons, sinon la délibération, du moins ses plus beaux endroits : « Les Cinquante-sept ,

» Considérant qu'ils forment *le plus grand nombre*..., que la troupe de Bonjour est composée de locataires, femmes, fils et filles en puissance de maris et de pères dont ils méprisent l'autorité, et de gens qui, ayant très peu à perdre, sont prêts à tout oser...

» Que le mépris des lois de la morale.... est au comble dans la paroisse...

» Que les gens sensés, opposés aux Bonjour, ont *tout* à craindre puisqu'*Ils* enseignent que Dieu peut commander l'assassinat et qu'ils font parler Dieu à leur volonté...

» Que le seul remède aux maux menaçant cette paroisse et toute la province, car la doctrine de Bonjour se propage dans les environs, serait une procédure criminelle faite par le juge ecclésiastique et le juge royal contre les Bonjour et leurs principaux complices...

» Que la seule religion approuvée en France est la catholique, etc.

» Que la tolérance proclamée par l'Assemblée nationale ne peut aller jusqu'au point de souffrir pour pasteur dans une église catholique un prêtre annonçant que cette religion est finie...

» Que l'Assemblée nationale, en proscrivant les lettres de cachet, a arrêté que les prisonniers seraient transférés des prisons d'état en celles des juges ordinaires...

» Ont arrêté qu'ils ne cesseront de solliciter auprès des magistrats ecclésiastiques et civils la punition des sieurs Bonjour et de leurs complices, etc. Expédition des présentes sera envoyée à Mgr l'Archevêque, au Parlement et à la Sénéchaussée de Trévoux. Ont signé, etc. »

Sur quoi, ni l'Archevêque, ni le Parlement ne donnant signe de vie, Dulac, procureur du Roi à la Sénéchaussée de Trévoux, fulmine un réquisitoire, Gemeau, lieutenant-général au même siège, un décret de prise de corps (30 octobre 1789). Bonjour, averti à temps, se cache. Puis, les poursuites paraissant abandonnées, il reparaît, célèbre et prêche dans la chambre d'une jeune femme, multipliant les révélations et les guérisons et augmentant le nombre de ses prosélytes.

Cependant l'Assemblée nationale, en novembre et décembre, décrétait la création des municipalités : la paroisse de Fareins, devenue du fait la commune de Fareins, put être mise, au commencement de 1790, en demeure de prononcer librement et hautement sur la valeur de l'affirmation des 57 Catholiques se prétendant en majorité dans le village.

On l'aura déjà entrevu, le conflit religieux, sans cesser d'être tel, était devenu politique, soit par le fait des dernières prédications de Bonjour, soit par les déclarations des 57 : cela sera tout aussi apparent dans la lutte si animée du commencement de 1790 qu'on va montrer à l'aide de documents non consultés jusqu'ici (réunis par M. Perroud et qu'il veut bien me faire tenir).

Le 31 janvier 1790, la convocation des électeurs municipaux est affichée. Le *curé-commis*, Comte, annonce au prône l'élection indiquée au 7 février.

Le 7, dans l'église où doit se faire l'élection, scène violente. Merlino et ·Grand (vicaire de Comte) auraient tenté d'empêcher leurs électeurs de voter, réussi à en emmener une partie. Ils auraient été assaillis, disent-ils, par une foule furieuse. La vie de Grand aurait été menacée : Merlino aurait dû montrer, pour défendre la sienne, deux pistolets qu'il avait apportés. Selon leurs adversaires, ce serait Grand, Merlino et un laquais à lui, l'huissier Deschamps, qui auraient provoqué, frappé les premiers. On put, après la retraite forcée des Catholiques à la cure, élire par 70 votants le Président et le Secrétaire de l'Assemblée électorale qui fut renvoyée au 11.

Le 9, Merlino, Comte et leurs partisans, protestent contre l'Assemblée du 7, « monstrueusement irrégulière ». Elle n'a été affichée que deux heures ; la liste des *citoyens actifs* qui la composent est « infidèle et inexacte », etc. Il n'est plus question, en cette pièce (que j'ai), des violences qui auraient été commises contre Grand et Merlino.

Le 11, le marguiller refuse de sonner l'Assemblée, Comte refuse les clés de l'église. Clocher et église sont ouverts de force. La protestation du 9 est annulée ; 54 personnes présentes attestent que « *leur signature y a été mise indûment*». Constitution de la commune (janséniste) dont Berthier est le maire. On nous dit la cote des élus sans doute pour établir que ce sont gens ayant quelque chose à perdre. Berthier paie 138 livres d'impôt (en valeur plus de 300 d'aujourd'hui).

Merlino vaincu en appelle à l'Assemblée nationale. Le 16 mars, le député Jourdan lui écrit que le Comité de constitution, saisi par lui, « trouve l'élection nulle, mais ne veut pas donner son avis par écrit, vu que les irrégularités et violences sont alléguées, *non vérifiées...* »

Armés de cette lettre « qui n'a pas de caractère officiel, qui n'est publiée, ni notifiée » à la partie adverse, les vaincus du 11 organisent leur revanche. Le jour même, 11 avril, Comte aurait annoncé en chaire une nouvelle réunion électorale pour le 18. (Il nie ce fait.) Moyne, châtelain, non résidant en la commune, convoque cette réunion pour ce même 18. Les deux syndics, spécialement nommés six mois avant par les Catholiques pour poursuivre Bonjour, appellent à Fareins la maréchaussée de Trévoux, les gardes-nationales de Chaleins et de Beauregard, afin de « veiller au bon ordre de l'élection».

Le 18 arrive. La maréchaussée est au poste qu'on lui assigne à la porte de l'église. La garde-nationale de Chaleins, dons le concours paraît de luxe, est internée chez M. Bouchet (*procès-verbal* du maire qui la conduit).

La contre-élection (catholique) est faite par 65 votants (7 ou 8 ne payant pas le cens légal, 2 n'ayant pas le domicile requis, plusieurs domestiques exclus en droit, c'est un document janséniste qui l'affirme). Elle nomme maire un Bernard (Nicolas).

Les 65 électeurs du 18, légitimes ou non, n'étaient vis-à-vis des 70 électeurs du 11 qu'une minorité. On sentit qu'il fallait remédier à ce vice flagrant de l'élection catholique, Louis Le viste comte de Montbriand fait savoir le 13

mai que « sept citoyens actifs » dénommés ont comparu
devant le châtelain Moyne et déclaré que le 18 ils avaient
« gardé la neutralité », mais que « considérant que leurs
suffrages pour l'élection de ce jour *pourroient la consolider* ils déclarèrent *volontairement* y adhérer ». Les
adversaires affirment que ces sept adhérents tardifs ont
été acquis par manœuvres et menaces : menaces « de leur
ôter le pain de la main » en leur retirant les vignes, les
chambres à eux louées, etc.

L'élection du 18 ainsi « *consolidée* », il y avait deux
municipes à Fareins, s'excommuniant mutuellement.

François Bonjour, si je ne me trompe, voulut couper
court, trancher le différend, en faisant un tour de son
métier. Voici comme cela fut arrangé, si j'en crois
l'adresse de *sa* municipalité au département de l'Ain
(2 juillet) : « Notre ancien curé consent, à notre prière,
de dire la messe à la place du vicaire (absent) afin de
nous *réunir tous* dans le lieu qui est le centre de paix
et d'union ». C'est un plébiscite, je pense, que Bonjour
va provoquer du pied de l'autel ou du haut de la chaire.
Nous le savons éloquent. « Le seul M. Comte s'y refuse
à *main armée* avec sa municipalité, » dit l'Adresse janséniste.

Mais Bonjour, prévoyant, s'est fait livrer les clés de la
sacristie par un chanoine remplaçant le vicaire. Et le jour
de la Fête-Dieu il peut monter à l'autel en costume sacer-
dotal. Comte arrive avec quatre hommes de maréchaussée
(*à main armée*) et le somme « de descendre de l'autel
et de se retirer ». Bonjour n'a garde. « Les cavaliers » ne
bougeant, la messe est parachevée.

Pendant la semaine qui suit, chacun des deux partis se
prépare à en finir le dimanche suivant.

Bonjour va chercher à Lyon l'aveu des grands-vicaires dirigeant le diocèse (vacant) ; il dit l'avoir obtenu.

Merlino, Comte, eux se décident à faire, en réponse à ces tours de prêtre, un coup de force. Munis d'un décret de prise de corps obtenu à Trévoux, ils mandent à Fareins, pour le jour de l'Octave, les gardes-nationales de Trévoux et de Messimy.

La scène de la Fête-Dieu se reproduit le 6 juin avec mêmes incidents. Mais à l'issue de la messe, des attroupements se forment, composés en majeure part des prophétesses, possédées, miraculées, etc., lesquelles se portent sur la cure, leurs tabliers remplis de pierres. Là, menace à Comte, s'il ne déguerpit, de le jeter « en Saône ». La maréchaussée de Trévoux contient les zélateurs mâles et femelles comme elle peut ; enfin, les gardes-nationaux, appelés par Merlino et Comte (ils n'ont fait que sage) arrivent : ils sont cent cinquante, tous plus ou moins ivres. Ils houspillent et dispersent les prophétesses en leur faisant une menace obscène. Puis pour trouver Bonjour cadet qu'ils ont ordre d'arrêter, ils commencent à perquisitionner les maisons jansénistes. Résistance plus ou moins passive. Clameurs, gourmades, portes forcées, meubles brisés, caves enfoncées et vidées, coups de crosse ou même de baïonnettes distribués aux plus récalcitrants, chasse aux fuyards et fuyardes. Ces soldats-citoyens « étoient *comme des lions* ».

Soudain au milieu de la pitoyable mêlée un homme se jette. C'est Bonjour aîné. Il crie aux *lions* : « Laissez mes pauvres brebis ! Il vous faut une victime ; la voici ! « C'est beau comme le *Me, me, adsum qui feci* de Virgile.

On le salue, on le soufflette, on le coiffe d'un chapeau à plumes, on l'injurie, on le fait agenouiller, demander pardon... puis on l'emmène prisonnier. Peut-être l'a-t-on déjà massacré ? dit une *Adresse* de la Mairie janséniste au Département en date du 2 juillet.

Cette scène-ci ressemble à une autre, bien auguste, et que nous connaissons tous, peu instruits en l'Ecriture que nous sommes, par les chefs-d'œuvre de la peinture ou de la statuaire. Ces sectaires, plus chrétiens que nous à certains égards, auront peut-être ajouté ici quelques traits à la réalité pour parfaire la ressemblance.

On emmena Bonjour aîné à Trévoux avec Berthier le maire janséniste, deux prophétesses et un adepte, et on les incarcéra.

Sept jours après, la garde nationale de Messimy, avertie que Bonjour cadet était caché au Mas du Bicheron (commune de Fareins), y arriva, perquisitionna sans résultat plusieurs maisons, vint frapper à la porte d'une veuve Bernard qui ne s'ouvrit pas, la força, enfonça « *un* garde-robe » dont on lui refusait la clef et dans *ycelui* trouva celui qu'elle cherchait. Le lendemain (14 juin) quatre officiers et vingt-deux soldats de la garde nationale de Trévoux viennent quérir le captif. On le place au milieu du détachement et on l'emmène au District où il est écroué dans « les prisons-royaux de la Sénéchaussée ».

Avant d'aller plus avant j'ai à m'expliquer l'élan des gardes nationaux de Trévoux, Messimy, Chaleins, etc., les 18 avril, 6 et 13 juin. Est-ce à Comte ou à Merlino qu'ils ont obéi ? Autrement dit : est-ce le catholicisme entamé ou la propriété menacée qu'ils sont venus défendre ?

Le catholicisme ? Albitte le leur fera abjurer à trois ans de là sans résistance. Donc la propriété qui, à vrai dire, est bien près d'être le seul Dieu du paysan.

Revenons aux captifs. « Il plut au sieur Gémeau, ci-devant Lieutenant-général de la ci-devant Sénéchaussée, alors maire, de jeter les cinq premiers (dont deux femmes) dans un cachot de sept pieds et demi en carré, de ne les interroger, ni d'informer contre eux. Vingt-quatre jours après (le 30 juin) il lui plut de relâcher sans aucune procédure les quatre compagnons de Claude Bonjour, de retenir celui-ci sans aucun interrogatoire, etc. Ainsi le Lieutenant-général de la petite sénéchaussée de Trévoux se plaçait au-dessus de la Nation et du trône, enfermait despotiquement les citoyens », etc. Ceci sort du *Mémoire* d'Eustache, défenseur de Bonjour au procès postérieur.

Disons avant d'y venir que Berthier, le maire janséniste, à peine élargi, portait plainte au Conseil général et Directoire de l'Ain pour tous les faits irréguliers qu'on vient de voir. Le seul point de ses Mémoires et de l'Adresse qu'il y joignit, non encore indiqué par nous, c'est la dénonciation du système de propagande pratiquée à Fareins par le curé-commis. Conversions obtenues pour argent ou par menaces ; invitation aux parents catholiques de maltraiter les enfants jansénistes ; exactions ; refus de baptême, de billets d'hôpital aux sectaires, etc., etc. La kyrielle a quinze articles avec anecdotes à l'appui. Tout accepter est difficile. Tout rejeter l'est plus encore. Trier est impossible.

Merlino fit voter à Bourg (16 juin) le renvoi de l'affaire des deux municipalités de Fareins au District de Trévoux où il était sûr d'avoir gain de cause. Ce District annula en effet l'élection janséniste du 11 février pour irrégularités. Quant à l'élection catholique du 18 avril il reconnut que l'Assemblée qui l'avait faite « n'étoit guère plus nombreuse que la première (elle l'était un peu moins) ; mais ceux qui la composoient, dit le District, payoient sept fois plus d'impôts que les électeurs du 11 ». Voilà qui est concluant ! Aussi, « pour un bien de paix », il valida l'élection catholique « bien qu'il puisse s'y rencontrer aussi *quelques irrégularités...* » Le dernier mot est joli !

Si on eût eu quelque pudeur, c'était une troisième élection régulière qu'il eût fallu ordonner. On n'avait garde : on savait bien comme une élection honnête eût abouti.

Autant on mit de hâte à se débarrasser de la municipalité janséniste et à s'assurer par là le pouvoir à Fareins, autant on mettra de lenteur à faire le procès des deux Bonjour ; il pouvait finir par un acquittement, cela eût fort compromis le résultat acquis.

L'interrogatoire de François suivit, il est vrai, son arrestation immédiatement, (le 15 juin), dura quatre jours. L'accusé, en somme, refusa la responsabilité des folies commises autour de lui ; il ne les a pas « conseillées », dit-il. On pouvait répondre qu'il les avait suscitées.

Mais enfin ni cet interrogatoire, ni les autres moyens d'information ne rendaient une condamnation certaine. Sans quoi la Sénéchaussée eût brusqué le dénouement, le plus influent de ses membres l'attendant avec impatience et ses pouvoirs allant expirer.

Un tribunal élu la remplaça au commencement de juillet 1790. Il procéda, pour faire quelque chose, à l'interrogatoire de Claude, lequel est du 6. Claude put dire qu'il avait été dans les scènes récentes plus témoin qu'acteur, qu'on l'avait arrêté et qu'on le détenait sans même qu'il y eût un décret de prise de corps contre lui. Il n'y avait pas à le contredire, mais on pouvait surseoir et on le fit.

Peut-être cependant les juges élus étaient-ils moins hostiles aux deux religionnaires que leurs prédécesseurs ;

à cette date du moins la captivité des Bonjour devient moins étroite, on permet à leurs amis l'accès de leurs cachots. Mais cette bienveillance relative sera bientôt neutralisée par les circonstances.

L'agitation des campagnes contre les châteaux, assoupie depuis août 89, recommença à la fin de 90, motivée par les inquiétudes que causait l'Emigration et par l'attitude du clergé non résigné à la Révolution.

Fareins fermentait. Sa population, humiliée et malmenée par les populations voisines, trouva l'occasion bonne pour prendre une revanche telle quelle, sinon sur Trévoux, Messimy et Chaleins qui l'avaient envahie à main armée, du moins sur les gens qui avaient provoqué et conduit les envahisseurs. Le seigneur, M. de Sarons, le curé-commis Comte, MM. Bouchet, Cinier, etc., voient à leur tour leurs demeures violées sous couleur de visites domiciliaires, par les Jansénistes équipés en gardes nationaux. Les perquisitionnés se plaignent au District, celui-ci demande des explications à la Municipalité, met le holà.

Cette équipée maladroite des Fareinistes venait à point pour légitimer dans l'opinion l'inertie des juges de Trévoux. Ils sursirent sept mois.

En février 1791, Claude Bonjour, appuyé du *Mémoire* d'Eustache plus haut cité, signifie aux officiers du Tribunal une demande d'élargissement, puis à l'Accusateur public une déclaration d'appel de l'ordonnance du 6 juillet 1790 qui l'a recommandé sur le livre de la geôle.

L'Accusateur public, en réponse, requiert que Claude soit décrété de prise de corps (il y avait neuf mois que Claude était *pris de corps* sans décret aucun ! il n'était que temps de régulariser sa situation) ; de plus, que l'information soit continuée.

Le Tribunal trouva, ce semble, le terrain où se plaçait l'accusation intenable. Il eut une idée de génie : il annula (24 février) toute la procédure pour vice de forme. Il y avait donc lieu de la recommencer. Le but qu'on ne daigne plus déguiser, c'est de retenir les deux prêtres en prison le plus longtemps possible (faute de mieux). Il est atteint.

Nouveaux interrogatoires en avril, puis nouveau sursis.

Cette détention sans jugement, absolument arbitraire et inique, eût été impossible, à cette époque surtout, disons-le, si elle n'eût été voulue par des personnages puissants et maîtres de l'opinion à Trévoux. Le tour que prirent chez nous les élections à la Législative (août 1791) dut contribuer à la prolonger. Nos six élus sont constitution-nels, demain fayettistes et royalistes, gens en tout cas peu complaisants pour les agitations et les agitateurs religieux ou politiques. Et le député de Trévoux est Régnier, pro-cureur-syndic du District, et en cette qualité l'un des instruments les plus actifs de la répression et persécution du Jansénisme en juin 1790. Un tel choix dut peser sur le Tribunal.

Toutes les habiletés mauvaises, qui nous font un mo-ment prendre parti pour les deux sectaires honteusement opprimés, échouèrent par ce fait qu'ils purent, à la fin de 1791, interjeter appel à Lyon devant une juridiction sans lien de caste ou de parti avec celle qui les retenait dans sa geôle non jugés depuis près de dix-huit mois.

La Constituante, sachant et voulant ce qu'elle voulait, n'avait pas supprimé les Parlements pour les reconstituer sous un autre nom. Elle n'avait rien laissé subsister de l'aristocratie judiciaire ancienne qui, en ce cas particulier, eût vraisemblablement approuvé les procédures faites par les juges en premier ressort, ayant les mêmes intérêts

3

qu'eux. Il n'y avait plus en 1791 de tribunaux d'appel spéciaux. Les condamnés en première instance avaient recours devant tel autre tribunal de District qu'ils choisissaient. Ce système était dénommé appel circulaire.

Eustache qui avait précédemment occupé, pour les Bonjour étant absent, ils prirent pour défenseur un de leurs adeptes les plus chauds, le prêtre Souchon (plus haut nommé). Cet irrégulier, dégagé par la Révolution des liens ecclésiastiques, avait acquis dans les assemblées populaires de Lyon une grande notoriété et réputation d'éloquence. Il la justifia au procès et obtint l'élargissement des deux prophètes de Fareins (19 novembre 1791).

Les deux frères se séparèrent. L'aîné Claude se retira à Pont-d'Ain lieu de leur naissance où il leur restait une famille.

Avant de suivre le cadet François en sa fortune bizarre, j'ai pour l'expliquer à revenir en arrière beaucoup.

III

LA MADONE DU FAREINISME. — HALLUCINATION D'AINAY. — L'ÉPOUSE VISITE L'ÉPOUX EN SA PRISON. — LEUR CORRESPONDANCE AMOUREUSE. — LA MESSAGÈRE FANFAN. — BONJOUR FILS DE DIEU. — LE MARIAGE A QUATRE. — BONJOUR RENONCE A RENTRER A FAREINS. — POURQUOI. — NOUVELLES POURSUITES CONTRE LUI. — LEUR CAUSE.

François Bonjour, curé de Fareins, avait vers 1788, des relations avec les Jansénistes de Lyon. Il était reçu notamment chez une dame noble sur le nom de laquelle les témoignages diffèrent. Un fareiniste ayant quitté la secte, gardant sur son histoire des documents bien curieux et qui veut bien m'en faire part largement, nomme cette dame Mlle de Boen. Dans un acte judiciaire elle est demoiselle Pontis de Boen. Boen (aujourd'hui chef-lieu de canton du département de la Loire), est situé sur le Lignon, à trois lieues environ de Montbrison. Ce village, on s'en souvient, était le pays de Farlay, vicaire de François Bonjour et son adepte fervent. La servante du curé de Fareins, nommée Françoise, et toute à son maître, était aussi de Boen. Est-ce le vicaire, est-ce la servante qui avait introduit le curé chez Mlle de Boen ?

Celle-ci paraît avoir été le lien d'un petit groupe de sectaires, lesquels avaient peu à peu accepté la direction de Bonjour. Les principaux étaient un M. Dufour de Jenitier, habitant la même maison que Mlle de Boen, un ci-devant dominicain appelé M. Fayol, un épicier nommé Brachet et sa femme, un fabricant de bas de soie nommé Daiet — et les deux domestiques de Mlle de Boen, la cuisinière Marie Driou, et une femme de chambre dont il y a à parler au long.

Cette personne singulière était née aussi sur les rives

romanesques du Lignon, à Boen même et non à Montbrison comme on l'a imprimé ; sans nulle ressemblance,
ce semble, avec l'Astrée, quoique « jolie et sensible »
au dire d'un écrivain peu bienveillant. Elle avait nom
Claudine Dauphan et était veuve d'un Larèche dont elle
avait une fille. Pendant les séjours du Curé et de sa
servante chez Mlle de Boen, Claudine se lia avec la
servante, sa compatriote, à laquelle elle donnait le petit
nom amoureux de Fanfan.

Quant au curé de Fareins, il nous dira qu'il ne connut
point Claudine Dauphan alors, parce qu'elle se dérobait.
Cette personne était janséniste ardente, mystique, et assez
scientifique, ainsi qu'on eût dit à Port-Royal. Cela signifie
qu'elle avait quelque théologie et science scripturaire :
elle manque d'ailleurs d'orthographe absolument.

Si Bonjour l'avait à peine vue chez Mlle de Boen, il
paraît bien qu'elle avait vu le prêtre, elle, et gardait de
lui un souvenir dévorant.

Or, le 28 juillet 1791, Claudine étant en prière dans
cette sombre église d'Ainay assise sur les colonnes du
temple élevé à Rome par soixante cités de la Gaule, elle
fut favorisée d'une visitation et communication d'en haut.
Il lui fut signifié qu'elle était prédestinée de Dieu à donner
le jour, sans commerce d'homme, au prophète Elie qui
doit comme on peut voir en Mathieu, XI, 14, venir
préparer le second avènement du Messie, et ce règne de
mille ans de la Jérusalem nouvelle, promis par l'Apocalypse de Jean, XX, 2 à 5. Dans l'extase ardente où cette
annonce la plongea, et vers l'heure de Tierce, Claudine
sentit le mystère s'accomplir en elle...

L'hallucinée manda le tout à Bonjour dans sa prison,
en lui annonçant sa visite.

On me dispensera de préciser les détails de l'entrevue. Les lettres qui succéderont sont dites : « De l'époux à l'épouse ».

Deux faits ressortent de cette correspondance qui contient quarante-une épîtres fort longues, verbeuses et enflammées :

1° Que Claudine a fait entièrement accepter au prisonnier leur mission, savoir de préparer ensemble la seconde venue ;

2° Qu'elle a allumé en lui une de ces passions âpres, cuisantes, inextinguibles qui s'éveillent parfois chez ceux gardant la continence tard.

Tout ceci est étrange. La suite l'est davantage. Soit que les geôliers de Trévoux aient vu et conté ce qui s'était passé en leur geôle, soit que Claudine l'ait laissé deviner, il partit du petit monde janséniste où elle vivait, un cri de réprobation. Elle n'osa pas retourner à Trévoux.

Elle fit pis. Elle y envoya sa compatriote, « sa petite Fanfan », la servante restée à Lyon. Ce qu'il y avait d'abnégation en cet acte, on l'entrevoit. Il n'y restait aucune sorte d'innocence. On tient à la disposition de ceux qui seraient curieux de savoir jusqu'où peuvent monter certains délires, une lettre où le prisonnier remercie Claudine de la visite de Fanfan : « C'est toi que j'aime en elle, je te serre par ses bras, je t'embrasse par tout son corps, etc. » En voilà trop...

Ceux qui plaident contre le célibat des prêtres prêtent à leurs clients des besoins de cœur, le goût de la famille, inassouvis et criant. Rien ici de cela. Mais la réclamation quasi bestiale du besoin physique. Les gémissements lascifs et les effusions se succèdent rappelant ceux de certains félins, encore que revêtus d'expressions mystiques empruntées au Cantique des Cantiques. Rien de nu dans les mots pourtant : le Christianisme n'aime pas ces nudités primitives. Et ces amants restent chrétiens par là. (Ce n'est guères.)

On n'a garde de justifier ou de pallier ici leurs égarements. Une réflexion pourtant. Hamlet a raison de dire qu'il y a plus de choses possibles au ciel et sur la terre que nos sages ne pensent. On ne parle pas du ciel ici. La polygamie, fait fort terrestre, est bien antipathique au Christianisme ; mais il ne faut pas l'oublier tout à fait, le Judaïsme la permet ; les Israélites d'Algérie ont réclamé de nous le droit d'en user. Et les deux tiers des hommes la pratiquent. Ce qu'on vient de voir nous aide à comprendre comment elle peut subsister.

Tout ceci est assez désagréable à dire. Il faut pourtant faire voir ces religionnaires tels qu'ils sont. Leurs lettres y pourvoiront. Elles sont sincères, exemptes de toute *pose*. Mais c'est un fouillis prodigieux d'idées mystiques et de cris de passion et on s'y perdrait. Je remets un peu d'ordre et abrège fort.

L'épouse a demandé (lettre 40), un sacrifice à l'époux. Ce n'est pas moins que l'abandon de sa cure chérie, celui même de la gloire qu'il a acquise là. Lui paraît avoir hésité d'abord, s'être récrié que ses enfants (ses ouailles de Fareins) « seront fâchés contre lui ». Cette hésitation a rempli l'épouse de douleur. Elle n'a pu la cacher à Fanfan, « elle a bien versé des larmes au cou de cette petite chère enfant... Mais le bon papa (c'est Dieu) a eu pitié de sa colombe ; elle est consolée par la conscience qu'elle a de ne pas s'égarer...

« Ecoute, je te parle comme une mère à son fils, et une épouse à son époux. Ne crains pas. Mon cri n'est pas celui de la créature, si j'en ai le corps, je n'en ai pas l'esprit. Tout en moi est amour et amour de Jésus-Christ. A lui seul j'appartiens, je suis toute à lui et ne vis que pour lui... Il m'a rendue aussi fidèle à son amour que lui l'est à l'amour de son père.

« Tes enfants ne pourront être fâchés contre toi, car il te sera refusé de pouvoir entrer dans ta cure par les difficultés qu'on te fera pour cela... Tu ne feras pas de tentatives pour y arriver. L'ardeur de ton amour pour ta petite colombe te décidera à lui accorder ce qu'elle te demande, qui n'est autre chose que de la mettre dans une retraite avec sa petite (Fanfan). Là ton sein, mon petit époux, sera le sein de mon repos... Je ne désire être cachée au monde que pour me préparer par les larmes à la consommation (la maternité divine?).

« C'est là qu'enseveli toi-même dans une profonde retraite tu trouveras tout ce que ton cœur aime...

« Tendre *mimi*, délice de mon cœur, ma vie, mon bonheur, je suis heureuse de n'être rien sans toi et d'être tout par toi... je t'aime bien si fort, mon petit époux ! Je t'aime pour mourir mille fois par le désir que j'ai de te posséder... N'aie plus de chagrin, mets toutes tes peines dans le sein de ta petite colombe, caresse bien ta petite Fanfan... »

Et c'est Fanfan qui porte cette lettre !

Voici quelque chose de la réponse : « Notre bon papa (Dieu) a voulu nous enivrer l'un et l'autre d'une mer d'amertume. Oh ! que la vue en était amère ! Je me voyais déchoir d'une dignité qui faisait mon bonheur...

« Au bout de deux jours de prières, de gémissements, de souffrances, de cris, tout ce que je demandais m'a été accordé ; c'est toi, ma petite *mimie*, ma *toute tendresse*, c'est toi qui as apaisé mon père...

« Père de miséricorde, ne te repens pas de l'ouvrage de tes mains. Comme ton amour est sans bornes, que tes dons soient aussi sans retour. Tu sais, ô mon tendre père, que tu as fait de moi, tout indigne que je fusse, *ton fils, ton propre et bien-aimé fils.* Je ne me suis pas rendu indigne de cette auguste qualité que j'ai achetée et cimentée au prix de ce qu'il t'a plu m'imposer de souffrances et d'opprobres...

« Tu as ensuite daigné me destiner un nouveau bienfait? le don des dons, le don par excellence de ton amour... pour ce bienfait tu as exigé un sacrifice.

« J'accepte toutes les conditions qu'il te plaît m'imposer, tendre papa. Pourras-tu refuser à *ton fils* ce qu'il te demande, ce que tu lui as promis... Ce n'est pas la vie que je te demande, c'est ma *toute vie*, c'est mon *tout amour*, c'est ma colombe, c'est ma fidèle, ma bien-aimée, ma tendre épouse. Elle seule m'est tout, sans elle tout ne m'est rien...

« Si j'ai mon amour, je puis tout, parce que rien n'est puissant comme l'amour...

« Mais, dis-moi, *Mimie*, tous mes délices; c'est toujours, toujours n'est-ce pas? C'est toujours que tu m'aimeras... »

L'ivresse sensuelle et dévote est-elle jamais allée plus loin? La petite colombe « ne vit que pour Jésus-Christ » et cependant « le tendre Mimi est sa vie ». Elle confond résolument son Dieu et son époux.

Quant à lui, il a « été fait fils, propre et bien-aimé fils de Dieu ». A quel moment? Vous le devinez bien, quand Dieu lui a conféré « le don des dons, le don de son amour », c'est-à-dire de l'amour de la petite colombe.

Elle le prend pour Dieu et il lui est Dieu.

Lui la regarde comme à lui donnée de Dieu, comme le revêtant de Dieu, prend sa voix comme la voix de Dieu.

Le mariage mystique et sensuel entre tous, le mariage à trois (ou à quatre « cette tendre petite Fanfan » comprise et la promiscuité admise entre Dieu et ces trois furieux d'amour, le prêtre, son épouse et sa servante) est consommé.

Le prêtre de Pont-d'Ain, janséniste hier, est devenu, dans les bras de ces deux filles du Lignon, montaniste et millénaire.

Avant d'avancer, il faut mettre ici quelque chose d'un cantique adressé à l'épouse. Il est relativement apaisé de ton, et sans doute postérieur : mais je ne veux pas revenir deux fois à ce sujet.

C'est le cantique XVI du Recueil que j'ai dans les mains. On ne peut le donner en entier, il est long, mal fait, bavard. Toutefois la passion y respire tendre, folle, bien éloquente ; il y a par exemple un passage comme celui-ci :

> Pour toi ma flamme est si vivo
> Que mon supplice est affreux
> Quand Dieu permet que je vive
> Un instant loin de tes yeux.
> Si tu pouvais, chère épouse,
> Aimer autrement que moi,
> Bientôt mon âme jalouse
> Voudrait aimer comme toi :
> Mais puisque l'amour suprême
> De nous deux ne fait qu'un cœur,
> A tel degré que l'un aime
> L'autre sent la même ardeur...

On a dit que les amants ont au cœur un petit signe. Eux seuls compétents ici le retrouveront dans ces pauvres vers, si faibles, si émus ; trouvés, non écrits...

Faut-il leur pardonner ? Le Galiléen pardonnait à la

pécheresse qui avait sept démons... Oui, il faut leur pardonner leur folie. Et comprendre qu'elle les aveugle et
que cet amalgame si étonnant de mysticisme et de sen-
sualité est sincère — je ne dis pas sensé.

Leur passion les a menés déjà à des énormités. Toute
humanité faisait défaut à coup sûr à ceux qui ont crucifié
Tiennon. Leur honnêteté va défaillir bientôt à son tour.
Indignons-nous. Et surtout mesurons l'abîme où conduit
la monomanie religieuse. Nous apprenons ici précisément
pourquoi tels Saints satisfont parfois leurs plus laides
convoitises. Ils mentent aussi fort bien. Ils captent quelque
peu les successions. Ils tuent pour le besoin de leur cause.
Le tout en sûreté de conscience. C'est un fait d'observation : il n'est pas de guerre de religion où il ne se soit
produit des deux côtés dix fois.

L'éloquence du « petit papa Souchon, ses paroles de feu
qui brûlent », ont procuré l'élargissement du « tendre
mimi ». Ce qui l'avait amené d'avance à renoncer de fait
à sa cure chérie, était-ce uniquement la voix de sa maîtresse
devenue pour lui la voix de Dieu ?

A vrai dire la voix de Dieu, chez les religionnaires,
c'est souvent la voix de leur imagination surexcitée, et
plus souvent celle d'une passion qu'ils ne gouvernent pas.
Il se peut toutefois que la voix de leur raison (non tout à
fait morte) parle aussi et, ne contredisant pas l'autre par
exception, se fasse écouter.

Reparaître à Fareins, où la doctrine des libres amours
n'avait pas encore été prêchée publiquement, avec deux
femmes dont l'attachement passionné pour lui ne pouvait
être longtemps dissimulé, c'était mettre la candeur de
« ses brebis » à une rude épreuve. Se séparer de ces
deux femmes, son furieux amour n'y songeait pas.

De l'autre côté, si convaincue que fût Claudine de la visitation d'en haut,·si sûre qu'elle fût de son droit de marcher, par le fait même de sa grossesse, le front levé et entouré d'un nimbe, cette même épreuve devait l'inquiéter. De plus elle songeait, elle nous l'a dit, et cela prouve qu'il lui restait du bon sens, aux difficultés qui seraient faites à Bonjour, s'il rentrait en sa cure.

L'époux divin ne se montra pas én sa paroisse pour deux raisons : 1° Sa petite colombe ne s'en souciait point. Et le tendre mimi en était venu à lui écrire ce mot qui résume bien leur correspondance : « Commande, et tu seras obéie » ; 2° Tout n'allait pas à Fareins au gré du sectaire ; il s'en faut. Merlino était devenu révolutionnaire autant que faire se pouvait : il était aussi populaire que jamais dans le District de Trévoux qui l'envoyait à la Convention. S'il eût été chanceux pour Bonjour de se produire à Fareins même, escorté de deux femmes hystériques, quelle émotion n'eût pas causée une pareille audace dans le District hostile à ses doctrines et tout à son adversaire ? Dans la lutte qui eût infailliblement suivi, il était battu d'avance.

Que faire donc, sinon ce qui fut fait ? Sinon se réfugier à Paris, attendre là la naissance de l'enfant divin ? Paris n'était-il pas le lieu du monde le plus retentissant, le plus en vue ? C'est donc là que « cet enfant d'amour et de lumière » doit naître, grandir, être annoncé à l'Univers qu'il viendra consoler et renouveler... Car l'imagination du Millénaire, réveillée et enivrée par une femme après tout digne de ce nom (*muy mujer*, comme ils disent en Castille), tua décidément ce qui restait de bon sens chez le. théologien janséniste.

Le 4 décembre, Farlay osa dire publiquement la messe

à Fareins, ce qui prouve bien que les sectaires restaient
fidèles à la doctrine de Port-Royal.

Le 5, Bonjour partit pour Paris, ce qui montre que le
terrain n'était plus sûr là pour leur initiateur.

Il emmenait avec lui sa maîtresse et sa servante (Sara
et Agar), grosses toutes deux...

A neuf jours de là (14 décembre), l'Accusateur public
requit une nouvelle information contre lui et ses « fauteurs,
complices et adhérents », dont Farlay. Et des assignations
à comparaître furent données à leurs amis de Lyon,
Mlle de Boen, Dufour de Jenitier, Cayol, etc.

On a plus haut attribué l'acharnement de Merlino contre
Bonjour au désir assez naturel de rester le maître dans
la commune où sa fortune était assise, et à l'antipathie
légitime d'un esprit éclairé contre un petit prêtre fanatique osant s'ériger en prophète. Son élection à la
Convention le faisait l'un des maîtres de la France. La
fuite de Bonjour le laissait le maître à Fareins. D'où vient
que son animosité persiste ? Y a-t-il derrière un besoin
implacable de vengeance ? Bonjour le croit et le dit. Et
les documents qu'on a expliquent cette longue rancune
du légiste contre le prêtre par une indiscrétion de ce
dernier... Indiscrétion, est-ce assez dire ?

Vers 1785, François Bonjour, curé de campagne, encore
irréprochable en ses mœurs, avait cru de son devoir de
dénoncer en chaire, devant la paroisse assemblée, le
Conseiller en la Sénéchaussée comme « auteur d'un
scandale public » : il ne manquait à cette *intrusion* que de
demander aussi une pénitence publique au pécheur. (On a
vu ces façons de l'église primitive, subies aux époques
de foi, devenues intolérables Voltaire régnant, ressusciter
un moment sous la Restauration.) L'impertinence du pres-

tolet n'était pas de celles qui se pardonnent. Et quand le magistrat ulcéré sut la double chute de Bonjour, sa fuite avec deux servantes par lui mises à mal, il trouva l'occasion bonne pour payer une fois pour toutes au prêtre libertin la leçon de vertu insolente de 1785.

IV

EFFETS DE L'HÉGIRE DE FRANÇOIS BONJOUR. — SECTAIRES DE FAREINS
ÉTONNÉS. — UN MIRACLE A PROPOS. — SECTAIRES DE LYON SCANDALISÉS.
— LE PROPHÈTE LEUR ADRESSE UNE ÉPÎTRE APOLOGÉTIQUE. — *Ama, et*
fac quod vis. — LA DOCTRINE DE BONJOUR. — CE QU'EN EUT PENSÉ
PORT-ROYAL.

Avant de suivre à Paris le Prophète et ses deux amies
il faut voir comment leur scandaleuse hégire fut jugée à
Fareins et à Lyon.

Sur la façon dont elle fut jugée à Fareins, nous trouvons des indications brèves mais formelles, en des documents officiels existant aux Archives de l'Ain.

Après l'emprisonnement des Bonjour, Comte était resté
le maître à la Cure de Fareins. Pour ce faire il avait dû
prêter le serment à la Constitution civile d'abord refusé.
Je le vois, le 11 novembre 1791, demander une augmentation de traitement au District de Trévoux.

Le lendemain 12, la municipalité de Fareins, municipalité qui aura succédé à celle du 18 avril 1790, et ne lui
ressemble pas, mécontente de la gestion intolérante et
avide du curé-commis, peu édifiée aussi, paraît-il, de la
fugue du curé-titulaire, sollicite au même district : 1° le
renvoi de Comte ; 2° la destitution régulière de Bonjour
cadet ; 3° la nomination d'un nouveau curé par les électeurs....

Il y a du changement dans les esprits à Fareins, cela
se devine. Ces municipaux de 1791 sont vraisemblablement jansénistes puisqu'ils demandent à élire leur curé.
Ces jansénistes sont scandalisés de la conduite de Bonjour
cadet, puisqu'ils demandent sa *destitution régulière* et
parlent de lui donner un successeur....

Il y a du nouveau aussi à Trévoux. C'est Eustache, défenseur de Bonjour aîné en 1790, qui fait au District le rapport sur la pétition de la municipalité de Fareins. Le vent a donc changé ici également : le District rebelle à l'influence de Merlino arrête : 1° le renvoi de Comte ; 2° l'invitation à l'Évêque de l'Ain de commettre un prêtre poûr desservir la cure de Fareins par intérim jusqu'à ce que Bonjour cadet se soit *justifié des faits à lui imputés*...

On l'a vu. A peine François Bonjour élargi, on a intenté contre lui de nouvelles poursuites. Or le District, conduit par Eustache, présume la justification du religionnaire possible.

Parmi les pièces retrouvées à Trévoux par M. Perroud il y a une curieuse lettre de Merlino levant ici tous les doutes qui pourraient rester. Cette lettre m'apprend :

1° Que la Municipalité fareiniste de 1791 est « toute composée de fanatiques » ;

2° Que si elle abandonne Bonjour cadet, « son plan est d'élire Bonjour aîné... »

Et Merlino ne s'abandonne pas. Il en appelle de l'arrêté du District de Trévoux au Conseil général du Département. Celui-ci prend à son tour un arrêté que Jourdan, un des membres de son Directoire, expédie au futur conventionnel lui demandant « ses observations ». Je n'ai pu retrouver cette pièce. Évidemment elle annulait la mesure prise à Trévoux, donnait gain de cause à la Commune de Fareins et ordonnait qu'il fût pourvu par les Électeurs à la cure déclarée vacante.

Merlino répond d'urgence à Jourdan « que le choix des électeurs tomberait infailliblement sur Bonjour aîné. Le remède serait pire que le mal », ajoute-t-il avec un grand bon sens. Des deux frères le plus dangereux, en effet, c'est bien le moins fou, celui dont la vertu est intacte.

« Il vaut mieux, conclut-il, laisser les choses en l'état. Ainsi, faites que l'arrêté reste *non avenu*, c'est le meilleur parti à prendre. S'il en était autrement, je ne répondrais pas des conséquences. Le Département ne pourrait-il passer outre vu les circonstances ?... La nouvelle procédure (contre Bonjour cadet) se charge tous les jours de faits plus iniques.... Les dépositions disent *les deux filles en-levées* grosses... et grosses par le saint prophète Élie et par Bonjour cadet; quelles horreurs ! Après cela comment hésiter à nous rendre la paix et à nous éviter des scan-dales aussi atroces ?... »

On fit à Bourg tout ce que Merlino demandait.

Il me semble que nous y voyons clair. Le scandale causé par Bonjour cadet était venu à point pour servir de prétexte à la nouvelle poursuite contre lui. A Fareins il avait étonné les sectaires. Mais ces bonnes gens n'avaient eu les yeux dessillés que dans une mesure stricte. Les folies de leur prophète ne les avaient pas désabusés sur sa doctrine. Ils restaient ce qu'ils étaient hier, jansénistes. Si un de leurs Saints était tombé, l'autre restait debout. *Uno avulso non deficit alter.*

Je trouve dans les registres du District de Trévoux, aux pièces relatives à la radiation (postérieure) de Claude Bon-jour de la liste des émigrés, que l'initiateur, celui que Claudine appelle Moyse, est justement revenu à Fareins au moment où son frère a quitté le pays. Faut-il croire que sa conduite inattaquable, ses vertus, ses exhortations et explications ont rassuré la foi ébranlée et empêché les défaillances ?

La raison à demi-voix l'insinue. Défions-nous d'elle ; la

raison en ces scabreuses matières ne sait voir que ce qui est raisonnable, tout au plus une moitié de la vérité.

La vérité vraie, c'est, hélas ! que Claude Bonjour (déclaré par Jolyclerc un sage en comparaison de son frère) fit à ce moment, ou un peu après, un beau miracle ! oui : et ce qui est pis, un de ces miracles de la variété acceptable à la science la moins bienveillante. A Fareins (et ailleurs) qu'est-ce que les pauvres suggestions de la raison auprès d'un beau miracle pas trop arrangé ?

Non loin du manoir de l'ancien seigneur, de ce splendide château de la Fléchère encore debout, dans la ferme de Grélonge, « un démon faisait du bruit » les nuits, tant que les bonnes gens, de peur, avaient perdu le sommeil. D'autres disent que le malin tourmentait jour et nuit un possédé dont la souffrance et agitation faisaient peur et pitié à toute la contrée...

On a de notre temps mis dans les hôpitaux les possédées de Morzine qui avaient ri des exorcismes d'un évêque et mis l'exorciste en fuite en lui montrant leur nudité : on les a guéries là par un régime approprié à leur état d'esprit. — Mais un homme de volonté forte, revêtu d'un grand ascendant moral, a obtenu quelquefois le même résultat par l'action cumulée de cette volonté et de cet ascendant : cela n'est point douteux.

Claude Bonjour réussit à chasser le diable de Grélonge.

Cela parut aux bonnes gens de Fareins, restés croyants au Diable, une preuve péremptoire que les deux Bonjour étaient des envoyés de Dieu. Ils tenaient déjà l'aîné pour un saint, en quoi ils ne se trompaient peut-être pas ; ils se sentirent obligés de le croire encore quand il leur assura que, malgré les apparences, son cadet n'avait pas failli.

Il n'en alla pas de même à Lyon dans le petit monde dont

Mlle de Boen était le centre, et qui se composait de Foreziens, Lyonnais et Dombistes domiciliés à Lyon. Il y avait là plus de lumières qu'à Fareins, plus d'attachement au sévère dogme janséniste avec lequel l'équipée de François Bonjour était si peu conciliable. La lucidité de l'hallucinée d'Ainai, l'impeccabilité du Prophète n'y semblaient pas démontrées. En outre, il y avait par là un frère de Claudine Dauphan peu respectueux pour elle. Il y avait une fille que Claudine avait eue de son mari feu Larèche et que cette colombe amoureuse avait abandonnée simplement pour suivre son tendre mimi. Or, cette famille si mal édifiée réclamait bien haut contre l'innocence de la nouvelle madone...

Pour ces raisons les Jansénistes lyonnais se refrognèrent. Les plus chauds poussèrent les hauts cris. Les plus mesurés sommèrent François Bonjour de vouloir bien se disculper. Cette tempête dans un bénitier nous a valu l'épître doctrinale et apologétique qu'on va voir. Elle est, comme celle qui fut écrite de Caprée aux Pères conscrits, longue et verbeuse, *grandis et verbosa*.

Elle paraîtra curieuse au philosophe que tous les travers de l'esprit humain intéressent également, — de même que toutes nos maladies intéressent le médecin.

Et aussi à ceux qui, étudiant les religions, ont entrevu que telle, minuscule, avortée au trois quarts, mourante sous nos yeux, nous renseigne cependant sur les débuts et déportements de quelques autres encore triomphantes et affirmant leur éternité...

Elle est précédée d'un en-tête énigmatique dont le déchiffrement me reste impossible. L'ex-janséniste qui me la communique la dit adressée à un épicier de Lyon et à sa femme restés fidèles quand même au messie amoureux de Fareins (les Brachet ?).

Copie précieuse d'une lettre du Ch. ✚ *et pré. p. pp.* (petit papa) *en R.* (en réponse) *d'une q.* (question) *l. a c. le* *P . B.*

20 janvier 1792.

« Que vos cœurs soit remplis de la paix, de la joye et de la consolation de l'Esprit Saint.

« Vous ne doutez pas, très chers et bien aimés frère et sœur et charitables amis, de quelle consolation mon cœur a été énivré à la lecture de votre précieuse lettre. Si je ne puis éprouver de plus sensibles douleurs que dans la chute et les égarements de mes chers frères et sœurs, je ne puis aussi ressentir de joye plus vive qu'en les voyant soutenus dans l'épreuve, et invulnérables aux traits de l'Ennemi.

« Le combat que vous avez soutenu, bien aimé frère, n'est pas un des moindres de votre vie. La victoire qui est demeurée de votre côté est une preuve du grand amour de notre divin sauveur à votre égard et un gage du secours qu'il vous réserve, et qui vous est assuré dans toutes les attaques de l'Ennemi, si vous n'avez les yeux fixés que sur le Seigneur et si, ne cherchant rien et n'attendant rien de la part des hommes, vous attendez tout de lui. Oui, tout est promis et assuré au cœur droit et simple, qui sentant son aveuglement et sa faiblesse, ou plutôt son néant, ne désire et n'espère d'autre lumière et d'autre secours que celui qui a pris sur luy nos ténèbres et nos faiblesses, pour être lui-même notre lumière, notre force et notre vie.

« Vous désirez, bien-aimé frère, que je vous instruise du motif de notre voyage afin de dissiper les nuages dont on a cherché et dont on s'efforce de remplir votre esprit. Persuadé, comme je suis, de la droiture de votre cœur et de votre prudence, je vais vous le dire en deux mots, dans toute la sincérité de mon cœur, et comme sous les yeux de Dieu.

« Vous connaissez la simplicité, la sage conduite, la piété tendre de la personne dont l'absence inattendue a occasionné une tempête si épouvantable. Jamais elle n'avait rien *lu* ni rien entendu dire sur l'œuvre que Dieu opère sous nos yeux depuis plus de 60 ans. Seulement elle savoit que le Seigneur opéroit des choses étonnantes et elle adoroit en général les ouvrages de la puissance et de la bonté du Seigneur sans en savoir le détail.

« Dirigée par M. Rollet, jamais elle n'a pu luy faire part de ce que j. c. (Jésus-Christ) opéroit dans son cœur. Et elle n'a pas eu plus d'ouverture pour moi lorsque Mlle de Boën exerça l'hospitalité et la charité à mon égard. Jamais elle ne m'a dit un seul mot, et moi de mon côté (je) ne luy ai jamais parlé, j'évitois même, pour je ne sais quel motif, de me trouver seul avec elle.

« Mais plus son cœur étoit fermé pour tout homme, plus il étoit ouvert à Dieu qu'elle aimoit uniquement et à qui elle parloit cœur à cœur.

« Le jeudi st. (saint) 1791, étant dans l'église d'Ainai, où elle demeura trois ou quatre heures sans s'en apercevoir, j. c. (Jésus-Christ) se rendit présent à son cœur à qui il parla de la manière la plus claire : il lui dit qu'il vouloit retracer en elle ses différents mystères ; qu'après avoir été uni à elle par le cœur, il vouloit encore luy être uni par la nature, et que désormais elle seroit son épouse.

« Depuis ce moment elle a été occupée de différentes vues si fortement imprimées dans son esprit et dans son cœur qu'il luy étoit impossible d'en détourner les yeux, et elle a marché dans une voie qui luy étoit tout-à-fait inconnue. D'abord elle fut forcée, dans ses prières qui étoient continuelles, et qui n'avoient plus d'interruption que la respiration, de demander avec la plus vive instance et les cris les plus forts la réunion du divin époux avec son épouse.

« Celui qui la faisoit crier se rend aux désirs que luy-même formoit dans son cœur, et luy fait sentir qu'elle est exaucée, qu'il la prend pour son épouse et que jamais elle ne sera séparée de luy, qu'elle vivra de sa vie même, mais aussi qu'il faudra qu'elle boive le même calice que luy, calice d'ignominie, d'opprobre, de souffrance et de mort. Convaincue dans son cœur qu'elle a reçu l'objet de ses désirs, elle se sent forcée de demander à son époux le fruit de son amour, sans prévoir quel sera ce fruit.

« Après deux mois de prières les plus ardentes, elle reçoit de son divin époux la promesse de ce fruit, sans fixer le moment où elle le possédera. Et ce divin sauveur lui annonce que ce fruit sera saint et la sainteté même, qu'il sera cet envoyé promis depuis si longtemps, celui qui doit réunir les cœurs des pères avec les enfants, rétablir toutes choses, former des esprits et des cœurs nouveaux, renouveler la face de la terre, en un mot qu'il sera l'Esprit st. (saint), l'Esprit de vérité, l'amour et le lien du Père et du Fils, qui prendra naissance dans son sein... (Voir chap. 14, 15, 16 de l'Evangile de saint Jean).

« Plusieurs fois cette promesse luy est renouvelée, et enfin depuis deux mois et demi, ou trois mois environ après la Pentecoste, son divin époux lui assure, en lui faisant vivement sentir sa présence, qu'elle reçoit dans ce moment ce fruit précieux, qu'il le lui donne, qu'il est en elle, et qu'elle le possède.

« Et en effet, depuis ce moment, elle a toujours vu son

ventre enfler et son sein se remplir. Et elle et d'autres ont senti sept ou huit fois ce fruit d'amour tressaillir dans ses entrailles. Moi-même l'ai senti, étant à Lyon, et ne l'ai plus senti depuis, selon qu'elle me l'avait annoncé.

« Enfin son époux luy fait demander et soupirer après une retraite profonde où, cachée aux yeux des hommes, elle puisse continuellement s'immoler pour tous ses enfants et obtenir par là leur réconciliation avec leur père. Il lui dit que ce sera moi qui la conduirai dans cette retraite où je serai son gardien, et que je ne recouvrerai ma liberté que pour cela, et au moment même où il faudra fuir du milieu de Babylone.

« Mes liens effectivement sont brisés. Et malgré l'amour et l'attachement pour mes pauvres enfants, malgré l'amour de ma réputation, et la crainte des mépris et des opprobres de tout genre que je prévoyois, j'ai été forcé par celui qui est plus maître de mon cœur que moi, de sacrifier mon repos, mon existence et toutes mes espérances pour aller, comme Abraham, dans le lieu où il plaisoit au Seigneur de nous conduire, sans savoir le terme de nos voyages, ni les lieux de notre pélérinage (v. Genèse, XII).

« Voilà, très cher frère, la plus exacte vérité. Elle ne peut être que défigurée en passant par mes mains ; mais j'ai une ferme confiance qu'elle se fera sentir elle-même à votre cœur. D'après ce court exposé, jugez, précieux amis, quel est le fondement de tout le vacarme fait à Lyon ; et combien sont faux et calomnieux tous les bruits répandus de tous côtés. Tel est le sort de toutes les œuvres de Dieu. Toujours elles trouveront des obstacles et des contradictions de la part même de ceux qui devroient en être les plus grands admirateurs. Que le Seigneur ne leur impute plus les grandes fautes où il permet qu'ils tombent et qu'il les

fasse servir à leur salut, car il sait tirer la lumière des ténèbres et la vie de la mort même.

« Ce que je viens de vous dire n'est que pour vous et
le petit nombre qui n'a pas été renversé, mais je vous
supplie de ne chercher jamais à me justifier ni m'excuser
auprès de personne, parce que l'œuvre de Dieu en moi est
d'être enseveli sous la boue et la fange, et mon bonheur
ne peut être que dans les opprobres de tout genre.

« Je ne crois pas devoir finir ma lettre sans répondre
sur un point important de la vôtre. Est-il vrai que nous
nous permettons tous les crimes sous prétexte que Dieu
les commande ?

« Cette imputation me fait rougir de honte pour nos
pauvres frères. Eh quoi donc ! Dieu la sainteté même peut-
il commander le crime ? Quelle impiété ! Loin de nous,
cher ami, un tel blasphème. Qu'est-ce qu'un crime ? Vous
le savez aussi bien que moi : c'est toute action, toute parole,
tout désir, toute pensée, qui a la cupidité pour principe ;
comme toute bonne œuvre est celle qui a pour principe et
pour motif la charité. Tout péché vient donc de la cupidité
comme tout bien de la charité ! Celle-ci est le bon arbre qui
ne peut produire que de bons fruits : et celle-là le mauvais arbre qui n'en peut produire que de mauvais. Dieu
peut-il commander ou autoriser la cupidité ? Non sans
doute ; comme il ne peut pas ne pas approuver tout ce qui
vient de son amour. Voilà ma foy qui est aussi la vôtre.

« Mais je crois encore que Dieu souverainement puissant et indépendant peut détruire la cupidité et la séparer
des actions auxquelles elle est ordinairement jointe et faire
opérer ces actions par sa seule charité qui ne peut manquer de les rendre bonnes, puisque tout ce qui naît de la
charité est bon...

« Aimez, dit Saint-Augustin et faites tout ce que vous voudrez. » C'est-à-dire faites toutes les actions que vous voudrez, pourvu que l'amour de Dieu en soit le seul principe. Alors comment Dieu pourroit-il ne pas ordonner ces actions ?

« Et si on croit qu'il ne le puisse pas, comment justifier tant d'actions des saints personnages de l'Ecriture dites commandées et approuvées de Dieu ?

« Ici, c'est un Abraham qui a deux femmes à la fois ; qui ensuite chasse l'une d'elles et son fils sans leur donner autre chose qu'un peu de pain et un vase d'eau ; qui ensuite est prêt à égorger son fils unique. Là c'est un Jacob qui vit avec quatre femmes à la fois et qui a des enfants de toutes. Ici c'est une Rébecca qui, par ordre du Seigneur, ordonne à son fils Jacob de mentir à Isaac son père ; là un Joseph qui, poussé par l'esprit de Dieu, accuse son frère Benjamin d'un vol dont il n'est nullement coupable. Ici c'est un ordre de Dieu aux Israélites d'enlever aux Egyptiens toutes leurs richesses sous le prétexte d'un simple prêt. Là c'est un Moyse qui dit à Pharaon de la part de Dieu qu'il ne lui demande que la permission de laisser aller son peuple dans le désert pour y offrir un sacrifice, quoique son dessein fût de l'arracher pour toujours d'entre ses mains et qu'il n'y ait point eu de sacrifice offert. Ici c'est un Samson qui se tue lui-même. Là c'est un Jephté qui sacrifie sa fille unique. Et Saint-Paul loue leur foy dans l'Epitre aux Hébreux ! Ici c'est une Judith qui dit à Holopherne plusieurs mensonges, qui se revêt d'habits magnifiques, qui se parfume et qui se farde pour allumer une passion impure dans le cœur de cet impie et le prendre dans ses propres filets. Et le Seigneur lui-même ajoute à sa beauté naturelle un nouvel éclat, et luy rend le témoignage à son retour qu'elle n'a péché ni dans ses paroles, ni dans sa conduite ! Là c'est un Isaïe qui marche tout nud. C'est un Osée à qui le Seigneur ordonne d'avoir, d'une prostituée, des enfants de prostitution, etc., etc.

« Je ne finirois pas si je rapportois tous les faits semblables. Il est donc clair que ce seroit renoncer à la foy que de ne pas croire que Dieu puisse commander les choses qui ordinairement sont mauvaises parce qu'elles ont pour principe la cupidité, mais cessent de l'être, parce que celui qui est tout-puissant les a dépouillées de la cupidité, pour ne les faire faire que par sa charité. Et il n'y a pas moins d'impiété à soutenir qu'une action faite par un principe de charité est mauvaise qu'à dire qu'elle est bonne quoique destituée de la charité et faite par cupidité. Voilà encore un coup, très-cher frère, ma foy ; et j'espère que J.-C. me fera la grâce de n'en jamais rougir et (de) la confesser par l'effusion même de mon sang.

« Tout ce que je ne puis vous dire ici, le P. P. (petit papa) Souchon pourra vous l'expliquer lui-même. Ou, au défaut des hommes, l'esprit de Dieu éclairera lui-même votre esprit et votre cœur ; et alors votre foy sera inébranlable parce qu'elle sera bâtie sur le roc.

« Dans tout ce que je viens de vous dire ne croyez pas, précieux ami, que j'aie prétendu vous faire la leçon et vous enseigner. Je m'en sens incapable et je laisse à Dieu seul ce sublime ministère. Ce n'est que pour répondre à votre désir et m'acquitter envers vous que je vous ai dit ce que je n'ai pu vous taire.

« Que le Seigneur rende toujours présent à votre esprit ce qui a guidé les Soanen, les Colbert et les autres, et qui leur a servi de boussole dans les tems de partage et de division. « Examinez, disoient-ils, quel est le parti persécuté, humilié, opprimé; la présomption est en sa faveur. » La vérité n'a jamais employé la voie du mensonge, de la calomnie, de la violence. Et la violence a toujours été employée contre elle.

« Pour nous, souffrons tout ce qu'on peut dire ou faire contre nous sans rien répondre, lors même que nous pourrions fermer les bouches. Contentons-nous de porter tout en silence à l'exemple de celui qui, lorsqu'il a été faussement accusé, s'est tu. Et comme luy prions et gémissons pour ceux que le zèle d'une fausse charité anime contre nous, ou plutôt contre la vérité qu'ils ne méconnaissent que parce qu'elle se montre sous des voiles qui les aveuglent.

« Que J.-C. vous revête toujours de la même charité à l'égard de Jeanneton, de Claudine et de la très-chère sœur Jeannette, que je vous prie d'embrasser bien tendrement pour moi, en leur recommandant de prier beaucoup pour moi.

« Pour vous deux, très-chers et bien aimés frère et sœur, c'est dans l'effusion du plus tendre amour que je me jette à votre cou et vous serre dans mes bras.

« Que J.-C. vous rende tous un dans son esprit ! Amen ! »

Cette pièce est curieuse : on l'adresse aux gens compétents, c'est-à-dire à ceux qui savent un peu l'histoire des religions.

Il leur sautera aux yeux qu'il y a dans l'entourage du religionnaire deux Claudine, plusieurs Jeannette, comme il y a ailleurs plusieurs Marie. Ils noteront les réminiscences et citations de l'Ecriture à toutes les lignes, la reproduction affectée des salutations, recommandations, et des formules des Epîtres de Paul.

Passons vite de ce qui est copié à ce qui est original.

Faire parler ou écouter un homme sur la femme qu'il aime èst un des moyens les plus simples et les plus sûrs de se renseigner sur cet homme et même sur cette femme ; l'effusion sortant et débordant *ex abundantià cordis*, de la plénitude du cœur, est relativement sincère. On rabattra ce que l'on voudra de l'enthousiasme de l'amoureux. Mais les deux physionomies (flattées) apparaîtront dans leurs traits essentiels. Si l'homme est sensuel et grossier, s'il est tendre et délicat, il le laissera voir. Ce que la femme aura de tempérament et de séduction on l'apercevra, et quel genre de séduction et de tempérament.

Deux portraits ressortent vivement de cette lettre, celui d'un homme sensuel, sincère, absolument charmé ; celui d'une femme visionnaire sans doute, hystérique peut-être, mais honnête et qui s'est fait estimer.

François Bonjour est à mes yeux un théologien médiocre, devenu charnel sur le tard, (cela n'est pas rare), et chez qui le sensualiste, regrettant le temps perdu, ploie le théologien à ses fins.

J'ai déjà dit que je crois à la sincérité de sa théologie. Quant à la logique mise par lui au service de sa luxure, elle ne vaut ni plus ni moins que telle autre mise au service de l'ambition, de la cupidité et de l'orgueil. De Chrétiens plus ou moins dupes de leur hypocrisie il n'en manque pas : c'est là un travers chrétien.

Si l'effusion, en son abandon et en son bizarre verbiage, montre à nu le sectaire, elle ne laisse pas que de jeter une lueur suffisante sur sa doctrine. A cette lueur nous allons repasser et apprécier ce qui peut surnager des allégations peu ménagées de la *Délibération* du 27 octobre 1789. Selon cette élucubration hostile, François Bonjour professe :

1° Un *fatalisme absurde*. Les docteurs improvisés, MM. de Saron, Merlino et leurs 55 adhérents qualifient vraisemblablement de cette façon grossière la doctrine de la *Grâce*, largesse d'en haut, ainsi nommée de ce qu'elle est *gratis data*, départie non à l'homme *méritant*, mais à l'homme *prédestiné*, à l'*Elu* en qui Dieu opère *le vouloir et le faire*, comme a dit Paul. Par cette doctrine de la *prédestination*, que Rome n'ose ni prêcher ni contester, par elle seule, je le crains, François Bonjour tient encore au Jansénisme.

2° *L'Eglise romaine va finir*. Que ceci ait pu être annoncé de 1775 à 1789, même dans un lieu perdu et sans échos comme Fareins, c'est peu à croire. Mais ce devait être la pensée intime des Bonjour, et elle devait percer — comme elle perce dans cette lettre — annonçant l'Envoyé... qui doit *rétablir* toutes choses, *renouveler* la face de la terre ». La Délibération ici est clairvoyante.

3° *Le retour et le règne terrestre du Messie et des Saints.* Bonjour prend ici les textes dans leur sens littéral. Le second avènement est annoncé en Mathieu xxiv, 30 — en Marc xiii, 26 — en Luc xxi, 27. Le caractère du Règne tout temporel qui doit suivre est précisé chez Mathieu xix, 28, chez Marc x, 29, chez Luc xviii, 29. Pour les évangélistes le Second avènement doit arriver « avant que leur génération soit passée ». On l'a renvoyé ensuite à l'an mil. Bonjour le fixait, paraît-il, à 1813, c'est-à-dire à la majorité de l'enfant miraculeux de Claudine Dauphan. C'est sa seule innovation sur ce point.

4° *Impeccabilité des parfaits.* On vient de voir le prophète de Fareins l'expliquer et la justifier. Un Alexandrin du II⁶ siècle l'avait déjà découverte, il s'appelle Carpocrate. Toutes les religions ascétiques y conduisent parce qu'en cela aussi « la réaction est égale à l'action ». Cent ans avant Bonjour, Molinos l'avait arrangée au goût du XVIIᵉ siècle. Les vrais disciples de Saint-Cyran avaient horreur de cette doctrine commode que peu de dogmatistes osent avouer, que beaucoup de saintes personnes mettent en pratique sans scrupules.

Il est amusant de la voir étayée ici d'un passage de saint Augustin.

5° *Négation du droit de propriété.* Il est écrit, Actes IV, 32 : « Nul ne considérait ce qu'il possédait comme étant à lui en particulier, mais toutes choses étaient *communes entre eux.* » Pierre sanctionne cette pratique en frappant de mort Ananie et Saphire qui l'ont esquivée. Est-ce en arguant de cet exemple qu'on aurait attaqué la propriété à Fareins? L'a-t-on réellement attaquée? Je consulte sur ce point l'ex-janséniste ; il me répond : on l'a attaquée « indirectement en insistant beaucoup sur la doctrine du détachement des biens de ce monde, lesquels seraient un obstacle à la participation au Règne (de mille ans) ». Cette doctrine du renoncement aux biens temporels fut, assure la même autorité, « fort accueillie un moment à Fareins ; on en vint à négliger la culture des terres. Et il y a des exemples de riches faisant part aux pauvres de leur avoir... Mais cela n'a pas duré longtemps. Quand on a vu que le soleil se levait et se couchait comme toujours et que le Règne n'arrivait pas, chacun est revenu à soigner ses intérêts propres ». Il n'y eut plus à cette résurrection de l'ancien égoïsme qu'une exception, à savoir, « la quête pour la famille Bonjour qui a duré jusqu'à la mort du Prophète et qui enrichit cette famille assez pour qu'elle pût mener plus tard dans l'exil d'Ouchy une existence princière... »

6° *Presbytérianisme*, soit indépendance et autorité du prêtre dans la discipline et l'enseignement. C'est ici la revanche du *Presbyter* des premiers temps, devenu au moyen-âge le sujet très humble de l'*Episcopos* : Celui-ci de surveillant qu'il était à l'origine, est devenu Monseigneur de fait et de nom. Pas de doute sur ce point ; la conduite des Bonjour montre leur doctrine clairement.

7° *Indépendance de la femme*. Paul voulant, après la Conception immaculée, après le *Magnificat* que la femme obéisse à son mari et « se taise en l'Eglise » devait paraître illogique aux prophètes de Fareins (et à bien d'autres qui n'ont garde de prophétiser). Mais enfin Paul a prévalu. Dans le pays même où Bonjour a dogmatisé, une charte de commune octroyée par un archevêque de Lyon, la charte de Trévoux, donne au mari le droit de battre sa femme. L'émancipation de celle-ci par le Christianisme est un des mensonges les plus impudents des apologistes de notre époque. Elle restait esclave. Nul texte ne m'a montré les prophètes de Fareins protestant contre cet esclavage. Mais leur pratique ici est une protestation, elle dut s'autoriser de faits antérieurs à l'enseignement de Paul. La sainte veuve Claudine Dauphan allant trouver Bonjour en sa prison croit bien imiter la veuve de Béthulie. non moins sainte. L'hallucinée d'Ainai disant avoir conçu sans commerce d'homme, allègue sans doute au Prophète captif un autre précédent fort connu. Accepter cela, et reconnaître chez des Jeanneton le don de prophétie, c'est bien reconnaître l'indépendance du sexe faible. La *Délibération* ici dit bien.

8° L'*Indépendance des enfants*. — *Vol*, etc. Bonjour a-t-il permis aux enfants croyants de voler leurs pères incrédules, approuvé le vol domestique, etc. ?

Le Prophète vient de nous montrer Moyse autorisant les

Beni-Israël à s'approprier les vases d'or en lesquels les prêtres égyptiens servaient la provende à leurs Dieux miaulants et aboyants.

Saint Pie V, plus récemment, a transféré dans une bulle assez connue, les biens des Huguenots aux Catholiques..

Enfin, selon le P. Bauni, de la Cᶦᵉ de Jésus « les valets qui se plaignent de leurs gages, pour égaler ceux-ci à leurs peines, peuvent les croistre d'eux-mêmes en quelques rencontres » (*Somme* p. 213, 214). Au Châtelet on demanda hautement que pour cette doctrine pernicieuse, les écrits des PP. traitant du larcin fussent brûlés par la main du bourreau. (Voir mieux cela dans la *VIᵉ Provinciale.*)

Que si Bonjour avait été sur ces questions de l'avis de Saint Pie ou du P. Bauni, il n'y aurait pas lieu de trop s'étonner.

Mais enfin il est énorme d'attribuer cette doctrine à un homme sans preuve formelle.

J'en conviens et suspends mon jugement.

Mais j'incline grandement à croire la chose possible. Les religionnaires de tous les temps se ressemblent en un point. Ils se regardent comme au-dessus de la loi morale, et estiment qu'ils peuvent la suspendre : ils ont, pour ce faire, plein pouvoir du Dieu dont ils sont les envoyés et les vicaires sur la terre.

Cela et cela seul nous explique le commun caractère des guerres dites religieuses qui est de fouler aux pieds cette loi absolument ; répétons-le.

C'est pour cela que Poltrot et Jacques Clément, Besme et Ravaillac tuent en sûreté de conscience. Citons un exemple moins tragique : c'est pour cela que de bonnes religieuses vivant d'une pension que le Roi leur sert, déclarent, « pour croistre » leurs rentes, qu'elles sont au nombre de vingt, étant tombées par mort au nombre de dix. Elles mentent au Roi et le volent. « Vous ne doutez pas dit Mme de Maintenon qui raconte la chose, qu'elles ne communient toutes les semaines ! »

En tout nous ressaisissons dans son ensemble la spéculation des deux prêtres de Pont-d'Ain. Les moralistes ont le droit de la réprouver. Quant aux théologiens orthodoxes ils ne peuvent le faire, je le crains, sans se meurtrir eux-mêmes quelque peu.

Je n'ai pas, bien entendu, la puérilité de contester et discuter le système des Bonjour. Ce serait assez de le classer exactement dans l'herbier où s'empilent ses congénères. Encore que le prophète de Fareins se réclame en la lettre ci-dessus de Soanen, de Colbert, derniers saints de l'Eglise janséniste, il n'est plus, certes, à aucun degré de cette église sévère.

Devant sa doctrine relâchée s'il en fut, Duvergier de Hauranne ne marchanderait pas sa réprobation. Pascal, pour la stigmatiser reprendrait les lanières aux pointes d'acier dont il a fouaillé Sanchez et compagnie. Les deux Angélique, si prète que soit leur charité à pardonner beaucoup, baisseraient leur voile devant ces Claudine et ces Jeanneton qui n'ont plus de titre même au nom de vierges folles...

Les Fareinistes, jansénistes de désir, sont par leur dogme du Règne terrestre, Ebionites — par leur morale (impeccabilité des saints) Carpocratiens ou Quiétistes — par leur discipline, Presbytériens.

Leur spéculation est au bout de tout une revendication de la chair contre l'esprit, de la liberté d'examen contre l'autorité. En pratique nous allons les voir devancer les Mormons à certains égards... Les religions ascétiques veulent tuer le sensualisme immortel. Lui s'insinue, les pervertit d'abord, puis les empoisonne — dont elles meurent.

————

5

V.

Revenons. Un peu après l'arrivée à Paris du singulier trio, le 29 janvier 1792, la domestique de Bonjour entra en gésine. Elle devait, selon le Prophète, enfanter un fils lequel serait le précurseur d'Elie, c'est-à-dire du fils de Claudine Dauphan.

La Signora mit au monde une fille.

Sur quoi (d'après la personne dont nous tenons la lettre plus haut donnée) Claudine Dauphan s'écria : « Ah ! mon *papa* m'aurait donc trompée ! »

Mais les douleurs continuèrent ; la fille fut suivie d'un garçon, « ce qui répara tout ».

Quant à Claudine, elle attendit sa délivrance jusqu'au 18 août 1792. A cette date, il y avait quatorze mois que l'Esprit-Saint avait obombré l'hallucinée en l'église d'Aïnay. Cela était bien fait pour inspirer aux « Gentils » quelques doutes déjà sur la divinité de son fruit. Et il y avait neuf mois juste que la mère était réunie au Prophète, ce qui pouvait véritablement faire croire à son humanité. Mais le tout avait été prédisposé de toute éternité pour ce résultat même, autrement dit « pour aveugler ceux qui méritent de l'être ». Jean (xii, 40) n'a-t-il pas, *Excæcavit oculos eorum ut non videant et non intelligant...* La parodie que les uns trouveront sacrilège, que les autres trouveront toute simple, continuait on le voit.

Le lien entre cette comédie mystique et le drame révolutionnaire redevient visible ici de la façon la plus inattendue. Elie, dit familièrement *Lili*, est né huit jours après le 10 août. Trois miracles accompagnent et signalent cette incarnation du Troisième de la Trinité.

Le premier, c'est que toutes les cloches de l'Ile sonnante, soit de la Chrétienté, « ont sonné à sa naissance, mises en branle par une main invisible ». Il n'y eut pour les entendre que les fidèles, paraît-il. Ce phénomène d'acoustique s'était produit déjà sur le chemin de Damas où Paul, bien qu'il fût accompagné, fut seul à entendre la voix du Ciel.

Voici le second !

> A l'instant de sa naissance
> Tout fut en feu dans la France,

dit un de nos cantiques. O vous qui avez fait le 10 août, vous doutiez-vous que cette journée était simplement la *Tribulation* qui doit précéder la *Seconde Venue?*

Et le troisième ! — Ce n'est pas moins que le 2 septembre ! Ceci devenant monstrueux, il faut citer : « Le Nouveau-né se mit à crier le 26 août, il continua jour et nuit jusqu'au 2 septembre au soir où on commença le massacre des prêtres. Il passa ensuite une nuit tranquille, dormit beaucoup. Ses cris, dit sa mère, avaient pour objet de demander à Dieu d'exercer sa justice à commencer par le sanctuaire.

« La prière de l'enfant *étant exaucée* (par la tuerie des Carmes !!) il cessa de crier... Même chose le 8 au massacre des prisonniers d'Orléans... » (Lettres de l'ex-janséniste.)

J'hésiterais, malgré la probité du témoin auquel ces détails sont dus, à attribuer cette féroce philosophie de l'histoire à l'église fareiniste et à sa Madone si je ne la retrouvais explicitement dans les cantiques des Bonjour. Ils demandent à Dieu « de les affranchir

> Du joug de la race maudite
> Qui *pour ses crimes va périr...* »

Dieu leur a répondu éloquemment (cant. 14) :

> Je vous revéts de ma puissance ;
> Je vous arme de ma fureur;
> Oui, oui, maudite soit l'engeance
> Qui m'a méconnu pour sauveur...

Ailleurs les formidables scènes de 93 et 94 sont bien déclarées le prélude de la *Tribulation* des Evangiles, du bouleversement qui doit, d'après l'Apocalypse, précéder la rénovation finale (cant. 9) :

> J'entends gronder le tonnerre
> Qui doit nous *écraser tous...*

L'éducation de l'enfant divin paraît être devenue, à cette date, la principale affaire de ses parents humains : on n'épargne rien pour qu'elle soit la meilleure possible. Lili sera le sujet inépuisable de la correspondance de Bonjour avec les fidèles de Fareins. Et les cantiques de cette époque seront pleins de lui :

> Enfant adorable
> Qui nous caches l'Esprit-Saint,
> Change notre affreux destin.
> Tombons dans la poussière,
> Car le roi de la terre
> Qui se cache à nos yeux sous des dehors trompeurs
> En mérite bien plus notre hommage et nos cœurs...

Ceci, relativement passable, est du cantique 40. Le cantique 13, *La nouvelle incarnation*, fort explicite, est trop mauvais pour qu'on en puisse rien citer. — Encore ceci, (du cantique 20, bien médiocre, mais qui semble sincère) :

Heureux qui dans cet enfant,
Connaîtra le Tout-Puissant,
Oui, sa présence féconde
Va créer un nouveau monde...
. . . .
Il se rit de la sagesse
De ces orgueilleux savants
Dont il renverse le sens....
Lili, donne-leur la foi...
Heureux les yeux qui te voient!
Bien plus les cœurs qui te croient, etc.

L'accent de ces pauvres vers force la conviction. Nous avons toujours affaire à des fous, non à des fripons comme on a trop répété.

J'en trouve une autre preuve dans une lettre de Claudine Dauphan adressée au frère aîné de son *Epoux*, à Claude Bonjour nommé ici Moyse pour caractériser son rôle dans la secte. Elle invite donc le Moyse fareiniste à venir les voir (avec l'ami Jean Laurent) de la part de l'*Epoux* et de l'Enfant, qui est lui Israël. « Mon cher petit enfant met dans mon cœur le désir que j'éprouve de te voir. Si tu le voyais tu le baiserais bien. Pendant que je t'écris, il est sur mon lit qui rit, qui joue avec ses petites menottes... je ne respire que pour lui. Il me fait sentir, ce divin enfant, qu'en l'aimant j'aime ce que je dois aimer. Oh! oui, oui. Mon cher Israël est pour moi *la Trinité tout entière*, parce qu'il est l'amour du Père et du Fils. O Israël, mon divin époux et mon fils, tu es tout pour moi. Que ton nom soit béni... »

Cette bouffée de pædolâtrie est accompagnée de touchantes salutations à *cette grande famille de Pont-d'Ain*, aux humbles amis et amies de Fareins, une autre Claudine, une Poisat, une Giliat et sa petite, assez pénétrantes.

François Bonjour apostille l'invitation : il l'a retardée
« parce que la petite maman (l'Epouse est ainsi nommée
désormais) avait dit jusques-là que la place où le Bon papa
(Dieu) voulait Claude Bonjour était Fareins ou le Pont-
d'Ain. Son désir actuel lève toute difficulté si le Bon bon
(Dieu) en met une semblable dans votre cœur... »

Tout cela respire une entière sincérité.

Les premiers cultes, ne l'oublions donc pas, ont été
rendus à des êtres inférieurs à nous, bienfaisants, ou censés
tels. Le paysan vénère de tout son cœur la relique in-
forme, la statue barbare qui, à ce qu'il croit, le guérit de
la fièvre et ses poules de la pépie. On enseigne à nos enfants à prier devant des images qui ont la beauté physique et la beauté morale réunies. Il ne serait pas difficile
d'amener une mère à adorer un de ces enfants beau, caressant, ayant un rayon divin dans les yeux, et qui sera son
enfant. C'est souvent à moitié fait d'avance. Quant au
père, ce ne sera pas impossible, si celui-ci est un prêtre,
à la condition — que l'homme en lui, de nature tendre,
ait aimé tard et aime vraiment — et que le prêtre ait vécu
toute sa vie dans le miracle ambiant, continu. Tous les
miracles se valent. Celui que des hallucinés proclamaient
là est moins monstrueux que bien d'autres rêvés par l'E-
gypte et la Grèce. Le Thibet le voit recommencer quatre
ou cinq fois par siècle, chaque fois que son Dieu-vivant
s'incarne à nouveau.

Mais Paris, qui a de l'esprit infiniment, comprend tout
sauf cela. Il ne fallut pas moins que le Neuf thermidor
pour sauver la vieille hallucinée octogénaire, Catherine
Théot, de la guillotine. Et le moment vient où la congré-
gation agenouillée autour du Petit-papa, de Maman Claudine et de l'enfant Lili sera inquiétée.

La première indication que j'ai là-dessus est un des cantiques, de cette date à peu près, témoin le modèle sur lequel il est calqué et l'air sur lequel il a été chanté : ce modèle est le *dernier chant des Girondins*. Bonjour nous montre là

> Ses disciples, soumis
> Malgré les sens et la nature,
> Comme des scélérats honnis,
> Supportant des maux inouïs
> Et, vêtus de cette parure,
> Chantant parmi leurs ennemis :
>   « Mourir avec Elie
>   Mourir avec Elie
> Est le sort le plus beau, le plus digne d'envie ! »

Puis il demande à l'Esprit d'amour de faire qu'après ces rudes combats

> Il puisse sortir d'ici-bas,
> Du milieu de ces scélérats,
> Pour s'en aller, dans la patrie,
> Chanter au-delà du trépas :
>   « Je vis avec Elie, etc.

Un second renseignement (qui n'est à vrai dire qu'une induction), c'est la façon dont Bonjour aîné a été traité en 1793-94. Les faits ici me sont connus d'une manière certaine. Or, on n'imagine pas que son frère ait été plus ménagé que lui (par l'inquiétude assez fondée de Merlino).

Claude, on l'a vu, était revenu à Fareins quand François partit avec ses deux femmes pour Paris (à la fin de 1791). La municipalité janséniste projetait de le faire élire curé à la place de Comte. Merlino fit échouer cette combinaison ; il maintint de fait le *curé-commis* en sa cure. Je vois celui-ci encore en pied à Fareins en février 1792 (Registres du District de Trévoux. Archives de l'Ain). Et en mai de cette même année la mairie « janséniste n'ayant pas de local pour ses séances et voulant occuper la salle servant à l'exploitation de la Dîme », on la lui chicane au District, « cette salle ayant pu être comprise dans le logement du curé ». (Ibidem.) Merlino avait reconquis son influence au District évidemment.

La municipalité janséniste continuait nonobstant de conduire la commune. Son ennemi, si puissant et si actif qu'il fût, n'y pouvait rien. Il semble que, faute de mieux, il se retourne contre les chefs de la Secte. Il était peu ou point *biblique* : mais homme à découvrir de lui-même que si « on frappe le Pasteur, les brebis se dispersent ».

Claude Bonjour fut forcé de quitter Fareins. Cela sous le coup de quelque poursuite plus ou moins fondée, car je vois ses meubles séquestrés (Ibid). Si je ne me trompe la chose est de septembre 1792, c'est-à-dire de la date où Merlino est élu, par les électeurs de l'Ain réunis à Trévoux, membre de la Convention.

Dès lors Merlino pouvait beaucoup. Quand il sera nommé, 1793 commençant, Commissaire de l'Assemblée souveraine dans l'Ain, il pourra tout et un peu davantage. Mais, c'est une femme d'esprit qui l'a dit : « C'est admirable de voir comme en fait, les Tout-puissants peuvent peu de choses ». D'informations précises je n'en ai pas ici ; je suis toutefois conduit à croire que le Commissaire de la Convention, en 1793 comme l'an d'avant, dut laisser la commune de Fareins se gouverner comme elle l'entendait.

Le *curé-commis*, suffisamment tracassé par elle, finit par émigrer. C'était à prévoir et c'était prévu. Le District n'avait pourchassé Claude Bonjour qu'en vue de cette éventualité. Claude se retira à Pont-d'Ain son pays, on envoya là ordre de l'arrêter. Il put fuir à Lyon, s'y cacher.

De guerre lasse on osa le mettre sur la liste des Emigrés où je l'ai trouvé en compagnie de M. de Sarron son ci-devant seigneur et de Comte son ci-devant adversaire.

Parmi les raisons qui empêchèrent Merlino de faire davantage, il faut noter : 1° L'offensive que prit contre lui tout de suite le Directoire girondin de l'Ain ; 2° l'attitude prise au même moment par les Jansénistes de Fareins. Ils se firent aussi montagnards que lui : si j'y vois bien. On me montre un de ces sectaires quittant sa jeune famille, sa petite industrie, pour aller à l'appel de Gauthier des Orcières tirer le canon de Dubois-Crancé contre Lyon rebelle. Un fait pareil, qui ne fut pas unique, bien présenté au quartier-général de la Pape par la commune janséniste de Fareins, devait la couvrir contre des rancunes persévérantes.

Lyon tomba le 9 octobre. Aussitôt qu'on put sortir de la ville condamnée, Claude Bonjour quitta sa *cache* qui était bien un peu la gueule du loup. Il s'achemina vers Paris et fut arrêté à Tournus, soit faute de certificat de civisme, soit grâce à quelque recommandation ennemie, incarcéré (fin d'octobre 1793), et transféré à Mâcon (décembre). Il parvint à se faire élargir après quatre mois de détention (avril 1794) et demanda au district de Trévoux main-levée du séquestre de son pauvre mobilier. On eut la vilenie de le lui refuser sous un prétexte pitoyable. Enfin il rejoignit son frère (15 ventôse an II, 6 mars 1794), puis s'établit à Corbeil. Fidèle aux principes et exemples jansénistes, ce prêtre austère avait jadis, après avoir résigné sa cure, (comme tels Messieurs de Port-Royal), vécu en servant les maçons : il se fit cordonnier pour subsister.

Cependant Albitte nous arrive. Merlino montagnard, nullement hébertiste, passe modéré du fait, s'associe à

Gauthier et à Deydier pour faire campagne contre le proconsul, perd toute action à Fareins. Dans l'entreprise commencée contre le Christianisme au commencement de 1794
par le disciple de Fouché et de Chaumette, celui-ci ne
trouva nulle part chez nous de plus ardents auxiliaires que
les Fareinistes débarrassés de Comte et ayant la bride sur
le cou. Si François Bonjour et son entourage avaient pu
considérer le massacre des Carmes comme un prélude de
la rénovation finale, à plus forte raison ses adeptes ont dû
envisager de même la ruine de l'Eglise ennemie et op-
pressive et y collaborer de bon cœur.

On avait encore, « le 27 janvier 1793, style barbare »,
voté à Fareins des réparations au Presbytère. Mais le 14
pluviôse an II, une assemblée générale « considérant que
ces réparations sont inutiles, puisque les curés sont supprimés » demanda que les devis et prix fait fussent déclarés
nuls par le District qui ne put qu'obtempérer. Le culte fut
donc bien supprimé.

L'arrêté d'Albitte ordonnant la démolition des clochers
fut accueilli et exécuté avec empressement. Il ne donnait
pas ici satisfaction aux colères. Le plus ardent démolisseur fut ce Jean Laurent, chaud adepte des deux prophètes,
dont la femme avait été la première miraculée de leur façon et que, tout-à-l'heure, Claudine Dauphan invitait à
venir les voir à Paris. Il s'y mit de tout son cœur « avec
sa pioche ». Ailleurs on a démoli pour faire place à la
déesse Raison, encensée en souriant. A Fareins on avait à
venger les tombeaux profanés de Port-Royal, les Bonjour
poursuivis, et à payer à Dieu leurs miracles. Après le clocher on jettera bas le sanctuaire.

J'ai par devers moi une autre preuve de l'enthousiasme
des Fareinistes pour la Terreur. Je l'ai trouvée en leur

beau village en 1831. J'y passai, à cette date, quelques jours chez une dame âgée, d'un catholicisme accommodant. Elle recevait chez elle le curé qui avait rétabli le culte à Fareins, et un riche propriétaire ayant aidé à ce rétablissement de tous ses moyens. Mais elle avait choisi pour fermiers des Jansénistes, faisant grand cas de leur probité et activité. Elle voulut bien, sur mon désir, me conduire chez eux. Deux étaient jeunes ; quoi que je pusse faire, ils ne causèrent point, soit par défiance, soit par timidité. Chez le vieux je découvris tout d'abord, à droite du foyer, à la place où dans les fermes de Bresse on retrouve la niche carrée des Dieux domestiques, trois portraits fort parlants, ceux de Danton, de Robespierre et de Marat. Le goût de la gravure, le nom du graveur disaient déjà qu'ils n'étaient pas là d'hier. Je demandai au maître du logis quand on les avait mis là. Il me répondit très froidement : « L'année où l'on a démoli le clocher ». Je le rencontrai à deux jours de là, tuant des lapins dans un de ces ravins boisés qui descendent du plateau au rivage. Je l'apprivoisai un peu. Il avait connu les Bonjour, reçu le sacrement de Claude. Je lui demandai — s'il croyait à la Conception miraculeuse de *Lili* ; il me répondit par une question qui eût fait souffrir un Catholique — s'il savait bien qui ses trois portraits représentaient ; il me répondit : « Oui. On ne les ôtera pas d'où ils sont de mon vivant... » Si après cela il eût pu me rester quelques doutes sur l'attitude des Fareinistes en 1794, les renseignements que voulurent bien me donner Mme D........., M. B......., et le curé les auraient levés.

VI.

Entre les Bonjour persécutés par les Jacobins, et leurs adeptes de Fareins, Jacobins eux-mêmes, il y eut vraisemblablement à cette date quelques divergences et du refroidissement. Ceci toutefois est conjecture. Conjecture aussi par suite l'idée que ce refroidissement put contribuer à décider les deux frères à se fixer à Paris. Contribuer — car cette raison n'y sera pas pour le tout.

Plus haut on a montré les deux prêtres de Pont-d'Ain, passant du vieux Jansénisme au *Secourisme*, puis devenus Quiétistes. On n'a pas cherché encore comment cette seconde transformation a pu se faire, il faut le comprendre. C'est bon en soi — et nécessaire pour nous expliquer une troisième métamorphose.

De la doctrine de Saint-Cyran à celle de Molinos il y a un abîme. C'est le *Secourisme* qui a jeté le pont. Le *Secourisme*, c'est le miracle. Un homme croyant avoir des pouvoirs surnaturels est exposé là à une dangereuse épreuve : et peu de raisons y résistent. Quand on dispose des lois de nature, est-ce qu'on peut être mis en échec par la loi morale ? Les fidèles aideront le prêtre à s'égarer : ils savent que le prêtre fait Dieu tous les jours ; ne peut-il disposer du bien et du mal ? Mais au tribunal de la pénitence il remet nos péchés au prix qu'il fixe ; de là à se remettre les siens propres y a-t-il si loin ?

Que si Dieu confie à un homme de tels privilèges, ce sera nécessairement pour quelque but proportionné, quelque mission spéciale et suprême. Et chez ceux auxquels il a conféré tous les pouvoirs, il a par le fait autorisé toutes les ambitions.

Le premier plan du curé de Fareins (en 1787) était bien restreint et modeste : il n'allait qu'à convertir à la doctrine reconnue par lui la vraie, la petite paroisse de Dombes où il avait charge d'âmes. Il n'en sera plus de même des projets du Prophète auquel vingt miracles, la révélation d'Ainay, la naissance du Paraclet sous son toit, la révolution totale et terrible prédite dans l'Ecriture coïncidant avec cette nativité, donnent le droit de se considérer comme *le Recteur de l'Œuvre divine*, de cette Rénovation de toutes choses qui vient. Ses projets vont désormais à ramener l'Univers à Dieu et à établir le règne de Dieu sur la terre. Son ambition et son espérance illimitées désormais remplissent ses cantiques. Ecoutez plutôt l'*Alleluia* du Millénaire :

> Un Dieu parmi nous régnera.
> Comme un ciel la Terre sera,
> Dans l'amour on se plongera.
>   *Alleluia !*
> Et l'Amour tout rétablira...
> ....
> C'est par lui qu'on arrivera
> A la Paix, que célébrera
> L'Univers....

C'est assez beau : mais à quelle condition ? Le vertige total, irrémédiable, est venu : il dépasse les bornes du possible.

Un chasseur, dans l'Anthologie je crois, part le matin à grand bruit de cors et aboiement de molosses, pour chasser le sanglier. Le soir il rapporte au logis une cigale.

Nos sectaires vont avoir fait moins encore. Ils auront laissé la proie pour l'ombre. La proie, c'était le petit résultat qu'ils tenaient à Fareins, qu'ils eussent pu compléter et consolider. L'ombre, c'est le succès à Paris, ayant sans doute une autre envergure, mais combien fugace, vaporeux et insaisissable ! Ils ne doutèrent pas du succès, croyant en leur Dieu, leur mission et leur infaillibilité.

Peut-être y furent-ils encouragés. Vraisemblablement, pendant son premier séjour à Paris, après sa fuite de Tanlay en 1788, François Bonjour avait été mis en rapport avec les survivants du Jansénisme secouriste. Il retrouva ces Epiménide en 1792, notamment « des religieux et religieuses convulsionnaires ».

Quand on se mêle d'histoire il faut savoir tout comprendre, même les folies.

En voyant la vieille société crouler, les derniers Secouristes eux aussi crurent la Nouvelle-Jérusalem proche. Mais se figure-t-on leur état d'esprit quand, à la fin de 1793, la société nouvelle brisa avec le Christianisme, quand elle mit la Raison qu'ils haïssaient à tant de titres sur l'autel, quand elle porta au Panthéon les *cendres* de ce Voltaire qui avait transpercé et tué de son sarcasme aigu les thaumaturges et les miraculés de Saint-Médard !..

Dans le mortel désespoir où cette déconvenue sans égale les jeta, quelques-uns auront écouté Bonjour, le plus fou d'entre eux, celui qui gardait la *foi* au mépris de l'évidence, l'*espoir* au milieu de la ruine totale, et chantait l'*amour* à côté de l'échafaud.... Bonjour qui leur montrait en sa maison, sur les genoux d'une autre *servante* du Seigneur, un autre Enfant-Dieu, rayonnant d'innocence, entouré de bergers (les pauvres gens de Fareins) lui apportant d'humbles présents. Les rois manquaient, c'était qu'il n'y avait plus de rois. — L'étoile aussi sur la maison... croyez qu'elle luisait dans leurs cœurs, les réchauffait, et qu'ils y crurent...

Ce n'est pas sur une simple induction que nous l'affirmons. Les lettres de l'ex-janséniste sont ici formelles bien que laconiques. Toutefois, ces adeptes recrutés dans ce que le vieux monde avait de plus sénile n'étaient pour la nouvelle église ni un élément de santé ni un élément de vie.

A l'époque relativement pacifique qui suit le 9 thermidor, on ne voit pas que rien contrarie leur nouvelle ambition. On ne voit pas non plus que rien leur vienne en aide. A cette situation incertaine tout, la persécution comprise, eût été préférable pour eux. Ce qu'il y a de meilleur pour une doctrine nouvelle après l'entier succès, c'est la persécution ; elle provoque l'attention, l'intérêt, rallume les auréoles qui pâlissent et réchauffe les ardeurs qui tombent. Les railleries même servent. Mais l'oubli, c'est une agonie. L'indifférence tue. Le Fareinisme à Paris n'est pas arrivé même à l'indifférence ; il est resté inaperçu, n'a eu qu'une vie occulte. L'espoir de ceux qui l'avaient transplanté en ce sol (où la Ligue a germé cependant) a été déçu aussi entièrement que possible.

Et ce sera avec des fidèles venant de Fareins que le petit groupe de croyants dont les prophètes sont entourés à Paris ou à Corbeil, se recrutera utilement. Des jeunes filles et femmes du village fidèle venaient à Paris plusieurs ensemble, des jeunes gens aussi. « Ils travaillaient pour la maison Bonjour ou apprenaient un état... Il y eut des maisons entières occupées par des adeptes. » Le groupe accru ainsi reste plus que jamais à genoux aux pieds de maman Claudine et de son enfant divin. Celui-ci annoncé d'abord comme *Précurseur* a été promu *Paraclet*, c'est-à-dire troisième personne de la Trinité incarnée, par une simplification du dogme qui ne trouve pas de contradicteurs. Cela se fit au même temps que François Bonjour passa *Recteur de l'Œuvre divine*. Le *Recteur* et son frère le cordonnier de Corbeil laissaient décidément à Farlay le soin d'entretenir la ferveur de leurs anciens paroissiens.

Les sectaires de Fareins paraissent être demeurés à cette époque et jusqu'au Consulat les maîtres chez eux sans conteste. Depuis l'éloignement des Bonjour et la fin des persécutions ou, si ce mot est trop gros, des tracasseries, la période des miracles était finie. Il surgissait encore de temps à autre des prophétesses, mais elles allaient se faire confirmer en leur vocation à Paris et n'en revenaient plus. On ne sait pas précisément à quoi elles s'employaient là ; et il vaut mieux ne pas trop chercher à le deviner.

En 1800 la colonie semble assez nombreuse. Elle est plus riche peut-être que l'église-mère. Elle est surtout plus disposée à aller jusqu'au bout de la doctrine du libre amour que ne l'ont été jamais les rudes et sains vignerons ou fermiers des bords de la Saône. L'air ambiant y poussait. Les mœurs des Incroyables et des Merveilleuses non moins. Si j'en crois la personne qui garde la correspondance de Bonjour, Jean Laurent, le démolisseur de l'église de Fareins, aura à Paris sept femmes successivement, dont quatre à la fois. Il a pu ensevelir trois de ses épouses avec sa fille aînée dans un même caveau, au Père-Lachaise. Un autre dignitaire du groupe aurait eu, selon la même autorité, jusqu'à douze femmes.

Aux dernières années du siècle, selon le témoignage (hostile) du sous-préfet de Trévoux, les deux Bonjour n'auraient pas dédaigné d'apparaître une ou deux fois à Fareins. Dans les lettres de l'ex-janséniste ceci est nié catégoriquement. Le but des voyages dont parle Saussier aurait été d'emmener des filles et de ramasser de l'argent. Ils n'avaient pour ce faire nul besoin de se déplacer eux-mêmes. On quêtait, pour leurs besoins, tous les ans dans le village. Jean Laurent leur portait le produit de cette dîme. Quant aux zélatrices elles accouraient d'elles-mêmes, on l'a dit : en 1800, douze ou quinze déjà entourent la *Sainte famille*.

Tout cela était caché dans un coin perdu de Paris. Cela eût été connu qu'on n'eût fait qu'en rire. Le vieux monde se souvenait du Parc aux Cerfs et ne se scandalisait pas aisément. Le nouveau monde trouvait tout simple que Barras eût un sérail. Les mœurs de Cambacérès ne l'empêchèrent pas d'être Consul. Celles de l'abbé Maury ne l'empêcheront pas d'être cardinal-archevêque. Il y eut une année six mille divorces dans le département de la Seine.

Et, dans ce pays-là, la monogamie n'a jamais été, depuis Dagobert qui eut trois femmes, Charlemagne qui en eut trois, Henri IV qui en eut deux et cinquante maîtresses connues, autre chose qu'une fiction légale.

Le régime du Consulat augmenta la prospérité de la colonie et fut doublement fatal à la Secte.

Ce maire de Fareins, Michel Bernard, le même que nous avons vu tenter d'expulser Comte en 1791, était resté en fonction pendant les dix dernières années. Au Concordat, il donne sa démission à M. Ozun, premier préfet de l'Ain, « ajoutant qu'il ne peut, en aucune manière, contribuer au rétablissement du Catholicisme ». (Lettres d'Ozun au Grand-Juge. Arch. de Trévoux.) Il vendit ses biens et alla rejoindre les Bonjour. Son exemple fut imité par d'autres (*Ibidem*). Ceci est grave et montre bien que si Paris se gâtait à certains égards, Fareins s'était conservé.

Mais ce rétablissement de l'église catholique, tout en procurant aux Bonjour des recrues importantes, leur causait un désappointement cruel. Ils avaient toujours vu et fait voir à leurs fidèles, dans les divisions religieuses et politiques dont la France souffrait depuis dix ans, la *Tribulation* prédite dans les Evangiles, comme prélude nécessaire du *Règne*. François avait affirmé imprudemment que la tourmente ne finirait pas avant la majorité de l'Enfant divin venu pour tout réparer, c'est-à-dire avant 1813. Or l'œuvre poursuivie avec activité par Bonaparte, qui semblait la réparation même, arguait de faux la prophétie — maladroite, partant sincère.

Ce n'était pas assez que l'infaillibilité du *Recteur de l'Œuvre divine* fût ainsi mise en défaut visiblement. Sa sécurité, celle de l'*Œuvre* allait être menacée. M. Ozun avait cru devoir écrire à Paris (août 1803) de la démission du maire de Fareins et de ses motifs.

L'ombrageuse police d'alors était informée de l'existence de la Secte à Paris et à Corbeil : elle lui connaissait même des ramifications dans le Rhône et dans l'Eure. Elle chargea le Préfet de l'Ain de surveiller les Fareinistes et de compléter leur dossier. De là un rapport demandé par Ozun à Saussier sous-préfet de Trévoux, contenant un historique de la Secte dicté évidemment par ses pires ennemis, on veut dire ses ennemis de Fareins.

Voici ce que le Citoyen sous-préfet dit de la situation présente : « Les Bonjour ont en Dombes des correspondants zélés. Un messager porte l'argent des fidèles à Paris et rapporte en échange des lettres, des cantiques, des reliques et guenilles des habits du petit prophète (Elie). De plus les Bonjour ont des embaucheurs et des embaucheuses connus ; ils viennent de perdre une de ces embaucheuses qui faisait maintes courses dans les villages voisins pour soutenir les faibles, animer les forts, gagner de nouveaux sujets...

« Malgré l'activité de ces imbéciles ou de ces fripons, le nombre des adeptes diminue, la foi s'éteint. Les apôtres, le *Recteur de l'Œuvre divine* lui-même, n'ont pas fait dans leur dernier voyage de nouveaux prosélytes, ni regagné *quelques rénégats*, mais ils ont emporté de l'argent... »

Quelques rénégats... La propagande catholique a repris l'offensive évidemment.

Saussier croit devoir ajouter son appréciation d'abord : il voit dans la conduite des Bonjour « une abominable jonglerie ». Puis arrive cette prodigieuse insinuation : « Cette secte est-elle dangereuse , citoyen Préfet ?... Parmi les dupes, il peut se rencontrer un Ravaillac... »

Seulement ! Rendons vite au Citoyen sous-préfet cette justice qu'il n'a pas trouvé cet honnête soupçon tout seul.

« Une personne *prudente*, placée pour bien voir (donc à Fareins) et faite pour bien juger », sait et a dit à lui Saussier qu'Elie, quand il aura quatorze ans, doit *détruire la Bête !* » La personne *prudente* a de la théologie...

L'enragé sous-préfet continue : « Qui désigne-t-on ainsi ? — Le Premier consul... Les Fareinistes déclament assez publiquement contre les actes d'un gouvernement réparateur, *refusent de contribuer au rétablissement du culte....* »

Quelle logique ! Est-elle de Saussier ou de la *personne prudente?*... On nous la dit « faite pour bien juger ». Ce sera elle qui tient que des non catholiques refusant le casuel sont déjà *in-petto* des Ravaillac.

Quant à Saussier, il a plus de mesure que le personnage haineux ou intéressé auquel il a cru devoir servir de porte-voix. Il n'a garde de conclure qu'il faut « persécuter » les sectaires. Non. Il lui paraît suffisant « que la police ait l'œil ouvert sur ses chefs ». Et comme la police du citoyen Fouché elle-même, si perçant que soit son regard, ne peut scruter les cœurs, le sous-préfet de Trévoux l'engage à scruter les lettres. « On peut faire des visites domiciliaires chez les principaux. On trouvera leurs correspondances. On pourra savoir ce qu'ils entendent par *détruire la Bête*. »

Pour aider aux recherches de la police, le magistrat nous apprend que « Bonjour cadet est prote dans une imprimerie » ; que Farlay habite avec lui, que Bonjour aîné « fait des souliers à Corbeil où *les autres* l'entourent, ils sont au moins quinze ». Rien d'Elie et de sa mère. « A Fareins, ils sont quatre à cinq riches. Le reste est journalier, domestique », etc.

M. Ozun, à qui le réquisitoire étonnant est adressé, en envoie au Grand-Juge une réduction plus mesurée. Il traduit comme suit le passage meurtrier :

« Elie tuera la Bête. Qu'est-ce que la Bête? Je l'ignore. Je sais qu'avec des têtes aussi exaltées, la Bête serait *tout ce que voudrait* un adroit fripon... » — A bon entendeur salut !

Régnier, depuis duc de Massa, devait être bon entendeur. Mais peut-être avait-il lu l'Apocalypse. Peut-être se renseigna-t-il à Dupuis, président du Corps-Législatif (1802), puis sénateur, lequel avait, en *l'Origine de tous les cultes*, expliqué ce livre si curieux ; quoi qu'il en soit,

Régnier ne paraît pas s'être préoccupé autrement des appréhensions de Saussier.

Deux ans plus tard survient la trahison qui ruine la secte.

Les Bonjour et leurs adhérents amassaient l'argent qu'ils rapportaient de Fareins et réservaient peut-être à aider, lors de la majorité d'Elie, à la conversion de l'univers. Ils le confièrent à l'un des premiers convertis à l'*Œuvre divine*. On n'a pas oublié Souchon, ce curé du Forez appelé le petit papa Souchon dans la lettre doctrinale de François Bonjour, et chargé en cette *Epître aux Lyonnais* d'expliquer ce qu'elle peut avoir d'obscur à l'entourage de Mlle de Boen. De docteur le petit papa Souchon était devenu financier. Et soit qu'il ait été malheureux ou maladroit dans ses opérations, soit que ce nouveau métier l'ait corrompu comme il corrompit Judas autrefois, Souchon fit banqueroute. Ses coreligionnaires, soupçonnant sa probité, entamèrent contre lui des poursuites. Le malheureux les dénonça, croit-on, à la police impériale comme ayant la nuit des réunions suspectes et professant des doctrines dangereuses...

Il se peut qu'à l'appui de sa dénonciation il ait livré copie du cantique 34 de notre recueil où on lit ce déplorable passage :

> Braves soldats de Jésus-Christ,
> Elie au combat vous appelle.....
> Le sein gonflé d'un noir poison,
> *La Bête a monté sur son trône* ;
> Du crime et de la trahison
> Le voile sanglant l'environne ;
> Devenus prêtres de Baal,
> De Jésus les lâches ministres
> Presque tous, du monstre infernal
> Ont suivi les ordres sinistres.

Marchons, marchons ! dans nos transports
Bravons et le fer et la flamme.
A l'ennemi livrons nos corps.
Elie aura soin de nos âmes.
Nous combattrons, etc., etc.

De curé de campagne aussi guerroyant, on n'en a guère jamais vu. Tout le monde pourtant n'a pas le droit de rire de Bonjour. Il n'est docteur chrétien contrarié en son appétit de domination qui ne pense tout de suite et ne dise que son contradicteur est la Bête ou l'Antechrist, (je n'excepte pas Luther). Ces deux monstres furent inventés pour ennuyer Néron par les gens qu'il accusait d'avoir brûlé Rome et qui lui renvoyaient l'accusation. Depuis ils ont servi dans toutes les guerres de religion. Ils ne sont pas usés. Les Bonjour, ne sachant plus que faire de Bonaparte sacré et couronné, eurent donc l'idée d'en faire *la Bête.* Les popes russes et les curés espagnols, en ont bien fait l'Antechrist un peu plus tard et cela leur a réussi. Cela a été fatal à nos pauvres hallucinés. On n'ameute pas la France contre l'Antechrist, ni contre la Bête ; elle ne sait ce que c'est. Et en 1815, son armée criait : Vive l'Enfer !

Les vers frénétiques précités, les meilleurs du recueil de cantiques, ne pouvaient servir et n'ont servi qu'à donner corps aux accusations des adversaires. Cela bien gratuitement. S. M. l'Empereur et Roi, je persiste à le croire, ne courut jamais, du fait des Fareinistes, le danger d'être assassiné ou détrôné. Mais enfin la police de 1805 ne pouvait entendre de deux façons ce petit vers :

La Bête a monté sur son trône.

Les évêques, courbés devant celui qu'un d'eux (l'évêque de Malines) a appelé « le Dieu Mars », sont bien qualifiés

ici « *prêtres de Baal* », et le « *Marchons, marchons* » de
la fin ressemble assez à une provocation à la révolte.

Avertie par Souchon (ou par quelque autre, Souchon a
nié jusqu'à sa mort la trahison qu'on lui impute) la Préfecture de police dut rouvrir le dossier où sommeillaient
depuis deux ans les renseignements envoyés par la Préfecture de l'Ain. Ses agents n'en étaient pas à ignorer que
dans un recoin très pauvre et perdu du faubourg Saint-
Marceau, non loin de la sacro-sainte église Saint-Médard,
des fanatiques des deux sexes en assez grand nombre (on
avait pu en compter une fois cent quatre) se réunissaient
à des époques régulières dans une maison de médiocre
apparence. Les issues du lieu suspect furent occupées non
ostensiblement et, restant ouvertes à ceux qui arrivaient,
furent fermées à ceux qui eussent voulu sortir. Puis on fit
main basse dans la *souricière*. Les hommes sont conduits
à la Force, les femmes à Saint-Lazare (la geôle affectée
aux filles perdues). L'enfant de douze ans, dieu de ce Cénacle, est mis dans un collège.

Suit une enquête ou instruction, extra-judiciaire très
vraisemblablement. Cette enquête fut-elle suivie elle-
même d'un procès en forme et d'une condamnation au bannissement ? Je ne le crois pas pour deux raisons :

1° La police de 1805, quand d'augustes colères ne lui
imposaient ni gaucheries, ni violences, restait avisée infiniment. Faire un procès c'eût été afficher qu'on avait peur,
sur ce trône entouré de tonnerres, d'un petit enfant érigé
et stylé en Bon Dieu par un curé de campagne en rupture
de vœux, une femme hystérique, et quelques ouvriers
plus qu'à moitié fous. — C'eût été prêter à rire *Urbi et
orbi*, à la ville moqueuse et à l'Europe ennemie...

2° Un procès n'eût pu aboutir à cette condamnation au

bannissement qui va être infligée aux délinquants, car cette peine rayée de nos codes en 1791 n'y fut réintégrée qu'en 1811.

Ce qu'il faut croire, c'est que la police d'alors, de sa pleine puissance et certaine science, et après avoir constaté les faits, expulsa tout simplement du territoire français les Bonjour, leurs proches et leur Dieu, convaincus sinon d'avoir ourdi un complot contre la sûreté de l'Etat, du moins d'avoir formé une Société et réunion non autorisées.

VII.

LAUSANNE. — LA RESTAURATION A FAREINS. — LES BONJOUR A PARIS. — A RIBEMONT. — UN DIEU COLONEL DE LA GARDE NATIONALE. — LES FAREINISTES AUJOURD'HUI.

Les sectaires auraient (d'après l'ex-janséniste) conservé et transmis oralement un détail fort important d'un interrogatoire précédant l'ukase impérial qui les chassa de France, celui du petit Élie. Cet enfant avait grandi entouré d'anciens moines et moinesses convulsionnaires, ayant son père (selon la chair) pour précepteur : il avait alors environ douze ans.

On lui demanda s'il était le prophète Élie ? Il répondit : « On le dit. » — S'il était Dieu ? Même réponse.

Respondit Jesus : Tu dicis quià Rex sum (Jean, xviii, 3). *Tu es filius Dei ? Qui ait : Vos dicitis* (Luc, xxii, 70). *Tu es Rex Judæorum ? At ille : Tu dicis* (Marc, xv, 2 et Mathieu xxvii, 11).

Une ou deux fois déjà j'ai surpris les écrivains fareinistes, pour arriver à certaines ressemblances qui les charment, appuyant sur certains traits, ou en introduisant d'autres. L'incarnation de l'Esprit devait rappeler par des endroits celle du Verbe.

Il se peut d'ailleurs qu'Elie Bonjour ait répondu comme dessus : c'est alors qu'on lui avait inculqué ses réponses.

Toute cette petite affaire bizarre a été éclipsée totalement sous le rayonnement fulgurant d'Austerlitz : pas un écrivain du temps ne la note. Il en a été de même d'une autre, du règne de Tibère, inaperçue et ignorée de Rome à sa date, qui a plus tard rempli Rome et le monde (chrétien) de son bruit.

La colonie, groupée autour des Bonjour, dut quitter Paris et la France. Elle choisit, paraît-il, de se réfugier dans la Suisse romande, non loin de Lausanne. Comment put-elle suffire aux frais de ce déplacement subit ? Les quêtes d'argent et de vivres qu'on faisait pour elle à Fareins, abondantes d'abord, peu à peu devenues moins fructueuses, n'y eussent pas suffi. Mais les exilés avaient une autre ressource.

Les dieux qui veulent bien se revêtir de chair subissent les nécessités de la chair. Jusqu'à trente ans le fils de Marie fit, dit-on, vivre son humble et assez nombreuse famille du travail de ses mains, il gagnait son pain dans les villes neuves des Hérodiens, Antipatris, Césarée de Philippe ou Tibériade avec une varlope et un rabot. Paul, son grand disciple, fabriquait des tentes.

Un de nos deux religionnaires, Claude, faisait des souliers, on l'a vu. L'autre était prote dans une imprimerie. Ce n'était pas de quoi devenir capitaliste. Mais, parmi leurs adeptes, il y en avait un dans l'industrie : il fabriquait sur une grande échelle de la toile cirée et du taffetas gommé, produits alors nouveaux et réalisant de gros bénéfices. Non-seulement ce fabricant ne fut pas inquiété; mais il était et resta nanti de la fourniture de l'armée dont il recouvrit les shakos et les sacs tant que l'empire dura.

Or les biens restaient communs dans ces petites églises du faubourg Saint-Marceau et d'Ouchy (le port de Lausanne) comme dans la primitive église de Jérusalem. L'émigration d'Ouchy dut surtout à l'assistance régulière du fabricant de toile cirée l'aisance ou même « l'opulence princière » (Lettres du Janséniste) en laquelle elle aurait vécu paisiblement de 1805 à 1818. Les seuls incidents à relater de cette période de treize ans sont :

La mort de Claude Bonjour réfugié en Suisse avec son frère.

Le mariage d'Élie à Paris en janvier 1812. Le Paraclet avait alors vingt ans. Il était riche, ayant, paraît-il, hérité de la plupart des adeptes morts depuis sa naissance. Mais il n'avait pas d'état-civil n'ayant pas été déclaré. Des actes de notoriété y pourvurent (Lettres). Ce défaut d'inscription régulière lui valut peut-être d'échapper aux levées d'hommes de 1812 à 1814 (si toutefois il habita Paris après son mariage ; je ne suis pas renseigné sur ce point).

Il serait fort curieux de savoir jusqu'à quand la foi a combattu et résisté aux déconvenues infaillibles dans ces âmes singulières. Un point ne semble pas douteux, c'est que la première génération, Bonjour et Claudine l'ont léguée à leur postérité (nombreuse, Elie a eu sept frères et sœurs, et onze enfants) : c'est déjà bien prodigieux. Nous sommes contraints d'y croire pourtant : j'entends parler d'une fille d'Elie encore existante et n'ayant jamais douté. Quand on songe à la difficulté de préserver une telle croyance, si combattue à ce qu'il semble par les besoins et privautés d'une vie commune restée humble, on ne trouve guère qu'une réponse aux doutes et aux ironies qui naissent ici d'eux-mêmes. Il a fallu que dans cette famille le tempérament religieux fût bien spontané, plus développé et robuste qu'ailleurs et que les mœurs y soient restées d'une pureté et sobriété entières. A côté du ménage à cinq de Jean Laurent, cela paraît impossible ; mais dans ces milieux exaltés rien n'est impossible, pas même le bien.

Donc à Ouchy, au faubourg Saint-Marceau, à Fareins on continuait d'accepter sans difficulté comme Dieu le marié de vingt ans.

Les plus émancipés de l'idée chrétienne la subissent, quoi qu'ils en aient, par certains endroits. Quand il s'agit pour nous de concevoir les êtres divins dont l'existence nous est affirmée par le passé de l'humanité tout entier, un bizarre conflit d'idées se fait en nous. Il nous semble relativement facile, Chrétiens que nous sommes, d'accepter la divinité d'un enfant de trois ou quatre ans, frêle et charmant avorton incapable de défendre sa vie, et ne vivant encore qu'à demi, mais revêtu d'innocence. La divinité d'un homme de vingt ans dans sa force et sa beauté, un peu moins insensée en somme, nous répugne davantage, nous semblant païenne. Plus on est homme, moins on nous paraît dieu. Nous sommes ainsi faits par l'éducation religieuse qui nous a été départie. Je ne me charge pas du tout d'expliquer comment le jeune marié put conserver son auréole. Le fait inexplicable n'en est pas moins certain.

On pourrait nommer ici la famille humble et honnête où l'on gardait, vers 1815, dans le grand coffre de chêne, avec les papiers précieux, le boursicot, les vêtements de fête, un petit paquet mystérieux plus prisé encore, car sous trois ou quatre enveloppes de lin et de soie il conservait quelques minces parcelles d'un pain servi à la table du jeune Dieu d'Ouchy et tombées de ses mains sacrées. Aux bons jours, on tirait de leur *cache* ces innocentes reliques ; on les adorait ou vénérait ni plus ni moins qu'à Notre-Dame de Clermont, le Jeudi-Saint, on adore les miettes du pain sans levain que Jésus brisa à son dernier repas (Gonod, *Not. sur la cathédrale de Clermont*). Et si l'on disait que les unes ou les autres ont opéré quelques guérisons, j'inclinerais à le croire.

Il y a, aux Archives de Trévoux, des documents attestant d'une autre façon l'existence du même culte à cette date à peu près. Ce sont des lettres échangées entre le Maire de Fareins et le Sous-Préfet de Trévoux en 1816. Elles établissent qu'en 1814, Claude Goyffon « homme d'ailleurs d'une probité à toute épreuve, mais de la secte des illuminés de Fareins dont les principes sont opposés au gouvernement du Roi, avait affermé ses biens et était allé à Ouchy *adorer le Paraclet* ».

L'expression soulignée, toute théologique, ne laisse pas de place au doute. On le voit, la foi et le zèle que Saussier disait languissants vers 1803, se raniment en 1814. Goyffon suit l'exemple donné par Michel Bernard onze ans auparavant ; il se sépare de ses biens pour aller vivre près de l'objet de son culte. Faut-il attribuer ce *revival* du Fareinisme à la répugnance que causa aux sectaires la réaction royaliste et catholique ?

On est tenté de le croire en voyant Goyffon devenir en 1816 l'intermédiaire actif d'Elie Bonjour et du groupe d'Ouchy avec le groupe qui persévère à Fareins. La police de la Restauration arrête Goyffon à Besançon. Sur quoi le Maire de Fareins propose simplement au Sous-Préfet de traiter la secte « comme une société secrète défendue par les lois ».

Evidemment S. M. le Roi n'est pas plus favorable au Fareinisme que S. M. l'Empereur. D'où vient cela ? D'un motif identique déjà deviné par ceux qui se rappelleraient ce qu'on a dit de l'attitude de nos sectaires en 1793-94. Ils avaient été Jacobins quelque peu. Cela redevint-il plus apparent en 1814 ? Je le crains.

L'arrondissement de Trévoux est la seule partie du département de l'Ain où se soit conservée l'aristocratie terrienne. Et en 1814 cette aristocratie prit chaudement fait et cause pour la Restauration. Au 20 mars 1815, il y eut contre elle une levée de boucliers, tout au plus bonapartiste de nom, de fait révolutionnaire, menaçant directement les châteaux.

Je ne puis dire qu'à Fareins on ait pris une part active quelconque à cette levée de boucliers du 20 Mars. Il est certain du moins que les sectaires ont sympathisé avec elle et laissé voir cette sympathie.

Les preuves que j'en puis donner sont les souvenirs sans précision d'une femme, mais d'une femme de sens et de cœur. Elle se rappelait donc et l'attente qui précéda les Cent Jours et l'effervescence qui les suivit, motivées l'une et l'autre par les inquiétudes données aux acheteurs de biens nationaux. Une fête patriotique célébrée à Fareins lui restait surtout présente : on y planta, au milieu d'une grande acclamation populaire, un arbre de la Liberté. Autour du cher symbole, les hommes mûrs, jetaient à ceux qu'on sait le cri :

> « Que veut cette horde d'esclaves,
> » De traîtres, de rois conjurés ?

On s'agenouilla à l'invocation suprême. Il y eut un serment de prêté... Tout cela, je pense, le 1er juin, le jour de ce Champ de Mai menteur à sa promesse....

Puis après un peu de temps, après la rentrée des « traîtres » on vit venir dans la commune la gendarmerie royale ; il y eut quelques visites domiciliaires, une arrestation à Beauregard. L'homme arrêté fut amené à Fareins les fers aux mains par les cavaliers à cocarde blanche. Trouvant la population debout au seuil des maisons et devinant le sentiment qu'éveillait son arrestation dans tous les cœurs, le malheureux y répondit par un cri qui livrait sa vie : Vive la République !

Les représailles de 1816 furent en Dombes plus âpres qu'ailleurs. Fareins, coupable à tout le moins « de principes opposés au gouvernement du Roi », en eut sa part. De là cette arrestation de Goyffon, assez gratuite. De là l'étrange proposition du Maire royaliste qui ne va pas à moins qu'à renvoyer la moitié de ses administrés devant la Cour prévôtale — cela parce qu'ils font leur culte à huis-clos, ce qui n'est encore défendu par aucune de nos 40,000 lois — et parce qu'ils adorent un *Homme-Dieu*, ce qui semble devoir être permis et possible en pays chrétien. Ce fonctionnaire, instrument d'une secte plus nuisible à la Patrie et à l'Etat que celle des Bonjour, oubliait en vérité que la Charte constitutionnelle garantissait la liberté des cultes. On s'en souvint, paraît-il à Trévoux, ou plus vraisemblablement à Paris, et on ne donna pas suite à sa proposition odieuse.

L'ordonnance du 5 septembre 1816 ajourna le triomphe de la faction fatale aux Bourbons et aux Bonaparte. A la fin de 1817 les Cours prévôtales terminèrent leurs lugubres exploits.

En 1818, à la même époque où l'on put fonder en France la Société biblique protestante, la colonie fareiniste d'Ouchy risqua de revenir se fixer à Paris.

Est-ce à ce moment que François Bonjour serait allé faire des prosélytes à Château-du-Loir et à Nantes où il y avait encore des Fareinistes il y a peu d'années ? Je ne sais, ni à quelle date il laissa orphelins les huit enfants que Claudine lui avait donnés. On a dans le cours de cette étude assez souvent et assez nettement dit l'opinion qu'on s'est faite de lui pour qu'il soit inutile d'y revenir ici.

Claudine est morte à Paris le 11 mai 1834. On a sous les yeux l'œuvre que ces sectaires croient divine et qui, ainsi que toutes celles de ce genre, est si complètement humaine. On est juge de ce qu'elle vaut. Claudine y a peut-être la principale part. Quand les aliénistes auront déterminé mieux en quoi on peut distinguer la santé de l'esprit de certains maladies, il sera plus facile d'apprécier cette personne singulière. C'était toutefois une femme *muy mujer*, très femme ; mais ici le français rend mal l'âpre raideur du castillan.

La Fanfan a survécu à Claudine sept ans. Elle est restée domestique chez les Bonjour jusqu'à sa mort en 1841. Cette fidélité des maîtres à la servante est caractéristique, elle nous interdit trop de sévérité. Fanfan avait donné à Bonjour une double preuve de fécondité, on s'en souvient. Sa fille mourut en naissant. Son fils, resté attaché lui aussi à son frère consanguin (Elie), est mort à Ribemont en 1868.

On a peu à dire ici sur Elie Bonjour, non que l'état mental d'un homme élevé à se croire Dieu ne soit un curieux problème, mais les éléments pour le sonder et résoudre nous manquent. L'induction ici serait périlleuse.

Il semble *à priori* qu'un tel homme, dans un milieu qui est Paris, et dans un temps qui est le XIX° siècle, a dû — ou se corriger tôt de cette plus exorbitante et chimérique de toutes les chimères — ou arriver peu à peu soit à la folie douce des curés thaumaturges de certains pays, soit à l'hébètement complet des Dieux vivants de l'Inde.

Elie Bonjour paraît s'être corrigé tôt. Les lettres que nous avons tant mises à profit nous le montrent de bonne heure « gêné avec ses père et mère, contrarié visiblement quand on le questionne sur son caractère ou sa mission céleste... »

Non-seulement il abdiqua, au moins de fait, toute

prétention à la divinité, mais il se résigna entièrement à la tâche bien prosaïque d'homme du XIX° siècle. Un de ses frères était à la tête de la fabrique de toile cirée et la conduisit jusqu'en 1860. Lui, le Paraclet, se mit dans le commerce des laines, sa maison était boulevard du Temple. Vers 1860, il acheta l'ancienne abbaye de Saint-Nicolas à Ribemont, près de Saint-Quentin, il y fonda une manufacture de tissus considérable dont sa maison de Paris plaçait les produits. Il avait en Amérique un correspondant et un dépôt.

Bien plus, sous Louis-Philippe, une des légions de la garde nationale de Paris, la sixième, l'avait choisi pour colonel. Ceci implique absolument qu'il faisait partie de la bourgeoisie libérale d'alors, que son *honorabilité* n'était pas discutée, et encore que ses prétentions à faire partie intégrante de la Sainte-Trinité n'étaient pas connues. Autrement ces soldats-citoyens qui avaient la plaisanterie grosse, au lieu de lui donner de grosses épaulettes, eussent demandé qu'on le rayât des contrôles comme ayant plus de soixante ans.

Voilà qui nous semble arrangé. Et cette hypothèse d'un ci-devant Dieu donnant sa démission, et se faisant modestement fabricant de tissus et garde-national, ne laisse pas que de sourire à notre scepticisme. Eh bien, elle est entamée et dérangée par un fait assez important qui va nous forcer à en rabattre, qui brouille toutes les idées que nous venons de nous faire sur Elie Bonjour.

L'ex-janséniste reproche au Paraclet démissionnaire « de n'avoir pas assez fait pour désabuser ses fidèles ». D'autres lui reprocheront d'avoir élevé les onze enfants qu'il eut, dans la religion de son père et de sa mère. Il faut donc bien que cette religion restât la sienne.

7

Qu'est-ce à dire ? Cet homme, oui ou non, se croit-il Dieu ? Les sceptiques vont répondre à cet ultimatum : « Cet homme est quelque peu hypocrite.

» En Espagne on appelle Dieu et le Roi , *ambas majestades*, les deux majestés. Il paraît bien qu'on n'abdique pas plus volontiers l'une que l'autre. Le descendant de Timur reste dans le palais de Delhi où il est prisonnier, le Shah-um-Shahi, le Roi des Rois. Le dernier Stuart a été jusqu'à la mort pour son valet de chambre, Roi de France, de la Grande-Bretagne et d'Irlande. M. Bonjour, ne pouvant se faire reconnaître le Dieu de l'univers, ne se refusa pas cette douceur d'être dieu dans sa maison. Faut-il ajouter que tous tant que nous sommes quand la proie nous échappe , nous nous consolons avec l'ombre. Mais ceci qui est juste en soi ne serait pas tout-à-fait à sa place ici, car le culte de onze enfants qu'on a élevés est un bien réel. Elie Bonjour s'est ménagé ce bien-là. »

Cette réponse des sceptiques est-elle la seule possible ? Non.

Ceux qui savent que l'esprit humain comporte une variété prodigieuse de combinaisons ; — ceux qui, dans l'histoire de tel révélateur ou de tel prophète en ont aperçu d'autres tout aussi particulières ; — ceux-là pencheront peut-être à admettre l'entière sincérité d'Elie Bonjour, se fondant notamment sur ce qu'un homme réputé Dieu par ses onze enfants devait être au moins honnête.

Après cela ils conviendront que ledit Elie, se croyant le Saint-Esprit incarné, Dieu en sa maison pour sa femme et ses enfants, d'ailleurs fabricant du mérinos et montant sa garde, est un sphynx plus bizarre encore que son père François. Celui-ci, prêtre, faisait Dieu tous les matins :

était un peu thaumaturge et un peu halluciné : ce sont là des préparations et vraiment des circonstances atténuantes.

Mais Elie sera unique en son espèce, ce sera un Dieu bourgeois : et les moqueurs, qui ont souvent le dernier mot, diront qu'il était de son temps, et possible sous la monarchie de Juillet.

M. Elie Bonjour est mort le 4 septembre 1866. Les trois aînés de ses enfants, deux fils et une fille, ont continué sa maison de commerce.

Avant la mort d'Elie, en 1854, un de ses fils, M. Jules Bonjour, trouva bon de se séparer « de ceux qu'il appelle « *les tenants* de la *prétendue* religion » de son aïeul et de son père. En un temps comme 1854, dans une famille préoccupée comme celle-là, ce fait n'a rien de bien surprenant en soi.

Vingt ans plus tard (en 1874), sachant que les Dominicains avec qui il était en rapport essayaient de ramener au catholicisme les Jansénistes de Fareins, le converti vint en aide à ces moines dans une lettre rendue publique.

Nous apprenons là qu'aux yeux de celui-ci, « la mort de son père a porté le dernier coup à l'hérésie ».

De plus que pour le nouveau catholique, « ses frères et sœurs restés attachés à ce qu'ils appellent le Jansénisme » ne sont en réalité que des protestants. « Leur religion... *commode* ne leur impose ni privation, ni jeûne, ni *quoi que ce soit...* » Cette religion leur a imposé pourtant de ne rien répondre même à ce dernier mot ; et au moins par ce silence ils sont les plus chrétiens.

Cette lettre et cette mission de 1874 nous ramènent chez les Fareinistes de Fareins.

En 1791, on l'a vu, ils étaient en majorité dans leur commune peuplée d'un peu plus d'un millier d'habitants.

En 1831, au dire du curé d'alors, ils pouvaient bien être encore 600 sur une population double. Les élections municipales étant redevenues libres, ils rentrèrent en nombre au Conseil de la Commune, et y firent obstacle à la reconstruction du clocher resté en l'état où l'avait mis la pioche de Jean Laurent.

En 1859, un témoin hostile veut qu'ils soient réduits à 500.

Sous le second empire une propagande active, aidée par l'autorité civile, les aurait réduits à 400 : c'est aussi un ennemi qui l'affirme.

Les lettres qui m'ont tant servi assurent qu'ils sont « à Paris une centaine, à Ribemont cinq ou six, qu'à Fareins ils sont à peine la moitié de la commune. Dans les environs de Fareins leur nombre est insignifiant »...

Enfin, à Lausanne où il en reste, on a imprimé en 1869 une brochure intitulée : « le Grand Elie divin qui vient *rétablir toutes choses*, avis démonstratif, fatidique, adressé à tous ceux qui croient aux Saintes Ecritures, par Jean du Loir. » Le journal l'*Univers* a employé trois colonnes et demie à réfuter cette pièce.

La vigilante et guerroyante sentinelle de l'orthodoxie romaine ne pense donc pas comme le converti de Ribemont, que la mort d'Elie Bonjour a « porté le dernier coup » à la secte, ni même que « le Grand Elie divin » qui doit, selon Jésus descendant du Thabor, restituer toutes choses quand il viendra, *cùm venerit, restituet omnia* (Marc, IX, 10, 11) soit tout à fait enterré avec cette première incarnation manquée.

Il reste à dire quelques mots sur les doctrines et pratiques actuelles des sectaires de Fareins. Je répète ce que je sais d'une personne qui les a vus de près.

Les Fareinistes entourent leur culte d'un secret absolu, mieux gardé que celui des Francs-maçons : On leur en a fait un reproche. C'est inique. Ce culte, à l'origine, on le leur a défendu. Ce secret, on le leur a de fait imposé. Ils ne se sont jamais sentis assez sûrs de cette liberté de conscience qu'en France on garantit dans toutes les constitutions, et qui, sous tous les régimes, est rendue impossible dans la pratique, pour changer leurs habitudes mystérieuses.

Ce culte consiste, paraît-il, en certains rites fort simples à trois époques solennelles de la vie, naissance, mariage, mort, et en prières communes dites dans des *chambres* non toujours les mêmes, pour plus de secret. Sauf les croix sur leurs tombes, ils n'ont pas de symboles extérieurs connus.

Depuis le départ des Bonjour ils n'ont plus voulu chez eux d'intermédiaires attitrés entre Dieu et eux. Il ne faudrait pas dire qu'ils n'ont pu en trouver. Jolyclerc nous a appris, l'on s'en souvient, qu'un groupe de prêtres et moines du voisinage avait adhéré aux doctrines des deux prophètes. Un ancien les préside.

On ne leur connaît de livre spécial que leur recueil de cantiques. Il reste manuscrit et tous le savent par cœur. On ne sait pas s'ils lisent l'Évangile, c'est à croire, car ils pratiquent sa morale. Leurs mœurs sont graves et leur honnêteté reconnue par les adversaires. Il n'est pas, me dit-on, de population en France qui fournisse un moindre contingent à la statistique judiciaire.

Vis-à-vis du pouvoir civil leur attitude est ombrageuse. En certains cas elle arrive à la rébellion ou résistance passive. On me cite une riche famille (vivant depuis longtemps dans la communauté des biens ou indivision) qui, induite en procès par un voisin agressif, a refusé absolument de reconnaître les diverses juridictions pardevant lesquelles elle a été appelée. Un placet, conçu en termes bienséants et éloquents, adressé par son chef au roi Louis-Philippe, a motivé une intervention royale, limitée toutefois par la loi et qui est restée impuissante devant elle. La famille Ch..... a été ruinée par des condamnations prononcées itérativement. On trouverait des faits pareils dans l'histoire des Quackers.

Faut-il rechercher ici comment de prédications relâchées et d'exemples licencieux a pu procéder une communauté presque austère ? Ce n'est pas le meilleur lieu pour cela. Il suffira d'ajouter, pour rendre le fait plus acceptable, qu'il n'est pas unique dans l'histoire religieuse. Qu'on se souvienne des Anabaptistes ; leurs excès de toute sorte ont épouvanté le xvie siècle ; ils comptent aujourd'hui parmi les églises protestantes les plus sévères de mœurs.

L'expérience humaine est courte. L'histoire commence d'hier.

Les religions sensualistes sont tuées par des religions ascétiques, c'est établi par des faits. Celles-ci à leur tour seront-elles démolies par celles-là ? Pour l'affirmer, on ne voit trop qu'une raison : la ruine du Christianisme par l'Islam en Orient.

Si ce fait semblait suffisamment probant, si l'on admettait que le catholicisme qui méprise ou renie la nature et la chair doit être remplacé par un culte les réhabilitant l'une et l'autre, le fareinisme, le rationalisme de 1793, le mormonisme, le vieux catholicisme allemand et le catholicisme national de M. Loyson seraient des essais plus ou moins hardis pour arriver à cette fin.

Ainsi dans une forêt millénaire, sous le couvert des

grands chênes, poussent de jeunes arbres qui voudraient les remplacer.

Parmi ces nouveaux-venus il y en a que le bûcheron, en passant, retranche. Tels de nos jours les Taïpings de Chine et les Babys de Perse.

Les Wahabites arabes existent en plein soleil.

Les Skaptzy, Malakani, Douchoborzi russes croissent, menaçants, dans l'ombre : on imprime qu'ils sont quinze millions...

Le Fareinisme, le Mormonisme manquent de sève et après le premier essor languissent et s'étiolent; ils semblent devoir mourir d'anémie.

Cependant il ne faut pas oublier que ces plantes-là sont sujettes à repousser par le pied.

N'objectez pas la folie des deux sectes. B. d'Israëli a dit : « Joe Smith, père des Mormons, aura toujours plus de disciples que le raisonnable Bentham. » La tentative des Vieux-catholiques réussit peu parce qu'elle est plus sage. Les Mormons vivottent *quoique* leur théologie, leur morale, leur discipline soient insensées.

Quoique? Ou *parce que?* Faut-il donc à une secte, pour devenir une religion, certaine dose de folie?

TABLE DU VOLUME

I. BOURG ET BELLEY PENDANT LA RÉVOLUTION

II. Appendice et Notes

TABLE DU FAREINISME

286

9 781247 369754